Konzernbilanzpolitik

Hagener betriebswirtschaftliche Abhandlungen

Herausgegeben von

M. Bitz, G. Fandel, A. Kuß, D. Schneeloch, G. Schreyögg

Band 1
N. Winkeljohann
Nießbrauch an privatem und betrieblichem Grundbesitz
- Vorteilhaftigkeitsanalyse und Gestaltungsempfehlungen -
1987. 413 Seiten. Brosch. DM 79,-
ISBN 3-7908-0369-3

Band 2
J. Wolf
Industriebetriebliche Energienutzung und Produktionsplanung
1988. 287 Seiten. Brosch. DM 65,-
ISBN 3-7908-0371-5

Band 3
Heiko Staroßom
Die Bank in der Krise ihres Schuldners
- Eine entscheidungsorientierte Analyse -
1988. 379 Seiten. Brosch. DM 79,-
ISBN 3-7908-0408-8

Band 4
Friedhelm Rücksteiner
Entscheidungsfindung in der Forschung und Entwicklung
- Problematik, Grundlagen und dynamische Aspekte
1989. 394 Seiten. Brosch. DM 98,-
ISBN 3-7908-0417-7

Hans-Dieter Klein

Konzernbilanz-politik

Mit 18 Abbildungen

Physica-Verlag Heidelberg

Dipl.-Kfm. Dr. Hans-Dieter Klein
6000 Frankfurt/Main

ISBN-13: 978-3-7908-0451-5 e-ISBN-13: 978-3-642-48180-2
DOI: 10.1007/978-3-642-48180-2

CIP-Titelaufnahme der Deutschen Bibliothek
Klein, Hans-Dieter:
Konzernbilanzpolitik / Hans-Dieter Klein. - Heidelberg:
Physica-Verl., 1989
(Hagener betriebswirtschaftliche Abhandlungen; Bd. 5)
Zugl.: Hagen, Fernuniv., Diss., 1989
ISBN-13: 978-3-7908-0451-5
NE: GT

7120/7130-543210

GELEITWORT

Soweit Konzerne verpflichtet sind, einen Konzernabschluß aufzustellen, haben sie diesen spätestens für Geschäftsjahre, die nach dem 31.12.1989 beginnen, nach den neuen, auf der 7. EG-Richtlinie basierenden Konzernrechnungslegungsvorschriften aufzustellen. Diese neuen, im HGB verankerten Rechnungslegungsvorschriften haben zu umfangreichen Änderungen und Erweiterungen gegenüber den früher im AktG befindlichen Vorschriften zur Konzernrechnungslegung geführt. Als solche Neuerungen sind insbesondere das Weltabschlußprinzip, die konzerneinheitliche Bilanzierung und Bewertung, die erfolgswirksame Kapitalkonsolidierung, die Pflicht zur Bildung latenter Steuern, die Quotenkonsolidierung für Gemeinschaftsunternehmen und die Equity-Methode zur Bewertung von Anteilen an assoziierten Unternehmen zu nennen.

In dieser Situation stellt sich für alle Konzernleitungen die Frage, welche Konsequenzen aus der neuen Rechtslage für die Konzernbilanzpolitik zu ziehen sind. Dieser Frage ist auch die vorliegende Monographie meines ehemaligen Mitarbeiters, Herrn Dr. Hans-Dieter Klein gewidmet. Klein beschäftigt sich damit in seiner Arbeit mit einer für die Praxis hochaktuellen und darüber hinaus außerordentlich bedeutsamen Frage.

Die Monographie gliedert sich in zwei Hauptteile. In dem ersten Teil zeigt der Verfasser auf, welche Ziele hinsichtlich der Konzernbilanzpolitik verfolgt und wie die konzernbilanzpolitischen Aktionsparameter von den Konzernen eingesetzt werden können. Im zweiten Hauptteil der Arbeit wird dann dargestellt, welche Möglichkeiten zur Gestaltung des Konzernabschlusses im einzelnen bestehen. Hier hat der Verfasser eine Vielzahl an Aktionsparametern herausgearbeitet.

Mit seiner Analyse betritt Klein in vielen Bereichen Neuland. Für den Konzernabschlußersteller enthält die Arbeit eine Fülle von Informationen, wie er seinen Konzernabschluß zielgerichtet gestalten kann. Aber auch die betriebswirtschaftliche Forschung auf dem Gebiet der Konzernrechnungslegung kann sicherlich aus dieser Arbeit viele Anregungen entnehmen. Ich wünsche dieser Arbeit eine möglichst weite Verbreitung.

Prof. Dr. Dieter Schneeloch

VORWORT

Die vorliegende Monographie wurde im Februar 1989 als Dissertation vom Fachbereich Wirtschaftswissenschaft der Fernuniversität Hagen angenommen. Es ist mir ein ganz besonderes Anliegen, Herrn Prof. Dr. Dieter Schneeloch, meinem Doktorvater, dafür zu danken, daß er die Arbeit mit vielen konstruktiven Kritiken und Ermunterungen jeder Zeit gefördert hat. Ohne seine wohlwollende Unterstützung und die Zuverfügungstellung idealer Arbeitsbedingungen wäre die Arbeit nicht in dieser Form zustande gekommen. Herrn Prof. Dr. Alfred Kuß danke ich herzlich für die Übernahme des Zweitgutachtens.

Dem Team des Lehrstuhls von Prof. Dr. Schneeloch bin ich sehr dankbar für eine gute Zeit in Hagen, viel Spaß und menschliche Wärme. Darüber hinaus bedanke ich mich bei Herrn Dipl.-Kfm. Michael Jean Gschrei und Herrn Dr. Wilfried Wittstock für die Durchsicht des Manuskriptes.

Dank sage ich auch meinen Freunden, Herrn Rainer Skibbe und Herrn Dipl.-Ing. Dirk Neubauer für das Korrekturlesen der "Druckfahnen", letzterem auch für die technische Unterstützung bei der Erstellung der Abbildungen und Tabellen.

Von Herzen bedanke ich mich bei meinen Eltern und insbesondere bei meiner Mutter, die mir immer Mut gemacht hat. Ihr ist diese Arbeit gewidmet.

Hans-Dieter Klein

Inhaltsübersicht

Inhaltsverzeichnis

Seite

1. Kapitel: GRUNDLEGUNG

I. Problemstellung

Die weitreichenden Neuerungen bei der Konzernrechnungslegung, die sich aus der Transformation der 7. EG-Richtlinie[1] in nationales Recht ergeben haben, geben Anlaß, das Thema der Konzernbilanzpolitik in Angriff zu nehmen. Bei der Konzernbilanzpolitik handelt es sich um ein junges und bisher nahezu unbearbeitetes Forschungsgebiet.

Während der Geltung des AktG a. F., in dem die Konzernrechnungslegung erstmals gesetzlich geregelt worden ist, sind - soweit ersichtlich - nur zwei Beiträge speziell zur Konzernbilanzpolitik erschienen.[2] In einigen wenigen weiteren Beiträgen wird die Konzernbilanzpolitik neben der hauptsächlich behandelten Ein-

1 Siebente Richtlinie des Rates vom 13.06.1983 aufgrund von Artikel 54 Absatz 3 Buchstabe g) des Vertrages über den konsolidierten Abschluß, Amtsblatt der EG Nr. L 193 vom 18.07.1983, S. 1 ff.

2 Vgl. MATTES, Bankbilanz, S. 71 ff.; MEYER, Konzern-Bilanzpolitik, S. 471 ff. Die Feststellung von MEYER, Konzern-Bilanzpolitik, S. 471, daß "Betrachtungen über Möglichkeiten und Grenzen einer Konzern-Bilanzpolitik" bis zur Veröffentlichung seines Aufsatzes in 1972 noch nicht vorgelegen haben, ist insoweit ergänzungsbedürftig, als MATTES, Bankbilanz, S. 71 ff., bereits 1971 erste Überlegungen zur Konzernbilanzpolitik hinsichtlich der konsolidierten Bankbilanz veröffentlicht hat. Gleichwohl gebührt Meyer das Verdienst, die Thematik der Konzernbilanzpolitik erstmals in umfassenderer Form bearbeitet zu haben.

zelbilanzpolitik[1] in knapper Form skizziert.[2] Aber auch zum neuen Konzernrechnungslegungsrecht sind erst sehr wenige Beiträge erschienen, die sich speziell mit der Konzernbilanzpolitik beschäftigen.[3]

Vielfach wird jedoch in der Literatur explizit auf die Existenz der Konzernbilanzpolitik hingewiesen ohne aber näher auf diese einzugehen.[4] Insbesondere die Literaturbeiträge zur Konzernrechnungslegung, die nach der Transformation der 7. EG-Richtlinie in nationales Recht erschienen sind, enthalten fast alle Hinweise auf die Konzernbilanzpolitik.[5] Neben diesen einhelligen Literaturstellungnahmen[6] lassen sich zusätzlich Indizien für die Existenz einer Konzernbilanzpolitik ausmachen. Zu nennen sind hier die Prüfungspflicht des Konzernabschlusses und -lageberichts durch einen Abschlußprüfer.[7]

---

1 Der Begriff Einzelbilanzpolitik bezeichnet hier die Bilanzpolitik im Jahresabschluß bzw. der Bilanz und GuV eines Unternehmens. Weiterhin werden zum Zweck der Präzisierung der Sprachregelung die Begriffe "Einzelunternehmen", "Einzelbilanz" "und Einzel-GuV" verwendet, soweit dies angebracht erscheint, um eine eindeutige Abgrenzung von Sachverhalten bei der Konzernrechungslegung zu erhalten. Die vorgenannten Begriffe beziehen sich jeweils auf die Rechnungslegung eines einzelnen Unternehmens.

2 Vgl. v.a. VODRAZKA, Bilanzpolitik, Sp. 924 f.; SIELAFF, Bilanzpolitik, S. 247-249; PFLEGER, Bilanzpolitik, Anm. 153-169.

3 Vgl. CLEMM/WENZEL, Konzernbilanzpolitik, S. 341 ff.; SAHNER/HÄGER, Konzernbilanzpolitik, S. 405 ff.; SIGLE, Konzernbilanzpolitik, S. 177 ff.; ferner NIEHUS/SCHOLZ, Konsolidierungswahlrechte, S. 217 ff.

4 Vgl. etwa KAPPLER, Informationsverhalten, S. 30; WÖHE, Bilanzierung, S. 57; MELLEROWICZ, Unterneh menspolitik, S. 190; von WYSOCKI, Weltbilanzen, S. 688; ders. Informationsgehalt, S. 28 ff.

5 Vgl. z.B. WEBER, Bilanzpolitik, S. 72. Müller geht so weit zu prognostizieren, daß Konzerne auf Beteiligungserwerbe verzichten werden, weil sie befürchten, einen aktiven Unterschiedsbetrag aus der Kapitalkonsolidierung abschreiben zu müssen. Vgl. MÜLLER, in: IDW (Hrsg.), IDW-Fachtagung '86, S. 132.

6 Die Existenz der Konzernbilanzpolitik wird - soweit ersichtlich - an keiner Stelle in der Literatur explizit negiert.

7 Vgl. § 316 Abs. 2 HGB.

Diese wäre überflüssig und inopportun, soweit eine Gestaltung des Konzernabschlusses nicht in Betracht käme. Darüber hinaus implizieren die Konzernrechnungslegungspflicht und die bei der Konzernrechnungslegung vorhandenen Gestaltungsmöglichkeiten die Notwendigkeit, über die Ausgestaltung des Konzernabschlusses zu entscheiden.

Mit dieser Arbeit soll ein Beitrag zur Erforschung der Konzernbilanzpolitik geleistet werden. Das primäre Anliegen ist dabei, dem Konzernabschlußersteller die Möglichkeiten der Gestaltung bzw. der bilanzpolitischen Beeinflussung des Konzernabschlusses aufzuzeigen und, als vorgelagerte Aufgabenstellung, ihm die theoretischen Grundstrukturen der Konzernbilanzpolitik darzulegen.

Neben diesem Hauptanliegen enthält die Arbeit quasi als Nebenprodukt eine Untersuchung über die Aussagekraft von Konzernabschlüssen, da die Darlegung und Analyse der Möglichkeiten zur Beeinflussung des Konzernabschlusses gleichzeitig auch indizieren, in welchen Bereichen und wodurch eine Beeinträchtigung des Aussagegehaltes des Konzernabschlusses eintreten kann. Insoweit dient die Untersuchung auch den Konzernabschlußinteressenten, da diesen durch die Aufdeckung der Beeinflussungsmöglichkeiten des Konzernabschlusses ein Wissen vermittelt wird, das dazu beiträgt, die Beurteilungsmöglichkeiten eines Konzerns anhand des Konzernabschlusses zu verbessern. Diese sich so quasi als "Kuppelprodukt" ergebende Untersuchung über die Aussagefähigkeit des Konzernabschlusses erweist sich auch deshalb als vorteilhaft, weil es bis dato - soweit ersichtlich - erst eine Arbeit gibt, die sich mit der Aussagefähigkeit des Konzernabschlusses auf Basis der neuen Konzernrechnungslegungsvorschriften beschäftigt.[1] Aber selbst diese eine Arbeit ist in vielen Teilbereichen nicht mehr aktuell, da sie vor Verabschiedung des BiRiLiG erschienen ist und deshalb lediglich auf die Vorschriften der 7. EG-Richtlinie abstellt.

II. Untersuchungsablauf

Die vorliegende Untersuchung weist eine Zweiteilung auf: Im 2. Kapitel wird das konzernbilanzpolitische Konzept erarbeitet und im 3. Kapitel werden darauf aufbauend die einzelnen konzernbilanzpolitischen Aktionsparameter analysiert.

Bevor im 2. Kapitel das konzernbilanzpolitische Konzept im einzelnen dargelegt wird, ist zuerst der Zweck der Konzernrechnungslegung zu explizieren, da dieser insbesondere für den Charakter und die Ziele der Konzernbilanzpolitik von Bedeutung ist. Danach (Gliederungspunkt II) gilt es den Begriff 'Konzernbilanzpolitik' einzuordnen und zu klären. Dies erweist sich allein schon deswegen als geboten, weil bis dato weder eine umfassende und erst recht keine einheitliche Begriffsdefinition vorgenommen worden ist.

Gliederungspunkt III enthält die Entwicklung der konzernbilanzpolitischen Ziele. Wie bei vielen anderen Teilbereichen der Konzernbilanzpolitik kann auch bei der Erforschung der konzernbilanzpolitischen Ziele nicht auf bereits entwickelte Ansätze zurückgegriffen werden. Die Entwicklung der Ziele wird deshalb in der Weise vollzogen, daß die einzelbilanzpolitischen Ziele auf ihre Übertragbarkeit auf die Konzernbilanzpolitik überprüft werden. In einem zweiten Schritt sind dann weitere konzernbilanzpolitische Ziele aus dem Zweck der Konzernrechnungslegung, den Informationsinteressen der

---

1 Vgl. SCHRUFF, Einflüsse.

Konzernabschlußinteressenten sowie aus den Zielen der Konzernleitung abzuleiten. In einem letzten Schritt gilt es dann, die Zielrelationen zwischen den einzelnen konzernbilanzpolitischen Zielen herauszuarbeiten.

Nachdem im IV. Gliederungspunkt Struktur und Systematik der konzernbilanzpolitischen Aktionsparameter und im V. Gliederungspunkt die Grenzen des Aktionsparametereinsatzes dargelegt worden sind, soll im Gliederungspunkt VI. die Durchführung der Konzernbilanzpolitik, d.h. die Aktionsparameterauswahl und der Aktionsparametereinsatz aufgezeigt werden.

Als Grundlage für die im 3. Kapitel vorzunehmende Untersuchung der einzelnen Aktionsparameter dient die Generierung eines dreistufigen Beurteilungsverfahrens im Gliederungspunkt VII. des 2. Kapitels. Hier gilt es ein Verfahren zu entwickeln, an Hand dessen eine entscheidungs- und anwendungsorientierte Beurteilung der einzelnen Aktionsparameter möglich ist.

Im 3. Kapitel, dem zweiten Hauptteil der Arbeit, wird dann die Analyse der Aktionsparameter im einzelnen vorgenommen. Da auch hier auf keine umfassende Untersuchung zurückgegriffen werden kann,[1] stellt sich als eine wesentliche Aufgabe die "Aufspürung" der einzelnen Aktionsparameter. Soweit die Aktionsparameter ermittelt sind, gilt es diese dann anhand des entwickelten Beurteilungsverfahrens zu analysieren. Im letzten Kapitel werden die ermittelten Aktionsparameter dann mittels einer anwendungsorientierten Systematik geordnet.

---

1 Ansätze sind vorhanden bei: CLEMM/WENZEL, Konzernbilanzpolitik, S. 354-356; SIGLE, Konzernbilanzpolitik, S. 183-192; SAHNER/HÄGER, Konzernbilanzpolitik, S. 405 ff.; KÜTING/WEBER, Einzelfragen, S. 299 ff.

III. Abgrenzung des Untersuchungsbereichs

Der Untersuchungsbereich dieser Arbeit ist in Abbildung 1 graphisch dargestellt.

Abb. 1 : Abgrenzung des Untersuchungsbereichs

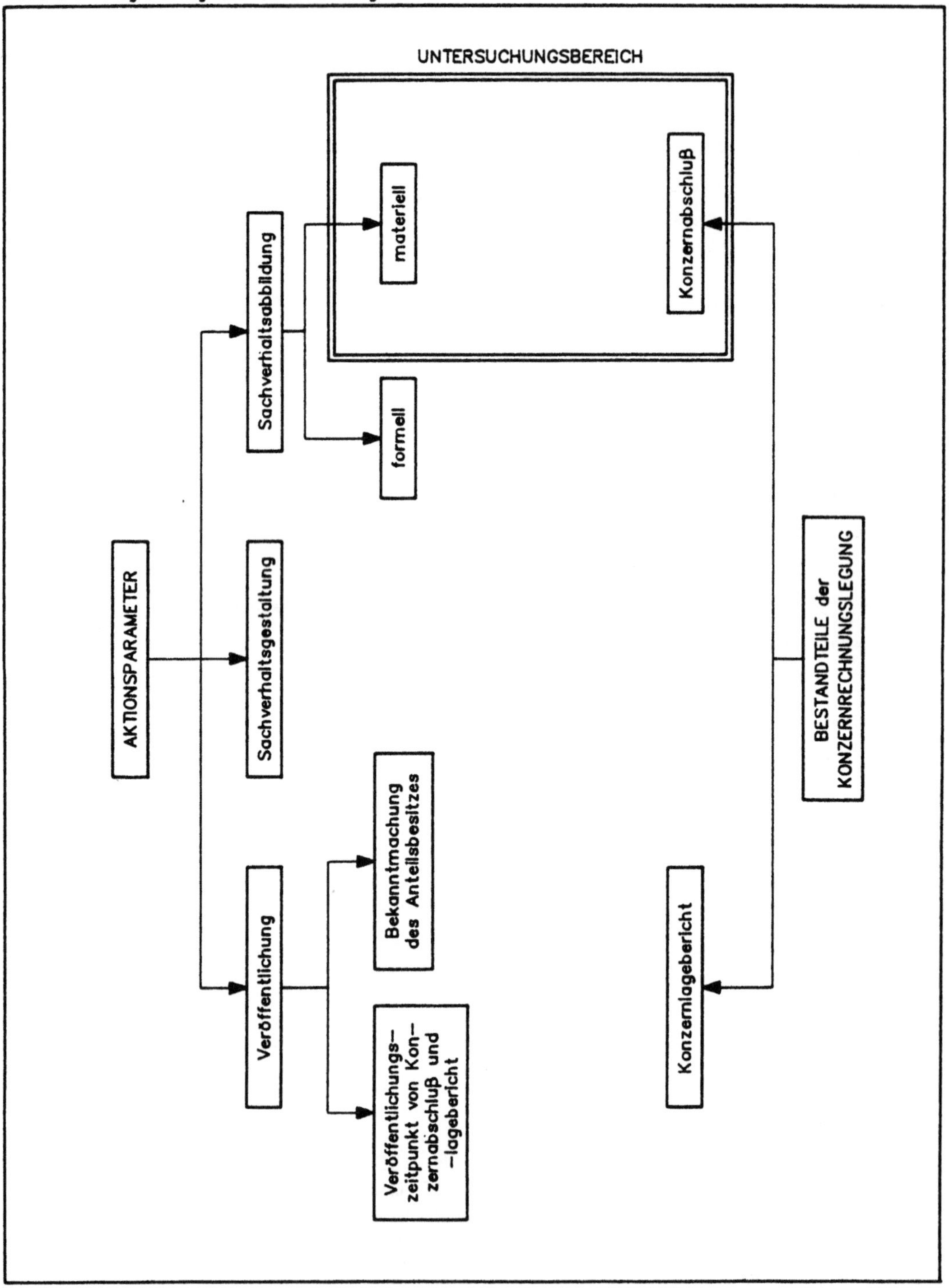

Wie aus der Abbildung ersichtlich wird, sollen im folgenden die materiellen Mittel der Sachverhaltsabbildung im Konzernabschluß untersucht werden. Bei den materiellen Mitteln der Sachverhaltsabbildung handelt es sich um solche Maßnahmen, die nach dem Bilanzstichtag zur Verfügung stehen. Kennzeichnend für diese Mittel ist auch, daß sie den vorliegenden Sachverhalt nicht verändern.[1] Materiell werden diese Mittel deshalb bezeichnet, weil mit ihnen entweder Informationen über die im Konzernabschluß auszuweisende Vermögens-, Finanz- und Ertragslage des Konzerns beeinflußt oder aber weggelassen werden.

Nicht betrachtet werden in dieser Arbeit die formellen Mittel der Sachverhaltsabbildung. Darunter sind solche Mittel zu verstehen, die die auszuweisende Vermögens-, Finanz- und Ertragslage des Konzerns nicht beeinflussen. Beispiele für formelle Mittel der Sachverhaltsabbildung sind etwa die Wahlrechte, bestimmte Informationen alternativ entweder in der Konzernbilanz, der Konzern-GuV oder dem Konzernanhang angeben zu können.[2]

Nicht in die Untersuchung einbezogen werden auch die Mittel der Sachverhaltsgestaltung. Darunter sind solche Maßnahmen zu verstehen, die vor dem Bilanzstichtag durchgeführt werden und das abzubildende Mengengerüst

---

1 Vgl. z.B. SCHULZE ZUR WIESCH, Sachverhaltsgestaltung, S. 61; VODRAZKA, Bilanzpolitik, Sp. 921; HEINHOLD, Instrumente, S. 449 ff. und insbes. S. 450; SCHNEELOCH, Steuerbelastungsvergleiche, S. 197.

2 Vgl. §§ 265 Abs. 3, 265 Abs. 7 Nr. 2, 268 Abs. 1, 268 Abs. 2 Satz 1, 268 Abs. 2 Satz 3, 268 Abs. 7, 273 Satz 2, 277 Abs. 3 Satz 1, 281 Abs. 1 Satz 2, 281 Abs. 2 Satz 1 HGB jeweils i.V.m. §§ 298 Abs. 1 und 313 Abs. 1 Satz 1 HGB. §§ 294 Abs. 2, 299 Abs. 3, 306 Satz 2, 312 Abs. 1 Satz 2, 312 Abs. 1 Satz 3, § 314 Abs. 1 Nr. 4 HGB.

beeinflussen.[1] Im Gegensatz zur Einzelbilanzpolitik, bei der sachverhaltsgestaltende und sachverhaltsabbildende Mittel die gleichen Rechtsfolgen auslösen, führen sachverhaltsgestaltende und sachverhaltsabbildende Mittel bei der Konzernbilanzpolitik zu unterschiedlichen Konsequenzen. Während sachverhaltsabbildende Mittel keine Beeinflussung der Gewinnausschüttungs-[2] und der Steuerbemessungsgrundlage bewirken, ist dies bei sachverhaltsgestaltenden Maßnahmen der Fall, da diese die Einzelabschlüsse von Konzernunternehmen[3] tangieren und den Jahresüberschuß als Ausschüttungs- und Steuerbemessungsgrundlage betragsmäßig verändern. Es ist daher sehr zweifelhaft, ob Sachverhaltsgestaltungen im Konzern überhaupt zur Gestaltung des Konzernabschlusses durchgeführt werden oder ob diese nicht viel eher aus Gründen der Steuer- oder Ausschüttungspolitik getätigt werden. Die Nichtberücksichtigung der sachverhaltsgestaltenden Mittel steht auch insoweit mit einem Großteil der einzelbilanzpolitischen Literatur in Einklang, als dort ebenfalls diese Mittel keine Berücksichtigung finden. Neben den sachverhaltsgestaltenden Aktionsparametern werden außerdem noch die Aktionsparameter bei der Veröffentlichung des Konzernabschlusses aus der Untersuchung ausgeschlossen.

Die Untersuchung beschränkt sich auf den Konzernabschluß; der Konzernlagebericht wird mithin nicht berücksichtigt. Formal läßt sich dies damit begründen,

---

1 Vgl. die in Fußn. 1 auf Seite 7 aufgeführte Literatur. Vgl. speziell zu Sachverhaltsgestaltungen im Konzernabschluß PFLEGER, Sachverhaltsgestaltungen, S. 2145 ff. und S. 2198 ff.; ders., Unternehmensverbund, S. 1 ff.

2 Zu den seltenen Ausnahmefällen vgl. Gliederungspunkt I. im 2. Kapitel.

3 Im weiteren Verlauf der Arbeit soll aus Gründen der sprachlichen Vereinfachung immer dann von Konzernunternehmen gesprochen werden, wenn solche Unternehmen gemeint sind, die zum Konsolidierungskreis eines Konzerns gehören, unabhängig davon, ob auf diese die §§ 295 oder 296 HGB zur Anwendung kommen oder kommen können.

daß die Themenstellung nur die Einheit Konzernabschluß umfaßt.[1] [2] Der Konzernlagebericht ist ein weiteres, selbständiges Rechnungslegungsinstrument, das hiervon nicht erfaßt wird. Der eigentliche Grund ist aber darin zu sehen, daß im Konzernlagebericht zwar kein materielles Wahlrecht,[3] jedoch eine Vielzahl von Spielräumen[4] vorhanden sind, deren Auflistung fast unmöglich erscheint.

Ferner wird auf die Behandlung der Übergangsvorschriften[5] verzichtet. Bei diesen kann schon auf umfangreiche Literatur zurückgegriffen werden[6] und zudem haben die dort vorhandenen Aktionsparameter nur temporäre Bedeutung.

Schließlich bleiben solche Aktionsparameter außer Betracht, die auf "Spezialitäten"[7] abstellen, d.h. beispielsweise solche Aktionsparameter, die nur für ganz bestimmte Branchen[8], Tätigkeitsbereiche etc. gelten.

---

1 Vgl. § 297 Abs. 1 HGB.
2 Vgl. dazu ausführlich Gliederungspunkt II.1 im 2. Kapitel.
3 Vgl. zum Begriff des Wahlrechts Gliederungspunkt IV. 1.1.2 im 2. Kapitel.
4 Vgl. zum Begriff des Spielraums Gliederungspunkt IV. 1.1.3 im 2. Kapitel.
5 Vgl. insbes. Art. 23 Abs. 2 und 27 EGHGB.
6 Vgl. MÜLLER/ORDELHEIDE, in: Castan u.a. (Hrsg.), Beck HdR, C 90; ADLER/DÜRING/SCHMALTZ, 5. Aufl. 1987, insbes. Art. 23 und 27 EGHGB; NIEHUS, Konzernrechnungslegung, S. 275 ff.; WEBER/DAMM/HAEGER/ZÜNDORF, Übergangsvorschriften; WEBER, in: Küting/Weber (Hrsg.), HdR, insbes. die Kommentierung zu Art. 23 und 27 EGHGB; LANFERMANN, Übergang, S. 295 ff.; WP-HANDBUCH 1985/86, Bd. II, S. 294, 335, 347, 352, 368, 378, 409 f., 415; IDW, Stellungnahme SABI 3/1987.
7 ROSE, Rechtswahlmöglichkeiten, S. 56.
8 So werden die speziellen Aktionsparameter bei Bank- und Versicherungskonzernen nicht betrachtet.

2. Kapitel: DAS KONZERNBILANZPOLITISCHE KONZEPT

I. Zweck der Konzernrechnungslegung

Der Zweck des Konzernabschlusses ist grundsätzlich nur in der Informationsfunktion zu sehen. Er dient zur Unterrichtung der Konzernabschlußadressaten[1] und damit der Rechenschaft der Konzernleitung gegenüber den Informationsinteressenten.[2] Meistens wird in der Literatur die Informationsfunktion als alleiniger Zweck des Konzernabschlusses angenommen.[3] Wie noch zu zeigen sein wird, kann der Konzernabschluß aber in Ausnahmefällen zumindest partiell auch eine Ausschüttungsbemessungsfunktion übernehmen.[4]

Der Konzernabschluß tritt als Informationsinstrument neben die Einzelabschlüsse.[5] Er substituiert diese nicht, sondern ergänzt sie vielmehr. Die Einzelabschlüsse der Konzernunternehmen behalten weiterhin ihre Bedeutung, und zwar für die Zahlungsbemessung (Dividenden, Steuerzahlungen etc.) und grundsätzlich auch für die Information.

Für alle mit den einzelnen Konzernunternehmen in Beziehung stehenden Personen und Institutionen kommt als Informationsinstrument prima facie nur der Einzelabschluß des jeweiligen Konzernunternehmens, an

1 Zu den Informationsinteressen der einzelnen Konzernkoalitionäre s. im folgenden Gliederungspunkt III. 3.2.2 in diesem Kapitel.

2 Vgl. SCHRUFF, Einflüsse, S. 45; SCHÄFER, Konzernrechnungslegung, S. 11-13; MÜLLER, Währungsumrechnung, S. 45.

3 Vgl. WENTLAND, Konzernbilanz, S. 28; SCHINDLER, Kapitalsolidierung, S. 58.

4 Zu den einzelnen Funktionen des Jahresabschlusses vgl. BAETGE, Rechnungslegungszwecke, S. 11 ff.

5 Vgl. von WYSOCKI/WOHLGEMUTH, Konzernrechnungslegung, S. 21. Im Gesetz wird dazu ausgeführt, daß der Konzernabschluß "unter Beachtung der Grundsätze ordnungsmäßiger Buchführung ein den tatsächlichen Verhältnissen entsprechendes Bild der Vermögens-, Finanz- und Ertragslage des Konzerns zu vermitteln (habe)." (§ 297 Abs. 2 Satz 2 HGB).

dem sie beteiligt sind, in Betracht. Sie unterhalten nur Rechtsbeziehungen mit diesen Unternehmen und nicht mit der wirtschaftlichen Einheit Konzern. Folglich können sie auch nur Forderungen an das jeweilige einzelne Konzernunternehmen stellen. Somit erscheint offenbar nur der Einzelabschluß für die einzelnen Jahresabschlußadressaten von Interesse zu sein. Diese Ansicht ist aber aus drei Gründen nicht haltbar:[1]

1. Bei einem Unternehmen, das zu einem Konzernverbund gehört, besteht immer die Möglichkeit, daß die Konzernleitung die Unternehmensleitung veranlaßt hat, Geschäfte vorzunehmen oder zu unterlassen, die ein selbständiges Unternehmen in der Form nicht durchgegeführt hätte. Dadurch kann der Einzelabschluß eine völlig falsche Abbildung des Konzernunternehmens wiedergeben, obwohl der Einzelabschluß an sich Gesetz und GoB entspricht.[2]
   So kann ein Konzernunternehmen durch konzerninterne Transaktionen, in dem es z.B. seine Produkte an ein anderes Konzernunternehmen zu Preisen verkauft, die

---

1 In prägnanter Form weisen von WYSOCKI/WOHLGEMUTH, Konzernrechnungslegung, S. 21 auf das Erfordernis eines Konzernabschlusses zur Information von Anteilseignern und Gläubigern hin: "Trotzdem bildet gerade für die Anteilseigner und die Gläubiger der Konzernabschluß eine wertvolle Informationsquelle. Wegen der starken Verknüpfungen zwischen den Konzernunternehmen und der beschränkten Entscheidungsfreiheit der untergeordneten Konzernunternehmen ist für die Gläubiger einzelner Konzernunternehmen zur Beurteilung der Sicherheit ihrer Forderungen die Gesamtlage des Konzerns von ausschlaggebender Bedeutung. Dasselbe gilt für die Anteilseigner der Konzerngesellschaften zur Beurteilung ihrer Anlageentscheidung. Nicht nur die Aktionäre der Obergesellschaft, sondern auch die Minderheitsaktionäre der Untergesellschaften benötigen dazu neben dem Abschluß ihres eigenen Unternehmens den Überblick über die Situation des Gesamtkonzerns in Form eines konsolidierten Konzernabschlusses." (Hervorhebungen im Original wurden weggelassen; der Verf.).

2 Vgl. hierzu insbesondere ORDELHEIDE, Konzernerfolgskonzeptionen, S. 978-980. Ferner BUSSE von COLBE/ ORDELHEIDE, Konzernabschlüsse, S. 32; KAISER, Grundlagen, S. 283-326; PICK, Ausschüttungsregelung, S. 102-126; SCHOLZ, Teilkonzernabschlüsse, S. 33-36.

weit über den Marktpreisen liegen, seine Ertragslage günstiger darstellen als es der tatsächlichen entspricht.[1] Ein weiteres Beispiel für legale Gestaltungen ist das "Ausborgen" von flüssigen Mitteln eines Konzernunternehmens von einem anderen zum Bilanzstichtag, um den Ausweis der Liquiditätslage zu verbessern.[2]
In der Literatur wird z.T. die Ansicht vertreten, daß der Konzernabschluß diese Mängel des Einzelabschlusses nicht kompensieren könne und dies demzufolge auch nicht Zweck des Konzernabschlusses sei.[3] Dieser Auffassung ist grundsätzlich zuzustimmen. Allerdings erhält der Konzernabschluß insoweit Bedeutung für die Jahresabschlußinteressenten, als z.B. hohe eliminierungspflichtige Zwischenergebnisse und Innenumsatzerlöse und/oder eine schlechte Ertragslage des Konzerns Indizien für vorgenommene Sachverhaltsgestaltungen im Konzern sein können.[4] Diese und ähnliche Indizien sollten die Jahresabschlußinteressenten zu erhöhter Aufmerksamkeit veranlassen.

2. Im Einzelabschluß eines Konzernunternehmens kann durchaus eine gute Vermögens-, Finanz- und Ertragslage ausgewiesen werden, so daß grundsätzlich aus dieser Sicht kein Anlaß zur Besorgnis hinsichtlich einer Unternehmensgefährdung gegeben ist. Gehört dieses Unternehmen aber zu einem Konzernverbund, kann sich eine völlig andere Situation ergeben. Wie

---

1 Vgl. ORDELHEIDE, Konzernerfolgskonzeptionen, S. 979 f.

2 Hinsichtlich weiterer Möglichkeiten von Sachverhaltsgestaltungen zwischen verbundenen Unternehmen zum Zweck der Bilanzpolitik, vgl. PFLEGER, Sachverhaltsgestaltungen, S. 2198-2204, dem das Verdienst zukommt, diese Möglichkeiten als erster umfassend aufgezeigt zu haben. Vgl. ferner NADVORNIK, Konzernrechnungslegung, S. 37-45.

3 Vgl. SCHRUFF, Einflüsse, S. 43 f.; z.T. anderer Ansicht: SCHINDLER, Kapitalkonsolidierung, S. 49.

4 Vgl. SCHOLZ, Teilkonzernabschlüsse, S. 36 f.; EDELKOTT, Konzernabschluß, S. 67-70.

Beispiele aus der Praxis zeigen[1], können im Fall der Insolvenz eines Teils der Konzernunternehmen andere solvente und ertragbringende Konzernunternehmen "mit in den Strudel gerissen werden."[2] Zur Abschätzung solcher Risiken kann der Konzernabschluß als zusätzliches Informationsinstrument neben den Einzelabschlüssen herangezogen werden.

3. Sofern im Konzern Patronatserklärungen[3], Verlustübernahmeverpflichtungen[4], Garantiedividenden[5], Nachteilsausgleiche[6] oder bspw. Konzernübernahmeverpflichtungen für Arbeitnehmer zugunsten eines Konzernunternehmens von dem Mutterunternehmen[7] abgegeben worden sind, verliert der Einzelabschluß des insoweit begünstigten Konzernunternehmens stark an Bedeutung.
   Für die betreffenden Jahresabschlußinteressenten dieses Konzernunternehmens erlangen vielmehr der Jahresabschluß des Mutterunternehmens und der Kon zernabschluß als Gesamtübersicht über die wirtschaftliche Bonität des Konzerns zentrale Bedeutung.

In der Literatur wird denn auch v.a. seit Verabschiedung des BiRiLiG angenommen, daß der Konzernabschluß im Vergleich zu den Einzelabschlüssen der Konzernunternehmen das wesentlich wichtigere Informationsmedium sei.[8] Im folgenden sollen nun die zwei Komponenten aufgezeigt werden, die die Informationsaufgabe des Konzernab-

---

1 So z.B. die Insolvenzfälle AEG, IBH und Korf.
2 BUSSE von COLBE/ORDELHEIDE, Konzernabschlüsse, S. 35.
3 Zu den Patronatserklärungen s. ausführlich: MOSCH, Patronatserklärungen, S. 43 ff.
4 Vgl. § 302 AktG.
5 Vgl. § 304 AktG.
6 Vgl. § 311 AktG.
7 Es kann auch vorkommen, daß diese o.a. Willenserklärungen von einem anderen Konzernunternehmen als dem Mutterunternehmen abgegeben werden.
8 Vgl. BUSSE von COLBE, Gewinnverwendung, S. 63; ders. Rechnungslegungsvorschriften, S. 126. So bereits auch schon HOFFMANN, Konzern-Bilanz, S. 32; BORES, Erfolgsbilanzen, S. 20 f.

schlusses involviert: (1) Darstellung des Konzerns in seiner Gesamtheit und (2) die Eliminierung von konzerninternen Transaktionen sowie Doppelrechnungen.

Zu 1): Der Konzernabschluß soll einen Überblick über die Gesamtheit der wirtschaftlichen Einheit Konzern geben. Diese Bereitstellung einer Gesamtübersicht über den Konzern als Zweck des Konzernabschlusses wurde v.a. auch in der älteren Literatur[1] zur Konzernrechnungslegung herausgestellt.[2] Dort wurde bspw. aufgeführt, daß der Konzernabschluß "den wahren Erfolg und die wahre finanzielle Lage einer wirtschaftlichen Einheit"[3] sowie solche Daten wie Gesamtvermögen, Gesamtkapital, Gesamtverbindlichkeiten und Gesamtkapitalrentabilität[4] zeigen solle.

Zu 2): Zur Erreichung dieses Ziels ist im Konzernabschluß eine Eliminierung von konzerninternen Transaktionen vorzunehmen. Wie oben bereits ausgeführt, bestehen im Konzern erhebliche Möglichkeiten zur legalen Gestaltung der Einzelabschlüsse von Konzernunternehmen. Dies war auch ein zentraler Grund für die Kodifizierung

---

1 Vgl. HOFFMANN, Konzern-Bilanz, S. 29-33; HAAR, Konzernbilanz, S. 161-163; OBERST, Konzernbilanz, S. 66 f.; WEISS, Konzernbilanz, S. 324 f.; DAEHN, Konzernbilanzen, S. 27 f.; BORES, Erfolgsbilanzen, S. 20-24; KOSIOL, Konzernbilanzierung; FUHRMANN,Konzernbilanz, S. 60-64; MÜNSTERMANN, Bilanzen, S. 42 f.; WIETZKE, Jahresabschluß, S. 19 f.; SCHUMANN, Konzernabschluß, S. 35-40; EDELKOTT, Konzernabschluß, S. 60-72. Edelkott vertritt insoweit eine von der h.M. abweichende Ansicht, als er die Meinung vertritt, daß die Aufstellung einer konsolidierten Gewinn- und Verlustrechnung nicht gerechtfertigt sei, da diese nur einen minimalen Erkenntniswert besitze, vgl. ebenda S. 53-59. Eine völlig von der h.M. abweichende Ansicht vertreten FUCHS/GERLOFF, Bilanz, S. 5 ff. Nach ihrer Auffassung hat die Konzernbilanz lediglich den Zweck, Erläuterung der Bilanz der Obergesellschaft zu sein.

2 Vgl. WENTLAND, Konzernbilanz, S. 25.

3 BORES, Erfolgsbilanzen, S. 23.

4 Vgl. z.B. ebenda, S. 23; HOFFMANN, Konzern-Bilanz, S. 31.

der Konzernrechnungslegung im Aktiengesetz 1965.[1] Neben der Zusammenrechnung der Einzelabschlüsse zur Summenbilanz stellen diese Eliminierungen von "innerkonzernlichen Verbindungen"[2] die Mittel dar, um einen Konzernabschluß zu erhalten, der die wirtschaftliche Einheit Konzern sachgerecht abbildet.[3] Die Zusammenrechnung der Einzelabschlüsse und die Eliminierung von konzerninternen Transaktionen wird in der Literatur als Konsolidierung bezeichnet.[4]

Vielfach wird im Fachschrifttum ausgeführt, der Konzernabschluß habe die gleichen Aufgaben wie der Einzelabschluß.[5] Sollte dies zutreffend sein, müßte der Konzernabschluß wie der Einzelabschluß neben der Informations- eine Ausschüttungsbemessungsfunktion aufweisen. Dies ist aber nicht der Fall.[6] In der Literatur wird zwar schon seit geraumer Zeit postuliert, dem Konzernabschluß eine Ausschüttungsbemessungsfunktion zukommen zu lassen,[7] dennoch hat sich diese Forderung bis heute nicht durchgesetzt. Lediglich in seltenen Ausnahmefällen - und dann auch nur auf bestimmte Konstellationen beschränkt - wird dem Konzernabschluß eine eingeschränkte direkte Ausschüttungsbemessungsfunktion

---

1 Vgl. auch ADLER/DÜRING/SCHMALTZ, Bd. 3, Vorbem. zu §§ 329-338 AktG, Anm. 17; LINNHOFF/PELLENS, Ausschüttungspolitik, S. 989.

2 von WYSOCKI/WOHLGEMUTH, Konzernrechnungslegung, S. 21.

3 Vgl. Ebenda.

4 Vgl. Ebenda.

5 Vgl. WP-HANDBUCH 1985/86, Bd. II, S. 291; GRETTER, Konzernerfolg, S. 21; KERN, Abbildung, S. 28 f.; ZOGG, Konzernabschluß, S. 43; SCHATZMANN, Grundlagen, S. 18; WIETZKE, Jahresabschluß, S. 19 f.; MÜNSTERMANN, Bilanzen, S. 43.

6 Gl. A. SCHINDLER, Kapitalkonsolidierung, S. 49; MÜLLER, Währungsumrechnung, S. 44.

7 Vgl. BUSSE von COLBE, Gewinnverwendung, S. 61 ff. Vgl. auch die Literaturnachweise bei WENTLAND, Konzernbilanz, S. 29-31. Vgl. ferner MÜLLER, Konzernrechnungswesen, S. 10. Zur Diskrepanz zwischen der Ausschüttungshöhe auf Basis des Jahresüberschusses des Mutterunternehmens im Vergleich zu derjenigen auf Basis des Konzernjahresüberschusses s. die empirische Studie von LINNHOFF/PELLENS, Ausschüttungsverhalten, S. 987 ff.

zuerkannt. So wurden bei der Klöckner & Co. KGaA und bei der Bertelsmann AG Genußscheine ausgegeben, deren Bedienung an den Konzernjahresüberschuß geknüpft ist.[1]

In einigen Fällen kann dem Konzernabschluß aber eine "faktische Ausschüttungsbemessungsfunktion"[2] zukommen.[3] Diese äußert sich darin, daß die Gewinnausschüttungen des Mutterunternehmens an den Konzernjahresüberschuß angepaßt bzw. mit dem Konzernjahresüberschuß in Einklang gebracht werden. Hartle führt dazu aus, "daß eine mit dem Konzernergebnis inkompatible Ausschüttungsbemessung faktisch zu einem erhöhten Begründungszwang führt."[4]

Nachfolgend werden nochmals kurz die zentralen Aspekte des Zwecks des Konzernabschlusses aufgezeigt:

- Der Zweck des Konzernabschlusses besteht grundsätzlich nur in der Informationsfunktion. Diese beinhaltet die Pflicht der Konzernleitung, die Konzernabschlußinteressenten über den Konzern als wirtschaftliche Einheit zu unterrichten.
- In Ausnahmefällen kann dem Konzernabschluß zusätzlich zur Informationsfunktion
  a) eine eingeschränkte direkte und/oder
  b) eine faktische Ausschüttungsbemessungsfunktion zukommen.

  Wird bei bestimmten, von Konzernunternehmen emittierten Finanzierungsinstrumenten die Bedienung dieser an den Konzernjahresüberschuß geknüpft, so ist eine eingeschränkte direkte Ausschüttungsbemessungsfunktion gegeben. Eingeschränkt deswegen, weil der Konzernjahresüberschuß nicht für alle Ausschüttungen im

---

1 Vgl. BUSSE von COLBE, Gewinnverwendung, S. 65; MEILICKE, Genußschein, S. 1611.
2 HARTLE, in: Castan u.a. (Hrsg.), Beck HdR C 10, Anm. 13.
3 Vgl. BUSSE von COLBE/ORDELHEIDE, Konzernabschlüsse, S. 36; HARTLE, in: Castan u.a. (Hrsg.), Beck HdR, C 10, Anm. 13.
4 HARTLE, in: Castan u.a. (Hrsg.), Beck HdR, C 10, Anm. 13.

Konzern, sondern nur für auf die betreffenden Finanzierungsinstrumente entfallende Ausschüttungen maßgebend ist. Soweit ersichtlich, wurde bisher in der Praxis eine Ausschüttungsbindung an den Konzernjahresüberschuß nur bei Genußscheinen verwirklicht. Eine faktische Ausschüttungsbemessungsfunktion ist dann gegeben, wenn sich die Gewinnausschüttungen des Mutterunternehmens an der Höhe des Konzernjahresüberschusses orientieren.

II. Charakterisierung der Konzernbilanzpolitik

1 Begriffliche Abgrenzung

Definitionen dienen der Sprachverständigung.[1] Es wäre daher geboten, für den zu bezeichnenden Sachverhalt eine bereits geprägte und allgemein anerkannte Definition zu übernehmen. Dies ist verständlicherweise jedoch nur dann möglich, soweit eine solche existent ist. Aber genau das ist für den Terminus Konzernbilanzpolitik nicht der Fall. In den wenigen bis jetzt erschienenen Beiträgen zur Konzernbilanzpolitik hat sich noch keine einheitliche Begriffsregelung

---

1 Vgl. SCHANZ, Methodologie, S. 35; CHMIELEWICZ, Forschungskonzeptionen, S. 49 ff. (insbes. S. 51). Speziell zum betriebswirtschaftlichen Politikbegriff s. HEINEN, Politikbegriff, S. 43 ff.

herausgebildet.[1] Deshalb ist es notwendig, hier eine eigene Definition zu erarbeiten.

Die vorzunehmende Definition soll sich an die für die Einzelbilanzpolitik vorgenommenen Begriffsbestimmungen anlehnen, da der Terminus Bilanzpolitik schon seit geraumer Zeit Bestandteil des betriebswirtschaftlichen Begriffsapparates ist. Allerdings wird auch der Begriff Bilanzpolitik nicht von allen Autoren übereinstimmend definiert.

Die überwiegende Anzahl der Autoren[2] versteht unter Bilanzpolitik die "bewußte und zweckorientierte"[3] Gestaltung der Bilanz bzw. des Jahresabschlusses durch Ausübung von Aktionsparametern zum Zweck, bestimmte Ziele zu erreichen. Diese grundlegende Definition wird nun verschiedentlich dahingehend modifiziert, daß Ziele der Bilanzpolitik mit in die Definition aufgenommen werden.[4] Dadurch erfährt der Anwendungsbereich der Definition aber in all den Fällen eine Einschränkung,

---

1 Eine umfassendere Definition der Konzernbilanzpolitik wurde -soweit ersichtlich- bisher nur von CLEMM/ WENZEL, Konzernbilanzpolitik, S. 341, veröffentlicht. "Bilanzpolitik ist die zweckorientierte ("politische") Gestaltung der gesetzlich und/oder satzungsmäßig geforderten Rechnungs- und Rechenschaftslegung durch Unternehmensleitungen gegenüber Unternehmenseignern (Gesellschaftern), Gläubigern, Arbeitnehmer (sic!), dem Fiskus u.a. Adressaten, und dies vor allem im Rahmen legaler Möglichkeiten". Diese Begriffsgrundlegung wollen Clemm/Wenzel wohl auf die Konzernbilanzpolitik beziehen, da die Definition unter dem Oberpunkt "Wesen und Zweck der (Konzern-) Bilanzpolitik" aufgeführt wird. Die Begriffe "Bilanzpolitik", "Unternehmensleitungen" und "Unternehmenseigner" sollen dementsprechend wohl auch auf den Konzern und die Konzernbilanzpolitik bezogen sein.

2 Vgl. etwa MELLEROWICZ, Unternehmenspolitik, S. 190; LUDEWIG, Bilanzpolitik, S. 50; GRÄFER, Ziele, S. 353; ders., Bilanzpolitik, S. 217; HEINHOLD, Bilanzpolitik, S. 388; KRAWITZ, Bilanzpolitik, S. 3.

3 LUDEWIG, Bilanzpolitik, S. 50.

4 Vgl. etwa SIEBEN/MATSCHKE/KÖNIG, Bilanzpolitik, Sp. 225; OSSADNIK, Bilanzpolitik, S. 558, die das bilanzpolitische Ziel der Adressatenbeeinflussung mit in die Definition der Bilanzpolitik aufnehmen.

in denen nicht alle potentiellen Ziele der Bilanzpolitik in die Definition integriert werden. Eine solche Einschränkung des Bedeutungsinhaltes der Konzernbilanzpolitik wird hier nicht angestrebt.

Konzernbilanzpolitik soll dementsprechend unter Rückgriff auf die grundlegende Definition der Bilanzpolitik wie folgt definiert werden:

> Konzernbilanzpolitik ist die zielorientierte Ausgestaltung des Konzernabschlusses mittels Einsatzes der bei der Aufstellung des Konzernabschlusses existenten Aktionsparameter.

Welche Ziele im Rahmen der Konzernbilanzpolitik verfolgt werden können, wird im Gliederungspunkt III.3 in diesem Kapitel untersucht werden.

Die Begriffswahl "Konzernbilanzpolitik" ist insoweit ungenau, als nicht nur die Konzernbilanz, sondern auch die Konzern-GuV und der Konzernanhang Objekte der Konzernbilanzpolitik sind. Dementsprechend müßte richtigerweise von Konzernabschlußpolitik gesprochen werden. Wenn in dieser Arbeit dennoch der Begriff Konzernbilanzpolitik verwendet wird, ist der Grund dafür ausschließlich darin zu sehen, daß es sich bei dem Begriff der Bilanzpolitik um einen seit geraumer Zeit in der Betriebswirtschaftslehre feststehenden terminus technicus handelt.[1] Auch in den wenigen bis jetzt speziell zur Politik im Konzernabschluß erschienenen Beiträgen wird ausnahmslos der Begriff Konzernbilanzpolitik verwendet.[2] Abschließend ist noch zu klären, ob als Mittel der Konzernbilanzpolitik auch solche anzusehen sind, die gegen geltende Rechtsnormen verstoßen. Vom Begriff her könnte Konzernbilanzpolitik

---

1 Vgl. zu diesem Begriffsverständnis auch bereits BOUFFIER, Bilanzpolitik, Sp. 1145.

2 Vgl. CLEMM/WENZEL, Konzernbilanzpolitik, S. 341 ff.; MEYER, Konzern-Bilanzpolitik, S. 471 ff.; SIELAFF, Bilanzpolitik, S. 230 ff.; VODRAZKA, Bilanzpolitik, Sp. 924 f.

durchaus solche Maßnahmen miteinschließen.[1] Es kann (allerdings) als herrschende Auffassung angesehen werden, "daß sich Bilanzpolitik bei der Wahl ihrer Mittel nicht über die gesetzlichen Bilanzierungsvorschriften hinwegsetzen darf."[2] Die insbesondere von Sandig[3] vertretene gegenteilige Ansicht konnte sich nicht durchsetzen.[4] Auch im Rahmen dieser Arbeit werden, der h.M.[5] folgend, nur die legalen Mittel zu den konzernbilanzpolitischen Maßnahmen gezählt. Bilanzmanipulationen bzw. Bilanzfälschungen[6] sind definitionsgemäß nicht Bestandteil der Konzernbilanzpolitik.

2 Konzernbilanzpolitik als Bestandteil der Konzernpolitik

Konzernbilanzpolitik wird nicht um ihrer selbst Willen betrieben, ist mithin nicht Selbstzweck.[7] Ebenso wie die Bilanzpolitik ist die Konzernbilanzpolitik keine originäre, sondern eine derivative Politik.[8] Sie ist ein Bestandteil der übergeordneten Konzernpolitik.

1 Vgl. LÜCKE, Bilanzstrategie, S. 2287.
2 WÖHE, Bilanzierung, S. 58. Hervorhebungen im Original wurden weggelassen. Klammerzusatz vom Verfasser.
3 Vgl. SANDIG, Betriebswirtschaftspolitik, S. 267. Sandig folgend: MOXTER, Bilanzpolitik, S. 449.
4 Auf eine Aufzählung der hierfür ausschlaggebenden Gründe soll verzichtet werden, um den Ablauf der Untersuchung nicht unnötig auszuweiten. Vgl. zu den Gründen z.B. HARDER, Bilanzpolitik, S. 53-56; WÖHE, Bilanzierung, S. 58 f.
5 Vgl. auch WEBER, Bilanzpolitik, Anm. 196, der in diesem Zusammenhang sogar von 'richtig verstandener' Bilanzpolitik spricht.
6 Siehe hierzu ausführlich, MARKER, Bilanzfälschung.
7 Die gleiche Auffassung vertritt hinsichtlich des Einzelabschlusses bspw. NETH, Berechnung, S. 13.
8 Vgl. die entsprechende Ausführung hinsichtlich des Einzelabschlusses bei MELLEROWICZ, Unternehmenspolitik, S. 197.

Im Einzelabschluß wird die Bilanzpolitik prinzipiell den betrieblichen Teilpolitiken untergeordnet.[1] Als solche übergeordnete Teilpolitiken werden die Finanz- und die Publizitätspolitik herausgestellt.[2] Ziel der Finanzpolitik ist es, die Zahlungsfähigkeit der Unternehmung zu jedem Zeitpunkt zu gewährleisten, sowie unter Beachtung dieser Bedingung eine möglichst hohe Verzinsung des im Unternehmen vorhandenen Kapitals zu erzielen.[3] Dieses Ziel kann mit der Konzernbilanzpolitik nicht erreicht werden, da der Konzernabschluß keine Zahlungsbemessungsfunktion aufweist. Damit bliebe noch die Publizitätspolitik als eine der Konzernbilanzpolitik übergeordnete Teilpolitik.

Unter Publizitätspolitik wird üblicherweise verstanden, durch Mitteilungen die Öffentlichkeit für das Unternehmen zu gewinnen.[4] Prinzipiell wäre auch eine Unterordnung der Konzernbilanzpolitik unter die Publizitätspolitik des Konzerns möglich, da die mit der Konzernrechnungslegung bezweckte Informationsvermittlung als Teilaufgabengebiet der Publizitätspolitik anzusehen ist. Auf diese Unterordnung soll hier aber verzichtet werden, da die verfolgbaren Ziele der Teilpolitik 'Konzernbilanzpolitik' komplex und nicht alle der Informationsfunktion zurechenbar sind. Außerdem ist die Einteilung in Finanz- und Publizitätspolitik als Zuordnungsgruppen der Bilanzpolitik weder abschließend noch überschneidungsfrei.[5] So führt bspw. Neth im Rahmen der Darstellung der "Bilanzpolitik als Teil der Finanzpolitik"[6] aus: "Um den Aktionsparameter Außenfinanzierung einsetzen zu können, bedarf es unter

1 Vgl. etwa NETH, Berechnung, S. 13-16; HARDES, Erfolsausweisplanung, S. 18 f.; BÖRNER/KRAWITZ, Steuerbilanzpolitik, S. 22-26; SCHULTE, Bilanzpolitik, S. 6-18; FREIDANK, Bilanzpolitik, S. 337.

2 Zu den betrieblichen Teilpolitiken im einzelnen s. BUSSE von COLBE/PERLITZ, Unternehmenspolitik, S. 150-152.

3 Vgl. auch NETH, Berechnung, S. 13.

4 Vgl. HUNDHAUSEN, Publizität, S. 26.

5 Gl. A. BAUER, Rechnungspolitik, S. 96.

6 NETH, Berechnung, S. 13.

anderem eines guten Rufs der Gesellschaft als Kapitalnehmer. Im Interesse der Kurspflege oder zur Wahrung des Unternehmenskredits und der vertrauenserweckenden Solidität der Geschäftsgebarung kann die Unternehmensleitung bestrebt sein, die Gewinnausschüttungen langfristig stabil zu halten."[1]

Dieses Ziel wäre aber eben so gut der Publizitätspolitik zurechenbar. Das Beispiel macht deutlich, daß es Fälle gibt, in denen eine eindeutige Unterordnung bilanzpolitischer Ziele unter eine unternehmerische Teilpolitik nicht möglich ist.

Die Konzernbilanzpolitik stellt mithin eine eigenständige Teilpolitik der Konzernpolitik dar. Hier ergibt sich aber insoweit ein Problem, als die Konzernpolitik bis heute erst wenig erforscht ist. Obwohl Langenegger[2] bereits 1967 eine erste umfassende Arbeit zur Konzernpolitik vorgelegt hat, sind bis jetzt erst sehr wenige Veröffentlichungen zu diesem Themenkreis erschienen.[3] So wird in neuerer Zeit verstärkt darauf hingewiesen, daß bis heute eine Theorie des Konzerns vollkommen fehlt.[4] Dies ist um so überraschender, aber gleichzeitig auch bedauerlich, als der Konzern immer mehr zu einer wesentlichen Organisationsform des wirtschaft-

---

1 NETH, Berechnung, S. 14.

2 Vgl. LANGENEGGER, Konzernunternehmungspolitik.

3 Zu diesen wenigen Veröffentlichungen zählt bspw. SIGLE, Konzerngestaltungspolitik, S. 313 ff. Hier bietet sich nach Ansicht des Verfassers ein weitgestecktes Feld für Forschungsarbeiten. Es gilt weitere Konzernteilpolitiken sowie darüber hinaus noch übergreifend eine Theorie des Konzerns zu entwikkeln.

4 Vgl. etwa ORDELHEIDE, Konzern, S. 293; ders., Konzernerfolg, S. 496; ders., Konzernerfolgskonzeptionen, S. 983; THEISEN, Konzernunternehmungslehre, S. 279 ff.

lichen Handelns wird.[1] Der unzureichende Kenntnisstand auf dem Gebiet der Konzernpolitik bedeutet auch, daß die Ziele der Konzernpolitik bisher wenig erforscht geblieben sind. In Anlehnung an die Unternehmungspolitik wird man aber davon ausgehen können, daß auch bei der Konzernpolitik die Gewinnerwirtschaftung und die Existenzsicherung die elementaren Ziele darstellen.[2]

Die Übertragung des elementaren Ziels der Existenzsicherung auf die Konzernpolitik ist aber insoweit problematisch, als es schwierig ist, die Einheit Konzern zu bestimmen. Würde man als Konzern in diesem Sinne die Summe aus Mutter- und Tochterunternehmen annehmen, hätte das Ziel der Existenzsicherung des Konzerns wenig praktische Bedeutung, da bei (großen) Konzernen sich Anzahl und Zusammensetzung der Tochterunternehmen oftmals verändern. Aus diesem Grund soll das Existenzsicherungsziel auf das Mutterunternehmen beschränkt werden.

III. Ziele der Konzernbilanzpolitik

1 Zur Vorgehensweise

In den wenigen Literaturbeiträgen, die bis jetzt zur Konzernbilanzpolitik erschienen sind, werden die Ziele der Konzernbilanzpolitik nicht analysiert oder allenfalls nur ganz am Rande gestreift.[3] Soweit dennoch im Einzelfall Aussagen zu Zielen der Konzernbilanzpoltik gemacht werden, erscheinen diese wenig erklärend und

---

1 Zur wirtschaftlichen Bedeutung der Organisationsform "Konzern", vgl. ORDELHEIDE, Konzern, S. 293-297; THEISEN, Konzernunternehmungslehre, S. 279.

2 Zu den elementaren Zielen der Unternehmenspolitik vgl. FREIDANK, Bilanzpolitik, S. 337. Zu weiteren verfolgbaren Zielen s. HEINEN, Zielsystem, S. 59-82.

3 Vgl. MEYER, Konzern-Bilanzpolitik, S. 472 f.; VODRAZKA, Bilanzpolitik, Sp. 924 f.; MATTES, Bilanzpolitik, S. 71; SIELAFF, Bilanzpolitik, S. 247-249.

darüber hinaus in ihrer allgemeinen Form auch kaum zutreffend. Bezeichnend hierfür sind die pauschalen Ausführungen von Pfleger: "Ein Unternehmensverbund, der einen Konzernabschluß aufstellt, kann dabei hinsichtlich der bilanzpolitischen Zielsetzungen von sehr unterschiedlichen Grundpositionen ausgehen: Entweder wird versucht, im Konzernabschluß ein zahlenmäßig großes, imponierendes Gebilde darzustellen, oder aber man ist bestrebt, möglichst viel von der wahren Größe zu verbergen, um unbehelligt seinen Geschäften nachzugehen."[1] Wie die weitere Untersuchung zu den konzernbilanzpolitischen Zielen zeigen wird, ist weder die eine noch die andere von Pfleger genannte Grundposition in dieser Allgemeinheit als konzernbilanzpolitisches Ziel anzusehen. Lediglich den, wenn auch nur kurzen, Ausführungen von Clemm/Wenzel lassen sich einige skizzenhaft dargestellte Basiselemente konzernbilanzpolitischer Ziele entnehmen. Im einzelnen führen sie aus: "Sie (die Konzernbilanzpolitik; der Verf.) beabsichtigt vielmehr darüber hinaus häufig eine gewisse Färbung der im Rahmen der Rechnungslegung zu gebenden Informationen mit Rücksicht auf vermutliche (Über-) Reaktionen einzelner oder aller Adressaten (-Gruppen). Bilanzpolitik geht insoweit von der realistischen Annahme aus, daß die öffentliche Rechnungs- und Rechenschaftslegung auch ein Akt der "public relations" ist und damit Einfluß auf die Kreditwürdigkeit und das Ansehen des Unternehmens und vor allem auch seines Managements hat."[2]

Bevor nun im folgenden versucht werden soll, konzernbilanzpolitische Ziele zu entwickeln, ist es zuallererst notwendig, den Begriff "Ziel" zu klären. In der Literatur hat sich bis jetzt keine einheitliche Begriffsauffassung herausgebildet. Es erscheint wenig sinnvoll, diesen Definitionen eine weitere hinzuzufü-

1 PFLEGER, Bilanzpolitik, Anm. 156.
2 CLEMM/WENZEL, Konzernbilanzpoltik, S. 341. Die Autoren sprechen hier von "Bilanzpolitik" und "Unternehmen", gemeint ist aber wohl die Konzernbilanzpolitik und der Konzern.

gen.[1] Vielmehr soll auf die von Kupsch verwendete Definition zurückgegriffen werden, da sie sich für die Aufgabenstellung dieser Arbeit als geeignet erweist. Diese Zieldefinition lautet: "Ziele stellen Aussagen über erwünschte Zustände dar, die als Ergebnis von Verhaltensweisen eintreten sollen."[2]

Die einzelnen Zielinhalte werden durch Deduktion abgeleitet. Die Deduktion ist ein sehr gebräuchliches Verfahren zur Ermittlung von Aussagen im Rechnungswesen.[3] Auch auf dem Gebiet der Konzernrechnungslegung wird in aller Regel auf das Deduktionsverfahren zurückgegriffen.[4] Bei der Deduktion handelt es sich um ein Verfahren, bei dem "von allgemeinen Sätzen mit höherem Informationsgehalt auf logisch implizierte Sätze mit einem niedrigeren Informationsgehalt in der Weise geschlossen (wird), daß die logischen Beziehungen zwischen den Sätzen analysiert, hergestellt und nachgewiesen werden."[5] Die konzernbilanzpoltischen Ziele sollen dementsprechend am Zweck des Konzernabschlusses, der Konzernpolitik und den Informationsinteressen der Konzernabschlußadressaten überprüft werden. Nicht unerwähnt bleiben soll aber das wesentliche Manko der Methode der Deduktion: Die Schlußfolgerungen können nicht "besser" sein als die Grundannahmen. Dies beinhaltet, daß bei Grundannahmen, die vage bzw. nicht an der

---

1 Vgl. bspw. die Zieldefinitionen bei HAUSCHILDT, Entscheidungsziele, S. 9; ders., Zielsysteme, Sp. 2419; HAMEL, Zielvariation, S. 740; WITTSTOCK, Zielsystem, S. 834; DINKELBACH, Ziele, S. 52.

2 KUPSCH, Unternehmungsziele, S. 15. Eine fast identische Definition verwendet ANDRÄ, Zielhierachie, S. 17.

3 Bereits 1975 hat SCHILDBACH, Analyse, Fußnote 42 auf S. 290-293, 44 Quellen nachgewiesen, in denen die Anwendung des Deduktionsverfahrens auf dem Gebiet des Rechnungswesens befürwortet wird.

4 Vgl. beispielhaft aus der neueren Literatur SCHINDLER, Kapitalkonsolidierung, insb. S. 71-111; PICK, Ausschüttungsregelung; MÜLLER, Währungsumrechnung, S. 95-126; SCHRUFF, Einflüsse, S. 48-77; HOPPE, Entwicklungen, insb. S. 15-60.

5 LEFFSON, GoB, S. 29 f.; Klammerzusatz v. Verf.

Realität überprüft sind, die Schlußfolgerungen eine entsprechend schlechte Qualität aufweisen.[1]

Scharf zu trennen von der Überprüfung ist die Ermittlung der konzernbilanzpolitischen Ziele. Die Ermittlung vollzieht sich im intuitiven Bereich.[2] Popper bezeichnet die Entwicklung von Ideen und Einfällen als "schöpferische Intuition."[3] Das Zustandekommen der Neuschöpfung entzieht sich der Nachvollziehung durch die Erkenntnislogik.[4]

Es muß daher mit aller Deutlichkeit darauf hingewiesen werden, daß diese "intuitive Schöpfung" impliziert, daß der erarbeitete Katalog von konzernbilanzpolitischen Zielen weder vollständig noch abschließend ist. Es wird allerdings versucht, diesen Nachteil durch eine entsprechend angepaßte Vorgehensweise zu begrenzen. So werden alle bis jetzt zur Einzelbilanzpolitik herausgearbeiteten Ziele auf ihre Übertragbarkeit auf die Konzernbilanzpoltik überprüft. Hierdurch wird die Ermittlung der konzernbilanzpolitischen Ziele zum Teil objektiviert. Zusätzlich wird versucht, die weiteren mit rationalem Verhalten vereinbaren konzernbilanzpolitischen Ziele zu eruieren. Dies kann aber nicht darüber hinwegtäuschen, daß die Anzahl verfolgbarer konzernbilanzpolitischer Ziele größer ist als diejenige der im Rahmen dieser Arbeit herausgearbeiteten Ziele. Insbesondere dann, wenn man die Prämisse des rationalen Verhaltens bei der Konzernbilanzpolitik aufgibt, sind eine Fülle weiterer konzernbilanzpolitischer Ziele denkbar. Es könnte dann beispielsweise konzernbilanzpolitisches Ziel sein, die Konzernbilanzpolitik mittels eines Zufallsgenerators zu betreiben.

---

1 Vgl. hierzu SCHILDBACH, Analyse, S. 35; SCHANZ, Methodologie, S. 48.
2 Vgl. POPPER, Logik, S. 6 f.; LEFFSON, GoB, S. 31.
3 POPPER, Logik, S. 7.
4 Vgl. ebenda, S. 6. Eine Nachvollziehung kann allenfalls von der Psychologie in Angriff genommen werden.

Weiterhin ist darauf hinzuweisen, daß es aufgrund der Heterogenität der einzelnen Ziele nicht möglich ist, ein oder mehrere allgemein gültige Ziele festzulegen, die für alle Konzerne gleichermaßen gelten.[1] Welche der entwickelten Ziele ein Konzern in concreto verfolgt, ist der individuellen Entscheidung der Entscheidungsträger vorbehalten.

Im Gliederungspunkt III.4 werden die Beziehungen zwischen den einzelnen Zielen aufgezeigt. Es wird dort untersucht werden, welche Relationen zwischen den einzelnen Zielen bestehen. Ohne den dort erzielten Ergebnissen im einzelnen vorgreifen zu wollen, kann an dieser Stelle in Bezug auf die individuelle Festlegung der Ziele angemerkt werden, daß bspw. die Verfolgung einiger Ziele die Verfolgung anderer Ziele logisch ausschließt, so daß aus dieser Sicht in Teilbereichen umfassendere Aussagen hinsichtlich der Verfolgung von konzernbilanzpolitischen Zielen gemacht werden können.

Die Anwendung des Wirtschaftlichkeitsprinzips auf die Konzernbilanzpolitik soll nicht als eigenständiges konzernbilanzpolitisches Ziel herausgestellt werden. Da das ökonomische Prinzip die gesamte unternehmerische Tätigkeit erfaßt, ist dieses dementsprechend auch auf die Konzernbilanzpolitik anzuwenden. Die Beachtung dieses Prinzips ist bei der Konzernbilanzpolitik jedoch besonders signifikant, da die Pflicht zur Konzernrechnungslegung primär nur Aufwendungen, aber keine - zumindest direkt zurechenbaren - Erträge verursacht. Alle konzernbilanzpolitischen Maßnahmen sind mithin also auch unter dem Wirtschaftlichkeitsprinzip zu betrachten.

---

1 Eine entsprechende Auffassung vertritt Krauß hinsichtlich der integrierten Handels- und Steuerbilanzpolitik. Vgl. KRAUSS, Handelsbilanzpolitik, S. 18 f.

2 Zielelemente

In diesem Gliederungspunkt sollen die elementaren Begriffe der Zieltheorie problemadäquat figuriert werden.[1] Dabei soll der von Hauschildt und Hamel entwikkelten Zerlegung des Begriffs "Ziel" in einzelne Zielelemente[2] gefolgt werden.[3]

Im einzelnen werden dort die folgenden Zielelemente aufgeführt:

- Zielobjekt
- Zielausprägung:
  - Zieleigenschaft
  - Zielmaßstab
  - Zielfunktion
- Zielartikulanden
- Zielzeit

Diese Begriffe werden nun inhaltlich bestimmt und in bezug auf die Konzernbilanzpoltik konkretisiert.

ZIELOBJEKT: "Das Zielobjekt bezeichnet die Art oder Gattung des angestrebten zukünftigen Zustands und stellt damit den Kern des Zielbegriffs dar, an den sich die übrigen Zielelemente anlehnen."[4]
Die Objekte der Konzernbilanzpolitik sind zum einen der Konzernabschluß an sich in Bezug auf die Aufstellungspflicht sowie zum anderen die einzelnen Konzernabschlußposten und damit zusammenhängend die Kennzahlen

---

1 Die gleiche Vorgehensweise wählen in ihrer Untersuchung z. B. BAUER, Rechnungspolitik, S. 107 ff.; KRAUSS, Handelsbilanzpolitik, S. 68 ff.

2 Z. T. wird in der Literatur anstatt des Begriffs "Zielelemente" der Begriff "Zieldimensionen" verwendet. Vgl. etwa HEINEN, Zielsystem, S. 59-89; ders., Ziele, S. 617-619.

3 Vgl. HAUSCHILDT, Artikulation, S. 551 ff.; ders., Entscheidungsziele, insbes. S. 7-16; HAMEL, Zielvariation, S. 748 f.; ders., Zieländerungen, S. 33-40. Andere Autoren nehmen teilweise eine andere Begriffsaufspaltung vor. HEINEN, Zielsystem, S. 59-89; ders., Ziele, S. 617-619, differenziert Zielinhalt, Zielauswahl und den zeitlichen Bezug. Ihm folgend: BIDLINGMAIER/SCHNEIDER, Ziele, Sp. 4735-4739.

4 HAMEL, Zielvariation, S. 748.

zum Konzernabschluß incl. des Konzernjahresüberschusses.

ZIELAUSPRÄGUNG: Durch die Zielausprägung wird das Zielobjekt im einzelnen präzisiert. Die Zielausprägung setzt sich aus den Zieleigenschaften, dem Zielmaßstab und der Zielfunktion zusammen.[1]

ZIELEIGENSCHAFTEN: "Sie sind als Vorschrift zu begreifen, welche Kriterien zur Bewertung von alternativen Lösungsmöglichkeiten heranzuziehen sind."[2] Anders formuliert sind die Zieleigenschaften diejenigen Eigenschaften der Zielobjekte, auf die sich "das Streben der Entscheidungsträger richtet".[3]
In Bezug auf die Konzernbilanzpolitik kommt als Zieleigenschaft insbesondere die Größe, also die Höhe des Konzernerfolges oder der Kennzahlen in Frage.[4] Die Aufstellungspflicht ist die Zieleigenschaft im Hinblick auf die Vermeidung der Aufstellung eines Konzernabschlusses.

ZIELMAßSTAB: "Zielmaßstäbe sind Vorschriften, die die Quantifizierung der Zieleigenschaften ermöglichen."[5]
Die Messung kann auf Kardinal-, Ordinal- oder Nominalskalen stattfinden.[6]
Die meisten Zieleigenschaften der Konzernbilanzpolitik, wie die Größe von Konzernerfolg und anderen Kennzahlen, können auf Kardinalskalen gemessen werden.

1 Vgl. HAMEL, Zielvariation, S. 748; ders., Zieländerungen, S. 36-38.
2 HAUSCHILDT, Entscheidungsziele, S. 11.
3 Ebenda.
4 Vgl. die entsprechenden Ausführungen hinsichtlich der Rechnungspolitik bei BAUER, Rechnungspolitik, S. 110.
5 HAUSCHILDT, Artikulation, S. 552; vgl. auch HAUSCHILDT, Entscheidungsziele, S. 12.
6 Vgl. HAUSCHILDT, Entscheidungsziele, S. 12 mit Hinweis auf HEINEN, Zielsystem, S. 116. Vgl. ferner KRAUSS, Handelsbilanzpolitik, S. 69 f.

ZIELFUNKTION: Zielfunktionen bestimmen die Ausmaße, "in denen die Zieleigenschaften angestrebt werden."[1] Die Zielfunktionen können grundsätzlich in drei verschiedene Grundformen differenziert werden: die Extremierung, die Satisfizierung und die Fixierung.[2] Die Extremierung beinhaltet das Streben nach höchstmöglicher Zielerreichung.[3] Diese Zielerreichung kann als Maximierung oder als Minimierung formuliert sein.[4] Bei der Satisfizierung richtet sich das Streben "auf das Übertreffen eines Grenzwertes"[5] bzw. das Erreichen eines bestimmten Anspruchsniveaus.[6] Fixierung bedeutet, daß sich das Streben " auf das Erreichen eines Grenzwertes, der nicht zugleich Extremwert ist"[7] richtet.
Bei der Konzernbilanzpolitik können grundsätzlich alle drei Formen von Zielfunktionen vorkommen. In aller Regel werden aber Satisfizierungsziele gegeben sein.

ZIELARTIKULANDEN: Als Zielartikulanden werden diejenigen Personen bezeichnet, die die Zielsetzung durchführen.[8] Im Rahmen der Konzernbilanzpolitik ist dies die Konzernleitung.

ZIELZEIT: Der "zeitliche Bezug"[9] eines Ziels kann entweder zeitraum- oder zeitpunktbezogen sein.[10] Da der Konzernabschluß auf einen bestimmten Stichtag hin aufzustellen ist, handelt es sich somit um zeitpunktbezo-

---

1 HAMEL, Zielvariation, S. 748. Vgl. ferner HAUSCHILDT, Entscheidungsziele, S. 12 f.
2 Vgl. BAUER, Rechnungspolitik, S. 111; HAUSCHILDT, Entscheidungsziele, S. 12.
3 Vgl. HAUSCHILDT, Entscheidungsziele, S. 12.
4 Vgl. etwa CHMIELEWICZ, Unternehmungsziele, Sp. 1606; ANDRÄ, Zielhierarchie, S. 109.
5 HAUSCHILDT, Entscheidungsziele, S. 12.
6 Vgl. auch BIDLINGMAIER/SCHNEIDER, Ziele, Sp. 4738.
7 HAUSCHILDT, Entscheidungsziele, S. 12.
8 Vgl. HAMEL, Zieländerungen, S. 34; HAUSCHILDT, Entscheidungsziele, S. 14-16; KRAUSS, Handelsbilanzpolitik, S. 64.
9 HEINEN, Ziele, S. 618; ders., Zielsystem, S. 85.
10 Vgl. HEINEN, Ziele, S. 618; BAUER, Rechnungspolitik, S. 113.

gene Ziele.[1] Für die Konzernbilanzpolitik kann allerdings nicht allgemein bestimmt werden, ob sich Ziele nur auf einen Zeitpunkt beziehen, also statischer Natur sind, oder ob sie für mehrere Zeitpunkte gelten, also mithin dynamischer Natur sind.[2] Diese Entscheidung bleibt grundsätzlich dem Einzelfall vorbehalten.

Damit ist die für die Zielentwicklung notwendige Grundlegung des Begriffsapparates vollzogen, so daß im nächsten Gliederungspunkt die eigentliche Zielentwicklung vorgenommen werden kann.

3 Zielentwicklung

3.1 Übertragung einzelbilanzpolitischer Ziele auf die Konzernbilanzpolitik

3.1.1 Einzelbilanzpolitische Ziele

3.1.1.1 Überblick

Da die Literatur zur Bilanzpolitik im Einzelabschluß einen schon sehr beträchtlichen Umfang erreicht hat, erscheint es zweckmäßig, die dort gemachten Aussagen in Tabellenform zusammengefaßt aufzuführen. Die entsprechende Tabelle findet sich im Anhang 1. Die tabellenförmige Zusammenfassung der bis jetzt in der Literatur herausgearbeiteten einzelbilanzpolitischen Ziele erscheint auch deswegen angebracht, weil die diversen Literaturbeiträge eine Vielzahl von Mehrfachnennungen enthalten.

Diese in der Literatur genannten Ziele lassen sich auf eine begrenzte Anzahl voneinander unterscheidbarer

1 Vgl. BAUER, Rechnungspolitik, S.113, der die gleiche Aussage für "die Handelsbilanz und ihre steuerlichen Ergänzungsrechnungen" trifft.
2 Vgl. ebenda.

Ziele reduzieren. Im folgenden werden diese exklusiven Ziele aufgeführt. Sie lassen sich in drei verschiedene Basisgruppen systematisieren:
- die finanzpolitischen Ziele,
- die publizitätspolitischen Ziele und
- die Ziele der Geschäftsleitung.

Diese so schlagwortartig charakterisierten Ziele werden dann durch exemplarisch ausgewählte Literaturaussagen präzisiert. Dabei wird auch gezeigt, daß ein Teil der als eigenständig behandelten bilanzpolitischen Ziele jeweils nur Konkretisierungen bzw. Einzelfallbeispiele bereits genannter Ziele sind.

Nachfolgend sollen nun die einzelnen bilanzpolitischen Ziele aufgeführt werden.

3.1.1.2 Finanzpolitische Ziele

1. Minimierung der Steuerlast: Als ein zentrales Ziel der Bilanzpolitik wird in der Literatur einhellig die Beeinflussung der Steuerlast angesehen. Der Jahresüberschuß soll so gestaltet werden, daß die daran direkt[1] und indirekt[2] anknüpfenden Steuerzahlungen minimiert werden. Als Zielfunktion wird dabei in aller Regel die Steuerbarwertminimierung zugrunde gelegt. Vereinfacht dargestellt bedeutet dies, daß der im mathematischen Sinne verstandene Betrag des Jahresüberschusses zu minimieren ist. Es handelt sich hierbei zwar primär um ein originäres Ziel der Steuerbilanzpolitik, da aber Handels- und Steuerbilanz über den Maßgeblichkeitsgrundsatz und dessen Umkehrung verknüpft sind, müssen

---

1 Das sind die Ertragsteuern: Einkommensteuer, Körperschaftsteuer und Gewerbesteuer.

2 Indirekt beinhaltet hier, daß einzelne Bilanz- und GuV-Posten maßgebend für die Vermögensaufstellung sind und damit die Gewerbekapitalsteuer, die Vermögensteuer und evtl. auch die Erbschaft- und Schenkungsteuer tangiert werden. S. hierzu ausführlich BAUER, Rechnungspolitik, S. 28-65.

viele steuerliche Wertansätze, insofern sie steuerlich anerkannt werden sollen, auch in der Handelsbilanz angesetzt werden. Dies impliziert, daß das Ziel der Steuerlastminimierung auf die Handelsbilanz durchschlägt.

2. Beeinflussung zivilrechtlicher Ansprüche: Dieser Begriff wurde von Harder geprägt.[1] In der Literatur wird oftmals auch der Begriff 'Gewinnermittlungspolitik' gebraucht.[2] Beide Begriffe werden hier synonym verwendet. Sie beinhalten die Zielsetzung der Jahresüberschußgestaltung zur Regulierung der Gewinnausschüttungen oder evtl. auch anderer an den Jahresüberschuß gebundener Zahlungsverpflichtungen.[3] Vodrazka weist zu Recht darauf hin, daß es nicht möglich sei, für die Gewinnermittlungspolitik Ziele allgemein abzuleiten.[4] Es wird allerdings i.d.R. angeführt, es sei ein bilanzpolitisches Ziel, in guten Jahren eine Ergebnisverringerung und in schlechten Jahren eine Ergebnisverbesserung durchzuführen.[5] Dies impliziert gleichzeitig eine Politik der Bildung und Auflösung von stillen Reserven.[6] Diese Politik der Bildung und Auflösung von stillen Reserven kann durchgeführt werden, um spezielle Subziele zu erreichen wie z.B. die Kapitalerhaltung, die Kapitalsicherung, die Kapazitätserweiterung, die Kapitalumschichtung, die Liquiditätsverbesserung sowie ausschüttungspolitische

1 Vgl. HARDER, Bilanzpolitik, S. 74. Auch MUTZE, Systematik, S. 109 verwendet diesen Begriff.
2 Vgl. z.B. VODRAZKA, Bilanzpolitik, Sp. 911 f.; OSSADNIK, Bilanzpolitik, S. 559.
3 Vgl. HARDER, Bilanzpolitik, S. 74 ff.; OSSADNIK, Bilanzpolitik, S. 559; FREIDANK, Bilanzpolitik, S. 338.
4 Vgl. VODRAZKA, Bilanzpolitik, Sp. 911 f.
5 Vgl. SIELAFF, Bilanzpolitik, S. 236 f.; GRÄFER, Ziele, S. 354 f.; ders., Bilanzpolitik, S. 218 f. Speziell zum Ziel der Ergebnisverbesserung bei schlechter Ertragslage s. BIGGE, Bilanzpolitik, S. 2529; von WYSOCKI, Bilanzpolitik, S. 44.
6 Zu den stillen Reserven s. ausführlich SCHMITZ, Reserven, S. 62 ff. m.w.N.

Ziele.[1] Ein weiterer Grund für die Gewinnregulierung kann auch sein, eine Politik der Dividendenkontinuität durchführen zu wollen. Schmidt hat empirisch gezeigt, daß Aktiengesellschaften in der Praxis häufig eine derartige Politik betreiben.[2]

Allerdings kann die Gewinnermittlungspolitik nicht völlig isoliert von den publizitätspolitischen Zielen der Bilanzpolitik gesehen werden. Wie noch zu zeigen sein wird, hat die Gestaltung des Jahresüberschusses auch Bedeutung für die publizitätspolitischen Ziele der Bilanzpolitik.

3.1.1.3 Publizitätspolitische Ziele

1. Publizitätsumfang: Hinsichtlich des Publizitätsumfangs können zwei Grundrichtungen differenziert werden:[3] die "Politik möglichster Nicht-Information"[4] und die Politik der Informationsoffenheit. Im ersten Fall ist das Unternehmen bestrebt, möglichst wenig Informationen zu veröffentlichen, im zweiten Fall dagegen erweist es sich als publizitätsfreudig.

In der Literatur werden in diesem Zusammenhang teilweise auch die von Harder geprägten Begriffe "Hang zur Offenheit" und "Hang zur Verschwiegenheit" benutzt.[5] Mit diesen Begriffen wird jedoch nicht nur - wie es hier der Fall sein soll - auf den Publizitätsumfang abgestellt. Harder versteht unter "Hang der Offenheit" die Absicht der Unternehmensleitung die betrieblichen Verhältnisse offenzulegen und unter dem "Hang der Verschwiegenheit" die Absicht der Unternehmsleitung

---

1 Vgl. KOTTKE, Bilanzstrategie, S.33-39; WÖHE, Bilanzierung, S. 703-715; HEINHOLD, Bilanzpolitik, S. 389-391.
2 Vgl. SCHMIDT, Bilanzpolitik.
3 Vgl. LÜCKE, Bilanzstrategie, S. 2288 f.; VODRAZKA, Bilanzpolitik, Sp. 915 f.
4 VODRAZKA, Bilanzpolitik, Sp. 915.
5 Vgl. HARDER, Bilanzpolitik, S. 94-130.

"betriebliche Tatbestände zu verheimlichen"[1] Diesem Begriffsverständis wird hier nicht gefolgt, da der von ihm erfaßte Inhalt z.T. Bestandteil des nachfolgend aufgeführten zentralen Ziels "Beeinflussung der Jahresabschlußinteressenten" ist.

Als spezieller Fall der "Politik möglichster Nicht-Information" kann das Ziel angesehen werden, bestimmte Größenkriterien zu unterschreiten und damit der Publizitätspflicht zu entgehen.[2]

2. Beeinflussung der Jahresabschlußinteressenten: Schon sehr früh wurde im Rahmen der bilanzpolitischen Diskussion als bilanzpolitisches Ziel die Beeinflussung der Jahrsabschlußinteressenten erkannt und als zentrales Ziel herausgestellt. So schrieb Le Coutre bereits 1954: "Bilanzpolitik bedeutet zunächst also Gestaltung der Bilanz an sich (Formgebung), um dadurch bei den Bilanzempfängern, seien sie Gesellschafter (Aktionäre), Gläubiger oder berufsmäßige Bilanzkritiker in Person der Wirtschaftsredakteure und Finanzschriftsteller, sowie Bank- und Börsenfachleute oder allgemein wirtschaftlich interessierte Bilanzleser, einen bestimmten Eindruck hervorzurufen."[3] Und Kofahl stellte 1956 fest: "Alle bilanzpolitischen Überlegungen beruhen daher auf den Erkenntnissen und Eindrücken, welche die Bilanzempfänger aus den ihnen vorgelegten Rechenschaftsberichten gewinnen sollen. Dementsprechend achtet der Bilanzpolitiker in erster Linie auf diejenigen Gesichtspunkte, welche beim Bilanzleser besondere Beachtung finden. Es sind dies hauptsächlich: der in der Bilanz ausgewiesene Gewinn oder Verlust und seine wesentlichen Elemente (Erfolgsquellen), die zur Verteilung stehende Dividende, der Vermögens- und Schuldenaufbau ..., das Verhältnis der langfristig gebundenen zu den kurzfristig

---

1 HARDER, Bilanzpolitik, S. 94.
2 Vgl. LÜCKE, Bilanzstragtegie, S. 2289; WEBER, Bilanzpolitik, S. 76; HEINHOLD, Bilanzpolitik, S. 391.
3 LE COUTRE, Bilanzpolitik, Sp. 633.

in (sic!) vestierten Vermögenswerten und Schulden ..., die Bindung an andere Unternehmen."[1]

Wie das letzte Zitat auch verdeutlicht, beinhaltet das Ziel der Beeinflussung der Jahresabschlußinteressenten sowohl eine Gestaltung des Jahresüberschusses als auch eine Gestaltung der Bilanzstrukturen resp. Bilanzkennzahlen. Kupsch weist allerdings darauf hin, daß diese Publizitätspolitik ungerichtet sei, d.h. die Konsequenzen einer derartigen Bilanzpolitik nur schwer voraussehbar seien.[2] Im Gliederungspunkt III.3.2.2 soll dennoch versucht werden, dieses bilanzpolitische Ziel anhand der Informationsinteressen der einzelnen Konzernkoalitionäre zu konkretisieren, wobei allerdings hier schon einzuräumen ist, daß keine allgemeingültigen Ziele im Zusammenhang mit der Beeinflussung der Jahresabschlußinteressenten aufstellbar sind. Es handelt sich dort insoweit nur um "Tendenzaussagen".

3.1.1.4 Ziele der Geschäftsleitung

1. Positive Darstellung der Managementleistung: Als ein weiteres zentrales Ziel der Bilanzpolitik wird in der Literatur die positive Darstellung der Managementleistung, die sich u.a. in einem guten Jahresüberschuß niederschlägt, angesehen. Le Coutre stellte dieses bilanzpolitische Ziel schon 1954 heraus: "Das Bestreben vieler Geschäftsleitungen geht dahin, möglichst jedes Jahr einen guten Erfolg auszuweisen, weil sie fürchten, ungleichmäßige, insbesondere hinter dem Vorjahr zurückbleibende Gewinne, schädigten ihr geschäftliches Ansehen und ihren Kredit."[3] Baetge/Ballwieser gehen sogar soweit, dieses als das vorrangige Ziel der Bilanzpolitik anzusehen. "Im folgenden gehen wir davon aus, daß

---

1 KOFAHL, Bilanzierungspolitik, S. 543 f.
2 Vgl. KUPSCH, Bilanzierung, S. 17. Ähnlich bereits VODRAZKA, Bilanzpolitik, Sp. 911 f.
3 LE COURTE, Bilanzpolitik, Sp. 636. Ähnlich: LE COUTRE, Bilanzpolitik 1959, S. 135 f.

handelsrechtliche Bilanzpolitik vorwiegend der Umgehung von Kontrollmöglichkeiten Externer dient, um der Unternehmensleitung eine weitgehend unangefochtene Position gegenüber dem Kontrollorgan zu geben. Man kann dieses Zielkriterium kurz als die Minimierung externer Kontrollen bezeichnen".[1] Dieses Spannungsverhältnis von Unternehmensleitung und Aufsichtsgremien und insbesondere den Eigentümern wird auch als principle-agent-Konflikt oder als Eigner-Manager-Konflikt bezeichnet.[2] In Bezug auf die Informationsvermittlung und hier v.a. in Form von Jahres- und Konzernabschlüssen bedeutet dies, daß die Manager versuchen, einen positiven Bericht über ihre Leistung abzugeben. Um dies zu erreichen, versuchen sie Fehldispositionen zu kaschieren und einen Verlustausweis zu vermeiden.[3] Sehr treffend und äußerst lesenswert charakterisiert worden ist die bilanzpolitische Zielsetzung des Managements in einer in 1985 in der Zeitschrift "Die Wirtschaftsprüfung" erschienenen Satire.[4]

Schmidt hat empirisch überprüft und bestätigt, daß das Management eine Bilanzpolitik der Gewinnglättung betreibt.[5] Mit Gewinnglättung bezeichnet er dabei die Beeinflussung des Jahresüberschusses in der Weise, "daß die Schwankungen des veröffentlichten Gewinns um einen bestimmten Soll- oder Normalwert bewußt minimiert werden und es zum Ausweis von konstanten oder konstant wachsenden Gewinnen kommt."[6] Das Gewinnglättungsziel kann somit verschiedene Ausprägungen haben.[7] Es können bspw. der "Gewinn der Vorperiode"[8], "Sollgewinne mit

---

1 BAETGE/BALLWIESER, Bilanzpolitik, S. 522.
2 Vgl. hierzu SCHILDBACH, Jahresabschluß, S. 72-74; RIDDER-AAB, Aktiengesellschaft, S. 76-83.
3 Vgl. MOXTER, Publizitätsvorschriften, S. 106 f.
4 Vgl. HAKELMACHER, Rechnungslegung, S. 104 ff.
5 Vgl. SCHMIDT, Bilanzpolitik, S. 166 f. Ebenso: HALBINGER, Erfolgsausweispolitik, S. 73-75.
6 Vgl. SCHMIDT, Bilanzpolitik, S. 58.
7 Vgl. ebenda, S. 62-64 und S. 145-152.
8 Ebenda, S. 146.

unternehmungsspezifischen Wachstumsannahmen"[1] und "Sollgewinne mit branchendurchschnittlichen Wachstumsannahmen"[2] zugrunde gelegt werden.

Dieses Ziel der Bilanzpolitik kann allerdings in Ausnahmesituationen eine andere Ausrichtung aufweisen. Bei einem Wechsel im Topmanagement bspw. kann es Ziel des neuen Managements sein, im ersten Jahresabschluß nach der Managementübernahmne durch die Ausnutzung bilanzpolitischer Maßnahmen einen geringen Gewinn oder auch einen Verlust auszuweisen, um diesen noch dem Verantwortungsbereich des alten Managements zuzuschieben und gleichzeitig damit die Basis für eine künftige positive Gewinnentwicklung zu legen, da die künftigen Jahreserfolge von diesen durch bilanzpolitische Maßnahmen vorverlagerten Aufwandsbestandteilen befreit sind.[3] Beim Vorliegen eines Übernahmeangebotes kann es bilanzpolitisches Ziel des Managements sein, eine Verbesserung des Gewinnes zu erreichen, der (evtl.) zu Kurssteigerungen führt, " die Übernahme der Gesellschaft verteuern oder den Widerstand der alten Aktionäre gegen das Übernahmeangebot verstärken"[4] kann und damit wichtig ist für die Erhaltung der Position des alten Managements.[5] [6]

2. Möglichst objektive Abbildung des Unternehmens: In der Literatur wird vereinzelt darauf hingewiesen, daß

---

1 SCHMIDT, Bilanzpolitik, S. 147.
2 Ebenda, S. 150.
3 Vgl. ebenda, S. 29 f.; HAUSCHILDT, Bilanzanalyse, S.662; PFLEGER, Bilanzpolitik, Anm. 8.
4 SCHMIDT, Bilanzpolitik, S. 31.
5 Vgl. ebenda.
6 Die beiden weiteren bei Schmidt aufgeführten situationsbezogenen bilanzpolitischen Ziele (bilanzpolitische Ziele des Managements 1. bei Unternehmungszusammenschlüssen und 2. "bei der Kapitalbeschaffung auf dem Euro-$-Markt" (SCHMIDT, Bilanzpolitik, S. 34) können als Konkretisierung des allgemeinen Ziels des Managements, einen guten Erfolg auszuweisen, angesehen werden. Vgl. SCHMIDT, Bilanzpolitik, S. 33-35.

es Ziel der Bilanzpolitik sein kann, das tatsächliche Vermögen und den tatsächlichen Erfolg auszuweisen.[1] Theoretisch ist dieses Ziel allerdings unerreichbar. Innerhalb der mit den einzelnen Aktionsparametern und hier insbesondere den Spielräumen[2] verbundenen Wertintervallen gibt es nicht den "richtigen Wert".[3] Es gibt nur Werte, die mit mehr oder weniger großer Wahrscheinlichkeit zutreffen.

Rückle führt zu diesem Ziel aus: "Diese Zielsetzung beschreibt jedoch die Grundsatzentscheidung des Bilanzierenden, nach bestem Wissen auf Bilanzpolitik (Beeinflussung) zu verzichten, und kann daher nur als Gegensatz zur Grundsatzentscheidung der Durchführung der Beeinflussung verstanden werden".[4] Diese Aussage macht transparent, daß, wenn Bilanzpolitik mit einer Politik der Verhaltensbeeinflussung gleichgesetzt wird, es sich bei dem o.a. Ziel nicht um ein bilanzpolitisches handeln kann. Aber selbst dann, wenn man unter dem Begriff Bilanzpolitik allgemein nur die Entscheidung über Aktionsparameter versteht, wird doch deutlich, daß dieses Ziel vollkommen konträr zu dem Ziel einer Verhaltensbeeinflussung der Jahresabschlußadressaten ist.

3.1.2 Transformation in konzernbilanzpolitische Ziele

Im vorhergehenden Gliederungspunkt 3.1.1 wurde aufgezeigt, welche bilanzpolitischen Ziele im Einzelabschluß existieren. Hinsichtlich der Gültigkeit dieser Ziele besteht im Schrifttum grundsätzlich Konsens. Es ist nun zu prüfen, inwieweit diese Ziele auf die Konzernbilanzpolitik übertragbar sind. Diese

---

1 Vgl. BOUFFIER, Bilanzpolitik, Sp. 946 ff.
2 Zum Begriff vgl. Gliederungspunkt IV.1.1.3 in diesem Kapitel.
3 Vgl. auch SIEBEN/HAASE, Jahresabschlußrechnung, S. 82.
4 RÜCKLE, Steuerbilanzpolitik, S. 207.

Vorgehensweise bietet sich deshalb an, weil Einzel- und Konzernabschluß viele Gemeinsamkeiten aufweisen. Beiden Abschlüssen ist als Aufgabe die Information von Externen gestellt. Einige Autoren[1] vertreten sogar die Ansicht, Einzel- und Konzernabschluß erfüllten die gleichen Funktionen. Diese Auffassung ist allerdings zu weitgehend, da nur dem Einzelabschluß als weitere Aufgabe die Ausschüttungsbemessungsfunktion[2] zukommt.[3] Die grundsätzliche Ähnlichkeit von Einzel- und Konzernabschluß wird aber besonders deutlich, wenn man sich vergegenwärtigt, wie ein Konzernabschluß aufgestellt wird. Denn der Konzernabschluß ist nichts anderes als die Summierung von Einzelabschlüssen modifiziert um Konsolidierungsmaßnahmen.

Die Frage, ob die oben aufgeführten einzelbilanzpolitischen Ziele auch auf die Konzernbilanzpolitik anzuwenden sind, wird anhand des Kriteriums überprüft, ob die Konzernrechnungslegung keine der Übernahme von einzelbilanzpolitischen Zielen entgegenstehenden Fakten mit sich bringt. Ergeben sich Gründe, die gegen eine Übertragung des einzelbilanzpolitischen Ziels auf die Konzernbilanzpolitik sprechen, haben diese - nach entsprechender Abwägung - zur Folge, daß das so überprüfte einzelbilanzpolitische Ziel nicht als konzernbilanzpolitisches anerkannt werden kann. Im anderen Fall, wenn also keine Gründe erkennbar sind, die gegen eine Übernahme des einzelbilanzpolitischen Zieles sprechen, ist das so überprüfte Ziel als konzernbilanzpolitisches Ziel zu übernehmen. Nachfolgend sollen nun die jeweiligen einzelbilanzpolitischen Ziele auf ihre Übertragbarkeit auf die Konzernbilanzpolitik überprüft werden.

---

1 Vgl. WP-HANDBUCH 1985/86, Bd. II, S. 291; GRETTER, Konzernerfolg, S 21; KERN, Abbildung, S. 28 f.; ZOGG, Konzernabschluß, S. 43; SCHATZMANN, Grundlagen, S. 18.

2 Vgl. zu den Rechnungslegungszwecken des Einzelabschlusses BAETGE, Rechnungslegungszwecke, S. 11 ff.

3 Vgl. MÜLLER, Währungsumrechnung, S. 44.

I. Finanzpolitische Ziele

I.1 Minimierung der Steuerlast: Dieses einzelbilanzpolitische Ziel findet keine Entsprechnung bei der Konzernbilanzpolitik. Wie in Gliederungspunkt I. in diesem Kapitel aufgeführt, hat der Konzernabschluß nur eine Informationsfunktion, materielle Konsequenzen können aus ihm nicht abgeleitet werden. Insbesondere dient er nicht als Besteuerungsgrundlage. Nicht unerwähnt soll aber bleiben, daß sich hier in, wenn auch nicht in allzu naher, Zukunft eine Änderung ergeben könnte. Denn im Fachschrifttum wird zunehmend gefordert, den Konzernabschluß resp. den Konzernjahresüberschuß als Besteuerungsgrundlage zu verwenden,[1] da die konzerngebundene (Kapital-) Gesellschaft zunehmend als der Normalfall in der bundesdeutschen Unternehmenslandschaft anzusehen ist.[2] Zudem sind bislang in der Literatur schon einige vielversprechende Ansätze zur Lösung des Problemkomplexes der Besteuerung des Konzernerfolges erschienen.[3]

I.2 Beeinflussung zivilrechtlicher Ansprüche: Grundsätzlich ist auch dieses einzelbilanzpolitische Ziel nicht auf die Konzernbilanzpolitik übertragbar. Wie oben bereits ausgeführt wurde, weist der Konzernabschluß keine Ausschüttungsbemessungsfunktion auf. Er ist damit auch nicht Basis für Gewinnausschüttungen. Dennoch ist in neuerer Zeit zu konstatieren, daß dem Konzernjahresüberschuß auf privatrechtlicher Basis in einigen Ausnahmefällen eine begrenzte Ausschüttungsbemessungsfunktion zuerkannt wird. So wurden bei der Klöckner & Co. KGaA und bei der Bertelsmann AG Genußscheine ausgegeben, deren Bedienung an den Konzernjah-

---

1 Vgl. BUSSE von COLBE, Rechnungslegungsvorschriften, S. 126. Vgl. auch die Literaturzusammenstellung bei RUPP, Ertragsbesteuerung, S. 43 ff.
2 Vgl. ORDELHEIDE, Konzern, S. 294 f.; ders., Konzernerfolgskonzeptionen, S. 975.
3 Vgl. z.B. BÖHM, Konzerngewinn; RUPP, Ertragsbesteuerung, S. 212 ff.

resüberschuß geknüpft ist.[1] Auch in der Literatur wird seit geraumer Zeit gefordert, den Konzernabschluß bei der Gewinnverwendung im Konzern zu berücksichtigen.[2] Insgesamt aber ist festzustellen, daß derzeit grundsätzlich keine konzernbilanzpolitischen Ziele existent sind, die sich auf die Ausschüttungsbemessungsfunktion beziehen. Lediglich in den seltenen Ausnahmefällen, in denen auf privatrechtlicher Basis Ausschüttungen an den Konzernabschluß geknüpft sind, können sich ausschüttungsbezogene, konzernbilanzpolitische Ziele ergeben. Regelmäßig werden diese wohl so ausgestaltet sein, daß versucht wird, einen Konzernjahresüberschuß auszuweisen, der Ausschüttungen ermöglicht, die den Anforderungen der betreffenden Konzernkoalitionsteilnehmer mindestens entspricht, gleichzeitig aber die Konzernselbstfinanzierung nicht zu stark belastet. Im folgenden sollen jedoch evtl. ausschüttungsbemessungsbezogene, konzernbilanzpolitische Ziele aufgrund der fehlenden gesetzlichen Kodifizierung einer Ausschüttungsbemessungsfunktion für den Konzernabschluß nicht berücksichtigt werden.

II. Publizitätspolitische Ziele

II.1 Publizitätsumfang: Die Informationsfunktion ist bei Einzel- und Konzernabschluß identisch. Da auch kein Grund ersichtlich ist, der gegen eine Übertragung auf die Konzernbilanzpolitik sprechen würde, handelt es sich somit auch um ein konzernbilanzpolitisches Ziel. Allerdings ist bei der Konzernbilanzpolitik nur das Ziel einer "Politik möglichster Nicht-Information" realisierbar. Mit dem Begriff "Politik möglichster Nicht-Information" wird das Ziel beschrieben, nur das gesetzlich vorgeschriebene Mindestmaß an Information der Öffentlichkeit zur Verfügung zu stellen. Die bei der Ein-

1 Vgl. BUSSE von COLBE, Gewinnverwendung, S. 65; MEILICKE, Genußschein, S. 1611.
2 Vgl. dazu neuestens: BUSSE von COLBE, Gewinnverwendung, S. 61 ff.

zelbilanzpolitik auch aufgeführte Zielrichtung der "Politik der Informationsoffenheit" kann (zumindest) bei der Konzernbilanzpolitik nicht hinreichend genug konkretisiert werden, da nicht allgemein quantifizierbar ist, welcher Publizitätsumfang mit dieser Zielrichtung verbunden ist. Das auch bei der Konzernbilanzpolitik anwendbare Ziel der Beschränkung der Informationsveröffentlichung auf das gesetzlich vorgeschriebene Mindestmaß involviert die Zielrichtung der Informationsoffenheit aber insoweit, als dessen Nichtverfolgung gleichzeitig bedeutet, daß ein Publizitätsumfang realisiert wird, der den gesetzlich vorgeschriebenen Mindestumfang überschreitet, und damit ein Schritt in Richtung Informationsoffenheit gegangen wird.

Die Verfolgung dieser Zielrichtung bedeutet insbesondere für die quasi-materiellen Aktionsparameter,[1] daß diese in Richtung einer Nichtinformation der Konzernabschlußinteressenten ausgeübt werden.

II.2 Unterschreitung bestimmter Größenkriterien: Auch dieses einzelbilanzpolitische Ziel ist auf die Konzernbilanzpolitik übertragbar. In § 293 HGB sind Größenkriterien genannt, bei - vereinfacht formuliert - deren Unterschreitung die Pflicht zur Aufstellung des Konzernabschlusses entfällt. Für Mutterunternehmen, die weder Kreditinstitute noch Versicherungsunternehmen sind,[2] sind in Absatz 1 von § 293 HGB als Größenkriterien die Bilanzsumme, die Umsatzerlöse und die Anzahl der Arbeitnehmer aufgeführt. Durch konzernbilanzpolitische Mittel beeinflußbar sind die Bilanzsumme und die

---

1 Zum Begriff vgl. ausführlich Gliederungspunkt VII.2.2.2.1 in diesem Kapitel.

2 Bei Kreditinstituten und bei Versicherungsunternehmen existiert jeweils nur ein Größenkriterium: Bei Kreditinstituten die Bilanzsumme (§ 293 Abs. 2 HGB); bei Versicherungsunternehmen "die Bruttobeiträge aus seinem gesamten Versicherungsgeschäft" (§ 293 Abs. 3 HGB). Auf diese speziellen Branchen wird im folgenden aber nicht näher eingegangen.

Umsatzerlöse, wobei hier schon angemerkt sei, daß wesentlich mehr konzernbilanzpolitische Möglichkeiten zur Beeinflussung der Bilanzsumme als zur Beeinflussung der Umsatzerlöse zur Verfügung stehen. Für Konzerne, die durch konzernbilanzpolitische Maßnahmen eine Unterschreitung der relevanten Schwellenwerte erreichen können, kann es konzernbilanzpolitische Zielsetzung sein, eben diese Unterschreitung anzustreben.

II.3 Beeinflussung der Jahresabschlußinteressenten: Dieses einzelbilanzpolitische Ziel ist auch auf die Konzernbilanzpolitik anzuwenden, da im Einzel- wie im Konzernabschluß die Informationsfunktion gleichermaßen gilt. Unbestritten ist, daß der Konzernabschluß als Informationsinstrument neben die Einzelabschlüsse der einzelnen Konzernunternehmen tritt.[1] Zur Konzernrechnungslegung nach HGB wird darüberhinaus oftmals sogar angenommen, daß der Konzernabschluß im Vergleich zu den Einzelabschlüssen und hier insbesondere zu dem Einzelabschluß des Mutterunternehmens das wichtigere Informationsinstrument darstellt.[2] Dies verdeutlicht, daß auf den Konzernabschluß, dessen alleiniger Zweck ja die Informationsfunktion ist, (erst recht) das Ziel anwendbar ist, mit dem Konzernabschluß eine Beeinflussung der Konzernabschlußinteressenten zu erreichen.[3]

---

1 Vgl. von WYSOCKI/WOHLGEMUTH, Konzernrechnungslegung, S. 21.

2 Vgl. BUSSE von COLBE, Gewinnverwendung, S. 63; ders., Rechnungslegungsvorschriften, S. 126. Als ein Indiz zur Bestätigung dieser These kann auch angesehen werden, daß in sehr vielen Geschäftsberichten der Konzernabschluß vor dem Einzelabschluß der Muttergesellschaft ausgewiesen wird. Zudem wird in Zwischen- oder Quartalsberichten von Mutterunternehmen z.T. nur noch der Konzernabschluß veröffentlicht.

3 Auf Besonderheiten, die sich aus dem Nebeneinander von Einzel- und Konzernabschluß ergeben, wird im nächsten Gliederungspunkt eingegangen.

III. Ziele der Geschäftsleitung

III.1 Positive Darstellung der Managementleistung: Für dieses Ziel gilt der gleiche Begründungszusammenhang wie für das vorgenannte Ziel. Auch dieses Ziel ist als konzernbilanzpolitisches Ziel anzusehen und zwar als Ziel der positiven Darstellung der Managementleistung der Konzernleitung. Der Einzelabschluß des Mutterunternehmens hat für den Nachweis der Managementleistung der Konzernleitung nur noch untergeordnete Bedeutung, da dieser zum einen durch konzerninterne Transaktions- und Thesaurierungsvorgänge verfälscht sein kann. Zum anderen gibt er nur einen unzureichenden Überblick über die wirtschaftliche Situation des Konzerns.[1] [2]

III.2 Möglichst objektive Abbildung des Unternehmens: Auch dieses Ziel kann bei der Aufstellung des Konzernabschlusses zur Anwendung kommen. Denn aus dem Zweck und den Vorschriften zur Konzernrechnungslegung läßt sich kein Grund herausschälen, der gegen eine Übernahme dieses Ziels auf die Konzernbilanzpolitik sprechen würde. Es sei allerdings nochmals darauf hingewiesen, daß dieses Ziel nur greifen kann, wenn man ein weitgestecktes Verständnis der Konzernbilanzpolitik zu Grunde legt, da dieses Ziel vollkommen konträr zum Ziel der Verhaltensbeeinflussung der Konzernabschlußinteressenten ist.

<u>IV. Zwischenergebnis:</u> Aus der Übertragung einzelbilanzpolitischer Ziele auf die Konzernbilanzpolitik läßt sich folgendes Fazit ziehen: Verfolgbare konzernbilanzpolitische Ziele sind:

- Publizierung nur des gesetzlich vorgeschriebenen Mindestumfanges

---

1 Vgl. dazu auch SCHRUFF, Einflüsse, S. 44 f.

2 Die Konzernbilanzsumme bspw. ist oftmals um ein vielfaches höher als die Bilanzsumme des Mutterunternehmens.

- Unterschreitung der relevanten Größenkriterien und damit Vermeidung der Aufstellungspflicht eines Konzernabschlusses
- Beeinflussung der Konzernabschlußinteressenten
- positive Darstellung der Managementleistung der Konzernleitung
- möglichst objektive Abbildung des Konzerns.

3.2 Deduktion weiterer konzernbilanzpolitischer Ziele

3.2.1 Ableitung aus der Konzernpolitik i.V.m. dem Zweck des Konzernabschlusses

3.2.1.1 Einführung

Die Konzernbilanzpolitik ist ein Teil der Konzernpolitik[1] und damit nicht Selbstzweck.[2] Sie dient zur Erreichung der oberen konzernpolitischen Ziele. Als solche wurden im Gliederungspunkt II.2 in diesem Kapitel die Gewinnerwirtschaftung im Konzern sowie die Existenzsicherung des den Konzernabschluß aufstellenden Mutterunternehmens angeführt.[3] Diese sind Basis der folgenden Überlegungen.

Es sind nun die konzernbilanzpolitischen Ziele herauszuarbeiten, durch die die Konzernbilanzpolitik zur Erreichung der übergeordneten konzernpolitischen

1 Vgl. dazu ausführlich im 2. Kapitel Gliederungspunkt II.2.
2 Zur entsprechenden Auffassung im Einzelabschluß vgl. NETH, Berechnung, S. 13.
3 Vgl. hierzu im 2. Kapitel Gliederungspunkt II.2. Vgl. hinsichtlich der entsprechenden Vorgehensweise im Einzelabschluß NETH, Berechnung, S. 13; FREIDANK, Bilanzpolitik, S. 337. Ansonsten findet in der Literatur zum Einzelabschluß vielfach keine Ableitung von bilanzpolitischen Zielen statt, sondern lediglich eine Aufzählung der Ziele und z.T. eine Verdeutlichung anhand von Beispielen. WEBER, Bilanzpolitik, S. 73-76, nimmt eine Ableitung der bilanzpolitischen Ziele aus den "Gesetzesvorgaben" vor.

Ziele beiträgt. Die Konzernbilanzpolitik kann nur im Rahmen ihrer Möglichkeiten zur Zielerreichung der Konzernpolitik beitragen. Diese Möglichkeiten der Konzernbilanzpolitik sind durch das Aufgabengebiet oder anders formuliert durch den Zweck des Konzernabschlusses beschränkt. Damit sind die konzernbilanzpolitischen Ziele nur aus dem Zweck des Konzernabschlusses im Hinblick auf die o.a. oberen konzernpolitischen Ziele abzuleiten. Im folgenden sollen nun einzelne konzernpolitische Ziele aus diesen Grundannahmen deduziert werden.

3.2.1.2. Reduzierung der Umsatzerlöse bzw. der Bilanzsumme zur Adaption an bestimmte gesetzliche Vorschriften

In den §§ 22, 23, 23a, 24 und 24a GWB werden an das Überschreiten des Größenkriteriums "Umsatzerlöse" bestimmte Konsequenzen geknüpft. Bei Kreditinstituten und Bausparkassen wird anstelle der Umsatzerlöse das Größenkriterium "Bilanzsumme" verwendet, bei Verischerungsunternehmen das Größenkriterium "Prämieneinnahmen". Da die Prämieneinnahmen nicht durch konzernbilanzpolitische Maßnahmen beeinflußbar sind, werden die Versicherungsunternehmen im Rahmen des hier zu untersuchenden Ziels nicht berücksichtigt.

In Bezug auf die Größenkriterien Umsatzerlöse und Bilanzsumme ist § 23 Abs. 1 Sätze 2 und 3 GWB einschlägig.[1] Alle anderen für das hier zu erarbeitende konzernbilanzpolitische Ziel relevanten Paragraphen des GWB beziehen sich auf diese Vorschrift. In § 23 Abs. 1

1 Eine vergleichbare Regelung befindet sich in § 6d Abs. 3 Nr. 1e EStG, der § 23 Abs. 1 GWB nachgebildet wurde.Vgl hierzu HERRMANN/HEUER/RAUPACH, Kommentar zum EStG, § 6d EStG, Anm. 105 f.; LADEMANN/SÖFFING /BROCKHOFF, Kommentar zum EStG, § 6d EStG, Anm. 66. § 6d EStG konnte jedoch nur noch bis zum 31.12.1987 angewendet werden.

Sätze 2 und 3 GWB wird aufgeführt, daß die Umsatzerlöse aller von § 17 und § 18 AktG erfaßten Unternehmen zusammenzufassen sind, soweit es sich bei dem betreffenden Unternehmen um ein Unternehmen im Sinne von § 17 oder § 18 AktG handelt. Umsatzerlöse aus Lieferungen und Leistungen zwischen den "zusammengerechneten" Unternehmen (Innenumsatzerlöse) dürfen[1] nicht berücksichtigt werden.

Die konzernbilanzpolitische Zielsetzung kann nun darin bestehen, die entsprechenden Umsatzerlöse soweit zu reduzieren, bis die relevanten Schwellenwerte unterschritten sind. Als Ansatzpunkte für solche Maßnahmen kommen

- die auszuweisenden Umsatzerlöse der einzelnen in die Zusammenrechnung einzubeziehenden Unternehmen,
- die Höhe der Innenumsatzerlöse und
- die Abgrenzung der in die Zusammenrechnung einzubeziehenden Unternehmen in Betracht.

An dieser Stelle soll aber bereits darauf hingewiesen werden, daß die konzernbilanzpolitischen Möglichkeiten zur Beeinflussung der Umsatzerlöse relativ gering sind. Lediglich hinsichtlich der Beeinflussung der Innenumsatzerlöse besteht ein Wahlrecht.[2]

Im einzelnen bezieht sich das Ziel der Reduzierung der Umsatzerlöse auf nachfolgend aufgeführte, gesetzlich kodifizierte Sachverhalte. Bei Kreditinstituten und Bausparkassen tritt, wie oben aufgeführt, an die Stelle der Umsatzerlöse die Bilanzsumme. Die entsprechenden Werte für die Bilanzsumme werden nachfolgend jeweils in Klammern angegeben. Als Besonderheit ist bei den Kreditinstituten und Bausparkassen noch zu beachten, daß diese von der (zusammengerechneten) Bilanzsumme die Wertansätze für die Beteiligungen an den verbundenen

1 Im GWB besteht ein Ansatzverbot für die Innenumsatzerlöse.

2 Vgl. dazu im 3. Kapitel Gliederungspunkt IV.2.

und in die Zusammenrechnung einbezogenen Unternehmen abziehen dürfen[1] bzw. müssen[2].

Auflistung der relevanten Gesetzesvorschriften:

- § 22 GWB: Vermeidung der Mißbrauchsaufsicht über marktbeherrschende Unternehmen. Relevante Umsatzerlösschwelle 250 Millionen DM, soweit § 22 Abs. 3 Nr. 1 GWB greift, ansonsten im Fall von § 22 Abs. 3 Nr. 2 GWB 100 Millionen DM (Bilanzsumme eine Milliarde DM)
- § 23 GWB: Vermeidung der Anzeigepflicht für Zusammenschlüsse. Relevante Umsatzerlösschwelle 500 Millionen DM (Bilanzsumme fünf Milliarden DM)
- § 23a GWB: Vermeidung der Marktbeherrschungsvermutung
  - Umsatzerlösschwelle bei Abs. 1 Nr. 1 zwei Milliarden DM (Bilanzsumme: 20 Milliarden DM)
  - Umsatzerlösschwelle bei Abs. 1 Nr. 2 12 Milliarden DM und eine Milliarde DM (Bilanzsumme 120 Milliarden DM und 10 Milliarden DM)
  - Umsatzerlösschwelle bei Abs. 2 150 Millionen DM (Bilanzsumme 1,5 Milliarden DM)
- § 24 GWB: Vermeidung der Kontrolle von Zusammenschlüssen
  - Umsatzerlösschwelle bei Abs. 8 Nr. 1 500 Millionen DM (Bilanzsumme fünf Milliarden DM)
  - Umsatzerlösschwellen bei Abs. 8 Nr. 2 50 Millionen DM sowie 4 Millionen DM und eine Milliarde DM (Bilanzsumme: 500 Millionen DM sowie 40 Millionen DM und zehn Milliarden DM)

1 Vgl. § 6d Abs. 3 Nr. 1e Satz 3 EStG.
2 Vgl. § 23 Abs. 1 Satz 5 1. Halbsatz GWB.

- § 24a GWB: Vermeidung der Anmeldung von Zusammenschlußvorhaben
  - Umsatzerlösschwelle bei Abs. 1 Nr. 1 zwei Milliarden DM (Bilanzsumme: 20 Milliarden DM)
  - Umsatzerlösschwelle bei Abs. 1 Nr. 2 eine Milliarde DM (Bilanzsumme: 10 Milliarden DM)
- § 6 d EStG : Erlangung der Sanierungsrücklage. Relevante Umsatzerlösschwelle 200 Millionen DM (Bilanzsumme: 200 Millionen DM)[1]

3.2.1.3 Tendenzielle Anpassung des Konzernjahresüberschusses an den Jahresüberschuß des Mutternunternehmens

Wie oben bereits zum Zweck des Konzernbilanzabschlusses ausgeführt, substituiert der Konzernabschluß nicht die Einzelabschlüsse der Konzernunternehmen, sondern tritt lediglich als zusätzliches Informationsinstrument neben die Einzelabschlüsse. Dies macht evident, daß die Konzernbilanzpolitik grundsätzlich nicht vollkommen autonom von der Einzelbilanzpolitik ist. Dem Verhältnis von Konzern- und Einzelbilanzpolitik und dessen potentielles Rückwirken auf die konzernbilanzpolitische Zielsetzung soll im folgenden nachgegangen werden.

Rechtliche Bindungen bestehen zwischen Konzern- und Einzelbilanzpolitik nicht[2], wohl können aber Beziehungen faktischer Art existieren. In Bezug auf diese faktischen Beziehungen erscheint eine Differenzierung hinsichtlich des Jahresabschlusses des Mutterunter-

---

1 Zur Erlangung dieser Rücklage müssen allerdings weitere Voraussetzungen erfüllt sein. S. im einzelnen hierzu § 6d EStG.

2 Dies ist insbesondere bei den neuen Konzernrechnungslegungsvorschriften der Fall, da hier eine Maßgeblichkeit der Einzelabschlüsse für die Konzernabschlüsse, wie sie noch im AktG a.F. verankert war, nicht mehr besteht. Lediglich das dem Einzelabschluß zugrunde liegende Mengengerüst hat grundsätzlich Bindungswirkung für den Konzernabschluß.

nehmens einerseits und der Jahresabschlüsse der Tochterunternehmen andererseits angebracht.

Ein faktischer Zusammenhang zwischen Konzern- und Einzelbilanzpolitik kann am ehesten bei dem Einzelabschluß des Mutterunternehmens auftreten. Dies soll anhand einiger Beispiele konkretisiert werden. Wird bspw. im Einzelabschluß des Mutterunternehmens ein hoher Jahresüberschuß ausgewiesen, während im Konzernabschluß nur ein geringer Konzernjahresüberschuß oder sogar ein Konzernjahresfehlbetrag ausgewiesen wird, könnte bei den Konzernjahresabschlußinteressenten der Eindruck entstehen, daß das Mutterunternehmen am Markt nicht erwirtschaftete Gewinne ausgewiesen hat oder mit anderen Worten, der vom Mutterunternehmen ausgewiesene Jahresüberschuß zum Teil auf konzerninternen Transaktionen beruht, und daß damit aus Konzernsicht unrealisierte Gewinne ausgewiesen worden sind. Soweit nun auf Basis dieses (überhöhten) Jahresüberschusses Gewinne vom Mutterunternehmen an seeine Anteilseigner ausgeschüttet werden, bewirkt dieses Vorgehen auch einen Abfluß von Unternehmenssubstanz[1].
Auch die entgegengesetzte Konstellation, wenn also der Jahresüberschuß des Mutterunternehmens viel geringer ist als der Konzernjahresüberschuß, wird insbesondere die Anteilseigner des Mutterunternehemens dafür sensibilisieren, daß ihnen ein Teil des ihnen zustehenden Ausschüttungspotentials vorenthalten worden ist. In der Literatur wird in diesem Zusammenhang darauf hingewiesen, daß in der Praxis Tochterunternehmen oftmals die Funktion von "Sparbüchsen" einnehmen.[2] Damit wird eine Konzernpolitik charakterisiert, die sich darin äußert, daß zur Thesaurierung von Gewinnen im Konzern Tochterunternehmen herangezogen werden, weil die dort thesaurierten Gewinne der Entscheidungsbe-

---

1 Vgl. auch THOMAS, Rücklagenbildung, S. 370.
2 Vgl. z.B. ORDELHEIDE, Konzernerfolgskonzeptionen, S. 979; BEUSCH, Rücklagenbildung, S. 36 f. Vgl. ferner das informative Beispiel bei LUTTER, Rücklagenbildung, S. 331 f.

fugnis der Hauptversammlung des Mutterunternehmens entzogen sind.

Eine vor kurzem durchgeführte empirische Studie von Linnhoff/Pellens[1] bestätigt, daß die Ausschüttungsquote in Bezug auf den Konzernjahresüberschuß viel geringer ist als diejenige in Bezug auf den Jahresüberschuß des Mutterunterehmens. Im juristischen Schrifttum ist im Hinblick auf diese Sachlage eine sehr lebhaft geführte Diskussion entfacht, inwieweit die Vorschrift der § 58 Abs. 2 AktG de lege lata oder de lege ferenda Möglichkeiten bietet, den Aktionären des Mutterunternehmens einen höheren Ausschüttungsbetrag zukommen zu lassen[2]. Einige Autoren[3] vertreten dabei sogar die Auffassung, daß § 58 Abs. 2 AktG nach geltendem Recht die Möglichkeit biete, auf von Tochterunternehmen thesaurierte Erträge durchzugreifen und diese damit in den Verfügungsbereich der Aktionäre des Mutterunternehmens zu stellen.

Diese Beispiele machen deutlich, daß der Jahresüberschuß des Mutterunternehmens und der Konzernjahresüberschuss nicht völlig getrennt zu sehen sind. Das einzelbilanzpolitische Ziel des Mutteruntenehmens hinsichtlich des Jahresüberschussess kann durch den Konzernjahresüberschuß konterkariert werden, oder zumindest aber führt das Auseinanderdriften von Konzernjahresüberschuß und Jahresüberschuß des Mutterunternehmens zu einem verstärkten Begründungszwang für die Geschäftsleitung des Mutterunternehmens. Deshalb

1 Vgl. LINNHOFF/PELLENS, Ausschüttungspolitik, S. 987 ff.

2 Vgl. GÖTZ, Rechte, S. 93 f.; SCHNEIDER, Konzernfinanzierung, S. 519-521; GESSLER, Rücklagenbildung, S. 257 ff.; THOMAS Rücklagenbildung, S. 365 ff.; WERNER, Gewinnverwendung, S. 935 ff.; GOERDELER, Rücklagenbildung, S. 229 ff.; BEUSCH, Rücklagenbildung, S. 25 ff.; LUTTER, Rücklagenbildung, S. 327 ff.

3 Vgl. GÖTZ, Rechte, S. 85 ff.; GESSLER, Rücklagenbildung, S. 257 ff.; LUTTER, Rücklagenbildung, S. 327 ff.

kann es als ein konzernbilanzpolitisches Ziel angesehen werden, den Konzernjahresüberschuß tendenziell an den Jahresüberschuß des Mutterunternehmens anzupassen. Tendenziell anpassen bedeutet, daß, soweit es einzelbilanzpolitisches Ziel ist, einen geringen Jahresüberschuß auszuweisen, der Konzernjahresüberschuß nicht zu hoch sein sollte und vice versa, wenn es einzelbilanzpolitisches Ziel ist, einen hohen Jahresüberschuß auszuweisen, der Konzernjahresüberschuß nicht zu gering sein sollte bzw. es erst recht vermieden werden sollte, einen Konzernjahresfehlbetrag auszuweisen. Als Indiz für die Harmonisierungsbestrebungen hinsichtlich des Konzernjahresüberschusses und des Jahresüberschusses des Mutterunternehmens kann auch angesehen werden, daß in der Praxis bisher oftmals schon der Bilanzgewinn im Einzelabschluß des Mutterunternehmens und der Konzernbilanzgewinn in gleicher Höhe ausgewiesen worden sind.[1]

Ansonsten bestehen jedoch grundsätzlich keine Beziehungen .zwischen dem Konzernabschluß und dem Jahresabschluß des Mutterunternehmens. Insbesondere braucht bei der Konzernbilanzpolitik hinsichtlich der Beeinflussung von Kennzahlen oder Bilanzstrukturen keine Rücksicht auf den Jahresabschluß des Mutterunternehmens genommen werden, denn insoweit besteht kein Begründungszusammenhang zwischen den beiden Abschlüssen. So wird bspw. die Eigenkapitalquote im Konzernabschluß von den Konzernabschlußinteressenten unabhängig von der Eigenkapitalquote des Mutterunternehmens beurteilt. Eine relativ hohe Konzerneigenkapitalquote erzeugt die gleiche (positive) Wirkung, unabhängig davon, ob die Eigenkapitalquote des Mutterunternehmens kleiner, gleich oder größer als die Konzerneigenkapitalquote ist.

---

1 Vgl. BUSSE von COLBE/ORDELHEIDE, Konzernabschlüsse, S. 36.

Auch zwischen der Konzernbilanzpolitik und der Bilanzpolitik in den Jahresabschlüssen der einzelnen Tochterunternehmen besteht grundsätzlich kein Zusammenhang. Zur Begründung dieser These sollen zwei Fälle unterschieden werden:

1. Das Mutterunternehmen ist direkt oder indirekt zu 100 % an dem Tochterunternehmen beteiligt.
2. An dem Tochterunternehmen sind auch Minderheitsgesellschafter beteiligt.

Zu 1: Unabhängig von der im Einzelabschluß des Tochterunternehmens ausgewiesenen Vermögens-, Finanz- und Ertragslage sollte im Konzernabschluß eine gute Vermögens-, Finanz- und Ertragslage ausgewiesen[1] werden, um die Jahresabschlußadressaten[2] von der Sicherheit ihrer Forderungen zu überzeugen. Denn wenn der Einzelabschluß eine schlechte Vermögens-, Finanz- und Ertragslage aufweist, signalisiert eine im Konzernabschluß ausgewiesene stabile Konzernlage, daß Hilfe von anderen Konzernunternehmen, wie insbesondere dem Mutterunternehmen, zumindest möglich ist. Auch im gegenteiligen Fall, wenn also im Einzelabschluß des Tochterunternehmens eine gute Vermögens-, Finanz- und Ertragslage ausgewiesen wird, indiziert eine gute Vermögens-, Finanz- und Ertragslage des Konzerns, daß aus der Zugehörigkeit des Tochterunternehmens zum Konzernverbund für dieses keine Gefahr droht, da der Konzern "gut dasteht".

Zu 2.: Auch wenn Minderheitsgesellschafter an dem Tochterunternehmen beteiligt sind, ergibt sich grundsätzlich keine andere Beurteilung. Allerdings könnten Minderheitsgesellschafter mißtrauisch werden und vermuten, daß konzerninterne Transaktionen zum Nachteil ihrer Gesellschaft vorgenommen worden sind, wenn im

---

1 S. dazu in diesem Kapitel die Gliederungspunkte III. 3.2.2 und III.3.2.3.

2 Zu den von Jahresabschlußadressaten gestellten Informationsanforderungen an den Jahres- und Konzernabschluß s. den nächsten Gliederungspunkt.

Einzelabschluß nur ein geringer Jahresüberschuß ausgewiesen wird, im Konzernabschluß dagegen aber ein hoher Konzernjahresüberschuß. Aufgrund der Absicherung der Gesellschafter durch § 304 und §§ 311-318 AktG sowie entsprechender Rechtsprechung und Rechtsansicht zum GmbH-Recht[1] dürfte dies aber nur in sehr seltenen Fällen zutreffen.

Zusammenfassend kann festgehalten werden, daß i.d.R. keine Verknüpfung zwischen der Konzernbilanzpolitik und der Bilanzpolitik in den Einzelabschlüssen der Tochterunternehmen zu beachten ist.

3.2.2 Ableitung aus den Informationsinteressen der Konzernabschlußinteressenten

3.2.2.1 Einführung

In diesem Gliederungspunkt soll das von der Einzelbilanzpolitik auf die Konzernbilanzpolitik übertragbare Ziel der Beeinflussung der Konzernabschlußinteressenten eine Konkretisierung erfahren. Die Konkretisierung dieses Ziels erfolgt durch Ableitung aus den Informationsinteressen der Konzernabschlußinteressenten,[2] d.h. die Informationsinteressen bilden die Grundannahme, aus der dann die einzelnen

1 Zum Schutz von GmbH-Gesellschaftern bei Konzernverflechtung s. EMMERICH/SONNENSCHEIN, Konzernrecht, S. 237-243 u. S. 247-249. S. ferner EBENROTH, Vermögenszuwendungen, S. 402 ff.

2 BUSSE von COLBE/ORDELHEIDE, Konzernabschlüsse, S. 30, unterscheiden zwischen Konzernabschlußinteressenten und -adressaten. Danach sind Konzernabschlußadressaten der Aufsichtsrat und die Aktionäre der Muttergesellschaft (s. § 337 AktG). Die Konzernabschlußinteressenten stellen eine viel größere Gruppe dar. Zu ihnen zählen alle diejenigen, die ein Interesse am Konzernabschluß aufweisen. Der Differenzierung von Busse von Colbe/Ordelheide soll hier gefolgt werden.

Ziele deduziert werden.[1] Hierzu ist jedoch anzumerken, daß es keinen empirisch fundierten Nachweis über die Informationsinteressen der Konzernabschlußinteressenten gibt.[2] Allerdings existiert eine Anzahl von Literaturbeiträgen, in denen Informationsinteressen von Konzernabschlußinteressenten angeführt werden. Diese Ausführungen sollen ggf. um eigene weitere Plausibilitätsüberlegungen hinsichtlich der Informationsinteressen erweitert werden.[3] Es ist allerdings darauf hinzuweisen, daß die Ableitungsergebnisse aus den Informationsinteressen der Konzernabschlußinteressenten insoweit einschränkend zu beurteilen sind, als es bei den ermittelten Informationsinteressen an einer empirischen Fundierung fehlt und damit die im Wege der Deduktion erhaltenen Ableitungsergebnisse naturgemäß den gleichen Mangel aufweisen.[4] Es bleibt damit festzustellen, daß diesen so ermittelten konzernbilanzpolitischen Zielen im Hinblick auf die Verhaltensbeeinflussung der Konzernabschlußinteressenten eine Unsicherheit anhaftet, die darauf beruht, daß weder gesicherte Erkenntnisse über die Informationsinteressen der Konzernabschlußinteressenten noch v.a. über die Informationswirkungen von konzernbilanzpolitischen Maßnahmen auf die Konzernabschlußinteressenten existieren.[5]

In sehr vielen Arbeiten und insbesondere Dissertationen zur Konzernrechnungslegung werden die denkbaren Informationsinteressen der einzelnen Konzernabschluß-

---

1 Zum Einzelabschluß vgl. auch HAMEL, Ansatzpunkte, S. 903 ff.

2 Vgl. SCHINDLER, Kapitalkonsolidierung, S. 51. Vgl. ferner HALBINGER, Erfolgsausweispolitik, S. 18 f. und S. 29.

3 Die gleiche Vorgehensweise wählt SCHINDLER, Kapitalkonsolidierung, S. 51-57.

4 Vgl. dazu auch Gliederungspunkt III.1 in diesem Kapitel.

5 Zu vergleichbaren Schwierigkeiten im Einzelabschluß vgl. JOHÄNNTGEN-HOLTHOFF, Jahresabschlußgestaltung, S. 19-31; SCHILDBACH, Jahresabschluß, S. 8 f.

adressaten beschrieben.[1] Es erscheint damit wenig sinnvoll,[2] diesen Beschreibungen eine weitere hinzuzufügen. Diese Untersuchung kann sich deshalb darauf beschränken, die Informationsinteressen der Konzernabschlußinteressenten in knapper Form darzulegen.

Der Zweck des Konzernabschlusses besteht hauptsächlich in der Informationsfunktion, d.h. der Konzernabschluß soll über die Vermögens-, Finanz- und Ertragslage des Konzerns berichten.[3] Daraus ergibt sich für die Konzernbilanzpolitik, daß diese sich auf die Beeinflussung der auszuweisenden Vermögens-, Finanz- und Ertragslage zu richten hat. Mit anderen Worten: Mit konzernbilanzpolitischen Maßnahmen soll eine Beeinflussung der Vermögens-, Finanz- und Ertragslage des Konzerns erzielt werden.

Die Begriffe "Vermögens-, Finanz- und Ertragslage" sind allerdings nicht operational. Es ist hier nicht der Raum, diese Begriffe in ausgiebiger Breite zu diskutieren. Dies ist in anderen Arbeiten schon öfters in Angriff genommen worden.[4] Als Ergebnis dieser Forschungen kann hier festgehalten werden, daß alle Auslegungsversuche bis jetzt nicht zu einer operationalen, mit quantitativen Angaben verbundenen Begriffsabgrenzung, die gleichzeitig willkürfrei ist, geführt haben.

---

1 Exemplarisch aufgeführt seien: FRIEDRICH, Weltabschlüsse, S. 24-28; HOPPE, Entwicklungen, S. 35-45; JONAS, Konzernabschluß, S. 67-89; MÜLLER, Währungsumrechnung, S. 41-43; SCHINDLER, Kapitalkonsolidierung, S. 51-57; SCHOLZ, Teilkonzernabschlüsse, S. 218-244.

2 Für eine Dissertation verbietet sich darüber hinaus wohl auch eine solche Vorgehensweise.

3 S. dazu ausführlich Gliederungspunkt I. in diesem Kapitel.

4 Vgl. z.B. COENENBERG, Ertragslage, S. 155 ff.; MOXTER, Vermögenslage, S. 346 ff.; Rückle, Finanzlage, S. 168 ff.

Im folgenden werden als Beeinflussungsobjekte der Konzernbilanzpolitik der Konzernjahresüberschuß sowie Kennzahlen zum Konzernabschluß angenommen. Der Begriff der Kennzahl wird in dieser Arbeit in einer weiten Fassung verwendet, so daß auch Absolutzahlen als Kennzahlen erfaßt werden.[1] Dies bedeutet, daß alle Konzernbilanz- und GuV-Posten als Kennzahlen aufzufassen sind. Auch der Konzernjahresüberschuß ist als Kennzahl einzuordnen. Aufgrund seiner herausragenden Bedeutung soll er aber aus der Menge der übrigen Kennzahlen herausgehoben dargestellt werden.

Diese Prämissenbildung stützt sich auf folgenden Begründungszusammenhang: Konzernjahresüberschuß und Konzernabschlußkennzahlen bieten eine operationale Konkretisierung der Vermögens-, Finanz- und Ertragslage. Dies v.a. insoweit, als betragsmäßige Veränderungen dieser Kennzahlen grundsätzlich dazu geeignet sind, Veränderungen der Vermögens-, Finanz- und Ertragslage zu indizieren. Der wichtigere Grund ist aber darin zu sehen, daß die zu beeinflussenden Konzernabschlußinteressenten genau diese Instrumente (Kennzahlen) anwenden, um Aussagen über die Vermögens-, Finanz- und Ertragslage und damit letztendlich über die wirtschaftliche Lage des Konzerns zu gewinnen. Es ist unmittelbar einsichtig, daß eine angestrebte Beeinflussung der Konzernabschlußinteressenten eine Beeinflussung der Größen bedingt, die als Entscheidungsgrundlage dieser Personen dienen; und dies sind der Konzernjahresüberschuß sowie eine Fülle weiterer Konzernabschlußkennzahlen. Auch in der bilanzpolitischen Literatur zum Einzelabschluß wurden schon sehr früh der Jahresüberschuß und andere Kennzahlen als durch die Bilanzpolitik zu beeinflussende Objekte herausgestellt.[2]

---

1 Vgl. zum Begriff der Kennzahl im einzelnen Gliederungspunkt VII.2.1 in diesem Kapitel.

2 Vgl. KOFAHL, Bilanzpolitik, S. 543 f.; MELLEROWICZ, Unternehmenspolitik, S. 198.

Zur Konkretisierung des konzernbilanzpolitischen Ziels "Beeinflussung der Konzernabschlußinteressenten" wird nun eine Aufspaltung der heterogenen Gruppe "Konzernabschlußinteressenten" in einzelne Gruppenbestandteile vorgenommen. Die einzelnen Interessentengruppen sind in Abbildung 2 zusammengefaßt.

Abb. 2 : Konzernabschlußinteressenten

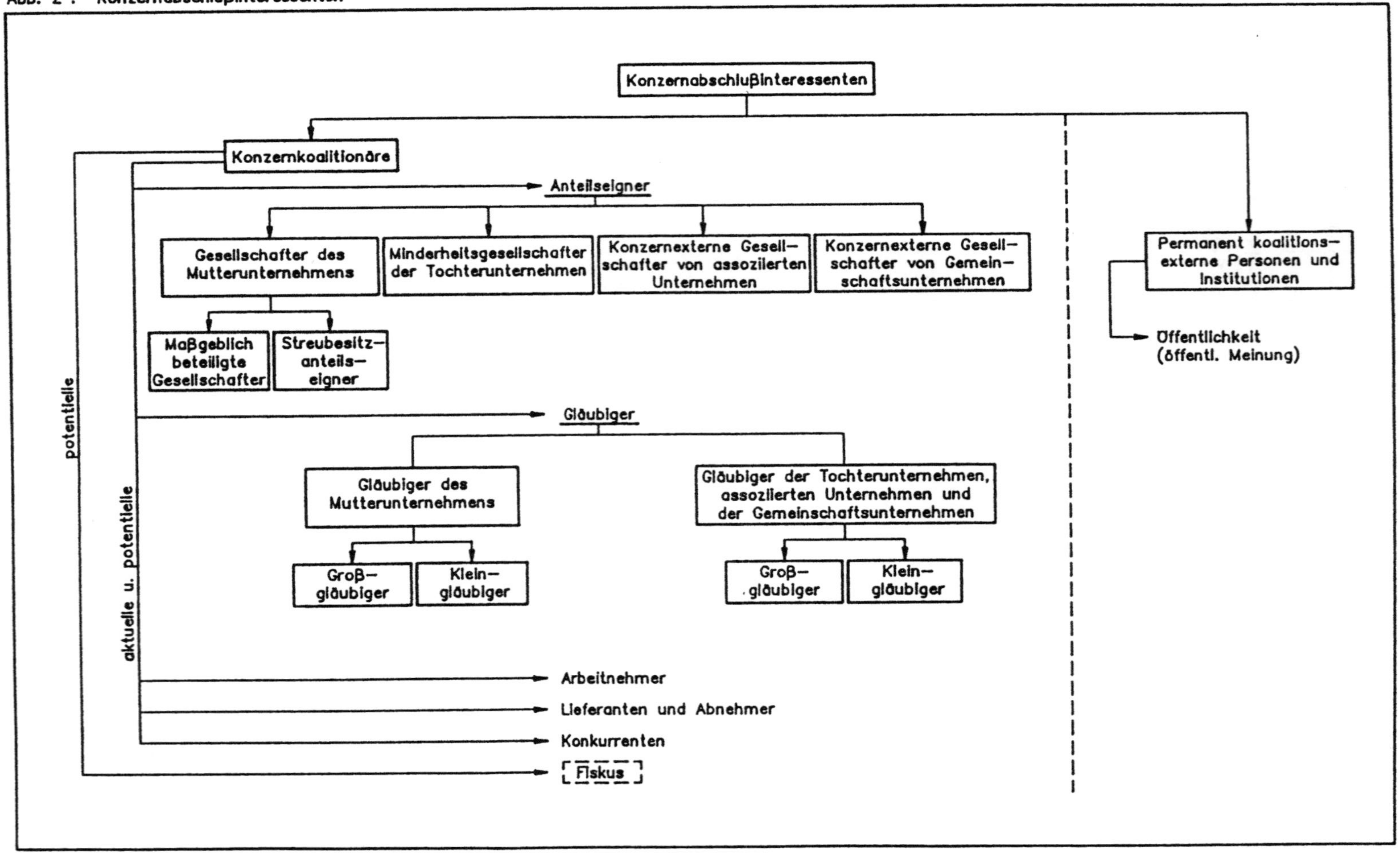

In der modernen Unternehmenstheorie wird die Unternehmung als Koalition aller mit der Unternehmung in Beziehung stehender Personen und Institutionen angesehen. Diese Auffassung wird als Koalitionstheorie und die einzelnen Teilnehmer als Koalitionsteilnehmer oder kurz als Koalitionäre bezeichnet.[1] Die Koalitionstheorie kann auf den Konzernabschluß übertragen werden, denn nach dem in § 297 Abs. 3 Satz 1 HGB verankerten Einheitsgrundsatz ist die Vermögens-, Finanz- und Ertragslage des Konzerns so darzustellen, als wenn die in den Konzernabschluß einzubeziehenden Unternehmen ein einziges wären. Dementsprechend sollen alle mit der wirtschaftlichen Einheit Konzern in Verbindung stehenden Personen oder Institutionen als Konzernkoalitionäre bezeichnet werden. Darauf aufbauend lassen sich drei verschiedene Klassen von Konzernabschlußinteressenten unterscheiden:

- die aktuellen Konzernkoalitionäre: Es handelt sich hierbei um Personen oder Institutionen, die schon Beziehungen zur wirtschaftlichen Einheit Konzern aufrechterhalten.
- die potentiellen Konzernkoalitionäre: Dies sind solche Personen oder Institutionen, die Überlegungen anstellen, der Koalition Konzern beizutreten.
- Permanent konzernkoalitonsexterne Personen oder Institutionen: Diese sind dadurch gekennzeichnet, daß sie aufgrund ihrer Konstitution niemals Konzernkoalitionäre werden können. Hierdurch unterscheiden sie sich auch von den potentiellen Konzernkoalitionären. Diese sind zwar auch Konzernkoalitionsexterne, können aber der Koalition Konzern noch beitreten.

Zur Konkretisierung des konzernbilanzpolitischen Ziels "Beeinflussung der Konzernabschlußinteressenten" wird wie folgt vorgegangen:
Zuerst wird aufgeführt, worauf sich das Grundinteresse des jeweiligen Konzernabschlußinteressenten richtet.

---

1 Zur Koalitionstheorie s. COENENBERG, Jahresabschluß, S. 745-749; ders., Informationswert, S. 67-81.

Anzumerken ist allerdings, daß der Konzernabschluß aufgrund seiner Natur als reines Rechenwerk keine unmittelbaren Aussagen darüber liefert, inwieweit diese Grundinteressen der Konzernabschlußinteressenten durch die Konzernunternehmen erfüllt werden können. Andererseits bietet der Konzernabschluß aber (neben den Einzelabschlüssen) in aller Regel die einzigen öffentlich zugänglichen Informationen, die eine objektivierte Abbildung des gesamten Konzerns in Zahlenangaben enthalten.

Die Konzernabschlußinteressenten stellen nun bestimmte Anforderungen an die Vermögens-, Finanz- und Ertragslage des Konzerns, wobei sie, wie oben bereits angeführt, die nicht operationalen Begriffe Vermögens-, Finanz- und Ertragslage durch bilanzanalytische Instrumentarien substituieren. Anstelle der direkten Überprüfung, ob der Konzern künftig in der Lage sein wird, ihre Interessen zu erfüllen, überprüfen sie, ob der Konzernjahresüberschuß sowie weitere Kennzahlen ihren Anforderungen entsprechen. Ist dies der Fall, ergeben sich für die Konzernabschlußinteressenten zumindest Anhaltspunkte, ob der Konzern ihre Interessen erfüllen kann.

Damit ist die Ausprägung des konzernbilanzpolitischen Ziels "Beeinflussung der Konzernabschlußinteressenten" evident: Die Konzernleitung hat den Konzernabschluß so zu gestalten, daß der Konzernjahresüberschuß sowie die anderen Kennzahlen den Anforderungen der Konzernabschlußinteressenten entsprechen.[1]

Schließlich wird noch aufgeführt, welches Verhalten der Konzernabschlußinteressenten aus Sicht der wirtschaftlichen Einheit Konzern wünschenswert wäre.

---

1 Soweit sich hinsichtlich der Erfüllung der verschiedenen Ansprüche der einzelnen Konzernabschlußinteressenten Zielkonkurrenzen ergeben, wird hierauf im Gliederungspunkt III.4 in diesem Kapitel eingegangen.

3.2.2.2 Anteilseigner

Die Anteilseigner können neben den Gläubigern als die wichtigsten Interessenten am Konzernabschluß angesehen werden.[1] Obwohl es sich bei den Anteilseignern um eine heterogene Gruppe[2] handelt, weisen diese doch viele übereinstimmende Interessensbereiche auf. Alle Anteilseigner sind daran interessiert, daß

- das von ihnen dem Unternehmen zur Verfügung gestellte Kapital nicht verloren geht und
- daß das zur Verfügung gestellte Kapital eine möglichst hohe Rendite abwirft. Die Erträge aus der Unternehmensbeteiligung können dem Anteilseigner in Form von
  - Gewinnausschüttungen,
  - Veräußerungsgewinnen beim Verkauf der Anteile und

---

1 Für den Einzelabschluß hat Hamel eine Literaturauswertung hinsichtlich der Anzahl der Nennungen verschiedener Bilanzinteressenten vorgenommen. Hier waren die Anteilseigner (69 Nennungen) und die Gläubiger (62 Nennungen) die am meisten genannten Bilanzinteressenten. Vgl. HAMEL, Bilanzierung, S. 19.

2 Im Fachschrifttum findet ebenfalls eine Aufteilung der Anteilseigner in verschiedene Gruppen statt, wobei jedoch meistens nur zwei verschiedene Anteilseignergruppen differenziert werden. FRIEDRICH, Weltabschlüsse, S. 24 f., bspw. unterteilt die Anteilseigner in Aktionäre der Obergesellschaft und in Aktionäre der Untergesellschaften (=Minderheitsaktionäre); MAIER, Aussagefähigkeit, S. 185-191, nimmt die gleiche Unterteilung vor. Ebenso, SCHINDLER, Kapitalkonsolidierung, S. 52-55; MÜLLER, Währungsumrechnung, S. 43. HOPPE, Entwicklungen, S. 38 f., nimmt eine Unterteilung in Mehrheitsaktionäre und Minderheitsaktionäre von Ober- und Untergesellschaften vor. OPPERMANN, Informationsinstrument, S. 2203 f. führt Klein- und Großaktionäre, Aktionäre der Obergesellschaft und Aktionäre der abhängigen Tochtergesellschaften sowie Aktionäre der inländischen Tochtergesellschaften und Aktionäre der ausländischen Tochtergesellschaften auf. SCHOLZ, Teilkonzernabschlüsse, S. 218-221, erwähnt Klein- und Großaktionäre, Unternehmer- oder Publikumsaktionäre, Anlage- oder Spekulationsaktionäre und Kleinaktionäre von Konzernobergesellschaften und Kleinaktionäre von abhängigen Konzernunternehmen.

- Bezugsrechten auf gegenüber dem Marktwert verbilligte Anteile zufließen.[1]

Hinzu kommen bei einzelnen Anteilseignergruppen weitere Interessen. So streben Mehrheitsgesellschafter des Mutterunternehmens regelmäßig nach Einfluß auf die Geschäftsführung.[2] Dieses Interesse kann im Vergleich zu den anderen Interessen stark in den Vordergrund treten.

Aus Sicht des Konzerns hingegen ist insbesondere folgendes Verhalten der Anteilseigner wünschenswert:

- Vorrangig bei börsennotierten Konzerngesellschaften ist es aus Konzernsicht (und selbstverständlich auch aus Sicht des jeweiligen Konzernunternehmens) vorteilhaft, wenn die aktuellen Anteilseigner ihre Anteile halten wollen und potentielle Anteilseigner Anteile erwerben wollen, da dies c.p. zu einem relativ hohen Börsenkurs führt. Ein relativ hoher Börsenkurs von Anteilen an Konzernunternehmen ist für den Konzern insoweit vorteilhaft, als Kapitalerhöhungen dem jeweilen Konzernunternehmen dann ein relativ hohes Agio zuführen und damit das Eigenkapital erhöhen. Dieses Kriterium trifft insbesondere auf das Mutterunternehmen zu, kann aber auch bei solchen Tochterunternehmen greifen, an denen Minderheitsgesellschafter beteiligt sind und diese dann mit "konzernexternem Kapital" zur Erhöhung des Eigenkapitals beitragen. Auch im Konzernabschluß ist das auf Minderheitsgesellschafter entfallende Eigenkapital als Konzerneigenkapital auszuweisen.[3]
- Ein relativ hoher Börsenkurs der Anteile am Mutterunternehmen kann zur Imagebildung und -aufrechterhaltung des Mutterunternehmens beitragen.
- Die Anteilseigner entlasten Vorstand und Aufsichtrat.
- Die Anteilseigner beantragen keine Sonderprüfungen.

---

1 Vgl. auch HALBINGER, Erfolgsausweispolitik, S. 19 f.
2 Vgl. BISCHOFBERGER, Rechenschaftslegung, S. 131.
3 Vgl. § 307 Abs. 1 HGB.

- Mindergesellschafter fordern nicht die Aufstellung von Teilkonzernabschlüssen nach § 291 Abs. 3 HGB.

Der Konzernabschluß hat für die Anteilseigner ergänzende Informationswirkung.[1] Wie oben bereits ausgeführt, richtet sich das grundlegende Interesse der Konzernabschlußinteressenten auf den Konzernjahresüberschuß sowie auf weitere Kennzahlen zum Konzernabschluß.

In diesem Zusammenhang sei noch auf einen in neuerer Zeit verstärkt diskutierten Fragenkomplex hingewiesen: Die Informationseffizienz des Kapitalmarktes. Im Rahmen dieser Untersuchung ist nur die Informationseffizienz in mittelstarker Form von Interesse.[2] Informationseffizienz in mittelstarker Form bedeutet, daß sämtliche öffentlich verfügbaren Informationen bereits im aktuellen Aktienkurs enthalten sind.[3] Bei Gültigkeit der mittelstarken Form der Informationseffizienz hätten grundsätzlich Jahresabschlußinformationen sowie die Jahresabschlußanalyse keine Bedeutung mehr.[4]

Für den deutschen Kapitalmarkt haben die meisten bis jetzt durchgeführten Untersuchungen ergeben, daß die mittelstarke Form der Informationseffizienz nicht

---

1 Vgl. dazu ausführlich Gliederungspunkt I.2 in diesem Kapitel. Vgl. ferner SCHULZE, Aussagewert, S. 422.

2 Gl. A. zum Einzelabschluß: SCHILDBACH, Jahresabschluß, S. 11.

3 Vgl. SAHLING, Reaktion S. 19; SCHILDBACH, Jahresabschluß, S. 11. Schildbach bezeichnet allerdings diese Form der Informationseffizienz als "halbstreng". Neben der mittelstarken Form der Informationseffizienz werden in der Literatur noch zwei weitere Formen differenziert: die schwache und die starke Form. Zum Bedeutungsinhalt dieser Begriffe s. SAHLING, Reaktion, S. 11-18 und S. 26-31; SCHILDBACH, Jahresabschluß, S. 10 f.; BRANDI, Informationswirkungen, S. 16-22.

4 Vgl. SCHILDBACH, Jahresabschluß, S. 11.

gilt.[1] Abgesehen davon wird auch in der übrigen Literatur davon ausgegangen, daß die Anteilseigner Jahresabschluß - resp. Konzernabschlußinformationen mit in ihr Entscheidungskalkül einbeziehen.[2]

Allerdings ist das Interesse an den Konzernabschlußinformationen nicht bei allen Anteilseignergruppen in gleicher Weise ausgeprägt. Die maßgeblich beteiligten Gesellschafter[3] des Mutterunternehmens haben grundsätzlich kein Interesse an Konzernabschlußinformationen, da sie aufgrund ihrer Stellung, bspw. durch eine Vertretung in Aufsichtsgremien, detailliertere Informationen erhalten können, als die aggregierten Daten des Konzernabschlusses enthalten.[4] Den Minderheitsgesellschaftern von Tochterunternehmen wird der Konzernabschluß als ergänzendes

---

1 Vgl. SCHILDBACH, Jahresabschluß, S. 34 u. S. 45, sowie MÜHLBRADT, Aktienanlage, insbes. S. 325-333; BRANDI, Informationswirkungen, S. 170 f.; SAHLING, Reaktion, S. 234, kommt allerdings zu dem Ergebnis, daß die mittelstarke Form der Informationseffizienz "auf dem deutschen Aktienmarkt ... nicht verworfen werden kann." Für den nordamerikanischen Aktienmarkt (insbes. für die New York Stock Exchange) wird i.d.R. angenommen, daß dort die mittelstarke Form der Informationseffizienz Gültigkeit hat. Vgl. SAHLING, Reaktion, S. 233; SCHILDBACH, Jahresabschluß, S. 34. Zur Diskussion der Informationseffizienz auf dem Kapitalmarkt s. ferner: SCHMIDT, Aktienkursprognose, S. 375-411; ders., Rechnungslegung, S. 728 ff.; WAGNER, Kapitalmarkt, S. 749 ff.; SCHREDELSEKER, Anlagestrategie, S. 44 ff.; KROMSCHRÖDER, Dummheit, S. 732 ff.

2 Vgl. z.B. COENENBERG, Jahresabschlußinformation, S. 329; COENENBERG/SCHMIDT/WERHAND, Entscheidungen, S. 333-343; COENENBERG/BERNDSEN/MÖLLER/SCHMIDT/SCHÖNBRODT, Bilanzforschung, S. 495 ff., insbes. S. 501; HALBINGER, Erfolgsausweispolitik, S. 14-23; JOHÄNNTGEN-HOLTHOFF, Jahresabschlußgestaltung, S. 30.

3 Ab welcher Größenordnung eine Beteiligung (Anteilsrechte) eine maßgebliche Beteiligung darstellt, kann nicht allgemein festgeschrieben werden: Im Rahmen dieser Untersuchung wird unter maßgeblicher Beteiligung eine solche verstanden, die dem Beteiligten die Möglichkeit eröffnet, zusätzliche über den Einzel- und Konzernabschluß hinausreichende Informationen zu erhalten.

4 Vgl. SCHOLZ, Teilkonzernabschlüsse, S. 218.

Informationsmedium neben dem Einzelabschluß dienen. Die aus dem Einzelabschluß entnommenen Informationen werden mit Hilfe des Konzernabschlusses dann aus der Sicht des Konzerns als wirtschaftlicher Einheit beurteilt.[1] Das gleiche gilt grundsätzlich, wenn auch z.T. in abgeschwächtem Maß, für die nicht der wirtschaftlichen Einheit Konzern zuzurechnenden Gesellschafter von assoziierten Unternehmen und von Gemeinschaftsunternehmen.

Anders zu beurteilen ist das Informationsinteresse der Streubesitzgesellschafter des Mutterunternehmens am Konzernabschluß. Für diese Gesellschafter wird der Konzernabschluß wenn nicht alleinige, so doch zumindest ausschlaggebende Bedeutung hinsichtlich ihrer Informationswünsche erlangen. Im Konzernabschluß werden die bei dem Mutterunternehmen ausgewiesenen Bilanzposten "Beteiligungen" durch die dahinter stehenden Vermögensgegenstände, Schulden und Rechnungsabgrenzungsposten ersetzt.[2] Ebenso werden in der Konzern-GuV, die in der GuV des Mutterunternehmens ausgewiesenen Erträge aus Beteiligungen durch die originären Ertrags- und Aufwandsquellen substituiert. Damit ist der Konzernabschluß viel eher geeignet als der Einzelabschluß des Mutterunternehmens, künftige Ertragschancen oder Verlustrisiken zu indizieren.[3] Dies gilt sowohl für die aktuellen als auch potentiellen Streubesitzgesellschafter des Mutterunternehmens. Der aus dieser Sicht bestehende Informationsvorteil des Konzernabschlusses hat in der Praxis dazu geführt, daß

---

1 Zum Zusammenwirken von Einzel- und Konzernabschluß bei der Information der Konzernabschlußinteressenten vgl. Gliederungspunkt III. 3.2.1.3 in diesem Kapitel. Vgl. ferner KRAG/MÜLLER, Teilkonzernabschlüsse, S. 308 f.

2 Vgl. MAIER, Aussagefähigkeit, S. 185-188; FRIEDRICH, Weltabschlüsse, S. 25.

3 Vgl. SCHINDLER, Kapitalkonsolidierung, S. 52 m.w.N.

einige mit der Bilanzanalyse beschäftigte Institutionen nur den Konzernabschluß analysieren.[1]

Es ist nun zu untersuchen, welche konzernbilanzpolitischen Ziele hinsichtlich des Konzernjahresüberschusses bzw. -fehlbetrages und der anderen Kennzahlen zum Konzernabschluß bestehen.

Aus den oben gemachten Ausführungen zu den Interessen der Anteilseigner wird deutlich, daß zumindest ein Konzernjahresüberschuß und kein Konzernjahresfehlbetrag ausgewiesen werden sollte.[2] Ein Konzernjahresfehlbetrag indiziert den Anteilseignern eine schlechte Ertragslage, so daß sie grundsätzlich eine entsprechend vorsichtige Haltung gegenüber dem betreffenden Konzernunternehmen einnehmen werden. Zudem sollte der Konzernjahresüberschuß grundsätzlich keine wesentliche Verschlechterung gegenüber dem Vorjahr aufweisen, damit nicht eine verschlechterte Ertragslage signalisiert wird.

Die Zielsetzung nach einem positiven Konzernergebnis kann im Detail modifiziert werden. Aus der Sicht der Anteilseigner ist sowohl eine Steigerung des Konzernjahresüberschusses gegenüber dem Vorjahr als auch gegenüber dem branchendurchschnittlichen Jahresüberschuß oder in Ausnahmefällen auch gegenüber einem oder mehreren Vergleichskonzernen positiv zu beurteilen.[3] Welche dieser möglichen Ziele der Konzern nun

---

1 Die Deutsche Gesellschaft für Anlageberatung m.b.H., Frankfurt, sowie die drei Großbanken (Deutsche Bank AG, Dresdner Bank AG, Commerzbank AG) teilten dem Verfasser auf Anfrage mit, daß bei ihnen bzw. in ihren Wertpapieranalyseabteilungen nur der Konzernabschluß analysiert werde, soweit ein Mutterunternehmen auch einen Konzernabschluß erstelle. Auch die Deutsche Vereinigung für Finanzanalyse und Anlageberatung (DVFA) ermittelt das DVFA-Ergebnis bei Mutterunternehmen auf Basis des Konzernabschlusses. Vgl. DVFA, Wertpapieranalyse, S. 13

2 Gl. A. hinsichtlich des Einzelabschlusses ist SCHMIDT, Bilanzpolitik, S. 149.

3 Hinsichtlich dieser Ziele im Einzelabschluß vgl. ebenda, S. 62-64 und S. 145-152.

zu wählen hat und darüber hinaus in welcher absoluten oder relativen Höhe eine Beeinflussung des Konzernjahresüberschusses vorzunehmen ist, bleibt der Entscheidung im konkreten Einzelfall vorbehalten. Eine allgemeingültige Aussage kann hierüber nicht gemacht werden.

Hinsichtlich der anderen Kennzahlen ist aus der Sicht der Anteilseigner positiv zu beurteilen, wenn die Kennzahlen in der Literatur aufgeführte[1] oder in der Praxis herausgebildete Niveaus überschreiten oder zumindest erreichen.[2] Alternativ hierzu oder auch für den Fall, daß solche vorgegebenen Kennzahlenniveaus nicht vorhanden sind, ist aus Sicht der Anteilseigner ebenfalls positiv zu werten, wenn die Kennzahlenniveaus von vergleichbaren Konzernen erfüllt werden, wobei man sich wiederum entweder an Durchschnittswerten oder aber an einem oder mehreren anderen Konzernen orientieren kann.[3] Außerdem sollte eine erhebliche Verschlechterung der Kennzahlenausprägungen gegenüber dem Vorjahr vermieden werden.[4]

3.2.2.3 Gläubiger

Das Interesse der Gläubiger richtet sich auf die termingerechte und vollständige Zahlung der Tilgungs- und Zinsleistungen des Schuldners.[5] Aus Sicht der Kon-

---

1 In der Literatur werden allerdings nur in wenigen Fällen explizit (Mindest-) Werte für Kennzahlen genannt. Vgl. hierzu Anhang 4.

2 Im Anhang 4 sind die grundsätzlich positiv zu beurteilenden Wertausprägungen der einzelnen Kennzahlen aufgeführt.

3 Für Bankkonzerne führt MATTES, Bankbilanz S. 73, auf, daß sich diese an dem Verhalten von Konkurrenzinstituten ausrichten.

4 Vgl. auch die Ausführungen von WOLF, GmbH-Rechnungslegung, S. 44, 47, 49 und 54.

5 Vgl. statt vieler: COENENBERG, Informationswert, S. 77; MAIER, Aussagefähigkeit, S. 192; HEYD, Ziele, S. 17 f.

zernunternehmen ist folgendes Verhalten der Gläubiger wünschenswert:
- Unterlassung der vorzeitigen Fälligstellung gewährter Kredite,
- Zurverfügungstellung neuer Kredite,
- Einräumung günstiger Kreditkonditionen.

Die Informationsinteressen der Gläubiger beziehen sich bei Rechnungslegungsinformationen hauptsächlich auf die Finanz- bzw. Liquiditätslage des Schuldnerunternehmens, d.h. sie versuchen mit Hilfe dieser Informationen zu prognostizieren, mit welcher Wahrscheinlichkeit es zu einer Insolvenz des Kreditnehmers kommt.[1]

Zur Befriedigung ihrer Informationsinteressen ziehen die Gläubiger sowohl Einzel- als auch Konzernabschlüssse heran.[2] Kreditinstitute sind sogar verpflichtet, bei Kreditnehmern, die Kredite von insgesamt mehr als 100.000 DM erhalten, Einblick in den Einzel- und Konzernabschluß zu nehmen.[3] Die Pflicht zur Einblicknahme in den Konzernabschluß ergibt sich aus den zu § 18 KWG ergangenen Anweisungen des Bundesauf-

---

1 Vgl. COENENBERG, Informationswert, S. 78; SCHOLZ, Teilkonzernabschlüsse, S. 227; HOPPE, Entwicklungen, S. 43; KELLENBERGER, Berichterstattung, S. 60-62.

2 Vgl. REINTGES, Finanzierungsvorgänge, S. 558; RIEBELL, Kreditgewährung, S. 427; von WYSOCKI/ WOHLGEMUTH, Konzernrechnungslegung, S. 21; vgl. ferner SCHNEIDER, Fortentwicklung, S. 181 f.; SCHEFFLER, Konzernleitung, S. 2008. Das Bundesaufsichtsamt für das Versicherungswesen zieht zur Ermittlung bestimmter Kennzahlen (hier: Gesamtverschuldung : Cash Flow) allein den Konzernabschluß heran. Vgl. BERING, Deckungsstockfähigkeit, S. 42.

3 Vgl. § 18 KWG. Zur Pflicht der Einblicknahme in den Konzernabschluß vgl. RIEBELL, Kreditgewährung, S. 498.

sichtsamtes für das Kreditwesen.[1] [2]

Auch bei den Gläubigern handelt es sich um eine heterogene Gruppe. Das Informationsinteresse am Konzernabschluß ist bei der Gläubigergruppe wie bei der Anteilseignergruppe nicht bei allen Teilgruppen in gleicher Intensität ausgeprägt. Insbesondere für Gläubiger des Mutterunternehmens hat der Konzernabschluß eine zentrale Bedeutung, denn die Substitution des Bilanzpostens Beteiligungen im Einzelabschluß des Mutterunternehmens durch die dahinter stehenden Vermögensgegenstände und Verbindlichkeiten im Konzernabschluß läßt einen vergleichsweise besseren Einblick in die Finanz - bzw. Liquiditätslage zu.[3]

Für die Gläubiger v.a. der Tochterunternehmen, aber auch der assoziierten Unternehmen und der Gemeinschaftsunternehmen ergibt sich eine etwas andere Situation. Da die Gläubiger grundsätzlich nur Rechtsbeziehungen gegenüber dem jeweiligen Einzelunternehmen unterhalten, nicht aber mit der wirtschaftlichen Einheit Konzern, müßte sich ihr Interesse grundsätzlich nur auf den betreffenden Einzelabschluß richten. Aus zwei Gründen kann aber auch ein Interesse am Konzernabschluß bestehen.

Zum einen kann das Mutterunternehmen für die Kredite des Tochterunternehmens haften, in dem es bspw. mit diesem einen Gewinn- und Verlustübernahmevertrag ge-

---

1 Vgl. das Schreiben des Bundesaufsichtsamtes für das Kreditwesen vom 26. Februar 1981, I 3-237-2/80, abgedruckt in: CONSBUCH/MÖLLER/BÄHRE/SCHNEIDER (Hrsg.), Kreditwesengesetz, Abteilung 4. 179; sowie das Schreiben des Bundesaufsichtsamtes für das Kreditwesen vom 10. März 1981, I 3-237-10/77, abgedruckt in: ebenda, Abteilung 4. 180.

2 Auf die zusammenfassende Betrachtung der Konzernunternehmen stellt auch § 19 Abs. 2 Nr. 1 KWG ab. Danach gelten für die §§ 10, 13, 18 KWG als ein Kreditnehmer, grundsätzlich alle die Unternehmen, "die demselben Konzern angehören." (§ 19 Abs. 2 Nr. 1 KWG)

3 Vgl. REINTGES, Finanzierungsvorgänge, S. 558.

schlossen, eine Kreditbürgerschaft übernommen oder eine Patronatserklärung abgegeben hat.[1] In diesem Fall richtet sich das Interesse dieser Gläubiger dann auch auf den Einzelabschluß des Mutterunternehmens und v.a. auf den Konzernabschluß.[2] Zum anderen können sich aus der Konzernzugehörigkeit des Tochterunternehmens positive wie auch negative Auswirkungen auf seine Bonität ergeben. Auch insoweit ist der Konzernabschluß für die Gläubiger grundsätzlich von Interesse.[3]

Weiter kann die Gläubigergruppe in Groß- und Kleingläubiger differenziert werden, wobei Großgläubiger solche sind, denen aufgrund ihrer wirtschaftlichen Machtposition detaillierteres Informationsmaterial, als dies der Jahres- und der Konzernabschluß bietet, zur Verfügung steht, und diese darüber hinaus noch z.T. zu vertraulichen, konzerninternen Informationen Zugang haben.[4] Kleingläubiger sind dementsprechend diejenigen, denen solche Informationsprivilegien nicht eingeräumt werden. Das Interesse der Großgläubiger am Konzernabschluß kann damit aufgrund ihrer Informationsprivilegien im Gegensatz zu demjenigen der Kleingläubiger als eher gering eingeschätzt werden.

Unterschiede im Bezug auf die Informationsinteressen bestehen bei aktuellen und potentiellen Gläubigern grundsätzlich nicht. Lediglich der Anlaß für die Informationsbeschaffung und -auswertung ist ein anderer: Potentielle Gläubiger benötigen Informationen für die Kreditgewährung, aktuelle Gläubiger hingegen für die Kreditüberwachung.

---

1 Zu den einzelnen Formen der Haftung im Konzern s. RIEBELL, Kreditgewährung, S. 427-431.
2 Vgl. ebenda, S. 427 f.
3 Vgl. JONAS, Konzernabschluß, S. 73 f.
4 Dies ist insbesondere dann immer der Fall, wenn Gläubiger in einem Aufsichtsgremium vertreten sind.

Auch bei den Gläubigern richtet sich das grundlegende Interesse auf den Konzernjahresüberschuß sowie auf eine Anzahl weiterer Kennzahlen zum Konzernabschluß.[1] Im Hinblick auf die Beeinflussung der Gläubiger erscheint es daher angebracht, die gleiche Vorgehensweise wie bei der Politik zur Beeinflussung der Anteilseigner zu wählen. Kennzahlen sollten also entweder den in der Literatur oder auch in der Praxis postulierten Größenwerten entsprechen oder alternativ bestimmten Vergleichswerten, wie z.B. branchendurchschnittlichen Werten oder Werten vergleichbarer Konzerne genügen. Soweit Konzernunternehmen für von ihnen aufzunehmende Industriekredite die Deckungsstockfähigkeit[2] erhalten wollen, haben sie bei einigen Kennzahlen bestimmte, vom Bundesaufsichtsamt für das Versicherungswesen zugrunde gelegte Werte zu beachten.[3] In der nachfolgenden Tabelle 1 sind diese Regelungen im einzelnen aufgeführt.

---

1 Vgl. dazu Gliederungspunkt III.3.2.2.1 in diesem Kapitel. Wie aus den vorstehenden Ausführungen ersichtlich wird, gleichen die Informationsinteressen der Gläubiger denjenigen der Anteilseigner.

2 Zur Deckungsstockfähigkeit s. insbesondere §§ 54a, 66 VAG sowie BERING, Deckungsstockfähigkeit, S. 26 ff.

3 Vgl. Gesamtverband der Versicherungswirtschaft e.V./ Verband der Lebensversicherungsunternehmen e.V. (Hrsg.): Exposé für die Vergabe von Schuldscheindarlehen, Karlsruhe 1976. Wie dem Verfasser auf telefonische Anfrage beim Gesamtverband der Versicherungswirtschaft e.V. mitgeteilt wurde, soll dieses Exposé allerdings überarbeitet werden. Bis zum Abschluß des Manuskriptes dieser Arbeit war die Überarbeitung des Exposés jedoch nicht abgeschlossen, so daß die neue Fassung nicht mehr berücksichtigt werden konnte. Vgl. ferner TITZRATH, Kapitalbeschaffung, S. 109 f.

Tab.1: Anforderungen des Bundesaufsichtsamtes für das Versicherungswesen (BAV) im Hinblick auf die Deckungsstockfähigkeit von (Industrie-) Krediten

Vom BAV zugrunde gelegte Kriterien/Kennzahlen[1]	Anforderungen an die Kennzahlenwerte
- Relation von Eigen- zu Fremdkapital (Reziproker Wert der Kennzahl 10)	≥ 1 : 2
- Eigenkapital/Anlagevermögen (20)	≥ 50 % bei Versorgungsunternehmen > 40 %
- langfristiges Kapital/langfristig gebundenes Vermögen (ähnlich wie 22)	≥ 100 %
- kurzfristig realisierbares Umlaufvermögen/kurzfristiges Fremdkapital (ähnlich wie 24)	≥ 50 %
- Gesamtes Umlaufvermögen/kurzfristiges Fremdkapital (25)	≥ 100 %
- Jahresergebnis	≥ 0
- Verschuldungsfaktor = Effektivverschuldung/cash flow (Reziproker Wert der Kennzahl 51)	Orientierung an dem Durchschnittswert der Branche

1 Die Klammerangaben in der Tabelle verweisen auf die im Kennzahlenkatalog im Anhang ebenfalls aufgeführten Kennzahlen.

Auch Kreditgeber, die keine Versicherungsunternehmen sind, können sich an den vom BAV zugrunde gelegten Werten orientieren, so daß diesen eine weitergehende Bedeutung zukommen kann.[1]

3.2.2.4 Arbeitnehmer

Die Interessen der Arbeitnehmer erstrecken sich auf
- die Arbeitsplatzsicherung
- die Einkommenserzielung und
- die Arbeitsinhalte und -bedingungen.[2]

Die Konzernunternehmen sind an einer möglichst hohen Arbeitsleistung der 'Produktionsfaktoren' Arbeitnehmer sowie an einem möglichst reibungslosen Ablauf des Produktionsprozesses interessiert.

Man wird allerdings davon ausgehen können, daß durch Konzernbilanzpolitik keine wesentliche Beeinflussung der Arbeitnehmer erfolgen kann. Die Kennzahlengestaltung zur Beeinflussung der Anteilseigner/Gläubiger kann deshalb grundsätzlich ohne Restriktionen, die sich aus einer negativen Beeinflussung der Arbeitnehmer ergeben könnten, durchgeführt werden.

Bei den personalwirtschaftlichen Kennzahlen können sich allerdings im Hinblick auf die Beeinflussung der Arbeitnehmer eigenständige Ziele ergeben. In dem in Anhang 2 enthaltenen Kennzahlenkatalog sind vier personalwirtschaftliche Kennzahlen enthalten, die daraufhin erörtert werden sollen. Der Darstellung einer sozialorientierten, arbeitnehmerfreundlichen Geschäftspolitik des Konzerns erscheint es dabei dienlich, bei der Kennzahl "Personalaufwand/Umsatz" (56) einen relativ großen Wert und bei der Kennzahl "Wert-

---

1 Vgl. dazu auch GRÄFER, Einführung 3. Aufl., S. 150.
2 Vgl. SCHEIBE-LANGE, Vorstellungen, S. 643; dies., Probleme, S. 73; MOXTER, Publizitätsvorschriften, S. 136 f.; COENENBERG, Informationswert, S. 78 f.; HOPPE, Entwicklungen, S. 41 f.

schöpfung/Personalaufwand" (83) einen relativ kleinen Wert aufzuweisen. Für die beiden Kennzahlen "Umsatz/ Anzahl der Beschäftigten" (57) und "Wertschöpfung/ durchschnittliche Beschäftigtenzahl" (80) ist es allerdings nicht möglich, eine generelle Gestaltungsrichtung anzugeben. Insbesondere erscheint es nicht plausibel erklärbar, bei der Kennzahl 80 einen relativ kleinen Wert auszuweisen. Konkurrenzen ergeben sich aus diesen Zielsetzungen bei den personalwirtschaftlichen Kennzahlen zu den im Anhang aufgezeigten "positiv beurteilten Wertausprägungen" grundsätzlich nicht.[1]

Auch hinsichtlich des Konzernjahresüberschusses sollte grundsätzlich wie bei den Anteilseignern und Gläubigern beschrieben, ein maßvoller Ausweis stattfinden, der sich auch an den Vorjahreswerten (Gewinnglättung) orientieren sollte. Aus Sicht der Beeinflussung der Arbeitnehmer sollte kein relativ sehr großer Konzernjahresüberschuß ausgewiesen werden. Denn ein relativ hoher Konzernjahresüberschuß könnte mit dazu beitragen, daß

a) Forderungen auf höhere Arbeitsentgelte an die einzelnen Konzernunternehmen herangetragen werden und sich damit der Produktionsfaktor Arbeit verteuert und/oder
b) ein betriebswirtschaftlich notwendiger Arbeitskräfteabbau in einzelnen Regionen und/oder Sektoren behindert wird.

Andererseits könnte der Ausweis von Konzernjahresfehlbeträgen in mehreren aufeinander folgenden Wirtschaftsjahren Arbeitnehmer und insbesondere qualifizierte Arbeitnehmer veranlassen, ihr Arbeitsverhältnis mit dem betreffenden Konzernunternehmen zu kündigen. Nach Moxter ist es allerdings "wenig wahr-

---

1 Vgl. dazu die positiv beurteilten Wertausprägungen bei den Kennzahlen im Anhang 4. Vgl. ferner WSI-PROJEKTGRUPPE (Hrsg.), Mitbestimmung, S. 301-342.

scheinlich",[1] daß die Publizierung solch ungünstiger Verhältnisse zu derartigen Konsequenzen führt.[2] Insgesamt bleibt festzuhalten, daß Konzernbilanzpolitik zur Beeinflussung von Arbeitnehmern in aller Regel nicht geeignet ist. Es muß allerdings konzediert werden, daß es bei den Arbeitnehmern noch schwieriger erscheint als bei den anderen Konzernabschlußinteressenten, Beeinflussungsmöglichkeiten zu eruieren.

3.2.2.5 Lieferanten und Abnehmer

Das Interesse der Lieferanten richtet sich darauf, ob die Konzernunternehmen auch künftig als Abnehmer zur Verfügung stehen und inwieweit Preiserhöhungen (insbesondere bei Großlieferanten) durchsetzbar sind.[3] Die Konzernunternehmen wiederum sind daran interessiert, die bezogenen Güter in makelloser Qualität zu möglichst günstigen Preisen zu beziehen. Außerdem sind sie an einer ständigen Lieferbereitschaft des Lieferanten interessiert.

Das Interesse der Abnehmer richtet sich auf die Produktqualität, die Abnahmepreise sowie auf die Lieferfähigkeit der Lieferanten.[4] Die liefernden Konzernunternehmen interessieren sich v.a. für die gewinnmaximalen Absatzpreise und -mengen.

Der Konzernabschuß liefert allerdings nur in sehr geringem Umfang Informationen, die zur Befriedigung der Informationsinteressen von Lieferanten und Abnehmern

1 MOXTER, Publizitätsvorschriften, S. 139 f.
2 Vgl. ebenda.
3 Vgl. auch ebenda, S. 140-143; COENENBERG, Informationswert, S. 79 f.; SCHOLZ, Teilkonzernabschlüsse, S. 230 f.
4 Vgl. auch SCHOLZ, Teilkonzernabschlüsse, S. 230 f., MOXTER, Publizitätsvorschriften, S. 64-73; COENENBERG, Informationswert, S. 79 f.

beitragen.[1] Dies impliziert aber auch, daß mit Konzernbilanzpolitik keine oder allenfalls eine unbedeutende Beeinflussung der Lieferanten und Abnehmer bewirkt werden kann. Daher erscheint eine spezielle Ausgestaltung des Konzernabschlusses im Hinblick auf die Beeinflussung dieses Interessentenkreises wenig sinnvoll.

Im übrigen erscheint die zur Beeinflussung der Anteilseigner und Gläubiger vorzunehmende Konzernbilanzpolitik am besten geeignet, auch eine, wenn auch unbedeutende, Beeinflussung der Lieferanten und Abnehmer zu erreichen.

3.2.2.6 Konkurrenten

Das Interesse der Konkurrenten zielt darauf ab, Informationen über und von den Konkurrenzunternehmen zu erhalten, die sie zum eigenen Vorteil und i.d.R. zum Schaden der Konkurrenzunternehmen auszunutzen trachten. Die Konzernunternehmen sind dementsprechend bestrebt, den Konkurrenten möglichst wenige und nur solche Informationen zukommen zu lassen, mit denen die Konkurrenten den Unternehmen keinen Schaden zufügen können.

Da ein Konzern regelmäßig in vielen Märkten tätig ist, ist es praktisch auszuschließen, daß Konkurrenten durch den Konzernabschluß Informationen erhalten, die ihnen

---

1 SCHNEELOCH, Vermeidung, S. 809, vertritt schon zum Einzelabschluß die Meinung, daß dieser für Lieferanten und Abnehmer keinerlei verwendbare Informationen enthalte, die von diesem potentiellen Interessentenkreis zum Nachteil des publizierenden Unternehmens eingesetzt werden könnten. Im wesentlichen gleicher Ansicht ist: MOXTER, Publizitätsvorschriften, S. 64-77 und S. 140-143.
Soweit dem Einzelabschluß insoweit schon keine Bedeutung zugemessen wird, kann dies folgerichtig erst recht nicht für den Konzernabschluß der Fall sein, da die von diesem gelieferten Informationen noch eine viel höhere Aggregation aufweisen.

detaillierte Einblicke in die Kosten- und Leistungsstruktur des Konzerns ermöglichen.[1] Desweiteren hat Moxter bereits 1962 herausgearbeitet, daß durch den Ausweis einer günstigen Ertragslage keine neuen Konkurrenten angelockt würden.[2] Erst Recht werden durch den Konzernabschluß keine Geschäftsgeheimnisse offenbart.[3]

Lediglich dann, wenn der Konzern eine sehr schlechte Ertragslage, also z.B. über mehrere Wirtschaftsjahre hinweg große Konzernjahresfehlbeträge ausweist, könnten sich Konkurrenten animiert sehen, durch aggressive Strategien zu versuchen, Konzernunternehmen aus einzelnen Märkten zu verdrängen oder zumindest ihnen Marktanteile abzunehmen oder ihnen einzelne Geschäftsbereiche günstig abzukaufen.[4]

Damit wird deutlich, daß eine Konzernbilanzpolitik zur Beeinflussung von Konkurrenten grundsätzlich keine Bedeutung erlangt. Lediglich der Ausweis einer sehr schlechten Ertragslage und damit v.a. hoher Konzernjahresfehlbeträge sollte vermieden werden. Es ergibt sich somit bei der Konzernbilanzpolitik zur Beeinflussung der Konkurrenten die gleiche Situation wie bei den Lieferanten und Abnehmern: Die zur Beeinflussung der Anteilseigner und Gläubiger vorzunehmende Konzernbilanzpolitik erscheint auch geeignet zu sein zur Beeinflussung der Konkurrenten, soweit deren Beeinflussung überhaupt in Betracht kommt.

1 Vgl. zum Einzelabschluß: SCHNEELOCH, Vermeidung, S. 809.
2 Vgl. MOXTER, Publizitätsvorschriften, S. 19.
3 Vgl. SCHNEELOCH, Vermeidung, S. 809. Schneeloch bezieht seine Aussage zwar auf den Einzelabschluß; allerdings ist diese Aussage ohne weiteres auf den Konzernabschluß übertragbar.
4 Vgl. auch SCHNEELOCH, Vermeidung, S. 809; MOXTER, Publizitätsvorschriften, S. 54 f. MOXTER weist allerdings auch daraufhin, daß durch die Offenlegung der Rechnungslegung seiner Meinung nach keine zusätzlichen vollständigen Verdrängungswettbewerbe initiiert werden. Vgl. MOXTER, Publizitätsvorschriften, S. 48-54, insbes. S. 54.

3.2.2.7 Fiskus

Der Konzernabschluß hat in Deutschland keine Steuerbemessungsfunktion, d.h. er wird nicht als Bemessungsgrundlage für irgendwelche Steuerarten herangezogen. Ein fundamentales Interesse am Konzernabschluß hat der Fiskus somit nicht.[1]

Allerdings könnte sich der Fiskus für die Höhe der vorgenommenen Zwischenerfolgseliminierungen interessieren, da er hieraus Anhaltspunkte über Gewinnverschiebungen zwischen Konzerngesellschaften erhalten könnte. Dies gilt insbesondere für Gewinnverschiebungen von inländischen zu ausländischen Konzernunternehmen.[2] Als konzernbilanzpolitisches Ziel könnte sich daraus ergeben, die Höhe der Zwischenerfolgseliminierungen so zu gestalten, daß das Ausmaß der Gewinnverschiebungen nicht offenkundig wird. Dieses denkbare konzernbilanzpolitische Ziel greift aber bei der deutschen Konzernrechnungslegung nicht durch, da aus dem Konzernabschluß die eliminierten Zwischenerfolge betragsmäßig nicht erkennbar sind.

3.2.2.8 Öffentlichkeit

Die Öffentlichkeit ist als eine Residualgröße aufzufassen, die zum einen sehr heterogen strukturiert und zum anderen nicht abschließend ist.[3] Wie aus Abbildung 2 ersichtlich, repräsentiert die Öffentlichkeit solche Personen und Institutionen, die permanent koalitionsextern sind. Das Spektrum der mit dem Begriff Öffentlichkeit verbundenen Personen und Institutionen reicht von Wirtschaftsverbänden, wie Gewerkschaften, Arbeitgeber- und Arbeitnehmerverbänden, Kammern etc., staatlichen

1 Vgl. HOPPE, Entwicklungen, S. 44.
2 Vgl. OPPERMANN, Informationsinstrument, S. 2204.
3 Vgl. SCHINDLER, Kapitalkonsolidierung S. 55.

Stellen, bis zu den nur an Wirtschaftsfragen interessierten Personen und Institutionen.[1]

Die Wirtschaftspresse und die Auskunfteien als Teil der Öffentlichkeit nehmen insoweit eine Sonderstellung ein, als sie in aller Regel als Informationsmittler auftreten. Diese Informationsmittlerfunktion beinhaltet, daß die vorbezeichneten Institutionen Informationen, wobei es sich bei diesen Informationen häufig um Auswertungen und Schlußfolgerungen aus den Jahres- und Konzernabschlüssen handelt, an die aktuellen und v.a. potentiellen Konzernabschlußinteressenten weiterleiten.

Die so verstandene Öffentlichkeit bietet keinen Anlaß, mittels Konzernbilanzpolitik eine Beeinflussung dieser Interessentenkategorie anzustreben. Insbesondere ist nicht ersichtlich, warum es betriebswirtschaftlich aus Sicht des Konzerns vorteilhaft sein soll, Konzernbilanzpolitik im Hinblick auf diese Interessentenkategorie zu betreiben. Mit anderen Worten: Es läßt sich kein allgemeingültiger Wirkungszusammenhang zwischen konzernbilanzpolitischen Maßnahmen und dem Erreichen bestimmter Wirkungen ausmachen.

Eine andere Situation ergibt sich allerdings dann, wenn man den Begriff Öffentlichkeit weiter faßt und darunter auch die öffentliche Meinung subsumiert.[2] Mit "öffentlicher Meinung" wird das Meinungsbild bezeichnet, daß sich in der Bevölkerung über eine Person, einen Gegenstand oder einen Sachverhalt allgemein herausgebildet hat. Dieses Begriffsverständnis erweist sich aber inso-

---

1 Vgl. OPPERMANN, Informationsinstrument, S. 2204; NEUBERT, Rechnungslegungspublizität, S. 119.

2 Ohne dies explizit anzusprechen, geht wohl auch MAIER, Aussagefähigkeit, S. 196-198, von diesem Begriffsverständnis aus, wenn er im Zusammenhang mit dem Begriff Öffentlichkeit von der Wichtigkeit der public relations für den Konzern spricht. Zur öffentlichen Meinung vgl. ferner SKRODZKI, Rechenschaftslegung, S. 25 f.; VOLLHERBST, Berichterstattung, S. 165-175.

weit als problematisch, als diese Begriffsdefinition wenig spezifisch ist. Dennoch erweist sie sich als hilfreich, ein bestimmtes Wirkungsgefüge zu skizzieren. Mit Konzernbilanzpolitik wird man nur in Ausnahmefällen eine Beeinflussung der öffentlichen Meinung erzielen können. Daß allerdings Auswirkungen von Jahres- und Konzernabschlüssen auf die öffentliche Meinung ausgehen können, verdeutlichen die beiden folgenden Beispiele:

- Als die großen Ölkonzerne 1973 und 1979 im Zuge der beiden Ölkrisen besonders hohe Gewinne auswiesen, trug dies zu der kritischen Stimmung gegenüber diesen Ölkonzernen bei.[1]
- In neuerer Zeit werden beispielsweise die relativ hohen Gewinne der Pharmakonzerne auch zum Anlaß genommen, diese Konzerne verstärkt dazu heranzuziehen, einen Beitrag zur Kostendämpfung im Gesundheitswesen zu leisten.

Bei der Durchführung der Konzernbilanzpolitik sollten daher die in Ausnahmefällen möglichen Auswirkungen auf die öffentliche Meinung mitberücksichtigt werden. Wie eingangs aber bereits erwähnt, ist die Konzernbilanzpolitik in aller Regel nicht dazu geeignet, eine Beeinflussung der öffentlichen Meinung zu erreichen. Zudem gilt für das konzernbilanzpolitische Ziel der Beeinflussung der öffentlichen Meinung in ganz besonderem Maß, was schon für die Beeinflussung der übrigen Konzernabschlußinteressenten herausgearbeitet worden ist: Mit der Konzernbilanzpolitik kann nur eine indirekte Beeinflussung erzielt werden. Eine Konkretisierung dieses Ziels scheint dann auch nur in jeweiligen Einzelfällen möglich.

---

1 Vgl. BÖNKOST, Weltabschlüsse, S. 48-55.

3.2.3 Ableitung aus den Zielen der Konzernleitung

Abschließend soll nun das von der Einzel- auf die Konzernbilanzpolitik übertragbare Ziel der positiven Darstellung der Managementleistung der Konzernleitung eine Konkretisierung erfahren[1]. Auch hier wird wieder auf die Zielobjekte[2] Konzernjahresüberschuß sowie die übrigen Kennzahlen zum Konzernabschluß abgestellt.

Die Darstellung einer positiven Managementleistung der Konzernleitung erfordert in aller Regel zumindest den Ausweis eines Konzernjahresüberschusses und nicht eines Konzernjahresfehlbetrages. Die Konzernleitung wird darüber hinaus auch auf den Konzernabschluß grundsätzlich das für den Einzelabschluß empirisch bestätigte Ziel der Gewinnglättung anwenden. Dies leuchtet unmittelbar ein, wenn man sich die beiden folgenden Überlegungen vergegenwärtigt.[3] Weist die Konzernleitung einen erheblich gestiegenen Konzernjahresüberschuß aus, bedeutet dies, daß das Anspruchsniveau an die Konzernleitung steigt, weil es in der Folgeperiode entsprechend schwieriger ist, das Vorperiodenergebnis wieder zu erreichen oder sogar zu übertreffen. Weist die Konzernleitung dagegen einen gegenüber dem Vorjahr wesentlich niedrigeren Erfolg aus, macht dies grundsätzlich[4] eine verminderte Qualität der Managementleistung der Konzernleitung offenkundig.

Von diesem grundsätzlichen Ziel der Gewinnglättung kann es jedoch, wie oben bereits ausgeführt, Ausnahmen ge-

---

1 Vgl. zu den Managerinteressen auch BALLWIESER, Kapitalmarkt, S. 351 ff.

2 Siehe zu diesem Begriff im einzelnen Gliederungspunkt III.2 in diesem Kapitel.

3 Vgl. PFLEGER, Bilanzpolitik, Anm. 12-16; HALBINGER, Erfolgsausweispolitik, S. 73.

4 Der Erfolgsrückgang kann bspw. aber auch auf eine - allgemein bekannte - konjunkturelle Abschwächung zurückzuführen sein.

ben.[1] Insbesondere bei einem Wechsel in der Konzernleitung kann es Ziel der neuen Manager sein, im ersten Konzernabschluß nach der Managementübernahme einen geringen Gewinn oder auch einen Verlust auszuweisen.[2]

Hinsichtlich der übrigen Kennzahlen zum Konzernabschluß ist es aus Sicht der Konzernleitung vorteilhaft, eben solche Ausprägungen anzustreben, die aus Sicht der Konzernabschlußinteressenten positiv gewertet werden. Wie die vorhergehende Untersuchung zur Kennzahlengestaltung ergeben hat, sind diese Kennzahlenausprägungen bei allen Konzernabschlußinteressenten grundsätzlich gleich.[3]

4 Zielrelationen

Die oben vorgenommene Zielentwicklung hat zu einer Generierung von verschiedenen Zielen geführt. Im einzelnen sind dies:

- Unterschreitung der relevanten Größenkriterien zur Vermeidung der Aufstellung eines Konzernabschlusses,
- Publizierung nur des gesetzlich vorgeschriebenen Mindestumfanges,
- möglichst objektive Abbildung des Konzerns,
- Reduzierung der Umsatzerlöse zur Adaption an bestimmte gesetzliche Vorschriften,
- Tendenzielle Anpassung des Konzernjahresüberschusses an den Jahresüberschuß des Mutterunternehmens,
- Beeinflussung der Konzernabschlußinteressenten,
    * Ausweis eines positiven Konzernerfolges (also eines Konzernjahresüberschusses), der grund-

1 Zu den Ausnahmen s. Gliederungspunkt III.3.1.1.4 in diesem Kapitel und zur Begründung für die Übertragung vom Einzel- auf den Konzernabschluß s. Gliederungspunkt III.3.1.2 in diesem Kapitel.

2 Zur Begründung s. Gliederungspunkt III.3.1.1.4 in diesem Kapitel.

3 Hinsichtlich der konkreten Ausprägungen des Kennzahlenniveaus vgl. insbesondere die Ausführungen bei den Anteilseignern, Gliederungspunkt III.3.2.2.2 in diesem Kapitel.

sätzlich keine wesentliche Verschlechterung gegenüber dem Vorjahr aufweisen sollte.[1]
* Hinsichtlich der übrigen Kennzahlen zum Konzernabschluß sollten die für die jeweilige Kennzahl in der Literatur aufgeführten oder in der Praxis herausgebildeten Niveaus zumindest erreicht werden. Außerdem sollte grundsätzlich eine erhebliche Verschlechterung der Kennzahlenausprägungen gegenüber dem Vorjahr vermieden werden. V.a. für den Fall, daß keine vorgegebenen Kennzahlenniveaus vorhanden sind, kann die Erfüllung von Kennzahlenniveaus vergleichbarer Konzerne in Betracht kommen, wobei man sich entweder an Durchschnittswerten oder aber an den Werten eines oder mehrerer ausgewählter Konzerne orientieren kann.[2]

- Darstellung einer positiven Managementleistung der Konzernleitung,
  * Ausweis eines Konzernjahresüberschusses, wobei in aller Regel das Ziel der Gewinnglättung zugrunde liegt. In Ausnahmefällen können auch andere Ziele hinsichtlich des Konzernerfolges gegeben sein.[3] Bspw. kann es Ziel der neuen Konzernleitung sein, im ersten Jahr nach dem Managementwechsel einen möglichst schlechten Konzernerfolg auszuweisen.
  * Bei den Zielen hinsichtlich der übrigen Kennzahlen besteht Kongruenz zu denjenigen, die bei der Beeinflussung der Konzernabschlußinteressenten gelten.

Es ist jetzt zu prüfen, welche Beziehung zwischen den einzelnen Zielen gegeben sind. Dies dient auch dazu, eine Ordnung in die bisher ungeordnet aufgelisteten

---

1 Zu den möglichen Modifikationen im Einzelfall s. Gliederungspunkt III.3.1.1 in diesem Kapitel.

2 Wie aus den vorhergehenden Gliederungspunkten ersichtlich, sind die Ziele hinsichtlich der Kennzahlenausprägungen grundsätzlich gleich, soweit überhaupt bei den Interessenten auf Kennzahlenausprägungen abgestellt wird.

3 S. hierzu Gliederungspunkt III.3.1.1.4 in diesem Kapitel.

Ziele zu bringen. In der Literatur werden fünf verschiedene Kategorien von Zielrelationen differenziert:[1]

1. **Zielidentität** ist zwischen Zielen gegeben, die vollkommen kongruent sind.
2. **Zielkomplementarität** besteht zwischen Zielen dann, wenn die Erfüllung eines Zieles gleichzeitig auch zur besseren Erfüllung anderer (komplementärer) Ziele beiträgt.
3. **Zielindifferenz** liegt zwischen solchen Zielen vor, bei denen die Erfüllung eines Zieles keine Auswirkungen auf die Erfüllung anderer Ziele hat.
4. **Zielkonkurrenz** ist zwischen solchen Zielen gegeben, bei denen die Zielerreichung eines Zieles diejenige anderer (konkurrierender) Ziele beeinträchtigt.
5. **Zielantinomie** liegt zwischen Zielen vor, die sich gegenseitig vollkommen ausschließen.

Nunmehr ist der Frage nachzugehen, welche Zielrelationen sich bei den o.a. möglichen konzernbilanzpolitischen Zielen ergeben, d.h. welchen der fünf Kategorien die einzelnen Ziele zuzuordnen sind.

Beabsichtigt die Konzernleitung durch konzernbilanzpolitische Maßnahmen eine Unterschreitung der relevanten Größenkriterien zu erreichen, um damit der Aufstellungspflicht eines Konzernabschlusses zu entgehen, ist es offenkundig, daß die Verfolgung der anderen möglichen Ziele keinen Sinn ergibt, da die Anstrebung einer Nichtaufstellung des Konzernabschlusses Überlegungen hinsichtlich der Gestaltung bspw. des Konzernerfolges hinfällig machen.

Die gleiche Konsequenz ergibt sich bei dem Ziel der möglichst objektiven Abbildung des Konzerns. Ein Ausgleich zwischen diesem Ziel und den anderen Zielen ist

---

1 Vgl. z.B. MAG, Mehrfachziele, S. 51; BIDLINGMAIER, Zielkonflikte, S. 44-51; BIDLINGMAIER/SCHNEIDER, Ziele, Sp. 4733 f.; HEINEN, Zielsystem, S. 94-102; BAUER, Rechnungspolitik, S. 114-122; ANDRÄ, Zielhierachie, S. 129-133.

nicht möglich. Auch hier macht die Verfolgung dieses Zieles einen Verzicht auf die Verfolgung der anderen Ziele erforderlich.[1] Bei diesen beiden Zielen handelt es sich mithin um antinomische Ziele.

Das Ziel der Publizierung nur des gesetzlich vorgeschriebenen Mindestumfanges ist als indifferent einzustufen. Es ist unabhängig von den anderen (nicht antinomischen) Zielen durchführbar und beeinflußt diese auch nicht.

Beim Konzernerfolg besteht zwischen der Beeinflussung der Konzernabschlußinteressenten und den persönlichen Zielen der Konzernleitung weitgehend Übereinstimmung. In beiden Fällen ist es grundsätzlich Ziel, einen positiven Konzernerfolg auszuweisen und einen Ausweis einer wesentlichen Verschlechterung des Konzernerfolges zu vermeiden. Zusätzlich wird im Rahmen der persönlichen Ziele der Konzernleitung in aller Regel das Ziel der Gewinnglättung verfolgt. Das Ziel der Gewinnglättung erscheint aber auch kompatibel mit der Gestaltung des Konzernerfolges im Hinblick auf die Beeinflussung der Konzernabschlußinteressenten. Denn ein über mehrere Perioden hinweg geglätteter Gewinn signalisiert Stabilität.[2] Es handelt sich hierbei somit grundsätzlich um ein komplementäres Ziel, wobei im Einzelfall aber durchaus auch Zielidentität angenommen werden kann. Eine eindeutige Zuordnung ist insoweit denn auch nicht möglich.

Eine andere Situation ergibt sich aber dann, wenn die Konzernleitung in Ausnahmefällen eine andere Zielsetzung hinsichtlich des Konzernerfolges verfolgen will, wenn also bspw. die neue Konzernleitung im Jahr der Managementübernahme einen möglichst geringen Konzerner-

1 Zu diesem Erfordernis vgl. auch ANDRÄ, Zielhierachie, S. 132.
2 Pfleger bspw. führt auf, daß die Gewinnglättung positiv auf die Anteilseigner wirkt. Vgl. PFLEGER, Bilanzpolitik, Anm. 12.

folg auszuweisen gedenkt. In diesem Fall ergibt sich eine Zielkonkurrenz zu dem im Rahmen der Beeinflussung der Konzernabschlußinteressenten anzustrebenden Ziels hinsichtlich des Konzernerfolgs.[1]

Zur Lösung von Zielkonkurrenzen existieren zwei Verfahren: die Zielgewichtung und die Zielrangordnung.[2] Bei der Zielgewichtung kommt hier nur der Spezialfall der Zieldominanz in Frage. Die Zieldominanz besagt, daß ein Ziel das andere vollkommen unterdrückt (dominiert).[3] Bei der Zielrangordnung erhält zwar auch ein Ziel den Vorzug, die anderen konkurrierenden Ziele werden aber nicht unterdrückt, "sondern werden als Mindestanforderungen oder Nebenbedingungen beachtet".[4]

Der oben aufgezeigte Konflikt ist dahingehend zu lösen, daß das persönliche Ziel der Konzernleitung das andere dominiert. Dies wird unmittelbar einsichtig, wenn man berücksichtigt, daß die Konzernleitung Träger der Konzernbilanzpolitik ist und damit die Kompetenz hat, die aus ihrer Sicht vorteilhaftesten Ziele anzustreben.

Weitere Zielkonkurrenzen können sich hinsichtlich des Ziels, "tendenzielle Anpassung des Konzernjahresüberschusses an den Jahresüberschuß des Mutterunternehmens" und den anderen Zielen hinsichtlich des Konzernerfolges

---

1 Auch bei der Einzelbilanzpolitik sind Zielkonkurrenzen existent. Bekanntestes Beispiel ist der Zielkonflikt bei der Gestaltung des Jahresüberschusses, wobei der Konflikt aus den divergierenden Zielsetzungen zwischen Informations- und Ausschüttungspolitik herrührt. Vgl. dazu insbes. KRAWITZ, Bilanzpolitik, S. 1 ff. Dieser Zielfonflikt kann aufgrund der fehlenden Ausschüttungsbemessungsfunktion des Konzernabschlusses bei der Konzernbilanzpolitik allerdings nicht auftreten.

2 Vgl. MAG, Mehrfachziele, S. 53-55; SCHNEIDER, Investition, S. 66-69; BAUER, Rechnungspolitik, S. 119 f.

3 Vgl. MAG, Mehrfachziele, S. 53.

4 Ebenda, S. 54.

ergeben.[1] Diese Zielkonkurrenzen zwischen den Zielen hinsichtlich des Konzernerfolgs lassen sich aber im Wege der Zielrangfolge lösen. Es läßt sich allerdings nicht allgemein festlegen, welches der Ziele den Vorrang hat. Dies kann nur im Einzelfall entschieden werden. Wird bspw. dem Ziel "tendenzielle Anpassung des Konzernjahresüberschusses an den Jahresüberschuß des Mutterunternehmens" Vorrang eingeräumt, können die anderen Ziele hinsichtlich des Konzernjahresüberschusses nur insoweit verfolgt werden, als sie kompatibel mit dem vorgenannten Ziel sind.

Wie bereits aus der oben aufgeführten Aufzählung der konzernbilanzpolitischen Ziele ersichtlich ist, stimmen die Ziele hinsichtlich der Kennzahlenbeeinflussung - unter Außerachtlassung des Konzernerfolgs - bei der Beeinflussung der Konzernabschlußinteressenten sowie bei den persönlichen Zielen der Konzernleitung grundsätzlich überein. Es handelt sich insoweit um identische Ziele.

Zielkonkurrenzen können sich lediglich hinsichtlich des Ziels "Reduzierung der Umsatzerlöse zur Adaption an bestimmte gesetzlich Vorschriften" ergeben. Diese Zielkonkurrenzen lassen sich aber auch im Wege der Zielrangfolge lösen. In den Fällen, in denen eine Anpassung an gesetzliche Vorschriften durch Gestaltung der Umsatzerlöse in Frage kommt, hat dieses Ziel Vorrang. Die anderen konkurrierenden Ziele können dann insoweit verfolgt werden, als sie nicht gegen dieses verstoßen.

Die Ausführungen zu den einzelnen Zielbeziehungen sollen abschließend in Abbildung 3 zusammengefaßt werden.

---

1 Zu den Relationen bzw. Konkurrenzen, die zwischen den einzelnen Kennzahlen aufgrund ihrer Struktur und Zusammensetzung bestehen, vgl. Anhang 5.

Abb. 3 : Zielrelationen in Kombination mit einem Ablaufschema zu den Zielen

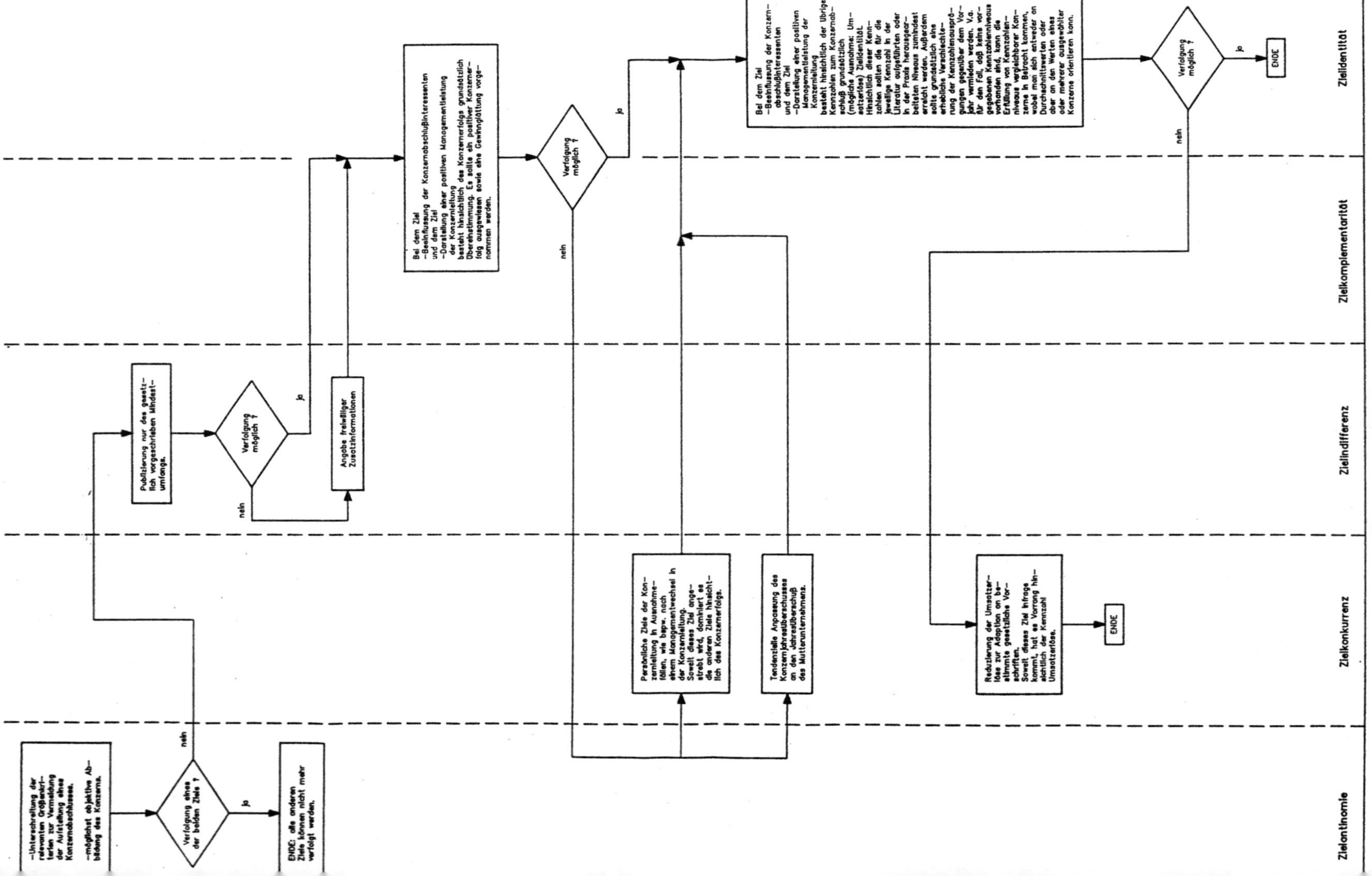

IV. Aktionsparameter der Konzernbilanzpolitik

1 Strukturierung konzernbilanzpolitischer Aktionsparameter

1.1 Grundstrukturen der Aktionsparameter

1.1.1 Begriff des Aktionsparameters

Der Begriff "Aktionsparameter" bezeichnet die dem Entscheidungsträger bei einer Handlung zur Verfügung stehenden Handlungsalternativen.[1] Gelegentlich wird in der Literatur anstatt des Begriffs "Aktionsparameter" auch der Begriff "Parameter" verwendet.[2] Es handelt sich dabei um Synonyme. In dieser Arbeit werden beide Begriffe nebeneinander verwendet und zwar dahingehend, daß zur konkreten Bezeichnung einer Handlungsalternative der Begriff "Parameter", und zwar jeweils in Verbindung mit einem anderen Substantiv, angewendet wird. Beispiele hierfür sind: Erstellungsparameter, Einbeziehungsparameter, Stichtagsparameter, Konsolidierungsparameter etc. In allen anderen Fällen wird der Begriff "Aktionsparameter" verwendet.

In den nächsten Gliederungspunkten sollen nun die grundsätzlichen Formen von Aktionsparametern besprochen werden.

1.1.2 Wahlrechte

Die Wahlrechte werden hier in Anlehnung an Bauer wie folgt definiert: Ein Wahlrecht besteht dann, wenn an einen gegeben Tatbestand mindestens zwei exklusive und genau fixierte Abbildungsalternativen anknüpfen und der

---

1 Schult wählt hierfür den Begriff "Entscheidungsvariable". Vgl. SCHULT, Bilanzpolitik, S. 236 f.; BÖRNER/KRAWITZ, Steuerbilanzpolitik, S. 24 f., verwen den den Begriff "Aktionsvariable".

2 Vgl. z.B. SCHMIDT, Bilanzpolitik, S. 17.

Konzernabschlußersteller bestimmt, welche von ihnen eintritt.[1]

Die Wahlrechte können sich entweder direkt aus dem Gesetz und hier insbesondere aus dem HGB oder aber aus den GoB, den Konsolidierungsgrundsätzen[2] oder der Rechtsprechung ergeben. Desweiteren können Grundlage für Wahlrechte Stellungnahmen des IDW oder auch internationaler Organisationen wie FASB oder IASC sein. Zu nennen sind in diesem Zusammenhang bspw. die Wahlrechte bei den Währungsumrechnungsmethoden.

1.1.3 Spielräume

"Ein Spielraum liegt vor, wenn eine Rechtsnorm so unscharf gefaßt ist, daß entweder ein gegebener Sachverhalt nicht eindeutig unter einen bestimmten Tatbestand fällt (Subsumtionsspielraum) oder einem gegebenen Tatbestand eine bestimmte Rechtsfolge nicht eindeutig zugeordnet werden kann (Konklusionsspielraum)".[3]

Spielräume sind z.B. oftmals bei der Bilanzierung von Rückstellungen gegeben. Hier eröffnen sich dem Rechnungslegenden Handlungsalternativen sowohl hinsichtlich des Ansatzes als auch hinsichtlich der Höhe des Bilanzpostens.[4] Ein anderes Beispiel für einen Spielraum ist die Bestimmung des beizulegenden Wertes von Vermögensgegenständen, Schulden etc. im Rahmen der Kapitalkonsolidierung nach § 301 HGB.

---

1 Vgl. BAUER, Wahlrechte, S. 767; ders., Rechnungspolitik, S. 67.

2 Zu den Konsolidierungsgrundsätzen s. BUSSE von COLBE/ORDELHEIDE, Konzernabschlüsse, S. 39-46.

3 BAUER, Wahlrechte, S. 767. Vgl. ders., Rechnungspolitik, S. 72 f. Vgl. ferner SIEGEL, Wahlrecht, S. 419, der von Ermessensspielräumen spricht, "wenn das subjektive Moment der Bewertung zu mehreren Alter nativen führt."

4 Vgl. z.B. SCHNEELOCH, Steuerbelastungsvergleiche, S. 197.

Die "Natur" der Spielräume bewirkt, daß Spielräume sich wesentlich diffiziler aufspüren lassen als Wahlrechte.[1] Soweit nun nicht auch der entlegenste Sonderfall[2] mit in die Untersuchung einbezogen wird - was nicht Ziel der Arbeit sein kann - führt dies auch dazu, daß das konzernbilanzpolitische Instrumentarium zwangsläufig unvollständig dargestellt ist.[3]

1.1.4 Wahlrechte mit Spielraumimplikation

Wahlrechte mit Spielraumimplikation sind dadurch gekennzeichnet, daß ein Wahlrecht mit mindestens einem Spielraum verbunden ist. Insoweit liegt also ein Aktionsparameterkomplex vor. Die Entscheidung über die Realisation eines Wahlrechts bedingt gleichzeitig auch eine Entscheidung über die Nutzung eines Spielraumes. Bauer bezeichnet dies als zwangsläufige Verbundenheit.[4]

Scharf zu trennen sind die Wahlrechte mit Spielraumimplikation von den Basis- und Folgeparametern.[5] Der entscheidende Unterschied liegt darin, daß die "Menge aller Rechtsfolgen" bei Inanspruchnahme oder Nichtinanspruchnahme des Wahlrechts bzw. des Spielraums identisch ist. Der Spielraum innerhalb eines Wahlrechts mit Spielraumimplikation läßt sich durch folgendes Charakteristikum markieren: Soweit der Spielraum die für die Nutzung des Wahlrechts notwendige Ausgestaltung annimmt, hat dieser losgelöst von dem Wahlrecht keine eigenständige Wirkung. Der Spielraum degeneriert hier zu einer Tatbestandsvoraussetzung für die Inanspruchnahme eines Wahlrechts. Im Fall von Basis- und Folgeparametern besitzt der Spielraum aber durchaus noch neben der Funktion, als Tatbestandsvoraussetzung für die Inan-

---

1 Vgl. BAUER, Rechnungspolitik, S. 77.
2 Zum Begriff vgl. ebenda.
3 Die gleiche Auffassung vertritt Bauer hinsichtlich der rechnungspolitischen Mittel. Vgl. ebenda.
4 Vgl. ebenda, S. 221.
5 Vgl. hierzu den übernächsten Gliederungspunkt.

spruchnahme eines Wahlrechts notwendig zu sein, eine eigene Wirkung. Diese Zusammenhänge sollen nun zur Verdeutlichung exemplifiziert werden.

Die Inanspruchnahme des Wahlrechts aus § 303 Abs. 2 HGB bspw. mit dem Ziel, keine Schuldenkonsolidierung vorzunehmen, kann nur erreicht werden, wenn der in dieser Vorschrift enthaltene Spielraum dahingehend genutzt wird, daß eine "untergeordnete Bedeutung" angenommen wird. Diese Spielraumausnutzung erlangt dann keine eigenständige Wirkung. Wird der Spielraum dahingehend genutzt, daß keine "untergeordnete Bedeutung" angenommen wird, ergibt sich als Rechtsfolge, daß eine Schuldenkonsolidierung vorzunehmen ist. Die gleiche Rechtskonsequenz ergibt sich aber auch bei der Nichtausübung des Wahlrechts.

Anders ist bspw. das Wahlrecht aus § 294 Abs. 2 Satz 2 HGB zu beurteilen. Die Spielraumausnutzung des in § 294 Abs. 2 Satz 1 HGB enthaltenen Spielraums kann eine Rechtsfolge bewirken, die mittels des Wahlrechts aus § 294 Abs. 2 Satz 2 HGB nicht erlangt werden kann. Mit dem Wahlrecht aus § 294 Abs. 2 Satz 2 HGB kann nur das Medium gewählt werden, in dem die geforderten Angaben zu machen sind. Mit der entsprechenden Spielraumausnutzung kann jedoch ein vollkommener Angabeverzicht erlangt werden (eine gänzlich andere Rechtsfolge).

1.1.5 Materiality-Aktionsparameter

Bei den materiality-Wahlrechten handelt es sich um eine spezielle Sorte von Wahlrechten mit Spielraumimplikation. Neben diesen materiality-Wahlrechten sind auch materiality-Spielräume zu verzeichnen. Ihre Anzahl ist im Vergleich zu den materiality-Wahlrechten allerdings viel kleiner.

Der Begriff "materiality" bzw. "materiality-Grundsatz" wird in Übernahme der grundlegenden Definition von Lück wie folgt definiert: "Er (der materiality-Grundsatz, der Verf.) besagt, daß alle Tatbestände bei der Rechnungslegung eines Unternehmens berücksichtigt und offengelegt werden müssen, die als Information für den Adressaten des Jahresabschlusses von Bedeutung sein können, und daß andererseits alle Tatbestände vernachlässigt werden können, die wegen ihrer Größenordnung keinen Einfluß auf das Jahresergebnis und die Rechnungslegung haben".[1] Der Begriff materiality-Aktionsparameter bezeichnet dementsprechend einen Aktionsparameter, der beinhaltet, bestimmte den Konzernabschluß betreffende Rechnungslegungsmaßnahmen vorzunehmen oder aber zu unterlassen, wenn diese Maßnahmen nur einen unbedeutenden Einfluß auf die Aussagefähigkeit des Konzernabschlusses haben. Der angelsächsische Begriff "materiality" wird dabei synonym mit dem deutschen Begriff "Wesentlichkeit" verwendet.

Im deutschen Recht war der materiality-Grundsatz bisher zwar schon existent, allerdings in einem wesentlich geringeren Ausmaß als nach neuem Recht.[2] In den Vorschriften zum Einzelabschluß waren keine materiality-Regelungen enthalten. Lediglich die §§ 160 Abs. 1, 160 Abs. 2 Satz 4, 166 Abs. 2, 256 Abs. 4 Satz 1, 258 Abs. 1 Satz 2, 313 AktG a.F. enthielten materiality-Vorschriften.[3] Allerdings waren auch bereits im alten Konzernrechnungslegungsrecht materiality-Aktionsparameter enthalten, und zwar in den §§ 329 Abs. 2 Satz 2, 334 Abs. 2 Satz 2 und 3, 334 Abs. 3 AktG a.F.

Eine nähere Betrachtung der materiality-Aktionsparameter läßt erkennen, daß aufgrund der verwendeten Formulierungen eine Systematisierung in zwei Gruppen möglich

1 LÜCK, Materiality, S. 13.
2 Vgl. NIEHUS, materiality, S. 4.
3 Vgl. NIEHUS, materiality, S. 4.

ist. Die der einen Gruppe zuzuordnenden Aktionsparameter sind durch die Verwendung der nachfolgend aufgeführten Formulierung gekennzeichnet, deren Wortlaut bei allen Aktionsparametern grundsätzlich übereinstimmt, wobei bei einzelnen Aktionsparametern allerdings Nuancen in der Wortwahl auftreten, die aber inhaltlich keine abweichende Bedeutung bewirken. Diese übereinstimmende Formulierung nimmt Bezug auf die Generalnorm in § 297 Abs. 2 Satz 2 HGB und lautet: Beträge oder Sachverhalte sind "für die Vermittlung eines den tatsächlichen Verhältnissen entsprechenden Bildes der Vermögens-, Finanz- und Ertragslage des Konzerns nur von untergeordneter Bedeutung."[1]

In der anderen Gruppe sind solche Aktionsparameter enthalten, die zwar für die 'materiality' keine formal einheitliche Formulierung aufweisen, aber inhaltlich übereinstimmende Formulierungen enthalten, wie: von erheblicher, großer oder untergeordneter Bedeutung; wesentlich; unverhältnismäßiger Aufwand etc. Die beiden folgenden Tabellen enthalten eine Übersicht über die materiality-Aktionsparameter.

1 Z.B. § 303 Abs. 2 HGB

Tab. 2: Materiality-Aktionsparameter mit Bezug auf die Generalklausel

Vorschrift	Bezeichnung	Materiality-Formulierung	Grundstruktur des Aktionsparameters
§ 265 Abs. 7 Nr. 1 i.V.m. § 298 Abs. 1 HGB	Zusammenfassung von Bilanzpositionen	"einen Betrag enthalten, der für die Vermittlung eines den tatsächlichen Verhältnissen entsprechenden Bildes im Sinne von § 264 Abs. 2 nicht erheblich ist"	Wahlrecht mit Spielraumimplikation
§ 296 Abs. 2 HGB	Einbeziehungswahlrecht	"für die Verpflichtung, ein den tatsächlichen Verhältnissen entsprechendes Bild der Vermögens-, Finanz- und Ertragslage des Konzerns zu vermitteln, von untergeordneter Bedeutung ist"	Wahlrecht mit Spielraumimplikation
§ 3o3 Abs. 2 HGB	Verzicht auf die Schuldenkonsolidierung	" "	Wahlrecht mit Spielraumimplikation
§ 3o4 Abs. 3 HGB	Verzicht auf die Zwischenerfolgseliminierung	" "	Wahlrecht mit Spielraumimplikation
§ 3o5 Abs. 2 HGB	Verzicht auf die Aufwands- und Ertragskonsolidierung	" "	Wahlrecht mit Spielraumimplikation
§ 3o8 Abs. 2 Satz 3 HGB	Verzicht auf die konzerneinheitliche Bewertung	" "	Wahlrecht mit Spielraumimplikation
§ 311 Abs. 2 HGB	Verzicht auf die Equity-Konsolidierung	" "	Wahlrecht mit Spielraumimplikation
§ 313 Abs. 2 Nr. 4 Satz 2 HGB	Verzicht auf die Angabe von Beteiligungsunternehmen	" "	Wahlrecht mit Spielraumimplikation

Tab. 3: Materiality-Aktionsparameter ohne Bezug auf die Generalklausel

Vorschrift	Bezeichnung	Materiality-Formulierung	Grundstruktur des Aktionsparameters
§ 24o Abs. 3 i.V.m. § 256 Satz 2 und § 298 Abs. 1 HGB	Ansatz eines Festwertes	"nachrangiger Bedeutung" und "geringen Veränderungen"	Wahlrecht mit Spielraumimplikation
§ 268 Abs. 4 Satz 2 i.V.m. § 298 Abs. 1 HGB	Angabe des Betrages von Vermögensgegenständen, die erst nach dem Abschlußstichtag rechtlich entstehen	"größeren Umfang"	Spielraum
§ 268 Abs. 5 Satz 3 i.V.m. § 298 Abs. 1 HGB	Angabe des Betrages von Verbindlichkeiten, die erst nach dem Abschlußstichtag rechtlich entstehen	"größeren Umfang"	Spielraum
§ 277 Abs. 4 Sätze 2 und 3 i.V.m. § 298 Abs. 1 HGB	Erläuterung von außerordentlichen Aufwendungen und Erträgen	"für die Beurteilung der Ertragslage nicht von untergeordneter Bedeutung"	Spielraum
§ 294 Abs. 2 Satz 1 HGB	Angabespielraum bei verändertem Konsolidierungskreis	"wesentlich geändert"	Spielraum
§ 296 Abs. 1 Nr. 2 HGB	Einbeziehungswahlrecht bei Informationsbeschaffungsschwierigkeiten	"unverhältnismäßig hohe Kosten oder Verzögerungen"	Wahlrecht mit Spielraumimplikation
§ 298 Abs. 2 HGB	Zusammengefaßter Ausweis der Vorräte	"unverhältnismäßigen Aufwand"	Wahlrecht mit Spielraumimplikation

Tab. 3: Fortsetzung

Vorschrift	Bezeichnung	Materiality-Formulierung	Grundstruktur des Aktionsparameters
§ 299 Abs. 3 HGB	Angabespielraum bei Nichtaufstellung eines Zwischenabschlusses	"Vorgänge von besonderer Bedeutung für die Vermögens-, Finanz- und Ertragslage"	Spielraum
§ 3o4 Abs. 2 HGB	Lieferung und Leistung zu üblichen Marktbedingungen	"unverhältnismäßig hohen Aufwand"	Wahlrecht mit Spielraumimplikation
§ 314 Abs. 1 Nr. 2 2. HS HGB	Angabespielraum der sonstigen finanziellen Verpflichtungen	"für die Beurteilung der Finanzlage des Konzerns von Bedeutung"	Spielraum
§ 314 Abs. 1 Nr. 5 2. HS HGB	Angabespielraum bei den künftigen Belastungen aus Steuervergünstigungen	"Ausmaß erheblicher künftiger Belastungen"	Spielraum

Nachdem die materiality-Aktionsparameter aufgelistet worden sind, soll nun der Frage nachgegangen werden, welche Tragweite die einzelnen materiality-Aktionsparameter erlangen. Zur Beantwortung dieser Frage kann von den einzelnen materiality-Aktionsparametern auf die Gesamtheit der materiality-Aktionsparameter abstrahiert werden, da diesen grundsätzlich die gleiche Problematik zugrunde liegt.[1] Dies eröffnet gleichzeitig die Möglichkeit, bei der Analyse der einzelnen materiality-Aktionsparameter auf eine grundsätzliche Erörterung dieser Problematik zu verzichten. Es soll allerdings an dieser Stelle schon darauf aufmerksam gemacht werden, daß eine umfassende Antwort auf die aufgeworfene Frage nicht gegeben werden kann.

Zum jetzigen Zeitpunkt sind noch überhaupt keine quantitativen Grenzwerte ersichtlich, anhand deren entschieden werden kann, ob eine konkrete Rechnungslegungsmaßnahme wesentlich oder nicht wesentlich ist. Aber auch auf der tieferstehenden, verbalen Ebene sind bis jetzt noch keine operationalen Kriterien herausgearbeitet worden. Dies mag daran liegen, daß bis dato im deutschen Schrifttum speziell zu dieser Thematik erst sehr wenige Abhandlungen erschienen sind.[2] Relativiert wird diese mögliche Begründung allerdings dann, wenn man die internationale Entwicklung mit in die Betrachtung einbezieht. Auch in der angelsächsischen Literatur und in den Veröffentlichungen der für die Rechnungslegung zuständigen Organisationen sind bis heute keine operationalen Abgrenzungskriterien entwickelt worden, obwohl der Grundsatz der materiality dort schon seit

1 Sollten bei einzelnen Aktionsparametern Besonderheiten auftreten, wird hierauf explizit hingewiesen.

2 Vgl. LÜCK, materiality; NIEHUS, materiality; STACHULETZ/KÜHNBERGER, materiality-Grundsatz.

Jahrzehnten Anwendung findet.[1]

Es erscheint überhaupt sehr fraglich, ob logisch ableitbare Kriterien, die der Operationalitätsbedingung genügen, ermittelt werden können. Eine Operationalisierung der materiality-Vorschriften wird man nur erreichen können, wenn man mehr oder weniger willkürlich bestimmte quantitative Grenzwerte festlegt. Wie bereits ausgeführt, ist eine quantitative Präzisierung der materiality-Vorschriften bis dato nicht verfügbar und scheint darüber hinaus auch in absehbarer Zukunft nicht vorzuliegen.[2]

Es stellt sich die Frage, welche konzernbilanzpolitische Bedeutung den materiality-Aktionsparametern beizumessen ist. Prima vista begründet die fehlende Konkretisierung der materiality-Vorschriften ein erhebliches Potential an konzernbilanzpolitischen Aktionsparametern in Form von Spielräumen. Dennoch muß konstatiert werden, daß faktisch eine Begrenzung dieser Spielräume existiert. Ihre Begründung findet diese Feststellung in dem Wesen der materiality-Aktionsparameter. Charakteristisches Merkmal der materiality-Aktionsparameter ist ja gerade, daß ihre Inanspruchnahme die Vermögens-, Finanz- und Ertragslage des Konzerns nur unwesentlich beeinflußt. Insoweit sind diese Aktionsparameter auch wenig hilfreich bei der konzernbilanzpolitischen Ausrichtung der Vermögens-, Finanz- und Ertragslage des Konzerns. Damit die gesetzgeberische Zielsetzung nicht durch eine extensive Spielraumausnutzug konterkariert werden kann, enthält das Gesetz einige Kontroll- und Sanktionsmechanismen. Zum einen ist der Abschlußprüfer verpflichtet, eine

---

1 Einen Überblick über diesbezüglich im Ausland vorge nommenen Bestrebungen geben NIEHUS, materiality, S. 12 sowie STACHULETZ/KÜHNBERGER, Materiality-Grundsatz, S. 412 f. Vgl. auch ARSDELL, Materiality, S. 72 ff.; PATTILO, Concept; ders., materiality.

2 Vgl. HARTLE, in: CASTAN u.a. (Hrsg.), Beck HdR, C 10, Anm. 270, der auch die Auffassung vertritt, daß eine Beurteilung nur im Einzelfall möglich ist.

unrichtige Darstellung der Vermögens,- Finanz- und Ertragslage des Konzerns zu monieren.[1] Unabhängig davon können zum anderen bei pflichtwidriger Nutzung der Spielräume die Tatbestände einer Straftat nach § 331 HGB oder einer Ordnungswidrigkeit nach § 334 HGB erfüllt sein.

Aus konzernbilanzpolitischer Sicht läßt sich als Resümee festhalten, daß die materiality-Aktionsparameter grundsätzlich nicht zur Beeinflussung der Vermögens,- Finanz- und Ertragslage entscheidend beitragen. Die konzernbilanzpolitische Bedeutung der materiality-Aktionsparameter liegt im wesentlichen in der Vollziehung des Wirtschaftlichkeitsgrundsatzes auch bei der Konzernrechnungslegung. Durch die Inanspruchnahme von materiality-Aktionsparametern wird es dem Konzern ermöglicht, aufwendige und kostenintensive Konsolidierungsmaßnahmen zu unterlassen.

1.2 Verknüpfung der Aktionsparamter

Die Aktionsparameter können in unterschiedlicher Weise verknüpft sein.[2] Eine Möglichkeit ist, daß durch die Inanspruchnahme eines Aktionsparameters weitere Aktionsparameter entstehen. Diese zusätzlichen Aktionsparameter sollen als Zusatzparameter bezeichnet werden. Ein Beispiel für einen Zusatzparameter ist das Wahlrecht hinsichtlich der "Zurechnungsmethoden im Fall von Minderheitsgesellschaftern".[3] Dieses Wahlrecht steht dem Konzernbilanzpolitiker zusätzlich zur Verfügung, wenn er die Neubewertungsmethode nach § 301 Abs. 1 Nr. 2 HGB bei der Kapitalkonsolidierung wählt.

Es kann jedoch auch der Fall eintreten, daß durch die Realisation eines Aktionsparameters die Inanspruchnahme

1 Vgl. die §§ 317 und 323 Abs. 1 HGB.
2 Vgl. hierzu BAUER, Rechnungspolitik, S. 220 f.
3 Vgl. Gliederungspunkt IV.2.2.1.7 im 3. Kapitel.

eines anderen Aktionsparameters ausgeschlossen wird. Diese nicht mehr zur Verfügung stehenden Aktionsparameter sollen als Ausschlußparameter bezeichnet werden. Beispielsweise kann in bestimmten Fällen die Inanspruchnahme einer Teilwertabschreibung dazu führen, daß eine Preissteigerungsrücklage nicht mehr in Anspruch genommen werden kann.[1] Die Preissteigerungsrücklage würde dann einen Ausschlußparameter darstellen.

Übt die Inanspruchnahme eines Aktionsparameters keine Wirkungen auf andere Aktionsparameter aus, handelt es sich um einen unverbundenen Aktionsparameter.[2] Zusatz- und Ausschlußparameter werden zusammengefaßt auch als Folgeparameter bezeichnet. Der dem Folgeparameter zugrunde liegende Aktionsparameter wird als Basisparameter bezeichnet.

2 Systematisierung konzernbilanzpolitischer Aktionsparameter

2.1 Anspruch an eine Systematisierung

Die Systematisierung der Aktionsparameter ist nicht Selbstzweck, sondern dient dazu, diese anwendungs- und entscheidungsorientiert aufzubereiten. Bezeichnend hierfür sind auch die Ausführungen von Mellerowicz: "Der Gesetzgeber läßt für die Gestaltung der Bilanz eine Fülle von Wahlmöglichkeiten. Ihre Systematisierung ist Aufgabe der Wissenschaft. Es kommt hier darauf an, die Wirkungen der einzelnen Wahlmöglichkeiten und ihrer gegenseitigen Abhängigkeiten zu erkennen, um die Zweckmäßigkeit der einzelnen bilanzpolitischen Mittel beurteilen zu können".[3]

---

1 Vgl. BAUER, Rechnungspolitik, S. 220.
2 Diesen Terminus verwendet auch Bauer. Vgl. ebenda, S. 221.
3 MELLEROWICZ, Unternehmenspolitik, S. 191.

Es gilt, nun eine diesem Erfordernis entsprechende Systematik zu erarbeiten. Im folgenden Gliederungspunkt sollen dementsprechend mögliche Systematisierungen auf ihre Brauchbarkeit hin untersucht werden.

2.2 Mögliche Systematisierungsansätze

Es liegt nahe, auf die Systematisierungen zurückzugreifen, die bei der Einzelbilanzpolitik verwendet werden. Das folgende Schaubild enthält die Systematisierung, wie sie üblicherweise für einzelbilanzpolitische Aktionsparameter verwendet wird.

Abb. 4: Traditionelle Systematisierung einzelbilanzpolitischer Aktionsparameter

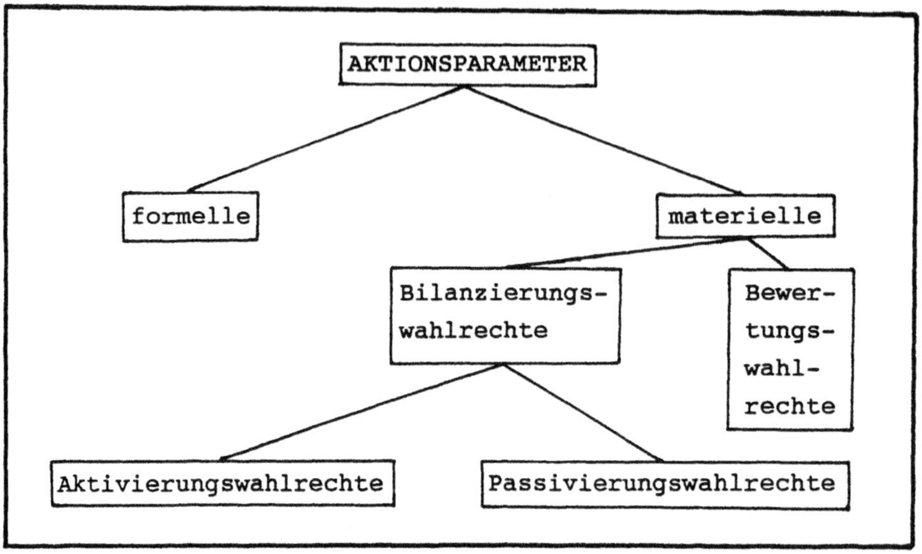

Diese Systematisierung erweist sich aber als nicht geeignet, den hier gestellten Systematisierungsanspruch zu erfüllen, da nur ein Teil der konzernbilanzpolitischen Aktionsparameter in diese Systematik eingeordnet werden können.

Desweiteren ist eine Systematisierung "nach unterschiedlichen Merkmalen, nach Gemeinsamkeiten und ähnlichem"[1] naheliegend. So wären z.B. die folgenden Systematisierungen denkbar:

- Durchnumerierung der Aktionsparameter
- Ordnung der Aktionsparameter anhand der Rechtsvorschriften
- Ordnung der Aktionsparameter nach ihrer Struktur, d.h. Einteilung in Wahlrechte und Spielräume
- Ordnung der Aktionsparameter nach Bestandteilen des Konzernabschlusses
- Ordnung der Aktionsparameter nach Wirkungsweisen
- Ordnung der Aktionsparameter nach Auswahlkriterien.[2]

Die ersten beiden der o.a. Systematisierungsansätze sind jedoch als nicht geeignet für die Systematisierung der konzernbilanzpolitischen Aktionsparameter einzustufen, da sie keine anwendungs- und entscheidungsorientierte Aufbereitung der Aktionsparameter ermöglichen. Aber auch die anderen aufgeführten Systematisierungsansätze erweisen sich als wenig geeignet für die Systematisierung der konzernbilanzpolitischen Aktionsparameter, denn keiner dieser Systematisierungsansätze bietet eine ausreichende Informationsbasis. Jeder dieser Systematisierungsansätze bringt nur eine Ordnung nach einem Informationskriterium. Gewünscht ist aber eine umfassendere anwendungs- und entscheidungsorientierte Aufbereitung der Aktionsparameter.

Vielversprechend für die Lösung des hier anstehenden Systematisierungsproblems erscheint jedoch ein neueres, im Bereich der Betriebswirtschaftlichen Steuerlehre entwickeltes Systematisierungskonzept. Es handelt sich dabei um die von Michels vorgenommene Systematisierung von steuerlichen Wahlrechten.[3]

---

1 MICHELS, Wahlrechte, S. 69.
2 Zu den Auswahlkriterien s. Gliederungspunkt VI.2.2 in diesem Kapitel.
3 Vgl. MICHELS, Wahlrechte.

Michels systematisiert die steuerlichen Wahlrechte zum einen hinsichtlich der Entscheidungsträger, d.h. der verschiedenen Typen von Steuerpflichtigen und zum anderen hinsichtlich der Kalkülarten.[1] Im zweiten Kapitel des zweiten Teils seiner Arbeit nimmt er eine Zuordnung der Rechtswahlmöglichkeiten (steuerlichen Wahlrechte) zu den Kalkülarten vor. Dabei werden die steuerlichen Wahlrechte nach 18 verschiedenen Kalkülarten geordnet, die jeweils angeben, auf welche Art die Entscheidung für den Einsatz der Aktionsparameter zu treffen ist.[2] Im Rahmen der Besprechung des jeweiligen steuerlichen Wahlrechts wird dann u.a. aufgeführt, welche Typen von Steuerpflichtigen dieses Wahlrecht in Anspruch nehmen können. Daran anschließend nimmt Michels im dritten Kapitel des zweiten Teils eine Zuordnung der Wahlrechte zu den einzelnen Typen von Steuerpflichtigen vor. Dabei werden die Steuerpflichtigen nach verschiedenen Merkmalen geordnet, wobei die Ordnung 124 verschiedene Steuerrechtssubjekte enthält.[3] Sodann werden für jedes Steuerrechtssubjekt jeweils alle in Frage kommenden Wahlrechte aufgeführt.

Dieses von Michels entwickelte Systematisierungskonzept bildet den Grundstein für die im nächsten Gliederungspunkt zu erarbeitende Lösung für das Problem der Systematisierung konzernbilanzpolitischer Aktionsparameter.

2.3 Angewandtes Systematisierungskonzept

Die Basis der entwickelten Systematik bilden zwei zentrale Anforderungen, die sich aus der Anwendung konzernbilanzpolitischer Aktionsparameter ergeben. Diese sollen im folgenden charakterisiert werden:

- Zum einen ist der Konzernabschlußersteller daran

1 Vgl. ebenda, S. 79 f.
2 Vgl. ebenda, insbes. S. 170-172.
3 Vgl. MICHELS, Wahlrechte, S. 81-129.

interessiert zu erfahren, welche Aktionsparameter in den einzelnen Bereichen der Konzernrechnungslegung bestehen, d.h. er will wissen, wenn er bspw. die Kapitalkonsolidierung oder die Abgrenzung des Konsolidierungskreises durchzuführen hat, welche Aktionsparameter es bei der Kapitalkonsolidierung und bei der Abgrenzung des Konsolidierungskreises gibt.

- Zum anderen ist es für den Konzernabschlußersteller erforderlich zu wissen, welche Aktionsparameter existieren, die eine adäquate Wirkungsweise aufweisen, um das angestrebte Ziel zu erreichen.
  Soweit mehrere Aktionsparameter zur Auswahl stehen, benötigt er Kenntnis darüber, welche Ausprägungsarten die jeweiligen Aktionsparameter bei den einzelnen Auswahlkriterien aufweisen, um die am besten geeigneten Aktionsparameter auszuwählen.

Anhand dieser beiden grundlegenden Anforderungen sollen nun die konzernbilanzpolitischen Aktionsparameter systematisiert werden.

Im 3. Kapitel werden deshalb die einzelnen Aktionsparameter nach der Struktur der Konzernrechnungslegung geordnet. Das beinhaltet eine Ordnung der Aktionsparameter nach abgrenzbaren, übergeordneten Maßnahmen bei der Erstellung des Konzernabschlusses. In der folgenden Abbildung 5 ist diese Systematik im einzelnen wiedergegeben.

Im 4. Kapitel findet dann die Ordnung der konzernbilanzpolitischen Aktionsparameter nach Wirkungsweisen und Auswahlkriterien statt.[1]

---

1 Vgl. dazu im einzelnen das 4. Kapitel. Dort ist eine, diese Ordnung der Aktionsparameter enthaltende Abbildung aufgeführt.

ABB. 5 : SYSTEMATISIERUNG DER AKTIONSPARAMETER NACH DER STRUKTUR DER KONZERNRECHNUNGSLEGUNG

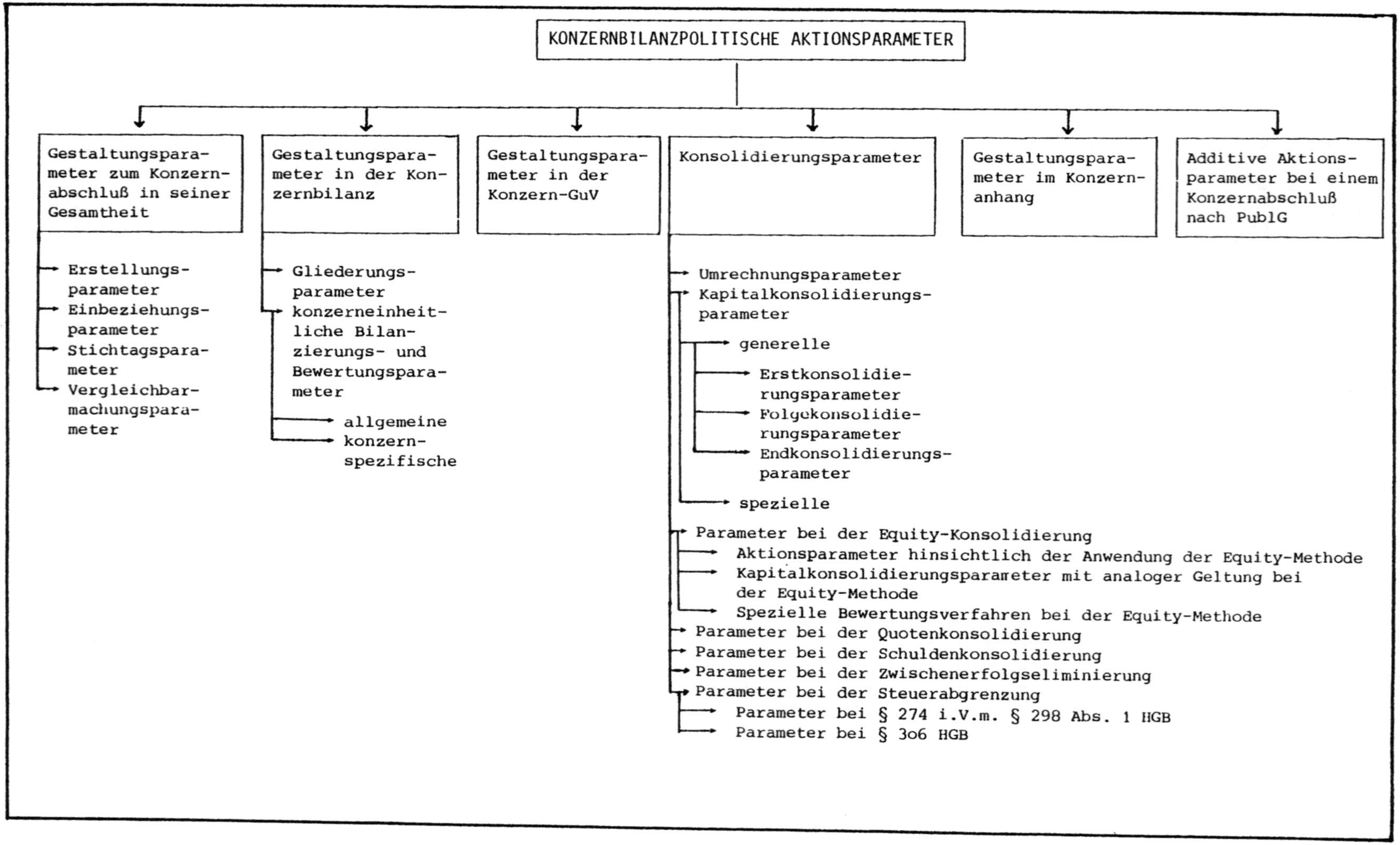

V. Grenzen der Konzernbilanzpolitik

1 Einführung

Konzernbilanzpolitik beinhaltet keine unbegrenzten Freiräume.[1] Es ist unmittelbar einsichtig, daß die konzernbilanzpolitischen Möglichkeiten durch Bilanzierungs-, Bewertungs- und Gliederungsvorschriften und die GoB beschränkt werden.[2] Ebenso offenkundig ist, daß der Konzern nur solche konzernbilanzpolitischen Maßnahmen ausnützen kann, deren Tatbestandsvoraussetzungen er erfüllt.[3]

Zur Abgrenzung der Konzernbilanzpolitik sei an dieser Stelle[4] nochmals darauf verwiesen, daß Konzernbilanzpolitik dort endet, wo Mittel eingesetzt werden, die gegen gesetzliche Vorschriften oder "anerkannte Bilanzierungsgrundsätze"[5] verstoßen. Werden dennoch illegale Instrumente verwendet, wird nicht mehr Konzernbilanzpolitik, sondern Konzernbilanzfälschung betrieben. Sind die Tatbestandsvoraussetzungen der §§ 331 Nr. 2, 334 Nr. 2 HGB oder auch der §§ 283 Abs. 1 Nr. 7, 283b Abs. 1 Nr. 3 StGB erfüllt, handelt es sich dann um eine Straftat bzw. eine Ordnungswidrigkeit.[6] Es soll allerdings nicht verkannt werden, daß zwischen legalen und illegalen Instrumenten oft eine Grauzone besteht, die eine stringente Trennung dieser Instrumentengruppen erheblich erschweren kann.[7] Im Einzelfall kann es daher äußerst schwierig sein, die eindeutige Legalität bzw. Illegalität einer Maßnahme zu diagnostizieren.

---

1 Vgl. HAUSCHILDT, Bilanzpolitik, Sp. 193; ders., Bilanzanalyse, S. 661; WEBER, Bilanzpolitik, Anm. 196.
2 Vgl. HAUSCHILDT, Bilanzpolitik, S. 193; ders., Bilanzanalyse, S. 661 f.
3 Vgl. GRÄFER, Bilanzpolitik, S. 220; ders., Ziele, S. 358.
4 Vgl. auch die Ausführungen in Gliederungspunkt II.1 in diesem Kapitel.
5 VOGT, Bilanztaktik, S. 33.
6 Vgl. auch WEBER, Bilanzpolitik, Anm. 196.
7 Vgl. WÖHE, Bilanzierung, S. 58.

Auch wenn konzernbilanzpolitische Aktionsparameter mit den vorgenannten grundsätzlichen Beschränkungen kompatibel sind, d.h. nicht gegen diese verstoßen, stehen dem Konzern diese nicht zu jeder Zeit und auch nicht immer uneingeschränkt zur Verfügung. Nachfolgend sind deshalb die Faktoren zu beleuchten, die die Ausübung der Aktionsparameter restringieren.

Es handelt sich dabei einmal um Faktoren, die die Realisation der Aktionsparameter de jure einschränken. Das sind der Stetigkeitsgrundsatz sowie - möglicherweise - die Generalklausel des § 297 Abs. 2 Satz 2 HGB. Zum anderen kann daneben de facto eine Einschränkung der konzernbilanzpolitischen Bestrebungen aus anderen Konsolidierungsmaßnahmen resultieren. Als solche antagonistische Konsolidierungsmaßnahmen, wie sie hier bezeichnet werden sollen, kommen v.a. Angabe- und Erläuterungspflichten, die Steuerabgrenzung und die Zwischenergebniseliminierung in Frage.

In den folgenden Gliederungspunkten gilt es nun die durch diese Begrenzungsfaktoren gesetzten Grenzlinien abzustecken.

2 Stetigkeitsgrundsatz

2.1 Einführung

Die Nutzung konzernbilanzpolitischer Aktionsparameter kann vor allem durch den Stetigkeitsgrundsatz eingeschränkt werden.[1] Dieser kann dazu führen, daß konzernbilanzpolitische Mittel aufgrund von bilanzpolitischen Entscheidungen bei früheren Sachverhalten nicht mehr

1 Vgl. auch CLEMM/WENZEL, Konzernbilanzpolitik, S. 350.

zur Verfügung stehen.[1] Der Stetigkeitsgrundsatz beinhaltet dabei allgemein, daß einmal gewählte Bewertungs-, Darstellungs- und Konsolidierungsmethoden grundsätzlich beizubehalten sind. Primärer Zweck dieser so definierten Stetigkeit ist die Verbesserung der Vergleichbarkeit aufeinanderfolgender Jahresabschlüsse.[2]

Im Fachschrifttum ist dem Stetigkeitsgrundsatz[3] überwiegend erhebliche Bedeutung zugemessen worden. Bezeichnend hierfür sind die Ausführungen von Göllert/Ringling: "Die gravierendste Beschränkung für die künftige Bilanzpolitik resultiert aus der Kodifizierung des Stetigkeitsgebots."[4] Es hat aber auch Stellungnahmen in der Literatur gegeben, die dem Stetigkeitsgrundsatz nur eine geringe Bedeutung zugeschrieben haben. Selchert, als ein Vertreter dieser Auffassung, hat die Bewertungsstetigkeit in diesem Zusammenhang mit einem Papiertiger verglichen.[5]

In den folgenden Gliederungspunkten soll nun versucht werden, die Reichweite des Stetigkeitsgrundsatzes auszuloten, d.h. zu bestimmen, inwieweit die Ausübung konzernbilanzpolitischer Aktionsparameter durch den Stetigkeitsgrundsatz eingeengt wird.

Im HGB wurden drei verschiedene Formen der Stetigkeit kodifiziert, und zwar:

- die Bewertungsstetigkeit (§ 252 Abs. 1 Nr. 6 i.V.m. § 298 Abs. 1 HGB),
- die Darstellungsstetigkeit (§ 265 Abs. 1 i.V.m. § 298 Abs. 1 HGB) und
- die Konsolidierungsmethodenstetigkeit (§ 297 Abs. 3 Satz 2 HGB).

---

1 Vgl. zum Einzelabschluß GRÄFER, Bilanzpolitik, S. 220.
2 Vgl. LEFFSON, GoB, S. 432.
3 Allerdings beziehen sich diese Schrifttumsbeiträge fast ausschließlich auf die Bewertungsstetigkeit.
4 GÖLLERT/RINGLING, Strategie, S. 949; vgl. auch FORSTER, Bilanzpolitik, S. 35.
5 Vgl. SELCHERT, Bewertungsstetigkeit, S. 1894.

Diese drei Stetigkeitsformen werden nachfolgend näher erläutert. Dabei wird so vorgegangen, daß neben der inhaltlichen Präzisierung der jeweiligen Stetigkeitsform grundsätzliche Bereiche aufgezeigt werden, in denen der Stetigkeitsgrundsatz gilt bzw. nicht gilt. Welche der konzernbilanzpolitischen Aktionsparameter von den verschiedenen Stetigkeitsformen im einzelnen betroffen sind, wird dann im Rahmen der Analyse des konzernbilanzpolitischen Instrumentariums im dritten Kapitel dieser Arbeit untersucht.

2.2 Bewertungsstetigkeit

Die Bewertungsstetigkeit ist im Gegensatz zur Darstellungs- und Konsolidierungsmethodenstetigkeit, zu denen der Literaturbestand bis dato zahlenmäßig sehr spärlich ist, eingehend im Schrifttum diskutiert worden.[1] Eine Nachzeichnung des Diskussionsganges kann allerdings unterbleiben, da dieser für die hier zu behandelnde Problemstellung - mögliche Eingrenzung konzernbilanzpolitischer Aktionsparameter durch die Bewertungsstetigkeit - grundsätzlich irrelevant ist. Vielmehr sollen grundsätzliche Bereiche aufgezeigt werden, in denen Stetigkeit geboten ist bzw. in denen keine Stetigkeit gefordert wird.

Der Anwendungsbereich der Bewertungsstetigkeit umfaßt ausschließlich die Bewertungswahlrechte und -spielräume. Bewertungsgebote und -verbote unterliegen naturgemäß nicht der Bewertungsstetigkeit. Speziell bei der Konzernrechnungslegung erlangt die Bewertungsstetigkeit Bedeutung im Bereich der konzerneinheitlichen Bilanzierung und Bewertung im Rahmen der §§ 300 und 308 HGB.

1 Hinsichtlich dieser Literatur siehe SCHNEELOCH, Bewertungsstetigkeit, S. 405 ff.; MÜLLER, Stetigkeitsprinzip, S. 1629 ff.; KUPSCH, Stetigkeit, S. 1101 ff., jeweils m.w.N.

Inwieweit der einzelne Bilanzierungs- und Bewertungsparameter von der Bewertungsstetigkeit erfaßt bzw. nicht erfaßt wird, wird bei der Analyse des betreffenden Aktionsparameters separat dargelegt werden. Nachfolgend wird dementsprechend lediglich ein Überblick über die Bereiche gegeben, in denen Bewertungsstetigkeit gilt bzw. nicht gilt.

Keine Stetigkeit ist gegeben bei:[1]

- den Bilanzierungswahlrechten,
- den Steuervergünstigungen und
- solchen Spielräumen, deren Ausübung keine Methodenanwendung bedingt.

Bewertungsstetigkeit ist für solche art- und funktionsgleichen Bewertungsobjekte, die vergleichbaren Bedingungen unterliegen, zu beachten bei:

- allen Wahlrechten, die nicht auch gleichzeitig steuerliche Wahlrechte sind und
- allen Spielräumen, deren Ausübung Methodenanwendung bedingt.
- Zudem ist die Wertstetigkeit[2] zu beachten. Diese beinhaltet, daß das auf ein identisches Bewertungsobjekt einmal angewandte Bewertungsverfahren im Zeitablauf beizubehalten ist.[3]

Basis vorstehender Ausführungen waren Literaturbeiträge zur Bewertungsstetigkeit im Einzelabschluß.[4] Es stellt sich nun die Frage, ob diese Ausführungen auch analog für den Konzernabschluß gelten. § 298 Abs. 1 HGB bestimmt, daß § 252 Abs. 1 Nr. 6 und Abs. 2 HGB auch auf den Konzernabschluß anzuwenden sind.[5] Es ist nicht ersichtlich, warum die Bewertungsstetigkeit im Konzern-

---

1 Vgl. SCHNEELOCH, Bewertungsstetigkeit, S. 405 f.; IDW, Stellungnahme SABI 2/1987, S. 49.
2 Vgl. KUPSCH, Stetigkeit, S. 1157; FÖRSCHLE/KROPP, Bewertungsstetigkeit, S. 899.
3 Vgl. KUPSCH, Stetigkeit, S. 1157.
4 Spezielle Literaturbeiträge, die sich mit der Bewertungsstetigkeit im Konzernabschluß beschäftigen, sind - soweit ersichtlich - bisher nicht veröffentlicht worden. Vgl. aber WEIRICH, Bewertung, S. 79-82.
5 Vgl. auch WEIRICH, Bewertung, S. 80.

abschluß einen anderen Stellenwert erhalten sollte als im Einzelabschluß. Es ist daher grundsätzlich davon auszugehen, daß der Wirkungsbereich der Bewertungsstetigkeit im Einzel- und Konzernabschluß vergleichbar ist.

Der Problemkreis, ob in den für den Konzernabschluß relevanten Einzelabschlüssen der Tochterunternehmen und des Mutterunternehmens einzelfallabhängig Wertansätze nach primär steuerlichen Vorschriften übernommen werden können, oder ob diese steuerlichen Bewertungsvorschriften stetig und einheitlich auszuüben sind, wird im Rahmen der Analyse der konzerneinheitlichen Bilanzierungs- und Bewertungsparameter detailliert analysiert werden.

An die einmal bei einem Bewertungsparameter getroffene Entscheidung ist der Konzern in den nachfolgenden Rechnungsperioden grundsätzlich gebunden. Er kann von der praktizierten Bewertungsmethode nur dann abweichen, wenn er einen Abweichungsgrund i.S.d. § 252 Abs. 2 HGB nachweisen kann. Eine abschließende Aufzählung der potentiellen Abweichungsgründe erscheint nicht möglich. Allerdings können alle die Gründe, die vom Sonderausschuß Bilanzrichtlinien-Gesetz[1] genannt worden sind, grundsätzlich auch bei der Bewertungsstetigkeit im Rahmen der Konzernrechnungslegung Anwendung finden.

2.3 Darstellungsstetigkeit

In § 265 Abs. 1 i.V.m. § 298 Abs. 1 HGB ist die Darstellungsstetigkeit[2] verankert. Mit der Darstellungsstetigkeit wird grundsätzlich eine formelle Stetigkeit für die Konzernbilanz und die -GuV gefordert. Erfaßt werden von dieser formellen Stetigkeit

1 IDW, Stellungnahme SABI 2/1987, S. 49.
2 Anstatt des Begriffs "Darstellungsstetigkeit" wird bisweilen auch der Terminus "formelle Stetigkeit" oder "formelle Bilanzkontinuität" verwendet. So z.B. GLADE, Rechnungslegung, § 265 HGB, Anm. 7.

nicht nur die Gliederung von Konzernbilanz und -GuV, sondern auch die Inhalte der Einzelposten.[1] Auch bei der Wahl zwischen Gesamtkosten- und Umsatzkostenverfahren ist Stetigkeit anzuwenden.[2]

Unklar ist, ob sich die Darstellungsstetigkeit auch auf den (Konzern-) Anhang erstreckt.[3] Der Anhang ist nicht in § 265 Abs. 1 HGB aufgeführt; dort werden explizit nur die Bilanz und die GuV genannt. Dementsprechend wird von einigen Autoren Darstellungsstetigkeit für den Anhang abgelehnt.[4] Castan[5] und Emmerich[6] jedoch fordern auch für den Anhang Darstellungsstetigkeit, da Bilanz, GuV und Anhang eine Einheit bilden würden und außerdem nur durch die Anwendung der Stetigkeit auch im Anhang der Jahresabschluß ein den tatsächlichen Verhältnissen der Vermögens-, Finanz- und Ertragslage entsprechendes Bild geben würde.

Es kann damit zum jetzigen Zeitpunkt nicht abschließend geklärt werden, ob auch auf den Konzernanhang Darstellungsstetigkeit anzuwenden ist. Meines Erachtens ist auf den (Konzern-) Anhang jedoch keine Darstellungsstetigkeit anzuwenden, da im Gesetz weder explizit Darstellungsstetigkeit gefordert noch ein bestimmtes Gliederungsschema vorgeschrieben wird. Zudem hat sich in der Literatur (bis jetzt) kein einheitlicher Strukturierungsvorschlag für den (Konzern-) Anhang herausgebildet.[7] Bei den Erläuterungswahlrechten, also den Aktionsparametern, die dem Bilanzierenden die Wahlmöglichkeit zwischen einem Ausweis in der Bilanz

---

1 Vgl. WEBER, in: Küting/Weber (Hrsg.), HdR, § 265 HGB, Anm. 6.
2 Vgl. WP-HANDBUCH 1985/86, Bd. II, S. 245.
3 Vgl. STREIM, in: Hofbauer/Kupsch (Hrsg.), BHR, § 265 HGB, Anm. 2; WIEDMANN, Stetigkeit, S. 40.
4 Vgl. GLADE, Rechnungslegung, § 265 HGB, Anm. 1; WEBER, in: Küting/Weber (Hrsg.), HdR, § 265 HGB, Anm. 7.
5 Vgl. CASTAN, in: Castan u.a. (Hrsg.), Beck HdR, B 141, Anm. 48.
6 Vgl. EMMERICH, Gestaltung, S. 699 f.
7 Vgl. ebenda, S. 700.

bzw. der GuV und dem Anhang ermöglichen, ist allerdings davon auszugehen, daß diese der Darstellungsstetigkeit unterliegen.[1] Von der Darstellungsstetigkeit kann jedoch dann abgewichen werden, wenn besondere Umstände[2] vorliegen. Die Abweichungen sind aber im Anhang angabe- und begründungspflichtig.[3]

2.4 Konsolidierungsmethodenstetigkeit

Im Konzernabschluß ist neben der Bewertungs- und Darstellungsstetigkeit auch die im § 297 Abs. 3 Sätze 2 - 5 HGB geregelte Stetigkeit hinsichtlich der Konsolidierungsmethoden zu beachten.

Nach Busse von Colbe/Chmielewicz ist es gegenwärtig eine offene Frage, ob sich die Konsolidierungsmethodenstetigkeit auf die verschiedenen Methoden der Kapitalkonsolidierung bezieht.[4] Diese Feststellung kann auch auf die anderen Konsolidierungsmethoden erweiternd angewendet werden, denn auch hier ist es noch völlig offen, welche Reichweite der Konsolidierungsmethodenstetigkeit beizumessen ist. Offen ist diese Frage nicht nur deshalb, weil sich bis jetzt in der Literatur noch keine h.M. herausgebildet hat, sondern auch deswegen,

1 Vgl. WEBER, in: Küting/Weber (Hrsg.), HdR, § 265 HGB, Anm. 6; CASTAN, in: Castan u.a. (Hrsg.), Beck HdR, B 141, Anm. 47; A.A. GLADE, Rechnungslegung, § 265 HGB, Anm. 9.

2 Hinsichtlich derartiger Abweichungsgründe siehe z.B. BUDDE/IHLE, in: Budde u.a. (Hrsg.), Beck'scher Bilanz-Kommentar, § 265 HGB, Anm. 3; CASTAN, in: Castan u.a. (Hrsg.), Beck HdR, B 141, Anm. 49; WEBER, in: Küting/Weber (Hrsg.), HdR, § 265 HGB, Anm. 10-12.

3 Vgl. § 265 Abs. 1 Satz 2 HGB.

4 Vgl. BUSSE von COLBE/CHMIELEWICZ, Bilanzrichtlinien-Gesetz, S. 337.

weil hierzu erst sehr wenige Literaturmeinungen[1] erschienen sind und diese wenigen Stellungnahmen sich zudem oftmals auf solche Hinweise beschränken, daß diese Stetigkeit durch das BiRiLiG erstmals gesetzlich kodifiziert wurde.

Um nun zu ergründen, welche Bedeutung der Konsolidierungsmethodenstetigkeit zukommt, ist zuallererst eine Klärung des Begriffs "Konsolidierungsmethoden" erforderlich. Unzweifelhaft sind zu den Konsolidierungsmethoden zu rechnen:
- die Kapitalkonsolidierung,
- die Schuldenkonsolidierung,
- die Zwischenerfolgseliminierung,
- die Aufwands- und Ertragskonsolidierung,
- die Equitymethode und
- die Quotenkonsolidierung[2].

Nicht zu den Konsolidierungsmethoden gehören offenbar die Wahlrechte bei der Abgrenzung des Konsolidierungskreises, da diese weder in Art. 25 der 7. EG-Richtlinie noch im HGB bei den Konsolidierungsmethoden aufgeführt sind.[3] Dennoch wird in der Literatur angenommen, daß

---

1 Vgl. WP-HANDBUCH 1985/86, Bd. II, S. 293 f.; HARTLE, in: Castan u.a. (Hrsg.), Beck HdR, C 10, Anm. 190 -193; BUSSE von COLBE/CHMIELEWICZ, Bilanzrichtlinien-Gesetz, S. 332 f. u. 337; BUSSE von COLBE/ORDEL-HEIDE, Konzernabschlüsse, S. 43 f.; BIENER, Konzernrechnungslegung, S. 8; BIENER/SCHATZMANN, Konzernrechnungslegung, S. 40 f.; ALBRECHT, in: Hofbauer/Kupsch (Hrsg.), BHR, § 297 HGB, Anm. 14-17; von WYSOCKI/WOHLGEMUTH, Konzernrechnungslegung, S. 36 f.; GROSS/SCHRUFF/von WYSOCKI, Konzernabschluß, S. 100-102; TREUHAND-VEREINIGUNG (Hrsg.), Rechunngslegung im Konzern, S. 239 f.

2 Vgl. WP-HANDBUCH 1985/86, Bd. II, S. 466; HARTLE, in: Castan u.a. (Hrsg.), Beck HdR, C 10, Anm. 192; TREUHAND-VEREINIGUNG (Hrsg.), Rechnungslegung im Konzern, S. 239.

3 Vgl. von WYSOCKI/WOHLGEMUTH, Konzernrechnungslegung, S. 36; ALBRECHT, in: Hofbauer/Kupsch (Hrsg.), BHR, § 297 HGB, Anm. 6.

hinsichtlich der Abgrenzung des Konsolidierungskreises Stetigkeit anzuwenden ist.[1]

Es stellt sich nun die Frage, inwieweit die Konsolidierungsmethoden vom Stetigkeitsgebot betroffen werden. Eine einhellige Meinung besteht in der Literatur darüber, daß die Methodenwahlrechte nicht willkürlich auszuüben sind. Hinsichtlich der weiteren Auslegung dieses Stetigkeitsgebotes ist eine einhellige Literaturmeinung jedoch nicht mehr zu konstatieren.

Biener hatte noch in einer Kommentierung der 7. EG-Richtlinie die Auffassung vertreten, daß "die für die Anwendung von Konsolidierungsmethoden bestehenden Wahlmöglichkeiten... auf die erstmalige Anwendung dieser Vorschriften beschränkt"[2] seien. Soweit jedoch mittlerweile zu einzelnen speziellen Konsolidierungswahlrechten Literaturbeiträge veröffentlicht worden sind, wird dort z.T. die Meinung vertreten, diese Konsolidierungswahlrechte könnten unabhängig voneinander in Anspruch genommen werden. So sind insbesondere Literaturbeiträge erschienen, die sich mit dem Wahlrecht zwischen Buchwert- und Neubewertungsmethode bei der Kapitalkonsolidierung nach § 301 HGB beschäftigen. In vielen dieser Beiträge wird die Ansicht vertreten, daß dieses Wahlrecht dem Konzern bei jedem zu konsolidierenden Tochterunternehmen erneut zur Verfügung stehe.[3]

M.E. ist diese Auffassung zu weitgehend. Die Konsolidierungswahlrechte müssen m.E. bei allen art- und funktionsgleichen Bewertungsobjekten gleichgerichtet ausgeübt werden, soweit diese vergleichbaren Umstände un-

---

1 Vgl. bereits zu altem Recht: BUSSE von COLBE/ORDELHEIDE, Konzernabschlüsse, S. 43 f.
2 BIENER, Konzernrechnungslegung, S. 8.
3 Vgl. SAHNER/HÄGER, Konzernbilanzpolitik, S. 408; BUSSE von COLBE/MÜLLER/REINHARD (Hrsg.), Aufstellung, S. 67 f.; ORDELHEIDE, in: Castan u.a. (Hrsg.), Beck HdR, C 401, Anm. 25. A.A. WP-HANDBUCH 1985/86, Bd. II, S. 293 f.

terliegen.[1] Diese Auffassung stützt sich auf folgenden Begründungszusammenhang: § 297 Abs. 3 Satz 2 HGB entspricht hinsichtlich des Wortlautes fast vollständig § 252 Abs. 1 Nr. 6 HGB. In § 297 Abs. 3 Satz 2 HGB sind lediglich im Vergleich zu § 252 Abs. 1 Nr. 6 HGB die Worte "Jahresabschluß" durch "Konzernabschluß" und "Bewertungsmethoden" durch "Konsolidierungsmethoden" substituiert. § 252 Abs. 1 Nr. 6 HGB, zu dem mittlerweile eine beträchtliche Anzahl von Literaturbeiträgen erschienen ist, wird in der Literatur fast einhellig dahingehend ausgelegt, daß dieser auch auf art- und funktionsgleiche Bewertungsobjekte anzuwenden ist, soweit diese vergleichbaren Umständen unterliegen.[2] Zudem hat der Sonderausschuß Bilanzrichtlinien-Gesetz des IDW eine Stellungnahme herausgegeben, in der die gleiche Auffassung vertreten wird.[3] Es ist nicht ersichtlich, warum diese beiden im Konzernabschluß geltenden Vorschriften unterschiedlich auszulegen sind. Vielmehr gebietet die nebeneinander bestehende Anwendungspflicht beider Vorschriften eine einheitliche Auslegung. Das beinhaltet für die Konsolidierungsmethodenstetigkeit, daß diese nicht nur auf dasselbe Bewertungsobjekt im Zeitablauf, sondern auch auf art- und funktionsgleiche Bewertungsobjekte anzuwenden ist, soweit diese vergleichbaren Bedingungen unterliegen. In diesen Fällen ist dann nur ein Abweichen von der einmal gewählten Konsolidierungsmethode möglich, wenn ein Abweichungsgrund vorliegt.[4] Allerdings greifen dann auch die Berichtspflichten der Sätze 4 und 5 von § 297 Abs. 3 HGB.

In der Literatur sind bis jetzt kaum Abweichungsgründe genannt worden. Albrecht nennt als Abweichungsgrund: Wird bei einem neu in den Konzernabschluss einbezogenen

---

1 Gl. A. WP-HANDBUCH 1985/86, Bd. II, S. 293 f.
2 Vgl. Gliederungspunkt V.2.2 in diesem Kapitel. Vgl. ferner SCHNEELOCH, Bewertungsstetigkeit, S. 407; KUPSCH, Stetigkeit, S. 1157 f.
3 Vgl. IDW, Stellungnahme SABI 2/1987, S. 49.
4 Vgl. § 297 Abs. 3 Satz 3 HGB.

Tochterunternehmen beispielsweise von dem Wahlrecht nach § 305 Abs. 2 HGB Gebrauch gemacht, so ist nach Abstimmung des Kontenplans des Tochterunternehmens mit den Konzernrichtlinien, (selbstverständlich) ein Verzicht auf die Inanspruchnahme von § 305 Abs. 2 HGB möglich.[1]

Weiterhin dürften auch einige der vom Sonderausschuß Bilanzrichtlinien-Gesetz des IDW aufgeführten Abweichungsgründe von der Bewertungsstetigkeit auch auf die Konsolidierungsmethodenstetigkeit zutreffen.[2]

Aus konzernbilanzpolitischer Sicht läßt sich damit folgendes Resümee hinsichtlich der Konsolidierungsmethodenstetigkeit ziehen: Wie eingangs ausgeführt ist zu der Frage, was unter Konsolidierungsmethodenstetigkeit zu verstehen ist, bisher erst wenig Literatur erschienen und die vorhandenen Literaturbeiträge sind zudem noch stark kontrovers und lassen keine einheitliche Meinung erkennen. Für den Konzernbilanzpolitiker bedeutet dies, daß er die Konsolidierungswahlrechte bei den einzelnen Bewertungsobjekten wohl unterschiedlich ausüben kann. Er sollte sich aber dessen bewußt sein, daß Literaturmeinungen, Stellungnahmen des IDW und die Prüfungspraxis in Zukunft einer solch weitgehenden Auslegung von § 297 Abs. 3 Satz 2 HGB entgegenwirken könnten.

3 Generalklausel

Eine erhebliche Einschränkung konzernbilanzpolitischer Möglichkeiten könnte sich aus der Generalklausel ergeben. Diese ist in § 297 Abs. 2 Satz 2 HGB geregelt und

---

1 Vgl. ALBRECHT, in: Hofbauer/Kupsch (Hrsg.), BHR, § 297 HGB, Anm. 15.

2 Vgl. IDW, Stellungnahme SABI 2/1987, S. 49. Abweichungsgründe aufgrund steuerlicher Vorschriften dürften allerdings nicht in Frage kommen.

besagt, daß der Konzernabschluß "unter Beachtung der Grundsätze ordnungsmäßiger Buchführung ein den tatsächlichen Verhältnissen entsprechendes Bild der Vermögens-, Finanz- und Ertragslage des Konzerns zu vermitteln"[1] hat. Dieser Wortlaut entspricht fast vollständig der Formulierung des § 264 Abs. 2 HGB, der die Generalklausel für die Einzelabschlüsse von Kapitalgesellschaften enthält. Lediglich die in § 264 Abs. 2 Satz 1 HGB verwendeten Worte "Jahresabschluß der Kapitalgesellschaft" und "Kapitalgesellschaft" sind in § 297 Abs. 2 Satz 2 HGB durch die Worte "er"[2] bzw. "Konzern" ersetzt.

Im folgenden soll nun der Frage nachgegangen werden, welche Bedeutung der Generalklausel zukommt bzw. ob und ggf. welche Einschränkungen die Konzernbilanzpolitik durch die Generalklausel erfährt. Die Generalklausel stellt einen unbestimmten Rechtsbegriff dar.[3] Zur Auslegung dieses unbestimmten Rechtsbegriffes ist eine Fülle von Literatur erschienen, die sich jedoch v.a. auf § 264 Abs. 2 HGB bezieht. Wie oben bereits ausgeführt, entsprechen sich § 297 Abs. 2 Satz 2 HGB und § 264 Abs. 2 HGB jedoch weitestgehend, so daß auch die Literatur zu § 264 Abs. 2 HGB zur Problemlösung herangezogen werden kann.[4] Neben den Kommentarwerken[5] kommen hierzu fast alle Lehrbücher zur Rechnungslegung im Einzelabschluß in Betracht. Dazu kommen eine Viel-

---

1 § 297 Abs. 2 Satz 2 HGB.

2 Gemeint ist der Konzernabschluß, wie sich aus dem Kontext zu § 297 Abs. 2 Satz 1 HGB eindeutig ergibt.

3 Vgl. dazu auch GROSSFELD, Generalnorm, S. 192 ff.

4 Gl. A.: ALBRECHT, in: Hofbauer/Kupsch (Hrsg.), BHR, § 297, Anm. 8; HARTLE, in: Castan u.a. (Hrsg.), Beck HdR, C 10, Anm. 41; GROSS/SCHURFF/von WYSOCKI, Konzernabschluß, S. 92.

5 Vgl. z.B. ADLER/DÜRING/SCHMALTZ, 5. Aufl. 1987, § 264 HGB; GLADE, Rechnungslegung, § 264 HGB; BAETGE/COMMANDEUR, in: Küting/Weber (Hrsg.), HdR, § 264 HGB; BUDDE/KARIG, in: Budde u.a. (Hrsg.), Beck'scher Bilanz-Kommentar, § 264 HGB; STREIM, in: Hofbauer/Kupsch (Hrsg.), BHR, § 264 HGB.

zahl von Beiträgen in Zeitschriften, Festschriften und Sammelbänden.[1]

Es erscheint wenig sinnvoll, diese Beiträge hier im einzelnen zu besprechen oder um eine eigene Stellungnahme zu vermehren. Als Resümee aus diesen Beiträgen kann aber festgehalten werden, daß sich als h.M. herausgebildet hat, daß sich aus der Generalklausel keine Einschränkung der gesetzlichen Wahlrechte ergibt. Bei Spielräumen kann sich schon aufgrund des ihnen zugrunde liegenden Charakters eines nicht eindeutig bestimmbaren Wertes keine praktische Einschränkung der Nutzungsmöglichkeiten ergeben. Die Ausübung von konzernbilanzpolitischen Aktionsparametern wird somit grundsätzlich nicht durch die Generalklausel eingeschränkt. Nur in den Ausnahmefällen, in denen die Ausübung von Aktionsparametern in ihrer Gesamtheit zu einer Abbildung des Konzerns führt, die mit den (vermeintlich) tatsächlichen Verhältnissen ganz und gar nicht mehr in Einklang steht, kann eine Restriktion der Aktionsparameterausübung durch die Generalklausel in Frage kommen.[2] Ein solcher Fall wird sicherlich dann gegeben sein, wenn im Konzernabschluß eine positive Ertragslage ausgewiesen wird, der Konzern aber tatsächlich[3] im Wirtschaftsjahr einen erheblichen Verlust erlitten hat, der evtl. sogar eine Gefährdung einzelner oder aller Konzernunternehmen zur Folge hat.

1 Vgl. z.B. SCHILDBACH, Generalklausel, S. 1 ff.; LUDEWIG, Einflüsse, S. 12 ff.; GROSSFELD, Generalnorm, S. 192 ff.; SCHOLTISSEK, True and fair view, S. 966 ff.; ders., Generalnorm, S. 66 ff.; BALLWIESER, Generalklausel, S. 1034 ff.; LUIK, Einblick, S. 53 ff.; NIEHUS, A True and fair view, S. 221 ff.; TUBBESSING, Verständnis, S. 91 ff.; LEFFSON, Bedeutung, S. 213 ff.

2 Vgl. zum Einzelabschluß auch SCHILDBACH, Generalklausel, S. 14 f.

3 Es soll hier nicht verkannt werden, daß es einen tatsächlichen i.S.v. richtigen Periodengewinnausweis nicht gibt. Vgl. dazu ausführlich Gliederungspunkt VI.1 in diesem Kapitel.

4 Antagonistische Konsolidierungsmaßnahmen

Neben den möglichen Einschränkungen konzernbilanzpolitischer Maßnahmen durch den Stetigkeitsgrundsatz und in seltenen Ausnahmefällen auch durch die Generalklausel, können faktisch Einschränkungen noch aus anderen Konsolidierungsmaßnahmen resultieren. Faktisch sollen diese Einschränkungen deshalb genannt werden, weil sie keine gesetzlich kodifizierten Restriktionen für die Inanspruchnahme von konzernbilanzpolitischen Aktionsparametern beinhalten, sondern vielmehr die Wirkung des in Anspruch genommenen Aktionsparameters (partiell) konterkarieren. Wie in der Einführung bereits erwähnt, kommen als solche antagonistischen Konsolidierungsmaßnahmen insbesondere die Angabe- und Erläuterungspflichten, die Steuerabgrenzung und die Zwischenergebniseliminierung in Betracht. Die hieraus resultierenden Gegenwirkungen sollen im folgenden aufgezeigt werden.

Bei den Angabe- und Erläuterungspflichten resultiert die faktische Einschränkung der ursprünglichen konzernbilanzpolitischen Absicht daraus, daß die Angabepflichten dem Konzernabschlußinteressenten die Möglichkeit eröffnen, die vom Konzern eingesetzten Aktionsparameter zu decodieren. Diese Dechiffrierungsmöglichkeit ist bei den einzelnen Aktionsparametern allerdings aufgrund verschiedenartig weitgehender Angabepflichten in unterschiedlichen Ausprägungen gegeben. Die Angabe- und Erläuterungspflichten ergeben sich insbesondere aus den Vorschriften zum Konzernanhang und hier insbesondere aus § 313 Abs. 1 HGB und § 314 Abs. 1 Nr. 5 HGB sowie aus weiteren speziellen gesetzlichen Regelungen zur Konzernrechnungslegung.[1]

---

1 Im Rahmen der Analyse der konzernbilanzpolitischen Aktionsparameter wird jeweils angegeben, ob bei dem betreffenden Aktionsparameter solche Angabepflichten bestehen.

Latente Steuern führen dazu, daß die aus bestimmten Konsolidierungsmaßnahmen resultierenden Auswirkungen z.T. wieder aufgehoben werden. So wird z.B. die ergebniswirksame Verrechnung von Differenzen aus der Schuldenkonsolidierung sowie die Eliminierung von Zwischenergebnissen[1] im Endeffekt durch die hierauf zu bildende Steuerabgrenzung partiell wieder rückgängig gemacht. Dieser Effekt kann mehr als 60 % der ursprünglichen Wirkung ausmachen.[2]

Ein der Steuerabgrenzung ähnlicher Effekt kann auch im Rahmen der Zwischenergebniseliminierung auftreten, und zwar bspw. bei der Kapitalkonsolidierung. Bei der Kapitalkonsolidierung ist der Beteiligungsbuchwert des Mutterunternehmens gegen das anteilige Eigenkapital des Tochterunternehmens aufzurechnen.[3] Der daraus resultierende Unterschiedsbetrag ist grundsätzlich auf die in den einzelnen Vermögensgegenständen, Schulden etc. des Tochterunternehmens vorhandenen stillen Reserven und Lasten zu verteilen.[4] Werden nun für einzelne abnutzbare Vermögensgegenstände des Tochterunternehmens in Folge der Verteilung des Unterschiedsbetrages die Wertansätze erhöht, hat dies höhere Abschreibungsbeträge bei der Folgekonsolidierung zur Konsequenz. Diese höheren Abschreibungen haben auch höhere in die Konzernherstellungskosten einrechenbare Gemeinkosten zur Folge. Die Differenz zwischen (konzerninternen) Verrechnungspreisen und Konzernherstellungskosten verringert sich im Fall von zu eliminierenden Zwischengewinnen und erhöht sich im Fall von zu eliminierenden

1 Vgl. dazu auch Gliederungspunkt V.7.3.1 im 3. Kapitel.

2 Bei Anwendung eines kombinierten Steuersatzes aus dem Thesaurierungssteuersatz bei der Körperschaftsteuer und dem Gewerbeertragssteuersatz bei Zugrundelegung eines Gewerbesteuerhebesatzes von 400 % beträgt dieser Steuersatz rd. 63,34 %.

3 Vgl. dazu ausführlich Gliederungspunkt V.2.1 im 3. Kapitel.

4 Vgl. § 301 Abs. 1 HGB.

Zwischenverlusten. Die Konsequenz hieraus ist, daß die Konzernerfolgsbeeinflussungen durch die Kapitalkonsolidierung entweder durch niedrigere Zwischengewinneliminierungen oder aber durch höhere Zwischenverlusteliminierungen partiell kompensiert werden.[1]

Abschließend soll nochmals klarstellend darauf hingewiesen werden, daß es sich bei den in diesem Gliederungspunkt aufgezeigten Einschränkungen der Konzernbilanzpolitik nicht um rechtliche Einschränkungen der Inanspruchnahmemöglichkeiten von Aktionsparametern handelt, sondern um Konsolidierungsmaßnahmen, die die Wirkung der ursprünglichen Aktionsparameter einschränken.

VI. Durchführung der Konzernbilanzpolitik

1 Szenarium des Mitteleinsatzes

Neben der Erarbeitung von konzernbilanzpolitischen Zielen und Aktionsparametern ist es auch notwendig, ein Konzept zu entwerfen, wie diese Elemente zusammengeführt "und in die Praxis umgesetzt werden"[2] können.[3] Dies soll in diesem Gliederungspunkt VI. geschehen.

- Bestimmung der zu verfolgenden Ziele

Zur Durchführung der Konzernbilanzpolitik ist zum einen zu entscheiden, welche Ziele im Rahmen der Konzernbilanzpolitik verfolgt werden sollen. Im Gliederungspunkt III. wurden hierzu die möglichen Ziele aufgezeigt. Außerdem wurde dort herausgearbeitet, welche Relationen zwischen den einzelnen Zielen bestehen, und

1 Vgl. WENTLANDT, Konzernbilanz, S. 183; SCHINDLER, Kapitalkonsolidierung, S. 214 Fußnote 1.
2 Bauer, Rechnungspolitik, S. 242.
3 Vgl. dazu zum Einzelabschluß grundlegend: BAUER, Rechnungspolitik, S. 242-278 und insbes. S. 242-255; BÖRNER/KRAWITZ, Steuerbilanzpolitik, S. 201-207; PACKMOHR, Bilanzpolitik, S. 106-129. Vgl. ferner SIEBEN/HAASE, Jahresabschlußrechnung, S. 53 ff.

damit, welche Ziele miteinander kompatibel sind und welche Ziele den Ausschluß der Verfolgung anderer Ziele bedingen.

Welche der möglichen konzernbilanzpolitischen Ziele im konkreten Einzelfall verfolgt werden sollen, ist jeweils von dem Entscheidungsträger der Konzernbilanzpolitik zu bestimmen. Aus kybernetischer Sicht handelt es sich dabei um die Sollvorgabe für die Durchführung der Konzernbilanzpolitik.[1]

- Bestimmung des Ausgangszustandes

Zur Durchführung der Konzernbilanzpolitik ist es nicht nur notwendig, einen Sollzustand festzulegen, sondern es ist selbstverständlich auch erforderlich, den Istzustand bzw. die Ausgangslage zu bestimmen. Die Bestimmung des Istzustandes ist jedoch mit einer Schwierigkeit verbunden:[2] Zur Erstellung eines Konzernabschlusses (ebenso wie zur Erstellung eines Einzelabschlusses[3]) ist es erforderlich, über den Einsatz von Aktionsparametern zu entscheiden. Dies impliziert auch, daß es nicht den genau fixierten Istzustand gibt, sondern mehrere verschiedene Istzustände möglich sind. In Anlehnung an Bauer[4] kann festgestellt werden, daß die Aufstellung des Konzernabschlusses vorweggenommene Konzernbilanzpolitik beinhaltet, "die allerdings nicht zielgerichtet ist."[5] Durch diese, 'vorweggenommene' Konzernbilanzpolitik besteht jedoch nicht die Gefahr, daß im endgültigen, d.h. in dem zur Veröffentlichung kommenden Konzernabschluß nicht zielgerichtete Wertansätze enthalten sind, da es sich bei dem den

1 Vgl. dazu auch Abbildung 6 in Gliederungspunkt VI.2.3 in diesem Kapitel.
2 Vgl. dazu ausführlich BAUER, Rechnungspolitik, S. 244-249.
3 Vgl. ebenda, S. 244 f.
4 Vgl. ebenda, S. 245. Die Ausführungen von Bauer beziehen sich zwar auf die Rechnungspolitik, sie treffen aber genauso auch auf die Konzernbilanzpolitik zu.
5 Ebenda, S. 245.

Istzustand verkörpernden Konzernabschluß um einen internen Konzernabschluß handelt, der noch völlig umgestaltet werden kann.[1]

Diese Überlegungen basieren auf folgendem Zusammenhang: Die Erstellung eines Konzernabschlusses macht es erforderlich, über die Nutzung der Spielräume bei der Bestimmung der Abschreibungen, der Rückstellungen etc. zu befinden.[2] Desweiteren ist es notwendig, bspw. über die Wahl der Berechnungsverfahren bei der Kapitalkonsolidierung und der Konsolidierung von assoziierten Unternehmen sowie der Währungsumrechnungsmethoden zu entscheiden. Dies macht deutlich, daß jede Aufstellung eines Konzernabschlusses auch Entscheidungen über die Nutzung von Aktionsparametern involviert. Es gibt mithin nicht den objektiven (i.S.v. einzigen) Konzernabschluß oder den objektiven Konzernerfolg, der als eindeutiger Istzustand zugrunde zu legen wäre. Es gibt nur einen Konzernabschluß, der unter Einschluß von Entscheidungen über die Ausübung von Aktionsparametern zustande gekommen ist. Insoweit ist ein Soll-/ Istvergleich im eigentlichen Sinne nicht konstruierbar, da der Istzustand nicht eindeutig fixierbar ist. Es wird vielmehr eine Gegenüberstellung von ursprünglicher Zielvorgabe und den möglichen Ausgangszuständen vorgenommen.

Um den ausgewählten Zielzustand anstreben zu können, ist es also erforderlich, über Anzahl und quantitative Ausprägung der Aktionsparameter Kenntnis zu haben. Es ist damit obligat, die dem Konzern im Konzernabschluß zur Verfügung stehenden verschiedenen Abbildungsmöglichkeiten nicht nur zu kennen, sondern auch zu wissen, welche konkreten Wertausprägungen mit den einzelnen Aktionsparametern verbunden sind, d.h. die jeweiligen Höchst- und Niedrigstwerte zu kennen sowie

1 Vgl. BAUER, Rechnungspolitik, S. 245.
2 Vgl. hinsichtlich des Einzelabschlusses ebenda, S. 244.

darüber informiert zu sein, ob Zwischenwerte erlaubt sind.

Soweit nun die konzernbilanzpolitischen Ziele festgelegt und die Aktionsparameter ermittelt worden sind, ist darüber zu befinden, welche Aktionsparameter zur Zielerreichung eingesetzt werden sollen. Diese Fragestellung betrifft die Mittelauswahl und soll im nun folgenden Gliederungspunkt VI.2 behandelt werden.

2 Mittelauswahl

2.1 Grundkonstellationen der Mittelauswahl

Bei der Mittelauswahl sind drei verschiedene Ausgangssituationen zu differenzieren:

1.: Trotz Einsatz aller Aktionsparameter wird das angestrebte Ziel nicht erreicht.

2.: Bei Einsatz aller Aktionsparameter wird das angestrebte Ziel genau erreicht.

3.: Zur Erreichung des angestrebten Ziels reicht es aus, wenn ein Teil des Gesamtpotentials konzernbilanzpolitischer Aktionsparameter eingesetzt wird.

Liegt eine der ersten beiden Ausgangssituationen vor, bedeutet dies für den Mitteleinsatz, daß, soweit das angestrebte Ziel erreicht bzw. möglichst nah an dieses herangekommen werden soll, alle zur Verfügung stehenden Aktionsparameter mit maximaler Wirkung im Hinblick auf die Zielerreichung eingesetzt werden müssen.

Im dritten Fall ergibt sich aber die Frage, welche Aktionsparameter aus dem Gesamtpotential ausgewählt werden sollen, um das angestrebte Ziel zu erreichen. Damit eine rationale Auswahl der Aktionsparameter gewährleistet ist, ist es notwendig, Auswahlkriterien zu erarbeiten, anhand derer die Auswahl erfolgen kann. Dies soll im nächsten Gliederungspunkt geschehen.

2.2 Auswahlkriterien

2.2.1 Ermittlung der Auswahlkriterien

Da in der einzelbilanzpolitischen Literatur bereits Auswahlkriterien entwickelt und auch angewandt wurden,[1] sollte die Erarbeitung konzernbilanzpolitischer Auswahlkriterien zweckmäßigerweise an diesem Punkt ansetzen, da Einzel- und Konzernbilanzpolitik in diesem Bereich viele Gemeinsamkeiten aufweisen.

Im einzelnen wird dabei so vorgegangen, daß zuerst in einer Tabelle die Auswahlkriterien aufgeführt werden, die bis jetzt in der einschlägigen, v.a. handelsbilanzpolitischen Literatur, genannt sind. Diese Kriterien werden dann daraufhin überprüft, ob sie auf die Konzernbilanzpolitik übertragbar sind. Vor diesem Schritt werden noch die inhaltsgleichen Kriterien, die nur unter verschiedenen Bezeichnungen aufgeführt sind, ausgeschieden bzw. auf eine Nennung reduziert. Zu den so gewonnenen Kriterien treten noch solche hinzu, die für die Beurteilung konzernbilanzpolitischer Aktionsparameter notwendig erscheinen.

1 Allerdings wird in den einzelnen Beiträgen leider nicht offengelegt, wie diese Kriterien ermittelt wurden.

Tab. 4: In der einzelbilanzpolitischen Literatur aufgeführte Auswahlkriterien für Aktionsparameter[1]

Autor / Bezeichnung des Auswahlkriteriums	Inhalt
HARDER, Bilanzpolitik, S. 135-145 / Einteilung in variable und fixe Mittel	Bei dieser Einteilung wird danach differenziert, ob die "einmal getroffene(n) bilanzpolitische(n) Entscheidung(en) eine Bindung für gleichartige in der Zukunft eintretende Fälle auferlegt, die einen auf bilanzpolitische Motive zurückgehenden Wechsel in der Bilanzierungs- und Gestaltungsweise grundsätzlich ausschließt." (S. 136)
Einteilung in terminfreie und termingebundene Mittel	Bei dieser Einteilung wird danach unterteilt, ob Restriktionen vorhanden sind, "die die Verwendung der betreffenden Maßnahmen nur für bestimmte Perioden zulassen" (S. 137 f.) bzw. die Anwendung der Aktionsparameter "an ausdrücklich festgesetzte Fristen gebunden" (S. 138) ist oder nicht.
Einteilung in autonome und bedingte Mittel	Differenzierung der Aktionsparameter danach, ob bestimmte externe Voraussetzungen, wie z.B. Marktpreise in bestimmter Höhe, vorhanden sein müssen, um den Aktionsparameter nutzen zu können, oder ob der Aktionsparameter ohne zusätzliche externe Voraussetzungen realisiert werden kann.
Einteilung in Aktionsparameter mit und ohne Folgewirkungen	Differenzierung der Aktionsparameter danach, ob die Realisierung eines Aktionsparameters Wirkungen auf nachfolgende Perioden ausübt oder nicht.
Einteilung der Folgewirkungen (Sekundäreffekte) der Aktionsparameter in gegenteilige und fortgesetzte	Differenzierung der Aktionsparameter mit Folgewirkungen (Sekundäreffekte) danach, ob die Folgewirkungen den Wirkungen in der Realisationsperiode entsprechen (fortgesetzte Sekundäreffekte) oder

1 Die Auflistung erfolgt in chronologischer Reihenfolge, beginnend mit der ältesten Monographie.

Autor / Bezeichnung des Auswahlkriteriums	Inhalt
	diese den Wirkungen in der Realisationsperiode entgegengesetzt sind (gegenteilige Sekundäreffekte).
Einteilung der Folgewirkungen der Aktionsparameter in kurz-, mittel- und langfristig	Differenzierung der Aktionsparameter mit Folgewirkungen dahingehend, ob die Folgewirkungen kurzfristig (1 Jahr), mittelfristig (2-3 Jahre) oder langfristig (mehr als 3 Jahre) angelegt sind.
Einteilung der Folgewirkungen der Aktionsparameter in beeinflußbare und unbeeinflußbare	Differenzierung der Aktionsparameter danach, ob die Folgewirkungen durch den Bilanzpolitiker beeinflußbar sind oder nicht.
BÖRNER/KRAWITZ, Steuerbilanzpolitik, S. 1o7-114 / Reversibilität	"Unter Reversibilität wird die Möglichkeit zur (späteren) Rückgängigmachung einer früher vorgenommenen Aktion verstanden." (S. 1o8) Börner/Krawitz unterscheiden die Reversibilität mit Wirkung "ex tunc" und mit Wirkung "ex nunc", wobei im ersten Fall die gesamte Entscheidung rückgängig gemacht werden kann, im zweiten Fall dagegen nur die Wirkungen ab dem Zeitpunkt der Entscheidung der Rückgängigmachung.
Zeitliche Flexibilität	"Zeitliche Flexibilität ist danach gegeben, wenn der Bilanzierende ein bestimmtes Wahlrecht alternativ an mehreren, in der Regel aufeinander folgenden Bilanzstichtagen ausüben darf." (S. 11o)
Quantitative Flexibilität	Quantitative Flexibilität ist dann gegeben, wenn der Bilanzierende zwischen mehr als zwei Volumenalternativen wählen kann.

Autor/ Bezeichnung des Auswahlkriteriums	Inhalt
Flexibilität in bezug auf analoge Fälle	Flexibilität in bezug auf analoge Fälle ist dann gegeben, wenn sich der Bilanzierende "durch seine Entscheidung im ersten Einzelfall für alle analogen Fälle (derselben Periode und/oder von Folgeperioden)" (S. 113) bindet bzw. nicht bindet.
BAUER, Rechnungspolitik, S. 2o1-228 / Wirkungsrichtung	Der Aktionsparametereinsatz kann die zu beeinflussenden Objekte betragsmäßig mindern, mehren oder aber unverändert lassen.
Wirkungsumfang (wird aber von Bauer mangels Praktikabilität nicht angewendet)	Diese Mitteleigenschaft gibt in Abhängigkeit des Wertes des zu beeinflussenden Objektes den betragsmäßigen Wirkungsumfang des Aktionsparameters an.
Teilbarkeit	Die Mitteleigenschaft gibt an, inwieweit Aktionsparameter einen "veränderlichen Wirkungsumfang" haben.
Wirkungsbreite	"Mit dem Merkmal 'Wirkungsbreite' wird angegeben, in welchen Rechnungen (Rechenwerken; der Verf.) ein Mittel die Höhe der Zielobjekte beeinflußt." (S. 2o6)
Nachweisgebundenheit	"Unter der Mitteleigenschaft 'Nachweisgebundenheit' wird hier die Notwendigkeit verstanden, den Instrumenteneinsatz mit Informationen zu untermauern." (S. 2o9)
<u>Anpassungsfähigkeit</u>	
a) Bindungswirkung	"Die Bindungswirkung, die vom Einsatz eines rechnungspolitischen Mittels ausgeht, bestimmt sich nach dem Maß, in dem die Entscheidungsfreiheit in gleichgelagerten Fällen eingeschränkt wird." (S. 215).

Autor / Bezeichnung des Auswahlkriteriums	Inhalt
b) Aufschiebbarkeit	Mit dem Kriterium 'Aufschiebbarkeit' wird erfaßt, ob der Einsatz eines Aktionsparameters an einen Stichtag gebunden ist oder ob er an späteren Stichtagen nachgeholt werden kann.
c) Verbundenheit	"Die Verbundenheit eines Mitteleinsatzes ist ein Maß für die Folgen bei anderen Gestaltungsmöglichkeiten, die sich auf dieselbe Rechnungsposition beziehen. Positive Verbundenheit besteht, wenn die Ausübung eines Wahlrechts oder Nutzung eines Spielraums ein weiteres rechnungspolitisches Instrument einsetzbar werden läßt ... Negative Verbundenheit liegt dagegen vor, wenn der Einsatz eines Mittels die Anwendung eines anderen ausschließt." (S. 22o f.)
d) Lenkbarkeit	Mit dem Kriterium 'Lenkbarkeit' wird erfaßt, ob sich die Folgewirkungen eines Aktionsparameters "durch an späteren Stichtagen zu treffende Entscheidungen" steuern lassen. (S. 224)
e) Aufhebbarkeit (wird aber von Bauer nicht angewendet)	Mit dem Kriterium der 'Aufhebbarkeit' wird erfaßt, ob "der Mitteleinsatz im Nachhinein ungeschehen gemacht werden kann." (S. 225)
PACKMOHR, Bilanzpolitik, S. 1o6-113 / Aufschiebbarkeit	Identisch mit dem bei Bauer (S. 218-22o) aufgeführten Kriterium 'Aufschiebbarkeit'. Inhaltlich übereinstimmend mit der zeitlichen Flexibilität bei Börner/Krawitz (S. 11o f.) und der Unterteilung in terminfreie und -gebundene Mittel bei Harder. (S. 137 f.)
Aufhebbarkeit	Mit dem Kriterium der 'Aufhebbarkeit' wird erfaßt, ob die Sekundärwirkungen beeinflußt werden können.
Bindungsdauer	Mit der Bindungsdauer wird erfaßt, über wieviele Perioden sich der Einsatz eines Aktionsparameters erstreckt.

Autor / Bezeichnung des Auswahlkriteriums	Inhalt
finanzielle Wirkungsbreite	Mit diesem Kriterium wird erfaßt, "welche Steuerarten von der Bildung oder Auflösung von Bilanzposten betroffen sind." (S. 11o)
Teilbarkeit	Identisch mit dem bei Bauer (S. 2o4 f.) aufgeführten Kriterium der Teilbarkeit.
Einfluß auf andere bilanzpolitische Mittel	Identisch mit dem bei Bauer (S. 22o f.) aufgeführten Kriterium der Verbundenheit.
Wahrscheinlichkeit der Anerkennung durch die Prüfungsorgane, insbes. durch die Betriebsprüfung	Mit diesem Kriterium wird erfaßt, mit welcher Wahrscheinlichkeit der Anerkennung von Aktionsparametern durch die Prüfungsorgane zu rechnen ist.
PFLEGER, Bilanzpolitik, Anm. 174-184 und Anm. 191 / Zeitraum bis zum Eintritt der erfolgsmäßigen Gegenwirkung	Mit diesem Kriterium wird erfaßt, wie lange es dauert, bis die Gegenwirkung eintritt. Pfleger unterscheidet dabei kurzfristig (1 Jahr), mittelfristig (2 bis einschl. 5 Jahre) und langfristig (mehr als 5 Jahre).
Erkennbarkeit	Mit diesem Kriterium wird erfaßt, inwieweit der Einsatz von Aktionsparametern durch Außenstehende erkennbar ist. Pfleger unterscheidet hierbei "in der betragsmäßigen Auswirkung genau oder relativ genau erkennbare Maßnahmen", "nur in der Tendenz erkennbare Maßnahmen" und "nur schwer oder überhaupt nicht erkennbare Maßnahmen." (Anm. 179-181)
Unterteilung der Aktionsparameter in flexibel und fix	Inhaltlich übereinstimmend mit der Einteilung von Harder in variable und fixe Mittel. Vgl. ferner Börner/Krawitz, Flexibilität in bezug auf analoge Fälle, und das Kriterium 'Bindungswirkung' bei Bauer.
Durchsetzbarkeit	Entspricht dem Kriterium von Packmohr: "Wahrscheinlichkeit der Anerkennung durch die Prüfungsorgane."

Quelle: Eine ähnliche Tabelle findet sich bei BAUER, Rechnungspolitik, S. 212 f.

Aus den in der Tabelle aufgeführten einzelbilanzpolitischen Kriterien sollen nun diejenigen ausgewählt werden, die auch bei der Konzernbilanzpolitik einsetzbar sind.

Für die Charakterisierung konzernbilanzpolitischer Aktionsparameter ist es - selbstverständlich - notwendig zu wissen, welche Wirkungen die einzelnen Aktionsparameter aufweisen. Insoweit kommt die bei Harder aufgeführte Einteilung in Primär- und Sekundäreffekte[1] sowie die Unterteilung der Sekundäreffekte in gegenteilige und fortgesetzte[2] und das von Bauer genannte Kriterium der Wirkungsrichtung[3] zum Zuge. Nicht verwendet wird hingegen, wie auch von Bauer selbst, das Kriterium des Wirkungsumfanges,[4] da dieses aufgrund der Objektabhängigkeit keine allgemeinen Aussagen zuläßt. Weiterhin kann das von Bauer verwendete Kriterium der Wirkungsbreite[5] bei der Konzernbilanzpolitik nicht zum Einsatz kommen, da dieses das Vorhandensein mehrerer Rechenwerke, wie bspw. Handelsbilanz, Steuerbilanz, Vermögensaufstellung etc. voraussetzt.

Die Wirkungen von Aktionsparametern sind nicht als Auswahlkriterium, sondern als Grundvoraussetzung der Anwendung von Aktionsparametern im konkreten Einzelfall anzusehen. Der Wirkungsanalyse wird denn auch im Rahmen des Beurteilungsverfahrens für die konzernbilanzpolitischen Aktionsparameter dadurch besonders Rechnung getragen, daß ihr eine eigene Beurteilungsstufe gewid-

1 Vgl. HARDER, Bilanzpolitik, S. 140-142.
2 Vgl. ebenda, S. 142 f.
3 Vgl. BAUER, Rechnungspolitik, S. 201-204.
4 Vgl. ebenda, S. 204.
5 Vgl. ebenda, S. 205-208.

met wird.[1] Für das Kriterium der Verbundenheit[2] gilt ähnliches.[3] Dieses ist allerdings Bestandteil der dritten Stufe des Beurteilungsverfahrens.[4]

Als Auswahlkriterien für die Konzernbilanzpolitik kommen jedoch die folgenden in Betracht:[5]
- Erkennbarkeit[6],
- zeitliche Flexibilität[7],
- Teilbarkeit[8],
- Bindungswirkung[9],
- Bindungsdauer[10].

Neben diesen Auswahlkriterien kommt noch als weiteres Kriterium die Wirtschaftlichkeit in Betracht. Dieses Kriterium wird allerdings nicht von den in der Tabelle aufgeführten Autoren verwendet. Es wird aber deshalb miteinbezogen, weil die Konzernrechnungslegung primär nur Aufwendungen verursacht und nicht direkt zur Einnahmenerzielung beiträgt.

Aufgrund der Besonderheiten der Konzernrechnungslegung und der Konzernbilanzpolitik werden die nachfolgend

1 Vgl. Gliederungspunkt VII.2 in diesem Kapitel.
2 Vgl. BAUER, Rechnungspolitik, S. 220 f.; PACKMOHR, Bilanzpolitik, S. 112 f.
3 Vgl. hinsichtlich der Verknüpfung von Aktionsparametern ausführlich Gliederungspunkt IV.1.2 in diesem Kapitel.
4 Vgl. Gliederungspunkt VII.3 in diesem Kapitel.
5 In den Fußnoten zu den Auswahlkriterien sind jeweils alle diejenigen der in die Tabelle aufgenommenen Autoren genannt, die dieses Auswahlkriterium aufgeführt haben.
6 Vgl. PFLEGER, Bilanzpolitik, Anm. 179-184.
7 Vgl. HARDER, Bilanzpolitik, S. 137 f.; BÖRNER/KRAWITZ, Steuerbilanzpolitik, S. 110 f.; BAUER, Rechnungspolitik, S. 218-220; PACKMOHR, Bilanzpolitik, S. 107 f.
8 Vgl. BÖRNER/KRAWITZ, Steuerbilanzpolitik, S. 111 f.; BAUER, Rechnungspolitik, S. 204 f.; PACKMOHR, Bilanzpolitik, S. 112.
9 Vgl. HARDER, Bilanzpolitik, S. 135-137; BÖRNER/KRAWITZ, Steuerbilanzpolitik, S. 113 f.; BAUER, Rechnungspolitik, S. 215-218; PFLEGER, Bilanzpolitik, Anm. 191.
10 Vgl. HARDER, Bilanzpolitik, S. 142 f.; PACKMOHR, Bilanzpolitik, S. 109 f.; PFLEGER, Bilanzpolitik, Anm. 174-178.

aufgeführten einzelbilanzpolitischen Kriterien nicht als konzernbilanzpolitische Auswahlkriterien verwendet.

Bei der von Harder vorgenommenen Einteilung der Aktionsparameter in autonome und bedingte[1] handelt es sich grundsätzlich um Anwendungsvoraussetzungen von Aktionsparametern, die auch als solche bei den konzernbilanzpolitischen Aktionsparametern herausgearbeitet werden. Ebenso ist das Kriterium der Nachweisgebundenheit[2] einzustufen.

Ebenfalls nicht berücksichtigt wird das Kriterium "Lenkbarkeit",[3] da bei den einzelnen konzernbilanzpolitschen Aktionsparametern i.d.R. keine allgemeinen Aussagen über dieses Auswahlkriterium getroffen werden können. Solche Aussagen wären regelmäßig nur dann möglich, wenn bei jedem einzelnen Aktionsparameter jeweils Annahmen über die Konstellation des Einzelfalls getroffen würden.

Das von Börner/Krawitz genannte Kriterium "Flexibilität im Hinblick auf den Maßgeblichkeitsgrundsatz"[4] findet auf die Konzernbilanzpolitik deshalb keine Anwendung, weil der Maßgeblichkeitsgrundsatz im Konzernabschluß durch die konzerneinheitliche Bilanzierung und Bewertung substituiert worden ist und damit keine Anwendung mehr findet.[5] Das Kriterium der Aufhebbarkeit wird ebenso wie von Bauer selbst nicht angewendet.[6]

---

1 Vgl. HARDER, Bilanzpolitik, S. 138-140.
2 Vgl. BAUER, Rechnungspolitik, S. 209 f.
3 Vgl. BAUER, Rechnungspolitik, S. 224; PACKMOHR, Bilanzpolitik, S. 108 f., bezeichnet dieses Kriterium "Aufhebbarkeit" und HARDER, Bilanzpolitik, S. 143-145, spricht von beeinflußbaren und unbeeinflußbaren Folgewirkungen.
4 BÖRNER/KRAWITZ, Steuerbilanzpolitik, S. 114 f.
5 Vgl. die §§ 300 und 308 HGB.
6 Vgl. zur Begründung BAUER, Rechnungspolitik, S. 228.

Das Kriterium "finanzielle Wirkungsbreite"[1] ist für die Konzernbilanzpolitik irrelevant, da der Konzernabschluß keine Steuerbemessungsfunktion hat. Dem Kriterium der "Wahrscheinlichkeit der Anerkennung durch die Prüfungsorgane"[2] bzw. der "Durchsetzbarkeit"[3] fehlt eine ausreichende Operationalität, so daß deswegen auf seine Anwendung verzichtet wird.

2.2.2 Einzeldarstellung der Auswahlkriterien

2.2.2.1 Erkennbarkeit

Mit dem Kriterium der Erkennbarkeit wird erfaßt, inwieweit der Einsatz von Aktionsparametern von (Konzern-) Jahresabschlußinteressenten erkannt werden kann.[4] Bei dem Kriterium der Erkennbarkeit lassen sich drei verschiedene Ausprägungsformen unterscheiden: die betragsmäßige Erkennbarkeit, die tendenzielle Erkennbarkeit und die Nichterkennbarkeit.[5]

Betragsmäßig erkennbar sind solche konzernbilanzpolitischen Aktionsparameter, bei denen die Konzernabschlußinteressenten exakt oder zumindest in Bandbreiten abschätzen können, welche Auswirkungen diese Aktionsparameter auf die Vermögens-, Finanz- und Ertragslage des Konzerns haben. Als tendenziell erkennbar werden solche Aktionsparameter bezeichnet, bei denen die Konzernabschlußinteressenten zwar nicht die betragsmäßigen Auswirkungen des Aktionsparametereinsatzes abschätzen, wohl aber die Wirkungsrichtung erkennen können. Nicht erkennbare Aktionsparameter sind dadurch gekennzeichnet, daß ihre Inanspruchnahme von den Konzernabschlußinteressenten nicht identifiziert werden kann.

---

1 Vgl. PACKMOHR, Bilanzpolitik, S. 110 f.
2 Vgl. ebenda, S. 113.
3 Vgl. PFLEGER, Bilanzpolitik, Anm. 191.
4 Vgl. ebenda, Anm. 179-184.
5 Vgl. ebenda, Anm. 179-182.

Das Kriterium der Erkennbarkeit ist insbesondere signifikant für die konzernbilanzpolitischen Zielsetzungen der Verhaltensbeeinflussung der Konzernabschlußinteressenten sowie der Darstellung einer positiven Managementleistung der Konzernleitung. Denn eine Identifizierung der konzernbilanzpolitischen Maßnahmen durch die Konzernabschlußinteressenten konterkariert die oben genannten Zielsetzungen. Darüber hinaus können die identifizierten konzernbilanzpolitischen Maßnahmen Konzernabschlußinteressenten evtl. zu scharfen, für den Konzern nachteiligen Reaktionen veranlassen, da diese befürchten, die erkannten konzernbilanzpolitischen Maßnahmen seien nur ein (kleiner) Teil der insgesamt vorgenommenen 'Gestaltungen' im Konzernabschluß. Erkannte konzernbilanzpolitische Maßnahmen können somit dem Konzernabschluß ein Odium des Manipulierten verschaffen.

2.2.2.2 Bindungswirkung

Mit diesem Auswahlkriterium wird erfaßt, ob sich aus der Inanspruchnahme eines Aktionsparameters für gleichgelagerte Fälle eine Festlegung ergibt.[1] Dementsprechend sind variable Aktionsparameter solche, die zu keinerlei Bindung hinsichtlich der Ausübung vergleichbarer Aktionsparameter führen.[2] Fixe Mittel[3] sind dadurch gekennzeichnet, daß der Entscheidungsträger durch die Realisierung eines Aktionsparameters eine Grundsatzentscheidung[4] fällt, die die Ausübung vergleichbarer Aktionsparameter festlegt. Die Ausübung

1 Vgl. HARDER, Bilanzpolitik, S. 135-137; BÖRNER/KRAWITZ, Steuerbilanzpolitik, S. 113 f.; BAUER, Rechnungspolitik, S. 215-218; PFLEGER, Bilanzpolitik, Anm. 191.
2 Vgl. HARDER, Bilanzpolitik, S. 135 f.
3 Vgl. ebenda, S. 136.
4 Vgl. BÖRNER/KRAWITZ, Steuerbilanzpolitik, S. 114.

eines fixen Aktionsparameters degeneriert somit die ansonsten in gleichgelagerten Fällen zur Verfügung stehenden Aktionsparameter zu Daten.

Es ist offensichtlich, daß ceteris paribus variable Aktionsparameter vorziehenswürdiger sind als fixe, da variable Aktionsparameter dem Konzernbilanzpolitiker eine größere Flexibilität eröffnen.

Dieses Auswahlkriterium ist eng mit dem Stetigkeitsgrundsatz[1] im Konzernabschluß verzahnt. Die oben beschriebene Bindungswirkung wird in der Literatur zur Bewertungsstetigkeit denn auch als Stetigkeit für art- und funktionsgleiche Vermögensgegenstände bezeichnet.[2]

Neben dieser Stetigkeit für art- und funktionsgleiche Vermögensgegenstände ist, wie unter Gliederungspunkt V.2 aufgeführt, grundsätzlich die Wertstetigkeit[3] zu beachten. Darunter wird verstanden, daß das auf ein identisches Bewertungsobjekt einmal angewendete Bewertungsverfahren im Zeitablauf beizubehalten ist.[4] Diese Stetigkeit greift immer dann, wenn keine Ausnahmefälle[5] vorliegen, so daß es sich erübrigt, hierauf bei den einzelnen Aktionsparametern nochmals speziell hinzuweisen.

Bei dem Auswahlkriterium "Bindungswirkung" ergibt sich insbesondere hinsichtlich der Konsolidierungsmethoden insoweit ein Dilemma für die Konzernbilanzpolitik, als es zum jetzigen Zeitpunkt aufgrund der fehlenden bzw. stark kontroversen Literaturbearbeitung[6] nicht defini-

1 Vgl. dazu ausführlich Gliederungspunkt V.2 in diesem Kapitel.
2 Vgl. IDW, Stellungnahme SABI 2/1987, S. 49.
3 Vgl. KUPSCH, Stetigkeit, S. 1157; FÖRSCHLE/KROPP, Bewertungsstetigkeit, S. 889.
4 Vgl. KUPSCH, Stetigkeit, S. 1157.
5 Zu den möglichen Ausnahmefällen i.S.v. § 252 Abs. 2 HGB, vgl. IDW, Stellungnahme SABI 2/1987, S. 49.
6 Vgl. dazu ausführlich Gliederungspunkt V.2.4 in diesem Kapitel. Vgl. auch den dort aufgeführten Lösungsvorschlag des Verfassers.

tiv feststellbar ist, ob bestimmte Aktionsparameter eine Bindungswirkung auslösen. Bei der Analyse der einzelnen Aktionsparameter kann denn auch insoweit in vielen Fällen nur darauf hingewiesen werden, daß im Einzelfall eine Bindungswirkung drohen könnte.

2.2.2.3 Zeitliche Flexibilität

Mit diesem Auswahlkriterium wird der Ausübungszeitpunkt eines Aktionsparameters angesprochen.[1] Ein Aktionsparameter ist dann zeitlich flexibel, wenn er alternativ zu dem anstehenden oder zu nachfolgenden Bilanzstichtagen in Anspruch genommen werden kann.[2] Mit anderen Worten: Zeitlich flexibel bedeutet, daß in nachfolgenden Perioden der Aktionsparameter bei dem zu beurteilenden Sachverhalt wieder zur Verfügung steht und somit auch anders als in der Vorperiode ausgeübt werden kann. Eingeschränkt zeitlich flexibel[3] ist ein Aktionsparameter dann, wenn entweder für die Inanspruchnahme eine bestimmte Frist gesetzt[4] oder die Inanspruchnahme an bestimmte Verhältnisse geknüpft ist, wobei die Gefahr besteht, "daß sich die Verhältnisse, auf die die Anwendungsvoraussetzungen abheben, zwischenzeitlich so ändern, daß ein Einsatz ganz oder

---

1 Die Bezeichnung "Zeitliche Flexibilität" wird von BÖRNER/KRAWITZ, Steuerbilanzpolitik, S. 110 f. verwendet. BAUER, Rechnungspolitik, S. 218-220 und PACKMOHR, Bilanzpolitik, S. 107 f. verwenden den Begriff "Aufschiebbarkeit". HARDER, Bilanzpolitik, S. 137 f., spricht von "terminfreien und termingebundenen Mitteln".

2 Vgl. BÖRNER/KRAWITZ, Steuerbilanzpolitik, S. 110; BAUER, Rechnungspolitik, S. 218.

3 BÖRNER/KRAWITZ, Steuerbilanzpolitik, S. 111.

4 Vgl. BAUER, Rechnungspolitik, S. 219, der hier von "beschränkt aufschiebbaren Instrumenten" spricht. Als Beispiel für solche beschränkt aufschiebbare Aktionsparameter nennt er die Sonderabschreibungen nach § 14 Abs. 1 BerlinFG, die innerhalb von 5 Jahren in Anspruch genommen werden können.

teilweise unmöglich wird."[1] Schließlich werden als zeitlich inflexibel solche Aktionsparameter bezeichnet, deren Ausübung nur an einem bestimmten Bilanzstichtag möglich ist.[2] Zeitlich inflexibel bedeutet somit, daß die auf einen zu beurteilenden Sachverhalt bzw. auf ein Bewertungsobjekt angewandte Ausübung des Aktionsparameters bei diesem grundsätzlich in nachfolgenden Perioden nicht mehr geändert werden kann. Zeitlich flexible und eingeschränkt zeitlich flexible Aktionsparameter sind für den Konzernbilanzpolitiker insoweit vorteilhaft, als sie ihm Flexibilität im Hinblick auf die Anpassung an konzernbilanzpolitische Ziele gewähren.[3]

2.2.2.4 Teilbarkeit

Dieses Auswahlkriterium erlangt Bedeutung für die Dosierung konzernbilanzpolitischer Aktionsparameter im Rahmen konzernbilanzpolitischer Zielsetzungen. Wird bspw. beim Konzernjahresüberschuß oder bei anderen Bilanzkennzahlen ein genau fixierter Betrag angestrebt, so kann die Justierung dieser Ziele einfacher erfolgen, wenn teilbare (quantitativ flexible[4]) Aktionsparameter zur Verfügung stehen.

Ein Aktionsparameter ist als teilbar einzustufen, wenn dem Bilanzersteller mehr als zwei Ansatzmöglichkeiten zur Verfügung stehen.[5] Eine solche Teilbarkeit weisen bspw. viele Spielräume auf.

---

1 BAUER, Rechnungspolitik, S. 219. Bauer nennt hier das Beispiel der Teilwertabschreibung, deren Inanspruchnahme grundsätzlich aufgeschoben werden kann. "Der Aufschub unterliegt aber der auflösenden Bedingung, daß der Teilwert nicht wieder steigt." BAUER, Rechnungspolitik, S. 219.

2 Vgl. BÖRNER/KRAWITZ, Steuerbilanzpolitik, S. 110 f.; BAUER, Rechungspolitik, S. 219.

3 Vgl. auch BAUER, Rechungspolitik, S. 220.

4 Zum Begriff vgl. BÖRNER/KRAWITZ, Steuerbilanzpolitik, S. 111 f.

5 Vgl. BÖRNER/KRAWITZ, Steuerbilanzpolitik, S. 112. Diese Autoren sprechen in diesem Zusammenhang auch von Volumenalternativen.

Nicht teilbar ist ein Aktionsparameter dann, wenn der Bilanzersteller nur zwischen zwei verschiedenen Ansätzen wählen kann.[1] Der Nichtansatz kann selbstverständlich einer der beiden Ansätze sein. Ein Beispiel für einen nicht teilbaren Aktionsparameter ist das Einbeziehungswahlrecht von Tochterunternehmen, für die Weiterveräußerungsabsicht besteht.[2]

2.2.2.5 Bindungsdauer

Die Bindungsdauer eines Aktionsparameters bezeichnet die Länge des Zeitabschnitts, der durch die Primärwirkung einerseits und das Ende der Sekundärwirkungen andererseits terminiert ist.[3] Dieser zeitliche Erstreckungsbereich wird jedoch nicht nur von dem Aktionsparameter selbst bestimmt, sondern auch von dem konkreten Bilanzierungsgegenstand beeinflußt.[4] Eine allgemeingültige Angabe der Bindungsdauer einzelner Aktionsparameter ist damit nicht möglich.[5] Auf eine Einbeziehung dieses potentiellen Auswahlkriteriums in den Kreis der bei den einzelnen Aktionsparametern untersuchten Auswahlkriterien muß daher verzichtet werden.

2.2.2.6 Wirtschaftlichkeit

Wie bei allen betrieblichen Vorgängen und Entscheidungen ist auch bei der Aufstellung des Konzernabschlusses und speziell bei der Konzernbilanzpolitik das Prinzip der Wirtschaftlichkeit zu beachten. Für die Konzernrechnungslegung und -bilanzpolitik gilt dies jedoch besonders, da diese primär nur Kosten verur-

1 Vgl. BÖRNER/KRAWITZ, Steuerbilanzpolitik, S. 112.
2 Vgl. § 296 Abs. 1 Nr. 3 HGB.
3 Vgl. zu diesem Auswahlkriterium HARDER, Bilanzpolitik, S. 142 f.; PACKMOHR, Bilanzpolitik, S. 109 f.
4 Vgl. BAUER, Rechnungspolitik, S. 225.
5 Vgl. ebenda.

sachen und nicht direkt zur Ertragserzielung beitragen. Damit sind auch alle konzernbilanzpolitischen Aktionsparameter daraufhin zu untersuchen, ob und ggf. in welcher Höhe sie zu einer Kostenentstehung führen. Es ist offensichtlich, daß c.p. diejenigen Aktionsparameter am vorziehenswürdigsten sind, die die geringsten Kosten verursachen.

Welche Kosten durch die Inanspruchnahme eines bestimmten Aktionsparameters entstehen, ist jedoch nicht allgemeingültig quantifizierbar. Die entstehende Kostenbelastung kann nur bei Kenntnis der Daten des Einzelfalls bestimmt werden. Aufgrund der fehlenden Möglichkeit, allgemeingültige Aussagen über die Höhe der Kostenbelastung treffen zu können, muß auf dieses Kriterium deshalb ebenso wie auf das der Bindungswirkung verzichtet werden.

2.3 Mitteleinsatz bei den verschiedenen Grundkonstellationen

Die im vorhergehenden Gliederungspunkt VI.2.2 erarbeiteten Auswahlkriterien werden nun grundsätzlich zur Mittelauswahl herangezogen. Lediglich dann, wenn das Ziel der möglichst objektiven Abbildung des Konzerns verfolgt wird, kommen die Auswahlkriterien nicht in Betracht. In diesem Fall sind die Aktionsparameter so einzusetzen, daß eine möglichst objektive Abbildung des Konzerns erreicht wird.

Bevor jedoch die Auswahlkriterien bei der Mittelauswahl angewendet werden können, sind die zur Verfügung stehenden Aktionsparameter erst einmal darauf zu untersuchen, ob sie überhaupt eine Wirkungsweise aufweisen, die zur Zielerreichung beiträgt. Wenn bspw. der Konzernjahresüberschuß einen bestimmten Betrag annehmen soll, können zur Erreichung dieses Ziels notwendigerweise nur solche Aktionsparameter eingesetzt werden, die den Konzernjahresüberschuß in der gewünschten Richtung beeinflussen. Aktionsparameter, die bspw. lediglich die Bilanzsumme beeinflussen, scheiden in diesem Fall zur Zielerreichung aus.

Ähnlich wie die Wirkungsweise als Eigenschaft der Aktionsparameter ist auch die Erkennbarkeit einzustufen. Auch das Kriterium der Erkennbarkeit steht im Zusammenhang mit der Zielerreichung. Allerdings ist dieses Kriterium bei den einzelnen Zielen z.T. unterschiedlich zu beurteilen.

Zur Erreichung der Ziele im Hinblick auf die Beeinflussung der Konzernabschlußinteressenten und der Rechenschaftsabgabe der Konzernleitung erweisen sich zumindest die quantitativ erkennbaren Aktionsparameter als untauglich, da aufgrund der Offenkundigkeit der Inanspruchnahme die beabsichtigte Wirkung auf die Konzernabschlußinteressenten nicht mehr erzielt werden kann.[1] Anders verhält es sich jedoch bei den Zielen der Vermeidung der Konzernabschlußaufstellung und der Umsatzbeeinflussung zur Adaption an bestimmte gesetzliche Vorschriften. Hier spielt die Erkennbarkeit keine Rolle, d.h. die Erkennbarkeit des Aktionsparametereinsatzes ist unerheblich. Entscheidend ist, ob der Aktionsparameter die für die Zielerreichung notwendige Wirkung aufweist.

Für die ersten beiden Fälle, in denen zur Erreichung des konzernbilanzpolitischen Zieles der Einsatz der gesamten konzernbilanzpolitischen Manövriermasse erforderlich wird, stellt sich die Frage der Mittelauswahl grundsätzlich nicht. Börner/Krawitz sprechen in diesem Fall denn auch von einer eindeutigen Entscheidungssituation.[2]

1 Vgl. dazu auch LUDEWIG, Verdeckte Bilanzpolitik, S. 426 ff.
2 Vgl. BÖRNER/KRAWITZ, Steuerbilanzpolitik, S. 204.

Obwohl vordergründig in der o.a. Situation die Auswahlkriterien keine Bedeutung erlangen, weil die Mittelauswahl eindeutig festgelegt ist, sollten diese dennoch nicht außer Acht gelassen werden. Insbesondere sollte überprüft werden, ob durch die Ausübung einzelner Aktionsparameter eine - nicht gewollte - Bindungswirkung eintritt oder hohe Kosten entstehen. Ist dies der Fall, sollte untersucht werden, ob nicht eine Zielrevision angebracht ist.[1] Ob tatsächlich eine Zielrevision durchgeführt werden soll, ist dann eine dem Einzelfall vorbehaltene Entscheidung.

Bei der dritten Grundkonstellation, wenn es also zur Erreichung des angestrebten Zieles hinreichend ist, einen Teil der konzernbilanzpolitischen Manövriermasse einzusetzen, entsteht ein Mittelauswahlproblem, d.h. der Konzernbilanzpolitiker hat zu entscheiden, welche der in Frage kommenden Aktionsparameter er zur Zielerreichung einsetzt. Das Mittelauswahlproblem verkleinert sich oder entfällt sogar, wenn der Konzernbilanzpolitiker sich entschließt, seine Ziele entsprechend anzupassen. Ob dies möglich ist bzw. ob eine Zielanpassung durchgeführt werden soll, kann nur bei Kenntnis der Datenkonstellation im Einzelfall entschieden werden. Wird die Zielanpassung nicht oder nicht in entsprechender Höhe vorgenommen, bleibt das Auswahlproblem bestehen. Auf dieses sind dann, wie im folgenden dargelegt, die Auswahlkriterien anzuwenden.

Es stellt sich mithin die Frage, wie die einzelnen Aktionsparameter hinsichtlich der Auswahlkriterien zu vergleichen sind. Diese Vergleichbarkeit impliziert das grundsätzliche Erfordernis einer hierarchischen Ordnung der Auswahlkriterien, um die Vorziehenswürdigkeit einzelner Aktionsparameter bestimmen zu können. Aber schon eine ordinale Messung der Auswahlkriterien, d.h. also

1 Vgl. BÖRNER/KRAWITZ, Steuerbilanzpolitik, S. 205; vgl. ferner BAUER, Rechnungspolitik, S. 254 f.

die Festlegung einer Rangfolge zwischen den Kriterien, erweist sich als problematisch.[1]

Unmittelbar einsichtig ist, daß zuerst die Aktionsparameter eingesetzt werden sollten, die bei allen Auswahlkriterien positive Ergebnisse aufweisen. Unproblematisch ist auch noch die Auswahl zwischen solchen Aktionsparametern, die bei einem oder mehreren Auswahlkriterien identische Ausprägungen aufweisen, bei denen aber der eine der beiden Aktionsparameter zusätzlich noch ein oder mehrere andere Auswahlkriterien positiv erfüllt. In diesem Fall ist der Aktionsparameter, der mehr positiv erfüllte Auswahlkriterien aufweist, vorzuziehen.[2] Wie ist aber zu entscheiden, wenn bspw. zwei Aktionsparameter jeweils drei Auswahlkriterien positiv erfüllen, die erfüllten Auswahlkriterien bei den zwei Aktionsparametern jedoch nicht identisch sind? Oder wie ist zu entscheiden, wenn ein Aktionsparameter zwei Auswahlkriterien positiv erfüllt, ein anderer jedoch drei und die erfüllten Auswahlkriterien bei den beiden Aktionsparametern nicht identisch sind? Soll hier der drei Auswahlkriterien positiv erfüllende Aktionsparameter vorziehenswürdig sein?

Eine allgemein gültige Beantwortung dieser Fragen ist nicht möglich, d.h. es ist keine Ordinalskala für die Auswahlkriterien existent, die eine willkürfreie Rangordnung beinhaltet. Deshalb soll auch an dieser Stelle darauf verzichtet werden, eine Rangordnung aufzustellen, da diese zwangsläufig subjektiv wäre. Dem Konzernbilanzpolitiker kann lediglich die Empfehlung gegeben werden, soweit wie möglich zuerst jene Aktions-

---

1 Eine kardinale Messung der Auswahlkriterien scheidet von vornherein aus, da die Auswahlkriterien nicht "in einem einheitlichen Maß quantifizierbar sind". BÖRNER/KRAWITZ, Steuerbilanzpolitik, S. 205. Vgl. ferner BAUER, Rechungspolitik, S. 229.
2 Vgl. BAUER, Rechnungspolitik, S. 228.

parameter auszuwählen, durch die die Konzernbilanzpolitik am wenigsten reglementiert wird.[1]

In der nachfolgenden Abbildung 6 sind die Grundstrukturen der Durchführung der Konzernbilanzpolitik abschließend zusammengefaßt.

1 Die gleiche Auffassung vertritt Bauer hinsichtlich des Einzelabschlusses, vgl. BAUER, Rechnungspolitik, S. 230.

Abb. 6 : Durchführung der Konzernbilanzpolitik

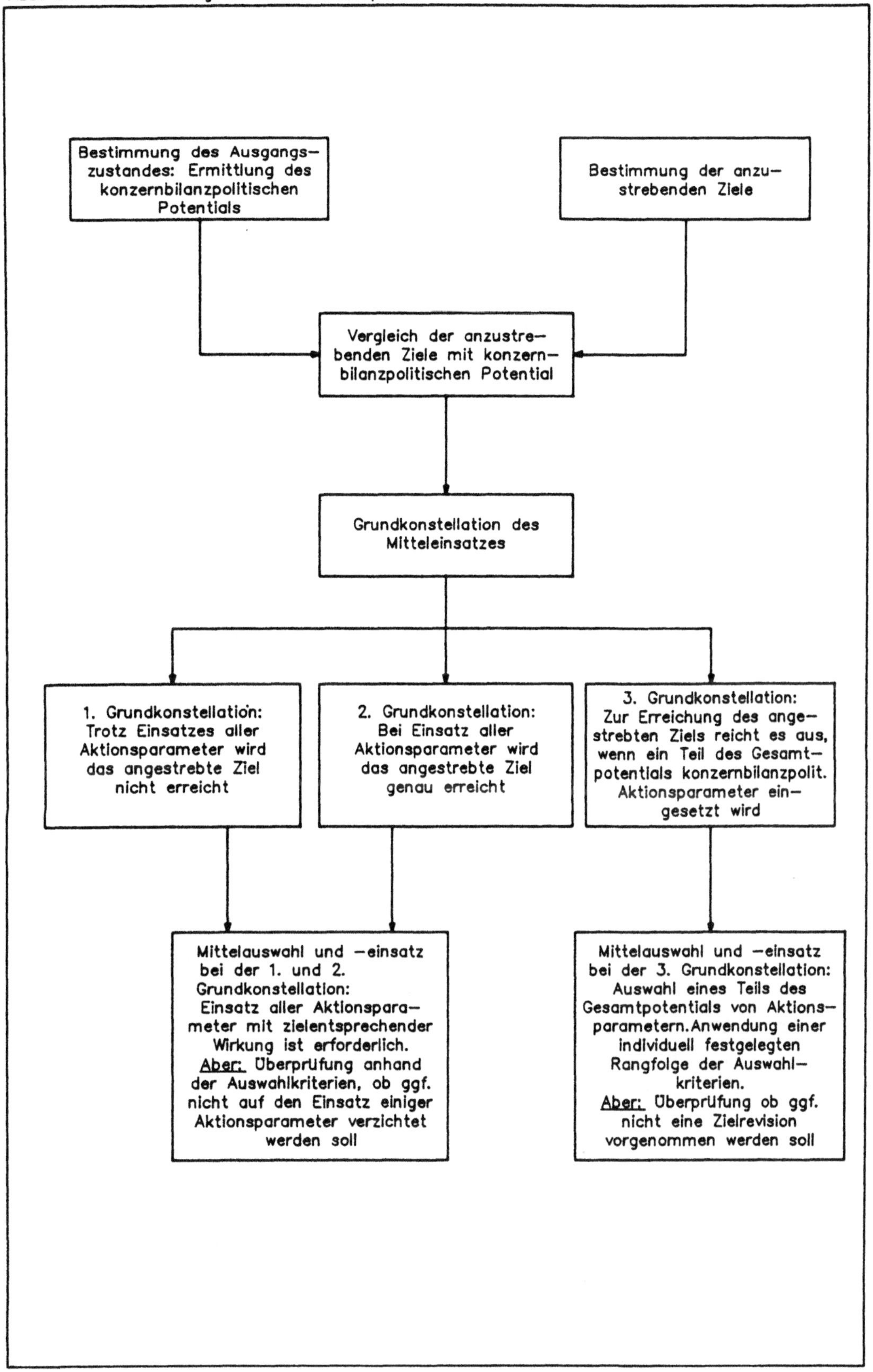

VII. Generierung eines dreistufigen Verfahrens zur Beurteilung konzernbilanzpolitischer Aktionsparameter

1 Erste Stufe: Inhaltliche Spezifizierung der Aktionsparameter

Aufgabe der ersten Stufe ist die anwendungsorientierte Inhaltsdarstellung von konzernbilanzpolitischen Aktionsparametern, denn Voraussetzung für den Einsatz der Aktionsparameter ist, daß man über ihre Existenz informiert ist und ihre konkrete Ausprägung kennt.

Die Inhaltsdarstellung ist so aufgebaut, daß zuerst der Aktionsparameter und seine 'Funktionsweise' beschrieben werden. Dabei werden auch die gesetzlichen und faktischen Voraussetzungen für eine Anwendung der Aktionsparameter dokumentiert. Desweiteren werden die Folgeparameter des Aktionsparameters aufgeführt. Ist er unverbunden, wird hierauf nicht gesondert hingewiesen. Soweit es erforderlich erscheint, werden darüber hinaus Beispiele für den jeweiligen Aktionsparameter gegeben.

Der Zeitraum, der zwischen der Verabschiedung der 7. EG-Richtlinie und der Transformation dieser zusammen mit der 4. und 8. EG-Richtlinie in deutsches Recht lag, war im Vergleich zu demjenigen bei der Umsetzung der 4. EG-Richtlinie kurz. Wohl auch aufgrund dieser relativ schnellen Umsetzung sind einige Unstimmigkeiten und Unzulänglichkeiten ins Gesetz eingeflossen. Zudem sind einige Bereiche der Konzernrechnungslegung weiterhin nicht gesetzlich geregelt. Soweit die Darstellung der Aktionsparameter nun Konzernrechnungslegungsteilbereiche erfaßt, zu denen in der Literatur keine einhellige Meinung besteht, oder die noch total oder partiell unbearbeitet sind, wird im Rahmen der Inhaltsdarstellung kritisch zu diesen Literaturmeinungen Stellung genommen bzw. es werden eigene Lösungsvorschläge vorgetragen.

2 Zweite Stufe: Wirkungsanalyse der Aktionsparameter

2.1 Methode der Bilanzanalyse als Beurteilungskriterium

Im Gliederungspunkt III.3.2.2.1 in diesem Kapitel wurden die Gründe erläutert, warum die Kennzahlen zum Konzernabschluß Beeinflussungsobjekte der Konzernbilanzpolitik sind. Diese Gründe sind auch ausschlaggebend dafür, daß die Konzernbilanzanalyse als ein Beurteilungskriterium für die konzernbilanzpolitischen Aktionsparameter herangezogen wird. Auf die Ausführungen in Gliederungspunkt III.3.2.2.1 kann deshalb insoweit verwiesen werden.

Zum Bereich der Konzernbilanzanalyse gibt es bis heute erst wenige Veröffentlichungen.[1] Weder im Fachschrifttum noch in der Praxis ist bis jetzt ein spezielles, eigenständiges Instrumentarium der Konzernbilanzanalyse entwickelt worden. Vielmehr wird auf die - in einer Vielzahl von Beiträgen beschriebenen[2] - zur Analyse der Einzelbilanz entwickelten Instrumentarien zurückgegriffen.[3] Die Transformation des einzelbilanzpolitischen Instrumentariums auf konzernbilanzanalytische Fragestellungen ist weitestgehend unproblematisch

1 Zu nennen sind hier v.a. die Arbeiten von Mohnfeld. Vgl. MOHNFELD, Analyse; ders., Beitrag. Vgl. auch LOHSE, Aufstellung; SCHULT, Bilanzanalyse, S. 230 ff.; HOFMANN, Bilanzkennzahlen; LEFFSON, Bilanzanalyse, Anm. 497-501.

2 STAUDT/GROETERS/HAFKESBRINK/TREICHEL, Kennzahlen, ist es als großes Verdienst anzurechnen, mit ihrer Bibliographie zu 'Kennzahlen und Kennzahlensystemen' Licht in die schon fast unüberschaubar gewordene Flut von Veröffentlichungen zur Kennzahlenanalyse gebracht zu haben. Vgl. ferner die Literaturzusammenstellung bei LACHNIT, Jahresabschlußanalyse, S. 10-12.

3 Vgl. KRUMNOW, Bilanzanalyse, S. 803 f.

möglich.[1] Ist bei einzelnen einzelbilanzanalytischen Instrumenten dennoch keine oder nur eine bedingte Übertragung auf die Konzernbilanzanalyse möglich, wird hierauf im Rahmen der Selektion des untersuchungsrelevanten Instrumentariums eingegangen.

Zur Definierung des Begriffs 'Konzernbilanzanalyse' liegt es nahe, auf die Definition zur Einzelbilanzanalyse zurückzugreifen. Bei dieser Vorgehensweise ist jedoch zu berücksichtigen, daß gerade auf dem Gebiet der Bilanzanalyse eine große Begriffsvielfalt und dementsprechend keine einheitliche Begriffsverwendung vorherrscht.[2]

In Anlehnung an die Definition zur Bilanzanalyse im Einzelabschluß von

Buchner[3]: "Unter "Bilanzanalyse" versteht man jene Methode der Informationsgewinnung, durch die mit der (Jahresabschluß-) Bilanz einschließlich der Gewinn- und Verlustrechnung und des Geschäftsberichtes Informationen über die Kapital- und Vermögensstruktur, d.h. die finanzielle Lage sowie die Erfolgssituation und die Liquiditätslage gewonnen werden."

Coenenberg[4]: "Mit Bilanzanalyse wird das spezielle Verfahren der Informationsgewinnung bezeichnet, mit dessen Hilfe aus den Angaben des Jahresabschlusses (Bilanz, Gewinn- und Verlustrechnung) und des Geschäftsberichtes Informationen über die Finanz- und Ertragslage der Unternehmung gewonnen werden."

---

1 Vgl. auch SCHULT, Bilanzanalyse, Anm. 541; sowie LEFFSON, Bilanzanalyse, Anm. 498.
2 Vgl. auch MÄRZ, Interdependenzen, S. 5.
3 BUCHNER, Finanzanalyse, S. 64. Im Original vorhandene Hervorhebungen wurden weggelassen. Vgl. ders., Bilanz, Sp. 859 f.
4 COENENBERG, Jahresabschluß, S. 553.

Schult[1]: "Unter dem Begriff der Bilanzanalyse versteht man die Analyse eines Unternehmens ausschließlich anhand publizierter Informationsquellen.... Die Zielsetzung der Bilanzanalyse ... ist in allgemeiner Form die, möglichst umfassende Einblicke in die Vermögens-, Finanz- und Ertragslage des untersuchten Unternehmens zu erhalten."

wird der Begriff 'Konzernbilanzanalyse' wie folgt definiert:

Mit **KONZERNBILANZANALYSE** wird das spezielle Verfahren der Informationsgewinnung aus dem Konzernabschluß bezeichnet, mit dessen Hilfe möglichst umfassende Einblicke in die Vermögens-, Finanz- und Ertragslage des Konzerns angestrebt werden.

Als bilanzanalytisches Verfahren soll, wie an früherer Stelle bereits ausgeführt, in dieser Untersuchung die Kennzahlenanalyse angewendet werden. Der Terminus Kennzahl wird dabei als eine Zahl definiert, "die in Bezug auf das Erkenntnisziel relevant ist und damit im Vergleich zu anderen Zahlen einen besonderen Aussagewert hat, unabhängig von ihrer quantitativen Struktur."[2] Diese Definition ist weit gefaßt, so daß sie sowohl Absolut- als auch Verhältniszahlen umfaßt.[3] Auf eine Beschreibung der diversen Arten, Strukturen und Klassifikationen der Kennzahlen kann hier verzichtet werden. Zu diesem Themenkomplex ist bereits umfangreiches Schrifttum[4] vorhanden, so daß insoweit auf dieses verwiesen werden kann.

---

1 SCHULT, Bilanzanalyse, Anm. 6 f.

2 STAUDT/GROETERS/HAFKESBRINK/TREICHEL, Kennzahlen, S. 24.

3 Zu dem Meinungsstreit in der Literatur, ob auch die Absolutzahlen den Kennzahlen zuzurechnen sind, vgl. LACHNIT, Jahresabschlußanalyse, S. 15-19 m.w.N; STAUDT/GROETERS/HAFKESBRINK/TREICHEL, Kennzahlen, S. 22-24; GERKEN, Kennzahlen-Analysesysteme, S. 8 f.

4 Vgl. z.B. LEFFSON, Bilanzanalyse, Anm. 416-487; GROLL, Kennzahlensysteme, S. 283 ff.; STAUDT/GROETERS/HAFKESBRINK/TREICHEL, Kennzahlen, S. 22 ff.; COENENBERG, Jahresabschluß, S. 571-573.

Nicht in Betracht gezogen werden in dieser Untersuchung Kennzahlensysteme[1] sowie weitergehende mathematisch-statistische Verfahren. Solche mathematisch-statistische Verfahren sind vor allem die statistische Maßzahlenbildung, die Varianz-, Regressions-, Diskriminanz-, Cluster-, Faktorenanalyse und die Multidimensionale Skalierung.[2]

Die Nichteinbeziehung der Kennzahlensysteme und der mathematischen statistischen Verfahren erscheint gerechtfertigt,[3] da

- wie Gräfer ausführt: "Die Auswahl, die Errechnung und der Vergleich von Kennzahlen ... den Kern der Bilanzanalyse (darstellen). Es fällt nicht schwer, Bilanzanalyse überhaupt als Kennzahlenrechnung zu bezeichnen"[4]
- sowohl die Kennzahlensystemanalyse als auch die mathematisch-statistischen Verfahren Methoden sind, die auf der Kennzahlenrechnung aufbauen. Für die Analyse der Wirkungsweise von Aktionsparametern ist es

---

1 Zu Kennzahlensystemen s. ausführlich z.B. LACHNIT, Jahresabschlußanalyse; MÄRZ, Interdependenzen, S. 59 ff.; PERRIDON/STEINER, Finanzwirtschaft, S. 341 ff.; BOTTA, Kennzahlensysteme.

2 Zu diesen Verfahren siehe ausführlich, SCHUCHARD-FICHER/BACKHAUS/HUMMEL/LOHRBERG/PLINKE/SCHREINER, Analysemethoden; BUCHNER, Statistik, S. 58 ff. Diese Verfahren werden oft auch unter den Oberbegriff "multivariate Analysemethoden" subsumiert.

3 Auch SCHMITZ, Reserven, S. 50, schließt bei seiner Untersuchung der Auswirkungen von stillen Reserven auf die externe Jahresabschlußanalyse die Kennzahlensysteme aus. Er begründet dies damit, daß "die Tatsache, daß für die Entwicklung solcher Kennzahlensysteme in vielen Fällen Informationen bereitgestellt werden müssen, die dem veröffentlichten Jahresabschluß nicht zu entnehmen sind, zugleich deutlich macht, daß diese Kennzahlen nur im Rahmen von internen Analysen aufgestellt werden können." Diese Begründung vermag nicht voll zu überzeugen, da Kennzahlensysteme grundsätzlich auch auf ausschließlich externe Datenbasen zugeschnitten sein können.

4 GRÄFER, Bilanzanalyse, Anm. 216. Hervorhebungen im Original wurden weggelassen. Klammerzusatz vom Verfasser.

jedoch nicht notwendig (und auch nicht sinnvoll), die Beeinflussung der Analyseergebnisse von speziellen, hochaggregierten Verfahren aufzuzeigen. Es ist vielmehr sinnvoll, die Auswirkungen der Aktionsparameter auf die den aggregierten Verfahren zugrundeliegenden Kennzahlen zu bestimmen. Diese Grundidee hat im übrigen in einem anderen Bereich der Betriebswirtschaftslehre, nämlich der Betriebswirtschaftlichen Steuerlehre, schon vor zwei Jahrzehnten zur Entwicklung der Teilsteuerrechung[1] geführt.

In der betriebswirtschaftlichen Literatur wird jedoch seit langem berechtigte Kritik an der Aussagefähigkeit von Kennzahlen geübt. Als wichtigste Kritikpunkte werden immer wieder vorgetragen:[2]

- Mangelnde Zukunftsbezogenheit der Jahresabschlußdaten: Die Jahresabschlußinformationen beziehen sich auf vergangene Zeiträume. Außerdem besteht eine Zeitspanne zwischen Bilanzstichtag und Bilanzveröffentlichung.
- Unvollständigkeit der Jahresabschlußdaten: Dies beruht einmal darauf, daß nicht alle Vermögensgegenstände[3] und auch nicht alle Geschäftsvorgänge[4] in den Jahresabschluß aufgenommen werden, zum anderen darauf, daß qualitative Informationen[5] fast gar nicht vermittelt werden.
- Ungeeignetheit der Jahresabschlußdaten: Für die Liquiditätsanalyse sind Zahlungsströme, d.h. Einzahlungen und Auszahlungen maßgebend. Der Jahresabschluß jedoch basiert auf Erträgen und Aufwendungen.

1 Zur Teilsteuerrechnung s. grundlegend ROSE, Steuerbelastung.
2 Vgl. z.B. LEFFSON, Bilanzanalyse, Anm. 43 ff.; COENENBERG, Jahresabschluß, S. 554-556; SCHULT, Bilanzanalyse, Anm. 15 ff.; BÖRNER, Finanzierungsregeln, S. 341 ff.; HÄRLE, Finanzierungsregeln.
3 Originäre immaterielle Vermögensgegenstände dürfen nicht bilanziert werden (§ 248 Abs. 2 HGB).
4 Schwebende Geschäfte bspw. dürfen nicht im Jahresabschluß berücksichtigt werden.
5 Zum Begriff vgl. SCHULT, Bilanzanalyse, Anm. 19.

- Mangelnde Aussagefähigkeit der Jahresabschlußdaten aufgrund von Beeinflussungsmöglichkeiten des Jahresabschlusses.
- Fehlen allgemeingültiger Richtwerte für die jeweiligen Kennzahlen.

Wenn in dieser Arbeit dennoch auf die Kennzahlenanalyse zurückgegriffen wird, müssen schon gewichtige Gründe dafürsprechen. Als wichtiges Argument ist hier anzuführen, daß der Kennzahlenanalyse trotz aller beachtenswerter Kritik Aussagekraft zukommt. So führt Gräfer aus: "Trotz dieser Einschränkungen sind Kennzahlen ein durchaus geeignetes Mittel der Untersuchung von Unternehmen und der Bildung von Urteilen."[1] Überdies ist zu beachten, daß der Kennzahlenanalyse und z.T. auch der Einhaltung bestimmter Kennzahlennormen in der Praxis große Bedeutung zukommt.[2] So stellt Rückle in diesem Zusammenhang fest, "daß die kennzahlenorientierte Analyse der Finanzstruktur vielfach in einer so standardisierten Weise erfolgt, daß (selbst) die aus nationalen Besonderheiten herrührenden Unterschiede nicht entsprechend beachtet werden".[3] Dies macht deutlich, daß es für den Bilanzierenden außerordentlich wichtig ist, zu wissen, wie bilanzpolitische Entscheidungen die jeweiligen Kennzahlen beeinflussen.

---

1 GRÄFER, Bilanzanalyse, Anm. 216; ähnlich z.B. GÖLLERT, Auswirkungen, S. 1849 f.; SCHULT, Bilanzanalyse, Anm. 25.

2 Vgl. z.B. RÜCKLE, Steuerbilanzpolitik, S. 220-223. In einer vom Bundesjustizministerium im Rahmen der bevorstehenden Insolvenzrechtsreform in Auftrag gegebenen rechtstatsächlichen Untersuchung über die Bedeutung der Mobiliarsicherheiten in der Kreditpraxis belegen Drukarcyk/Duttle/Rieger, daß in ihrer repräsentativen Untersuchung 264 von 282 der Befragten, also 93,62%, eine Bilanzanalyse in Form von Kennzahlen durchführen. Vgl. DRUKARCYK/DUTTLE/RIEGER, Mobiliarsicherheiten, S. 117.

3 RÜCKLE, Steuerbilanzpolitik, S. 223; Klammerzusatz vom Verfasser.

2.2 Angewandtes Beurteilungskonzept

2.2.1 Einführung

Bei der Konzeption des Beurteilungsverfahrens zur Wirkungsanalyse sind eine Anzahl, zum Teil spezifischer aus dem Bereich der Konzernrechungslegung stammender Probleme zu berücksichtigen. Anzuführen ist hier in erster Linie die heterogene Struktur der konzernbilanzpolitischen Aktionsparameter. Diese reichen von den Erstellungs- und Stichtagsparametern, die den Konzernabschluß in seiner Gesamtheit betreffen, über die Konsolidierungsparameter bis hin zu den Parametern im Konzernanhang. Im Einzelabschluß hingegen weisen die Aktionsparameter eine viel homogenere Struktur auf, da hier nur Bilanzierungs- und Bewertungswahlrechte sowie formelle Wahlrechte, wie z.B. Gliederungswahlrechte, gegeben sind. Die Heterogenität der konzernbilanzpolitischen Aktionsparameter bedeutet für das zu generierende Beurteilungsverfahren, daß dieses einen solch breiten Anwendungsbereich aufweisen muß, daß es auf alle Aktionsparameter im Konzernabschluß anwendbar ist.[1]

Weiterhin läßt die sehr große Zahl der Kennzahlen es praktisch (fast) unmöglich werden, bei jedem einzelnen Aktionsparameter diese zu untersuchen.[2] Überdies beeinflussen die einzelnen Aktionsparameter die diversen Kennzahlen unterschiedlich, z.T. sogar in entgegengesetzter Richtung. Der Grund für diese "sich widersprechenden" Ergebnisse liegt in der unterschiedlichen Zusammensetzung der einzelnen Kennzahlen aufgrund ver-

---

1 Eine ähnliche Anforderung stellt MOHNFELD, Analyse, S. 60 an sein Konzern-Publizitätsprofil. Er postuliert: "Das Maß muß erstens alle vorhandenen relevanten Informationen irgendwie erfassen und zweitens auf alle Konzernabschlüsse anwendbar sein."

2 Der Kennzahlenkatalog in Anhang 2 enthält 83 Kennzahlen.

schiedenstartiger Verknüpfungen einzelner Jahresabschlußposten.[1] So führt die Ausnutzung eines Zuschreibungswahlrechts bei Wertpapieren beispielsweise zu einer Erhöhung der Kennzahl 'Eigenkapitalrendite', jedoch zu einer Verringerung der Kennzahl 'Betriebsrentabilität.'

Ein möglicher Lösungsansatz für den vorstehend aufgezeigten Problembereich besteht in der Verwendung repräsentativer Kennzahlen. Hierzu könnte auch auf Literaturbeiträge zurückgegriffen werden, die sich mit der Aussagekraft bzw. Signalwirkung einzelner Kennzahlen beschäftigt haben.[2] Diese Studien führen als Ergebnis ihrer Untersuchungen auch jeweils nur einige wenige Kennzahlen auf, so daß sich der angestrebte Reduzierungserfolg durchaus einstellt. Allerdings kommen diese Studien jeweils zu unterschiedlichen Ergebnissen hinsichtlich der Kennzahlen, die für eine Beurteilung eines Unternehmens ausreichend sein sollen. Allgemein anerkannte Kennzahlen oder auch Kennzahlenkombinationen sind somit nicht existent. Damit scheidet dieser Lösungsweg aus.

Das in dieser Untersuchung angewandte Beurteilungskonzept setzt daher an einem anderen Punkt an. Es macht sich zu Nutze, daß die ergebniswirksamen Aktionsparameter[3] die diversen Kennzahlen regelmäßig in gleicher Wirkungsrichtung beeinflussen. Dies hat zur Folge, daß die Kennzahlenbeeinflussungen durch die einzelnen Aktionsparameter zentral in einem übergeordneten Gliederungspunkt dargestellt werden können,[4] ohne daß weitreichende Informationsverluste zu beklagen wären. Die einzelnen Bestandteile sowie die Funktionsweise des

---

1 Vgl. BAUER, Rechungspolitik, S. 202.
2 Vgl. BAETGE/HUSS/NIEHAUS, Auswertung, S. 610. Ferner z.B. THOMAS, Erkenntnisse, S. 81.
3 Vgl. hierzu näher Gliederungspunkt VII.2.2.2.1 in diesem Kapitel.
4 Vgl. Gliederungspunkt VII.2.3 in diesem Kapitel.

Beurteilungskonzeptes werden nun in den folgenden Gliederungspunkten VII.2.2.2 und VII.2.2.3 besprochen.

2.2.2 Bestimmung der Primärwirkungen

2.2.2.1 Kategorisierung und Typisierung der Aktionsparameter

Die Primärwirkungen bezeichnen die durch die Ausübung von Aktionsparametern ausgelösten, in der Realisationsperiode eintretenden Auswirkungen auf den Konzernabschluß.[1] Innerhalb der Primärwirkungen erfolgt eine Einordnung der Aktionsparameter in bestimmte Wirkungskategorien und in diesen untergeordneten Wirkungstypen. Diese Kategorisierung und Typisierung erlaubt eine Wirkungsbestimmung aller konzernbilanzpolitischen Aktionsparameter. Jeder der konzernbilanzpolitischen Aktionsparameter läßt sich eindeutig einer der folgenden drei Kategorien zuordnen. Bei einem Aktionsparamter kann es sich entweder um einen materiellen, einen quasi-materiellen oder einen formellen Aktionsparameter handeln. Diese drei Kategorien von Aktionsparametern sollen nun definitorisch dargelegt werden.

M a t e r i e l l e Aktionsparameter haben Einfluß auf die Vermögens-, Finanz- und Ertragslage, d.h. Konzernjahresüberschuß und/oder Konzerabschlußkennzahlen werden durch diese Aktionsparameter beeinflußt. Diese Begriffsverwendung ist identisch mit derjenigen im Einzelabschluß, soweit es sich um Aktionsparameter handelt, die den Jahresüberschuß verändern. Charakteristische Beispiele hierfür sind die (konzerneinheitlichen) Bilanzierungs- und Bewertungsparameter. Aktionsparameter, die nur die Bilanzstrukturen bzw. die Jahresabschlußkennzahlen verändern, werden in der bilanzpolitischen Literatur zum Einzelabschluß jedoch

---

1 Zur Abgrenzung von den Sekundärwirkungen vgl. Gliederungspunkt VII.2.2.3 in diesem Kapitel.

den formellen Instrumenten zugerechnet. Insoweit unterscheiden sich die materiellen konzernbilanzpolitischen Aktionsparameter von den materiellen einzelbilanzpolitischen Aktionsparametern. Beispielhaft zu nennen für die materiellen konzernbilanzpolitischen Aktionsparameter ist das Wahlrecht aus § 281 i.V.m. § 298 Abs. 1 HGB.

Quasi-Materielle Aktionsparamater haben keinen betragsmäßigen Einfluß auf die Vermögens-, Finanz- und Ertragslage, d.h. Konzernjahresüberschuß und Konzernbilanzstrukturen bzw. Jahresabschlußkennzahlen werden nicht verändert. Jedoch werden Informationen über die Vermögens-, Finanz- und Ertragslage weggelassen. Diese Kategorie wird beim Einzelabschluß nicht verwendet. Sie ist jedoch notwendig (und im Zusammenhang mit der materiellen und formellen Kategorie auch hinreichend), um eine Wirkungsbestimmung aller konzernbilanzpolitischen Aktionsparameter vornehmen zu können. Beispiele für quasi-materielle Aktionsparameter sind die Erstellungsparameter[1] oder auch einige Gliederungsparameter in der Konzernbilanz[2] sowie die Ausweisparameter im Konzernanhang.[3]

Formelle Aktionsparameter sind dadurch gekennzeichnet, daß sie keinen Einfluß auf die Vermögens-, Finanz- und Ertragslage haben. Die formellen Aktionsparameter im Einzelabschluß und die formellen konzernbilanzpolitischen Aktionsparameter sind disgruent. Dies ist darin begründet, daß die strukturwirksamen Aktionsparameter im Einzelabschluß anders als die im Konzernabschluß zu den formellen Aktionsparametern gezählt werden.[4]

---

1 Vgl. Gliederungspunkt II.2 im 3. Kapitel.
2 Vgl. Gliederungspunkt III.1 im 3. Kapitel.
3 Vgl. Gliederungspunkt VI. im 3. Kapitel.
4 Wie in der Abgrenzung des Untersuchungsbereichs bereits aufgeführt, werden die formellen Aktionsparameter in dieser Arbeit nicht behandelt. Vgl. Gliederungspunkt III. im 1. Kapitel.

Die strukturwirksamen Aktionsparameter bilden zusammen mit den ergebniswirksamen Aktionsparametern die beiden Typen der materiellen Aktionsparameter.

Ergebniswirksame Aktionsparameter sind solche, die den Konzernjahresüberschuß beeinflussen.

Strukturwirksame Aktionsparamter sind dadurch gekennzeichnet, daß sie Bilanz-, GuV- oder Anhangposten betragsmäßig verändern, den Konzernjahresüberschuß jedoch nicht tangieren.

Eine Typisierung der quasi-materiellen und der formellen Aktionsparameter kann unterbleiben, da die Wirkungsweise dieser Aktionsparameter durch die Kategorisierung hinreichend bestimmt ist.

Mit der Kategorisierung und Typisierung ist die Grundstruktur eines Beurteilungskonzeptes geschaffen, welches eine eindeutige Bestimmung der Wirkungsweise von Aktionsparametern gewährleistet.

2.2.2.2 Einflußebene

Bei materiellen[1] Aktionsparametern erfordert eine genaue Wirkungsbeschreibung zusätzlich Feststellungen über die Einflußebene der Aktionsparameter, d.h. ob die Wirkung der Aktionsparameter unmittelbar oder mittelbar eintritt.

Ein Aktionsparameter übt mittelbaren Einfluß aus, wenn die materiellen Auswirkungen der Realisierung dieses Aktionsparameters über andere Konsolidierungsmethoden und -techniken eintreten.

---

1 Aufgrund der Struktur quasi-materieller sowie formeller Aktionsparameter ist bei diesen diese Differenzierung - offensichtlich - überflüssig.

Unmittelbaren Einfluß hat ein Aktionsparameter dementsprechend, wenn er direkt ohne den "Umweg" über andere Konsolidierungsmethoden und -techniken wirkt. Der überwiegende Teil der materiellen konzernbilanzpolitischen Aktionsparameter, wie z.B. die konzerneinheitlichen Bilanzierungs- und Bewertungsparameter[1], haben unmittelbaren Einfluß auf die Vermögens-, Finanz- und Ertragslage des Konzerns. Ein Beispiel für Aktionsparameter mit mittelbarem Einfluß sind die Stichtagsparameter.[2] Hier tritt eine materielle Wirkung bspw. dadurch ein, daß Zwischenergebniseliminierungen - in gewissen Grenzen - unterbleiben.

Bei der Analyse der einzelnen Aktionsparameter wird explizit nur dann auf die Einflußebene eingegangen, wenn der Aktionsparameter einen mittelbaren Einfluß ausübt. Soweit der Aktionsparameter einen unmittelbaren Einfluß aufweist, wird hierauf nicht gesondert hingewiesen.

2.2.2.3 Wirkungsrichtung

Quasi-materielle und formelle Aktionsparameter verändern den Konzernjahresüberschuß sowie die Kennzahlen zur Vermögens-, Finanz- und Ertragslage nicht. Materielle Aktionsparameter hingegen können den Konzernjahresüberschuß bzw. die Kennzahlen erhöhen oder vermindern. Um nun diese Erhöhung oder Verminderung des Konzernjahresüberschusses bzw. der Kennzahlen feststellen zu können, bedarf es eines Vergleichsobjektes.[3] Dies ist derjenige Konzernabschluß, wie er sich ohne Inanspruchnahme der zu analysierenden Aktionsparameter ergeben würde. Trotz dieses theoretisch exakt bestimmbaren Vergleichsobjektes bleibt die Wirkungsrich-

---

1 Vgl. Gliederungspunkt III.2 im 3. Kapitel.
2 Vgl. Gliederungspunkt II.4 im 3. Kapitel.
3 Vgl. auch BAUER, Rechnungspolitik, S. 202.

tung eine relative Größe.[1] Eindrucksvoll dargestellt hat dies Bauer in einem Beispiel: "Die Relativität der Wirkungsrichtung wird z.B. deutlich, wenn geringwertige Wirtschaftgüter in allen Fällen sofort abgeschrieben werden (§ 6 Abs. 2 EStG) - die Wahlrechtsausübung besteht dann in einem Verzicht auf die Inanspruchnahme und wirkt so gesehen ergebnismehrend."[2]

Diese aufgrund der Relativität der Wirkungsrichtung fehlende Möglichkeit, allgemeingültige Aussagen über die Wirkungsrichtung von Aktionsparametern treffen zu können, kann durch die Festlegung einer Basisalternative überwunden werden, aufgrund derer Angaben über die Wirkungsrichtung von Aktionsparametern gemacht werden können. Im einzelnen werden folgende Basisalternativen festgelegt:

- Bei Wahlrechten, die ein Abweichen von den grundsätzlichen Bilanzierungs-, Bewertungs- und Konsolidierungspflichen erlauben, ist dies diese "spezielle" Vorgehensweise. Von dieser Konstellation werden beispielsweise alle materiality-Wahlrechte eingeschlossen. Bei diesen Wahlrechten stellt die "Nicht-materiality Maßnahme" dann die Basisalternative dar. Weitere Beispiele sind die Aktivierungs- und Passivierungsparameter. Die Basisalternative ist hier jeweils die Bilanzierung ohne die Inanspruchnahme des betreffenden Aktivierungs- oder Passivierungswahlrechtes.

- Bei Spielräumen ist dies die Beibehaltung bisher im Konzern angewandter Gepflogenheiten. Ist im Konzern noch kein Ritus hinsichtlich der Ausübung des Spielraumes existent, die - soweit vorhanden - allgemein üblichen Usancen (Bsp. AfA-Tabellen).[3]

---

1 Ein vergleichbares Problem wurde bereits bei der Bestimmung des Istzustandes konstatiert. Vgl. dazu Gliederungspunkt VI.1 in diesem Kapitel.
2 BAUER, Rechnungspolitik, S. 202.
3 Vgl. ebenda, S. 203.

- Soweit konzernbilanzpolitische Aktionsparameter nicht unter die vorgenannten Konventionen fallen, wird bei der Besprechung des betreffenden Aktionsparameters die Basisalternative separat angegeben.

Auch nach Erzeugung der Basisalternativen mit Hilfe von Konventionen kann nicht bei allen Aktionsparametern eine Wirkungsrichtung ermittelt werden. Bei einigen kann dies nur im konkreten Einzelfall geschehen, da die Wirkungsrichtung von den Daten des Einzelfalls abhängt. Die Wirkungsrichtung ist bei dieser Faktizität unbestimmt. Beispielhaft genannt hierfür sei die Verteilung des Unterschiedsbetrages bei der Kapitalkonsolidierung. Im Falle eines aktiven Unterschiedsbetrages hängt die Höhe der Abschreibung von der (Rest-)Nutzungsdauer des um den Zuschreibungsbetrag betragsmäßig erhöhten Vermögensgegenstandes sowie von dem angewandten Abschreibungsverfahren ab. Es obliegt den Daten des Einzelfalls, ob dieser Abschreibungsbetrag größer oder kleiner ist als derjenige nach § 309 Abs. 1 HGB. Bei der Wirkungsrichtung von Aktionsparamtern werden mithin drei Ausprägungsarten unterschieden: "erhöhend", "vermindernd" und "unbestimmt". Im Rahmen der Darstellung zur generellen Kennzahlenbeeinflussung[1] werden für die ergebniswirksamen Aktionsparameter noch gesonderte Angaben über die Wirkungsrichtung gemacht werden.

2.2.3 Bestimmung der Sekundärwirkungen

Der Bilanzzusammenhang von aufeinanderfolgenden Jahresbilanzen bewirkt, daß sich die realisierten Aktionsparameter regelmäßig auch in den Folgeperioden auswirken. So sind den materiellen Aktionsparametern im Einzalabschluß gegenläufige Wirkungen in den auf die Realisation folgenden Perioden immanent. In der einzelbilanzpolitischen Literatur wird dies mit dem Terminus "Zwei-

1 Vgl. Gliederungspunkt VII.2.3 in diesem Kapitel.

schneidigkeit der Bilanz" plakatiert.[1] Harder hat für diesen Wirkungszusammenhang die Terminologie "Primär- und Sekundäreffekte" eingeführt.[2] In Anlehnung an die von Harder geprägten Begriffe soll in dieser Arbeit von Primär- und Sekundärwirkungen gesprochen werden.[3] Die Sekundärwirkungen[4] sind dabei wie folgt definiert:

- Die Sekundärwirkungen bezeichnen die nach der Realisation des Aktionsparameters in nachfolgenden Perioden eintretenden Auswirkungen auf den Konzernabschluß.

Die Bestimmung der Sekundärwirkungen im Konzernabschluß muß allerdings eine Differenzierung erfahren. Nicht alle konzernbilanzpolitischen Aktionsparameter führen zu gegenläufigen Sekundärwirkungen. Vielmehr bewirken einige Aktionsparameter überhaupt keine Sekundärwirkungen und andere führen sogar zu gleichgerichteten Sekundärwirkungen. Keine Sekundärwirkungen entstehen dann, wenn sich die Realisierung eines Aktionsparameters nur im Geschäftsjahr der Ausübung auswirkt. In den Folgeperioden fallen damit aus der Aktionsparameterentscheidung der betreffenden Vorperiode keine Wirkungen mehr an. Gleichgerichtete Sekundärwirkungen sind dann gegeben, wenn ein Aktionsparameter in Folgeperioden die gleichen Wirkungen aufweist wie in der Realisationsperiode.

Die Bestimmung der Sekundärwirkungen kann jedoch nicht bei allen Aktionsparametern vorgenommen werden. In einigen Fällen ist dies nur bei Kenntnis der Daten des Einzelfalls möglich. Insoweit muß dann eine Angabe der Sekundärwirkungen bei den betreffenden Aktionsparametern unterbleiben. Hierauf wird aber bei der Analyse der einzelnen Aktionsparamter speziell hingewiesen.

---

1 Vgl. SIEBEN/SCHILDBACH, Entscheidungstheorie, S. 91; FREIDANK, Bilanzpolitik, S. 339 f.; PFLEGER, Bilanzpolitik, Anm. 174.

2 Vgl. HARDER, Bilanzpolitik, S. 107 f.

3 Diese Bezeichnungen sind mit den von Harder verwendeten Begriffen grundsätzlich synonym.

4 Zum Begriff der Primärwirkungen vgl. Gliederungspunkt VII.2.2.2.1 in diesem Kapitel.

Soweit ein Aktionsparameter jedoch entgegengerichtete Sekundärwirkungen aufweist, wird dies bei der Analyse der einzelnen Aktionsparameter nicht gesondert aufgeführt. Diese Vereinfachung dient zur Straffung der Ausführungen im 3. Kapitel.

Die Ausführungen zu dem hier erarbeitenden Beurteilungskonzept sollen abschließend in Abbildung 7 zusammengefaßt wiedergegeben werden.

Abb. 7 : Beurteilungsschema zur Wirkungsanalyse

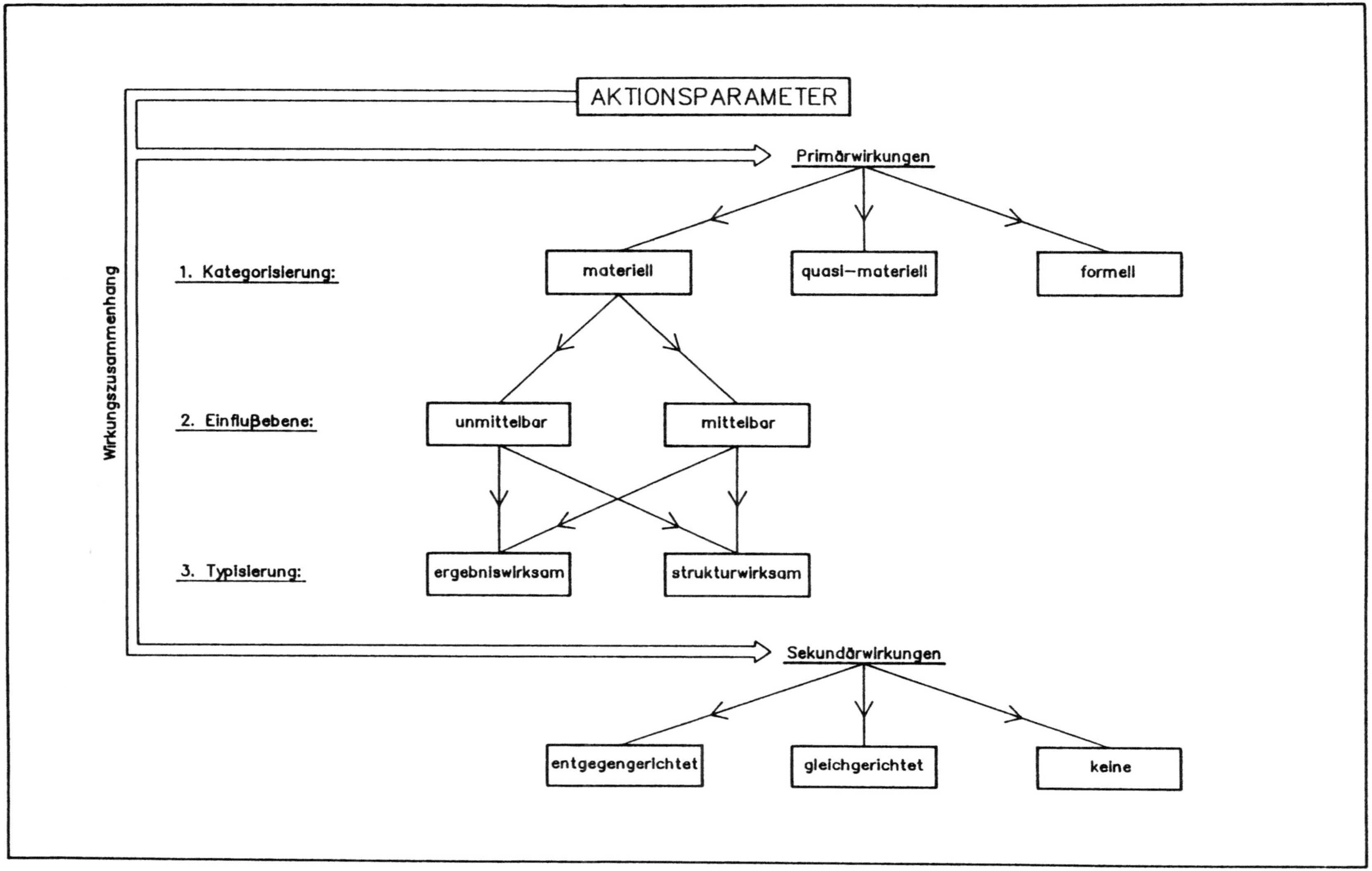

2.3 Generelle Kennzahlenbeeinflussungen durch Aktionsparameter

2.3.1 Kennzahlenbeeinflussung durch ergebniswirksame Aktionsparameter

Ergebniswirksame Mittel haben immer auch Auswirkungen auf die Bilanzstrukturen und damit auch auf die Vermögens-, Finanz- und Ertragslage.[1] Diese Auswirkungen auf die Vermögens-, Finanz- und Ertragslage können hier in einem zentralen Punkt behandelt werden, weil, wie oben[2] bereits ausgeführt, die ergebniswirksamen Aktionsparameter die Kennzahlen regelmäßig in gleicher Weise beeinflussen.

Die originäre Wirkungsrichtung von ergebniswirksamen Aktionsparametern kann nur genau eine der folgenden Ausprägungsformen annehmen:[3]

- ergebniserhöhend,
- ergebnismindernd,
- Fälle unbestimmter Wirkungsrichtung.

Die ergebniswirksamen Mittel wiederum können auf die einzelnen Kennzahlen eine der nachstehend aufgeführten Wirkungen ausüben:

- kein Einfluß,
- betragsmäßige Verminderung einer Kennzahl,
- betragsmäßige Erhöhung einer Kennzahl.

Bevor nun die einzelnen Kennzahlen hinsichtlich der Beeinflussung durch ergebniswirksame Aktionsparameter untersucht werden, soll noch der rechnerische Zusammenhang aufgezeigt werden, aufgrund dessen es überhaupt erst möglich ist, generelle Aussagen über Kennzahlenbe-

---

1 Vgl. auch MELLEROWICZ, Unternehmenspolitik, S. 274.
2 Vgl. Gliederungspunkt VII.2.2.2.1 im 2. Kapitel.
3 Vgl. auch Gliederungspunkt VII.2.2.2.3 im 2. Kapitel.

einflussungen durch materielle Aktionsparameter zu treffen. Dieser rechnerische Zusammenhang soll kurz an einem Beispiel illustriert werden.

Ein Aktivierungsparameter[1] erhöht nicht nur den Jahresüberschuß, sondern auch das Eigenkapital. Legt man beispielsweise die Kennzahl "Eigenkapitalrentabilität"[2] zugrunde, so wird durch diesen Aktionsparameter sowohl der Nenner als auch der Zähler der Kennzahl verändert. Dennoch läßt sich über die Wirkungsrichtung der Kennzahlenveränderung eine eindeutige Aussage machen, d.h. es kann genau prognostiziert werden, ob sich der Betrag der Kennzahl durch die Realisation eines ergebniswirksamen Aktionsparameters vergrößert oder verkleinert. Der dieser Aussage zugrunde liegende rechnerische Zusammenhang soll nun im einzelnen dargelegt werden.

Formal läßt sich dieser Sachverhalt, daß die Beobachtungs- und die Bezugszahl um den gleichen Betrag erweitert bzw. verringert werden, wie nachstehend aufgeführt darstellen. Ausgangspunkt ist eine Fallunterscheidung, die zwei Grundfälle mit jeweils mehreren Unterfällen beinhaltet, wobei $\frac{X}{Y}$ die Kennzahl und Z den ergebniswirksamen Betrag symbolisieren.

<u>1. Fall:</u> Es ist ein ergebniswirksamer Aktionsparameter mit einer ergebniserhöhenden Wirkungsrichtung gegeben.

Voraussetzungen: $X > 0$; $Y > 0$

---

1 Zu den einzelnen Aktivierungsparametern s. Gliederungspunkt III.2.2.1 im 3. Kapitel.

2 Zur Definition dieser Kennzahl s. Anhang 2.

1. Untergruppe: $\frac{X}{Y} < 1$

Für $\frac{X+Z}{Y+Z}$ gilt immer : $\frac{X}{Y} < \frac{X+Z}{Y+Z}$, da $\lim\limits_{Z \to \infty} \frac{X+Z}{Y+Z} = 1$

$\Rightarrow$ ist $\frac{X}{Y} < 1$ führt ein ergebniserhöhender Aktionsparameter immer zu einer betragsmäßigen Vergrößerung der Kennzahl.

2. Untergruppe: $\frac{X}{Y} > 1$

Für $\frac{X+Z}{Y+Z}$ gilt immer: $\frac{X}{Y} > \frac{X+Z}{Y+Z}$, da $\lim\limits_{Z \to \infty} \frac{X+Z}{Y+Z} = 1$

$\Rightarrow$ ist $\frac{X}{Y} > 1$ führt ein ergebniserhöhender Aktionsparameter immer zu einer betragsmäßigen Verkleinerung der Kennzahl.

3. Untergruppe: $\frac{X}{Y} = 1$

Für $\frac{X+Z}{Y+Z}$ gilt immer : $\frac{X}{Y} = \frac{X+Z}{Y+Z}$

Für den Spezialfall $\frac{X}{Y} = 1$, der in praxi höchst selten vorkommen dürfte, ergeben sich damit keinerlei Kennzahlenbeeinflussungen durch ergebniserhöhende Aktionsparameter.

<u>2. Fall:</u> Es ist ein ergebniswirksamer Aktionsparameter mit einer ergebnismindernden Wirkungsrichtung gegeben.

Auch bei dem zweiten Fall wird wieder eine Differenzierung in zwei Untergruppen vorgenommen. Diese Unterfälle sind aber im Vergleich zur ersten Fallgruppe durch eine Besonderheit gekennzeichnet. Die Funktion

$f(Z) = \frac{X - Z}{Y - Z}$ weist an der Stelle Y - Z = 0 eine Sprungstelle auf. Dementsprechend wird eine Differenzierung für a) $Z \rightarrow Y$ und

b) $Z \rightarrow \infty$ vorgenommen

Graphisch läßt sich das wie folgt veranschaulichen:

Abb. 8: Graphische Darstellung der Beeinflussung von Kennzahlen durch ergebniswirksame Aktionsparameter mit ergebnismindernder Wirkungsrichtung

1. Unterfall: $\frac{X}{Y} < 1$ 2. Unterfall: $\frac{X}{Y} > 1$

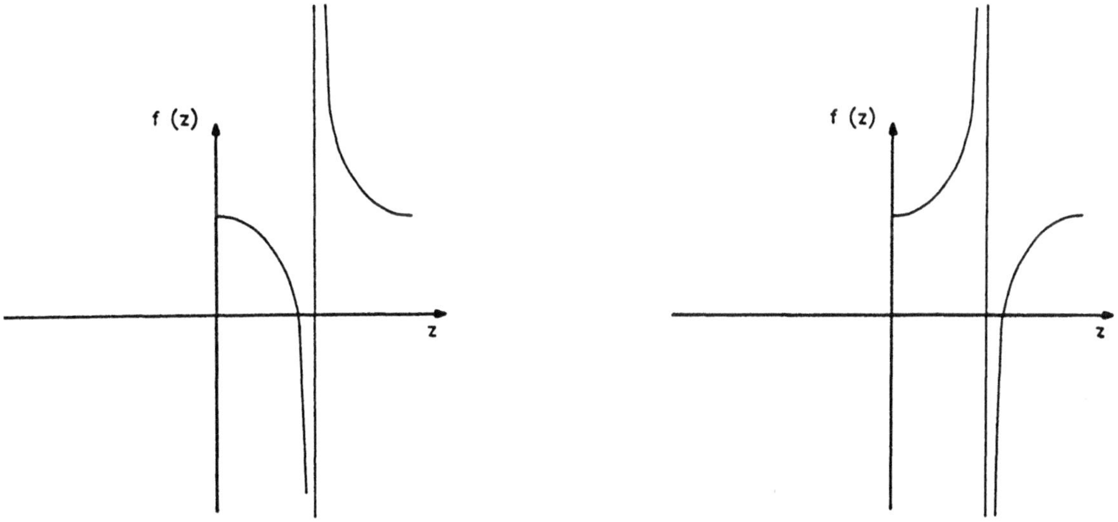

Konstellationen rechts der Sprungstelle, also der Bereich für $Z \to \infty$ dürften praktisch keine große Bedeutung haben, da bei vielen Kennzahlen, wie der Anlagenintensität, der Umlaufintensität etc., aufgrund ihres logischen Definitionsraumes der negative Bereich ausgeschlossen ist. Bei vielen Kennzahlen kann bei der Kennzahlenanalyse deshalb der Bereich für $Z \to \infty$ bei der Untersuchung außenvorbleiben. Bei den übrigen Kennzahlen sind die Bereiche rechts und links der Sprungstelle (Y-Z = 0) jeweils gesondert zu untersuchen. Für die beiden Untergruppen X/Y < 1 und X/Y > 1 ergibt sich damit:

1. Untergruppe: $\frac{X}{Y} < 1$; X > 0; Y > 0

1a) $0 \leq Z < Y$

Für $\frac{X - Z}{Y - Z}$ gilt immer: $\frac{X}{Y} > \frac{X - Z}{Y - Z}$, da $\lim\limits_{\substack{Z \to Y \\ Z < Y}} \frac{X - Z}{Y - Z} = -\infty$

1b) $Y < Z \leq \infty$

Für $\frac{X - Z}{Y - Z}$ gilt immer: $\frac{X}{Y} > \frac{X - Z}{Y - Z}$, da $\lim\limits_{\substack{Z \to \infty \\ Z > Y}} \frac{X - Z}{Y - Z} = 1$

$\Rightarrow$ ist $\frac{X}{Y} < 1$ führt ein ergebnismindernde Aktionsparameter immer zu einer betragsmäßigen Verkleinerung der Kennzahl.

2. Untergruppe: $\frac{X}{Y} > 1$; X > 0; Y > 0

2a) $0 \leq Z < Y$

Für $\frac{X - Z}{Y - Z}$ gilt immer: $\frac{X}{Y} < \frac{X - Z}{Y - Z}$, da $\lim\limits_{\substack{Z \to Y \\ Z < Y}} \frac{X - Z}{Y - Z} = \infty$

2b) $Y < Z \leq \infty$

Für $\frac{X - Z}{Y - Z}$ gilt immer: $\frac{X}{Y} < \frac{X - Z}{Y - Z}$, da $\lim_{\substack{Z \to \infty \\ Z > Y}} \frac{X - Z}{Y - Z} = 1$

$\Rightarrow$ ist X/Y > 1 führt ein ergebnismindernder Aktionsparameter immer zu einer betragsmäßigen Vergrößerung der Kennzahl.

3. Untergruppe: $\frac{X}{Y} = 1$

Die in dieser Untergruppe eintretenden Konsequenzen sind identisch mit derjenigen in der dritten Untergruppe der ergebniserhöhenden Aktionsparameter, wobei allerdings die Konstellation $\frac{X - Z}{Y - Z}$ für $Y - Z = 0$ definitorisch ausgeschlossen ist.

Soweit nun der rechnerische Zusammenhang der Kennzahlenbeeinflussung durch ergebniswirksame Aktionsparameter dargelegt ist, bleibt noch die Aufgabe, die eigentliche Kennzahlenbeeinflussung aufzuzeigen. Diese befindet sich in Anhang 6.[1]

In vielen Fällen kann allerdings allein aus der Feststellung einer Ergebniserhöhung oder einer Ergebnisverminderung nicht auf die Auswirkungen des ergebniswirksamen Aktionsparameters auf die betreffende Kennzahl geschlossen werden. Bei dieser Sachlage ist es dann erforderlich, bei der jeweiligen Kennzahl eine Falldifferenzierung vorzunehmen, d.h. die einzelnen Kennzahlen in ihre Kennzahlenkomponenten, wie bspw. Anlagevermögen, Umlaufvermögen, Verbindlichkeiten etc., zu zerlegen. Sodann wird jeweils für jede Kennzahlenkomponentenbeeinflussung angegeben, welche Auswirkungen sich bei der betreffenden Kennzahl ergeben.

1 Der Ausweis der Kennzahlenbeeinflussung im Anhang erscheint hilfreich, um die Übersichtlichkeit der Ausführungen zu gewährleisten.

2.3.2 Kennzahlenbeeinflussung durch strukturwirksame Aktionsparameter

Auch strukturwirksame Aktionsparameter können das bilanzanalytische Instrumentarium beeinflussen. Strukturwirksame Aktionsparameter können einzelne Kennzahlen betragsmäßig vergrößern, andere betragsmäßig verkleinern und auf wieder andere keinen Einfluß haben. Allerdings ist bei den strukturwirksamen im Gegensatz zu den ergebniswirksamen Aktionsparametern keine allgemeine Wirkungsrichtung angebbar. Insbesondere sind Angaben über die Wirkungsrichtung etwa derart, daß der Aktionsparameter "strukturverbessernd" oder "strukturverschlechternd" wirke, nicht möglich, denn es kommt, wie oben bereits erwähnt, durchaus vor, daß strukturwirksame Mittel einige Kennzahlen betragsmäßig beeinflussen und andere hingegen nicht und darüber hinaus einige Kennzahlen verbessern und andere verschlechtern.[1]

---

1 Diese "uneinheitliche" Wirkungsweise ist auf die heterogene Zusammensetzung der einzelnen Kennzahlen aufgrund verschiedenstartiger Verknüpfungen einzelner Jahresabschlußposten zurückzuführen. Vgl. auch Gliederungpunkt VII.2.2.1 im 2. Kapitel. Aus diesem Blickwinkel ist auch die Feststellung Coenenbergs zu sehen, "daß die indirekte Verrechnung der Sonderabschreibung dazu führt, die bilanziellen Wirkungen der umgekehrten Maßgeblichkeit zu neutralisieren". COENENBERG, Gliederungsentscheidungen, S. 1583. Dieser Aussage von Coenenberg ist in dieser allgemeinen Form allerdings nicht zuzustimmen. Bei der Kennzahl "Eigenkapitalkoeffizient = Eigenkapitel/Fremdkapital x 100" hat die indirekte Verrechnung der Sonderabschreibung und damit der Ausweis eines Sonderpostens mit Rücklagenanteil (Sopo) keine Neutralität zur Folge. Denn: Soweit nicht der Spezialfall EK/FK = 1 gegeben ist, ist $\frac{EK}{FK} \neq \frac{EK + 0;5 \text{ Sopo}}{FK + o,5 \text{ Sopo}}$. Zudem trifft die Feststellung Coenenbergs nur unter der von ihm nicht explizit genannten Prämisse zu, daß der Sonderposten mit Rücklangenanteil hälftig auf Eigenkapital und Fremdkapital aufgeteilt wird.

Etliche strukturwirksame Aktionsparameter haben jedoch Einfluß auf die Bilanzsumme[1], d.h. sie erhöhen entweder die Bilanzsumme oder verringern sie. Aufbauend auf dieser Eigenschaft könnten deshalb die Auswirkungen von Bilanzsummenänderungen auf die einzelnen Kennzahlen in einem zentralen Punkt aufgezeigt werden.[2] Diese Vorgehensweise erweist sich aber insoweit als unvorteilhaft, als nur ein Teil der strukturwirksamen Aktionsparameter die Bilanzsumme beeinflußt. Damit ist auch dieses Verfahren wenig geeignet, die generellen Kennzahlenbeeinflussungen durch ergebniswirksame Aktionsparameter aufzuzeigen.

2.4 Zusammenfassung: Erfassungsbogen für die Wirkungsanalyse

Die vorstehenden Ausführungen zu der Untersuchung der Wirkungsanalyse von Aktionsparametern sollen nun in einem "Erfassungsbogen" zusammengefaßt werden, anhand dessen dann im 3. Kapitel die Untersuchung der Wirkungsweise der einzelnen Aktionsparamter vorgenommen wird. Dieser Erfassungsbogen beinhaltet gleichzeitig eine thesenartige Zusammenfassung.

---

1 Vgl. BALLWIESER, Analyse, S. 66.

2 Auf den im Rahmen der generellen Wirkungsanalyse von ergebniswirksamen Aktionsparametern bereits dargestellten rechnerischen Zusammenhang bei der Kennzahlenbeeinflussung kann hier verwiesen werden, da er auch bei strukturwirksamen Aktionsparametern greift. An diesen rechnerischen Zusammenhang denkt wohl auch BALLWIESER, Analyse S. 67, wenn er schreibt: "Durch Reduzierung der bilanziell angesetzten Herstellungskosten von variablen auf Einzelkosten werden möglicherweise ohne materielle Änderungen der Anlagendeckungsgrad (Eigenkapital zu Anlagevermögen) verbessert, hingegen die "working capital ratio" (Umlaufvermögen zu kurz- und mittelfristigem Fremdkapital) verschlechtert". (Hervorhebung vom Verfasser). Denn in dem Fall, daß der Anlagendeckungsgrad < 1 ist, führt diese Maßnahme nicht zu einer Verbesserung, sondern im Gegenteil sogar zu einer Verschlechterung dieser Kennzahl.

Abb. 9: Erfassungsbogen für die Wirkungsanalyse bei den einzelnen Aktionsparametern

ERFASSUNGSBOGEN

- Wirkungsanalyse -

strukturiert	in Frageform
- KATEGORIE - materiell - quasi-materiell	Welcher Kategorie von Aktionsparamtern gehört der zu untersuchende Aktionsparameter an?
- TYPEN materieller Aktionsparamter - ergebniswirksam - strukturwirksam	Bei materiellen Aktionsparametern. Welcher Typ ist gegeben?
- WIRKUNGSBESCHREIBUNG	Wie wirkt der Aktionsparameter?
- EINFLUSSEBENE - unmittelbar - mittelbar	Wirkt der Aktionsparameter unmittelbar oder mittelbar? (Soweit ein unmittelbarer Einfluß gegeben ist, wird hierauf nicht gesondert hingewiesen.)
- WIRKUNGSRICHTUNG ergebniswirksamer Aktionsparamter - ergebniserhöhend - ergebnismindernd - unbestimmt	Welche Wirkungsrichtung haben ergebniswirksame Aktionsparameter?

- SEKUNDÄRWIRKUNGEN - entgegengerichtet - gleichgerichtet - keine	Welche Sekundärwirkungen löst der Aktionsparameter aus? (Soweit entgegengerichtete Sekundärwirkungen vorliegen, wird hierauf nicht gesondert hingewiesen.)

3 Dritte Stufe: Auswahlkriterien für die Aktionsparameter

Nachdem im vorhergehenden Gliederungspunkt VII.2 die Untersuchung der Wirkungsweise der Aktionsparameter aufgezeigt worden ist, soll nun die Vorgehensweise bei der Untersuchung der Auswahlkriterien für die Aktionsparameter dargestellt werden. Die einzelnen Auswahlkriterien wurden in Gliederungspunkt VI.2.3 in diesem Kapitel ermittelt. Dort wurde auch ausgeführt, daß diese Kriterien Bestandteil des Auswahlverfahrens sind, mit dem die zur Zielerreichung einzusetzenden Aktionsparameter selektiert werden. Da die Auswahlkriterien im einzelnen bereits dargelegt worden sind, können die Ausführungen in diesem Gliederungspunkt darauf beschränkt werden zu erläutern, wie die Aktionsparameter im einzelnen hinsichtlich der Auswahlkriterien untersucht werden sollen.

Um die Ausführungen bei der Untersuchung der einzelnen Aktionsparameter zu straffen, wird für jedes Auswahlkriterium eine Ausprägungsart festgelegt, die, soweit der jeweilige Aktionsparameter sie erfüllt, bei diesem nicht nochmal gesondert aufgeführt wird.[1] Im einzelnen sind dies die folgenden Ausprägungsarten:
- Nichterkennbarkeit
- zeitliche Inflexibilität

1 Vgl. BAUER, Rechnungspolitik, S. 281 f.

- Nichtteilbarkeit
- keine Bindungswirkung

Bei diesen Ausprägungsarten handelt es sich prinzipiell um diejenigen, die von den meisten Aktionsparametern erfüllt werden. Bevor nun im nächsten Kapitel die Analyse der einzelnen konzernbilanzpolitischen Aktionsparameter durchgeführt wird, sollen noch für die o.a. Ausprägungsarten der Auswahlkriterien jeweils die Grundanforderungen an die betreffenden Aktionsparameter aufgezeigt sowie ggf. der Untersuchungsablauf für einzelne Auswahlkriterien dargelegt werden.

Nichterkennbarkeit: Nichterkennbarkeit ist immer dann gegeben, wenn weder spezielle Vorschriften noch die Vorschriften der §§ 297, 298 Abs. 1, 313 und 314 HGB eine Angabe- und/oder Erläuterungpflicht fordern. Nur in den Fällen, in denen eine Angabepflicht anzunehmen ist, wird auf diese explizit hingewiesen.
Zeitliche Inflexibilität: Diese ist immer dann gegeben, wenn in Folgeperioden grundsätzlich keine Möglichkeit mehr besteht, den Aktionsparameter bei dem zu beurteilenden Sachverhalt/Bewertungsobjekt anders auszuüben.
Nichtteilbarkeit: Nichtteilbarkeit ist dann gegeben, wenn der Konzernbilanzpolitiker nur zwischen zwei verschiedenen Ansatzmöglichkeiten wählen kann. Beispielsweise sind fast alle Gestaltungsparameter zum Konzernabschluß in seiner Gesamtheit nicht teilbar.
Keine Bindungswirkung: Wie bereits in Gliederungspunkt V.2.4 dargelegt, ist es noch nicht absehbar, ob der Stetigkeitsgrundsatz des § 297 Abs. 3 Satz 2 HGB auf art- und funktionsgleiche Bewertungsobjekte anzuwenden ist. Vielfach wird in der Literatur ein solch weiter Geltungsbereich des § 297 Abs. 3 Satz 2 HGB abgelehnt. Droht jedoch - nach Auffassung des Verfassers - bei einem Aktionsparameter die Gefahr, daß dieser Bindungswirkung entfaltet, wird hierauf explizit hingewiesen.

Wie in Gliederungspunkt VI.2.2.2.6 ausgeführt, ist das Kriterium der Wirtschaftlichkeit einer allgemeingültigen Quantifizierung grundsätzlich nicht zugänglich. Lediglich wenn durch die Inanspruchnahme eines Aktionsparameters eine hohe Kostenbelastung sehr wahrscheinlich ist, wird hierauf hingewiesen.

Auch die Ausführungen zu der Untersuchung der Auswahlkriterien von Aktionsparametern sollen in einem "Erfassungsbogen" zusammengefaßt werden.

Abb. 10: Erfassungsbogen für die Auswahlkriterien bei den einzelnen Aktionsparametern

ERFASSUNGSBOGEN
- Auswahlkriterien -

stukturiert	in Frageform
- ERKENNBARKEIT - betragsmäßig erkennbar - tendenziell erkennbar - nicht erkennbar	Ist die Realisation des Aktionsparameters für die Konzenabschlußinteressenten erkennbar? (Soweit Nichterkennbarkeit gegeben ist, wird hierauf nicht gesondert hingewiesen.)
- ZEITLICHE FLEXIBILITÄT - zeitlich flexibel - eingeschränkt zeitlich flexibel - zeitlich inflexibel	Kann der Aktionsparameter in Folgeperioden anders ausgeübt werden? (Soweit zeitliche Inflexibilität gegeben ist, wird hierauf nicht gesondert hingewiesen.)

- TEILBARKEIT
  - teilbar
  - unteilbar
	Ist der Wirkungsumfang des Aktionsparameters variierbar bzw. teilbar? (Soweit Nichtteilbarkeit gegeben ist, wird hierauf nicht gesondert hingewiesen.)

- BINDUNGSWIRKUNG
  - keine Bindungswirkung
  - Bindungswirkung
	Hat die Realisierung des Aktionsparameters eine Festlegung in gleichgelagerten Fällen zur Folge? (Soweit keine Bindungswirkung eintritt, wird hierauf nicht gesondert hingewiesen.)

3. Kapitel: ANALYSE DES KONZERNBILANZPOLITISCHEN INSTRUMENTARIUMS

I. Zur Vorgehensweise

Bevor nun in diesem Kapitel die Aktionsparameter im einzelnen analysiert werden, sind noch einige einführende Bemerkungen notwendig. Es erscheint angebracht, an dieser Stelle in zusammengefaßter Form nochmals die Ausprägungsarten der Beurteilungskriterien aufzuführen, die, soweit der untersuchte Aktionsparameter diese aufweist, bei dessen Analyse nicht mehr explizit aufgeführt werden. Im einzelnen sind dies:

- Unverbundenheit von Aktionsparametern,
- entgegengerichtete Sekundärwirkungen,
- unmittelbare Einflußebene,
- Nichterkennbarkeit,
- zeitliche Inflexibilität,
- Nichtteilbarkeit und
- keine Bindungswirkung.

Sofern bei der Konzernbilanzpolitik auch solche Aktionsparameter zur Verfügung stehen, die bereits aus der Einzelbilanzpolitik bekannt sind, werden diese in Form von Tabellen aufgeführt. Eine nähere Inhaltsanalyse erübrigt sich bei diesen Aktionsparametern, weil sie bereits in der einzelbilanzpolitischen Literatur hinreichend erläutert worden sind. Konzernbilanzpolitische Aktionsparameter, denen entsprechende Aktionsparameter im Einzelabschluß gegenüberstehen, sind insbesondere viele der Gliederungsparameter in der Konzernbilanz[1] sowie die allgemeinen Bilanzierungs- und Bewertungsparameter.[2] Zur Straffung der Ausführungen wird zudem bei der Untersuchung der Wirkungsweise und der Auswahlkriterien auf andere, vergleichbare Aktionsparameter verwiesen, soweit dies möglich ist.

---

1 Vgl. Gliederungspunkt III.1.2 in diesem Kapitel.
2 Vgl. Gliederungspunkt III.2.2 in diesem Kapitel.

In einigen Fällen wird vor einem Aktionsparameterkomplex, wie bspw. bei den Gestaltungsparametern zum Konzernabschluß in seiner Gesamtheit oder den Kapitalkonsolidierungsparametern, ein Gliederungspunkt mit der Bezeichnung "Überblick" vorgeschaltet, in dem eine kurze Einführung sowie insbesondere die Systematik der Aktionsparameter[1] in diesem Konsolidierungsbereich angegeben wird.

Es bleibt noch darauf hinzuweisen, daß der erarbeitete Katalog konzernbilanzpolitischer Aktionsparameter - trotz aller Bemühungen - nicht abschließend sein kann[2], da in vielen Bereichen der Konzernrechnungslegung eine umfassende Bearbeitung noch aussteht und es daher noch nicht abzusehen ist, welche weiteren Aktionsparameter in der Literatur vorgeschlagen werden. Darüber hinaus kann noch nicht abschließend beurteilt werden, ob bisher vereinzelt in der Literatur vorgetragene Aktionsparameter Anerkennung finden. Weiterhin ist darauf hinzuweisen, daß einige Konsolidierungsfragen[3] nicht gesetzlich geregelt sind und sich insbesondere hier weitere Aktionsparameter ergeben können, andere jedoch auch entfallen können.

II. Gestaltungsparameter zum Konzernabschluß in seiner Gesamtheit

1 Überblick

In Gliederungsunkt II. werden die Aktionsparameter besprochen, die nicht einzelne Bestandteile des Kon-

---

1 Vgl. zur Systematik der Aktionsparameter ausführlich: Gliederungspunkt IV.2.3 im 2. Kapitel.
2 Die gleiche Auffassung vertreten BAUER, Rechnungspolitik, S. 231-233, hinsichtlich der rechnungspolitischen Aktionsparameter und MICHELS, Wahlrechte, S. 31, hinsichtlich der steuerlichen Wahlrechte.
3 So. z.B. die Währungsumrechnung.

zernabschlusses, sondern diesen in seiner Gesamtheit betreffen. Damit sind die Aktionsparameter gemeint, die

- bei der Aufstellung von Konzern- und Teilkonzernabschlüssen,
- bei der Einbeziehung von Tochterunternehmen in den Konzernabschluß,
- bei der Zugrundelegung des (Konzern-)Bilanzstichtags und
- bei den Angaben hinsichtlich eines veränderten Konsolidierungsbereiches bestehen.

2 Erstellungsparameter

2.1 Erstellungsspielraum bei Abgrenzung der einheitlichen Leitung

Der Konzern kann in einigen Fällen in Bezug auf die einheitliche Leitung einen Spielraum zur Erstellung eines Konzernabschlusses nutzen.[1] Bei der einheitlichen Leitung handelt es sich um einen unbestimmten Rechtsbegriff, der auch schon im AktG a.F. enthalten war.[2] Sowohl in der Regierungsbegründung vom 12.04.1985[3] als auch in der Literatur[4] wird darauf hingewiesen, daß der im HGB kodifizierte Terminus "einheitliche Leitung" inhaltlich kongruent ist mit demjenigen im AKtG a.F. Damit erhalten die zum AktG a.F. erarbeiteten Auslegungsgrundsätze weiterhin Gültigkeit[5]. Allerdings muß konzediert werden, daß trotz vieler literarischer Be-

---

1 Vgl. auch STROBEL, Konsolidierungskonzern, S. 245.

2 Vgl. §§ 329 Abs. 1, 18 Abs. 1 AktG a.F.

3 Vgl. BR-Drucksache 163/85, S. 33. In das HGB 1985 ist die dieser Begründung zugrundeliegende gesetzliche Regelung (§ 329 AktG in der Fassung des Regierungsentwurfs vom 12.04.1985) in § 290 übernommen worden. Vgl. BT-Drucksache 10/4268, S. 112.

4 Vgl. WP Handbuch 1985/86, Bd. II, S. 295 f. Vgl. ferner IDW, Stellungnahme SABI 1/1988, S. 182.

5 Vgl. ADLER/DÜRING/SCHMALTZ, Bd. 3, § 329 AktG, Anm. 7 f., ALBACH, Organisation, S. 33; MEIER, Leitung, S. 570; GIESE, Widerlegung, S. 464 ff.; SLONGO, Begriff; HALTER, Begriff; BUSSE von COLBE/ORDELHEIDE, Konzernabschlüsse, S. 70 ff.

mühungen bis heute keine eindeutige Bestimmung der einheitlichen Leitung gelungen ist. Angemerkt sei, daß mit dieser eindeutigen Bestimmung auch in absehbarer Zukunft nicht zu rechnen ist, da, wie eingangs bereits dargelegt, es sich bei der einheitlichen Leitung um einen unbestimmten Rechtsbegriff handelt und damit auch in diesem Fall die Schwierigkeiten bei der Auslegung unbestimmter Rechtsbegriffe durchgreifen.[1]

Die einheitliche Leitung liegt immer dann vor, "wenn die Konzernleitung die Geschäftspolitik der Konzerngesellschaften und sonstige grundsätzliche Fragen ihrer Geschäftsleitung aufeinander abstimmt".[2] Insoweit ist die Bestimmung eindeutig. Im konkreten Einzelfall erweist es sich z.T. aber als sehr problematisch, festzustellen, ob die Geschäftspolitik des Tochterunternehmens durch die Konzernleitung festgelegt wird.[3] Für diese Feststellung wurden in der Literatur eine Reihe von Kriterien/Anhaltspunkten entwickelt.

Deutlich tritt die einheitliche Leitung dann hervor, wenn in der Geschäftsführung von Mutter- und Tochterunternehmen vollständige oder überwiegende Personenidentität vorherrscht.[4] Die einheitliche Leitung ist ebenfalls anzunehmen, wenn alle oder die Mehrzahl der betrieblichen Haupt- und Nebenfunktionen, wie Beschaffung, Lagerhaltung, Produktion, Absatz, Personalwesen, Finanzwirtschaft, Rechnungswesen etc. des Tochterunternehmens von der Konzernleitung durchgeführt werden.[5]

Die Feststellung der einheitlichen Leitung bereitet aber dann Schwierigkeiten, wenn wenige oder nur eine der betrieblichen Funktionen des Tochterunternehmens

---

1 Vgl. zum Terminus 'unbestimmter Rechtsbegriff' TIPKE, Auslegung, S. 1-5.
2 KROPFF, Aktiengesetz, S. 33.
3 Vgl. BUSSE von COLBE/ORDELHEIDE, Konzernabschlüsse, S. 70 f.
4 Vgl. ADLER/DÜRING/SCHMALZ, Bd. 3, § 329 AktG, Anm. 11.
5 Vgl. ebenda, Anm. 14.

von der Konzernleitung dirigiert werden. Auf vorgelagerter Stufe entstehen die Schwierigkeiten bereits bei der Feststellung, ob die Konzernleitung überhaupt Unternehmensbereiche bzw. die betrieblichen Funktionen des Tochterunternehmens an der Konzernpolitik ausrichtet.

Dieses Manko der nicht eindeutigen Abgrenzungsmöglichkeit der einheitlichen Leitung beinhaltet aber gleichzeitig einen Aktionsparameter zur Aufstellung eines Konzernabschlusses. Innerhalb dieser nicht eindeutigen Abgrenzung der einheitlichen Leitung kann der Konzern einen Spielraum zur Aufstellung eines Konzernabschlusses nutzen.

Voraussetzung[1] für die Anwendung dieses Spielraumes ist allerdings, daß die Tatbestandsmerkmale des § 290 Abs. 2 HGB im Konzern nicht erfüllt sind. Unter Einbezug von § 290 Abs. 2 HGB lassen sich die Eckpfeiler dieses Spielraumes wie folgt abstecken: Bei keinem (potentiellen) Mutter-Tochterunternehmensverhältnis darf einer der folgenden Tatbestände erfüllt sein:

- Einer Muttergesellschaft darf bei keinem Unternehmen die Mehrheit der Stimmrechte der Gesellschafter zustehen.[2] In vielen Fällen wird dies gleichbedeutend damit sein, daß keine mehr als 50%ige Beteili-

---

1 STROBEL, Konsolidierungskonzern, S. 243 f. nennt als weitere Voraussetzung von § 290 Abs. 1 HGB, daß das Mutterunternehmen eine 20 %ige Beteiligung an dem Tochterunternehmen halten müsse. Diese Aussage ist nicht zutreffend. Vielmehr enthält § 290 Abs. 1 HGB die Forderung, daß dem Muterunternehmen an dem Tochterunternehmen eine Beteiligung nach § 271 Abs. 1 HGB gehört. § 271 Abs. 1 Satz 3 HGB enthält aber nur die widerlegbare Vermutung, daß Anteile an einer Kapitalgesellschaft, die mehr als 20 % des Nennkapitals dieser Gesellschaft ausmachen, eine Beteiligung repräsentieren. Beteiligungen im Sinne von § 290 Abs. 1 i.V.m. § 271 Abs. 1 HGB sind vielmehr "Anteile an anderen Unternehmen, die bestimmt sind, dem eigenen Geschäftsbetrieb durch Herstellung einer dauernden Verbindung zu jenen Unternehmen zu dienen" (§ 271 Abs. 1 Satz 1 HGB).

2 Vgl. § 290 Abs. 2 Nr. 1 HGB.

gung am Kapital des (Tochter)- Unternehmens gehalten werden darf.

- Es darf dem Mutterunternehmen bei einem anderen Unternehmen nicht das Recht zustehen, "die Mehrheit der Mitglieder des Verwaltungs-, Leitungs- oder Aufsichtsorgans zu bestellen oder abzuberufen".[1]
- Das Mutterunternehmen darf bei keinem Unternehmen einen beherrschenden Einfluß aufgrund eines Beherrschungsvertrages[2] oder aufgrund einer Satzungsbestimmung[3] ausüben können.

Die vorgenannten Voraussetzungen lassen erkennen, daß das Anwendungsspektrum dieses Aktionsparameters gering sein dürfte.

Der zu untersuchende Aktionsparameter gehört der Kategorie der quasi-materiellen Aktionsparameter an. Die Sekundärwirkungen sind gleichgerichtet, soweit sich in den Folgeperioden die zugrunde liegende Datenkonstellation nicht ändert.

Die Ausübung dieses Aktionsparameters ist insoweit tendenziell erkennbar, als nach § 285 Nr. 11 HGB im Einzelabschluß des Mutterunternehmens diejenigen Unternehmen aufzuführen sind, an denen das Mutterunternehmen mindestens zu 20% beteiligt ist.[4] Ein Externer kann hier vermuten, daß der Spielraum bei der Feststellung der einheitlichen Leitung zugunsten der Nichtaufstellung eines Konzernabschlusses ausgeübt worden ist.

Wird der Spielraum dahingehend genutzt, daß ein Konzernabschluß aufgestellt wird, löst diese Aktionsparameterentscheidung allerdings - z.T. erhebliche - Kosten

---

1 § 290 Abs. 2 Nr. 2 HGB.
2 Vgl. § 290 Abs. 2 Nr. 3 1. Alternative HGB.
3 Vgl. § 290 Abs. 2 Nr. 3 2. Alternative HGB.
4 Vgl. aber die Einschränkung des § 286 Abs. 3 HGB. Die nach § 285 Nr. 11 HGB geforderten Angaben können auch in einer besonderen Aufstellung des Anteilsbesitzes gegeben werden (§ 287 HGB).

für die Datenbeschaffung und -aufbereitung sowie für die Prüfung des Konzernabschlusses aus.[1]

2.2 Erstellungswahlrecht bei Unterschreitung bestimmter Größenkriterien

§ 293 HGB enthält das Wahlrecht, bei Unterschreitung bestimmter Größenkriterien auf die Aufstellung eines Konzernabschlusses zu verzichten. Diese Größenkriterien sind in Absatz 1 allgemein für alle Konzerne genannt. In Absatz 2 und 3 von § 293 HGB werden allerdings für Kreditinstitute und Versicherungsunternehmen spezielle Größenkriterien aufgeführt. Außerdem hat der Gesetzgeber in § 293 Abs. 1-3 HGB jeweils zwei Verfahren zur Berechnung der Größenkriterien kodifiziert.[2] Die Grössenkriterien sind in der nachfolgenden Tabelle zusammengefaßt.

---

1 Die Prüfungspflicht ergibt sich aus § 316 Abs. 2 HGB.

2 Vgl. zu diesem Wahlrecht den nächsten Gliederungspunkt.

Tab. 5: Größenkriterien für die Konzernrechnungslegungspflicht

Konzernrechnungslegungspflicht / Größenkriterien	Konzerne[1] (exkl. Kreditinstitute und Versicherungsunternehmen)		Kreditinstitute[2]		Versicheungsunternehmen[3]	
	Brutto-Methode[4]	Netto-Methode[5]	Brutto-Methode[4]	Netto-Methode[5]	Brutto-Methode[4]	Netto-Methode[5]
Arbeitnehmer	500	500	-	-	-	-
Umsatzerlöse[8]	96	80	-	-	-	-
Bilanzsumme[6 8]	46,8	39	132	110	-	-
Bruttobeiträge[7 8]	-	-	-	-	43,2	36

1 Zwei der drei aufgeführten Größenkriterien müssen an zwei aufeinanderfolgenden Abschlußstichtagen überschritten werden (Vgl. § 293 Abs. 1 und 4 HGB).
2 Das aufgeführte Größenkriterium muß an zwei aufeinanderfolgenden Abschlußstichtagen überschritten werden (§ 293 Abs. 2 und 4 HGB).
3 Das aufgeführte Größenkriterium muß an zwei aufeinanderfolgenden Abschlußstichtagen überschritten werden (§ 293 Abs. 3 und 4 HGB).
4 Bruttomethode bedeutet, daß die Jahrsabschlüsse des Mutterunternehmens und des/der Tochterunternehmen addiert werden. (Vgl. WP-HANDBUCH 1985/86, Bd.II, S. 318).
5 Bei der Nettomethode wird den Größenkriterien der konsolidierte Abschluß zugrunde gelegt. (Vgl. WP-HANDBUCH 1985/86, Bd.II, S. 318).
6 Bei Kreditinstituten wird der Bilanzsumme noch hinzugerechnet die "den Kreditnehmern abgerechneten eigenen Ziehungen im Umlauf,...(die) Indossamentsverbindlichkeiten aus weitergegebenen Wechseln und ...(die) Verbindlichkeiten aus Bürgschaften, Wechsel- und Scheckbürgschaften sowie aus Gewährleistungsverträgen aller Unternehmen insgesamt." (§ 293 Abs. 2 Nr. 1 HGB; Klammerzusätze vom Verfasser. Vgl. auch § 293 Abs. 2 Nr. 2 HGB).
7 "Bruttobeiträge aus dem gesamten Versicherungsgeschäft sind die Beiträge aus dem Erst- und Rückversicherungsgeschäft einschließlich der in Rückdeckung gegebenen Anteile."(§ 293 Abs. 3 Satz 2 HGB).
8 Die Beträge sind in Millionen DM angegeben.

Unterschreitet der Konzern nun die o.a. Größenkriterien, eröffnet sich ihm ein Wahlrecht, einen Konzernabschluß aufzustellen bzw. von der Aufstellung abzusehen. Außerdem besteht ein Wahlrecht zur Erstellung eines Konzernabschlusses, wenn die jeweiligen Größenkriterien nur an einem Bilanzstichtag überschritten werden.

Die in diesem Gliederungspunkt aufgeführten Wahlrechte bestehen jedoch dann nicht, "wenn am Abschlußstichtag Aktien oder andere von dem Mutterunternehmen oder einem in den Konzernabschluß des Mutterunternehmens einbezogenen Tochterunternehmen ausgegebene Wertpapiere an einer Börse in einem Mitgliedstaat der Europäischen Wirtschaftsgemeinschaft zum amtlichen Handel zugelassen oder in den geregelten Freiverkehr einbezogen sind oder die Zulassung zum amtlichen Handel beantragt ist".[1]

Die aufgeführten Aktionsparameter gehören zur Kategorie der quasi-materiellen Aktionsparameter. Die Aktionsparameter lösen keine Sekundärwirkungen aus.

Die Realisation dieses Wahlrechts ist für einen Externen insoweit tendenziell erkennbar, als nach § 285 Nr. 11 HGB u.a. Name und Sitz sowie die Höhe des Anteils am Kapital derjenigen Unternehmen anzugeben sind, an denen die Kapitalgesellschaft zu mindestens 20% beteiligt ist.[2] Ist die Kapitalgesellschaft verpflichtet, in diesem Sinne eine mehr als 50%ige oder evtl. sogar eine 100%ige Beteiligung an einem anderen Unternehmen zu publizieren, kann ein Jahresabschlußinteressent begründet vermuten, daß die Kapitalgesellschaft in Bezug auf dieses Unternehmen die Voraussetzungen von § 290 Abs. 2 HGB und/oder § 290 Abs. 1 HGB erfüllt. Wird dennoch kein Konzernabschluß aufgestellt, kann dies darin begründet sein, daß die Kapitalgesellschaft von dem Wahlrecht nach § 293 HGB Gebrauch gemacht hat. Ein an-

1 § 293 Abs. 5 HGB.
2 Vgl. allerdings die Einschränkung des § 286 Abs. 3 HGB.

derer Grund wäre, daß die grundsätzlich in den Konzernabschluß aufzunehmenden Tochterunternehmen nach den §§ 295, 296 HGB nicht konsolidiert werden dürfen und damit ein für die Aufstellung eines Konzernabschlusses notwendiges Mutter-Tochterunternehmensverhältnis nicht mehr gegeben wäre. Der andere denkbare Grund, daß die Kapitalgesellschaft ihrerseits in den Konzernabschluß eines größeren Kreises einbezogen ist und gleichzeitig von der Aufstellungspflicht eines Teilkonzernabschlusses nach §§ 291, 292 HGB befreit ist, ist für einen Jahresabschlußinteressenten aufgrund der Angabepflicht des § 285 Nr. 14 HGB ersichtlich.

Das Wahlrecht ist eingeschränkt zeitlich flexibel, d.h. soweit in Folgeperioden die Anwendungsvoraussetzungen noch vorliegen, kann dieses dann auch anders ausgeübt werden.

Die Nichtausübung dieses Wahlrechts, also der Fall, daß ein Konzernabschluß aufgestellt wird, führt regelmäßig zu erheblichen Aufstellungs-, Prüfungs- und Offenlegungskosten für den Konzern bzw. das Mutterunternehmen. Man wird deshalb wohl davon ausgehen können, daß dieses Wahlrecht zur Aufstellung eines Konzernabschlusses von dem jeweiligen Mutterunternehmen grundsätzlich in Anspruch genommen wird, so daß in diesen Fällen die Aufstellung eines Konzernabschlusses unterbleibt.

2.3 Brutto- versus Nettomethode

In den Absätzen 1, 2 und 3 von § 293 HGB sind jeweils zwei verschiedene Ermittlungsmethoden enthalten, und zwar die Brutto- und die Nettomethode. Die angegeben Grenzwerte für die Größenkriterien sind bei der Bruttomethode jeweils um 20% höher als bei der Nettomethode.[1] Die Ermittlung der Größenkriterien nach der Bruttomethode erfolgt in der Weise, daß die entsprechenden Werte der jeweiligen Größenkriterien, also die Umsatzerlöse, Bilanzsummen und Bruttobeiträge der Tochterunternehmen zu denjenigen des Mutterunternehmens addiert werden.[2] Bei der Nettomethode werden jeweils konsolidierte Werte zugrunde gelegt, d.h. es wird bei der Nettomethode im Gegensatz zur Bruttomethode ein (Probe-) Konzernabschluß aufgestellt, der zur Ermittlung der jeweiligen Werte der Größenkriterien herangezogen wird.[3] Dieses Wahlrecht greift allerdings dann nicht durch, wenn im Einzelfall die Voraussetzungen der Restriktionsregelung des § 293 Abs. 5 HGB erfüllt sind.[4]

Ausdrücklich soll an dieser Stelle auf die sachverhaltsgestaltenden Maßnahmen hingewiesen werden, mit denen versucht werden kann, die Grenzwerte der betreffenden Größenkriterien zu unterschreiten.[5] Der Themenstellung und -abgrenzung dieser Arbeit entsprechend, werden diese Maßnahmen aber nicht untersucht.

Dieser Aktionsparameter ist dann als quasi-materiell einzustufen, wenn die Entscheidung für ein bestimmtes Ermittlungsverfahren die Möglichkeit eröffnet, auf die Aufstellung eines Konzernabschlusses zu verzichten. Er ist als formell einzustufen, wenn dies nicht der Fall ist. Dieses Wahlrecht löst keine Sekundärwirkungen aus. Das Wahlrecht ist zeitlich flexibel, d.h. es kann an

---

1 Vgl. zur Höhe der Grenzwerte Gliederungspunkt II.2.2 in diesem Kapitel.

2 Vgl. BUSSE von COLBE/MÜLLER/REINHARD (Hrsg.), Aufstellung, S. 27 f.; WP-HANDBUCH 1985/86, Bd.II, S. 318 f.

3 Vgl. auch von WYSOCKI, Konzernabschluß, S. 279.

4 Vgl. hierzu im einzelnen Gliederungspunkt II.2.2 in diesem Kapitel.

5 S. hierzu ausführlich, SCHERRER, Umgehungsmöglichkeiten, S. 89 ff.

jedem Bilanzstichtag anders ausgeübt werden.[1] Die übrigen Auswahlkriterien entsprechen denjenigen des im vorhergehenden Gliederungspunkt aufgeführten Wahlrechts.

Es ist allerdings zu konstatieren, daß der Anwendungsbereich dieses Wahlrechts sehr gering sein dürfte. Die Anwendung der Nettomethode erfordert die Aufstellung eines (Probe-) Konzernabschlusses. Damit entstehen in aller Regel erhebliche Kosten und im Einzelfall auch personelle Engpässe, weil entsprechend qualifizierte Mitarbeiter nicht zur Verfügung stehen. Diese Gründe lassen es sehr wahrscheinlich erscheinen, daß das Mutterunternehmen nicht einen (Probe-) Konzernabschluß erstellen wird, um den Nachweis zu erbringen, daß die relevanten Grenzwerte der Größenkriterien unterschritten werden. Ein weiterer Grund für die Nichtaufstellung eines (Probe-) Konzernabschlusses ist die geringe Bandbreite zwischen den Grenzwerten der Brutto- und Nettomethode. Damit steht dieses Wahlrecht in praxi nur in den Fällen zur Verfügung, in denen bereits ein Konzernabschluß aufgestellt wurde. Aber auch dann dürfte der Anwendungsbereich eher gering sein, da nur eine Bandbreite von 20% zwischen den Grenzwerten der Brutto- und der Nettomethode existiert.

2.4 Erstellungswahlrecht eines Teilkonzernabschlusses - Sitz des Mutterunternehmens innerhalb der EG

Nach § 290 Abs. 1 oder 2 HGB hat grundsätzlich jedes Mutterunternehmen, dem bei einem Tochterunternehmen Rechte nach vorgenannter Vorschrift zustehen, einen Konzernabschluß aufzustellen. Von dieser Pflicht zur

1 Vgl. WP-HANDBUCH 1985/86, Bd. II. S. 319.

Erstellung von Teilkonzernabschlüssen,[1] also der Pflicht auf jeder Konzernstufe grundsätzlich einen Konzernabschluß aufstellen zu müssen, gewährt § 291 HGB bei Vorliegen bestimmter Voraussetzungen eine Befreiung.

Im einzelnen sind dies die folgenden Voraussetzungen:

1. Das übergeordnete Mutterunternehmen, das den befreienden Konzernabschluß aufstellt, muß seinen Sitz in einem Mitgliedstaat der Europäischen Wirtschaftsgemeinschaft haben.[2]
2. Das übergeordnete Mutterunternehmen muß einen Konzernabschluß und einen Konzernlagebericht einschließlich des Bestätigungsvermerkes oder eines Vermerkes über dessen Versagung nach den für den entfallenden Konzernabschluß maßgeblichen Vorschriften in deutscher Sprache offenlegen,[3] der nachfolgend aufgeführten Anforderungen entspricht:
   2.1 Das von der Aufstellung eines Teilkonzernabschlusses befreite Mutterunternehmen und seine Tochterunternehmen müssen - unbeschadet der §§ 295, 296 HGB - in den befreienden Konzernabschluß einbezogen werden.[4]
   2.2 Der befreiende Konzernabschluß muß entsprechend dem für das den befreienden Konzernabschluß aufstellenden Mutterunternehmen maßgeblichen und mit der 7. EG-Richtlinie übereinstimmenden Recht aufgestellt und von einem nach dem Recht des übergeordneten Mutterunternehmens in Übereinstimmung mit der 8. EG-Richtlinie zugelassenen Abschlußprüfer geprüft worden sein.[5]
3. Im Anhang des von der Aufstellung eines Teilkonzernabschlusses befreiten Mutterunternehmens müssen die beiden folgenden Angaben gemacht werden:

---

1 In der Literatur spricht man in diesem Zusammenhang auch vom Tannenbaumprinzip. Vgl. z.B. von WYSOCKI/ WOHLGEMUTH, Konzernrechnungslegung, S. 68.
2 Vgl. § 291 Abs. 1 Satz 1 HGB.
3 Vgl. § 291 Abs. 1 Satz 1 HGB.
4 Vgl. § 291 Abs. 2 Nr. 1 HGB.
5 Vgl. § 291 Abs. 2 Nr. 2 HGB.

3.1 Name und Sitz des den befreienden Konzernabschluß aufstellenden Mutterunternehmens[1]

3.2 Einen Hinweis auf die Befreiung von der Erstellung eines (Teil-) Konzernabschlusses.[2]

Die vorgenannte Befreiungsregelung von der Teilkonzernrechnungslegung greift jedoch dann nicht ein, wenn ein qualifizierter Teil der Minderheitsgesellschafter die Aufstellung eines Teilkonzernabschlusses verlangt. § 291 Abs. 3 Satz 1 HGB bestimmt, daß diese (Minderheits-) Gesellschafter an dem von der Teilkonzernrechnungslegungspflicht zu befreienden Mutterunternehmen mindestens 10% der Anteile halten müssen, wenn das zu befreiende Mutterunternehmen in der Rechtsform der AG geführt wird. Handelt es sich bei dem zu befreienden Mutterunternehmen um eine GmbH, beträgt der entsprechende Betrag 20%. Weitere Voraussetzung zur Erreichnung der Aufstellung eines Teilkonzernabschlusses ist, daß dies von den Minderheitsgesellschaftern mindestens 6 Monate vor Ablauf des Konzerngeschäftsjahres beantragt wird.[3]

Prinzipiell kann davon ausgegangen werden, daß durch die Regelung des § 291 Abs. 3 Satz 1 HGB eine erhebliche Einschränkung der Aufstellungspflicht von Teilkonzernabschlüssen und damit des Tannenbaumprinzips erreicht worden ist.[4] Bei solchen Mutterunternehmen, bei denen die Vorschrift des § 291 Abs. 3 Satz 2 HGB Anwendung findet, kann dies aber nicht gelten. Der Wortlaut von § 291 Abs. 3 Satz 2 HGB erscheint dahingehend eindeutig, daß dann, wenn einem Mutterunternehmen, das zugleich Tochterunternehmen ist, mehr als 90% aber weniger als 100% der Anteile an einem Tochterunternehmen gehören und einer der außenstehenden

1 Vgl. § 291 ABs. 2 Nr. 3a HGB.
2 Vgl. § 291 Abs. 2 Nr. 3b HGB.
3 Vgl. § 291 Abs. 3 Satz 1 HGB.
4 Vgl. MAAS/SCHRUFF, Konzernabschluß, S. 205; von WYSOCKI/WOHLGEMUTH, Konzernrechnungslegung, S. 76. A.A. JONAS, Konzernabschluß, S. 133.

Gesellschafter die Aufstellung eines Teilkonzernabschlusses verlangt, ein solcher aufzustellen ist. Die überwiegende Mehrzahl der Autoren folgert dementsprechend denn auch aus dieser Vorschrift, daß soweit ein Gesellschafter widerspricht, ein Teilkonzernabschluß aufzustellen ist.[1] Diese Vorschrift enthält zudem noch die belastend wirkende Forderung, daß die Zustimmung von allen außenstehenden Gesellschaftern eingeholt werden muß.[2]

Eine extrem gegensätzliche Meinung vertritt Gerigk.[3] Er kommt zu der Schlußfolgerung, daß "eine an der Entstehungsgeschichte und dem Willen des Gesetzgebers orientierte Auslegung... des § 291 Abs. 3 Satz 2 HGB"[4] zu dem Ergebnis kommen muß, daß § 291 Abs. 3 Satz 2 HGB "... keine rechtliche Bedeutung zukommt."[5]

Der Wortlaut von § 291 Abs. 3 Satz 2 HGB ist m.E. eindeutig. Die von Gerigk[6] vorgenommene Auslegung des Wortlautes nach der Entstehungsgeschichte und dem Willen des Gesetzgebers ist unzulässig, da es sich hier um eine verbotene Auslegung über den möglichen Wortsinn

1 Vgl. BUSSE von COLBE/CHMIELEWICZ, Bilanzrichtlinien-Gesetz, S. 328; MAAS/SCHRUFF, Konzernabschluß, S. 205; WP-HANDBUCH 1985/86, Bd. II, S. 316; BUSSE von COLBE/MÜLLER/REINHARD (Hrsg.), Aufstellung, S. 29; ALBRECHT, in: Hofbauer/Kupsch (Hrsg.), BHR, § 291 HGB, Anm. 19.
2 Vgl. WP-HANDBUCH 1985/86, Bd. II, S. 316.
3 Vgl. GERIGK, Bedeutungslosigkeit, S. 1375 ff.
4 Ebenda.
5 Ebenda.
6 Unergründlich bleibt, warum GERIGK die Standardwerke von BUSSE von COLBE/ORDELHEIDE, Konzernabschlüsse, und von WYSOCKI/WOHLGEMUTH, Konzernrechnungslegung, jeweils in einer alten Auflage zitiert und die zwei zu der von ihm behandelten Problematik einschlägigen Aufsätze von KRAG/MÜLLER, Teilkonzernabschlüsse, S. 307 ff., und STOBBE, Umsetzung, S. 1508 ff., nicht berücksichtigt.

hinaus handelt.[1] Das von Gerigk angestrebte Ergebnis könnte rechtsmethodologisch nur im Wege der Rechtsfortbildung durch teleologische Reduktion erreicht werden.[2] Bei der teleologischen Reduktion handelt es sich um die Ausfüllung einer "verdeckten Lücke".[3] Als verdeckte Lücke bezeichnet man den Fall, "daß eine gesetzliche Regel entgegen ihrem Wortsinn, aber gemäß der immanenten Teleologie des Gesetzes einer Einschränkung bedarf, die im Gesetzestext nicht enthalten ist."[4] Es ist nun zu prüfen, ob § 291 Abs. 3 Satz 2 HGB Anlaß gibt, eine verdeckte Lücke im Weg der teleologischen Reduktion zu schließen.

In der Literatur wird z.T. die Ansicht vertreten, daß die § 291 Abs. 3 Satz 2 HGB zugrunde liegende zwingende Regelung von Art. 7 Abs. 1b 7. EG-Richtlinie einen Minderheitenschutz enthält, der als Individualrecht ausgestaltet ist.[5] Selbst wenn man von dieser Auffassung absieht, läßt sich aus der Gesetzesbegründung zum BiRiLiG nicht entnehmen, daß entgegen dem eindeutigen Wortlaut von § 291 Abs. 3 Satz 2 HGB dieser Vorschrift keinerlei Bedeutung respektive Rechtskonsequenz zukommt.[6] Die Gesetzesbegründung enthält lediglich den Hinweis, daß § 291 Abs. 3 Satz 2 HGB die (zwingende) Umsetzung von Art. 7 Abs. 1b der 7. EG-Richtlinie beinhaltet.[7] Die für eine teleologische Reduktion notwendige und entsprechend ausgestaltete, "gesetzesimmanente Teleologie" läßt sich somit nicht belegen.

Man mag dieses Ergebnis bedauern, da die Aufstellung zusätzlicher Teilkonzernabschlüsse erhebliche Kosten

---

1 Vgl. LARENZ, Methodenlehre, S. 307 f. Diese - unzulässige - Vorgehensweise von Gerigk ist um so erstaunlicher, als es sich bei Gerigk um einen Juristen handelt.
2 Vgl. hierzu LARENZ, Methodenlehre, S. 375 ff.
3 Vgl. ebenda S. 375.
4 Ebenda.
5 Vgl. KRAG/MUELLER, Teilkonzernabschlüsse, S. 311.
6 Vgl. BT-DRUCKS. 10/4268, S. 113.
7 Vgl. ebenda.

für den Konzern verursachen kann.[1] Ebenso können die Bedenken gegen die mögliche Benachteiligung eines Mutterunternehmens, das knapp mehr als 90% im Gegensatz zu einem solchen Mutterunternehmen, das knapp unter 90% der Anteile an einem Tochterunternehmen hält, nachvollzogen werden.[2] Im übrigen ist auf die Unzulässigkeit im Gesetz hinzuweisen, daß bei einem Mutterunternehmen in der Rechtsform der GmbH, welches mehr als 80% aber weniger als 90% der Anteile an einem Tochterunternehmen besitzt, kein Teilkonzernabschluß aufgestellt werden braucht, soweit die Voraussetzungen des § 290 Abs. 1 und 2 HGB erfüllt sind.[3] Dies alles berechtigt aber nicht zu einem Verstoß gegen die insoweit eindeutige Vorschrift des § 291 Abs. 3 Satz 2 HGB.

Abschließend soll noch auf einen Hinweis aufmerksam gemacht werden, der sich in einem Beitrag von von Wysocki findet.[4] Dort heißt es: "Der Bundesminister der Justiz vertritt in einem Schreiben an den DIHT vom 23.09.1986 die Auffassung, daß grundsätzlich ein Mehrheitsbeschluß der Minderheitsgesellschafter ausreicht, wenn dieser bei Aktiengesellschaften im Wege eines aktienrechtlichen "Sonderbeschlusses" (§ 138 AktG) erfolgt."[5]

Der vorliegende Aktionsparameter ist der Kategorie quasi-materieller Aktionsparameter zuzuordnen. Um einen formellen Aktionsparameter handelt es sich allerdings dann, wenn man unterstellt, daß der Teilkonzernabschluß keinen Informationswert besitzt. Ob dies zutrifft, ist

1 Hinsichtlich der Kostenbelastung vgl. WP-HANDBUCH 1985/86, Bd. II, S. 304 f.
2 Vgl. GERIGK, Bedeutungslosigkeit, S. 1375.
3 Vgl. STOBBE, Umsetzung, S. 1509.
4 Vgl. von WYSOCKI, Konzernabschluß, S. 280 Fußnote 18 a.
5 Ebenda.

in der Literatur umstritten.[1] Sekundärwirkungen treten in keinem Fall auf.

Die Ausübung dieses Wahlrechts ist insoweit erkennbar, als nach § 291 Abs. 2 Nr. 3b HGB im Anhang des von der Aufstellung eines Teilkonzernabschlusses befreiten Unternehmens ein Hinweis hierauf zwingend ist. Das Wahlrecht ist eingeschränkt zeitlich flexibel, d.h. soweit in Folgeperioden noch die Voraussetzungen für seine Anwendungen gegeben sind, kann dieses dann auch anders ausgeübt werden.

Die Nichtausübung dieses Wahlrechts, also die Aufstellung eines Teilkonzernabschlusses kann, wie oben bereits ausgeführt, zu einer erheblichen Kostenbelastung für den Konzern führen.

2.5 Erstellungswahlrecht eines Teilkonzernabschlusses - Sitz des Mutterunternehmens außerhalb der EG

Das im vorhergehenden Gliederungspunkt besprochene Wahlrecht bezieht sich nur auf solche Teilkonzernabschlüsse, bei denen das übergeordnete Mutterunternehmen seinen Sitz in einem Mitgliedstaat der EG hat. Für ein Mutterunternehmen, das gleichzeitig Tochterunternehmen eines Mutterunternehmens ist, das seinen Sitz außerhalb eines Mitgliedstaates der EG hat, gilt diese Befreiung aber nicht. Dieses Mutterunternehmen muß damit

---

1 Vgl. stellvertretend für diejenigen Autoren, die dem Teilkonzernabschluß keine Informationswirkung zusprechen: SCHOLZ, Teilkonzernabschlüsse; GROSS, Teilkonzernabschlüsse, S. 214 ff. SCHOLZ, Teilkonzernabschlüsse, S. 251 vertritt sogar die Ansicht:"Wegen ihrer Manipulierbarkeit sind Teilkonzernabschlüsse u.E. meist eher geeignet, die Abschlußadressaten in die Irre zu führen, als sie zu informieren."
Ein anderer Teil der Literatur nimmt hingegen einen Informationswert des Teilkonzernabschlusses an. Vgl. z.B. KRAG/MÜLLER, Teilkonzernabschlüsse, S. 308 ff.; KOHLMANN, Teilkonzernabschlüsse, S. 13 ff.

grundsätzlich einen Konzernabschluß und -lagebericht aufstellen. Für solche Fälle enthält § 292 HGB aber eine Rechtsverordnungsermächtigung für befreiende Konzernabschlüsse und -lageberichte.[1]

Die Ermächtigung in § 292 HGB verweist hinsichtlich der Anforderungen, die an einen solchen befreienden Konzernabschluß und -lagebericht zu stellen sind, grundsätzlich auf die Normierung des § 291 HGB und die dort genannten Voraussetzungen für einen befreienden Konzernabschluß und -lagebericht.[2] Darüber hinaus enthält die Ermächtigung im wesentlichen drei weitere Regelungskomplexe, die in die noch zu erlassende Rechtsverordnung Eingang finden können.

Grundsätzlich bestimmt die Ermächtigung, daß der befreiende Konzernabschluß und -lagebericht mit dem Recht eines Mitgliedstaates der EG übereinstimmen muß, wobei das Recht dieses EG-Mitgliedstaates wiederum mit den Anforderungen der 7. EG-Richtlinie übereinstimmen muß. Damit der übergeordnete Konzern den befreienden Konzernabschluß und -lagebericht aber nicht nach dem Recht eines EG-Mitgliedstaates aufstellt, das die liberalsten Vorschriften enthält, gebietet § 292 Abs. 1 Satz 2 HGB als Prohibitivvorschrift, daß dieser befreiende Konzernabschluß und -lagebericht "in dem anderen Mitgliedstaat (hier: EG-Mitgliedstaat mit dem liberalsten Konzernrechnungslegungsrecht) anstelle eines sonst nach dem Recht dieses Mitgliedstaates

---

1 Zu den Überlegungen, die zu den in der endgültigen Fassung der 7. EG-Richtlinie enthaltenen Normen zur Befreiung von der Teilkonzernrechnungslegung geführt haben s. NIESSEN, Angleichung, S. 109 ff.

2 Vgl. dazu die Ausführungen im vorhergehenden Gliederungspunkt.

vorgeschriebenen Konzernabschlusses und Konzernlageberichts offengelegt (wird)."[1]

Die Rechtsverordnung enthält aber auch die Möglichkeit, solche Konzernabschlüsse und -lageberichte als befreiend anzuerkennen, die dem Recht eines EG-Mitgliedstaates gleichwertig sind.[2] § 292 Abs. 3 HGB bietet die Möglichkeit, in der noch zu erlassenden Rechtsverordnung Voraussetzungen festzulegen, die erfüllt sein müssen, damit ein Konzernabschluß und -lagebericht als gleichwertig anzusehen ist. In der Rechtsverordnung können zudem zusätzliche Angaben und Erläuterungen vorgeschrieben werden, soweit diese erforderlich sind, damit der Konzernabschluß und -lagebericht befreiende Wirkung erhält.[3] Diese Möglichkeit durch zusätzliche Angaben und Erläuterungen für einen Konzernabschluß die Befreiungswirkung von der Teilkonzernrechnungslegung zu erhalten, trägt dem Umstand Rechnung, daß das inländische Mutterunternehmen, das gleichzeitig Tochterunternehmen ist, nicht befugt ist, den (Welt-) Konzernabschluß des ausländischen Mutterunternehmens zu verändern.[4]

Als dritte wesentliche Regelungsermächtigung enthält § 292 Abs. 1 Satz 3 HGB die Möglichkeit, die Anerkennung eines befreienden Konzernabschlusses und -lageberichts davon abhängig zu machen, daß auch der Staat, in dem sich das den befreienden Konzernabschuß und -lagebericht aufstellende Mutterunternehmen befindet, einen deutschen Konzernabschluß als befreiend

---

1 § 292 Abs. 1 Satz 2 HGB; Klammerzusätze vom Verfasser. Vgl. ferner HELMRICH, Bilanzrichtlinien-Gesetz, S. 184 f.
2 Vgl. hierzu auch NIESSEN, Grundsatzfragen, S. 657.
3 Vgl. § 292 Abs. 3 Satz 2 HGB.
4 Vgl. ALBRECHT, in: Hofbauer/Kupsch (Hrsg.), BHR, § 292 HGB, Anm. 8.

anerkennt.[1] In der Literatur wird z.T. prognostiziert, daß durch die präsumtive[2] Befreiungsregelung der Rechtsverordnung auf Grundlage des § 292 HGB mehr Teilkonzerne erfaßt werden als durch diejenige des § 291 HGB.[3]

Sowohl die Wirkungsweise als auch die Auswahlkriterien entsprechen denjenigen des Wahlrechts nach § 291 HGB. Auf die dortigen Ausführungen kann deshalb verwiesen werden.[4]

3 Einbeziehungsparameter

3.1 Einbeziehungsspielraum bei Abgrenzung der einheitlichen Leitung

Ein Spielraum bei der Bestimmung der einheitlichen Leitung kann auch bei der Einbeziehung eines oder mehrerer Tochterunternehmen in den Konzernabschluß bestehen. Dieser Aktionsparameter hat grundsätzlich den gleichen Inhalt wie der unter Giederungspunkt II.2.1 in diesem Kapitel dargestellte. Er unterscheidet sich von diesem aber in den Rechtsfolgen: Die Ausübung des hier zu besprechenden Aktionsparameters führt zur Nichteinbeziehung des betreffenden Tochterunternehmens in den Konzernabschluß. Der unter Gliederungspunkt II.2.1 dargestellte Aktionsparameter führt dagegen zu einer Nichtaufstellung des Konzernabschlusses.

Bei diesem Spielraum handelt es sich um einen materiellen Aktionsparameter, der in nahezu allen Fällen ergebniswirksam sein wird. Die Ergebniswirksamkeit beruht

---

1 Vgl. BT-DRUCKS. 10/4268, S. 113.
2 Bis zum Abschluß des Manuskriptes dieser Arbeit war eine solche Rechtsverordnung jedoch noch nicht erlassen.
3 Vgl. ALBRECHT, in: Hofbauer/Kupsch (Hrsg.), BHR, § 292 HGB, Anm. 8.
4 Vgl. Gliederungspunkt II.2.4 in diesem Kapitel.

darauf, daß die Einbeziehung bzw. Nichteinbeziehung eines Tochterunternehmens in den Konzernabschluß in aller Regel auch erfolgswirksame Konsolidierungsmaßnahmen auslöst. Die Wirkungsrichtung ist allerdings unbestimmt; sie hängt von der Datenkonstellation im Einzelfall ab. Ebenfalls sind Aussagen über die Sekundärwirkungen nicht möglich.

Die Ausübung des Spielraums ist insoweit tendenziell erkennbar, als nach § 313 Abs. 2 Nr. 4 HGB das einbezogene Unternehmen im Konzernanhang aufgeführt werden muß.

3.2 Einbeziehungsspielraum bei konzernfremder Tätigkeit

§ 295 Abs. 1 HGB enthält für solche Tochterunternehmen ein Einbeziehungsverbot in den Konzernabschluß, deren Tätigkeit sich von der Tätigkeit der anderen einbezogenen Unternehmen derart unterscheidet, daß eine Einbeziehung in den Konzernabschluß mit der Generalnorm des § 297 Abs. 2 Satz 2 HGB unvereinbar wäre.

In Abs. 2 von § 295 HGB findet sich hierzu eine Erläuterung, die fast wörtlich Art. 14 Abs. 2 7. EG-Richtlinie entspricht. Dort heißt es: "Absatz 1 ist nicht allein deshalb anzuwenden, weil die in den Konzernabschluß einbezogenen Unternehmen teils Industrie,- teils Handels- und teils Dienstleistungsunternehmen sind oder weil diese Unternehmen unterschiedliche Erzeugnisse herstellen, mit unterschiedlichen Erzeugnissen Handel treiben oder Dienstleistungen unterschiedlicher Art erbringen."[1] Allerdings trägt diese einschränkende Erläuterung nicht unbedingt zur Aufhellung der vom Einbeziehungsverbot erfaßten Sachverhalte bei, sondern fördert eher noch die bei der Auslegung von § 295 Abs. 1 HGB bestehende

1 § 295 Abs. 2 HGB.

Unsicherheit. Damit wird deutlich, daß es sich hier um ein prädestiniertes Beispiel für einen Spielraum handelt.

Aus den bis jetzt zu dieser Problematik veröffentlichten Stellungnahmen lassen sich zwei Perspektiven herausschälen. Auf der einen Seite steht die Gesetzesbegründung, in der es heißt: "Für den Ausschuß bestand kein Zweifel, daß Konzerne, die überwiegend in grundsätzlich verschiedenen Bereichen, nämlich im Bereich der Kredit- oder der Versicherungswirtschaft oder der Industrie, tätig sind, nicht in einem einzigen Konzernabschluß zusammengefaßt werden dürfen, weil die Vermischung die Aussagekraft hinsichtlich der konzerntypischen Tätigkeit beeinträchtigen würde."[1] Diese Aussage ist wohl auch aus dem Kontext heraus zu sehen, daß Grundanliegen bei der Transformation der 7. EG-Richtlinie in nationales Recht war, möglichst alle in der 7. EG-Richtlinie enthaltenen Wahlrechte an die Unternehmen weiterzugeben, um eine allzu starke Belastung der Konzerne zu vermeiden.[2] Erste Äußerungen aus der Praxis lassen denn auch erkennen, daß die Konzerne durchaus gewillt sind, bestimmte Tochterunternehmenstypen aufgrund der Regelung von § 295 HGB nicht in den Konzernabschluß einzubeziehen. So hat die Volkswagenwerk AG verlauten lassen, daß sie aus diesem Grund ihre Finanzierungsgesellschaften[3] nicht in den Konzernabschluß einbeziehen wolle, um das Fremdkapital niedriger und damit die Eigenkapitalquote höher

1 BT-DRUCKS. 10/4268, S. 114.
2 Vgl. auch BT-DRUCKS. 10/4268, S. 87.
3 Es handelt sich dabei um Leasing- und Kreditunternehmen, deren Aufgabe es ist, Kunden Finanzierungsinstrumente zum Kauf von Produkten der Volkswagen AG zur Verfügung zu stellen.

ausweisen zu können.[1]

Auf der anderen Seite wird in Literaturstellungnahmen[2] und insbesondere von den Fachvertretern der Betriebswirtschaftslehre[3] einhellig eine restriktive Auslegung von § 295 HGB postuliert. Diese Betrachtungsweise stützt sich v.a. darauf, daß es ja gerade dem Wesen des Konzernabschlusses entspreche, unterschiedliche Tätigkeiten in einem Abschluß zusammenzufassen.[4] Den einzelnen Geschäftszweigen kann dabei durch eine tiefergehende, um zusätzliche Posten erweiterte Glie-derung von Konzernbilanz und -GuV sowie evtl. durch zusätzliche Erläuterungen im Konzernanhang entsprochen werden.[5] Angemerkt sei, daß eine entsprechende Auffassung bereits zu der inhaltlich vergleichbaren Vorschrift des § 329 Abs. 2 Satz 3 AktG a.F. vertreten wurde.[6] Albrecht kommt sogar zu dem Ergebnis, daß es nicht mehr möglich sei, "in beispielhafter Form Fälle des Einbeziehungsverbotes

---

1 Vgl. VOLKSWAGEN AG (Hrsg.), Wolfsburger Fachgespräche 9, S. 65; sehr kritisch hierzu von WYSOCKI, vgl. ebenda, S. 92 f.

2 Vgl. ALBRECHT, in: Hofbauer/Kupsch (Hrsg.), BHR, § 295 HGB, Anm. 2 ff.; SAHNER/KAMMERS, Konsolidierungskreis, S. 2210 f.; MAAS/SCHRUFF, Konzernabschluß, S. 207 f.; WP-HANDBUCH 1985/86, Bd. II, S. 327 f.; ADLER/DÜRING/SCHMALTZ, Bd. 3, § 329 AktG, Anm. 84; BUSSE von COLBE/MÜLLER/REINHARD (Hrsg.), Aufstellung, S. 29 f.; SCHRUFF, Einflüsse, S. 125 ff.; NIEHUS, Heterogenität, S. 869 ff. Andere Ansicht z.T. BIENER/SCHATZMANN, Konzernrechnungslegung, S. 27; IDW, Stellungnahme SABI 1/1988, S. 183.

3 BUSSE von COLBE/ORDELHEIDE, Konzernabschlüsse, S. 74 ff.; HEINEN, Handelsbilanzen, S. 375; von WYSOCKI, Konzernabschluß, S. 280; von WYSOCKI/WOHLGEMUTH, Konzernrechnungslegung, S. 84.

4 Vgl. ADLER/DÜRING/SCHMALTZ, Bd.3, § 329 AktG, Anm. 84; ALBRECHT, in: Hofbauer/Kupsch (Hrsg.), BHR, § 295 HGB, Anm. 2.

5 Vgl. ADLER/DÜRING/SCHMALTZ, Bd.3, § 329 AktG, Anm. 84; SCHRUFF, Einflüsse, S. 128 und 135.

6 Vgl. hierzu auch neben den Literaturangaben in den Fußnoten 2 und 3: IDW, Stellungnahme NA 2/67, S. 488 ff.

anzugeben."[1] Zudem prognostiziert er, daß die Fälle, in denen § 295 Abs. 1 HGB zur Anwendung komme, "seltene Ausnahmefälle"[2] bleiben würden.[3]

Abschließend bleibt festzustellen, daß im Einzelfall der Konzern bei der Entscheidung, ob ein Tochterunternehmen unter das Einbeziehungsverbot des § 295 Abs. 1 HGB fällt, einen Spielraum nutzen kann.

Der vorliegende Aktionsparameter ist als materiell und ergebniswirksam einzustufen. Ausschlaggebend hierfür sind zwei Ursachenkomplexe: Die zeitkongruenten Ergebnisübernahmen und die erfolgswirksamen Konsolidierungsmaßnahmen. Nur in dem in der Realität so gut wie ausschließbaren Fall, daß keine der beiden Ursachenkomplexe Wirkungen entfalten, ist der Aktionsparameter dem strukturwirksamen Typus zuzuordnen.

Wird das Tochterunternehmen nicht in den Konzernabschluß einbezogen, erscheint der von dem Tochterunternehmen erwirtschaftete Gewinn nur dann im Jahr der Gewinnentstehung im Konzernabschluß, wenn der Gewinn bei einem in den Konsolidierungskreis einbezogenen Unternehmen periodengleich mit der Gewinnentstehung vereinnahmt wird. In vielen Fällen wird sich aber bei gleichem Bilanzstichtag von Mutter -und Tochterunternehmen eine Periodenverschiebung ergeben, d.h. der von dem Tochterunternehmen erwirtschaftete Gewinn wird erst in späteren Abrechnungsperioden von dem Mutterunternehmen vereinnahmt.

Von dieser Periodenverschiebung gibt es jedoch Ausnahmen. Eine Periodenkongruenz hinsichtlich Gewinnentstehung und -vereinnahmung ist immer dann gegeben, wenn

1 ALBRECHT, in: Hofbauer/Kupsch (Hrsg.), BHR, § 295 HGB, Anm.9.
2 Ebenda.
3 Vgl. ebenda.

a) das Tochterunternehmen eine Personengesellschaft ist[1]

b) ein Ergebnisabführungsvertrag besteht.[2]

Außerdem kann eine zeitkongruente Ergebnisübernahme stattfinden, wenn die in einem BGH-Urteil vom 03.11.1975[3] aufgestellten Voraussetzungen vorliegen: "Die Obergesellschaft (Muttergesellschaft) muß die Kapitalmehrheit an der Tochtergesellschaft besitzen, der Jahresabschluß der Tochtergesellschaft muß vor der Prüfung bei der Muttergesellschaft festgestellt worden sein, und es muß ein entsprechender Gewinnverwendungsvorschlag vorliegen."[4]

Auch wenn die vorgenannten Voraussetzungen erfüllt sind und die Muttergesellschaft diese Möglichkeit anwendet, entsteht dann noch eine Disgruenz zwischen der Gewinnentstehung bei dem Tochterunternehmen und der Gewinnvereinnahmung bei dem Mutterunternehmen, wenn im Gewinnverwendungsvorschlag eine Ausschüttung nur in Höhe eines Teils des auf das Mutterunternehmen anteilig entfallenden Gewinns und eine Thesaurierung für den Restbetrag vorgesehen ist.

Hat das Tochterunternehmen einen Jahresfehlbetrag produziert, ergeben sich hinsichtlich der Übernahme des Verlustes in den ersten beiden Ausnahmefällen grundsätzlich die gleichen Konsequenzen wie bei der Übernahme eines Jahresüberschusses. Im dritten Ausnahmefall allerdings können grundsätzlich keine Verluste des Tochterunternehmens auf das Mutterunternehmen transferiert werden, da die Organe des Tochterunternehmens re-

---

1 Vgl. ADLER/DÜRING/SCHMALTZ, Bd. 3, § 332 AktG, Anm. 42.

2 Vgl. ebenda, Anm. 47.

3 Vgl. BGH-Urteil vom 03.11.1975, II ZR 67/73, BGHZ 65, S. 230.

4 BUSSE von COLBE/ORDELHEIDE, Konzernabschlüsse, S. 254; Klammerzusatz vom Verfasser; vgl. auch ADLER/DÜRING/SCHMALTZ, Bd. 1, § 151 AktG, Anm. 173; dies., Bd. 3, § 332 AktG, Anm. 43.

gelmäßig nur über die Ausschüttung von Gewinnen nicht aber von Verlusten beschließen.

Diese Periodenverschiebung zwischen Gewinnentstehung und Gewinnvereinnahmung kann im Fall der Konsolidierung des Tochterunternehmens nicht eintreten. In diesem Fall wird der Gewinn und auch der Verlust des Tochterunternehmens zeitkongruent in den Konzernabschluß übernommen.

Selbst wenn aufgrund des 1. Ursachenkomplexes noch kein unterschiedlicher Konzernjahresüberschuß infolge der Nichteinbeziehung im Gegensatz zur Einbeziehung eines Tochterunternehmens in den Konzernabschluß entstanden ist, ergibt sich dieser mit an Sicherheit grenzender Wahrscheinlichkeit durch die diversen erfolgswirksamen Konsolidierungsmaßnahmen. Als solche erfolgswirksame Konsolidierungsmaßnahmen kommen insbesondere in Betracht: die konzerneinheitliche Bilanzierung und Bewertung, die Kapitalkonsolidierung, die Zwischenergebniseliminierung, die Schuldenkonsolidierung, die Steuerabgrenzung und evtl. Währungsumrechnung.

Besonders in den Fällen, in denen mit dem einbezogenen Unternehmen Geschäftsbeziehungen bestehen, die zu erheblichen eliminierungspflichtigen Zwischenergebnissen führen, bewirkt die Zwischenergebniseliminierung eine beachtenswerte Korrektur des Konzernerfolges.[1] Da ebenfalls mit an Sicherheit grenzender Wahrscheinlichkeit angenommen werden kann, daß sich die erfolgsbeeinflussenden Wirkungen betragsmäßig nicht kompensieren, tritt durch diese Konsolidierungsmaßnahmen eine Veränderung des Konzernjahresüberschusses bei Einbeziehung im Vergleich zur Nichteinbeziehung des Tochterunterneh-

1 Pfleger folgert dementsprechend denn daraus auch als potentielles Ziel für die Konzernbilanzpolitik die Nichtkonsolidierung solcher Tochterunternehmen, mit denen erhebliche Zwischenerfolge erzielt werden. Vgl. PFLEGER, Bilanzpolitik, Anm. 156.

mens ein. Die Wirkungsrichtung ist allerdings unbestimmt. Ebenfalls sind Aussagen über Sekundärwirkungen nicht möglich.

Außerdem verursacht der hier zu untersuchende Aktionsparameter noch eine originäre Kennzahlenbeeinflussung. Die Einbeziehung des Tochterunternehmens bewirkt naturgemäß eine Veränderung grundsätzlich aller Bilanz- und GuV-posten und damit auch eine Modifikation der Kennzahlenbeträge. Das ist auch der eigentliche Grund, warum beispielsweise der Automobilkonzern Volkswagen seine Finanzierungsgesellschaften nicht in den Konzernabschluß einbeziehen will, da sich durch die Konsolidierung dieser Gesellschaften z.B. die Eigenkapitalquote im Konzern verringern würde.[1]

In den USA ist es aus dem gleichen Grund übliche Konsolidierungspraxis, Kreditinstitute und Finanzierungsgesellschaften grundsätzlich nicht in den Konzernabschluß einzubeziehen, da diese regelmäßig hohe Verschuldungskennziffern aufweisen.[2]

Spezielle Aussagen über die Veränderung der einzelnen Kennzahlen durch den vorliegenden Aktionsparameter lassen sich jedoch nicht machen. Lediglich als allgemeine Regel läßt sich herausstellen, daß die jeweiligen Kennzahlen auf Basis des Konzernabschlusses sich erhöhen/verringern, wenn im Falle der Einbeziehung des Tochterunternehmens die jeweilige Kennzahl auf Basis des Jahresabschlusses des einbezogenen Tochterunternehmens höher/geringer ist, als diejenige auf Basis des

---

1 Vgl. VOLKSWAGEN AG (Hrsg.), Wolfsburger Fachgespräche 9, S. 65. In der dortigen Beispielsrechnung wird allerdings präsumiert, daß die nicht konsolidierten Finanzierungsgesellschaften nach der Equity-Methode einbezogen werden. Aber auch bei Nichtanwendung der Equity-Methode ergibt sich die gleiche Wirkungstendenz, wenn die Eigenkapitalquoten der Finanzierungsgesellschaften geringer sind als diejenigen des Konzerns.

2 Vgl. BUSSE von COLBE/MÜLLER/REINHARD (Hrsg.), Aufstellung, S. 30.

Konzernabschlusses vor Einbeziehung des Tochterunternehmens.

Da nach § 295 Abs. 3 Satz 1 HGB die Nichteinbeziehung eines Tochterunternehmens wegen Anwendung von § 295 Abs. 1 HGB im Konzernanhang anzugeben und zu begründen ist, ist die Nichteinbeziehung eines Tochterunternehmens aufgrund von § 295 Abs. 1 HGB für Konzernabschlußinteressenten tendenziell erkennbar.

3.3 Einbeziehungswahlrecht bei Beschränkung der Rechte des Mutterunternehmens

§ 296 Abs. 1 Nr. 1 HGB enthält ein Wahlrecht mit Spielraumimplikation. Danach braucht ein Tochterunternehmen dann nicht in den Konzernabschluß einbezogen werden, wenn "erhebliche und andauernde Beschränkungen die Ausübung der Rechte des Mutterunternehmens in bezug auf
- das Vermögen oder
- die Geschäftsführung nachhaltig beeinträchtigen."[1]

In welchen Fällen die Tatbestandsvoraussetzungen für die Inanspruchnahme dieses Wahlrechts vorliegen, hängt zum Großteil von der Auslegung der den Spielraum involvierenden Formulierung "erhebliche und andauernde Beschränkungen"[2] ab. Aufgrund einer Durchsicht der einschlägigen Literatur[3] muß man zu dem Ergebnis gelangen,

---

1 § 296 Abs. 1 Nr. 1 HGB; Spiegelstriche vom Verfasser.

2 § 296 Abs. 1 Nr. 1 HGB.

3 Vgl. von WYSOCKI/WOHLGEMUTH, Konzernrechnungslegung, S. 85 ff.; WP-HANDBUCH 1985/86, Bd. II, S. 329 f.; ALBRECHT, in: Hofbauer/Kupsch (Hrsg.), BHR, § 296 HGB, Anm. 6 ff.; MAAS/SCHRUFF, Konzernabschluß, S. 208 f.; von WYSOCKI, Konzernabschluß, S. 280 f.; BUSSE von COLBE/CHMIELEWICZ, Bilanzrichtlinien-Gesetz, S. 331; BUSSE von COLBE/MÜLLER/REINHARD (Hrsg.), Aufstellung, S. 30 f.; SCHRUFF, Einflüsse, S. 136; PFLEGER, Bilanzpolitik, Anm. 156. Eine ähnliche Auffassung wurde bereits zum Konzernabschluß nach AktG a.F. vertreten. Vgl. AK Weltbilanz, Einbeziehung, S. 13 ff.

daß Aussagen, die von einer Einzelfallaufzählung abstrahieren, grundsätzlich nicht möglich sind.

Erfaßt werden von diesem Wahlrecht i.d.R. solche Tochterunternehmen, deren Tochterunternehmenseigenschaft sich auf das control-Konzept des § 290 Abs. 2 HGB stützt, die aus ökonomischer Sicht aber nicht der wirtschaftlichen Einheit Konzern zuzurechnen sind.[1] Bei solchen Tochterunternehmen, deren Tochterunternehmenseigenschaft auf § 290 Abs. 1 HGB beruht, kommt dieses Wahlrecht grundsätzlich nicht zum Zuge, da, soweit die Voraussetzungen des § 296 Abs. 1 Nr. 1 HGB erfüllt sind, i.d.R. keine einheitliche Leitung mehr angenommen werden kann, so daß die weitere, für die Inanspruchnahme von § 296 Abs. 1 Nr. 1 HGB notwendige Voraussetzung des Vorliegens einer Tochtergesellschaft wegfällt.[2]

Die Wirkungsweise entspricht grundsätzlich derjenigen des Einbeziehungsspielraums bei konzernfremder Tätigkeit.[3]

Die Erkennbarkeit der Wahlrechtsrealisation erfolgt aus § 296 Abs. 3 HGB, der einen Begründungszwang für die Nichteinbeziehung des Tochterunternehmens kodifiziert sowie aus § 313 Abs. 2 Nr. 1 Satz 2 HGB.[4] Das Wahlrecht ist eingeschränkt zeitlich flexibel.

3.4 Einbeziehungswahlrecht bei Informationsbeschaffungsschwierigkeiten

Hinsichtlich der Einbeziehung von Tochterunternehmen in den Konzernabschluß ist in § 296 Abs. 1 Nr. 2 HGB ein

---

1 Vgl. auch MAAS/SCHRUFF, Konzernabschluß, S. 208 f.
2 Zu Art. 13 Abs. 3 7. EG-Richtlinie hatten BIENER/SCHATZMANN, Konzernrechnungslegung, S. 25, bereits eine materiell vergleichbare Auffassung vertreten.
3 Vgl. Gliederungspunkt II.3.2 in diesem Kapitel.
4 Vgl. WP-HANDBUCH 1985/86, Bd. II, S. 333.

weiteres Wahlrecht mit Spielraumimplikation kodifiziert. Es besagt, daß ein Tochterunternehmen dann nicht in den Konzernabschluß einbezogen zu werden braucht, wenn "die für die Aufstellung des Konzernabschlusses erforderlichen Angaben nicht
- ohne unverhältnismäßig hohe Kosten oder
- Verzögerungen zu erhalten sind."[1] Eine vergleichbare Regelung war im bisherigen Konzernrechnungslegungsrecht nicht existent.[2]

Der von dem Wahlrecht involvierte Spielraum ist darin begründet, daß operationale Größenmerkmale nicht angegeben werden können.[3] In der Literatur hat sich allerdings eine als einhellig anzusehende Meinung herausgebildet, der zufolge dieses Wahlrecht nur in sehr seltenen Ausnahmefällen angewendet werden kann.[4] Solche Ausnahmefälle können beispielsweise dann gegeben sein, wenn ein Tochterunternehmen im Laufe des Geschäftsjahres erworben wurde und das Rechnungswesen dieses Unternehmens noch nicht auf Konzernerfordernisse umgestellt

---

1 § 296 Abs. 1 Nr. 2 HGB; Spiegelstriche vom Verfasser.
2 Vgl. z.B. NIEHUS, Konzernrecht, S. 1791.
3 Vgl. WP-HANDBUCH 1985/86, Bd. II, S. 331; SAHNER/KAMMERS, Konsolidierungskreis, S. 2212.
4 Von WYSOCKI/WOHLGEMUTH, Konzernrechnungslegung, S. 88; MAAS/SCHRUFF, Konzernabschluß, S. 209; WP-HANDBUCH 1985/86, Bd. II, S. 331; SCHRUFF, Einflüsse, S. 143. Vgl. auch die in der Öffentlichen Anhörung vom 24. September 1985 vorgebrachten Äußerungen von BRÖNNER, SCHÜLEN und von WYSOCKI, abgedruckt bei: HELMRICH, Bilanzrichtlinien-Gesetz, S. 198 f.ALBRECHT, in: Hofbauer/Kupsch (Hrsg.), BHR, 296 HGB, Anm. 14, kommt sogar zu dem Ergebnis, daß dieses Wahlrecht keinen eigenständigen Anwendungsbereich habe und ein Unterfall von § 296 Abs. 2 HGB sei, da die Sachverhalte, die unter § 296 Abs. 1 Nr. 3 HGB fallen, gleichzeitig auch solche von § 296 Abs. 2 HGB seien.

worden ist[1] oder wenn außergewöhnliche Ereignisse wie z.B. der Zusammenbruch der EDV oder die Vernichtung von Unterlagen aufgrund von Naturkatastrophen eingetreten sind.[2] Diese Gründe können allerdings nur für ein, höchstens aber einige wenige Geschäftsjahre herangezogen werden; auf keinen Fall haben sie andauernde Wirkung.[3]

Die Wirkungsweise und die Auswahlkriterium entsprechen denjenigen des unter Gliederungspunkt II.3.3 in diesem Kapitel aufgeführten Wahlrechts.

3.5 Einbeziehungswahlrecht bei Weiterveräußerungsabsicht

§ 296 Abs. 1 Nr. 3 HGB enthält das Wahlrecht mit Spielraumimplikation, ein Tochterunternehmen dann nicht in den Konzernabschluß einzubeziehen, wenn "die Anteile des Tochterunternehmens ausschließlich zum Zwecke ihrer Weiterveräußerung gehalten werden."[4] Der Spielraum ergibt sich aus der im Gesetz fehlenden Konkretisierung, wie die Weiterveräußerungsabsicht nachzuweisen ist und v.a. in welchem Zeitraum noch von einer Weiterveräußerungsabsicht ausgegangen werden kann.[5]

Nach bisherigem Recht wurde grundsätzlich davon ausgegangen, daß im Falle der Weiterveräußerungsabsicht das Mutterunternehmen bei dem zu veräußernden Tochterunternehmen keine einheitliche Leitung ausüben könne.[6] Diese

---

1 Vgl. MAAS/SCHRUFF, Konzernabschluß, S. 209; BIENER/SCHATZMANN, Konzern-Rechnungslegung, S. 26.
2 Vgl. WP-HANDBUCH 1985/86, Bd. II, S. 331.
3 Vgl. von WYSOCKI, Konzernabschluß, S. 281.
4 § 296 Abs. 1 Nr. 3 HGB.
5 Vgl. hierzu auch die Äußerungen von FORSTER in der Öffentlichen Anhörung vom 24.September 1985, abgedruckt bei HELMRICH, Bilanzrichtlinien-Gesetz, S. 199 f.
6 Vgl. ADLER/DÜRING/SCHMALTZ, Bd. 3, § 329 AktG, Anm. 16; BUSSE von COLBE/ORDELHEIDE, Konzernabschlüsse, S. 73 f.

zum alten Recht vorherrschende Literaturmeinung hat auch nach neuem Recht noch Gültigkeit, so daß das Wahlrecht nach § 296 Abs. 1 Nr. 3 HGB grundsätzlich nur dann greifen kann, wenn die Tochterunternehmens-eigenschaft des zur Veräußerung vorgesehenen Unternehmens auf § 290 Abs. 2 HGB beruht.[1]

Abschließend ist noch auf einen wesentlichen Aspekt hinzuweisen: Wird das Tochterunternehmen in Ausübung des Konsolidierungswahlrechts nach § 296 Abs. 1 Nr. 3 HGB nicht in den Konzernabschluß einbezogen, löst im Fall der tatsächlichen Veräußerung dieses Unternehmens die Inanspruchnahme dieses Wahlrechts zusätzliche Angabepflichten nach § 294 Abs. 2 HGB aus, soweit das dortige Wesentlichkeitskriterium erfüllt ist.

Die Wirkungsweise und die Auswahlkriterien entsprechen denjenigen des unter Gliederungspunkt II.3.3 in diesem Kapitel aufgeführten Wahlrechts.

3.6 Einbeziehungswahlrecht - materiality

§ 296 Abs. 2 HGB gewährt dem Konzern ein Wahlrecht, solche Tochterunternehmen nicht in den Konzernabschluß einzubeziehen, die "für die Verpflichtung, ein den tatsächlichen Verhältnissen entsprechendes Bild der Vermögens-, Finanz- und Ertragslage des Konzerns zu vermitteln, von untergeordneter Bedeutung (sind)."[2] Diese Regelung ist inhaltlich identisch mit der Regelung des § 329 Abs. 2 Satz 2 AktG a.F.[3] Es handelt sich um einen materiality-Aktionsparameter, und zwar um ein Wahlrecht mit Spielraumimplikation.

---

1 Vgl. auch MAAS/SCHRUFF, Konzernabschluß, S. 209, Fußn. 70.

2 § 296 Abs. 2 Satz 1 HGB; Klammerzusatz vom Verfasser.

3 Vgl. ALBRECHT, in: Hofbauer/Kupsch (Hrsg.), BHR, § 296 HGB, Anm. 22; WP-HANDBUCH 1985/86, Bd. II, S. 332.

Wie bereits in den grundlegenden Ausführungen zu den materiality-Aktionsparametern ausgeführt wurde,[1] sind operationale Grenzwerte, die eine Differenzierung der Tochterunternehmen in solche von untergeordneter und in solche von nicht untergeordneter Bedeutung ermöglichen, nicht existent. Demzufolge kann nur aufgrund der Konstellation im Einzelfall entschieden werden, ob ein Tochterunternehmen von untergeordneter Bedeutung ist.[2] Sind in dem Konzern allerdings mehrere Tochterunternehmen von untergeordneter Bedeutung vorhanden, greift das Einbeziehungswahlrecht nur dann, wenn diese Tochterunternehmen auch in ihrer Gesamtheit von untergeordneter Bedeutung sind.[3]

Die Wirkungsweise und die Auswahlkriterien entsprechen denjenigen des unter Gliederungspunkt II.3.3 in diesem Kapitel aufgeführten Wahlrechts.

4 Stichtagsparameter

4.1 Vom Mutterunternehmen abweichender Stichtag

In § 299 Abs. 1 HGB ist das Wahlrecht enthalten, den Stichtag des Konzernabschlusses entweder auf den Stichtag des Jahresabschlusses des Mutterunternehmens oder aber auf den abweichenden Stichtag

a) der bedeutendsten oder

b) der Mehrzahl der in den Konzernabschluß einbezogenen Unternehmen zu legen.[4] Flagrant ist die implizite Vor-

1 Vgl. Gliederungspunkt IV.1.1.5 im 2. Kapitel.
2 Hinsichtlich einzelner Anhaltspunkte, die eine untergeordnete Bedeutung signalisieren, vgl. ADLER/DÜRING/SCHMALTZ, Bd. 3, § 329 AktG, Anm. 79; WP-HANDBUCH 1985/86, Bd. II, S. 333.
3 Vgl. § 296 Abs. 2 Satz 2 HGB.
4 Hinsichtlich der Auslegung des Begriffskomplexes "der bedeutendsten oder der Mehrzahl der in den Konzernabschluß einbezogenen Unternehmen", vgl. ALBRECHT, in: Hofbauer/Kupsch (Hrsg.), BHR, § 299 HGB, Anm. 9 f.

aussetzung, daß die den Konsolidierungskreis bildenden Unternehmen nicht alle den gleichen Bilanzstichtag aufweisen dürfen. Damit hat der Konzern grundsätzlich die Wahl zwischen drei verschiedenen Stichtagen für den Konzernabschluß.[1]

Scharf zu trennen ist dieses Wahlrecht aber von den grundsätzlichen Festlegungs- bzw. Verschiebungsmöglichkeiten der Einzelabschlußstichtage von Konzernunternehmen und infolge dessen auch des Konzernabschlußstichtages. Es handelt sich hierbei um sachverhaltsgestaltende Maßnahmen,[2] die aber eingedenk der in dieser Arbeit vorgenommenen Begriffsdefinition der Konzernbilanzpolitik nicht zum Untersuchungsbereich gehören.

Dieser Aktionsparameter wird regelmäßig ergebniswirksam sein. Die Ergebniswirksamkeit begründet sich auf zwei Ursachenkomplexe. Da vorausgesetzt werden kann, daß in einem Konzern täglich Geschäftsvorfälle anfallen, kann davon ausgegangen werden, daß die in den Konzernabschluß zu übernehmenden Werte zum Zeitpunkt des Einzelbilanzstichtages des Mutterunternehmens von denjenigen differieren, die an dem von diesem Stichtag abweichenden, alternativen Konzernbilanzstichtag vorliegen. Zum zweiten begründet sich die Ergebniswirksamkeit darauf, daß die den vorgeschriebenen Konsolidierungsmaßnahmen zugrundeliegenden Sachverhalte, also z.B. die konzerninternen Geschäftsvorfälle, an den alternativen Konzernbilanzstichtagen nicht identisch sind. Die Wirkungsweise tritt in diesem Fall mittelbar über die vorzunehmenden Konsolidierungsmaßnahmen ein.

Resümierend kann damit festgehalten werden, daß die materielle Wirkung auf der Fiktion beruht, daß die in den Konzernabschluß zu übernehmenden Einzelabschlußdaten sowie die Daten für die gesetzlich vorgeschriebenen Konsolidierungsmaßnahmen an den alternativen Konzernab-

1 Vgl. CLEMM/WENZEL, Konzernbilanzpolitik, S. 346.
2 Vgl. z.B. BAUER, Rechnungspolitik, S. 80 m.w.N.

schlußstichtagen divergent sind und sich damit auch eine divergierende Konzernabbildung inclusive eines divergierenden Konzernjahresüberschusses ergibt. Nur bei der - praktisch ausschließbaren - Konstellation, daß sich infolge der beiden aufgezeigten Ursachenkomplexe keine Veränderungen bei den Konzernabschlußdaten ergeben, ist der vorliegende Aktionsparameter formellen Typs.

Aussagen über die Wirkungsrichtung können nur im konkreten Einzelfall gemacht werden. Ebenso können keine allgemeinen Aussagen über die Sekundärwirkungen gemacht werden.

Der Konzernabschlußstichtag ist zwar aufgrund der Angabe- und Begründungspflichten des § 299 Abs. 1 2. Halbsatz HGB erkennbar. Welche betragsmäßigen Auswirkungen sich aus der Wahl des Konzernabschlußstichtages ergeben, ist aber nicht erkennbar. Das Wahlrecht ist eingeschränkt zeitlich flexibel.

4.2 Aufstellungswahlrecht von Zwischenabschlüssen

Gemäß § 299 Abs. 2 Satz 2 HGB kann auf die Aufstellung von Zwischenabschlüssen verzichtet werden, wenn der Abschlußstichtag dieses Unternehmens nicht mehr als drei Monate vor dem Konzernabschlußstichtag liegt. Die Gewährung dieses Wahlrechts ist in der Literatur heftig kritisiert worden.[1]

---

1 Vgl. IDW, Stellungnahme 1984, S. 511; IDW, Stellungnahme 1985, S. 191; NIEHUS, Konzernrecht, S. 1792; MAAS/SCHRUFF, Stichtage, S. 3 ff.; HARMS/KÜTING, Konsolidierung, S. 441 ff. Auch FORSTER, SCHÜLEN und von WYSOCKI haben sich in der Öffentlichen Anhörung am 24. September 1985 sehr kritisch zu diesem Wahlrecht geäußert. Abgedruckt sind die Stellungnahmen bei HELMRICH, Bilanzrichtlinien-Gesetz, S. 206 f.

Bei der Aufstellung von Zwischenabschlüssen sind genau wie bei "regulären" Einzelabschlüssen Gesetz und GoB anzuwenden.[1] Daraus ergibt sich, daß bei den Zwischenabschlüssen das gleiche bilanzpolitische Instrumentarium zur Verfügung steht wie bei den offiziellen Jahresabschlüssen. Beim Ausweis von zeitraumabhängigen Erfolgsposten können sich jedoch zusätzliche Aktionsparameter ergeben, da bei der Aufstellung von Zwischenabschlüssen z.T. mit Fiktionen gearbeitet werden muß.[2]

Bei dem Aufstellungswahlrecht von Zwischenabschlüssen handelt es sich in aller Regel um einen materiellen, ergebniswirksamen Aktionsparameter. Diese materielle Wirkungsweise soll nachfolgend näher beschrieben werden.

Wird in Ausübung dieses Wahlrechts auf die Aufstellung von Zwischenabschlüssen verzichtet, werden die konzernexternen Geschäftsvorfälle, d.h. die Geschäftsvorfälle, die auf Geschäften zwischen einem einbezogenen und einem nicht in den Konzernabschluß einbezogenen Unternehmen beruhen, nicht mehr im Konzernabschluß verarbeitet, wenn diese zwischen dem Abschlußstichtag des zu konsolidierenden Unternehmens und dem Konzernabschlußstichtag angefallen sind. Dafür sind jedoch im Konzernabschluß solche Geschäfte enthalten, die auf den entsprechenden Vorjahreszeitraum entfallen.

Bei konzerninternen Geschäftsvorfällen, d.h. bei Geschäftsvorfällen, die auf Geschäften zwischen in den Konzernabschluß einbezogenen Unternehmen beruhen, kann die Ergebniswirksamkeit dadurch entstehen, daß die

---

1 Vgl. WP-HANDBUCH 1985/86, Bd. II, S. 418; von WYSOCKI/WOHLGEMUTH, Konzernrechnungslegung, S. 38.

2 Vgl. EVERLING, Zwischenabschlüsse, S. 19 f. Auf diese Spezialfälle im Zusammenhang mit Zwischenabschlüssen kann im Rahmen dieser Arbeit im Hinblick auf den nur begrenzt zur Verfügung stehenden Raum nicht eingegangen werden. Dies muß einer eigenen Untersuchung vorbehalten bleiben.

ansonsten im Falle der Aufstellung eines Zwischenabschlusses zwingend vorgeschriebenen Konsolidierungsmaßnahmen unterlassen werden[1].

Der aufgezeigte Wirkungskomplex tritt jedoch dann nicht ein, wenn die konzerninternen und -externen Geschäftsvorfälle im Konzernabschluß zu berücksichtigen sind. Davon kann allerdings nur dann ausgegangen werden, wenn die Geschäftsvorfälle von besonderer Bedeutung für die Vermögens-, Finanz- und Ertragslage eines einbezogenen Unternehmens sind und dementsprechend nach § 299 Abs. 3 HGB berücksichtigt werden müssen.[2]

Über die Wirkungsrichtung und Sekundärwirkungen lassen sich keine vom Einzelfall unabhängigen Angaben machen. Die Inanspruchnahme des Wahlrechts dahingehend, daß kein Zwischenabschluß aufgestellt wird, ist für einen Externen dann tendenziell erkennbar, wenn nach § 299 Abs. 3 HGB Angaben über Vorgänge von besonderer Bedeutung in der Konzernbilanz und der Konzern-GuV oder im Konzernanhang gemacht werden müssen. Das Wahlrecht ist eingeschränkt zeitlich flexibel, d.h. soweit in Folgeperioden die Anwendungsvoraussetzungen noch gegeben sind, kann dieses Wahlrecht dann auch anders ausgeübt werden.

Zur Wirtschaftlichkeit der Inanspruchnahme des Aktionsparameters ist anzumerken, daß der Kostenvorteil durch die Nichtaufstellung eines Zwischenabschlusses oftmals dann nur gering sein wird, wenn viele Vorgänge angefallen sind, die der Angabepflicht des § 299 Abs. 3 HGB unterliegen.[3]

---

1 Zu Einzelheiten bei den Konsolidierungsmaßnahmen s. HARMS/KÜTING, Konsolidierung, S. 435-440. Vgl. ferner das Beispiel bei GROSS/SCHRUFF/von WYSOCKI, Konzernabschluß, S. 108-110; vgl. MAAS/SCHRUFF, Stichtage, S. 4.

2 Hinsichtlich Details bezüglich des Wahlrechts aus § 299 Abs. 3 HGB s. den nächsten Gliederungspunkt.

3 Vgl. MAAS/SCHRUFF, Stichtage, S. 3; NIEHUS, Konzernrecht, S. 1792.

4.3 Angabespielraum bei der Nichtaufstellung eines Zwischenabschlusses

Wird auf die Aufstellung eines Zwischenabschlusses verzichtet, müssen "Vorgänge von besonderer Bedeutung für die Vermögens-, Finanz- und Ertragslage eines in den Konzernabschluß einbezogenen Unternehmens"[1] im Konzernabschluß berücksichtigt werden. Diese Regelung beinhaltet einen Spielraum, der in der Gesetzesformulierung "Vorgänge von besonderer Bedeutung" manifestiert und als materiality-Regelung einzustufen ist. Allerdings fehlen auch zu dieser speziellen materiality-Regelung ebenso wie zu den materiality-Regelungen im allgemeinen bis jetzt operationale Kriterien, die eine stringente Abgrenzung zwischen Vorgängen von besonderer Bedeutung und solchen von nicht besonderer Bedeutung ermöglichen würden. Infolgedessen kann hier auch nur auf die allgemeinen Ausführungen zu den materiality-Aktionsparametern in Gliederungspunkt IV.1.1.5 im 2. Kapitel verwiesen werden. Systematisch eingeordnet handelt es sich bei diesem Aktionsparameter um einen Zusatzparameter bei Nichtaufstellung eines Zwischenabschlusses bzw. um einen Ausschlußparameter bei Aufstellung eines Zwischenabschlusses.

Werden in Ausübung dieses Spielraums keine Angaben gemacht, bedeutet dies eine geringere Informationsabgabe durch den Konzern. Es handelt sich mithin um einen quasi-materiellen Aktionsparameter. Sekundärwirkungen werden durch die Realisation dieses Aktionsparameters nicht ausgelöst, da die Ausübung dieses Aktionsparameters nur Wirkungen in der Realisationsperiode entfaltet. Der Aktionsparameter ist insoweit teilbar, als bei

1 § 299 Abs. 3 HGB.

einigen Vorgängen eine besondere Bedeutung angenommen wird und bei anderen nicht.

4.4 Ausweisparameter bei Nichtaufstellung eines Zwischenabschlusses

§ 299 Abs. 3 HGB enthält das Ausweiswahlrecht, " Vorgänge von besonderer Bedeutung für die Vermögens-, Finanz- und Ertragslage eines in den Konzernabschluß einbezogenen Unternehmens, die zwischen dem Abschlußstichtag dieses Unternehmens und dem Abschlußstichtag des Konzernabschlusses eingetreten sind,
- in der Konzernbilanz und der Konzern-Gewinn- und Verlustrechnung zu berücksichtigen oder
- im Konzernanhang anzugeben".[1]

Notwendig für die Inanspruchnahme des Wahlrechts ist mithin, daß bei der Ausübung des Spielraums in der Gesetzesformulierung "Vorgänge von besonderer Bedeutung" ebensolche konstatiert werden.

Bei dem vorliegenden Aktionsparameter handelt es sich um einen Folgeparameter. Er ist genau wie der im letzten Gliederungspunkt analysierte Angabespielraum ein Zusatzparameter bei der Nichtaufstellung eines Zwischenabschlusses bzw. vice versa ein Ausschlußparameter bei der Aufstellung eines Zwischenabschlusses.

Die theoretisch exakte Einordnung des Aktionsparameters in die jeweiligen Wirkungskategorien und -typen ist davon abhängig, wie die Angabepflicht im Konzernanhang ausgestaltet ist. Im Schrifttum wird mit überzeugenden Argumenten die Auffassung vertreten, daß im Falle von § 299 Abs. 3 HGB im Konzernanhang Angaben quantitativer

---

1 § 299 Abs. 3 HGB; Spiegelstriche vom Verfasser.

Art gemacht werden müssen.[1] Dennoch wird man im allgemeinen davon ausgehen können, daß dieser Aktionsparameter als materiell einzustufen ist, da i.d.R. - zulässigerweise - nicht alle Angaben gemacht werden, die von Konzernabschlußinteressenten benötigt werden, um alle Bilanz- und GuV-posten anpassen zu können. Insbesondere dann, wenn viele einzelne berichtspflichtige Vorgänge angefallen sind, werden im Konzernanhang wahrscheinlich nur globale Angaben gemacht werden (können), die für eine Umrechnung aller Bilanz- und GuV-posten nicht alle erforderlichen Detailinformationen enthalten. Es können allerdings keine allgemeinen Aussagen darüber gemacht werden, ob der Aktionsparameter ergebniswirksam oder strukturwirksam ist.

Auszuschließen ist auch nicht, daß das Wahlrecht im Einzelfall der formellen Kategorie zuzuordnen ist. Formell wäre es dann, wenn im Konzernanhang alle jene Angaben gemacht werden, die ansonsten in der Konzernbilanz und der Konzern-GuV gemacht werden müssen.

Über die Wirkungsrichtung und die Sekundärwirkungen können keine vom Einzelfall unabhängigen Angaben gemacht werden.

Für Konzernabschlußinteressenten ist die Ausübung des Wahlrechts betragsmäßig dann erkennbar, wenn die Angaben im Konzernanhang gemacht werden. Werden die Angaben hingegen in der Konzernbilanz und der Konzern-GuV gemacht, ist dies nicht erkennbar.

Nach Ansicht des Verfassers entfaltet dieser Aktionsparameter Bindungswirkung für vergleichbare Sachverhalte, d.h. der Aktionsparameter ist bei allen in Frage kom-

---

1 Vgl. HARMS/KÜTING, Konsolidierung, S. 435; MAAS/SCHRUFF, Stichtage, S. 3; WP-HANDBUCH 1985/85, Bd. II, S. 424. Angaben quantitativer Art werden zudem auch in einem Entwurf einer Verlautbarung des Hauptfachausschusses des IDW gefordert. Vgl. IDW, Abschlußstichtage, S. 616.

menden Konzernunternehmen mit abweichendem Abschlußstichtag gleichgerichtet auszuüben, da m.E. dieser Aktionsparameter insoweit von der Darstellungsstetigkeit erfaßt wird.[1]

5 Vergleichbarmachungsparameter

5.1 Angabespielraum bei verändertem Konsolidierungskreis

Gem. § 294 Abs. 2 HGB ist der Konzern verpflichtet, wenn sich der Konsolidierungskreis im Laufe des Geschäftsjahres wesentlich verändert hat, Angaben im Konzernabschluß zu machen, die eine sinnvolle Vergleichbarkeit der aufeinanderfolgenden Konzernabschlüsse ermöglichen. Diese Norm beinhaltet damit einen Spielraum, der sich in der Formulierung "wesentlich verändert" niederschlägt und als materiality-Aktionsparameter einzustufen ist.

Auch zu dieser speziellen materiality-Regelung sind bis jetzt keine operationalen, vom Einzelfall abstrahierenden Kriterien herausgearbeitet worden, die eine konsistente Feststellung eines wesentlich veränderten Konsolidierungskreises ermöglichen. In der Literatur wird lediglich zutreffend darauf hingewiesen, daß sich die Messung der Wesentlichkeit nicht auf die Anzahl der neu in den Konzernabschluß einbezogen bzw. der ausgeschiedenen Tochterunternehmen beziehen darf, sondern auf die Veränderung der Konzernabschlußposten abzustellen hat, wobei als Anhaltspunkt hierfür auch die betragsmäßigen Relationen zwischen den Jahresabschlußposten des oder der einbezogenen bzw. ausgeschiedenen Tochterunterneh-

---

1 Zum Bedeutungsinhalt der Darstellungsstetigkeit vgl. ferner Gliederungspunkt V.2.3 im 2.Kapitel. Ebenfalls Bindungswirkung annehmend: GZUK, in: Castan u.a. (Hrsg.), Beck HdR, C 600, Anm. 19 u. 23.

men herangezogen werden können.[1]

Wirkungsweise und Auswahlkriterien dieses Aktionsparameters entsprechen denjenigen des unter Gliederungspunkt II.4.3 in diesem Kapitel dargestellten Spielraums.

5.2 Ausweiswahlrecht bei verändertem Konsolidierungskreis

§ 294 Abs. 2 Satz 2 HGB enthält das Wahlrecht, der ansonsten im Konzernabschluß nach § 294 Abs. 2 Satz 1 HGB geforderten Angabeverpflichtung auch dadurch nachkommen zu können, "daß die entsprechenden Beträge des vorhergehenden Konzernabschlusses an die Änderung angepaßt werden."[2] Die Ausübung dieses Wahlrechts erfordert allerdings, daß die Vorjahreszahlen jedes Konzernbilanz- und GuV-postens angepaßt werden.[3]

Unproblematisch erweist sich die Anpassung der Vorjahreszahlen bei ausgeschiedenen Tochterunternehmen. Hier werden schlicht aus dem Vorjahreskonzernabschluß die jeweiligen Werte des zu diesem Zeitpunkt noch konsolidierten Tochterunternehmens eliminiert.[4] Erhebliche Probleme können sich allerdings dann ergeben, wenn Tochterunternehmen neu in den Konzernabschluß einbezogen werden und im Vorjahr bereits Geschäftsbeziehungen zwischen Konzernunternehmen und diesem Tochterunternehmen bestanden haben, die nun im Rahmen der Anpassung der Vorjahreszahlen zu Schuldenkonsolidierungs- und Zwischenergebniseliminierungspflichten führen.[5]

---

1 Vgl. ALBRECHT, in: Hofbauer/Kupsch (Hrsg.), BHR, § 294 HGB, Anm. 9.
2 § 294 Abs. 2 Satz 2 HGB.
3 Vgl. ALBRECHT, in: Hofbauer/Kupsch (Hrsg.), BHR, § 294 HGB, Anm. 11.
4 Vgl. ebenda, § 294 HGB, Anm. 13.
5 Vgl. ebenda, § 294 HGB, Anm. 12.

Albrecht weist zudem darauf hin, daß im Falle der Neueinbeziehung eines Tochterunternehmens in den Konzernabschluß, welches einen vom Konzernabschlußstichtag abweichenden Stichtag aufweist, regelmäßig ein Zwischenabschluß fehlen würde und damit eine Anpassung der Vorjahreszahlen praktisch ausgeschlossen sei.[1]

Das Wahlrecht ist als strukturwirksam einzustufen, wenn aufgrund der ansonsten nach § 294 Abs. 2 Satz 1 HGB zu machenden Angaben keine vollkommene Umrechnung des Konzernabschlusses möglich ist. Ist mittels der Angaben nach § 294 Abs. 2 Satz 1 HGB auch keine vollständige Anpassung des Konzernjahresüberschusses möglich, ist das Wahlrecht als ergebniswirksam einzustufen. Ist mit den Angaben nach § 294 Abs. 2 Satz 1 HGB allerdings eine vollständige Umrechnung des Konzernabschlusses möglich, handelt es sich um ein formelles Wahlrecht. Sekundärwirkungen werden jedoch in keinem Fall ausgelöst. Die Ausübung des Wahlrechts ist betragsmäßig erkennbar.

III. Gestaltungsparameter in der Konzernbilanz

1 Gliederungsparameter

1.1 Überblick

Die meisten Aktionsparameter bei der Gliederung der Konzernbilanz sind solche, die auch bereits zur Einzelbilanz bestehen. Sie werden hier als "allgemeine Gliederungsparameter" bezeichnet. Wie im Gliederungspunkt "Vorbemerkungen"[2] in diesem Kapitel ausgeführt wurde, werden solche Aktionsparameter, die auch zum Einzelabschluß bestehen, inhaltlich nicht näher erläutert, son-

1 Vgl. ALBRECHT, in: Hofbauer/Kupsch (Hrsg.), BHR, § 294 HGB, Anm. 12.
2 Vgl. Gliederungspunkt I. im 3. Kapitel.

dern nur aufgelistet, weil zu diesen i.d.R. ausreichend Literatur vorhanden ist.

Neben den allgemeinen Gliederungsparametern bestehen noch zwei spezielle Gliederungsparameter in der Konzernbilanz. Diese werden als "konzernspezifische Gliederungsparameter" bezeichnet und im Gliederungspunkt III.1.3 auch inhaltlich näher erläutert.

Für die Gliederungsparameter in der Konzernbilanz ergibt sich damit die nachstehend aufgeführte Ordnung.

Abb.11: Systematik der Gliederungsparameter in der Konzernbilanz

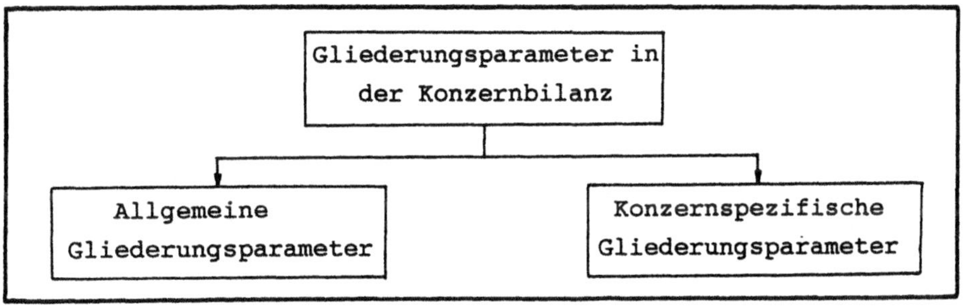

Die formellen Aktionsparameter bei der Gliederung der Konzernbilanz sollen hier, der Abgrenzung des Untersuchungsbereichs[1] folgend, nicht behandelt werden. Solche formellen Aktionsparameter sind z.B.:

- Die Zusammenfassung von Bilanzposten, wobei jedoch die zusammengefaßten Bilanzposten im Konzernanhang einzeln angegeben werden müssen.[2]
- Der Ausweis von Leerposten.[3]

1.2 Allgemeine Gliederungsparameter

In der nachstehenden Tabelle sind alle diejenigen Gliederungsparameter zur Einzelbilanz enthalten, die

1 Vgl. Gliederungspunkt II. im 1. Kapitel.
2 Vgl. § 265 Abs. 7 Nr. 2 i.V.m. § 298 Abs. 1 HGB.
3 Vgl. § 265 Abs. 8 i.V.m. § 298 Abs. 1 HGB.

gem. § 298 Abs. 1 HGB auch für die Konzernbilanz gelten.

Tab.6: Allgemeine Gliederungsparameter

1. Zuordnung zu einem Bilanzposten: Soweit ein Vermögensgegenstand oder eine Schuld mehreren Bilanzposten zuordenbar ist, steht dem Bilanzersteller ein Wahlrecht zu, festzulegen, unter welchem Bilanzposten der Ausweis erfolgen soll (vgl. § 265 Abs. 3 HGB).
2. Zusammenfassung von Bilanzposten - materiality: Soweit keine Beeinträchtigung der auszuweisenden Vermögens-, Finanz- und Ertragslage entsteht und besondere Formblätter dem nicht entgegenstehen, können mit arabischen Zahlen gekennzeichnete Bilanzposten zusammengefaßt ausgewiesen werden (§ 265 Abs. 7 Nr. 1 HGB).
3. Ausweis von erhaltenen Anzahlungen auf Vorräte: Bei erhaltenen Anzahlungen auf Vorräte besteht das Wahlrecht, diese entweder bei den Verbindlichkeiten oder aber auf der Aktivseite von dem Posten "Vorräte" offen abzusetzen (§ 268 Abs. 5 Satz 2 HGB).
4. Ausweis der nicht eingeforderten ausstehenden Einlagen: Es besteht das Wahlrecht, die nicht eingeforderten ausstehenden Einlagen entweder auf der Aktivseite vor dem Anlagevermögen gesondert auszuweisen oder aber diese auf der Passivseite in der Hauptspalte auszuweisen und die noch nicht eingezahlten eingeforderten Einlagen auf der Aktivseite unter den Forderungen gesondert auszuweisen (vgl. § 272 Abs. 1 Sätze 2 und 3 HGB).
5. Ausweis von steuerrechtlichen Abschreibungen: Die nach § 254 HGB vorzunehmenden steuerlichen Abschreibungen können direkt von dem betreffenden Vermögensgegenstand abgesetzt werden. Es darf aber auch der Unterschiedsbetrag zwischen der Bewertung nach § 253 i.V.m. § 279 HGB und derjenigen nach § 254 HGB auf der Passivseite in den Sonderposten mit Rücklage-

anteil eingestellt werden (vgl. § 281 HGB).

6. Aufstellung der Bilanz "unter Berücksichtigung der vollständigen oder teilweisen Verwendung des Jahresergebnisses" (§ 268 Abs. 1 Satz 1 HGB; § 270 Abs. 2 HGB): Die Bilanz darf sowohl unter Berücksichtigung als auch unter Nichtberücksichtigung der Verwendung des Jahresergebnisses aufgestellt werden. Wird die Bilanz unter Berücksichtigung der vollständigen oder teilweisen Ergebnisverwendung aufgestellt, sind die Veränderungen der Gewinnrücklagen bereits bei ihrer Aufstellung zu berücksichtigen (vgl. § 270 Abs. 2 HGB). Zudem sind bei Aufstellung der Bilanz unter Berücksichtigung der teilweisen Ergebnisverwendung die Posten Jahresüberschuß/Jahresfehlbetrag und Gewinnvortrag/Verlustvortrag durch den Posten Bilanzgewinn/Bilanzverlust zu substituieren (vgl. § 268 Abs. 1 HGB).

Bei dem Aktionsparameter "Zusammenfassung von Bilanzposten - materiality" handelt es sich um einen quasimateriellen Aktionsparameter, der gleichgerichtete Sekundärwirkungen hervorruft.[1] Die übrigen allgemeinen Gliederungsparameter sind strukturwirksam, haben jedoch ebenfalls gleichgerichtete Sekundärwirkungen. Neben den jeweiligen Bilanzposten beeinflussen die Aktionsparameter 3 - 5 auch die Bilanzsumme. Die Aktionsparameter 1 und 6 beeinflussen hingegen nur die jeweiligen, oben aufgeführten Bilanzposten sowie diejenigen Kennzahlen, die eine oder mehrere der betreffenden Bilanzposten enthalten.

Bei jedem der 6 Aktionsparameter ist für die Konzernabschlußinteressenten erkennbar, wie diese ausgeübt worden sind, da die Bilanzgliederung entsprechend der Ausübung der Aktionsparameter ausgestaltet ist. Für den ersten Aktionsparameter gilt dies aber nur insoweit, als bei anderen Bilanzposten die Mitzugehörigkeit vermerkt wird.[2] Die allgemeinen Gliederungsparameter sind als eingeschränkt zeitlich flexibel einzustufen, d.h. diese können in Folgeperioden insoweit anders ausgeübt werden, als ein Abweichungsgrund von der Darstellungsstetigkeit gegeben ist.

1.3 Konzernspezifische Gliederungsparameter

1.3.1 Zusammengefaßter Ausweis der Vorräte - materiality

In der Konzernbilanz dürfen die Vorräte in einem Posten zusammengefaßt werden, "wenn deren Aufgliederung wegen besonderer Umstände mit einem unverhältnismäßigen Aufwand verbunden wäre."[3] Das Wahlrecht, die Vorräte zu-

1 Die jeweilige Inanspruchnahme unterliegt der Darstellungsstetigkeit nach § 265 Abs. 1 i.V.m. § 298 Abs. 1 HGB.
2 Vgl. § 265 Abs. 3 Satz 1 i.V.m. § 298 Abs. 1 HGB.
3 § 298 Abs. 2 HGB.

sammengefaßt auszuweisen, beinhaltet mithin einen Spielraum, der sich in der Formulierung "unverhältnismäßigen Aufwand" verbirgt. In der Literatur wird angenommen, daß ein unverhältnismäßiger Aufwand insbesondere bei vertikal tief gestaffelten Konzernen vorkommen kann.[1]

Dieses Wahlrecht ist als quasi-materiell einzustufen. Es weist gleichgerichtete Sekundärwirkungen auf, da es der Darstellungsstetigkeit nach § 265 Abs. 1 i.V.m. § 298 Abs. 1 HGB unterliegt.

Die Ausübung dieses Aktionsparameters ist durch die Offenlegung der Gliederung der Konzernbilanz - zwangsläufig - erkennbar. Der Aktionsparameter ist eingeschränkt zeitlich flexibel, d.h. er kann in Folgeperioden dann anders ausgeübt werden, wenn ein Ausnahmegrund von der Darstellungsstetigkeit gegeben ist.

1.3.2 Ausweis von bestimmten Eigenkapitalkorrekturen

Für die erfolgsunwirksam zu verrechnenden Rest- bzw. Vorjahresbeträge aus der Zwischenergebniseliminierung[2] und für die erfolgsunwirksam zu verrechnenden echten Aufrechnungsdifferenzen aus dem Vorjahr bei der Schuldenkonsolidierung[3] bestehen Ausweiswahlrechte. Die wesentlichen der in der Literatur entwickelten Ausweismöglichkeiten für diese Vorjahresbeträge sollen im fol-

1 Vgl. BUSSE von COLBE/MÜLLER/REINHARD (Hrsg.), Aufstellung, S. 147; TREUHAND-VEREINIGUNG (Hrsg.), Rechnungslegung im Konzern, S. 84.
2 Zur Verrechnung der Zwischenergebnisse s. z.B. KLEIN, in: Castan u.a. (Hrsg.), Beck HdR, C 430, Anm. 190 ff.
3 Zur Verrechnung der echten Aufrechnungsdifferenzen aus der Schuldenkonsolidierung s. z.B. FISCHER, in: Castan u.a. (Hrsg.), Beck HdR, C 420, Anm. 65 ff.

genden kurz dargestellt werden.[1]

- Ausweis im Gewinnvortrag/Verlustvortrag: Eine Ausweismöglichkeit besteht darin, die erfolgsunwirksam zu verrechnenden Beträge aus der Zwischenergebniseliminierung und der Schuldenkonsolidierung mit dem Gewinnvortrag/Verlustvortrag zu verrechnen.[2] [3] Diese Ausweismöglichkeit ist in der Literatur aber z.T. erheblich kritisiert worden, da sie zu einer für den externen Konzernbilanzleser "unverständlichen Aufblähung"[4] der Position Gewinnvortrag/Verlustvortrag führe.[5]
- Verrechnung mit Gewinnrücklagen: Desweiteren besteht die Möglichkeit, die oben bezeichneten erfolgsunwirksamen Beträge mit den Gewinnrücklagen zu verrechnen. Diese und die vorgenannte Ausweismöglichkeit werden regelmäßig in der Weise durchgeführt, daß die auszuweisenden Beträge mit dem Gewinnvortrag/Verlustvortrag bzw. den Gewinnrücklagen global verrechnet werden. In Ausnahmefällen kann auch eine Einzelkorrektur stattfinden, d.h. es werden die Eigenkapitalposten in der Höhe korrigiert, in denen

---

1 Soweit eine Ergebnisverwendungsrechnung nach § 158 Abs. 1 AktG i.V.m. § 298 Abs. 1 HGB im Konzernabschluß aufzustellen ist, wirken sich die vom Konzern gewählten Ausweismöglichkeiten grundsätzlich auch in der Ergebnisverwendungsrechnung aus. Keine Auswirkungen auf die Ergebnisverwendungsrechnung hat bspw. die Ausweismöglichkeit, daß die erfolgsunwirksam zu verrechnenden Beträge aus den Zwischenergebniseliminierungen offen von den Vorräten abgesetzt werden.

2 Vgl. z.B. WP-HANDBUCH 1985/86, Bd. II, S. 445-448 m.w.N.; BUSSE von COLBE/ORDELHEIDE, Konzernabschlüsse, S. 272-288 m.w.N.; von WYSOCKI/WOHLGEMUTH, Konzernrechnungslegung, S. 151 f. u. S. 172 f.; BRUNS, in: Castan u.a. (Hrsg.), Beck HdR, C 450, Anm. 37-45.

3 Soweit die Konzernbilanz nach Ergebnisverwendung aufgestellt wird (§ 268 Abs. 1 i.V.m. § 298 Abs. 1 HGB), kommt eine Einstellung in den Konzernbilanzgewinn/Konzernbilanzverlust in Betracht.

4 Von WYSOCKI/WOHLGEMUTH, Konzernrechnungslegung, S. 173.

5 Zur Kritik vgl. z.B. BUSSE von COLBE/ORDELHEIDE, Konzernabschlüsse, S. 274 m.w.N.

die zu verrechnenden Beträge den entsprechenden Posten in dem in die Konsolidierung einbezogenen Einzelabschluß beeinflußt haben.[1] In der Regel wird diese Zuordnung jedoch auf "arbeitstechnische Schwierigkeiten"[2] stoßen oder aber "mit willkürlichen Fiktionen arbeiten"[3] müssen.

- Ausweis von Sonderposten: Eine weitere Möglichkeit besteht darin, die oben beschriebenen Beträge in spezielle Sonderposten einzustellen.[4] Diese Sonderposten, die mit dem Konzerneigenkapital korrespondieren, sind entsprechend zu bezeichnen. In Frage kommen etwa Bezeichnungen wie "Ausgleichsposten aus der Erfolgskonsolidierung"[5], "Ausgleichsposten aus ergebniswirksamen Konsolidierungsmaßnahmen"[6], "Konsolidierungsrücklage"[7] oder auch spezielle Bezeichnungen wie "Restposten aus erfolgswirksamer Schuldenkonsolidierung".[8]
- Rücklage für Zwischenergebnisse bei Vorräten: In der Literatur wird es auch als zulässig angesehen, die erfolgsunwirksam zu verrechnenden Beträge aus der Zwischenergebniseliminierung in eine Rücklage für Zwischenergebnisse einzustellen und diese dann auf der Aktivseite offen von den Vorräten abzusetzen.[9]
- Verrechnung mit den Minderheitenanteilen: Weiterhin wird es in der Literatur als zulässig angesehen, den auf die anderen Gesellschafter i.S.v. § 307 HGB entfallenden Anteil an den aus der Zwischenergebnis-

---

1 Zur Einzel- und Globalkorrektur vgl. BUSSE von COLBE/ORDELHEIDE, Konzernabschlüsse, S. 272-288; BRUNS, in: Castan u.a. (Hrsg.), Beck HdR, C 450, Anm. 39-43.
2 BUSSE von COLBE/ORDELHEIDE, Konzernabschlüse, S. 275.
3 Ebenda.
4 Vgl. die auf der Vorseite in Fußn.2 aufgeführte Literatur.
5 BRUNS, in: Castan u.a. (Hrsg.), Beck HdR, C 450, Anm. 42; HARMS/KÜTING, Ergebnisausweis, S. 348.
6 Ebenda.
7 GROSS/SCHRUFF/von WYSOCKI, Konzernabschluß, S. 184.
8 WP-HANDBUCH 1985/86, Bd. II, S. 448.
9 Vgl. ebenda, S. 447; BUSSE von COLBE/ORDELHEIDE, Konzernabschlüsse, S. 289 f.

eliminierung und der Schuldenkonsolidierung resultierenden zu verrechnenden Beträgen mit dem "Ausgleichsposten für die Anteile der anderen Gesellschafter"[1] zu verrechnen.[2]

Ähnlich gelagerte Ausweisfragen wie bei den Restbeträgen aus den o.a. Konsolidierungsmaßnahmen ergeben sich auch bei der zeitverschobenen Gewinnvereinnahmung von Beteiligungserträgen.[3] Mit zeitverschobener Gewinnvereinnahmung wird dabei der Sachverhalt bezeichnet, daß Beteiligungserträge nicht im Jahr der Gewinnerzielung durch das Beteiligungsunternehmen, sondern in späteren Jahren an das beteiligte Unternehmen ausgeschüttet und mithin - aus Sicht des beteiligten Unternehmens - vereinnahmt werden. In der Konzernbilanz besteht für diese zeitverschoben übernommenen Gewinne ein Ausweiswahlrecht, sie entweder mit dem Gewinnvortrag/Verlustvortrag zu verrechnen oder aber in einen besonderen Posten auf der Passivseite der Konzernbilanz einzustellen.[4] Dieser Posten kann z.B. die Bezeichnung tragen: "vereinnahmte Gewinne konsolidierter Gesellschaften aus Vorjahren."[5]

Die Wahlrechte hinsichtlich des Ausweises von Eigenkapitalkorrekturen sind strukturwirksam, d.h. bestimmte Eigenkapitalposten und Sonderposten können durch diese betragsmäßig beeinflußt werden. Die Sekundärwirkungen sind gleichgerichtet, da die Nutzung dieser Wahlrechte der Darstellungsstetigkeit nach § 265 Abs. 1 i.V.m. § 298 Abs. 1 HGB unterliegt.

1 § 307 Abs. 1 Satz 1 HGB.
2 Vgl. BRUNS, in: Castan u.a. (Hrsg.), Beck HdR, C 450, Anm. 45. Vgl. ferner BUSSE von COLBE/ ORDELHEIDE, Konzernabschlüsse, S. 285-287.
3 Vgl. dazu BUSSE von COLBE/ORDELHEIDE, Konzernabschlüsse, S. 292-295; WP-HANDBUCH 1985/86, Bd. II, S. 449.
4 Vgl. ebenda.
5 BUSSE von COLBE/ORDELHEIDE, Konzernabschlüsse, S. 295.

Die Inanspruchnahme dieser Wahlrechte ist insoweit tendenziell erkennbar, als der Ausweis von Sonderposten in der Konzernbilanz ersichtlich ist. Die Wahlrechte sind eingeschränkt zeitlich flexibel, d.h. sie können in Folgeperioden dann anders ausgeübt werden, wenn ein Abweichungsgrund von der Darstellungsstetigkeit gegeben ist. Die Nutzung dieser Wahlrechte entfaltet Bindungswirkung, d.h. die Wahlrechte sind bei allen in den Konzernabschluß einzubeziehenden Unternehmen gleich auszuüben.

2 Konzerneinheitliche Bilanzierungs- und Bewertungsparameter

2.1 Einführung

2.1.1 Bedeutungsinhalt der Einheitlichkeit

Im AktG a.F. hatte noch das Maßgeblichkeitsprinzip gegolten, d.h. die Einzelabschlüsse der in den Konzernabschluß einzubeziehenden Unternehmen mußten grundsätzlich unverändert in den Konzernabschluß übernommen werden.[1] Ausnahmen von dem Maßgeblichkeitsprinzip gab es nur dann, wenn Einzelabschlüsse einzubeziehen waren, die nicht den deutschen GoB entsprachen. Insoweit hatte dann eine Umbewertung dieser Einzelabschlüsse zur Anpassung an die deutschen GoB stattzufinden. Eine solche Umbewertung war v.a. dann notwendig, wenn freiwillig ein sog. befreiender Weltabschluß aufgestellt wurde.[2]

---

1 Vgl. zum Maßgeblichkeitsprinzip des Einzelabschlusses für den Konzernabschluß im einzelnen: ADLER/DÜRING/SCHMALTZ, Bd. 3, § 331 AktG, Anm. 70-90; WENTLAND, Konzernbilanz, S. 105-128. Vgl. auch die Literaturzusammenstellung bei HARMS/KÜTING, Einheitlichkeit, S. 105, Fußn. 3; sowie BARTKE, Maßgeblichkeitsprinzip, S. 457 ff.; SCHIRM, Maßgeblichkeit, S. 1573 ff.; SAHNER, Einheitsgrundsatz, S. 784-788.

2 Vgl. die in Fußnote 1 aufgeführte Literatur sowie AK WELTBILANZ, Einbeziehung, S. 32-45.

Im HGB wurde dieses Maßgeblichkeitsprinzip durch die konzerneinheitliche Bewertung substituiert. Unter konzerneinheitlicher Bewertung versteht man, daß im Konzernabschluß so bewertet werden soll, als wenn der Konzern "nicht nur wirtschaftlich, sondern auch rechtlich eine Einheit"[1] wäre. Die entsprechende gesetzliche Vorschrift ist in § 308 HGB enthalten. Einschlägig ist hier insbesondere § 308 Abs. 1 Satz 1 HGB, in dem es wörtlich heißt: "Die in den Konzernabschluß nach § 300 Abs. 2 .übernommenen Vermögensgegenstände und Schulden der in den Konzernabschluß einbezogenen Unternehmen sind nach den auf den Jahresabschluß des Mutterunternehmens anwendbaren Bewertungsmethoden einheitlich zu bewerten"[2]

Der Problemkreis der einheitlichen Bewertung wirft v.a. die beiden folgenden Fragen auf, deren Beantwortung nachfolgend nachgegangen werden soll:

1. Was bedeutet "Einheitlichkeit der Bewertung"?
2. Gibt es auch eine Einheitlichkeit der Bilanzierung?

Zu 1: Aus den bisher erschienenen Literaturstellungnahmen läßt sich eine konvergierende Grundrichtung erkennen: An die einheitliche Bewertung im Konzernabschluß sind keine strengeren Anforderungen zu stellen als an die Bewertung im Einzelabschluß.[3] Diese Auffassung läßt sich auch eindeutig den Gesetzesmaterialien entnehmen. In der BT-Drucks. 10/3440 wird ausgeführt: " Die Anwendung einheitlicher Methoden bedeutet jedoch nicht, daß bestehende Wahlrechte übereinstimmend ausgeübt werden

---

1 WOHLGEMUTH, Einheitlichkeit, S. 55; von WYSOCKI/ WOHLGEMUTH, Konzernrechnungslegung, S. 27.

2 § 308 Abs. 1 Satz 1 HGB.

3 Vgl. von WYSOCKI/WOHLGEMUTH, Konzernrechnungslegung, S. 31; WOHLGEMUTH, Einheitlichkeit, S. 58; GROSS/SCHRUFF/von WYSOCKI, Konzernabschluß, S. 117 f.; SCHERRER, in: Hofbauer/Kupsch (Hrsg.), BHR, § 308 HGB, Anm. 10 f.; HARMS/KÜTING, Einheitlichkeit, S. 109 f.; GEFIU, Thesen, S. 2555 (These 4); MAAS/SCHRUFF, Konzernabschluß, S. 238; NIEHUS/SCHOLZ, in: Meyer-Landrut/Miller/Niehus, Kommentar GmbHG, §§ 238-335 HGB, Anm. 1099.

müssen. Dieser Grundsatz ist nicht strenger als für Einzelunternehmen, so daß Wahlrechte unterschiedlich ausgeübt werden können, wenn diese Entscheidung auch im Einzelabschluß einer Unternehmenseinheit getroffen werden könnte."[1] Damit ist klargestellt, daß alle die Bewertungswahlrechte, die im Einzelabschluß zur Verfügung stehen, auch im Konzernabschluß genutzt werden können. Einheitlich bewerten heißt somit also nicht, daß die Bewertungswahlrechte im Konzernabschluß alle gleichgerichtet auszuüben sind.

Wenn nun an die Einheitlichkeit der Bewertung im Konzernabschluß keine strengeren Anforderungen zu stellen sind als an diejenige im Einzelabschluß, stellt sich zwangsläufig die Frage, welche Bedeutung die Einheitlichkeit der Bewertung denn im Einzelabschluß entfaltet. Hierzu ist zunächst festzustellen, daß es keine gesetzliche Regelung gibt, die eine einheitliche Bewertung im Einzelabschluß vorschreibt. Die Ausübung der Bewertungsparameter wird im Einzelabschluß in erster Linie[2] durch die Bewertungsstetigkeit[3] nach § 252 Abs. 1 Nr. 6 HGB erreicht. Eine darüber hinausgehende Einschränkung der Ausübung von Bewertungsparametern durch einen - wie auch immer gearteten - Grundsatz der Einheitlichkeit der Bewertung ist derzeit nicht zu ersehen.[4] [5]

Für die Einheitlichkeit der Bewertung im Konzernabschluß bedeutet dies: Durch die in § 308 HGB gere-

---

1 BT-Drucks. 10/3440, S. 39 f.

2 In Ausnahmefällen kann sich eine Einschränkung auch durch die Generalklausel ergeben. Vgl. hierzu im 2. Kapitel Gliederungspunkt V.3.

3 Zur Bewertungsstetigkeit vgl. im 2. Kapitel Gliederungspunkt V.2.2.

4 Vgl. SCHERRER, in: Hofbauer/Kupsch (Hrsg.), BHR, § 308 HGB, Anm. 11.

5 Für eine umfassende Einschränkung der Ausübung von Bewertungsparametern durch den Grundsatz der Einheitlichkeit der Bewertung plädiert SELCHERT, Einheitlichkeit, S. 447 ff. Vgl. dazu aber auch WOHLGEMUTH, Einheitlichkeit, S. 45-55.

gelte konzerneinheitliche Bewertung wird (lediglich) klargestellt, daß die Bewertung im Konzernabschluß so stattzufinden hat, als ob die in den Konzerabschluß einbezogenen Unternehmen "insgesamt ein einziges Unternehmen wären."[1] Das beruht darauf, daß die Bewertungsstetigkeit nach § 298 Abs. 1 i.V.m. § 252 Abs. 1 Nr. 6 HGB auch auf den Konzernabschluß anzuwenden ist, darüber hinaus aber keine anderen Vorschriften zur Einheitlichkeit der Bewertung im Einzelabschluß existieren und nach herrschender Literaturmeinung sowie der eindeutigen Gesetztesbegründung an die in § 308 HGB kodifizierte Einheitlichkeit der Bewertung im Konzernabschluß keine strengeren Anforderungen zu stellen sind als an die Bewertung im Einzelabschluß. Insoweit ist die Regelung des § 308 HGB eindeutig und auch notwendig zur Erstellung eines Konzernabschlusses, der der in § 297 Abs. 3 Satz 2 HGB kodifizierten Einheitstheorie entspricht. Eine darüber hinausgehende Rechtswirkung, die die Nutzung von Bewertungsparametern einschränkt, entfaltet die einheitliche Bewertung nach § 308 HGB allerdings nicht.

Zu 2: Sieht man die einschlägige Literatur auf die zweite Fragestellung hin durch, ob also auch bei der Bilanzierung einheitlich zu verfahren ist, ist festzustellen, daß sich hierzu bis jetzt keine vorherrschende Meinung gebildet hat. Als Argument gegen die Einheitlichkeit der Bilanzierung wird in der Literatur angeführt, daß im Gesetz[2] keine Forderung nach einheitlicher Bilanzierung enthalten ist.[3] Die Befürworter einer einheitlichen Bilanzierung können als gewichtiges Argument für ihre Auffassung aufführen, daß eine einheitliche Bewertung - zumindest teilweise - ihren Zweck ver-

---

1 § 297 Abs. 3 Satz 1 HGB.
2 Vgl. § 300 HGB.
3 Vgl. WEIRICH, Bewertung, S. 79; WP-HANDBUCH 1985/86, Bd. II, S. 346; BUSSE von COLBE/MÜLLER/REINHARD (Hrsg.), Aufstellung, S. 41 f.

liert, wenn die der Bewertung zuvorgehende Bilanzierung nicht einheitlich durchgeführt worden ist.[1]

Wie auch immer diese Streitfrage gelöst werden wird, materielle Bedeutung für die Konzernbilanzpolitik kommt ihrer Lösung nicht zu. Der Grund hierfür liegt darin, daß, wie oben aufgezeigt, aus der konzerneinheitlichen Bewertung bzw. Bilanzierung keine zusätzliche Einschränkung der Inanspruchnahmemöglichkeiten von Bilanzierungs- und Bewertungsparametern resultiert.

Die Einheitlichkeit bei der Bilanzierung und Bewertung kann damit zusammengefaßt wie folgt charakterisiert werden: Einheitlichkeit der Bilanzierung und Bewertung im Konzern bedeutet, daß an den Konzernabschluß die gleichen Bewertungsanforderungen zu stellen sind wie an den Einzelabschluß. Eine darüber hinausgehende strengere Bewertungsanforderung, die sich in einer einheitlichen Ausübung von Bilanzierungs- und Bewertungsparametern im Konzernabschluß manifestieren würde, existiert nicht. Dies bedeutet aber auch, daß auf den Konzernabschluß die gleichen Einschränkungen bei der Ausübung von Bilanzierungs- und Bewertungsparametern anzuwenden sind wie im Einzelabschluß. Als solche Einschränkung erweist sich die Bewertungsstetigkeit nach § 252 Abs. 1 Nr. 6 HGB, die auch originär über § 298 Abs. 1 HGB für den Konzernabschluß gilt.

2.1.2 Durchführung der einheitlichen Bewertung

Aus den §§ 300 und 308 HGB ergibt sich, daß für solche Einzelabschlüsse eine Umbewertung stattzufinden hat, die nicht den auf den Konzernabschluß anzuwendenden Bilanzierungs- und Bewertungsmethoden entsprechen. Nach bisher üblichem Sprachgebrauch differenzierte man in diesem Zusammenhang die Handelsbilanz I (im folgenden

1 Vgl. REINTGES, Bewertung, S. 287.

HB I genannt) und die Handelsbilanz II (im folgenden HB II genannt).[1] Mit der HB I bezeichnet man den Einzelabschluß, der nach den für das Unternehmen originär geltenden Rechnungslegungsgrundsätzen aufgestellt worden ist.[2] Als HB II bezeichnet man jene Bilanz (Jahresabschluß), die neben die HB I tritt und nach den konzerneinheitlichen Rechnungslegungsgrundsätzen aufgestellt worden ist, wobei sich die konzerneinheitlichen Rechnungslegungsgrundsätze aus denjenigen rekrutieren, die für das Mutterunternehmen gelten.[3]

Eine HB II ist vor allem dann aufzustellen, wenn es sich bei dem zu konsolidierenden Unternehmen um ein ausländisches Unternehmen handelt. Ferner kann eine HB II notwendig werden, wenn das zu konsolidierende Tochterunternehmen eine inländische Personengesellschaft ist. Schließlich ist eine HB II dann erforderlich, wenn bei dem Mutterunternehmen oder bei einem Tochterunternehmen die Bilanzierungs- und Bewertungsparameter ganz oder teilweise anders ausgeübt worden sind, als sie nach den auf den Konzernabschluß sonst anzuwendenden Bewertungsmethoden auszuüben wären.[4]

Fraglich erscheint aber, ob die Differenzierung in HB I und HB II nach neuem Recht noch ohne Ausnahmen Bestand hat.[5] Möglich erscheint auch, daß in Einzelfällen zusätzlich eine Handelsbilanz III (im folgenden HB III genannt) erstellt wird. Die HB III beinhaltet dann die Handelsbilanz, die als Grundlage für die Einbeziehung des Einzelabschlusses in den Konzernabschluß dient,

1 Der Begriff "Handelsbilanz" wird dabei mit dem Bedeutungsinhalt "Jahresabschluß" verwendet. Vgl. GROSS/SCHRUFF/von WYSOCKI, Konzernabschluß, S. 112.
2 Vgl. z.B. von WYSOCKI/WOHLGEMUTH, Konzernrechnungslegung, S. 30.
3 Zur Ableitung der HB II aus der HB I vgl. MÜLLER, Konzernrechnungswesen, S. 46-57; WP-HANDBUCH 1985/86, Bd. II, S. 356-360.
4 Zu den möglichen Umbewertungsfällen vgl. auch WEIRICH, Bewertung. S 82 f.
5 Vgl. auch GROSS/SCHRUFF/von WYSOCKI, Konzernabschluß, S. 111.

weil die HB II für interne Steuerungs- und Kontrollzwecke eingesetzt wird. Die mögliche Erfordernis einer HB III wird einsichtig, wenn man berücksichtigt, daß die HB II ansonsten neben der Funktion, den in den Konzernabschluß aufzunehmenden Einzelabschluß zu bilden, in aller Regel auch die Funktion hat, ein internes Steuerungs- und Kontrollinstrument zu sein, denn eine sinnvolle Vergleichbarkeit der erzielten Leistung der einzelnen Konzernunternehmen ist nur möglich, wenn an alle Konzernunternehmen die gleiche Meßlatte angelegt wird.[1] Das bedeutet für die Bewertung im Konzernabschluß, das die Bilanzierungs- und Bewertungsparameter bei den einzelnen Konzernunternehmen gleichgerichtet auszuüben sind. Diese gleichgerichtete Ausübung wird in der Praxis durch konzerninterne Bewertungsrichtlinien sichergestellt.

Sollen aus bilanzpolitischen Gründen alle oder ein Teil der Bilanzierungs- und Bewertungsparameter anders ausgeübt werden, hat dies zur Konsequenz, daß ein Periodenvergleich der einzelnen Konzernunternehmen beeinträchtigt wird. Eine Störung der Vergleichbarkeit tritt aber insbesondere dann auf, wenn nur bei einzelnen Konzernunternehmen eine Änderung der Ausübung von Bilanzierungs- und Bewertungsparametern vorgenommen wird. Will man nun gleichzeitig die Vergleichbarkeit aufrechterhalten und aus konzernbilanzpolitischen Gründen eine Veränderung der Ausübung von Bilanzierungs- und Bewertungsparametern vornehmen, ist dies nur möglich, wenn man neben der HB II für interne Steuerungs- und Kontrollzwecke eine HB III aufstellt, die Grundlage für die Einbeziehung des Einzelabschlusses in den Konzernabschluß ist.

1 Vgl. MÜLLER, Konzernrechnungswesen, S. 10-12 und S. 33 ff. Vgl. zu dem Steuerungs- und Kontrollaspekt ferner MÜLLER, Steuerung, S. 160 ff.; BUSSE von COLBE, Steuerung, S. 257 ff.

2.1.3 Exkurs: Verhältnis von Kapitalkonsolidierung und konzerneinheitlicher Bewertung

Die Anwendung der konzerneinheitlichen Bewertung wird oft als Fortschritt gewertet, da das nach altem Recht anzuwendende Maßgeblichkeitsprinzip zu einem Bewertungskonglomerat[1] führte. Dieses Bewertungskonglomerat beruhte darauf, daß bei den einzelnen in den Konzernabschluß einzubeziehenden Unternehmen die Bilanzierungs- und Bewertungsparameter unterschiedlich ausgeübt werden konnten und die sich daraus ergebenden Wertansätze aufgrund des Maßgeblichkeitsprinzips in den Konzernabschluß übernommen werden mußten.[2] Wie noch zu zeigen sein wird, kann der Auffassung, daß die konzerneinheitliche Bewertung einen Fortschritt gegenüber dem bisherigen Rechtszustand darstelle, nicht uneingeschränkt zugestimmt werden.[3]

Auf den Konzernabschluß nach HGB sind gem. den §§ 298 Abs. 1, 300 und 308 HGB grundsätzlich die Bewertungsvorschriften und -methoden anzuwenden, wie sie für große Kapitalgesellschaften gelten.[4] Dies impliziert, daß bspw. Wertansätze von ausländischen Tochterunternehmen, die auf Wiederbeschaffungskosten basieren, nicht in den Konzernabschluß übernommen werden dürfen. Dieses Ergebnis ändert sich aber, soweit man die Kapitalkonsolidierung mit in die Betrachtung einbezieht. Die Verteilung des Unterschiedsbetrages führt dazu, daß auch Vermögensgegenstände und Schulden von Tochterunternehmen in den Konzernabschluß zu übernehmen sind, die mit Tageswerten (Wiederbeschaffungskosten) bewertet worden sind. Hinzu kommt noch, daß die Vermögens-

---

1 Vgl. SAHNER, Einheitsgrundsatz, S. 786.
2 Vgl. ebenda, S. 786 f.
3 Eine ähnliche Haltung nehmen auch ein: SCHILDBACH, Konzernrechnungslegungsvorschriften, S. 395 f. und STOBBE, Bewertung, S. 1840. Sie stützen ihre Ansicht allerdings auf einen anderen Begründungszusammenhang.
4 Für den Konzernabschluß nach PublG gilt im Grundsatz das gleiche.

gegenstände und Schulden der Tochterunternehmen im Konzernabschluß nun nicht einheitlich voll mit Tageswerten angesetzt werden, sondern vielmehr ein Ansatz von Tageswerten in Abhängigkeit von der Höhe des Unterschiedsbetrages und dem angewandten Kapitalkonsolidierungsverfahren[1] erfolgt, so daß die von Tochterunternehmen in den Konzernabschluß zu übernehmenden Wertansätze uneinheitlich teils auf Tageswerten und teils auf (fortgeführten) Anschaffungs- oder Herstellungskosten basieren. Damit ergibt sich im Konzernabschluß nach neuem Recht ein weitreichenderes Bewertungskonglomerat als nach altem Recht, da nun im Konzernabschluß Wertansätze enthalten sind, die teilweise auf (fortgeführten) Anschaffungs- oder Herstellungskosten z.T. aber auch auf Tageswerten (Wiederbeschaffungskosten) beruhen.[2]

Man könnte annehmen, daß dieses Bewertungskonglomerat zeitlich begrenzt wäre, da die auf Wiederbeschaffungskosten basierenden Wertansätze im Zeitablauf durch Veräußerung bzw. Abschreibungen auf die Vermögensgegenstände eliminiert würden. Aber selbst wenn dies der Fall wäre, würde der Konzernabschluß über viele Perioden ein Bewertungskonglomerat enthalten. Abgesehen davon wird sich in sehr vielen Fällen das Bewertungskonglomerat im Konzernabschluß ohnehin als dauerhaftes Phänomen darstellen, da sich in großen Konzernen der Konsolidierungskreis jährlich verändert und damit dann auch wieder neue Erstkonsolidierungen im Rahmen der Kapitalkonsolidierungen stattzufinden haben, die neuerlich Wertansätze auf Wiederbeschaffungskostenbasis in den Konzernabschluß einfließen lassen.

---

1 Wird die Neubewertungsmethode nach § 301 Abs. 1 Nr. 2 HGB angewendet, sind auch die auf die Minderheitsgesellschafter entfallenden stillen Reserven und Lasten aufzudecken. Damit erhöht sich das Potential zum Ansatz von Vermögensgegenständen und Schulden mit Tageswerten. Vgl. im einzelnen hierzu Gliederungspunkt V.2.2.1.2 im 3. Kapitel.

2 Gl. A. HARMS/KÜTING, Einheitlichkeit, S. 112; MÜLLER, Konzernrechnungslegung, S. 59.

Nicht unbeachtet sollte aber bleiben, daß die partielle Bewertung mit Tageswerten zwar einerseits zu einem Bewertungskonglomerat im Konzernabschluß führt, andererseits aber auch eine tendenzielle Verbesserung der Aussagefähigkeit des Konzernabschlusses zur Folge hat, da stille Reserven und Lasten aufgelöst werden. Dies ist insoweit auch zu begrüßen, als dem Vorsichtsprinzip im Konzernabschluß eine geringere Bedeutung zukommt als im Einzelabschluß.

2.1.4 Vorgehensweise zur Untersuchung der konzerneinheitlichen Bilanzierungs- und Bewertungsparameter

In der einschlägigen Literatur wird oftmals darauf hingewiesen, daß nach neuem Recht bei der Bilanzierung und Bewertung im Konzernabschluß eine von den Einzelabschlüssen vollkommen autonome Konzernbilanzpolitik betrieben werden kann.[1] Zudem stellt die Bilanzierung und Bewertung einen zentralen Bereich der Konzernbilanzpolitik dar. Dies berücksichtigend soll nun im folgenden der Untersuchungsplan aufgezeigt werden, wie die einzelnen Parameter bei der Bilanzierung und Bewertung elaboriert werden können.

Bei der Analyse der Bilanzierungs- und Bewertungsparameter sollen zwei verschiedene Parametergruppen differenziert werden: die allgemeinen und die konzernspezifischen Bilanzierungs- und Bewertungsparameter. Auf diese beiden Parametergruppen wird eine unterschiedliche Vorgehensweise bei der Analyse angewendet. Die Begründung dafür befindet sich in der unterschiedlichen Erforschung der beiden Parametergruppen bis dato.

---

1 Vgl. CLEMM/WENZEL, Konzernbilanzpolitik, S. 348; WEIRICH, Bewertung, S. 78; LEDERLE, in: Castan u.a. (Hrsg.), Beck HdR, C 300, Anm. 16; WP-HANDBUCH 1985/86, Bd. II, S. 348; HAVERMANN, Konzernabschluß, S. 189.

Als allgemeine Bilanzierungs- und Bewertungsparameter werden hier diejenigen Aktionsparameter bezeichnet, die auch im Einzelabschluß einer großen Kapitalgesellschaft angewendet werden können. Sie werden im Rahmen der Einzelbilanzpolitik schon seit Jahrzehnten erforscht. Als bahnbrechende und grundlegende Monographie ist die Arbeit von Harder[1] anzuführen. Seit Ende der sechziger Jahre wurde dann ein verstärktes Gewicht speziell auf die Steuerbilanzpolitik gelegt.[2] Mittlerweile hat die Behandlung und Darstellung der Bilanzierungs- und Bewertungsparameter Eingang in die Lehrbücher zur Bilanzpolitik[3] und auch in die Gesamtdarstellungen der Betriebswirtschaftslehre[4] gefunden. Damit erübrigt sich bzw. verbietet sich sogar für eine wissenschaftliche Arbeit eine weitere beschreibende Darstellung dieser Aktionsparameter. Eine gruppenartige Zusammenfassung dieser Aktionsparameter in Tabellenform ist hinreichend und allerdings auch notwendig, da sich einerseits nach Verabschiedung des BiRiLiG einige Veränderungen bei den allgemeinen Bilanzierungs- und Bewertungsparametern ergeben haben und zum anderen die Aktionsparameter bisher in der Literatur mehr oder weniger unsystematisch aufgeführt worden sind.

Der Inhalt der Tabellen und damit die Zusammenstellung der Aktionsparameter stützt sich vorrangig auf die drei neueren Werke zur Bilanzpolitik, die nicht nur die gängigen im Gesetz kodifizierten Wahlrechte aufführen,

1 Vgl. HARDER, Bilanzpolitik. Vgl. ferner JACOB, Bilanzpolitik; SCHMIDT, Bilanzpolitik; HALBINGER, Erfolgsausweispolitik, insb. S. 44-51; KOTTKE, Bilanzstrategie.

2 Zu nennen sind hier v.a. die Werke von: DIECKMANN, Steuerbilanzpolitik; MARETTEK, Steuerbilanzpolitik; MÜLLER-KRÖNCKE, Steuerbilanzpolitik; HEIGL/MELCHER, Steuerpolitik; SCHNEELOCH, Steuerbelastungsvergleiche, S. 35-65 und S. 151-231; BÖRNER/KRAWITZ, Steuerbilanzpolitik; RÜCKLE, Steuerbilanzpolitik.

3 Vgl. z.B. WÖHE, Bilanzierung; KERTH/WOLF, Bilanzanalyse, S. 275 ff.

4 Vgl. z.B. MELLEROWICZ, Unternehmenspolitik, S. 190-413.

sondern darüber hinaus eine Vielzahl weiterer, bis jetzt in der Literatur fast immer unbeachtet gebliebene Aktionsparameter herausgefunden haben. Es handelt sich dabei um die Werke von Bauer,[1] Packmohr[2] und Pfleger,[3] denen das Verdienst gebührt, einen neuen Abschnitt in der Forschung zur Bilanzpolitik eingeleitet zu haben.

In diesen drei Monographien finden sich in aller Regel auch Hinweise auf weiterführende Spezialliteratur zu den betreffenden Problemkreisen. Soweit es im Einzelfall zur Verdeutlichung des Aktionsparameters notwendig erscheint, werden Fundstellenhinweise auf Standardkommentare, Lehrbücher zur Rechnungslegung sowie auf weitere den Aktionsparameter betreffende Spezialliteratur gegeben. Grundsätzlich erfolgt in den Tabellen allerdings nur ein Hinweis auf die Mongraphien von Bauer, Packmohr und Pfleger. Diese Literaturnachweise werden in der Tabelle nur mit dem Autorennamen und der konkreten Fundstelle im Text gekennzeichnet, um Platz sparen zu können. Bei Angabe der Autorennamen in den Tabellen sind also immer die oben aufgeführten Monographien und keine anderen Veröffentlichungen der Autoren gemeint.

Ein anderer Untersuchungsplan ist bei der zweiten Parametergruppe anzuwenden: den konzernspezifischen Bilanzierungs- und Bewertungsparametern. Es handelt sich hierbei um spezielle Aktionsparameter, die nur im Konzernabschluß existieren. Sie sind dadurch gekennzeichnet, daß sie entweder Ausnahmen von der einheitlichen Bewertung zulassen oder es gestatten, Wertansätze bestimmter Branchen oder steuerliche Wertansätze zu übernehmen. Auf diese Aktionsparameter wird auch die erste Stufe des Beurteilungsverfahrens, die Inhaltsdarstellung, angewendet. Diese Vorgehensweise ist insoweit notwendig, als diese Aktionsparameter bisher - im

1 Vgl. BAUER, Rechnungspolitik.
2 Vgl. PACKMOHR, Bilanzpolitik.
3 Vgl. PFLEGER, Bilanzpolitik.

Gegensatz zu den allgemeinen Bilanzierungs- und Bewertungsparametern - noch nicht untersucht worden sind.

2.2 Allgemeine Bilanzierungs- und Bewertungsparameter

2.2.1 Bilanzierungsparameter

Mit den Bilanzierungsparametern werden die Aktionsparameter beim Ansatz bestimmter Aktiva und Passiva erfaßt. Dementsprechend lassen sich die Bilanzierungsparameter auch in Aktivierungs- und Passivierungsparameter[1] unterscheiden. Aktivierungsparameter umfassen solche Aktionsparameter, die es ermöglichen, bestimmte Vermögensgegenstände, Bilanzierungshilfen oder Rechnungsabgrenzungsposten in die Bilanz aufzunehmen oder dies zu unterlassen. Analog werden unter dem Begriff "Passivierungsparameter" solche Aktionsparameter erfaßt, die es gestatten, bestimmte Passivposten, wie u.a. bestimmte Rückstellungen und Rechungsabgrenzungsposten, in der Bilanz auszuweisen. Gem. § 300 Abs. 2 Satz 2 HGB dürfen die Aktivierungs- und Passivierungsparameter unabhängig von der Inanspruchnahme im Einzelabschluß ausgeübt werden. Die nachfolgend aufgeführte Tabelle 7 enthält einen Überblick über alle dem Konzern zur Verfügung stehenden Bilanzierungsparameter.

In Tabelle 7 sowie in den Tabellen 8 - 15 werden in der Spalte "Rechtsgrundlagen" jeweils nur dann Rechtsquellen aufgeführt, wenn diese eindeutig den betreffenden Aktionsparameter beinhalten. Es muß allerdings darauf hingewiesen werden, daß in den Fällen, in denen keine einschlägigen Vorschriften für die Gewährung von Aktionsparametern bestehen, diese Aktionsparameter

---

1 Das Wahlrecht zur Passivierung steuerfreier Rücklagen wird bei den steuerlichen Wahlrechten unter Gliederungspunkt III.2.3.4 abgehandelt. Das Wahlrecht aus § 281 i.V.m. 298 Abs. 1 HGB wird bei den Gliederungsparametern aufgeführt (Gliederungspunkt III.1.2 in diesem Kapitel).

nicht im rechtsfreien Raum stehen. Diese Aktionsparameter werden vielmehr durch Auslegung von Rechtsvorschriften, wie insbesondere des HGB, sowie aus den GoB gewonnen.

Tab. 7: Aktivierungs- und Passivierungsparameter[1]

lfd. Nr.	Bezeichnung	Rechtsgrundlage	Kurzbeschreibung
	I. AKTIVIERUNGSWAHLRECHTE		
1	Aufwendungen für die Ingangsetzung des Geschäftsbetriebes	§ 269 i.V.m. § 298 Abs. 1 HGB	Wahlrecht zur Aktivierung von Bilanzierungshilfen für Aufwendungen entweder für die Ingangsetzung oder für die Erweiterung des Geschäftsbetriebes.
2	Derivativer Firmenwert	§ 255 Abs. 4 i.V.m. § 298 Abs. 1 HGB	Wahlrecht zur Aktivierung eines erworbenen Firmenwertes.
3	Verschmelzungsmehrwert[2]	§ 348 Abs. 2 AktG i.V.m. § 308 Abs. 1 Satz 2 HGB	Aktivierungswahlrecht für den die Summe der Werte der in der Schlußbilanz angesetzten Vermögensgegenstände übersteigenden Betrag resultierend aus der Aktienausgabe oder baren Zuzahlungen.
4	Aktivierung von Gegenständen mit geringem Wert	-	Aktivierungswahlrecht für Vermögensgegenstände mit einem Wert von unter 100 DM.

1 Zu den Bilanzierungsparametern im einzelnen vgl. z.B.: HALBINGER, Erfolgsausweispolitik, S. 44 ff.; SCHMIDT, Bilanzpolitik, S. 16 ff.; FREIDANK, Bilanzpolitik, S. 340 f.; GRÄFER, Ziele, S. 355 ff.; WÖHE, Möglichkeiten, S. 715 ff. und 754 ff.; MARETTEK, Ermessensspielräume, S. 516 ff.

2 Dieses Wahlrecht kann von allen Aktiengesellschaften im Konsolidierungskreis genutzt werden, soweit das Mutterunternehmen ebenfalls in der Rechtsform der Aktiengesellschaft geführt wird.

lfd. Nr.	Bezeichnung	Rechtsgrundlage	Kurzbeschreibung
5	Abgrenzungsposten für aktive latente Steuern	§ 274 Abs. 2 i.V.m. § 298 Abs. 1 HGB	Ansatz einer Bilanzierungshilfe für aktive latente Steuern, die aus den Handelsbilanzen I oder II resultieren.
6	Disagio	§ 250 Abs. 3 i.V.m. § 298 Abs. 1 HGB	Ansatz eines Rechnungsabgrenzungspostens für ein Disagio.
7	Zölle und Verbrauchsteuern	§ 250 Abs. 1 Nr. 1 i.V.m. § 298 Abs. 1 HGB	Aktivierungswahlrecht für "als Aufwand berücksichtigte Zölle und Verbrauchsteuern, soweit sie auf am Abschlußstichtag auszuweisende Vermögensgegenstände des Vorratsvermöges entfallen".[1]
8	Umsatzsteuer auf Anzahlungen	§ 250 Abs. 1 Nr. 2 i.V.m. § 298 Abs. 1 HGB	Aktivierungswahlrecht für "als Aufwand berücksichtigte Umsatzsteuer auf am Abschlußstichtag auszuweisende oder von den Vorräten offen abgesetzte Anzahlungen".[2]
9	Unbedeutende Rechnungsabgrenzungsposten[3]	-	Aktivierungswahlrecht für betragsmäßig geringfügige aber regelmäßige wiederkehrende Rechnungsabgrenzungsposten.

1 § 250 Abs. 1 Nr. 1 HGB.
2 § 250 Abs. 1 Nr. 2 HGB.
3 Vgl. ADLER/DÜRING/SCHMALTZ, Bd. 1, § 152 AktG., Anm. 184; PACKMOHR, Bilanzpolitik, S. 175 (207); BAUER, Rechungspolitik, S. 380 f. m.w.N.

Lfd. Nr.	Bezeichnung	Rechtsgrundlage	Kurzbeschreibung
	IIa. PASSIVIERUNGSWAHLRECHTE		
10	Aufwandsrückstellungen	§ 249 Abs. 2 i.V.m. § 298 Abs. 1 HGB	Passivierungswahlrecht für Rückstellungen "für ihrer Eigenart nach genau umschriebene, dem Geschäftsjahr oder einem früheren Geschäftsjahr zuzuordnende Aufwendungen".[1]
11	best. Instandhaltungsrückstellungen	§ 249 Abs. 1 Satz 3 i.V.m. § 298 Abs. 1 HGB	Passivierungswahlrecht für Instandhaltungsaufwendungen, die innerhalb des Zeitraums von 3 bis 12 Monaten nach Ablauf des Geschäftsjahres nachgeholt werden.
12	Pensionsrückstellungen für Altzusagen	Art. 28 Abs.1 Satz 1 EGHGB i.V.m. § 300 Abs. 2 Satz 2 HGB	Passivierungswahlrecht für solche Pensionen oder Pensionsanwartschaften, für die der Berechtigte seinen Rechtsanspruch vor dem 1.1.1987 erlangt hat.
13	Pensionsrückstellungen für mittelbare Verpflichtungen sowie für den Pensionsrückstellungen ähnliche Verpflichtungen	Art. 28 Abs.1 Satz 2 EGHGB i.V.m. § 300 Abs. 2 Satz 2 HGB	Passivierungswahlrecht "für eine mittelbare Verpflichtung aus einer Zusage für eine laufende Pension oder eine Anwartschaft auf eine Pension sowie für eine ähnliche unmittelbare oder mittelbare Verpflichtung".[2]
14	unbedeutende Rechnungsabgrenzungsposten	-	Passivierungswahlrecht für betragsmässig geringfügige, aber regelmäßig wiederkehrende Rechnungsabgrenzungsposten.

1 § 249 Abs. 2 HGB.
2 Art. 28 Abs. 1 Satz 2 EGHGB.

lfd. Nr.	Bezeichnung	Rechtsgrundlage	Kurzbeschreibung
15	Wertaufholungsrücklage[1]	§ 58 Abs. 2a AktG; § 29 Abs. 4 GmbHG	Passivierungswahlrecht für eine Rücklage in Höhe des "Eigenkapitalanteil(s) von Wertaufholungen bei Vermögensgegenständen des Anlage- und Umlaufvermögens und von bei der steuerrechtlichen Gewinnermittlung gebildeten Passivposten, die nicht im Sonderposten mit Rücklageanteil ausgewiesen werden dürfen" (§ 58 Abs. 2a AktG, § 29 Abs. 4 GmbHG).
	IIb. PASSIVIERUNGSSPIELRÄUME		
16	Abgrenzung der Rückstellungen	-	Hinsichtlich der Feststellung, ob Gründe für eine Rückstellung gegeben sind, bestehen im Einzelfall erhebliche Spielräume (vgl. dazu z.B. PFLEGER, Bilanzpolitik, Anm. 624-626).

1 Vgl. PFLEGER, Bilanzpolitik, Anm. 284 und 568.

Die Bilanzierungswahlrechte sind alle ergebniswirksam. Die Aktivierungswahlrechte führen zu einer Erhöhung des (Konzern-) Jahresüberschusses und die Passivierungswahlrechte zu einer Verminderung des (Konzern-) Jahresüberschusses. Nicht erfolgwirksam, sondern strukturwirksam ist allerdings die Wertaufholungsrücklage, denn diese Rücklage steht nur bei der Verwendung des (Konzern-) Jahresüberschusses zur Verfügung.

Die Erkennbarkeit der Inanspruchnahme von Bilanzierungsparametern ist bei den einzelnen Aktivierungs- und Passivierungswahlrechten unterschiedlich. Bei einigen Aktivierungs- und Passivierungswahlrechten ist eine Erkennbarkeit dadurch gegeben, daß in den einzelnen Gewährungsvorschriften eine explizite Berichtspflicht enthalten ist. So in den §§ 269 Abs. 1 Satz 1 und 274 Abs. 2 Satz 2 HGB, jeweils i.V.m. § 298 Abs. 1 HGB, und in den §§ 58 Abs. 2a Satz 2 AktG, 29 Abs. 4 Satz 2 GmbHG, jeweils i.V.m. § 300 Abs. 2 Satz 2 HGB.

Eingeschränkt zeitlich flexibel sind die Parameter mit der lfd. Nr. 10, 12 und 13. Soweit in Folgeperioden noch die Voraussetzungen für die Inanspruchnahme dieser Aktionsparameter bestehen, können diese auch dann noch in Anspruch genommen werden. Alle übrigen Aktionsparameter sind zeitlich inflexibel. Teilbar sind die Aktionsparameter mit der lfd. Nr. 1, 5, 6, 9, 10, 11, 14, 15 und 16. Die übrigen Aktionsparameter sind nicht teilbar.

2.2.2 Bewertungsparameter

2.2.2.1 Ermittlung der Anschaffungskosten

Auch bei der Ermittlung der Anschaffungskosten bestehen einige Aktionsparameter, wenn auch nicht in solch großer Anzahl wie bei den Herstellungskosten. Die folgende Tabelle 8 enthält die Aktionsparameter bei der Ermittlung der Anschaffungskosten im einzelnen.

Tab. 8: Bewertungsparameter bei der Ermittlung der Anschaffungskosten

Lfd. Nr.	Bezeichnung	Rechtsgrundlage	Kurzbeschreibung	Literaturnachweis
	WAHLRECHTE			
1	a) Verzicht auf Vorsteueraufteilung	-	Aktivierungswahlrecht von geringfügigen bei der Umsatzsteuer nicht abzugsfähigen Vorsteuerbeträgen	Bauer, S. 312 f.
2	b) Aktivierung von untergehenden Forderungen bei Erwerb aus Zwangsversteigerungen	-	Aktivierungswahlrecht von untergehenden, gesicherten Forderungen bei Erwerb von Gegenständen aus Anlaß einer Zwangsversteigerung	Bauer, S. 45o
	SPIELRÄUME			
3	a) Bewertung von Sachwertdarlehen	-	Beim Schuldner: Spielraum bei der Bewertung der überlassenen Vorräte. Beim Gläubiger: Während der Laufzeit des Darlehens → evtl. Bestimmung des niedrigeren beizulegenden Wertes	Bauer, S. 332
4	b) Bewertung unentgeltlich erworbener Anlagegegenstände	-	Bewertungsspielraum bei der Bestimmung des Verkehrswertes des unentgeltlich erworbenen Vermögensgegenstandes	Bauer, S. 332; Packmohr, S. 149 (2o)
5	c) Bewertung von Einlagen	-	Bewertungsspielraum bei der Bestimmung des Verkehrswertes der Einlage	Bauer, S. 332

Lfd. Nr.	Bezeichnung	Rechtsgrundlage	Kurzbeschreibung	Literaturnachweis
6	d) Aufteilung der Anschaffungskosten auf verschiedene Vermögensgegenstände	-	Aufteilungsspielraum beim Erwerb von einzelnen Vermögensgegenständen als Sachgesamtheit gegen einen Gesamtkaufpreis. Beispiel: Kauf eines bebauten Grundstücks	Bauer, S. 333; Packmohr, S. 149 f. (23, 24); Pfleger, Anm. 221 f.
7	e) Erwerb gegen Gewinn- oder Umsatzbeteiligung bzw. Leibrentenverpflichtung	-	Spielraum bei der Bestimmung des künftigen Gewinnes oder Umsatzes bzw. der Lebenserwartung des Begünstigten	Bauer, S. 332; Packmohr, S. 149 (17, 18)
8	f) Zinsfußbestimmung bei zinslos gestundetem Kaufpreis	-	Spielraum bei der Bestimmung des Zinsfußes zur Ermittlung des Barwertes der Anschaffungskosten bei zinslos gestundetem Kaufpreis	Bauer, S. 332
9	g) Zinsfußbestimmung bei Erwerb gegen Rente oder unverzinslicher Raten	-	Spielraum bei der Bestimmung des Zinsfußes zur Ermittlung des Barwertes der Anschaffungskosten bei Erwerb gegen Renten- oder unverzinsliche Kaufpreisratenzahlung	Pfleger, Anm. 255 f.; Packmohr, S. 149 (17a)
1o	h) Bewertung von Entnahmen		Bewertungsspielraum bei der Bestimmung des Verkehrswertes der Entnahme (da handelsrechtlich eine gesetzliche Regelung fehlt, kann m.E. allerdings auch ein Ansatz zum Buchwert oder zu Zwischenwerten erfolgen)	-

Lfd. Nr.	Bezeichnung	Rechtsgrundlage	Kurzbeschreibung	Literaturnachweis
	WAHLRECHTE mit SPIELRAUMIMPLIKATION			
11	a) Gewinnrealisierung beim Tausch	-	Wahlrecht bei Tauschgeschäften, den erhaltenen Vermögensgegenstand entweder mit dem Buchwert oder mit dem Zeitwert (Spielraum!) des hingegebenen Vermögensgegenstandes anzusetzen	Bauer, S. 45o; Pfleger, Anm. 223
12	b) Abzinsungswahlrecht bei bestimmten Forderungen	-	Wahlrecht zum Verzicht auf die Abzinsung von solchen unterverzinslichen (Spielraum!) Forderungen, deren Laufzeiten drei Monate nicht überschreiten	Bauer, S. 334; Packmohr, S. 17o (169a)
13	c) Verzicht auf die Aktivierung von Anschaffungsnebenkosten in bestimmten Fällen	-	Aktivierungswahlrecht von Anschaffungsnebenkosten, wenn diese unbedeutend sind oder zu ihrer Bestimmung ein erheblicher Aufwand notwendig ist	Packmohr, S. 147 (6a); Pfleger, Anm. 358-36o
14	d) Aktivierung von Fremdkapitalzinsen bei Erbringung von Anzahlungen	-	Wahlrecht zur Aktivierung von Fremdkapitalzinsen bei der Leistung von Anzahlungen auf Gegenstände mit längerer Bauzeit	Bauer, S. 45o

Die Bewertungsparameter bei der Ermittlung der Anschaffungskosten sind alle als ergebniswirksam einzustufen. Werden diese Aktionsparameter in Richtung einer relativen Erhöhung der Anschaffungskosten ausgeübt, haben diese ergebniserhöhende Wirkung.

Eine tendenzielle Erkennbarkeit, wie die Bewertungsparameter bei der Ermittlung der Anschaffungskosten ausgeübt worden sind, ist nur dann gegeben, wenn hierüber im Rahmen der Angabepflichten nach § 313 Abs. 1 Satz 2 Nr. 1 HGB berichtet wird. Ob allerdings für jeden einzelnen Bewertungsparameter eine solche Angabepflicht besteht, kann zum jetzigen Zeitpunkt nicht abschließend geklärt werden.

Alle Bewertungsparameter bei der Ermittlung der Anschaffungskosten entfalten grundsätzlich Bindungswirkung für vergleichbare Sachverhalte, d.h. die konkrete Ausübung der einzelnen Parameter bei einem zu konsolidierenden Unternehmen ist grundsätzlich auf die anderen zu konsolidierenden Unternehmen zu übertragen, soweit vergleichbare Umstände vorliegen. Aufgrund des Charakters von Spielräumen bleiben diese de facto allerdings im Einzelfall erhalten, da Ermittlungs- und Schätzungsbandbreiten weiterhin bestehen.

Teilbar sind die Aktionsparameter mit der lfd. Nr. 3 bis 13. Die übrigen Aktionsparameter sind grundsätzlich nicht teilbar.

2.2.2.2 Ermittlung der Herstellungskosten

Die Bewertung mit den Herstellungskosten findet Anwendung bei der Bewertung von selbsterstellten Anlagen sowie unfertigen und fertigen Erzeugnissen. Nach der Legaldefintion sind unter den Herstellungskosten diejenigen Aufwendungen zu verstehen, "die durch den Verbrauch von Gütern und die Inanspruchnahme von

Diensten für die Herstellung"[1] oder Erweiterung der oben genannten Güter entstehen. Als Herstellungskosten sind mindestens die Materialkosten, die Fertigungseinzelkosten und die Sondereinzelkosten der Fertigung anzusetzen.[2] Darüber hinaus können im Rahmen der Bewertung zu Herstellungskosten eine Vielzahl von Wahlrechten und Spielräumen genutzt werden. Im einzelnen sind diese nachfolgend in Tabelle 9 aufgeführt.[3]

1 § 255 Abs. 2 Satz 1 HGB.
2 Vgl. § 255 Abs. 2 Satz 2 i.V.m. § 298 Abs. 1 HGB.
3 Neben den drei neueren Grundlagenwerken zur Bilanzpolitik wird zur Erstellung dieser Tabelle auch auf eine Tabelle von SCHNEELOCH, Besteuerung, S. 334 f., zurückgegriffen.

Tab. 9: Bewertungsparameter bei der Ermittlung der Herstellungskosten

Lfd. Nr.	Bezeichnung	Rechtsgrundlage	Kurzbeschreibung	Literaturnachweis
	WAHLRECHTE			
1	Einbeziehungswahlrecht für Materialgemeinkosten	§ 255 Abs. 2 Satz 3 i.V.m. § 298 Abs. 1 HGB	Aufwendungen für Lagerhaltung, Transport und Prüfung des Fertigungsmaterials	Schneeloch, S. 334; Packmohr, S. 153 (56); Bauer, S. 454f.; vgl. auch Abschn. 33 Abs. 2 EStR
2	Einbeziehungswahlrecht für Fertigungsgemeinkosten	§ 255 Abs. 2 Satz 3 i.V.m. § 298 Abs. 1 HGB	Aufwendungen für Vorbereitung und Kontrolle der Fertigung, Werkzeuglager, technische Betriebsleitung, Raumkosten, Sachversicherungen, Unfallstationen und Unfallverhütungseinrichtungen der Fertigungsstätten, Lohnbüro, soweit für Fertigung zuständig, Kosten für Entwürfe, Modelle, Spezialwerkzeuge, Spezialvorrichtungen, soweit diese Gemeinkostencharakter haben (in bezug auf das einzelne Produkt); Bewachung der Fertigungsstätten, Kosten für saisonbedingte Stillegungen, Aufwendungen für Weiterentwicklung von Erzeugnissen und Verfahren der laufenden Fertigung, Gewerbekapitalsteuer, Grundsteuer und Vermögensteuer, soweit diese auf Vermögensgegenstände des Fertigungsbereichs entfallen	Schneeloch, S. 334; Packmohr, S. 153 (56); Bauer, S. 454 f.; vgl. auch Abschn. 33 Abs. 2 und 6 EStR

Lfd. Nr.	Bezeichnung	Rechtsgrundlage	Kurzbeschreibung	Literaturnachweis
3	Einbeziehungswahlrecht für planmäßige Abschreibungen	§ 255 Abs. 2, Satz 3 i.V.m. § 298 Abs. 1 HGB	Einbeziehungswahlrecht für solche planmäßigen Abschreibungen, die auf Anlagegegenstände des Fertigungsbereiches entfallen. Zusätzlich besteht das Wahlrecht, zur Ermittlung der Herstellungskosten auch dann lineare Abschreibungen anzusetzen, wenn bei der Bilanzierung degressive Abschreibungen angewendet worden sind.	Schneeloch, S. 334; Packmohr, S. 153 (56j) und S. 154 (57d); Bauer, S. 454; vgl. auch Abschn. 33 Abs. 4 EStR
4	Einbeziehungswahlrecht für Fremdkapitalzinsen	§ 255 Abs. 3 i.V.m. § 298 Abs. 1 HGB	Wahlrecht zur Einbeziehung solcher Fremdkapitalzinsen, die zur Finanzierung der Herstellung eines Vermögensgegenstandes anfallen, für den Zeitraum der Herstellung.	Schneeloch, S. 335; Bauer, S. 454; Pfleger, Anm. 398; vgl. aber Abschn. 33 Abs. 7 EStR
5	Einbeziehungswahlrecht für Verwaltungskosten	§ 255 Abs. 2 Satz 4 i.V.m. § 298 Abs. 1 HGB	Aufwendungen für Geschäftsleitung, Einkauf, Betriebsrat, Personalbüro, Nachrichten-, Ausbildungs- und Rechnungswesen, Abschreibungen auf Verwaltungsgebäude und Büroeinrichtungen, Feuerwehr, Werkschutz und allgemeine Fürsorge (inkl. Betriebskasse).	Schneeloch, S. 335; Bauer, S. 335; Pfleger, Anm. 398; Packmohr, S. 157 (57a); vgl. auch Abschn. 33 Abs. 2 EStR
6	Einbeziehungswahlrecht für soziale Einrichtungen des Betriebes für freiwillige soziale Leistungen	§ 255 Abs. 2 Satz 4 i.V.m. § 298 Abs. 1 HGB	Aufwendungen für z.B. Jubiläumsgeschenke, Weihnachtszuwendungen, Wohnungsbeihilfe, Aufwendungen für Kantinen inkl. Essenszuschüsse, für Betriebsausflüge und Arbeitnehmerbeteiligungen.	Packmohr, S. 154 (57b); Pfleger, Anm. 398; vgl. auch Abschn. 33 Abs. 5 EStR

Lfd. Nr.	Bezeichnung	Rechtsgrundlage	Kurzbeschreibung	Literaturnachweis
7	Einbeziehungswahlrecht für betriebliche Altersversorgung	§ 255 Abs. 2 Satz 4 i.V.m. § 298 Abs. 1 HGB	Aufwendungen für Pensionsrückstellungen, Direktversicherungen, Zuwendungen an Pensions- und Unterstützungskassen.	Packmohr, S. 154 (57b); Pfleger, Anm. 398; vgl. auch Abschn. 33 Abs. 5 EStR
8	Teilgewinnrealisierung bei langfristiger Fertigung	-	Wahlrecht, bei langfristiger Fertigung anteiligen Gewinnzuschlag und ansonsten nicht aktivierungsfähige Selbstkostenbestandteile zu aktivieren; restriktive Anwendungsvoraussetzungen.	Bauer, S. 381; Pfleger, Anm. 449.
	SPIELRÄUME			
9	Herstellungsbeginn	-	Spielraum hinsichtlich des Beginns der Herstellung, der bei Inanspruchnahme eines möglichst frühen Zeitpunktes u.a. dazu führt, daß einige Kosten der Anfangsphase dem Produkt noch zugerechnet werden können.	Pfleger, Anm. 392-396.
1o	Gemeinkostenzuteilung	-	Spielraum bei der Festlegung der Schlüsselgrößen für die Gemeinkostenverteilung.	Bauer, S. 329; Pfleger, Anm. 4o9-413.
11	Leerkostenberücksichtigung	-	Spielraum bei der Bestimmung der nicht in die Herstellungskosten einzubeziehenden Leerkosten.	Bauer, S. 33o f.; Pfleger, Anm. 4o5-4o8.

Lfd. Nr.	Bezeichnung	Rechtsgrundlage	Kurzbeschreibung	Literaturnachweis
12	Kostenaufteilung bei Kuppelproduktion	-	Spielraum bei der Aufteilung der Herstellungskosten auf die einzelnen Produktarten.	Bauer, S. 33o; Pfleger, Anm. 415
13	Bestimmung des Fertigungsgrades	-	Spielraum bei der Bestimmung des Fertigungsgrades bei den unfertigen Erzeugnissen und damit Beeinflussung der Höhe der zurechenbaren Gemeinkosten.	Bauer, S. 331.
14	Transformation der Herstellkosten in die Herstellungskosten	-	Spielräume bei der Ableitung der Herstellungskosten aus den Herstellkosten infolge der Modifikation in Form von pauschalen Zu- und Abschlägen.	Bauer, S. 33o; Pfleger, Anm. 417.
15	Abgrenzung von Einzel- und Gemeinkosten	-	Spielraum bei der Abgrenzung von Einzel- und Gemeinkosten. Dieser ergibt sich hauptsächlich aus einer entsprechenden Ausgestaltung des Rechnungswesens.	Pfleger, Anm. 419.
16	Retrograde Ermittlung der Herstellungskosten	-	Das retrograde Herstellungsermittlungsverfahren enthält Spielräume dadurch, daß vom Verkaufspreis noch Abschläge für Gewinnanteile sowie noch anfallende Kosten gemacht werden.	Pfleger, Anm. 417; Packmohr, S. 156 (64).
17	Abgrenzung von Schwund, Abfall und ähnlichen Mehrkosten	-	Spielraum bei der Abgrenzung der verbotenen Einbeziehung von Schwund, Abfall und ähnlichen Mehrkosten.	Pfleger, Anm. 418.

Die Bewertungsparameter bei der Ermittlung der Herstellungskosten sind als ergebniswirksam einzustufen. Werden diese Aktionsparameter in Richtung einer relativen Erhöhung der Herstellungskosten ausgeübt, haben diese ergebniserhöhende Wirkung.

Die Erkennbarkeit der Realisation von Bewertungsparametern bei der Ermittlung der Herstellungskosten ist uneinheitlich. Tendenziell erkennbar ist die Ausübungsrichtung von Einbeziehungswahlrechten. Nach § 313 Abs. 1 Satz 2 Nr. 1 HGB ist darüber im Rahmen der Anagaben über die angewandten Bewertungsmethoden zu berichten.[1] Die Richtung der Inanspruchnahme von Spielräumen bei der Herstellungskostenermittlung ist für die Konzernabschlußinteressenten aufgrund des Charakters von Spielräumen in aller Regel nicht erkennbar.

Die Festlegung der Ausübung von Bewertungswahlrechten und -spielräumen bei der Herstellungskostenermittlung ist grundsätzlich bei allen mit Herstellungskosten zu bewertenden Vermögensgegenständen und bei allen Konzernunternehmen gleich vorzunehmen, soweit diese vergleichbaren Umständen unterliegen. Damit greift mithin eine Bindungswirkung für vergleichbare Sachverhalte.

Die Aktionsparameter bei der Ermittlung der Herstellungskosten sind grundsätzlich alle teilbar.

---

1 Vgl. WP-HANDBUCH 1985/86, Bd. II, S. 464 und S. 233; GZUK, in: Castan u.a. (Hrsg.), Beck HdR, C 600, Anm. 80; SCHÜLEN, in: Castan u.a. (Hrsg.), Beck HdR, B 420, Anm. 14-19.

2.2.2.3 Spezielle Bewertungsverfahren

Als spezielle Bewertungsverfahren werden hier die Sammelbewertungsverfahren, die Durchschnittsbewertung sowie die Verbrauchsfolgeverfahren bezeichnet. Allen diesen Bewertungsverfahren ist gemeinsam, daß der ansonsten im Rechnungslegungsrecht zwingend vorgeschriebene Einzelbewertungsgrundsatz nicht angewendet wird.[1] Eine Übersicht über die hier angesprochenen Bewertungsverfahren enthält Tabelle 10.[2]

1 Vgl. auch WÖHE, Bilanzierung, S. 502 ff.
2 Inhaltlich stützt sich diese Tabelle auf die Ausführungen von Wöhe, Bilanzierung, S. 502-528 und hier insbesondere auf die Übersicht auf Seite 527 f. sowie auf SIEGEL, in: Castan u.a. (Hrsg.), Beck HdR, B 167. Daneben werden wieder die Monographien von BAUER, Rechnungspolitik; PACKMOHR, Bilanzpolitik und PFLEGER, Bilanzpolitik, berücksichtigt.

Tab. 1o: Spezielle Bewertungsverfahren

Lfd. Nr.	Bezeichnung	Rechtsgrundlage	Kurzbeschreibung	Literaturnachweis
	Sammelbewertungsverfahren			
1	a) Festwertverfahren	§ 24o Abs. 3 i.V.m. § 256 Satz 2 i.V.m. § 298 Abs. 1 HGB	Wahlrecht zum Ansatz von Vermögensgegenständen des Sachanlagevermögens sowie der Roh-, Hilfs- und Betriebsstoffe mit einem gleichbleibenden Wert (Festwert), soweit diese für das Unternehmen von nachrangiger Bedeutung sind und ihr Wert nur geringen Veränderungen unterliegt.	Wöhe, S. 528; Bauer, S. 336-339; Packmohr, S. 165, (129); Pfleger, Anm. 311.
2	b) Gruppenbewertungsverfahren	§ 24o Abs. 4 i.V.m. § 256 Satz 2 i.V.m. § 298 Abs. 1 HGB	Wahlrecht, gleichartige bewegliche Vermögensgegenstände sowie gleichartige Vermögensgegenstände des Vorratsvermögens jeweils zu Gruppen zusammenzufassen.	Wöhe, S. 528; Bauer, S. 336-339; Packmohr, S. 165 (13o).
3	Durchschnittsmethode	-	Wahlrecht, die Anschaffungskosten gleichartiger Güter durch Bildung eines arithmetischen Mittels auf die einzelnen Beschaffungen zu ermitteln.	Wöhe, S. 527; Bauer, S. 378-38o; Packmohr, S. 165 (131).

Lfd. Nr.	Bezeichnung	Rechtsgrundlage	Kurzbeschreibung	Literaturnachweis
	Verbrauchsfolgeverfahren			
4	a) Lifo-Verfahren	§ 256 Satz 1 i.V.m. § 298 Abs. 1 HGB	Lifo - Last in/first out; Der Endbestand gleichartiger Vermögensgegenstände des Vorratsvermögens wird mit den Preisen der zuerst beschafften Güter bewertet. Die zuletzt angeschafften Güter gelten als zuerst verbraucht.	Wöhe, S. 527; Bauer, S. 455-457; Packmohr, S. 166 (142a); Pfleger, Anm. 377.
5	b) Fifo-Verfahren	§ 256 Satz 1 i.V.m. § 298 Abs. 1 HGB	Fifo - First in/first out; Der Endbestand gleichartiger Vermögensgegenstände des Vorratsvermögens wird mit den Preisen der zuerst beschafften Güter bewertet. Die zuerst angeschafften Güter gelten auch als zuerst verbraucht.	Wöhe, S. 527; Bauer, S. 455-457.
6	c) Lofo-Verfahren	§ 256 Satz 1 i.V.m. § 298 Abs. 1 HGB	Lofo - Lowest in/first out; Der Endbestand gleichartiger Vermögensgegenstände des Vorratsvermögens wird mit den höchsten Preisen bewertet. Die Güter mit den geringsten Preisen gelten als zuerst verbraucht.	Wöhe, S. 527.
7	d) Hifo-Verfahren	§ 256 Satz 1 i.V.m. § 298 Abs. 1 HGB	Hifo - Highest in/first out; Der Endbestand gleichartiger Vermögensgegenstände des Vorratsvermögens wird mit den niedrigsten Preisen bewertet. Die Güter mit den höchsten Preisen gelten als zuerst verbraucht.	Wöhe, S. 527; Bauer, S. 455-457.

Lfd. Nr.	Bezeichnung	Rechtsgrundlage	Kurzbeschreibung	Literaturnachweis
8	e) Kifo-Verfahren	§ 256 Satz 1 i.V.m. § 298 Abs. 1 HGB	Kifo - Konzern in/first out; Der Endbestand gleichartiger Vermögensgegenstände des Vorratsvermögens wird mit den niedrigsten Preisen bewertet. Die Güter mit den höchsten Preisen gelten als zuerst verbraucht.	Pfleger, Anm. 162.

Die Aktionsparameter hinsichtlich der speziellen Bewertungsverfahren sind grundsätzlich alle ergebniswirksam. Die Ursachen für die Ergebniswirksamkeit sind allerdings nicht bei allen Bewertungsverfahren identisch.

Bei den Sammelbewertungsverfahren beruht die Ergebniswirksamkeit darauf, daß die Bilanzansätze aufgrund der Zusammenfassung von Vermögensgegenständen zu Fest- oder Gruppenwerten in aller Regel nicht mit denjenigen übereinstimmen, die sich bei Anwendung des Einzelbewertungsgrundsatzes ergeben würden. Die Wirkungsrichtung kann jedoch nur im Einzelfall bestimmt werden.

Die Ergebniswirksamkeit der Durchschnittsmethode und der Verbrauchsfolgeverfahren im Vergleich zur Einzelaufzeichnung der Abgänge von Vermögensgegenständen beruht auf der Preisentwicklung im Zeitablauf. Dabei ist zu konstatieren, daß das Lofo-Verfahren zu den geringsten und das Hifo-Verfahren zu den höchsten Bilanzansätzen führt.[1] Das Lifo-Verfahren führt bei steigenden Preisen zu relativ niedrigen und vice versa das Fifo-Verfahren zu relativ hohen Bilanzsansätzen. Auch die Durchschnittsmethode führt bei steigenden Preisen zu relativ niedrigen Bilanzansätzen. Beim Kifo-Verfahren sind Aussagen über die Wirkungsrichtung nur im Einzelfall möglich. Die vorangehenden Ausführungen machen aber auch deutlich, daß die Durchschnittsbewertung und die Verbrauchsfolgeverfahren dann von ergebnisneutraler Wirkung sind, wenn sich im Zeitablauf keine Preisveränderungen an den relevanten Beschaffungsmärkten ergeben.

Die Inanspruchnahme der Durchschnittsmethode und der Verbrauchsfolgeverfahren ist tendenziell erkennbar, da im Rahmen der nach § 313 Abs. 1 Satz 2 Nr. 1 HGB vorgeschriebenen Angabe der angewandten Bewertungsmethoden nach h.M. auch über die Anwendung dieser Bewertungs-

---

1 Vgl. BAUER, Rechnungspolitik, S. 456, der beim Hifo-Verfahren zum gleichen Ergebnis kommt.

verfahren zu berichten ist.[1] Die tendenzielle Erkennbarkeit ergibt sich für die Konzernabschlußinteressenten dadurch, daß sie, wenn sie die allgemeine Preisentwicklung auf den relevanten Beschaffungsmärkten berücksichtigen, ungefähr abschätzen können, in welche Richtung der Konzernjahresüberschuß beeinflußt worden ist. Eine betragsmäßige Abschätzung der Auswirkungen ist allerdings ausgeschlossen. Ob auch für die Inanspruchnahme des Festwert- und des Gruppenbewertungsverfahrens eine Angabepflicht besteht ist in der Literatur noch nicht abschließend geklärt.[2] Man kann allerdings zumindest dann davon ausgehen, daß keine Angabepflicht besteht, wenn der Wert der durch diese Methoden bewerteten Vermögensgegenstände nur von geringer Bedeutung ist.

Die Ausübung dieser Bewertungsparameter entfaltet Bindungswirkung für gleichgelagerte Fälle. Das bedeutet insbesondere, daß, wenn bei einem in den Konzernabschluß einbezogenen Unternehmen ein bestimmtes Bewertungsverfahren angewendet worden ist, dieses dann auch bei anderen in den Konzernabschluß einzubeziehenden Unternehmen anzuwenden ist, soweit diese vergleichbaren Umständen unterliegen.

2.2.2.4 Ermittlung der Abschreibungen

Für Vermögensgegenstände des abnutzbaren Anlagevermögens enthält § 255 Abs. 2 Satz 1 HGB die Pflicht, den Wertansatz dieser Vermögensgegenstände durch planmäßige Abschreibungen auf die Anschaffungs- oder Herstellungskosten zu verringern. Hinsichtlich der Vornahme dieser

1 Vgl. WP-HANDBUCH 1985/86, Bd. II, S. 464 und 234; GZUK, in: Castan u.a. (Hrsg.), Beck HdR C 600, Anm. 80 i.V.m. SCHÜLEN, in: Castan u.a. (Hrsg.) Beck HdR, B 420, Anm. 13 u. 21.

2 Vgl. WP-HANDBUCH 1985/86, Bd. II, S. 233. A.A. SCHÜLEN, in: Castan u.a. (Hrsg.),Beck HdR, B 420, Anm. 25.

planmäßigen Abschreibungen stehen dem Bilanzierenden eine Fülle von Wahlrechten und Spielräumen zur Verfügung. Tabelle 11 enthält einen Überblick über diese Aktionsparameter.

Tab. 11: Bewertungsparameter bei der Ermittlung der Abschreibungen

Lfd. Nr.	Bezeichnung	Rechtsgrundlage	Kurzbeschreibung	Literaturnachweis
	Abschreibungs-methoden			
1	a) lineare Abschreibung	-	Abschreibung in gleichen Jahresbeträgen.	Bauer, S. 443 f.; Pfleger, Anm. 251-258; Wöhe, S. 462-464.
2	b) degressive Abschreibung	-	Abschreibung in fallenden Jahresbeträgen. Weiteres Wahlrecht zwischen arithmetisch und geometrisch degressiver Abschreibung.	Bauer, S. 282-285 u. S. 443 f.; Wöhe, S. 464-473.
3	c) progressive Abschreibung	-	Abschreibung in steigenden Jahresbeträgen.	Wöhe, S. 474.
4	d) Leistungs-abschreibung	-	Abschreibung entsprechend der Beanspruchung des jeweiligen Vermögensgegenstandes.	Bauer, S. 287 f.; Wöhe, S. 474-476.
5	Wechsel der Abschreibungsmethode	-	Wechsel im Verlauf der Abschreibungsdauer von einer Abschreibungsmethode zu einer anderen.	Bauer, S. 318-323; Packmohr, S. 159 (96); Pfleger, Anm. 259.
6	Bestimmung der Nutzungsdauer	-	Spielraum bei der Bestimmung der Nutzungsdauer der einzelnen Vermögensgegenstände.	Bauer, S. 3o6 f. u. 367 f.; Packmohr, S. 159 (99); Pfleger, Anm. 261-267.

Lfd. Nr.	Bezeichnung	Rechtsgrundlage	Kurzbeschreibung	Literaturnachweis
7	Berücksichtigung eines Restwertes	-	Wahlrecht, bei der Bestimmung des planmäßigen Abschreibungsbetrages einen Restbuchwert einzukalkulieren.	Bauer, S. 317 f.; Pfleger, Anm. 25o.
8	Abschreibungsvereinfachung	-	Wahlrecht, zur Anwendung der Vereinfachungsregel auf die im ersten Halbjahr angeschafften Vermögensgegenstände die volle und auf die im zweiten Halbjahr angeschafften Vermögensgegenstände die hälftige Jahresabschreibung vorzunehmen.	Bauer, S. 3o8 f.; Packmohr, S. 158 (87); Pfleger, Anm. 246 f.; Vgl. auch Abschn. 43 Abs. 8 Satz 3 EStR.
9	Abschreibungsbeginn (v.a. bei Großanlagen)	-	Wahlrecht, v.a. beim Bau von Großanlagen zwischenzeitlich gelieferter (Teil-)Aggregate entweder sofort oder aber erst nach Fertigstellung der Gesamtanlage abzuschreiben.	Bauer, S. 327 f.; Packmohr, S. 158 (86); Pfleger, Anm. 248 f.
1o	Vollabschreibung geringwertiger Wirtschaftsgüter	-	Wahlrecht, Vermögensgegenstände des beweglichen Anlagevermögens im Wirtschaftsjahr der Anschaffung voll abzuschreiben, wenn deren Anschaffungs- oder Herstellungskosten unter 8oo DM liegen und sie einer selbständigen Nutzung fähig sind.	Bauer, S. 3o9-312; Pfleger, Anm. 3o8-312.
11	Abschreibung des Geschäfts- oder Firmenwertes	§ 255 Abs. 4 i.V.m. § 298 Abs. 1 HGB	Der Geschäfts- oder Firmenwert kann entweder sofort innerhalb von vier Jahren oder aber über die voraussichtliche Nutzungsdauer abgeschrieben werden.	Pfleger, Anm. 2o9.

Lfd. Nr.	Bezeichnung	Rechtsgrundlage	Kurzbeschreibung	Literaturnachweis
12	Abschreibung der Ingangsetzungs- oder Erweiterungsaufwendungen	§ 269 i.V.m. § 282 i.V.m. § 298 Abs. 1 HGB	Die Bilanzierungshilfe für Ingangsetzungs- und Erweiterungsaufwendungen kann entweder über 4 Jahre oder aber über einen kürzeren Zeitraum abgeschrieben werden.	Pfleger, Anm. 535.
13	Abschreibung des Disagios	§ 25o Abs. 3 Satz 2 i.V.m. § 298 Abs. 1 HGB	Das Disagio kann entweder über die gesamte Laufzeit oder aber über einen kürzeren Zeitraum abgeschrieben werden.	Pfleger, Anm. 53o.
14	Abschreibungsverfahren des Disagios	-	Es stehen bei einem Disagio zu einer Verbindlichkeit, die in einem Einmalbetrag zurückzuzahlen ist, drei Verteilungsverfahren zur Verfügung: die finanzmathematische Methode (Verteilung in geometrischer Reihe), die Zinsstaffelmethode (Näherungsverfahren; arithmetische Reihe) und die Gleichverteilungsmethode (lineare Verteilung). Die Gleichverteilungsmethode kann nicht bei einem Darlehen angewendet werden, bei dem während der Darlehenslaufzeit Tilgungen anfallen.	Bauer, S. 371 f.; vgl. auch Pfleger, Anm. 531.
15	Abänderung des Abschreibungsverfahrens	-	Einzelne oder mehrere Komponenten des Abschreibungsplans können während des Abschreibungszeitraums geändert werden. Beispielsweise kann die Restnutzungsdauer oder der Restwert anders geschätzt werden.	Bauer, S. 446 f.; z.T. auch Packmohr, S. 159 (1oo); Pfleger, Anm. 268-276.

Lfd. Nr.	Bezeichnung	Rechtsgrundlage	Kurzbeschreibung	Literaturnachweis
16	Pauschalabschreibungen auf Forderungen	-	Wahlrecht zur Vornahme von Pauschalabschreibungen a) wegen des allgemeinen Kreditrisikos und b) wegen spezieller Kreditrisiken (bspw. bei größerem Forderungsbestand).	Pfleger, Anm. 478-481.
17	Spielraum hinsichtlich der Höhe der Pauschalabschreibungen	-	Hinsichtlich der Höhe der vorzunehmenden Pauschalabschreibungen auf Forderungen besteht ein Spielraum. Pfleger nennt als Grenzwerte 2 % und 1o %.	Pfleger, Anm. 48o.

Die Bewertungsparamter bei der Ermittlung der Abschreibungen sind alle als ergebniswirksam einzustufen. Ergebnismindernde Wirkungsrichtung haben die Bestimmung einer möglichst kurzen Nutzungsdauer, der (vorgezogene) Abschreibungsbeginn bei Großanlagen, die Vollabschreibung geringwertiger Wirtschaftsgüter, die Sofortabschreibung des Geschäfts- oder Firmenwertes, die Ingangsetzungs- und Erweiterungsaufwendungen und das Disagio. Die Berücksichtigung eines Restwertes bei den Bestimmungen eines planmäßigen Abschreibungsbetrages hat ergebniserhöhende Wirkung. Bei den übrigen Aktionsparametern ist die Wirkungsrichtung nicht allgemein angebbar.

Wie die Aktionsparameter in Anspruch genommen worden sind, ist für die Konzernabschlußinteressenten grundsätzlich nicht erkennbar. Dies gilt insbesondere für die Spielräume. Eine tendenzielle Erkennbarkeit ist denkbar für die angewandten Abschreibungsmethoden im Rahmen der Angabepflichten nach § 313 Abs. 1 Satz 2 Nr. 1 HGB und für die Abschreibungen auf die Aufwendungen für die Ingangsetzung und Erweiterung des Geschäftsbetriebes im Rahmen der Angabepflicht nach § 269 Satz 1 i.V.m. § 298 Abs. 1 HGB.

Die Bewertungsparameter bei Ermittlung der Abschreibungen unterliegen grundsätzlich der Bindungswirkung für vergleichbare Sachverhalte. Lediglich bei einzelnen Spielräumen sind bedingt durch den Charakter von Spielräumen noch Variationsmöglichkeiten offen.

Teilbar sind die Aktionsparameter mit der lfd. Nr. 6, 10, 11, 12, 13 und 17. Die übrigen Aktionsparameter sind grundsätzlich nicht teilbar.

2.2.2.5 Ermittlung der Rückstellungen

Die Aktionsparameter bei der Ermittlung der Rückstellungen bestehen hauptsächlich aus Spielräumen bei der Bestimmung der rückstellungsverpflichtenden Ursachen sowie aus Spielräumen bei der Bestimmung der Rückstellungshöhe. Diese Spielräume ergeben sich aus der dem Rückstellungsbegriff immanenten Ungewißheit, die sich zum einen darin äußern kann, daß es zweifelhaft ist, ob Anlaß für eine Rückstellung gegeben ist. Zum anderen kann sich diese Ungewißheit auf die quantitative Komponente, also die Bestimmung der Rückstellungshöhe beziehen.[1] Da die Spielräume bei der Abgrenzung der Rückstellungsursachen systematisch den Bilanzierungsparametern zuzuordnen sind, wurden diese dort bereits abgehandelt. Demzufolge sind hier nur noch die Aktionsparameter bei der Bestimmung der Rückstellungshöhe aufzuführen.

Die Spielräume bilden das Gros der Aktionsparameter bei der Ermittlung der Rückstellungen. Daneben gibt es noch einige Wahlrechte hinsichtlich der Bewertungsverfahren. Die folgende Tabelle 12 enthält einen Überblick über alle Aktionsparameter bei der Bewertung der Rückstellungen.

---

1 Vgl. BAUER, Rechnungspolitik, S. 303.

Tab. 12: Bewertungsparameter bei der Ermittlung der Rückstellungen

Lfd. Nr.	Bezeichnung	Rechtsgrundlage	Kurzbeschreibung	Literaturnachweis
	Bewertungsverfahren			
1	a) Einzelrückstellungen	-	Jede Rückstellung wird einzeln bewertet.	Bauer, S. 354.
2	b) Sammelrückstellung	-	Für gleichartige Rückstellungsursachen findet eine Sammelbewertung statt.	Bauer, S. 354 u. 337-339; Adler/Düring/Schmaltz, § 156 AktG, Anm. 42; Vgl. auch Pfleger, Anm. 691-693.
3	c) Kombination von Einzel- und Sammelrückstellungen	-	Beispielsweise werden einerseits für schon erhaltene Reklamationen Einzelrückstellungen und andererseits für die noch zu erwartenden Reklamationen Sammelrückstellungen für Gewährleistungsverpflichtungen gebildet.	Bauer, S. 354; Adler/Düring/Schmaltz, § 156 AktG, Anm. 42.
4	Neun-Zehntel-Methode	-	Wahlrecht, die Gewerbesteuerrückstellung mit Neunzehntel des Gewerbesteuerbetrages anzusetzen, der sich ohne Berücksichtigung der Betriebsausgabeneigenschaft der Gewerbesteuer ergibt.	Bauer, S. 323 f.; Vgl. auch Abschn. 22 Abs. 2 Satz 2 EStR.
5	Spielräume bei der Bestimmung der Rückstellungshöhe	-	Aufgrund des Ungewißheitscharakters von Rückstellungen bestehen in aller Regel erhebliche Spielräume bei der Bestimmung der auszuweisenden Rückstellungshöhe. Da diese Spielräume bei fast allen Rückstellungsarten bestehen, kann eine Auflistung der einzelnen Rückstellungsarten unterbleiben.	Bauer, S. 3oo-3o6 u. S. 448 f.; Zu den einzelnen Rückstellungsarten vgl. insbes. Packmohr, S. 183-194 u. Pfleger, Anm. 621-715.

Die Bewertungsparameter bei der Ermittlung der Rückstellungen sind alle als ergebniswirksam einzustufen. Die Spielräume bei der Ermittlung der Rückstellungshöhe können sowohl zu einer Ergebniserhöhung als auch zu einer Ergebnisverringerung genutzt werden. Die Neun-Zehntel-Methode führt im Vergleich zur exakten Berechnungsmethode der Gewerbesteuer zu einer betragsmäßig geringeren Rückstellung bei einem Gewerbesteuerhebesatz von unter 222 % und zu einer betragsmäßig höheren Rückstellung bei einem Gewerbesteuerhebesatz von über 222 %.[1] Bei den einzelnen Bewertungsverfahren kann die Wirkungsrichtung nur im Einzelfall festgestellt werden.

Wie die Spielräume bei der Ermittlung der Rückstellungen genutzt worden sind, ist für die Konzernabschlußinteressenten nicht erkennbar. Lediglich erkennbar sind die angewandten Bewertungsmethoden, soweit der Konzern im Rahmen von § 313 Abs. 1 Satz 2 Nr. 1 HGB hierüber berichtet.[2] Allerdings können aufgrund dieser Angaben nur in den aller seltensten Fällen Schlüsse über die Wirkungsrichtung der Beeinflussung des Konzernjahresüberschusses gezogen werden.

Die Bewertungsverfahren sowie die Neun-Zehntel-Methode sind grundsätzlich bei allen Konzernunternehmen gleichgerichtet auszuüben. Die Spielräume können jedoch faktisch aufgrund der Natur von Spielräumen bei den einzelnen Konzernunternehmen unterschiedlich genutzt werden. Die Spielräume bei der Bestimmung der Rückstellungshöhe sind teilbar, die Bewertungsverfahren und die Neun-Zehntel-Methode allerdings nicht.

---

1 Vgl. BAUER, Rechnungspolitik, S. 324 m.w.N.
2 Vgl. zur Angabepflicht WP-HANDBUCH 1985/86, Bd. II, S. 234.

2.2.2.6 Ermittlung der Pensionsrückstellungen

Neben den im Gliederungspunkt III.2.2.1 aufgeführten Bilanzierungsparametern bei Pensionsrückstellungen existieren noch eine Fülle von Bewertungsparametern bei der Ermittlung der Pensionsrückstellungen. In der nachfolgenden Tabelle 13 sind die Bewertungsparameter bei den Pensionsrückstellungen im einzelnen aufgeführt.

Tab. 13: Bewertungsparameter bei der Ermittlung der Pensionsrückstellungen

Lfd. Nr.	Bezeichnung	Rechtsgrundlage	Kurzbeschreibung	Literaturnachweis
1	Teilwert- versus Gegenwartswertverfahren	-	Beim Teilwertverfahren wird der kumulierte Zuführungsbedarf der Pensionsrückstellung, basierend auf dem Zeitraum zwischen Beginn des Dienstverhältnisses und Eintritt des Versorgungsfalles berechnet. Wird die Pensionszusage im Verlaufe (nicht zu Beginn) des Dienstverhältnisses gewährt, verursacht dieses Verfahren sogenannte Einmalrückstellungen. Das Gegenwartswertverfahren hingegen ist dadurch gekennzeichnet, daß die Berechnung der Pensionsrückstellung auf dem Zeitraum zwischen Pensionszusage und Eintritt des Versorgungsfalles basiert	Bauer, S. 446; Pfleger, Anm. 606.
2	Zinssatz	-	Als Rechnungszinsfuß zur Bestimmung der Pensionsrückstellungen kann zwischen einem Zinssatz zwischen 3 % und 8 % (nach Packmohr, der sich auf Adler/Düring/Schmaltz, Bd. 1, § 156, Anm. 171, bezieht, 6 %) gewählt werden.	Bauer, S. 446; Packmohr, S. 179 (226); Pfleger, Anm. 604.
3	Bestimmung des Pensionsalters	-	Wahlrecht, von dem vertraglich vereinbarten Pensionsalter abzuweichen und entweder einen vermuteten späteren Rentenbeginn oder aber die flexible Altersgrenze der Pensionsrückstellungsberechnung zugrunde zu legen.	Bauer, S. 314-316; Packmohr, S. 179 (232); Pfleger, Anm. 597 f.

Lfd. Nr.	Bezeichnung	Rechtsgrundlage	Kurzbeschreibung	Literaturnachweis
4	Anwendung eines Eintrittsjahres von unter 3o Jahren	-	Wird einem Pensionsberechtigten vor dem 3o. Lebensjahr eine Pensionszusage erteilt, kann der Berechnung der Pensionsrückstellung dieses frühere Eintrittsalter zugrunde gelegt werden.	Pfleger, Anm. 6o5.
5	Einbeziehung bestimmter Kostenarten	-	Für bestimmte Kosten (v.a. der Pensionsverwaltung) besteht ein Wahlrecht, diese bei der Ermittlung der Pensionsrückstellungen zu berücksichtigen. Zu diesen Kostenarten gehören bspw.: Einbeziehung evtl. Gehaltsweiterzahlungen nach Todesfall; zukünftig anfallende Abwicklungskosten und Pensionsgutachten; zukünftige Aufwendungen für den Pensions-Sicherungs-Verein. Bei einigen Kostenarten ist die Einbeziehung allerdings strittig.	Packmohr, S. 179 (214, 227-229).
6	Berücksichtigung künftiger Entwicklungen	-	Wahlrecht zur Berücksichtigung künftiger Lohn- und Gehaltserhöhungen sowie Anpassungen im Rahmen von § 16 Betriebsrentengesetz.	Pfleger, Anm. 6o7.
7	Verteilungsmöglichkeit von Zuführungen	-	Bestimmte jährliche Zuführungsbeträge können auf drei Jahre verteilt werden. Das sind: Die erste und die letzte Zuführung zu den Pensionsrückstellungen. Außerdem die Zuführungen, die sich ergeben, wenn der Barwert der künftigen Pensionsleistungen um 25 % über dem	Bauer, S. 285-287; Packmohr, S. 179 (231); Pfleger, Anm. 595 f.

Lfd. Nr.	Bezeichnung	Rechtsgrundlage	Kurzbeschreibung	Literaturnachweis
			des Vorjahres liegt. Eine solche Situation kann bei Erhöhung von Pensionsleistungen und bei Änderung der Rechtsgrundlagen für die Pensionsrückstellungen eintreten.	
8	Nachholungsmöglichkeiten	-	In vergangenen Jahren unterlassene Zuführungen zu Pensionsrückstellungen (soweit dies mit § 253 Abs. 1 Satz 2 HGB vereinbar ist) können in späteren Jahren nachgeholt werden.	Pfleger, Anm. 591; vgl. auch Bauer, S. 299 f.; Packmohr S. 179 (23o).
9	Methoden zur Auflösung der Pensionsrückstellungen	-	Bei der Auflösung von Pensionsrückstellungen stehen zwei Methoden zur Verfügung: die versicherungsmathematische und die buchhalterische Auflösung. Bei der buchhalterischen Methode werden die jährlichen Pensionszahlungen erfolgsneutral mit der Pensionsrückstellung verrechnet. Bei der versicherungsmathematischen Methode hingegen verringert sich die Pensionsrückstellung um den Betrag jährlich, um den der versicherungsmathematische Barwert der noch künftigen Pensionsleistungen abnimmt (Erfolgserhöhung). Die laufenden Pensionszahlungen werden als Aufwand verbucht.	Bauer, S. 292-294; Pfleger, Anm. 6oo-6o2.

Die Bewertungsparameter bei der Ermittlung der Pensionsrückstellungen sind alle ergebniswirksam. Zu einer ergebniserhöhenden Wirkung führt grundsätzlich die Inanspruchnahme der folgenden Aktionsparameter: hoher Berechnungszinsfuß, niedriges Pensionsalter, hohes Eintrittsalter, Nichteinbeziehung bestimmter Kostenarten, Unterlassen von Nachholungsmöglichkeiten, Anwendung der buchhalterischen Methode, Anwendung des Gegenwartsverfahrens.

Die Inanspruchnahme der Aktionsparameter bei der Ermittlung der Pensionsrückstellungen wird in den meisten Fällen tendenziell erkennbar sein, da im Rahmen der Angabepflichten nach § 313 Abs. 1 Satz 2 Nr. 1 HGB wohl auch über die angewandten Verfahren bei der Bildung und Auflösung von Pensionsrückstellungen zu berichten ist.[1] Alle hier aufgezeigten Bewertungsparameter entfalten grundsätzlich eine Bindungswirkung für vergleichbare Fälle. Teilbar ist der Zinssatz sowie die Einbeziehung bestimmter Kostenarten und die Berücksichtigung künftiger Entwicklungen. Alle anderen Aktionsparameter sind nicht teilbar.

2.2.2.7 Abwertungsparameter

Mit dem Begriff Abwertungsparameter werden hier solche Aktionsparameter bezeichnet, die die Möglichkeit eröffnen, einen niedrigeren Wert als die fortgeschriebenen Anschaffungs- oder Herstellungskosten anzusetzen. Als Beispiel für diese Art von Aktionsparameter sei hier das Wahlrecht zur Vornahme außerplanmäßiger Abschreibungen angeführt.

---

1 Vgl. z.B. WP-HANDBUCH 1985/86, Bd. II, S. 464 i.V.m. S. 234.

Tab. 14: Abwertungsparameter

Lfd. Nr.	Bezeichnung	Rechtsgrundlage	Kurzbeschreibung	Literaturnachweis
1	Gemildertes Niederstwertprinzip bei Finanzanlagen	§ 253 Abs. 2 Satz 3 i.V.m. § 279 Abs. 1 Satz 2 u. § 298 Abs. 1 HGB	Bei im Anlagevermögen gehaltenen Finanzanlagen besteht ein Wahlrecht, auf den niedrigeren beizulegenden Wert abzuschreiben, wenn dieser voraussichtlich nicht von Dauer ist.	Pfleger, Anm. 328.
2	Gemildertes Niederstwertprinzip beim übrigen Anlagevermögen (exklusive Finanzanlagen)	§ 279 Abs. 2 i.V.m. § 298 Abs. 1 HGB	Nach einigen Literaturmeinungen besteht auch im übrigen Anlagevermögen ein Wahlrecht, auf den niedrigeren beizulegenden Wert abzuschreiben, wenn dieser voraussichtlich nicht von Dauer ist, da steuerlich der niedrigere Wert angesetzt werden kann und damit über § 279 Abs. 2 HGB dieser Wertansatz in die Handelsbilanz übernommen werden kann. Dieses Wahlrecht ist in der Literatur aber nicht unbestritten.	Pfleger, Anm. 277; Wittstock/Klein, S. 389 f.
3	Bestimmung des niedrigeren beizulegenden Wertes	-	Spielraum bei der Bestimmung des niedrigeren beizulegenden Wertes.	Pfleger, Anm. 330-334 (Bauer, S. 345 f., der sich auf das vergleichbare Problem der Teilwertermittlung bezieht).

Lfd. Nr.	Bezeichnung	Rechtsgrundlage	Kurzbeschreibung	Literaturnachweis
4	Berücksichtigung von Wertschwankungen	§ 253 Abs. 3 Satz 3 i.V.m. § 298 Abs. 1 HGB	Wahlrecht, Abschreibungen auf Vermögensgegenstände des Umlaufvermögens vorzunehmen, "soweit diese nach vernünftiger kaufmännischer Beurteilung notwendig sind, um zu verhindern, daß in der nächsten Zukunft der Wertansatz dieser Vermögensgegenstände aufgrund von Wertschwankungen geändert werden muß" (§ 253 Abs. 3 Satz 3 HGB).	Bauer, S. 444 f.; Pfleger, Anm. 374-376; Packmohr, S. 164 (125).

Bei den Abwertungsparametern handelt es sich um ergebniswirksame Aktionsparameter mit ergebnismindernder Wirkungsrichtung.

Die Inanspruchnahme von Abwertungsparametern können die Konzernabschlußinteressenten betragsmäßig erkennen, da nach § 277 Abs. 3 Satz 1 i.V.m. § 298 Abs. 1 HGB eine Verpflichtung besteht, den Betrag dieser Abschreibungen entweder in der Konzern-GuV gesondert auszuweisen oder aber im Konzernanhang anzugeben. Ob die Abwertungsparameter bei allen Konzernunternehmen gleichgerichtet ausgeübt werden müssen, ist noch nicht abgeklärt. Bei der Betreibung der Konzernbilanzpolitik sollte man dies aber einkalkulieren.

Die Abwertungsparameter sind eingeschränkt zeitlich flexibel, d.h. soweit in Folgeperioden ihre Anwendungsvoraussetzungen noch gegeben sind, können diese auch dann noch in Anspruch genommen werden.

Durch den Spielraum bei der Bestimmung des niedrigeren beizulegenden Wertes erhalten die Abwertungsparameter auch eine Teilbarkeit.

2.2.2.8 Aufwertungsparameter

Mit dem Begriff Aufwertungsparameter werden hier solche Aktionsparameter bezeichnet, die es ermöglichen, Zuschreibungen über den letzten Bilanzansatz hinaus vorzunehmen. Die Anzahl der Aufwertungsparameter ist aber, wie aus der folgenden Tabelle 15 ersichtlich, relativ gering.

Tab. 15: Aufwertungsparameter

Lfd. Nr.	Bezeichnung	Rechtsgrundlage	Kurzbeschreibung	Literaturnachweis
1	Wertaufholungswahlrecht im nichtabnutzbaren Anlagevermögen und im Umlaufvermögen	§ 28o Abs. 1 i.V.m. § 28o Abs. 2 u. § 298 Abs. 1 HGB	Sind die Gründe entfallen, die für eine außerplanmäßige Abschreibung oder eine steuerliche Abschreibung i.S.v. § 254 HGB maßgeblich waren, so besteht ein Wahlrecht, einen Betrag in Höhe dieser vorgenommenen Abschreibungen, modifiziert um die ansonsten angefallenen planmäßigen Abschreibungen, dem letzten Bilanzansatz zuzuschreiben. Beim abnutzbaren Anlagevermögen besteht allerdings nach h.M. bei vorgenommenen außerplanmäßigen Abschreibungen kein Wahlrecht, sondern ein Zuschreibungsgebot.	Pfleger, Anm. 285-29o; (Bauer, S. 294-298); Packmohr, S. 162 (116).
2	Spielraum bei der Zuschreibung im abnutzbaren Anlagevermögen	-	Es besteht ein Spielraum bei der Feststellung, ob die für die außerplanmäßige Abschreibung maßgeblichen Gründe weggefallen sind.	Pfleger, Anm. 29o.
3	Wertansatz der Zuschreibung	-	Bei der Zuschreibung kann jeder beliebige Zwischenwert zwischen dem letzten Bilanzansatz und dem maximal möglichen Bilanzansatz gewählt werden.	Pfleger, Anm. 288.
4	Spielraum bei der Bestimmung des Zuschreibungsbetrages	-	Bei der Bestimmung des maximalen Zuschreibungsbetrages besteht in einigen Fällen ein Spielraum.	Pfleger, Anm. 284 u. 288.

Bei den Aufwertungsparametern handelt es sich um ergebniswirksame Aktionsparameter mit ergebniserhöhender Wirkungsrichtung.

Auch die Inanspruchnahme von Aufwertungsparametern können die Konzerabschlußinteressenten betragsmäßig erkennen, da nach § 280 Abs. 3 i.V.m. § 298 Abs. 1 HGB eine betragsmäßige Angabe im Konzernanhang zu erfolgen hat. Für die Bindungswirkung für vergleichbare Sachverhalte gelten die Ausführungen zu den Abwertungsparametern sinngemäß.[1]

Das Wertaufholungswahlrecht und der Spielraum bei der Zuschreibung im abnutzbaren Anlagevermögen sind eingeschränkt zeitlich flexibel, d.h. soweit in Folgeperioden ihre Anwendungsvoraussetzungen noch gegeben sind, können diese Aktionsparamter auch dann noch in Anspruch genommen werden. Teilbar sind die Aktionsparameter hinsichtlich des Zuschreibungsbetrages.

2.3 Konzernspezifische Bilanzierungs- und Bewertungsparameter

2.3.1 Übernahmewahlrecht von besonderen Wertansätzen bei Kreditinstituten und Versicherungsunternehmen

In § 308 Abs. 2 Satz 2 HGB ist das Wahlrecht enthalten, Wertansätze von in die Konsolidierung einzubeziehenden Kreditinstituten und Versicherungsunternehmen, die auf für diese geltenden Spezialvorschriften beruhen, in den Konzernabschluß zu übernehmen. Diese Regelung gilt uneingeschränkt für inländische Kreditinstitute und Versicherungsunternehmen. Für entsprechende ausländische Tochterunternehmen besteht insoweit ein Wahlrecht, Wertansätze aufgrund von für diese Branchen geltenden Spezialvorschriften in den Konzernabschluß zu über-

1 Vgl. Gliederungspunkt III.2.2.2.7 in diesem Kapitel.

nehmen, als diese noch mit den deutschen GoB vereinbar sind.[1]

Nach deutschem Recht kommen als Spezialvorschriften i.S.v. § 308 Abs. 2 Satz 2 HGB insbesondere die folgenden in Frage:

Bei Kreditinstituten

§ 26a Abs. 1 KWG - Kreditinstitute in der Rechtsform einer Kapitalgesellschaft dürfen[2] Forderungen und Wertpapiere des Umlaufvermögens mit niedrigeren als den ansonsten nach den §§ 253 Abs. 1 und 3 sowie 279 Abs. 1 Satz 1 HGB vorgeschriebenen Werten ansetzen, soweit dies zur Absicherung gegen die besonderen Risiken bei Kreditinstituten notwendig ist.

Bei Versicherungsunternehmen

§ 55 Abs. 4 VAG - Versicherungsunternehmen haben hiernach insbesondere das Wahlrecht, § 280 HGB nicht anzuwenden. Desweiteren erlaubt diese Vorschrift Versicherungsunternehmen, auf einige ansonsten im Konzernabschluß zu erstattende Angaben zu verzichten.

§ 56 Abs. 1 VAG - Auf die Bewertung der Wertpapiere ist immer das strenge Niederstwertprinzip

1 Vgl. LEDERLE, in: Castan u.a. (Hrsg.), Beck HdR, C 300, Anm. 116; BUSSE von COLBE/MÜLLER/REINHARD (Hrsg.), Aufstellung, S. 48 f.

2 Zur Frage, ob Kreditinstitute, die keine Kapitalgesellschaften sind und die damit § 26a Abs. 1 KWG nicht anwenden können, als Ausgleich hierfür auf die Regelung des § 253 Abs. 4 HGB zurückgreifen können vgl. SCHERRER, in: Hofbauer/Kupsch (Hrsg.), BHR, § 308 HGB, Anm. 27, welcher die aufgeworfene Frage bejaht.

anzuwenden.[1]

§ 56 Abs. 2 VAG - "Aufwendungen für den Abschluß von Versicherungsverträgen dürfen nicht aktiviert werden."[2]

§ 56 Abs. 3 VAG - Versicherungen wird erlaubt, versicherungstechnische Rückstellungen auch insoweit vornehmen zu dürfen, "wie dies nach vernünftiger kaufmännischer Beurteilung notwendig ist, um die dauernde Erfüllbarkeit der Verpflichtungen aus den Versicherungen sicherzustellen."[3]

Bei dem Übernahmewahlrecht von besonderen Wertansätzen bei Kreditinstituten und Versicherungsunternehmen handelt es sich um ein ergebniswirksames Wahlrecht mit ergebnismindernder Wirkungsrichtung. Die ergebnismindernde Wirkungsrichtung beruht darauf, daß einzelne Vermögensgegenstände mit einem niedrigeren und einzelne Schulden mit einem höheren Wert als dem ansonsten nach handelsrechtlichen Normen vorgeschriebenen Wert angesetzt werden können.[4]

Die Inanspruchnahme des Wahlrechts nach § 308 Abs. 2 Satz 2 HGB ist nur tendenziell, auf keinen Fall aber betragsmäßig erkennbar, da nach § 308 Abs. 2 Satz 2 2. Halbsatz HGB im Konzernanhang auf die Anwendung dieses Wahlrechts hinzuweisen ist.

Bei dem hier dargestellten Wahlrecht handelt es sich um ein Vereinfachungswahlrecht, das in aller Regel zur stillen Reservenbildung im Konzernabschluß und damit zu einer tendenziellen Aussagenverschlechterung des Kon-

---

1 Vgl. SCHERRER, in: Hofbauer/Kupsch (Hrsg.), BHR, § 308 HGB, Anm. 29.

2 § 56 Abs. 2 VAG.

3 § 56 Abs. 3 VAG.

4 Vgl. SCHERRER, in: Hofbauer/Kupsch (Hrsg.), BHR, § 308 HGB, Anm. 25; NIEHUS/SCHOLZ, in: Meyer-Landrut/Miller/Niehus, Kommentar GmbHG, §§ 238-335 HGB, Anm. 1104.

zernabschlusses führt. Aus diesem Blickwinkel heraus wird man die Inanspruchnahme dieses Wahlrechtes bei einem oder mehreren Konzernunternehmen als die Realisierung einer Vergünstigungsregelung werten müssen, die keine Bindungswirkung bei anderen in Frage kommenden Konzernunternehmen entfalten kann. Das Wahlrecht nach § 308 Abs. 2 Satz 2 HGB ist eingeschränkt zeitlich flexibel, d.h. soweit in Folgeperioden noch die Anwendungsvoraussetzungen gegeben sind, kann dieses auch dann noch in Anspruch genommen werden.

2.3.2 Verzicht auf die einheitliche Bewertung - materiality

§ 308 Abs. 2 Satz 3 HGB enthält das Wahlrecht, auf die konzerneinheitliche Bewertung zu verzichten, wenn dieser Verzicht nur von untergeordneter Bedeutung für die Darstellung des Konzerns i.S.v. § 297 Abs. 2 Satz 2 HGB ist. Es handelt sich hierbei um ein typisches materiality-Wahlrecht.[1] Ob im konkreten Einzelfall die Voraussetzung für die Übernahme des Einzelabschlusses ohne Umbewertung in den Konzernabschluß erfüllt ist, entscheidet sich grundsätzlich anhand des Verhältnisses von Umbewertungsdifferenz (= konzerneinheitliche Wertansätze ./. Wertansätze des Einzelabschlusses) zu einer relevanten Vergleichsbasis des Konzernabschlusses, wie z.B. eines Konzernbilanzpostens, des Konzernanlagevermögens, des Konzerneigenkapitals oder auch einer relativen Größe.[2] Dies impliziert, daß zur Prüfung der Wesentlichkeit eine Umbewertung in Frage

---

1 Vgl. dazu ausführlich im 2. Kapitel Gliederungspunkt IV.1.1.5.

2 Vgl. NIEHUS/SCHOLZ, in: Meyer-Landrut/Miller/Niehus, Kommentar GmbHG, §§ 238-335 HGB, Anm. 1105; SCHERRER, in: Hofbauer/Kupsch (Hrsg.), BHR, § 308 HGB, Anm. 33; LEDERLE, in: Castan u.a. (Hrsg.), Beck HdR, C 300, Anm. 118. BUSSE von COLBE/MÜLLER/ REINHARD (Hrsg.), Aufstellung, S. 49. Eine allgemein anerkannte Vergleichsbasis ist bis jetzt allerdings noch nicht herausgearbeitet worden.

kommen kann. Dies impliziert weiterhin, daß dann aber auch der Arbeits- und Kostenvorteil einer unterlassenen Neubewertung wegfällt.[1]

Nicht unter das Wahlrecht von § 308 Abs. 2 Satz 3 HGB fallen solche Wertansätze, die gegen die GoB verstoßen.[2]

Das Wahlrecht nach § 308 Abs. 2 Satz 3 HGB ist als ergebniswirksam einzustufen. Die Wirkungsrichtung kann allerdings nur im Einzelfall festgestellt werden.

Die Inanspruchnahme dieses Wahlrechtes ist für die Konzernabschlußinteressenten nicht erkennbar. Die sonstigen Auswahlkriterien entsprechen denjenigen des im vorhergehenden Gliederungspunkt aufgezeigten Wahlrechts.[3]

2.3.3 Ausnahmefälle von der einheitlichen Bewertung

§ 308 Abs. 2 Satz 4 HGB gewährt das Wahlrecht, in Ausnahmefällen auf eine konzerneinheitliche Bewertung zu verzichten. Ein solcher Ausnahmefall kann z.B. vorliegen, wenn ein Unternehmen erst vor kurzem gekauft wurde und das Rechnungswesen noch nicht entsprechend den Konzernrichtlinien umgestellt ist.[4] Insgesamt gesehen dürfte der Anwendungsbereich dieses Wahlrechts aber nur gering sein.5

---

1 Vgl. auch SCHERRER, in: Hofbauer/Kupsch (Hrsg.), BHR, § 308 HGB, Anm. 33.

2 Vgl. LEDERLE, in: Castan u.a. (Hrsg.), Beck HdR, C 300, Anm. 119.

3 Vgl. hierzu Gliederungspunkt III.2.3.1 in diesem Kapitel.

4 Vgl. BUSSE von COLBE/MÜLLER/REINHARD (Hrsg.), Aufstellung, S. 50; LEDERLE, in: Castan u.a. (Hrsg.), Beck HdR, C 300, Anm. 120; WP-HANDBUCH 1985/86, Bd. II, S. 351 und S. 467. In dem oben aufgezeigten Beispiel besteht jedoch evtl. auch die Möglichkeit, das Wahlrecht aus § 296 Abs. 1 Nr. 2 HGB in Anspruch zu nehmen.

5 Vgl. SCHERRER, in: Hofbauer/Kupsch (Hrsg.), BHR, § 308 HGB, Anm.36.

Die Ausübung dieses Wahlrechts ist insoweit tendenziell erkennbar, als nach § 308 Abs. 2 Satz 4 2. Halbsatz HGB im Konzernanhang die Abweichungen anzugeben und zu begründen sind. Ansonsten entsprechen Wirkungsweise und Auswahlkriterien denjenigen des im vorhergehenden Gliederungspunkt besprochenen Wahlrechts.

2.3.4 Übernahme steuerlich zulässiger Werte

Als mit Abstand wichtigstes Wahlrecht im Bereich der konzernspezifischen Bilanzierungs- und Bewertungsparameter ist das in § 308 Abs. 3 HGB geregelte Wahlrecht zur Übernahme rein steuerlicher Wertansätze aus dem Einzelabschluß in den Konzernabschluß anzusehen. § 308 Abs. 3 Satz 1 HGB regelt dieses Wahlrecht im einzelnen wie folgt: "Wurden in den Konzernabschluß zu übernehmende Vermögensgegenstände oder Schulden im Jahresabschluß eines in den Konzernabschluß einbezogenen Unternehmens mit einem nur nach Steuerrecht zulässigen Wert angesetzt, weil dieser Wertansatz sonst nicht bei der steuerrechtlichen Gewinnermittlung berücksichtigt werden würde, oder ist aus diesem Grunde auf der Passivseite ein Sonderposten gebildet worden, so dürfen diese Wertansätze unverändert in den Konzernabschluß übernommen werden."[1]

Dieses Wahlrecht findet hauptsächlich auf deutsche Konzernunternehmen Anwendung. Der Grund hierfür liegt darin, daß die dem Regelungskomplex von § 308 Abs. 3 HGB zugrundeliegende Forderung der Dependenz der Handels- von der Steuerbilanz vornehmlich nur in der Bundesrepublik Deutschland gegeben ist.[2] Im ausländischen Rechnungslegungsrecht ist eine solche

---

1 § 308 Abs. 3 Satz 1 HGB.
2 Vgl. LEDERLE, in: Castan u.a. (Hrsg.), Beck HdR, C 300, Anm. 111; BUSSE von COLBE/MÜLLER/REINHARD (Hrsg.), Aufstellung, S. 48.

Verknüpfung von Handels- und Steuerbilanz sehr selten.[1] Dementsprechend wird bei der nachfolgenden Auflistung der einzelnen unter § 308 Abs. 3 HGB fallenden steuerlichen Wahlrechte auch nur auf die Rechtssituation in der Bundesrepublik Deutschland abgestellt.

Rein steuerliche Wertansätze i.S.v. § 308 Abs. 3 HGB sind diejenigen, die handelsrechtlich nur aufgrund der §§ 273, 279 Abs. 2 und 280 Abs. 2 HGB in den Einzelabschluß übernommen werden dürfen, womit im einzelnen die folgenden steuerlichen Wahlrechte erfaßt werden:[2]

- **§ 273 HGB,** steuerfreie Rücklagen: die Reinvestitionsrücklage nach § 6 b Abs. 3 EStG, die Sanierungsrücklage nach § 6 d EStG und die Städtebauförderungsrücklage nach § 82 StBauFG. Ob auch die übrigen steuerfreien Rücklagen von § 273 HGB erfaßt werden, ist zur Zeit noch völlig ungewiß. M.E. ist davon nicht auszugehen.[3] Dennoch muß man zum gegenwärtigen Zeitpunkt noch konzedieren, daß auch die übrigen steuerfreien Rücklagen die Voraussetzung von § 273 HGB und damit auch von § 308 Abs. 3 HGB erfüllen.
- **§ 279 Abs. 2 HGB,** steuerrechtliche Abschreibungen: Hierunter fallen insbesondere die in § 6 Abs. 3 EStG aufgeführten erhöhten Absetzungen und Sonderabschreibungen.
- **§ 280 Abs. 2 HGB,** Aufhebung des Wertaufholungsgebotes des § 280 Abs. 1 HGB: Neben den erhöhten Absetzungen

1 Vgl. WP-HANDBUCH 1985/86, Bd. II, S. 350.

2 Im Konzernabschluß nach PublG ergibt sich zwar insoweit eine Abweichung vom Konzernabschluß nach HGB, als im Konzernabschluß nach PublG § 280 HGB keine Anwendung findet. Da aber die Nichtanwendung von § 280 HGB nicht nur impliziert, daß die Aufhebungsvorschrift vom Wertaufholungsgebot (§ 280 Abs. 2 HGB) nicht in Anspruch genommen werden kann, sondern auch beinhaltet, daß das Wertaufholungsgebot an sich nicht angewendet werden kann, ergibt sich hierdurch keine materielle Rechtsänderung. Vgl. in diesem Zusammenhang zum Konzernabschluß nach PublG auch KÜTING/HAEGER, Berücksichtigung, S. 1291.

3 Vgl. im einzelnen dazu WITTSTOCK/KLEIN, Tragweite, S. 389.

und den Sonderabschreibungen fallen hierunter v.a. die Teilwertabschreibungen.

Bei dem Wahlrecht nach § 308 Abs. 3 HGB handelt es sich um ein ergebniswirksames Wahlrecht mit ergebnismindernder Wirkungsrichtung.

Die Inanspruchnahme von § 308 Abs. 3 HGB ist mit umfangreichen Berichtspflichten verbunden.[1] Nach § 308 Abs. 3 Satz 2 HGB muß im Konzernanhang der Betrag der im Geschäftsjahr in den Konzernabschluß übernommenen steuerlichen Abschreibungen, Wertberichtigungen und Einstellungen in den Sonderposten mit Rücklageanteil sowie der Betrag der unterlassenen Zuschreibungen angegeben werden. Außerdem ist die Übernahme der steuerlichen Wertansätze zu begründen.[2] Ferner ist nach § 314 Abs. 1 Nr. 5 HGB das Ausmaß anzugeben, inwieweit der Konzernjahresüberschuß durch die Inanspruchnahme der Wahlrechte aus den §§ 254, 273 und 280 Abs. 2 HGB beeinflußt worden ist. Durch diese beiden Normen ergibt sich grundsätzlich eine betragsmäßige Erkennbarkeit der in den Konzernabschluß übernommenen steuerlichen Wertansätze.

Von zentraler Bedeutung für die Möglichkeiten, Konzernbilanzpolitik zu betreiben, wird es sein, ob bei der Ausübung des Wahlrechtes von § 308 Abs. 3 HGB ein Stetigkeitserfordernis und insbesondere eine sachliche Stetigkeit zu beachten ist. Hier treten v.a. zwei Fragen in den Vordergrund:

1. Besteht die Möglichkeit, das Wahlrecht nur bei einzelnen Konzernunternehmen in Anspruch zu nehmen, d.h. können bei einem oder mehreren Konzernunternehmen die steuerlichen Wertansätze übernommen werden, und kann gleichzeitig bei anderen Konzernunternehmen eine Neubewertung stattfinden?

---

1 Vgl. hierzu KÜTING/HAEGER, Berücksichtigung, S. 1289 f.; WEIRICH, Bewertung, S. 81 f.

2 Vgl. § 308 Abs. 3 Satz 2 2. Halbsatz HGB.

2. Dürfen bei einem Konzernunternehmen einzelne steuerliche Wertansätze übernommen werden (bspw. bestimmte Sonderabschreibungen) und gleichzeitig andere steuerliche Wertansätze korrigiert und an die konzerneinheitliche Bewertung angepaßt werden?

Bei Bejahung der aufgeworfenen Fragen würden sich erhebliche Möglichkeiten zur Gestaltung des Konzernabschlusses und insbesondere zur Dosierung des Konzernerfolges eröffnen. Nach h.M. unterliegen rein steuerliche Wahlrechte nicht der Bewertungsstetigkeit nach § 252 Abs. 1 Nr. 6 HGB (i.V.m. § 298 Abs. 1 HGB).[1] Ein Stetigkeitserfordernis kann sich mithin nur noch aus § 297 Abs. 3 Satz 2 HGB ergeben. § 297 Abs. 3 Satz 2 HGB würde dann greifen, wenn die Ausübung steuerlicher Wahlrechte eine Konsolidierungsmethode darstellt. Ob dies der Fall ist, erscheint zum jetzigen Zeitpunkt noch völlig offen. Im HGB findet sich keine Legaldefinition der "Konsolidierungsmethoden". In der Literatur werden unter Konsolidierungsmethoden üblicherweise die Verfahren verstanden, die zur Überführung der Summenbilanz in die Konzernbilanz notwendig sind, also z.B. die Kapitalkonsolidierung und die Schuldenkonsolidierung.[2] Danach würde die Übernahme von steuerlichen Wahlrechten in den Konzernabschluß nach § 308 Abs. 3 HGB nicht zu den Konsolidierungsmethoden gehören, mit dem Ergebnis, daß die Ausübung der Wahlrechte nach § 308 Abs. 3 HGB keiner Stetigkeit unterliegen würde.[3] Das bedeutet einerseits für die Konzernbilanzpolitik einen außerordentlich weiten Gestaltungsbereich, impliziert aber andererseits, daß die Aussagefähigkeit des Konzernabschlusses durch eine differenzierte Inanspruchnahme von § 308 Abs. 3 HGB stark ein-

---

1 Vgl. IDW, Stellungnahme SABI 2/1987, S. 49; SCHNEELOCH, Bewertungsstetigkeit, S. 413-415.

2 Vgl. auch die Aufzählung im WP-HANDBUCH 1985/86, Bd. II, S. 466.

3 Diese Ansicht wird bspw. von WEIRICH, Bewertung, S. 82, vertreten.

geschränkt wird.[1] Es kann daher nicht ausgeschlossen werden, und es ist m.E. auch erforderlich, um die Aussagefähigkeit des Konzernabschlusses zu gewährleisten, daß in der Literatur und in der Praxis v.a. durch die Konzernabschußprüfer ein Stetigkeitserfordernis bei der Anwendung von § 308 Abs. 3 HGB postuliert wird.[2]

Das Wahlrecht nach § 308 Abs. 3 HGB ist eingeschränkt zeitlich flexibel, d.h. soweit in Folgeperioden noch seine Anwendungsvoraussetzungen gegeben sind, kann dieses auch dann noch in Anspruch genommen werden. Darüber hinaus ist das Wahlrecht grundsätzlich teilbar.

IV. Gestaltungsparameter in der Konzern - GuV

1 Umsatzkosten- versus Gesamtkostenverfahren

Nach § 298 Abs. 1 i.V.m. § 275 HGB kann auch in der Konzern-GuV zwischen dem Gesamtkosten- und dem Umsatzkostenverfahren gewählt werden.[3] Da dieses Wahlrecht auch in der GuV des Einzelabschlusses besteht und zudem hierzu bereits eine erhebliche Anzahl an

---

1 Vgl. auch ORDELHEIDE, Bilanzansatz, S. 515.

2 Für eine weite Auslegung des Begriffs, "Konsolidierungsmethoden" wird in der Literatur auch bereits plädiert. Vgl. HARTLE, in: Castan u.a. (Hrsg.), Beck HdR, C 10, Anm. 192 f.; NIEHUS/SCHOLZ, in: Meyer-Landrut/Miller/Niehus, Kommentar GmbHG, §§ 238-335 HGB, Anm. 1067.

3 Insoweit ist aber § 305 HGB nicht umfassend formuliert, als dort auf die nur beim Geamtkostenverfahren vorkommende Posten, "Bestandserhöhung bei unfertigen und fertigen Erzeugnissen" und "andere aktivierte Eigenleistungen" abgestellt wird. Vgl. auch von WYSOCKI, Innenumsatzerlöse, S. 725.

Literaturbeiträgen erschienen ist,[1] kann auf eine detaillierte Erörterung dieser Verfahren verzichtet werden.[2] Dementsprechend werden hier in erster Linie nur die Unterschiede hinsichtlich der Wirkungsweise der beiden Verfahren aufgezeigt.

Die beiden Verfahren führen zum gleichen Jahres- resp. Konzernjahresüberschuß.[3] Das Wahlrecht ist mithin nicht ergebniswirksam. Es ist vielmehr strukturwirksam. Dies beruht darauf, daß bestimmte GuV-Posten, die bei den beiden Verfahren übereinstimmende Bezeichnungen tragen, betragsmäßig divergieren können. So kann bspw. der Posten "sonstige betriebliche Aufwendungen" bei Anwendung des Umsatzkostenverfahrens einen anderen Betrag aufweisen als bei Anwendung des Gesamtkostenverfahrens, weil beim Umsatzkostenverfahren einzelne Teile der sonstigen betrieblichen Aufwendungen dem GuV-Posten "Herstellungskosten der zur Erzielung der Umsatzerlöse erbrachten Leistungen" zugeordnet sein können.[4]

Das Umsatzkostenverfahren hat auch zur Folge, daß im Vergleich zum Gesamtkostenverfahren einige Infor-

---

1 Vgl. neben den Kommentierungen zu § 275 HGB in den einschlägigen Kommentaren zur Rechnungslegung auch: IDW, Stellungnahme SABI 1/1987, S. 70 ff.; CHMIELEWICZ, Umsatzkostenverfahren, S. 165 ff.; BAETGE/FISCHER, Erfolgsanalyse, S. 1 ff.; FISCHER/RINGING, Umsatzkostenverfahren, S. 442 ff.; FELDT/OLBRICH/WIEMEIER, Ausweisverfahren, S. 2320 ff.; GATZEN, Umsatzkostenverfahren, S. 461 ff.; HARRMANN, Umsatzkostenverfahren, S. 1813 ff.; REIGE, Umsatzkostenverfahren, S. 498 ff.; SELCHERT, Umsatzkostenverfahren, S. 2397 ff.

2 Vgl. auch die Ausführungen in Gliederungspunkt I dieses Kapitels, in dem dargelegt wurde, daß solche Aktionsparameter, die auch zum Einzelabschluß bestehen, nicht näher beschrieben werden, um den Umfang der Arbeit nicht unnötig auszudehnen.

3 Vgl. IDW, Stellungnahme SABI 1/1987, S. 70.

4 Vgl. ebenda, S. 71. Vgl. ferner hinsichtlich der Posten "Zinsen und ähnliche Aufwendungen" sowie "sonstige Steuern" CHMIELEWICZ, Umsatzkostenverfahren, S. 173 ff.; FISCHER/RINGLING, Umsatzkostenverfahren, S. 447.

mationen nicht gegeben werden müssen. Im einzelnen brauchen bei Anwendung des Umsatzkostenverfahrens nicht angegeben zu werden:

- der Materialaufwand,[1]
- die Aufgliederung des Personalaufwandes.[2]
- Soweit von dem Wahlrecht Gebrauch gemacht wird, die Vorräte zusammengefaßt auszuweisen,[3] besteht keine Möglichkeit mehr, Bestandsveränderungen aus der Konzernbilanz abzuleiten.[4]

Das einmal angewendete Verfahren ist grundsätzlich[5] in nachfolgenden Perioden beizubehalten. Die Sekundärwirkungen sind mithin gleichgerichtet. Wie das Wahlrecht ausgeübt wird, ist aus der Gliederung der Konzern-GuV ersichtlich.

2 Verzicht auf die Aufwands- und Ertragskonsolidierung - materiality

§ 305 Abs. 2 HGB enthält das Wahlrecht, auf die Aufwands- und Ertragskonsolidierung dann zu verzichten, "wenn die wegzulassenden Beträge für die Vermittlung eines den tatsächlichen Verhältnissen entsprechenden Bildes der Vermögens-, Finanz- und Ertragslage des Konzerns nur von untergeordneter Bedeutung sind."[6]

Zu beachten ist allerdings, daß zur Bestimmung, ob die wegzulassenden Beträge von untergeordneter Bedeutung sind, nicht auf die aus einem Einzelgeschäft stammenden Aufwendungen und Erträge, sondern vielmehr auf die

---

1 Beim Gesamtkostenverfahren ist dieser gem. § 275 Abs. 2 Nr. 7 i.V.m. § 298 Abs. 1 HGB anzugeben.

2 Nach § 314 Abs. 1 Nr. 4 HGB ist eine Aufgliederung des Personalaufwandes, wie dies §§ 275 Abs. 2 Nr. 6 i.V.m. § 298 Abs. 1 HGB für das Gesamtkostenverfahren vorschreibt, nicht notwendig.

3 Vgl. Gliederungspunkt III.1.3.1 in diesem Kapitel.

4 Vgl. FISCHER/RINGLING, Umsatzkostenverfahren, S. 448.

5 Soweit kein Ausnahmefall gegeben ist.

6 § 305 Abs. 2 HGB.

Summe der wegzulassenden Aufwendungen und Erträge abzustellen ist.[1]

Dieses Wahlrecht ist strukturwirksam. Sekundärwirkungen entstehen keine. Die Inanspruchnahme dieses Aktionsparameters ist teilbar, d.h. es kann auch nur bei einzelnen der in Frage kommenden Aufwands- und Ertragsverhältnisse auf die Konsolidierung verzichtet werden.

V. Konsolidierungsparameter

1 Umrechnungsparameter

1.1 Überblick

Die prinzipielle Einbeziehungspflicht auch der ausländischen Tochterunternehmen in den Konzernabschluß zwingt dazu, die Jahresabschlüsse dieser Unternehmen in Deutsche Mark umzurechnen. "Darüber, wie eine solche Umrechnung vorzunehmen ist, besteht weder eine gesetzliche Regelung noch im entferntesten Sinne eine einheitliche Auffassung."[2] Es ergeben sich insbesondere zwei zentrale Fragenkomplexe:[3]

1. Mit welchen Umrechnungskursen sollen die Jahresabschlüsse der ausländischen Tochterunternehmen umgerechnet werden?
2. Sollen evtl. entstehende (bilanzielle) Umrechnungsdifferenzen den Konzernjahresüberschuß beeinflussen oder nicht?

Für die Umrechnung der ausländischen Jahresabschlüsse stehen zwei prinzipiell unterschiedliche Verfahren zur

---

1 Vgl. SCHERRER, in: Hofbauer/Kupsch (Hrsg.), BHR, § 305 HGB, Anm. 32; RIESE, in: Castan u.a. (Hrsg.), Beck HdR, C 470, Anm. 35. Zur Auslegung des unbestimmten Rechtsbegriffs "untergeordnete Bedeutung" vgl. die übergreifenden Ausführungen in Gliederungspunkt IV.1.1.5 des 2. Kapitels.

2 GMELIN, Währungsumrechnung, S. 602.

3 Vgl. MANSCH, Umrechnung, S. 79.

Verfügung: Entweder werden alle Jahresabschlußposten einheitlich zum Stichtagskurs umgerechnet oder aber die Jahresabschlußposten werden mit differenzierten Wechselkursen umgerechnet, d.h. einzelne Jahresabschlußposten werden mit Stichtagskursen, andere hingegen mit historischen Kursen umgerechnet. Der historische Kurs ist der "Wechselkurs, der zum Herstellungs- bzw. Zugangszeitpunkt einzelner Vermögensgegenstände und Schulden vorlag."[1] Der Stichtagskurs bezeichnet den aktuellen "Wechselkurs am jeweiligen Bilanzstichtag."[2]

Die verschiedenen Umrechnungsmethoden und das damit zusammenhängende Wahlrecht der Behandlung von Umrechnungsdifferenzen bilden die wichtigsten Aktionsparameter bei der Währungsumrechnung. Diese und die darüber hinaus bestehenden Aktionsparameter bei der Währungsumrechnung sollen nun im einzelnen aufgezeigt werden.

1.2 Stichtagskursmethode versus Umrechnung mit differenzierten Wechselkursen

Die einzelnen Bilanz- und GuV-posten können entweder mit Stichtagskursen oder aber mit differenzierten Wechselkursen umgerechnet werden. Die Umrechnung mit differenzierten Wechselkursen beinhaltet dabei, daß einzelne Bilanzposten mit historischen Kursen und andere mit Stichtagskursen umgerechnet werden. Ebenso werden einzelne GuV-posten mit historischen Kursen, andere jedoch mit Stichtags- oder Durchschnittskursen umgerechnet.

---

1 LÜCK/JUNG, Währungsumrechnung, S. 91.
2 Ebenda.

Für die Umrechnung mit differenzierten Wechselkursen sind zudem verschiedene Umrechnungsmethoden entwickelt worden, anhand derer die Umrechnung erfolgen kann.[1] Die folgende Tabelle 16 enthält einen Überblick über die einzelnen Umrechnungsverfahren.

1 Vgl. dazu von WYSOCKI/WOHLGEMUTH, Konzernrechnungslegung, S. 177-189; BUSSE von COLBE/ORDELHEIDE, Konzernabschlüsse, S. 314-352; MÜLLER, Währungsumrechnung, S. 127-170; MÜLLER, Umrechnung, S. 20-149; ders., Jahresabschlüsse, S. 848-851; HUMMEL, Umrechnung, S. 36-67; LÜCK/JUNG, Währungsumrechnung, S. 91-95; CSIK/SCHNECK, Fremdwährungsumrechnung, S. 296-299; SCHÖTTLER, Rechnungslegung, S. 168-308; LÜCK, Umrechnung, S. 30-53; KIRCHNER, Weltbilanzen, S. 103-148; TIETZE, Währungsumrechnung, S. 76-110; KUBIN/LÜCK, Währungsumrechnungsmethode, S. 357 ff.; ZIEGENHAGEN, Währungsumrechnung, S. 226 f.; MÜLLER, Kursumrechnung, S. 654-656.

Tab. 16: Methoden der Währungsumrechnung

Stichtagskursmethode	modifizierte Stichtagskursmethode	Zeitbezugsmethode[1]
Alle Abschlußposten werden einheitlich mit dem Stichtagskurs umgerechnet.	Bei dieser Methode wird im Gegensatz zur reinen Stichtagskursmethode das Eigenkapital mit historischen Kursen und/oder die GuV-posten mit Durchschnittskursen umgerechnet.	Bei dieser Methode bezieht sich der Umrechnungskurs auf denselben Zeitpunkt wie der Wertansatz in der zugrundeliegenden Einzelbilanz: Abschlußposten, die mit Anschaffungs- oder Herstellungskosten bewertet sind, werden mit historischen Kursen umgerechnet; Abschlußposten, die mit Zeit- oder Zukunftswerten bewertet sind, werden mit Stichtagskursen umgerechnet. In der GuV sind Wareneinsatz und Abschreibungen wie die entsprechenden Bilanzposten umzurechnen. Die übrigen Aufwendungen und Erträge werden mit Durchschnittskursen umgerechnet.

1 Nach BUSSE von COLBE/ORDELHEIDE, Konzernabschlüsse, S. 317 u. 333 ff., ist noch ein Niederstwerttest durchzuführen, d.h. die mit historischen Kursen umgerechneten Anschaffungs- oder Herstellungskosten sind mit den zum Stichtagskurs umgerechneten Tageswerten der Vermögensgegenstände, Schulden etc. zu vergleichen. Der sich aus diesem Vergleich ergebende niedrigere Wertansatz ist dann in der Konzernbilanz anzusetzen.

Fortsetzung Tab. 16:

funktionale Umrechnungsmethode	Nominal-Sachwert Methode	Fristigkeitsmethode
Diese Methode stellt eine Kombination der Stichtagskurs und der Zeitbezugsmethode dar. Danach sind Tochterunternehmen, die hinsichtlich ihrer Geschäftstätigkeit eine relative Selbständigkeit besitzen, nach der Stichtagskursmethode umzurechnen. Tochterunternehmen, die wie eine Betriebsstätte des Mutterunternehmens operieren, sind nach der Zeitbezugsmethode umzurechnen.	Bei dieser Methode werden die Nominalwerte,also bspw. die Forderungen, Bankguthaben, Kassenbestände Verbindlichkeiten mit dem Stichtagskurs umgerechnet, die übrigen Bilanzposten (Sachwerte) mit den historischen Kursen. In der GuV sind der Wareneinsatz und die Abschreibungen wie die entsprechenden Bilanzposten umzurechnen. Die übrigen Aufwendungen und Erträge werden mit Durchschnittskursen umgerechnet.	Bei dieser Methode sind die langfristigen Bilanzposten mit historischen Kursen und die kurzfristigen Bilanzposten mit Stichtagskursen umzurechnen. In der GuV werden die Abschreibungen entsprechend den Bilanzposten umgerechnet (historische Kurse). Die übrigen Aufwendungen und Erträge werden mit Durchschnittskursen umgerechnet.

Es stellt sich nun die Frage, ob die in der Tabelle 16 aufgeführten Umrechnungsmethoden auch alle für die Umrechnung ausländischer Jahresabschlüsse zur Verfügung stehen. Auf internationaler Ebene wird eigentlich nur noch die funktionale Umrechnungsmethode als zulässig angesehen.[1] Nach einem Entwurf einer Verlautbarung des IdW werden in Deutschland jedoch grundsätzlich alle die in der Tabelle aufgeführten Umrechnungsmethoden als zulässig erachtet.[2] Dies gilt zumindest für die Stichtagskursmethode, die modifizierte Stichtagskursmethode, die Zeitbezugsmethode und die funktionale Umrechnungsmethode. Aber auch die Nominal-Sachwert Methode und die Fristigkeitsmethode können wohl noch angewendet werden, denn in dem Entwurf wird ausgeführt: "Zwar hat zwischenzeitlich bei den Methoden mit differenzierten Umrechnungskursen die Zeitbezugsmethode ... einen gewissen Vorrang erhalten, dies schließt (aber; der Verf.) nicht aus, daß bisherige Umrechnungsmethoden, die nach anderen Kriterien differenziern, gleichfalls zulässig sein können."[3]

Die funktionale Umrechnungsmethode enthält zudem i.d.R. noch einen Spielraum bei der Feststellung, ob ein Tochterunternehmen nach der Zeitbezugsmethode oder aber nach der Stichtagskursmethode umzurechnen ist.

Die Umrechnung des ausländischen Jahresabschlusses mittels der Stichtagskursmethode stellt keinen selbständigen Bewertungsvorgang, sondern vielmehr einen bloßen Transformationsvorgang dar,[4] denn die Umrechnung des ausländischen Jahresabschlusses erfolgt "im Wege der linearen Transformation, d.h. durch Multiplikation

---

1 Vgl. dazu ausführlich von WYSOCKI/WOHLGEMUTH, Konzernrechnungslegung, S. 183-189. Vgl. ferner die Stellungnahmen: IASC (Hrsg.), IAS 21 und FASB (Hrsg.), SFAS No. 52.

2 Vgl. IDW, Währungsumrechnung, S. 664 ff.

3 IDW, Währungsumrechnung, S. 666; Klammerzusatz vom Verfasser.

4 Vgl. von WYSOCKI/WOHLGEMUTH, Konzernrechnungslegung, S. 180 f.

sämtlicher Bestands- und Bewegungsgrößen mit einer Konstanten (dem Umrechnungskurs am Bilanzstichtag)."[1]

Es ist nun zu untersuchen, welche Wirkungsweise die anderen Umrechnungsmethoden im Vergleich zur Stichtagskursmethode haben.

- **Modifizierte Stichtagskursmethode:**

Die modifizierte Stichtagskursmethode ist dann als quasi-materiell einzustufen, wenn in der Bilanz das Eigenkapital zu historischen Kursen umgerechnet wird. In diesem Fall ist die infolge von Wechselkursänderungen eingetretene Veränderung des Eigenkapitals im Gegensatz zur "reinen" Stichtagskursmethode erkennbar.[2] Als strukturwirksam ist die modifizierte Stichtagskursmethode dann einzustufen, wenn die GuV mit Ausnahme des Jahresüberschusses mit Durchschnittskursen umgerechnet wird.

- **Umrechnung mit differenzierten Wechselkursen:**

Die Umrechnungsmethoden mit differenzierten Wechselkursen sind als ergebniswirksam einzustufen, da sie zur Entstehung von Umrechnungsdifferenzen führen, die - z.T. - ergebniswirksam zu verrechnen sind. Bei den Umrechnungsdifferenzen können zwei verschiedene Gruppen unterschieden werden: die bilanziellen Umrechnungsdifferenzen und die Umrechnungsdifferenzen in der GuV. Die Umrechnungsdifferenzen in der GuV entstehen dadurch, daß Aufwendungen und Erträge nicht mit dem gleichen Wechselkurs umgerechnet werden, und dadurch der Saldo aus umgerechneten Aufwendungen und Erträgen nicht mit dem umgerechneten Jahresüberschuß übereinstimmt.[3] Diese aus der Umrechnung der GuV resul-

1 Von WYSOCKI/WOHLGEMUTH, Konzernrechnungslegung, S. 181; Hervorhebungen im Original wurden weggelassen.
2 Vgl. MÜLLER, Währungsumrechnung, S. 159.
3 Vgl. z.B. MÜLLER, Jahresabschlüsse, S. 851.

tierenden Umrechnungsdifferenzen sind erfolgswirksam zu verrechnen, d.h. sie sind entweder als sonstige Erträge/Aufwendungen auszuweisen oder als Sonderposten in die GuV einzustellen.[1]

Bilanzielle Umrechnungsdifferenzen entstehen dann, wenn einzelne Aktiv- und/oder Passivposten mit Stichtagskursen, andere jedoch mit historischen Kursen umgerechnet werden und der Betrag der mit historischen Kursen bzw. mit Stichtagskursen umgerechneten Aktiva nicht mit demjenigen bei den Passiva übereinstimmt.[2] In diesem Fall gleichen sich die "Aktiv- und Passivseite der umgerechneten Bilanz ... nicht mehr aus."[3] Ist die Bilanzsumme der Aktivseite geringer als diejenige der Passivseite, liegt eine aktive Umrechnungsdifferenz vor, im umgekehrten Fall, wenn also die Bilanzsumme der Aktivseite größer ist als diejenige der Passivseite, ist eine passive Umrechnungsdiferenz gegeben.

In der nachfolgend aufgeführten Abbildung 12 sind die für die Entstehung von aktiven und passiven bilanziellen Umrechnungsdifferenzen ursächlichen Konstellationen aufgezeigt. Die Entstehung von bilanziellen Umrechnungsdifferenzen hängt einerseits von den Wertverhältnissen zwischen Stichtagskursen und historischen Kursen und andererseits von dem Verhältnis zwischen mit Stichtagskursen umgerechneten Aktiva zu mit Stichtagskursen umgerechneten Passiva ab. Anstelle des Verhältnisses von mit Stichtagskursen umgerechneten Aktiva zu mit Stichtagskursen umgerechneten Passiva kann auch auf das Verhältnis von mit historischen Kursen umgerechneten Aktiva zu mit historischen Kursen umgerechneten Passiva abgestellt

---

1 Vgl. von WYSOCKI/WOHLGEMUTH, Konzernrechnungslegung, S. 190; IDW, Währungsumrechnung, S. 667; BUSSE von COLBE/MÜLLER/REINHARD (Hrsg.), Aufstellung, S. 61; AK WELTABSCHLÜSSE, Konzernabschlüsse, S. 43, Anm. 118.

2 Vgl. LÜCK/JUNG, Währungsumrechnung, S. 95; von WYSOCKI/WOHLGEMUTH, Konzernrechnungslegung, S. 190.

3 LÜCK/JUNG, Währungsumrechnung, S. 95.

werden. Da die einzelnen Bilanzposten nur mit historischen Kursen oder aber mit Stichtagskursen umgerechnet werden können, andere Kurse mithin nicht in Frage kommen, führen beide Vorgehensweisen zum gleichen Ergebnis.

Abb. 12: Entstehungsgründe für aktive und passive bilanzielle Umrechnungsdifferenzen

Wertverhältnisse von SK zu HK \ Relation von mit SK umgerechneten Aktiva zu mit SK umgerechneten Passiva	Mit SK umgerechnete Aktiva kleiner als mit SK umgerechnete Passiva	Mit SK umgerechnete Aktiva größer als mit SK umgerechnete Passiva
SK < HK	passive Umrechnungsdifferenz (ergebniserhöhend)	aktive Umrechnungsdifferenz (ergebnismindernd)
SK > HK	aktive Umrechnungsdifferenz (ergebnismindernd)	passive Umrechnungsdifferenz (ergebniserhöhend)

HK = Historischer Kurs
SK = Stichtagskurs

Für die bilanziellen Umrechnungsdifferenzen besteht ein Verrechnungswahlrecht: Die bilanziellen Umrechnungsdifferenzen können entweder erfolgsneutral mit dem Eigenkapital verrechnet oder aber erfolgswirksam in der Konzern-GuV ausgewiesen werden.[1] Darüber hinaus besteht

1 Vgl. IDW, Währungsumrechnung, S. 666; GMELIN, Währungsumrechnung, S. 604; LÜCK/JUNG, Währungsumrechnung, S. 95.

auch die Möglichkeit, einen Teil der Umrechnungsdifferenzen erfolgswirksam und den anderen Teil erfolgsneutral zu behandeln. So können bspw. nur die Umrechnungsverluste erfolgswirksam behandelt werden, die Umrechnungsgewinne jedoch erfolgsneutral verrechnet werden.[1] Dennoch ist nicht zu verkennen, daß die erfolgswirksame Verrechnung in der Literatur favorisiert wird.[2] Über die Sekundärwirkungen können keine allgemeinen Angaben gemacht werden.

Die angewandte Umrechnungsmethode ist für die Konzernabschlußinteressenten grundsätzlich erkennbar, da nach § 313 Abs. 1 Nr. 2 HGB im Konzernanhang über die Grundlagen der Umrechnung in Deutsche Mark zu berichten ist.[3] Welche betragsmäßigen Auswirkungen sich aus der Nutzung einer bestimmten Umrechnungsmethode ergeben, können die Konzernabschlußinteressenten aber grundsätzlich nicht erkennen. Desweiteren ist nach Ansicht des Verfassers davon auszugehen, daß dieses Wahlrecht Bindungswirkung entfaltet, d.h. es ist bei allen in Frage kommenden Tochterunternehmen gleichgerichtet auszuüben, soweit die Tochterunternehmen vergleichbaren Umständen unterliegen. Die Bindungswirkung ist hier abhängig von der Tragweite der Konsolidierungsmethodenstetigkeit. Wie in Gliederungspunkt V.2.4 im 2. Kapitel bereits ausgeführt wurde, ist bis zum jetzigen Zeitpunkt allerdings überhaupt noch nicht absehbar, welche Tragweite die Konsolidierungsmethodenstetigkeit erlangen wird. Dort wurde jedoch auch ein eigener Lösungsvorschlag des Verfassers für diesen Problemkreis bei der Konsolidierungsmethodenstetigkeit

---

1 Diese Vorgehensweise wird auch als "imparitätische Verrechnung der Umrechnungsdifferenzen" bezeichnet. Vgl. MÜLLER, Jahreabschlüsse, S. 852. Vgl. ferner LÜCK, Währungsumrechnung, S. 56-60. MANSCH, Umrechnung, S. 85, führt an, daß diese Vorgehensweise in Deutschland in der Regel angewendet wird, soweit Umrechnungsdifferenzen ergebniswirksam verrechnet werden.

2 Vgl. ebenda. Vgl. ferner IDW, Währungsumrechnung, S. 666.

3 Vgl. IDW, Währungsumrechnung, S. 667.

vorgetragen. Dieser Lösungsvorschlag liegt der obigen Aussage über die Bindungswirkung zugrunde.

1.3 Wahl zwischen zeitgleich notierten Wechselkursen

Bei den Devisenkursen können Geld-, Brief- und Mittelkurse unterschieden werden.[1] Einerseits können nun "solche Posten des ausländischen Einzelabschlusses, die zu Zahlungen an das Inland führen oder führen können (z.B. Verbindlichkeiten gegenüber inländischen Unternehmen, abzuführender Bilanzgewinn), zum Geldkurs und solche, die zu Zahlungen inländischer Unternehmen an das einbezogene ausländische Unternehmen führen (z.B. Forderungen an inländische Unternehmen), zum Briefkurs"[2] umgerechnet werden. Andererseits besteht auch die Möglichkeit, alle Jahresabschlußposten mit dem Mittelkurs umzurechnen,[3] wobei der Mittelkurs das arithmetische Mittel von Geld- und Briefkurs darstellt.

Desweiteren besteht grundsätzlich auch die Möglichkeit, amtliche Kurse (Importkurse, Exportkurse etc.)[4] oder Parallelkurse[5] anzusetzen, soweit solche Kurse existent sind.[6] In der Literatur wird - z.T. - sogar empfohlen, für bestimmte Geschäftsarten und die diesen

1 Vgl. von WYSOCKI/WOHLGEMUTH, Konzernrechnungslegung, S. 196.

2 BUSSE von COLBE/ORDELHEIDE, Konzernabschlüsse, S. 319.

3 Vgl. BUSSE von COLBE/MÜLLER/REINHARD (Hrsg.), Aufstellung, S. 53 f.; GEBHARDT, in: Castan u.a. (Hrsg.), Beck HdR, C 310, Anm. 31.

4 Vgl. von WYSOCKI/WOHLGEMUTH, Konzernrechnungslegung, S. 196.

5 Parallelkurse bezeichnen solche Kurse, die sich auf grauen oder schwarzen Märkten gebildet haben und dementsprechend auch graue oder schwarze Kurse genannt werden. Vgl. dazu von WYSOCKI/WOHLGEMUTH, Konzernrechnungslegung, S. 196; BUSSE von COLBE/ORDELHEIDE, Konzernabschlüsse, S. 319; GEBHARDT, in: Castan u.a. (Hrsg.), Beck HdR, C 310, Anm. 30.

6 Vgl. die in der vorhergehenden Fußnote aufgeführte Literatur.

entsprechenden Jahresabschlußposten amtliche Kurse anzuwenden, soweit solche Kurse für die relevanten Geschäftsarten gelten.[1]

Ob das Wahlrecht hinsichtlich des Wechselkurses strukturwirksam oder ergebniswirksam ist, kann nur im konkreten Einzelfall bestimmt werden. Auf jeden Fall werden durch die Wahl des Wechselkurses die einzelnen Jahresabschlußposten betragsmäßig beeinflußt. Als ergebniswirksam ist dieses Wahlrecht dann einzustufen, wenn durch die Währungsumrechnung an sich Umrechnungsdifferenzen entstehen und diese ergebniswirksam verrechnet werden. Die Ergebniswirksamkeit beruht hier darauf, daß durch die Wahl des Wechselkurses die Höhe der Umrechnungsdifferenz und durch die ergebniswirksame Verrechnung der Umrechnungsdifferenz dann auch der Konzernjahresüberschuß beeinflußt wird. Aussagen über die Sekundärwirkungen können allerdings ebenfalls nur im konkreten Einzelfall getroffen werden.

Ob über die Inanspruchnahme dieses Wahlrechts nach § 313 Abs. 1 Nr. 2 HGB zu berichten ist, kann zum jetzigen Zeitpunkt nicht abschließend beurteilt werden. Ebenso läßt sich noch nicht abschließend beurteilen, ob dieses Wahlrecht Bindungswirkung entfaltet. Nach Ansicht des Verfassers sollte jedoch davon ausgegangen werden, daß sowohl eine Berichtspflicht als auch eine Bindungswirkung besteht.[2]

1.4 Ausweisparameter in der Konzern-GuV

In der Konzern-GuV besteht das Wahlrecht, erfolgswirksame Umrechnungsdifferenzen entweder als Sonder-

---

1 Vgl. z.B. BUSSE von COLBE/MÜLLER/REINHARD (Hrsg.), Aufstellung, S. 54.

2 Zur Begründung vgl. die Ausführungen in Gliederungspunkt V.1.2 in diesem Kapitel, die hinsichtlich der Bindungswirkung auch analog für den Aktionsparameter hier gelten.

posten oder aber als sonstige Aufwendungen/Erträge auszuweisen.[1]

Dieses Wahlrecht ist als strukturwirksam einzustufen, denn die Posten sonstige Aufwendungen/Erträge bzw. ein in die Konzern-GuV ansonsten einzustellender Sonderposten werden durch dieses Wahlrecht betragsmäßig beeinflußt. Außerdem löst es gleichgerichtete Sekundärwirkungen aus, da es der Darstellungsstetigkeit nach § 265 Abs. 1 i.V.m. § 298 Abs. 1 HGB unterliegt.

Die Ausübung dieses Wahlrechts ist grundsätzlich erkennbar. Soweit ein Sonderposten in der Konzern-GuV ausgewiesen wird, ist dies für die Konzernabschlußinteressenten unmittelbar erkennbar. Zudem ist aber davon auszugehen, daß im Rahmen der Angabepflichten nach § 313 Abs. 1 Nr. 2 HGB über die Nutzung dieses Wahlrechts zu berichten ist.

1.5 Umrechnung von indexierten Jahresabschlüssen bei Hochinflationsländern

Der Einbeziehung von Tochterunternehmen aus Hochinflationsländern[2] in den Konzernabschluß können auch indexierte, d.h. inflationsbereinigte Jahresabschlüsse zugrunde gelegt werden.[3] Diese indexierten Jahresabschlüsse sind dann mittels Stichtagskursen umzurechnen. Die Umrechnung von indexierten Jahresabschlüssen soll allerdings nur dann erlaubt sein, "wenn sie aus Wirtschaftlichkeitsgründen geboten erscheint und die in

1 Vgl. von WYSOCKI/WOHLGEMUTH, Konzernrechnungslegung, S. 190; IDW, Währungsumrechnung, S. 667; AK WELT-ABSCHLÜSSE, Konzernabschlüsse, S. 43, Anm. 118; BUSSE von COLBE/MÜLLER/REINHARD (Hrsg.), Aufstellung, S. 61.

2 Zum Inhalt des Begriffs vgl. HUMMEL, Umrechnung, S. 8-13.

3 Vgl. BUSSE von COLBE/MÜLLER/REINHARD (Hrsg.), Aufstellung, S. 62-64; REUTER, Bilanzierung, S. 186-195. Zu den Verfahren der Inflationsbereinigung s. im einzelnen HUMMEL, Umrechnung, S. 145-188.

§ 297 Abs. 2 und 3 HGB geforderte Aussagefähigkeit des Konzernabschlusses nicht beeinträchtigt."[1] Anzumerken ist allerdings, daß das IDW für die Umrechnung von Jahresabschlüssen "in einer hochinflationären Währung"[2] vorschreibt, daß, soweit diese Jahresabschlüsse mittels Stichtagskursen umgerechnet werden, eine "Inflationsbereinigung für das Anlagevermögen und das Eigenkapital"[3] stattzufinden hat.[4]

Dieses Wahlrecht ist als strukturwirksam einzustufen, da durch die Umrechnung von indexierten Jahresabschlüssen Konzernabschlußposten betragsmäßig beeinflußt werden. Sekundärwirkungen treten grundsätzlich keine auf.

Dieses Wahlrecht wird i.d.R. tendenziell erkennbar sein, da davon auszugehen ist, daß über die Umrechnung von indexierten Jahrsabschlüssen im Rahmen der Angabepflichten nach § 313 Abs. 1 Nr. 2 HGB zu berichten ist.

2 Kapitalkonsolidierungsparameter

2.1 Überblick

Im Konzernabschluß sind alle Vermögensgegenstände, Schulden, Rechnungsabgrenzungsposten, Bilanzierungshilfen und Sonderposten des Mutterunternehmens sowie der in die Konsolidierung einbezogenen Tochterunternehmen auszuweisen, "soweit sie nach dem Recht des Mutterunternehmens bilanzierungsfähig sind und die Eigenart des Konzernabschlusses keine Abweichungen bedingt."[5] Nicht in den Konzernabschluß aufzunehmen sind die im Einzelabschluß des Mutterunternehmens bilanzierten Beteiligungen des Mutterunternehmens an den Tochterunterneh-

1 BUSSE von COLBE/MÜLLER/REINHARD (Hrsg.), Aufstellung, S. 63.
2 IDW, Währungsumrechnung, S. 666.
3 Ebenda.
4 Vgl. ebenda.
5 § 300 Abs. 1 Satz 2 HGB.

men, denn die Beteiligungen repräsentieren die Vermögensgegenstände, Schulden etc. der Tochterunternehmen, so daß es im Falle einer Bilanzierung der Beteiligungen im Konzernabschluß zu Doppelerfassungen kommen würde.[1] Zur Vermeidung dieser Doppelerfassungen wird deshalb der im Einzelabschluß des Mutterunternehmens ausgewiesene Beteiligungsbuchwert gegen das (anteilige) Eigenkapital des Tochterunternehmens aufgerechnet. Dieses Verrechnungsverfahren bezeichnet man als Kapitalkonsolidierung.[2]

Der Beteiligungsbuchwert des Mutterunternehmens wird in aller Regel nicht mit dem (anteiligen) Eigenkapital des Tochterunternehmens übereinstimmen.[3] Ist der Beteiligungsbuchwert größer als das Eigenkapital des Tochterunternehmens, ergibt sich ein aktiver Untschiedsbetrag, im umgekehrten Fall - Beteiligungsbuchwert ist kleiner als das Eigenkapital des Tochterunternehmens - entsteht ein passiver Unterschiedsbetrag.[4] Dieser Unterschiedsbetrag ist den einzelnen Vermögensgegenständen und Schulden[5] des Tochterunternehmens insoweit zuzurechnen, als in diesen stille Reserven oder stille Lasten enthalten sind. Ein nicht verteilbarer Restbetrag ist

---

1 Vgl. z.B. von WYSOCKI/WOHLGEMUTH, Konzernrechnungslegung, S. 90.

2 Zur begrifflichen Abgrenzung von der Quoten- und der Equitiy-Konsolidierung spricht man bei der Kapitalkonsolidierung auch von Vollkonsolidierung. Vgl. z.B. SCHINDLER, Kapitalkonsolidierung, S. 112 ff.

3 Bei Gründung des Tochterunternehmens durch das Mutterunternehmen können jedoch die Wertansätze von Beteiligung und (anteiligem) Eigenkapital gleich hoch sein. Vgl. ORDELHEIDE, Anschaffungskostenprinzip, S. 494.

4 Zu den Ursachen für einen Unterschiedsbetrag vgl. z.B. SCHINDLER, Kapitalkonsolidierung, S. 141 ff.

5 "Aus Gründen der sprachlichen Vereinfachung"(REIGE, Erwerbsmethode, S. 729, Fußn. 10) wird hier und im folgenden die Formulierung "Vermögensgegenstände und Schulden" anstatt der präziseren Formulierung "Vermögensgegenstände, Schulden, Rechnungsabgrenzungsposten, Bilanzierungshilfen und Sonderposten" (§ 301 Abs. 1 Sätze 2 u. 3 HGB) verwendet. Die gleiche Vorgehensweise wählt auch REIGE, Erwerbsmethode, S. 729, Fußn. 10.

entweder als Geschäfts- oder Firmenwert zu aktivieren oder, wenn er passivisch ist, als "Unterschiedsbetrag aus der Kapitalkonsolidierung" zu passivieren.[1] Die zugeschriebenen stillen Reserven und Lasten sowie der verbleibende Unterschiedsbetrag sind in den folgenden Rechnungsperioden erfolgswirksam aufzulösen. Deshalb wird diese Kapitalkonsolidierungsmethode auch als erfolgswirksam bezeichnet.[2] Wie noch zu zeigen sein wird, beeinflußt auch die nur in bestimmten Ausnahmefällen anwendbare Kapitalkonsolidierungsmethode bei Interessenzusammenführung den Konzernerfolg.[3]

Handelt es sich bei der in die Konsolidierug einzubeziehenden Gesellschaft nicht um ein 100%iges Tochterunternehmen, d.h. sind an dem Tochterunternehmen auch konzernfremde Gesellschafter beteiligt, muß das diesen Minderheitsgesellschaftern zustehende Eigenkapital im Konzernabschluß gesondert ausgewiesen werden. Hierzu stehen zwei verschiedene Konsolidierungstechniken zur Verfügung, die jeweils unterschiedliche Auswirkungen auf die Vermögenslage des Konzerns haben.

Die meisten Kapitalkonsolidierungsparameter stehen dem Bilanzersteller in der Periode zu, in der ein Tochterunternehmen erstmalig in die Konsolidierung einbezogen wird. Allerdings bestehen auch in den auf die Erstkonsolidierung folgenden Rechnungsperioden noch Aktionsparameter. Um dieses zeitlich unterschiedliche Auftreten der Kapitalkonsolidierungsparameter herauszustellen, werden im folgenden die Aktionsparameter in Erst-, Folge- und Endkonsolidierungsparameter systematisiert.

Im Anschluß an diese generellen Kapitalkonsolidierungsparameter werden die nur in Sonderfällen auftretenden

---

1 § 301 Abs. 3 Satz 1 HGB.
2 Vgl. z.B. SCHERRER, in: Hofbauer/Kupsch (Hrsg.), BHR, § 301 HGB, Anm. 13.
3 Vgl. Gliederungspunkt V.2.3.1 in diesem Kapitel.

Aktionsparameter behandelt. Die Sonderfälle setzen sich dabei aus drei Gruppen zusammen:

- Aktionsparameter beim Erwerb von Tochterunternehmen gegen Ausgabe von Anteilen,
- Aktionsparameter bei eigenen Anteilen und
- Aktionsparameter bei ausstehenden Einlagen.

Veränderungen des konsolidierungspflichtigen Kapitals involvieren grundsätzlich keine Aktionsparameter. Auch der sukzessive Erwerb von Beteiligungen an Tochterunternehmen beinhaltet grundsätzlich keine Aktionsparameter,[1] denn für die im Rahmen der Aufstockung von Beteiligungen an Tochterunternehmen erworbenen Anteile findet wiederum eine Erstkonsolidierung statt. Aktionsparameter beim Verkauf von Beteiligungen an Tochterunternehmen werden bei der Endkonsolidierug dargestellt.

2.2 Generelle Kapitalkonsolidierungsparameter

2.2.1 Erstkonsolidierungsparameter

2.2.1.1 Verrechnungszeitpunkt

Bei der Verrechnung des Beteiligungsbuchwertes gegen das (anteilige) Eigenkapital des Tochterunternehmens kann der Konzern gem. § 301 Abs. 2 Satz 1 HGB zwischen den Wertansätzen zweier verschiedener Zeitpunkte wählen:

- entweder sind die Wertverhältnisse zum Zeitpunkt des Erwerbs der Anteile an dem Tochterunternehmen oder aber
- die Wertverhältnisse zum Zeitpunkt der erstmaligen Einbeziehung des Tochterunternehmens in den Konzernabschluß zugrunde zu legen.

Werden die Anteile an dem Tochterunternehmen zu verschiedenen Zeitpunkten erworben, kann der Konzern gem.

---

1 Vgl. hierzu SCHINDLER, Kapitalkonsolidierung, S. 184 ff.

§ 301 Abs. 2 Satz 1 HGB zwischen folgenden zwei Möglichkeiten wählen:

- Konsolidierung zu dem Zeitpunkt, zu dem das Unternehmen Tochterunternehmen geworden ist oder
- Zugrundelegung der Wertverhältnisse zum Zeitpunkt der erstmaligen Einbeziehung des Tochterunternehmens in den Konzernabschluß.[1]

Die Wahl des Verrechnungszeitpunktes stellt ein materielles Wahlrecht dar, welches ergebniswirksam ist. Lediglich dann, wenn zwischen den zwei in Frage kommenden Verrechnungszeitpunkten eine vollkommene Identität hinsichtlich der Wertverhältnisse vorherrscht, ist kein ergebniswirksames Wahlrecht gegeben. Bei dieser, in der Praxis wohl so gut wie nie gegebenen Fallkonstellation, ist dieses Wahlrecht dann als formell einzustufen.

Die Ergebniswirksamkeit basiert auf drei Wirkungskomplexen: Erstens kann sich das auszuweisende Eigenkapital des Tochterunternehmens verändert haben. Zweitens kann sich der Betrag oder die Zusammensetzung der bei dem Tochterunternehmen vorhandenen stillen Reserven und stillen Lasten verändert haben. Drittens werden bei dem Tochterunternehmen erwirtschaftete Gewinne, die zwischen dem Erwerbs- und dem erstmaligen Einbeziehungszeitpunkt entstehen, im Fall der Zugrundelegung des Zeitpunktes der erstmaligen Einbeziehung nicht als Teil des Konzernjahresüberschusses ausgewiesen, sondern vielmehr in die aufzurechnenden Eigenkapitalposten des

---

1 Vgl. WP-HANDBUCH 1985/86, Bd. II, S. 376 f.; TREUHAND-VEREINIGUNG (Hrsg.), Rechnungslegung im Konzern, S. 135. Insoweit unzutreffend: GROSS/SCHRUFF/von WYSOCKI, Konzernabschluß, S. 161, die annehmen, daß bei Erwerb der Anteile zu verschiedenen Zeitpunkten die Erstkonsolidierung zwingend auf den Zeitpunkt vorzunehmen ist, zu dem das erworbene Unternehmen Tochterunternehmen geworden ist. Diese Auslegung widerspricht dem eindeutigen Wortlaut von § 301 Abs. 2 Satz 1 HGB.

Tochterunternehmens miteinbezogen.[1] Dies verdeutlicht zugleich, daß die Wirkungsrichtung unbestimmt ist. Auch über die Sekundärwirkungen können keine allgemeinen Angaben gemacht werden.

Der der Verrechnung nach § 301 Abs. 1 HGB zugrundegelegte Zeitpunkt ist gem. § 301 Abs. 2 Satz 2 HGB im Konzernanhang anzugeben. Aus dieser Angabe läßt sich jedoch weder die betragsmäßige Veränderung des Konzernjahresüberschusses noch auch nur die Beeinflussungsrichtung erkennen. Ob dieses Wahlrecht bei allen in den Konzernabschluß einzubeziehenden Tochterunternehmen gleichgerichtet auszuüben ist, kann zum jetzigen Zeitpunkt noch nicht abschließend geklärt werden. Nach Ansicht des Verfassers sollte aber hiervon ausgegangen werden.[2]

Wird als Verrechnungszeitpunkt der Zeitpunkt des Erwerbs der Anteile angenommen, und wird der Erwerb "unterjährig"[3] vorgenommen, können dem Konzern erhebliche Kosten entstehen, denn er hat für das Tochterunternehmen einen auf diesen Zeitpunkt datierten Zwischenabschluß aufzustellen.[4]

2.2.1.2 Buchwert- versus Neubewertungsmethode

Bei der Kapitalkonsolidierung nach § 301 HGB kann zwischen der Buchwert- und der Neubewertungsmethode gewählt werden. Vordergründig unterscheiden sich beide Methoden durch das zeitliche Procedere bei der Ermitt-

---

1 Vgl. ORDELHEIDE, in: Castan u.a. (Hrsg.), Beck HdR, C 401, Anm. 111; SCHINDLER, Kapitalkonsolidierung, S. 183 f.

2 Zur Begründung vgl. die Ausführungen in Gliederungspunkt V.1.2 in diesem Kapitel, die analog auch für diesen Aktionsparameter hier gelten.

3 ORDELHEIDE, in: Castan u.a. (Hrsg.), Beck HdR, C 401, Anm. 113.

4 Vgl. ebenda.

lung des (anteiligen) Eigenkapitals der Tochterunternehmen.

Nach der Buchwertmethode ist das Eigenkapital des Tochterunternehmens mit dem Betrag anzusetzen, "der dem Buchwert der in den Konzernabschluß aufzunehmenden Vermögensgegenstände, Schulden, Rechnungsabgrenzungsposten, Bilanzierungshilfen und Sonderposten ... entspricht".[1] Der sich aus der Aufrechnung des Beteiligungsbuchwertes gegen dieses (anteilige) Eigenkapital ergebende Unterschiedsbetrag ist dann gem. § 301 Abs. 1 Satz 3 HGB auf die in den einzelnen Vermögensgegenständen und Schulden vorhandenen stillen Reserven und stillen Lasten zu verteilen.

Bei der Neubewertungsmethode ist das Eigenkapital des Tochterunternehmens gem. § 301 Abs. 1 Satz 2 Nr. 2 HGB mit dem Betrag anzusetzen, der dem Zeitwert der in den Konzernabschluß aufzunehmenden Vermögensgegenstände und Schulden entspricht. Im Gegensatz zur Buchwertmethode werden damit bei der Neubewertungsmethode erst die stillen Reserven und die stillen Lasten aufgedeckt und dann der Unterschiedsbetrag ermittelt.

Der entscheidende Unterschied zwischen beiden Methoden liegt jedoch darin, daß bei der Neubewertungsmethode die auf die Minderheitsgesellschafter entfallenden stillen Reserven und stillen Lasten aufgedeckt werden.[2] Allerdings ist dies nicht, wie in der Literatur

1 § 301 Abs. 1 Satz 2 Nr. 1 HGB.
2 Dies impliziert gleichzeitig, daß die beiden Methoden zu identischen Ergebnissen führen, wenn das zu konsolidierende Unternehmen zu 100% im Besitz von Konzernunternehmen ist. Vgl. z.B. ORDELHEIDE, in: Castan u.a. (Hrsg.), Beck HdR, C 401, Anm. 60.

angenommen wird,[1] der einzige Unterschied zwischen Buchwert- und Neubewertungsmethode. Wie noch zu zeigen sein wird, unterscheiden sich diese beiden Methoden noch in einem weiteren Punkt: der Vollaufdeckung stiller Lasten bei passivem Unterschiedsbetrag.

Der vorliegende Aktionsparameter ist als materiell einzustufen. Da gem. § 307 Abs. 1 Satz 1 HGB der Ausgleichsposten für die Anteile anderer Gesellschafter Bestandteil des Konzerneigenkapitals ist, führt die Inanspruchnahme der Neubewertungsmethode grundsätzlich dazu, daß das Konzerneigenkapital bei der Erstkonsolidierung einen größeren Betrag aufweist als bei der Buchwertmethode. Die Anwendung der Neubewertungsmethode führt außerdem dazu, daß die Vermögegensgegenstände infolge der Aufdeckung auch der auf die Minderheitsgesellschafter entfallenden stillen Reserven tendenziell höher bewertet sind als bei Anwendung der

---

1 Vgl. SCHINDLER, Kapitalkonsolidierung, S. 180; ders., Ausgleichsposten, S. 590; ORDELHEIDE, Anschaffungskostenprinzip, S. 494. SAHNER/TAPPRICH, Ermittlung, S. 2501 ff., vertreten hierzu eine Mindermeinung. Nach ihrer Auffassung sollte auch bei der Buchwertmethode eine Aufdeckung der auf die Minderheitsgesellschafter entfallenden stillen Reserven stattfinden. (Vgl. ebenda, S. 2503). Ein materieller Unterschied zwischen § 307 Abs. 1 Satz 1 HGB und Satz 2 dieser Vorschrift würde insoweit nicht bestehen. Zur Begründung ihrer Auffassung verweisen sie auf die Gesetzesbegründung zu § 288 E-HGB (BT-Drucks 10/3440), die nach ihrer Auffassung "laut Begründung zu § 307 HGB für das jetzt geltende neue Recht übernommen wird" (Ebenda, S. 2503), sowie auf Art. 21 der 7. EG-Richtlinie.
Hierzu ist anzumerken, daß die Argumentation von SAHNER/TAPPRICH schon insoweit ins Leere läuft, als es in der in Frage kommenden Gesetzesbegründung heißt, § 307 HGB übernehme § 288 HGB-EK. In der Gesetzesbegründung 10/4268 wird an keiner Stelle ausgeführt, die Gesetzesbegründung zu § 288 HGB-EK solle auch für § 307 HGB gelten. Würde sich die Meinung von SAHNER/TAPPRICH durchsetzen, hätte dies außerdem zur Folge, daß der in § 301 Abs. 1 Satz 2 Nr. 1 und 2 HGB vorgenommenen Differenzierung keinerlei Bedeutung zukommen würde; eine Rechtskonsequenz, die vom Gesetzgeber sicherlich nicht beabsichtigt worden ist.

Buchwertmethode.[1] Bei der Erstkonsolidierung ist dieser Aktionsparameter mithin als strukturwirksam und "eigenkapitalerhöhend" einzuordnen.

Der Typus dieses Aktionsparameters in der Folgekonsolidierung ist abhängig von der Inanspruchnahme eines Zusatzparameters bei der Neubewertungsmethode.[2]

Die Inanspruchnahme dieses Aktionsparameters ist insoweit erkennbar, als nach § 301 Abs. 1 Satz 5 HGB die angewandte Methode im Konzernanhang anzugeben ist. Eine betragsmäßige Erkennbarkeit ist mit dieser Angabeverpflichtung nicht gegeben. Allerdings kann der Konzernabschlußinteressent mit dieser Angabe die Richtung der Konzernabschlußbeeinflussung tendenziell erkennen, da er je nach Inanspruchnahme des Methodenwahlrechts einkalkulieren kann, ob die auf die Minderheitsgesellschafter entfallenden stillen Reserven und Lasten aufgedeckt sind oder nicht. Ob das Wahlrecht bei jedem einzelnen einzubeziehenden Tochterunternehmen zur Verfügung steht, unabhängig davon, wie dieses Wahlrecht bei einem anderen einzubeziehenden Tochterunternehmen ausgeübt worden ist, hängt von dem grundsätzlichen Verständnis des Stetigkeitsgrundsatzes im Konzernabschluß ab. Wie bereits ausgeführt, steht eine übergreifende Behandlung des Stetigkeitsgrundsatzes im Konzernabschluß noch aus. Zu der vorliegenden speziellen Fragestellung sind allerdings schon einige Stellungnahmen im Fachschrifttum veröffentlicht worden. Eine herrschende Meinung läßt sich zu diesem Problembereich bis jetzt jedoch nicht konstatieren,[3] da die Stellungnahmen sehr

---

1 Vgl. z.B. KÜTING/WEBER, Fallstudie, S. 39; PEAT/MARWICK/MITCHELL & Co. (Hrsg.), Bilanzrichtlinien-Gesetz, S. 110; KÜTING/ZÜNDORF, Minderheitenanteile, S. 1172 f.; HEINEN, Handelsbilanzen, S. 402.

2 Vgl. hierzu Gliederungspunkt V.2.2.2.4 in diesem Kapitel.

3 Gl. A. BUSSE von COLBE/CHMIELEWICZ, Bilanzrichtlinien-Gesetz, S. 337.

kontrovers sind.[1] M.E. sollte der Konzernbilanzpolitiker bei der Entscheidung für die eine oder andere Kapitalkonsolidierungsmethode einkalkulieren, daß die bei einem Tochterunternehmen getroffene Entscheidung grundsätzlich Bindungswirkung für alle anderen Tochterunternehmen entfalten kann.[2]

2.2.1.3 Reservenzuordnung bei aktivem Unterschiedsbetrag - Spielräume

Die Kapitalkonsolidierung nach § 301 HGB beinhaltet grundsätzlich die Aufdeckung der bei den in die Konsolidierung einzubeziehenden Tochterunternehmen vorhandenen stillen Reserven. Die Aufdeckung der stillen Reserven erfolgt durch eine tageswertorientierte Neubewertung[3] der Vermögensgegenstände, Schulden, Rechnungsabgrenzungsposten, Bilanzierungshilfen und Sonderposten des Tochterunternehmens. Da der Tageswert als "maximal zulässiger und damit ansetzbarer Zeitwert"[4] oft nicht genau feststellbar ist, ergeben sich Spielräume bei der Ermittlung des Tageswertes.[5]

Dabei besteht eine negative Korrelation zwischen der Ermessensausübung bei der Ermittlung der stillen Reser-

---

1 Keine Bindungswirkung nehmen an: BUSSE von COLBE/ MÜLLER/REINHARD, (Hrsg.), Aufstellung, S. 67 f.; GEFIU, Thesen, S. 2555. Eine Bindungswirkung dagegen annehmend: BIENER/SCHATZMANN, Konzern-Rechnungslegung, S. 41. Ebenfalls zur Bindungswirkung hintendierend: ORDELHEIDE, in: Castan u.a. (Hrsg.), Beck HdR, C 401, Anm. 25; BUSSE von COLBE/ CHMIELEWICZ, Bilanzrichtlinien-Gesetz, S. 337.

2 Zur Begründung vgl. die Ausführungen in Gliederungspunkt V.1.2 in diesem Kapitel, die analog auch für den Aktionsparameter hier gelten.

3 Vgl. ORDELHEIDE, Kapitalkonsolidierung, S. 240; SCHINDLER, Kapitalkonsolidierung, S. 196 m.w.N.

4 KÜTING, Methode, S. 462.

5 Vgl. ebenda, S. 462; von WYSOCKI/WOHLGEMUTH, Konzernrechnungslegung, S. 115. Zur Kritik an diesen Spielräumen vgl. OESSLING/WIESNER, EG-Richtlinienvorentwurf, S. 205; OESSLING/WIESNER, Vorschlag, S. 41; OFFERHAUS, Vorentwurf, S. 241.

ven einerseits und dem entstehenden Geschäfts- oder Firmenwert andererseits, da sich der Geschäfts- oder Firmenwert als Differenz aus Beteiligungsbuchwert minus (anteiligem) auf tageswertorientierter Neubewertung basierendem Eigenkapital des Tochterunternehmens ergibt.[1]

Hauptgrund für die Existenz dieser Spielräume ist, daß häufig Markt- oder Börsenpreise für die zu bewertenden Positionen fehlen. Aber selbst dann, wenn Markt- oder Börsenpreise ermittelbar sind, bestehen noch Spielräume bei der konkreten Zuordnung eines Vermögensgegenstandes zu einem Markt- oder Börsenpreis.[2]

Die Spielräume bei der Bestimmung der stillen Reserven sind bei der Erstkonsolidierung strukturwirksam, d.h. einzelne Konzernabschlußposten werden durch diese beeinflußt. Die gelegentlich im Schrifttum geäußerte Meinung, daß die Auflösung der stillen Reserven im Zuge der Kapitalkonsolidierung zu einer Erhöhung der Konzerneigenkapitalquote führe, ist logisch jedoch nicht haltbar. Da die Auflösung stiller Reserven eine betragsmäßig gleichgroße Verringerung des aktiven Unterschiedsbetrages zur Folge hat, gleichen sich mithin diese beiden antagonistischen Wirkungen im Eigenkapital des Konzerns voll aus.

Im Rahmen der Folgekonsolidierung erweist sich dieser Aktionsparameter jedoch als ergebniswirksam. Die Ergebniswirksamkeit resultiert daraus, daß die bei den einzelnen Bilanzposten erfolgten Zuschreibungen durch erhöhte Abschreibungen bzw. durch geringere Veräußerungserlöse im Zeitablauf egalisiert werden.

---

1 Vgl. auch KÜTING, Methode, S. 462.
2 Vgl. hierzu grundlegend SCHLAPPIG, Überprüfbarkeit, S. 35-58. Zu ähnlichen Problemen bei der Ermittlung von Wiederbeschaffungs- und Wiederherstellungskosten, vgl. BAUER, Rechnungspolitik S. 418 f.

Die Wirkungsrichtung ist unbestimmt. Da, wie bereits ausgeführt, die aus der Ermessensausübung bei der Ermittlung der stillen Reserven resultierenden Wertkorrekturen bei den einzelnen Bilanzposten negativ mit dem entstehenden Geschäfts- oder Firmenwert korrelieren, ist die Wirkungsrichtung abhängig davon, ob die Differenz aus erhöhten Abschreibungen infolge der Auflösung stiller Reserven minus Normalabschreibungen größer oder kleiner ist als die Abschreibung des Geschäfts- oder Firmenwerts nach § 309 HGB.

Der Aktionsparameter ist teilbar, d.h. es kann zwischen betragsmäßig unterschiedlichen Wertansätzen gewählt werden.

2.2.1.4 Reservenzuordnung bei aktivem Unterschiedsbetrag - Zuordnungsmethoden

Die Reservenzuordnung erweist sich dann als unkompliziert, wenn der Gesamtbetrag der vorhandenen stillen Reserven geringer ist als der zu verrechnende bzw. der entstehende Unterschiedsbetrag[1] aus der Kapitalkonsolidierung.[2] Bei dieser Konstellation sind alle vorhandenen stillen Reserven aufzudecken. Überschreitet der Gesamtbetrag der stillen Reserven jedoch den Unterschiedsbetrag, entsteht ein Zuordnungsproblem, denn die bei dem Tochterunternehmen vorhandenen stillen Reserven dürfen nur in Höhe des aktiven Unterschiedsbetrags aufgelöst werden. Der Grund hierfür ergibt sich aus § 301 Abs. 1 Sätze 3 und 4 HGB, da nach dieser Vorschrift

- (nur) ein sich ergebender Unterschiedsbetrag zu verteilen ist (Satz 3) bzw.
- "das anteilige Eigenkapital nicht mit einem Betrag

---

1 Zu den Begriffen "verrechnender" und "entstehender" Unterschiedsbetrag vgl. § 301 Abs. 3 Satz 1 HGB.

2 Vgl. von WYSOCKI/WOHLGEMUTH, Konzernrechnungslegung, S. 115.

angesetzt werden (darf), der die Anschaffungskosten des Mutterunternehmens für die Anteile an dem einbezogenen Unternehmen überschreitet".[1]

Zur Lösung dieses Zuordnungsproblems sind in der Literatur einige Verfahren entwickelt worden.[2] In der folgenden Übersicht sind diese Zuordnungsmethoden aufgeführt.

1 § 301 Abs. 1 Satz 4 HGB; Klammerzusatz vom Verfasser.

2 Vgl. insbesondere KÜTING/ZÜNDORF, Zurechnungsmodalitäten, S. 1305 ff., sowie mit ähnlichem Inhalt: KÜTING/WEBER, Fallstudie, S. 35 ff. Vgl. auch SCHINDLER, Kapitalkonsolidierung, S. 200 f.; von WYSOCKI/WOHLGEMUTH, Konzernrechnungslegung, S. 115; ORDELHEIDE, Anschaffungskostenprinzip, S. 498; WENTLAND, Konzernbilanz, S. 205; SCHRUFF, Einflüsse, S. 212 f.; HEINEN, Handelsbilanzen, S. 395.

Tab. 17: Exemplarische Auflistung von Zuordnungsmethoden

ZUORDNUNGSMETHODEN

1. Proportionale Zuordnung der stillen Reserven [= die vorhandenen stillen Reserven werden in allen Bilanzposten in Höhe des Quotienten aus Unterschiedsbetrag und Summe aller stillen Reserven aufgelöst]
2. Zuordnung nach der Bestimmtheit des Vorhandenseins stiller Reserven
3. Zuordnung nach der Bedeutung stiller Reserven [= Verteilung der stillen Reserven auf Bilanzposten mit wesentlichen Beträgen an stillen Reserven]
4. Zuordnung nach der Liquidierbarkeit (der Zuordnungsgegenstände)
   - Zuordnung nach zunehmendem Grad der Liquidierbarkeit
   - Zuordnung nach abnehmendem Grad der Liquidierbarkeit
5. Zuordnung nach der voraussichtlichen Verweildauer (des Zuordnungsgegenstandes im Konzern)
   - Zuordnung nach zunehmendem Grad der voraussichtlichen Verweildauer [= Zuordnung zuerst zu den Gegenständen mit voraussichtlich kürzester Verweildauer]
   - Zuordnung nach abnehmendem Grad der voraussichtlichen Verweildauer [= Zuordnung zuerst zu den Gegenständen mit voraussichtlich längster Verweildauer]
6. Zuordnung nach bestimmten Auflösungsfolgen [bspw. Auflösung der stillen Reserven zunächst im Umlaufvermögen, dann im Sachanlagevermögen, zuletzt im nicht abnutzbaren Anlagevermögen]
7. Zuordnung im Hinblick auf Kostenüberlegungen [= Zuordnungskriterium sind die durch die Zuordnung entstehenden Primär- und Folgekosten (Ergänzungsrechnungen)]

Die aufgezeigten Zuordnungsmethoden können nur als eine Teilmenge möglicher Zuordnungsmethoden verstanden werden. Eine vollständige Auflistung erscheint nicht möglich, da eine Vielzahl weiterer Zurechnungsmethoden theoretisch konstruierbar ist sowie Mischungen verschiedener Methoden denkbar sind.[1]

Die Zurechnungsmethoden stehen dem Konzern bei der Kapitalkonsolidierung grundsätzlich alle zur Verfügung. Lediglich eine willkürliche Zuordnung der stillen Reserven ist nicht zulässig.[2] Schindler weist in diesem Zusammenhang zutreffend darauf hin, daß die Reservenzuweisung "ganz aus konzernbilanzpolitischer Sicht getroffen werden (kann)".[3] Die Wahlrechte der verschiedenen Zuordnungsmethoden haben grundsätzlich die gleiche Wirkungsweise wie die Spielräume bei der Bestimmung von stillen Reserven.

Angemerkt sei noch, daß durch die zweckentsprechende Auswahl einer Methode auf die zukünftige betragsmäßige Höhe der Abschreibungen sowie der präsumtiven Erfolgsentstehung bei Ausscheiden werterhöhter Vermögensgegenstände aus dem Tochterunternehmen/Konzern eingewirkt werden kann. Insbesondere die Zuordnungsmethoden "nach der Liquidierbarkeit", "nach der voraussichtlichen Verweildauer" und "nach bestimmten Auflösungsfolgen" lassen sowohl eine Zuordnung zu solchen Vermögensgegenständen zu, die sich besonders schnell umschlagen und damit zu einer hohen Ergebnisverringerung in Folgeperioden führen, als auch vice versa zu solchen Vermögensgegenständen mit längerer Nutzungsdauer und dementsprechend geringerer Ergebnisreduzierung in Folgeperioden.

---

1 Vgl. ORDELHEIDE, Anschaffungskostenprinzip, S. 498.
2 Vgl. ebenda; SCHERRER, in: Hofbauer/Kupsch (Hrsg.), BHR, § 301 HGB, Anm. 32.
3 SCHINDLER, Kapitalkonsolidierung, S. 204; Klammerzusatz vom Verfasser. Ebenso z.B. SCHERRER, in: Hofbauer/Kupsch (Hrsg.), BHR, § 301 HGB, Anm. 32.

Ob die Zurechnungsmethoden bei allen in den Konzernabschluß einzubeziehenden Tochterunternehmen gleichgerichtet auszuüben sind, ist bis zum jetzigen Zeitpunkt nicht abschließend geklärt. Nach Ansicht des Verfassers ist aber hiervon auszugehen.[1]

2.2.1.5 Spielräume bei der Bestimmung von stillen Lasten

Die hier zu behandelnden Spielräume können insbesondere bei nicht passivierten Pensionsrückstellungen und bei Rückstellungen im Zusammenhang mit Stillegungsabsichten, wie z.B. Sozialplanrückstellungen auftreten.[2] Bei der Ermittlung der Wertansätze dieser zu bildenden Rückstellungen kann der Konzern z.T. erhebliche Spielräume nutzen.

Die übernommenen stillen Lasten werden bei den Aktiva i.d.R. wesentlich geringer sein. Ausschlaggebend hierfür sind die gesetzlichen Regelungen des § 253 Absätze 2 und 3 HGB sowie das in § 252 Abs. 1 Nr. 4 HGB kodifizierte Vorsichtsprinzip, welche in vielen Fällen ein Herabgehen auf einen niedrigeren Wertansatz gebieten. Dennoch können auch Aktiva aus Konzernsicht überbewertet sein, wenn bspw. im Konzern für bestimmte Vermögensgegenstände eine kürzere (Rest-) Nutzungsdauer zugrundegelegt wird.[3] Auch hier stehen dem Konzern Wertansatzspielräume bei der Ermittlung des niedrigeren Wertes zur Verfügung.

---

1 Zur Begründung vgl. die Ausführungen in Gliederungspunkt V.1.2 in diesem Kapitel, die analog auch für den Aktionsparameter hier gelten.

2 Vgl. BUSSE von COLBE/CHMIELEWICZ, Bilanzrichtlinien-Gesetz, S. 336; ORDELHEIDE, Anschaffungskostenprinzip, S. 497; WP-HANDBUCH 1985/86, Bd. II, S. 373.

3 Vgl. WP-HANDBUCH 1985/86, Bd. II, S. 373.

Die Spielräume bei der Niedrigerbewertung von Aktiva bzw. der Höherbewertung von Passiva stellen bei der Erstkonsolidierung strukturwirksame Aktionsparameter dar. Bei der Folgekonsolidierung sind diese jedoch als ergebniswirksam einzustufen. Ob der Aktionsparameter eine ergebniserhöhende oder eine ergebnismindernde Wirkungsrichtung hat, kann grundsätzlich nur im konkreten Einzelfall festgestellt werden. Lediglich bei einem passiven Unterschiedsbetrag können genauere Angaben gemacht werden.

Werden die Spielräume bei der Wertbestimmung der Aktiva und Passiva dahingehend genutzt, daß versucht wird, den passiven Unterschiedsbetrag möglichst auf diese zu verteilen, wirken diese Aktionsparameter grundsätzlich erfolgserhöhend. Diese Erfolgserhöhung resultiert daraus, daß infolge geringerer Wertansätze für abnutzbare Aktiva der Konzerngewinn in den Folgeperioden durch geringere Abschreibungen entlastet wird oder bei nicht abnutzbaren Vermögensgegenständen aufgrund des geringeren Buchwertes ein größerer Veräußerungsgewinn erzielt wird. Im Zusammenhang mit den Passiva ergibt sich eine Erfolgserhöhung bspw. daraus, daß laufende Pensionszahlungen nicht mehr den Konzernjahresüberschuß verringern, da sie erfolgsneutral mit den neugebildeten Pensionsrückstellungen verrechnet werden können. Im Fall der Unterlassung dieser extensiven Spielraumausnutzung wäre der passive Unterschiedsbetrag dann entsprechend höher auszuweisen. Dieser kann jedoch nur bei Vorliegen der Tatbestandsvoraussetzungen des § 309 Abs. 2 HGB erfolgserhöhend aufgelöst werden.

Die Spielräume sind grundsätzlich teilbar, d.h. es kann zwischen betragsmäßig verschiedenen Wertansätzen gewählt werden.

2.2.1.6 Vollaufdeckung stiller Lasten bei passivem Unterschiedsbetrag

In der Literatur wird fast einhellig angenommen, Buchwert- und Neubewertungsmethode würden sich nur bei der Berechnung der den anderen Gesellschaftern i.S.d. § 307 HGB zustehenden Anteile unterscheiden.[1] Wie noch zu zeigen sein wird, differieren die beiden Methoden aber noch in einem weiteren Punkt.

Fraglich ist, ob die bei einem in die Konsolidierung einzubeziehenden Tochterunternehmen vorhandenen stillen Lasten, die den passiven Unterschiedsbetrag übersteigen, auch aufgedeckt werden können.

Bei der Neubewertungsmethode sind gem. § 301 Abs. 1 Nr. 2 HGB die Vermögensgegenstände und Schulden mit den ihnen beizulegenden Werten zu bewerten. Die einzige hierbei zu beachtende Restriktion enthält § 301 Abs. 1 Satz 4 HGB, wonach über die Anschaffungskosten der Beteiligung hinaus stille Reserven nicht aufgedeckt werden dürfen. Die (entgegengesetzte) Aufdeckung der stillen Lasten wird von dieser Beschränkung gerade nicht erfaßt.[2]

Anders liegen die Verhältnisse bei der Buchwertmethode. Der Wortlaut des § 301 Abs. 1 Satz 2 HGB - "ist ein sich ergebender Unterschiedsbetrag den Wertansätzen von in der Konzernbilanz anzusetzenden Vermögensgegenständen und Schulden des jeweiligen Tochterunternehmens insoweit zuzuschreiben oder mit diesen zu verrechnen, als deren Wert höher oder niedriger ist als der bisherige Wertansatz"[3] - ist insoweit eindeutig; es ist nur der Unterschiedsbetrag zu verteilen, so daß stille Lasten,

1 Vgl. z.B. ORDELHEIDE, Anschaffungskostenprinzip, S. 494; SCHINDLER, Kapitalkonsolidierung, S. 180 u. S. 195; KÜTING/WEBER, Fallstudie, S. 33.
2 Vgl. auch ORDELHEIDE, in: Castan u.a. (Hrsg.), Beck HdR, C 401, Anm. 36.
3 § 301 Abs. 1 Satz 3 HGB, Hervorhebung vom Verfasser.

die den passiven Unterschiedsbetrag überschreiten, nicht anzusetzen sind.[1]

Es besteht damit ein Wahlrecht, je nachdem ob die Neubewertungs- oder die Buchwertmethode angewendet wird, stille Lasten über den passiven Unterschiedsbetrag hinaus aufzudecken. Der entstehende aktive Unterschiedsbetrag ist denjenigen Vermögensgegenständen und Schulden zuzurechnen, die stille Reserven enthalten. Sind keine stillen Reserven vorhanden, ist dieser aktive Unterschiedsbetrag als Geschäfts- oder Firmenwert auszuweisen.[2]

In diesem Zusammenhang ist noch ein zweites Problem beachtenswert. Denkbar ist, daß auch bei Vorliegen eines passiven Unterschiedsbetrages in einzelnen Vermögensgegenständen und Schulden stille Reserven vorhanden sind. Fraglich ist, ob diese stillen Reserven im Rahmen der Buchwertmethode und/oder der Neubewertungsmethode aufzudecken sind.

Gemäß dem bereits zitierten § 301 Abs. 1 Satz 4 HGB dürfen stille Reserven bei der Neubewertungsmethode nicht über den Beteiligungsbuchwert hinaus realisiert werden. Dies impliziert, daß erst recht bei einem passiven Unterschiedsbetrag keine stillen Reserven mehr aufgedeckt werden dürfen, da andernfalls ein schon vorhandener passiver Unterschiedsbetrag noch vergrößert werden würde.[3]

Aber auch der Wortlaut des § 301 Abs. 1 Satz 3 HGB bei der Buchwertmethode muß wohl dahingehend verstanden werden, daß nur der Unterschiedsbetrag zu verteilen ist und damit kein Raum für die Aufdeckung stiller Reserven verbleibt. Dieses Ergebnis könnte aber im Widerspruch

---

1 Gl. A. BUSSE von COLBE/CHMIELEWICZ, Bilanzrichtlinien-Gesetz, S. 336 f.
2 Vgl. ebenda, S. 337.
3 Vgl. ORDELHEIDE, in: Castan u.a. (Hrsg.), Beck HdR, C 402, Anm. 41.

zu dem vergleichbaren Fall bei einem aktiven Unterschiedsbetrag stehen. Denn in der Literatur wird gefordert, daß bei einem aktiven Unterschiedsbetrag auch stille Lasten aufzudecken sind.[1] Wird dieser Forderung gefolgt, wird durch die Aufdeckung stiller Lasten ein aktiver Unterschiedsbetrag weiter vergrößert und damit evtl. gegen den Wortlaut des § 301 Abs. 1 Satz 3 HGB verstoßen. Begründet wird die Aufdeckung der stillen Lasten damit, daß diese dem Grundgedanken der Erwerbsmethode und der im deutschen Recht geltenden pagatorischen Absicherung entsprechen würde. Für stille Reserven im Rahmen eines passiven Unterschiedsbetrages schlägt dieses Argument jedoch nicht durch. Dennoch muß konstatiert werden, daß noch nicht abzusehen ist, ob hier ein zusätzliches Wahlrecht existiert oder nicht.

Die Vollaufdeckung von stillen Lasten bei passivem Unterschiedsbetrag stellt im Rahmen der Erstkonsolidierung einen strukturwirksamen Aktionsparameter dar. Im Rahmen der Folgekonsolidierung ist der Aktionsparameter ergebniswirksam. Die Wirkungsrichtung ist allerdings einzelfallabhängig.

Die Aufdeckung der stillen Lasten ist erfolgserhöhend.[2] Kompensiert wird diese Erfolgserhöhung aber durch die infolge der Entstehung eines aktiven Unterschiedsbetrages eintretenden Verringerungen des Jahrsüberschusses in Folgeperioden, die sich bspw. aus der Abschreibung eines entstandenen Geschäfts- oder Firmenwerts ergeben.

Auch über die Sekundärwirkungen können keine allgemeinen Angaben gemacht werden.

---

1 Vgl. ORDELHEIDE, in: Castan u.a (Hrsg.), Beck HdR, C 401, Anm. 36.

2 Vgl. hierzu ausführlich Gliederungspunkt V.2.2.2.3 in diesem Kapitel.

2.2.1.7 Folgeparameter: Zurechnungsmethoden im Fall von Minderheitsgesellschaftern

Sind an dem in den Konzernabschluß einzubeziehenden Tochterunternehmen noch andere (konzernfremde) Gesellschafter beteiligt, stehen dem Konzern weitere Zurechnungsmethoden zur Verfügung, soweit er als Kapitalkonsolidierungsmethode die Buchwertmethode nach § 301 Abs. 1 Satz 2 Nr. 1 HGB gewählt hat.[1] Bei den Zurechnungsmethoden handelt es sich mithin um Zusatzparameter bei der Buchwertmethode und um Ausschlußparameter bei der Neubewertungsmethode.

Es existieren - soweit ersichtlich - drei verschiedene Zurechnungsmethoden: die Bruchteilsmethode, die Zuteilungsmethode und die anteilige Zuteilungsmethode.[2] Die drei Zurechnungsmethoden unterscheiden sich grundsätzlich dadurch, daß die insgesamt vorhandenen stillen Reserven unterschiedlich auf die einzelnen Vermögensgegenstände und Schulden verteilt werden und darüber hinaus z.T. auch insgesamt die Höhe der verteilten stillen Reserven differiert. Im einzelnen beinhalten die jeweiligen Methoden folgendes:[3]

- Bruchteilsmethode (1): Bei den Vermögensgegenständen und Schulden des Tochterunternehmens dürfen die vorhandenen stillen Reserven nur in Höhe des Beteiligungsanteils des Mutterunternehmens (inclusive der

1 Hierauf hat insbesondere ORDELHEIDE, in: Castan u.a. (Hrsg.), Beck HdR, C. 401, Anm. 50-53 hingewiesen. Vgl. ferner REIGE, Erstkonsolidierung, S. 1218 f.

2 Es handelt sich hierbei grundsätzlich um die Terminologie von Ordelheide. Allerdings verwendet Ordelheide für den Begriff 'Bruchteilsmethode' den Terminus 'Anteilsmethode'. REIGE, Erstkonsolidierung, S. 1218, hat zutreffend darauf hingewiesen, daß die Verwendung des Begriffs 'Anteilsmethode' zu sprachlichen Komplikationen führt, da der Begriff 'Anteilsmethode' in den Gesetzesbegründungen anstatt des Begriffs 'Neubewertungsmethode' verwendet werde. Zur Ausschaltung dieser begrifflichen Ambivalenz wird in dieser Arbeit deshalb der Begriff 'Bruchteilsmethode' verwendet.

3 Vgl. ORDELHEIDE, in: Castan u.a. (Hrsg.), Beck HdR, C 401, Anm. 50.

Anteile nach § 290 Abs. 3 HGB) am Tochterunternehmen aufgedeckt werden.

- Zuteilungsmethode (2): Die stillen Reserven werden bei den einzelnen Vermögensgegenständen und Schulden in voller Höhe aufgedeckt, soweit der Unterschiedsbetrag nicht überschritten wird.
- Anteilige Zuteilungsmethode (3): Diese Methode stellt eine Kombination der Bruchteils- und der Zuteilungsmethode dar. Die stillen Reserven dürfen einerseits bei dieser Methode nur in Höhe des Beteiligungsanteils des Mutterunternehmens (inclusive der Anteile nach § 290 Abs. 3 HGB) am Tochterunternehmen aufgedeckt werden. Andererseits kann in Anwendung dieser Methode bei einzelnen Vermögensgegenständen und Schulden eine Vollaufdeckung der stillen Reserven stattfinden.

Die Wahlrechte hinsichtlich der verschiedenen Zurechnungsmethoden sind im Rahmen der Erstkonsolidierung als strukturwirksam und im Rahmen der Folgekonsolidierung als ergebniswirksam einzustufen. Zur Begründung (dieser Aussage) sollen im folgenden zwei verschiedene Datenkonstellationen unterschieden werden.

1. Fall: Der Gesamtbetrag der dem Mutterunternehmen anteilig zustehenden stillen Reserven ist höher als der Unterschiedsbetrag aus der Kapitalkonsolidierung.

2. Fall: Der Gesamtbetrag der dem Mutterunternehmen anteilig zustehenden stillen Reserven ist geringer als der Unterschiedsbetrag aus der Kapitalkonsolidierung und

a) auch die Summe aller stillen Reserven (also einschließlich der auf Minderheitsgesellschafter entfallenden stillen Reserven) ist geringer als der Unterschiedsbetrag oder

b) die Summe aller stillen Reserven ist höher als der Unterschiedsbetrag.

Liegt die Datenkonstellation des 1. Falles vor, führen die verschiedenen Zurechnungsmethoden zu einer unterschiedlichen Aufdeckung der stillen Reserven in einzelnen Vermögensgegenständen und Schulden. Der Gesamtbetrag der zur Verteilung kommenden stillen Reserven ist jedoch bei allen Zurechnungsmethoden gleich. Die unterschiedliche Aufdeckung der stillen Reserven in den Vermögensgegenständen und Schulden bewirkt bei der Erstkonsolidierung einen unterschiedlich hohen Ausweis einzelner Kennzahlen und bei der Folgekonsolidierung aufgrund der unterschiedlich hohen zu verrechnenden Abschreibungen einen unterschiedlich hohen Konzernjahresüberschuß. Anzumerken ist allerdings, daß die Zurechnungsmethoden zwei und drei zum gleichen Ergebnis führen.

Bei Datenkonstellation 2a) entspricht die Wirkungsweise grundsätzlich derjenigen von 1), mit der Ausnahme allerdings, daß bei Anwendung von Zurechnungsmethode 2 die Summe der insgesamt aufgedeckten stillen Reserven größer bzw. vice versa bei Anwendung der Zurechnungsmethoden 1 und 3 der auszuzweisende Geschäfts- oder Firmenwert größer ist.

Bei Datenkonstellation 2b) wird bei der Zurechnungsmethode 1 und 3 noch ein Geschäfts- und Firmenwert ausgewiesen. Bei der Zurechnungsmethode 2 hingegen werden in Höhe des bei den anderen Methoden auszuweisenden Geschäfts- oder Firmenwertes zusätzlich stille Reserven bei den einzelnen Vermögensgegenständen und Schulden aufgedeckt.[1]

Ob dieses Wahlrecht bei allen in den Konzernsabschluß einzubeziehenden Tochterunternehmen gleichgerichtet auszuüben ist, kann zum jetzigen Zeitpunkt noch nicht abschließend beurteilt werden. Nach Ansicht des Verfas-

---

1 Vgl. zur Wirkungsweise auch das Zahlenbeispiel bei ORDELHEIDE, in: Castan u.a. (Hrsg.), Beck HdR, C 401, Anm. 52.

sers ist aber davon auszugehen, daß der Aktionsparameter Bindungswirkung enfaltet.[1]

2.2.1.8 Verrechungswahlrecht von aktiven und passiven Unterschiedsbeträgen

§ 301 Abs. 3 Satz 3 HGB enthält ein Wahlrecht zur Saldierung von aktiven und passiven Unterschiedsbeträgen.

Es handelt sich hierbei um einen materiellen Aktionsparameter. Völlig offen ist aber, ob die Saldierung aktiver und passiver Unterschiedsbeträge im Rahmen der Folgekonsolidierung erfolgsneutral ist. Insbesondere Mass/Schruff haben sich eindeutig dafür ausgesprochen, daß das Wahlrecht in § 301 Abs. 3 Satz 3 HGB nur die Qualität eines Ausweiswahlrechtes habe. Die Auflösung aktiver und passiver Unterschiedsbeträge müsse weiterhin erfolgswirksam vorgenommen werden.[2] In den meisten anderen Literaturbeiträgen wird regelmäßig auf dieses Wahlrecht hingewiesen, ohne jedoch Stellung dazu zu nehmen, ob dieses Wahlrecht nur ein Ausweiswahlrecht darstelle und damit erfolgsneutral sei oder ob dieses Wahlrecht erfolgswirksam sei.[3]

§ 309 Abs. 1 Satz 3 HGB erlaubt - unstrittig - die ergebnisneutrale Verrechnung eines aktiven Unterschiedsbetrages mit den Konzernrücklagen und gewährt dem Konzern somit die Möglichkeit, den Konzernjahresüberschuß nicht durch Abschreibungen auf den Geschäfts- oder Firmenwert i.S.d. § 301 Abs. 3 Satz 1 HGB schmälern zu

---

1 Zur Begründung vgl. die Ausführungen in Gliederungspunkt V.1.2 in diesem Kapitel, die analog auch für diesen Aktionsparameter hier gelten.

2 Vgl. MAAS/SCHRUFF, Konzernabschluß, S. 242; Gl. A. wohl WP-HANDBUCH 1985/86, Bd. II, S. 374.

3 Vgl. z.B. GROSS/SCHRUFF/von WYSOCKI, Konzernabschluß, S. 150; SCHERRER, in: Hofbauer/Kupsch (Hrsg.), BHR, § 301 HGB, Anm. 51 f.; ORDELHEIDE, in: Castan u.a. (Hrsg.), Beck HdR, C 402, Anm. 37 u. 50. Zweifelnd: SCHINDLER, Kapitalkonsolidierung, S. 208 f.

müssen. Da diese Vorgehensweise gesetzlich sanktioniert ist, muß m.E. erst recht die (Teil-) Kompensation von ergebniserhöhenden (Auflösung eines passiven Unterschiedsbetrages) und ergebnismindernden (Abschreibung des Geschäfts- oder Firmenwertes) Unterschiedsbeträgen zulässig sein. Es handelt sich dann um einen strukturwirksamen Aktionsparameter, der die Bilanzsumme verringert, da sowohl Aktiv- als auch Passivposten wegfallen. Sekundärwirkungen entstehen keine.

Die Ausübung dieses Wahlrechts ist betragsmäßig erkennbar, da die verrechneten Beträge im Konzernanhang[1] angegeben werden müssen.

2.2.2 Folgekonsolidierungsparameter

2.2.2.1 Abschreibungshöhe des Geschäfts- oder Firmenwertes

In § 309 Abs. 1 HGB wird sowohl die Möglichkeit eröffnet, den Geschäfts- oder Firmenwert im Rahmen der Folgekonsolidierung in einem Betrag abzuschreiben,[2] als ihn auch auf die Geschäftsjahre der voraussichtlichen Nutzung zu verteilen. Dabei kann auch die steuerliche Nutzungsdauer i.S.d. § 7 Abs. 1 Satz 3 EStG von 15 Jahren oder evtl. ein noch längerer Nutzungszeitraum

---

1 Die Verwendung des Wortes 'Anhang' in § 301 Abs. 3 Satz 3 HGB ist offensichtlich unzutreffend, da das Gesetz sonst immer zwischen Anhang einerseits und Konzernanhang andererseits differenziert. Gl. A. SCHERRER, in: Hofbauer/Kupsch (Hrsg.), BHR, § 301, Anm. 51.

2 Der Wortlaut von § 309 Abs. 1 Satz 1 HGB "der Geschäfts- oder Firmenwert ist in jedem folgenden Geschäftsjahr zu mindestens einem Viertel durch Abschreibungen zu tilgen." (Hervorhebung v. Verf.) läßt dies m.E. eindeutig zu. Auch Scherrer hält die Sofortabschreibung des Geschäfts- oder Firmenwertes für zulässig. Vgl. SCHERRER, in: Hofbauer/Kupsch (Hrsg.), BHR, § 309 HGB, Anm. 5 u. 9.

zugrunde gelegt werden.[1] Damit besteht ein sehr großer Spielraum bei der Bemessung der Abschreibungshöhe des Geschäfts- oder Firmenwertes.

Dieser Aktionsparameter ist ergebniswirksam. Je geringer die Abschreibungshöhe ist, desto geringer ist auch die Verminderung des Konzernjahresüberschusses. Die Abschreibung des Geschäfts- oder Firmenwerts über 15 Jahre bspw. belastet den Konzernjahresüberschuß im ersten Jahr der Folgekonsolidierung wesentlich weniger als eine Sofortabschreibung des Geschäfts- oder Firmenwerts.

Eine Bindungswirkung ist zumindest dann nicht gegeben, wenn nach § 309 Abs. 1 Satz 2 HGB abgeschrieben wird, da die voraussichtliche Nutzungsdauer von Geschäfts- oder Firmenwerten bei den einzelnen Tochterunternehmen unterschiedlich sein kann. Der Aktionsparameter ist teilbar, d. h. es stehen verschiedene Wertansatzmöglichkeiten zur Verfügung.

2.2.2.2 Rücklagenverrechnung des Geschäfts- oder Firmenwertes

§ 309 Abs. 1 Satz 3 HGB enthält das Wahlrecht, einen Geschäfts- oder Firmenwert auch offen mit den Rücklagen zu verrechnen. Als Zusatzparameter tritt hier evtl. noch das Wahlrecht hinzu, die Rücklagenverrechnung des Geschäfts- oder Firmenwerts über mehrere Perioden aufzuspalten.[2]

Dieses Wahlrecht ist als strukturwirksam einzustufen. Es führt zu einer Verminderung des im Konzernabschluß

---

1 Vgl. ORDELHEIDE, in: Castan u.a. (Hrsg.), Beck HdR, C 402, Anm. 33.

2 Vgl. ORDELHEIDE, in: Castan u.a. (Hrsg.), Beck HdR, C 402, Anm. 36. Vgl. auch BUSSE von COLBE/ CHMIELEWICZ, Bilanzrichtlinien-Gesetz, S. 338.

auszuweisenden Eigenkapitals. Auch in der Literatur wird auf die 'Erfolgsneutralität' dieses Instrumentes hingewiesen.[1] Sekundärwirkungen werden keine ausgelöst.

Die Realisation dieses Aktionsparameters ist betragsmäßig erkennbar, da die Rücklagenverrechnung nach § 309 Abs. 1 Satz 3 HGB offen zu erfolgen hat.

2.2.2.3 Spielräume bei der Auflösung eines passiven Unterschiedsbetrages

Die Verwendung des Wortes "darf" in § 309 Abs. 2 HGB signalisiert prima vista, diese Vorschrift enthalte ein Wahlrecht zur Auflösung passiver Unterschiedsbeträge. In der Literatur wird hier aber das Vorliegen eines Wahlrechtes mit überzeugenden Argumenten negiert.[2] Trotz des andersartigen Wortlautes von § 309 Abs. 2 HGB ist wohl davon auszugehen, daß, soweit die dort aufgeführten Tatbestandsvoraussetzungen erfüllt sind, ein Zwang zur erfolgserhöhenden Auflösung des "Unterschiedsbetrages aus der Kapitalkonsolidierung"[3] besteht.[4]

Allerdings ist bei der Auflösung des passiven Unterschiedsbetrages ein Spielraum gegeben. § 309 Abs. 2 Nr. 2 HGB bestimmt, daß ein passiver Unterschiedsbetrag nur aufgelöst werden darf, soweit "am Abschlußstichtag feststeht, daß er einem realisierten Gewinn ent-

1 Vgl. z.B. ORDELHEIDE, in: Castan u.a. (Hrsg.), Beck HdR, C 402, Anm. 34; SCHERRER, in: Hofbauer/Kupsch (Hrsg.), BHR, § 309 HGB, Anm. 14; MAAS/SCHRUFF, Konzernabschluß, S. 241.
2 Vgl. z.B. ORDELHEIDE, in: Castan u.a. (Hrsg.), Beck HdR, C 402, Anm. 46; SCHINDLER, Kapitalkonsolidierung, S. 221; Busse von COLBE, Konzernabschluß, S. 773.
3 § 301 Abs. 3 Satz 1 HGB.
4 Ein ähnlich gelagerter Fall war schon im AktG a. F. vorhanden. Das "dürfen" in § 152 Abs. 7 Satz 1 AktG a.F. wurde in der Literatur einhellig als "muß" interpretiert.

spricht." Die Feststellung des Zeitpunktes, wann dieser Gewinn realisiert ist, birgt einen erheblichen Spielraum in sich.[1] Maas/Schruff vertreten sogar die Ansicht, diese Feststellung könnte endgültig erst bei Veräußerung der Beteiligung an Dritte getroffen werden.[2]

Es handelt sich um einen ergebniswirksamen Aktionsparameter mit ergebniserhöhender Wirkungsrichtung. Sekundärwirkungen treten keine auf.

Die Auflösung eines passiven Unterschiedsbetrages ist insoweit betragsmäßig erkennbar, als gem. § 301 Abs. 3 Satz 2 HGB wesentliche Änderungen dieses Postens angabepflichtig sind. Außerdem ist der Aktionsparameter eingeschränkt zeitlich flexibel.

2.2.2.4 Erfolgsneutrale Verrechnung des hochgerechneten Betrages bei Minderheitsgesellschaftern

Für den bei der Neubewertungsmethode hochgerechneten Betrag - also der Betrag, der die auf die anderen Gesellschafter i.S.v. § 307 HGB entfallenden stillen Reserven beinhaltet - werden in der Literatur verschiedene Verrechnungsmöglichkeiten aufgezeigt.[3] Eine gesetzliche Regelung für die Verrechnung des hochgerechneten Betrags existiert nicht.

Die Verrechnung des hochgerechneten Betrages bezeichnet dabei folgenden Sachverhalt: Im Rahmen der Erstkonsolidierung sind bei der Neubewertungsmethode auch die auf die anderen Gesellschafter entfallenden stillen Re-

1 Vgl. auch SCHINDLER, Kapitalkonsolidierung, S. 221 f.
2 Vgl. MAAS/SCHRUFF, Konzernabschluß, S. 242.
3 Vgl. ORDELHEIDE, in: Castan u.a. (Hrsg.), Beck HdR, C 402, Anm. 70-78; SCHINDLER, Ausgleichsposten, S. 591; ders., Kapitalkonsolidierung, S. 215 ff.; KÜTING, Ausgleichsposten, S. 560 f.

serven aufgedeckt worden. In den Folgeperioden verursachen die aufgedeckten stillen Reserven nun in aller Regel Korrekturen,[1] und zwar hauptsächlich in Form von Abschreibungen. Hinsichtlich der Berücksichtigung dieser Korrekturen existiert ein Verrechnungswahlrecht. Die Korrekturen können entweder

a) erfolgsneutral verrechnet werden, d.h. der auf die anderen Gesellschafter entfallende Korrekturbetrag wird direkt gegen den Ausgleichsposten für die Anteile anderer Gesellschafter saldiert, oder
b) erfolgswirksam verrechnet werden, d.h. auch der auf die anderen Gesellschafter entfallende Korrekturbetrag wird in der Konzern-GuV erfaßt und tangiert im Rahmen der Folgekonsolidierung den Ausgleichsposten für die Anteile anderer Gesellschafter.[2]

In der Literatur wird zwar die ergebniswirksame Verrechnung favorisiert[3], dennoch ist davon auszugehen, daß auch die erfolgsneutrale Verrechnung anwendbar ist. Für diese Auffassung spricht auch folgender Zusammenhang: Da aufgrund der Vorschrift des § 309 Abs. 1 Satz 3 HGB die Verrechnung des Geschäfts- oder Firmenwertes mit den Rücklagen ausdrücklich gesetzlich erlaubt ist, erscheint es kaum sinnvoll anzunehmen, daß

---

1 Vgl. ORDELHEIDE, in: Castan u.a., (Hrsg.), Beck HdR, C 402, Anm. 70.

2 Von KÜTING, Ausgleichsposten, S. 560 f. ist außerdem als Möglichkeit vorgeschlagen worden, die erfolgswirksame Verrechnung des hochgerechneten Betrages nur zu Lasten des auf den Mehrheitsanteilseigner (Mutterunternehmen) entfallenden anteiligen Ergebnisses vorzunehmen. SCHINDLER, Ausgleichsposten, S. 591, hat hierzu festgestellt, daß die von Küting vorgeschlagene Möglichkeit abzulehnen sei, "da sie zu einer völlig verzerrten Darstellung der Erfolgsanteile der beiden Gesellschaftergruppen (gemeint sind: Mehrheits- und Minderheitsgesellschafter; Anmerkung des Verf.) führt." SCHINDLER, Ausgleichsposten, S. 591. Der Auffassung von Schindler ist nach Ansicht des Verfassers beizupflichten.

3 So z.B. ORDELHEIDE, in: Castan u.a. (Hrsg.), Beck HdR, C 402, Anm. 78, der anführt, daß eine ergebnisneutrale Verrechnung gegen die Einheitstheorie verstoße. Vgl. ferner SCHINDLER, Kapitalkonsolidierung, S. 215 f.

die Verrechnung des auf den anderen Gesellschafter entfallenden Korrekturbetrages mit dem Ausgleichsposten für die Anteile anderer Gesellschafter verboten ist. Das Wahlrecht zur erfolgsneutralen Verrechnung der Korrekturen auf den hochgerechneten Betrag ist als strukturwirksam einzustufen. Die Sekundärwirkungen sind gleichgerichtet.

2.2.2.5 Eigenkapitalkorrekturen beim Ausgleichsposten

In der Literatur wird in letzter Zeit öfters vorgeschlagen, die ergebniswirksamen Konsolidierungsvorgänge auch anteilig den Minderheitsgesellschaftern und damit dem Ausgleichsposten für die Anteile anderer Gesellschafter zuzurechnen.[1] Für diese Regelung kommen in erster Linie die folgenden Konsolidierungsvorgänge in Frage: Zwischenergebniseliminierung, Schuldenkonsolidierung, Equity-Konsolidierung sowie Unterschiedsbeträge aus der Währungsumrechnung.[2]

Eine gesetzliche Regelung, nach der die vorgenannte Konsolidierungsweise verpflichtend oder aber erlaubt ist, existiert nicht. Die Befürworter von Korrekturen des Ausgleichspostens für die Anteile anderer Gesellschafter können für ihre Meinung allerdings gewichtige Argumente, die sich zumeist auf die Einheitstheorie

---

1 Vgl. OERDELHEIDE, in: Castan u.a. (Hrsg.), Beck HdR, C 401, Anm. 44 sowie C 402, Anm. 61 u. 81; KÜTING, Ausgleichsposten, S. 563; BUSSE von COLBE/ ORDELHEIDE, Konzernabschlüsse, S. 286; BUSSE von COLBE, Entwicklungstendenzen, S. 658.

2 Vgl. ORDELHEIDE, in: Castan u.a. (Hrsg.), Beck HdR, C 402, Anm. 61; KÜTING, Ausgleichsposten, S. 563. Soweit die Abgrenzung von latenten Steuern durch obige Konsolidierungsvorgänge notwendig wird, sind diese m.E. konsequenterweise dann auch anteilig auf die Minderheitsgesellschafter zu verteilen. Wie KÜTING, Ausgleichsposten, S. 564, herausgearbeitet hat, sind allerdings für die in Folgeperioden auf die Minderheitsgesellschafter entfallenden Abschreibungen aus der Aufdeckung von stillen Reserven keine latenten Steuern abzugrenzen.

rekurrieren, anführen. Nach derzeitigem Rechts- und Literaturstand kann dennoch eine Pflicht zur Vornahme dieser Korrekturen beim Ausgleichsposten für die Anteile anderer Gesellschafter nicht angenommen werden. Vielmehr wird man davon ausgehen können, daß ein Wahlrecht zur Vornahme dieser Korrekturen besteht.

Der vorliegende Aktionsparameter ist als strukturwirksam einzuordnen. Dies liegt darin begründet, daß die anteilsmäßige Verrechnung der ergebniswirksamen Konsolidierungsvorgänge zu Lasten des Ausgleichspostens für die Anteile anderer Gesellschafter zu einer Beeinflussung der Zusammensetzung des Konzerneigenkapitals führt, da der Ausgleichsposten gem. § 307 Abs. 1 Satz 1 HGB dem Konzerneigenkapital zuzurechnen ist. Über die Sekundärwirkungen lassen sich keine allgemeinen Angaben machen.

Man könnte vielleicht annehmen, daß der Aktionsparameter ergebniswirksam sei. Dem ist allerdings nicht so. Durch die Inanspruchnahme dieses Wahlrechts wird zwar das den einzelnen Gesellschaftergruppen (Mehrheitsgesellschafter einerseits und Minderheitsgesellschafter andererseits) zustehende Ergebnis beeinflußt, der Konzernjahresüberschuß an sich bleibt aber unverändert. Dies liegt daran, daß das auf die Minderheitsgesellschafter entfallende Ergebnis im Konzernjahresüberschuß enthalten ist, denn das auf diese Personengruppe entfallende Ergebnis ist gem. § 307 Abs. 2 HGB in der Konzern-GuV nach dem Konzernjahresüberschuß auszuweisen.

Dieses Wahlrecht ist grundsätzlich bei allen Minderheitsgesellschaftern i.S.v. § 307 HGB gleichgerichtet auszuüben.

2.2.3 Endkonsolidierungsparameter

Ordelheide hat als erster auf die Notwendigkeit der Durchführung von Endkonsolidierungen hingewiesen.[1] Die Endkonsolidierung bezeichnet die Konsolidierung des Veräußerungserfolges einer Beteiligung.[2] Neben der Veräußerung der gesamten Beteiligung werden von der Endkonsolidierung auch der "Übergang von der Vollkonsolidierung auf die Equity-Konsolidierung"[3] der Beteiligung und der "Übergang von der Vollkonsolidierung auf die Anschaffungskostenbewertung der Beteiligung"[4] erfaßt. Ordelheide hat überzeugende Argumente angeführt, daß die GoB, die Generalnorm und der in § 297 Abs. 3 Satz 1 HGB kodifizierte Einheitsgrundsatz die Durchführung einer Endkonsolidierung gebieten.[5] Soweit eine Endkonsolidierung unterlassen wird, kann es bspw. zu einer Doppelverrechnung von Aufwendungen kommen.[6] So führt Ordelheide an, daß ein im Konzernabschluß enthaltener Geschäft- oder Firmenwert i.S.v. § 309 Abs. 1 HGB "zum einen durch seine Abschreibung in den Perioden bis zum Verkauf der Anteile und zum anderen als Teil der den Veräußerungserlös mindernden Anschaffungskosten der Anteile und damit ganz oder zum Teil doppelt ergebniswirksam"[7] wird.

Allerdings ist die Endkonsolidierung nicht gesetzlich vorgeschrieben. Darüber hinaus fehlt sogar jegliche gesetzliche Erwähnung der Endkonsolidierung. Ob nun

---

1 Vgl. ORDELHEIDE, Kapitalkonsolidierung, S. 242 f.; ders., Endkonsolidierung, S. 766 ff.; ders., in: Castan u.a. (Hrsg.), Beck HdR, C 403, Anm. 1 ff. Vgl. auch SCHINDLER, Kapitalkonsolidierung, S. 229-239.

2 Vgl. ORDELHEIDE, Kapitalkonsolidierung, S. 243.

3 ORDELHEIDE, Endkonsolidierung, S. 770; ders., in: Castan u.a. (Hrsg.), Beck HdR, C 403, Anm. 35.

4 ORDELHEIDE, Endkonsolidierung, S. 771; ders., in: Castan u.a. (Hrsg.), Beck HdR, C 403, Anm. 45.

5 Vgl. ORDELHEIDE, Endkonsolidierung, S. 766; ders., in: Castan u.a. (Hrsg.), Beck HdR, C 403, Anm. 1 f.

6 Vgl. ebenda.

7 ORDELHEIDE, Endkonsolidierung, S. 766.

eine Pflicht zur Durchführung der Endkonsolidierung besteht, oder ob vielmehr ein Wahlrecht angenommen werden kann, kann zum jetzigen Zeitpunkt nicht abschließend beurteilt werden. Dies wird auch insoweit offenkundig, als sich bis jetzt noch nicht einmal eine einheitliche Sprachregelung herausgebildet hat. So wird in einer der wenigen Stellungnahmen zu diesem Fragenkomplex von Entkonsolidierung gesprochen.[1]

Obwohl die von Ordelheide angeführten Argumente überzeugend sind, kann m.E. noch keine Pflicht zur Vornahme einer Endkonsolidierung konstatiert werden, da eine gesetzliche Regelung fehlt und auch eine weitere literarische Behandlung der Endkonsolidierung aussteht. Es ist daher m.E. davon auszugehen, daß ein Wahlrecht zur Durchführung der Endkonsolidierung besteht.

Die Endkonsolidierung enthält zudem etliche Zusatzparameter. So stehen als weitere Aktionsparameter zur Verfügung:

- Ausweisparameter in der Konzern-GuV: Es besteht die Möglichkeit, "die Aufwendungen für den Abgang der einzelnen Vermögenspositionen in der Konzern-GuV zusammengefaßt"[2] auszuweisen. Entsprechendes gilt für "die Erträge aus dem Abgang der Passiva des Tochterunternehmens"[3]: Auch diese können zusammengefaßt ausgewiesen werden. Darüber hinaus besteht das Wahlrecht, die Aufwendungen und Erträge aus dem Abgang des Tochterunternehmens in der Konzern-GuV jeweils gesondert oder aber als Teil der sonstigen betrieblichen Aufwendungen/Erträge auszuweisen.[4]
- Bei der Endkonsolidierung besteht für Geschäfts- oder Firmenwerte, die nach § 309 Abs. 1 Satz 3 HGB erfolgs-

---

1 Vgl. BUSSE von COLBE/MÜLLER/REINHARD (Hrsg.), Aufstellung, S. 82-84.
2 ORDELHEIDE, in: Castan u.a. (Hrsg.), Beck HdR, C 403, Anm. 6. Vgl. ferner BUSSE von COLBE/MÜLLER/REINHARD (Hrsg), Aufstellung, S. 83 f.
3 ORDELHEIDE, in: Castan u.a. (Hrsg.), Beck HdR, C 403, Anm. 6.
4 Vgl. ebenda, Anm. 6 f.

neutral verrechnet worden sind, das Wahlrecht, diese (nachträglich) als Aufwand zu berücksichtigen.[1]
- Endkonsolidierungszeitpunkt: Der Endkonsolidierung kann entweder der "Abgangswert des Tochterunternehmens auf den Zeitpunkt der Veräußerung"[2] oder aber "der letzte Einzelabschluß vor Ausscheiden des Tochterunternehmens zugrunde gelegt"[3] werden.

Die Aufzählung der Zusatzparamter ist weder abschließend, noch ist es sicher, daß die aufgeführten Aktionsparameter auch in Zukunft Bestand haben werden. Dies erscheint unmittelbar einsichtig, wenn man berücksichtigt, daß sich die literarische Bearbeitung der Endkonsolidierung erst im Anfangsstadium befindet.

Das Wahlrecht hinsichtlich der Durchführung der Endkonsolidierung ist grundsätzlich als ergebniswirksam einzustufen. Die Ergebniswirksamkeit begründet sich auf folgenden Sachverhalt: Im Konzernabschluß werden im Rahmen der Folgekonsolidierung ein Teil der Anschaffungskosten der Beteiligung durch die erfolgswirksame Verrechnung des Unterschiedsbetrages aus der Kapitalkonsolidierung gegen den Konzernjahresüberschuß verrechnet.[4] Diese erfolgswirksam verrechneten Beträge sind nun bei der Endkonsolidierung "mit umgekehrtem Vorzeichen"[5] erfolgswirksam zu verrechnen, um eine Doppelerfassung von Aufwendungen zu vermeiden,[6] d.h. im Rahmen der Folgekonsolidierung verrechnete Aufwendungen wirken bei der Endkonsolidierung erfolgserhöhend und im Rahmen der Folgekonsolidierung berücksichtigte Erträge wirken bei der Endkonsolidierung erfolgsmindernd. Außerdem sind Veränderungen der Gewinnrücklagen, die während der Konzern-

1 Vgl. BUSSE von COLBE/MÜLLER/REINHARD (Hrsg.), Aufstellung, S. 82 f.
2 ORDELHEIDE, in: Castan u.a. (Hrsg.), Beck HdR, C 403, Anm. 27.
3 Ebenda, Anm. 28.
4 Vgl. SCHINDLER, Kapitalkonsolidierung, S. 229 f.
5 Ebenda, S. 230.
6 Vgl. ebenda.

zugehörigkeit des Tochterunternehmens bei diesem vorgenommen wurden, bei der Endkonsolidierung ebenfalls zu berücksichtigen. So sind während der Konzernzugehörigkeit des Tochterunternehmens durchgeführte Rücklagenzuführungen erfolgsmindernd und Rücklagenminderungen erfolgserhöhend bei der Endkonsolidierung zu berücksichtigen.[1] Die Wirkungsrichtung ist unbestimmt. Sekundärwirkungen treten keine auf.

Die o.a. Wirkungsweise ergibt sich nicht nur bei der Veräußerung der gesamten Beteiligung, sondern auch beim Übergang von der Vollkonsolidierung auf die Anschaffungskostenbewertung der Beteiligung.[2] Erfolgsneutral ist aber der Übergang von der Vollkonsolidierung auf die Equity-Konsolidierung der Beteiligung.[3]

Die Ausübung dieses Aktionsparameters wird wohl tendenziell erkennbar sein, da m.E. die §§ 294 Abs. 2 und 313 Abs. 1 Satz 2 Nr. 1 HGB eine entsprechende Angabepflicht bedingen. Nach Ansicht des Verfassers entfaltet die Nutzung des Aktionsparameters zudem Bindungswirkung.

2.3 Spezielle Kapitalkonsolidierungsparameter

2.3.1 Interessenzusammenführungsmethode

In bestimmten Fällen steht dem Bilanzersteller bei der Kapitalkonsolidierung nicht nur die Erwerbsmethode, sondern auch die Methode der Interessenzusammenführung[5]

---

1 Vgl. SCHINDLER, Kapitalkonsolidierung, S. 230.

2 Vgl. ORDELHEIDE, in: Castan u.a. (Hrsg.), Beck HdR, C 403, Anm. 45-50.

3 Vgl. dazu ausführlich ebenda, Anm. 35-44.

4 Zur Begründung vgl. die Ausführungen in Gliederungspunkt V.1.2 in diesem Kapitel, die analog auch für diesen Aktionsparameter hier gelten.

5 Diese Kapitalkonsolidierungsmethode wird auch pooling-of-interests-Methode genannt. Vgl. z.B. von WYSOCKI/WOHLGEMUTH, Konzernrechnungslegung, S. 124 f.

zur Verfügung. Diese Methode basiert auf dem Grundgedanken, daß sich zwei Unternehmen zusammenschließen, um in einem gemeinsamen Unternehmen fortzubestehen und nicht - wie bei der Erwerbsmethode -, daß ein Mutterunternehmen ein Tochterunternehmen erwirbt und dieses dann zu einer von dem Mutterunternehmen abhängigen Gesellschaft wird.[1]

Bei der Methode der Interessenzusammenführung wird gem. § 302 Abs. 1 HGB der Beteiligungsbuchwert des zur Konzernrechnungslegung verpflichteten Mutterunternehmens gegen das gezeichnete Kapital des Tochterunternehmens aufgerechnet.[2] Gem. § 302 Abs. 2 HGB ist ein sich ergebender aktiver Unterschiedsbetrag von den Rücklagen zu subtrahieren und ein sich ergebender passiver Unterschiedsbetrag den Rücklagen hinzuzurechnen. Alle anderen Vermögensgegenstände, Schulden und auch Rücklagen des zu konsolidierenden Unternehmens sind mit ihren Buchwerten in den Konzernabschluß aufzunehmen.[3]

Die Interessenzusammenführungsmethode kann gem. § 302 Abs. 1 Nr. 1 - 3 HGB allerdings nur bei Vorliegen folgender, restriktiv wirkender Voraussetzungen angewendet werden:

a) das Mutterunternehmen besitzt mindestens 90 % der - nicht eigenen - Anteile des Tochterunternehmens,
b) die Anteile an dem Tochterunternehmen sind gegen Ausgabe von Anteilen an einem anderen, in den Konzernabschluß einbezogenen Unternehmen erworben worden und
c) eine vereinbarte Barzahlung übersteigt nicht 10 % des Nennbetrages oder, falls ein solcher nicht existiert, des rechnerischen Wertes der ausgegebenen An-

---

1 Vgl. NIEHUS, Pooling-of-interests, S. 440.

2 Die Verrechnung nur mit dem gezeichneten Kapital führt jedoch nicht, wie von Schindler, Kapitalkonsolidierung, S. 257, angenommen, zu Doppelerfassungen.

3 Vgl. von WYSOCKI/WOHLGEMUTH, Konzernrechnungslegung, S. 125.

teile.

Bei der Kapitalkonsolidierungsmethode der Interessenzusammenführung handelt es sich um einen materiellen Aktionsparameter, der ergebniswirksam ist. In der Literatur wird dieser Aktionsparameter jedoch einhellig als ergebnisneutral eingestuft.[1] Der Grund für diese Einstufung ist die fehlende Belastung des Konzernjahresüberschusses durch Abschreibungsbeträge, da die Kapitalkonsolidierungsmethode nach § 302 HGB weder eine Verteilung des Unterschiedsbetrages und damit eine Aufdeckung stiller Reserven und Lasten noch eine Abschreibung des nicht verteilbaren Restbetrages vorsieht. Dennoch muß die Konsolidierungsmethode nach § 302 HGB als ergebniswirksam eingestuft werden. Die Verrechnungsbeschränkung des Beteiligungsbuchwertes auf das gezeichnete Kapital führt dazu, daß der in dem zu konsolidierenden Tochterunternehmen erwirtschaftete Gewinn den im Konzernabschluß auszuweisenden Jahresüberschuß erhöht. Jonas weist in diesem Zusammenhang darauf hin, daß dieser 'Jahresüberschußtransfer' für den Konzern ein wesentlicher Anreiz sein kann, die Kapitalkonsolidierungsmethode nach § 302 HGB anzuwenden.[2]

Diese Einbeziehung des gesamten Periodenerfolges des Tochterunternehmens wird auch im Fachschrifttum herausgestellt.[3] Der Widerspruch zwischen diesen Ausführungen und denen zur Ergebnisneutralität der Interessenzusammenführungsmethode wird jedoch nicht erkannt. Die entsprechenden Ausführungen in der Literatur, daß bei Anwendung der Konsolidierungsmethode nach § 302 HGB das Konzernergebnis aufgrund der er-

---

1 Vgl. WP-HANDBUCH 1985/86, Bd. II, S. 373; SCHRUFF, Einflüsse, S. 253; SCHINDLER, Kapitalkonsolidierung, S. 254; vgl. auch BUSSE von COLBE/CHMIELEWICZ, Bilanzrichtlinien-Gesetz, S. 338; VORMBAUM/FLEISCHMANN, Kapitalkonsolidierung, S. 141.
2 Vgl. JONAS, Konzernabschluß, S. 235.
3 Vgl. z.B. die in Fußnote 1 aufgeführte Literatur.

worbenen Jahresüberschüsse der Tochterunternehmen zu hoch ausgewiesen, und damit die Ertragslage verzerrt dargestellt würde,[1] belegen m.E. eindeutig die Ergebniswirksamkeit der Interessenzusammenführungs-methode.

Diese Ergebniswirksamkeit ist nur in der Realisationsperiode gegeben. Sekundäreffekte treten damit keine auf.

Im Konzernanhang ist gem. § 302 Abs. 3 HGB die Anwendung dieser Kapitalkonsolidierungsmethode sowie die sich daraus ergebenden Veränderungen der Rücklagen anzugeben, so daß für die Konzernabschlußinteressenten die Ausübung dieses Aktionsparameters tendenziell erkennbar ist.

2.3.2 Erwerb von Tochterunternehmen gegen Ausgabe von Anteilen

Beim Erwerb eines Tochterunternehmens gegen Hingabe von Anteilen des erwerbenden Unternehmens besteht ein Wahlrecht.[2] Bei einem solchen Erwerbsvorgang handelt es sich um eine Sacheinlage; soweit das Aktiengesetz Anwendung findet, ist dieser Erwerbsvorgang als Sacheinlage gem. § 205 AktG zu qualifizieren.[3] Für die Bewertung der Sacheinlagen gibt es keine besonderen Vorschriften.[4] Das gegen Hingabe von eigenen Anteilen erwerbende Unternehmen hat vielmehr ein Wahlrecht bei der Bewertung der Sacheinlage: Es kann die Sacheinlage grundsätzlich entweder mit dem Nennbetrag der hinge-

1 Vgl. SCHINDLER, Kapitalkonsolidierung, S. 257.
2 Soweit die restriktiven Voraussetzungen von § 302 HGB erfüllt werden, kann auch die Interessenzusammenführungsmethode in Anspruch genommen werden.
3 Vgl. BUSSE von COLBE/ORDELHEIDE, Konzernabschlüsse, S. 152.
4 Vgl. ebenda.

gebenen Anteile (Untergrenze)[1] oder aber mit dem Zeitwert, konkret also mit dem Börsenkurs oder bei nicht notierten Anteilen dem Ertragswert der Beteiligung (Obergrenze)[2] ansetzen.[3] Auch Zwischenwerte können angesetzt werden.[4]

Der Aktionsparameter ist im Rahmen der Erstkonsolidierung als strukturwirksam und im Rahmen der Folgekonsolidierung als ergebniswirksam einzustufen. Im einzelnen ergibt sich dabei folgender Wirkungszusammenhang: Je nach Inanspruchnahme des Wahlrechts wird der Beteiligungsbuchwert bei dem Mutterunternehmen entsprechend einen höheren oder niedrigeren Wert aufweisen. Dieser unterschiedlich hohe Beteiligungsbuchwert wirkt sich wiederum direkt auf die Höhe des Unterschiedsbetrages aus der Kapitalkonsolidierung aus.

Wenn als Basisalternative die Untergrenze (= Ansatz zum Nennbetrag der hingegebenen Anteile) angenommen wird, führt die Inanspruchnahme des Wahlrechts dahingehend, daß ein Zwischenwert oder sogar der höhere Zeitwert angesetzt wird, dazu, daß sich ein aktiver Unterschiedsbetrag erhöht oder vice versa ein passiver Unterschiedsbetrag vermindert. Dies hat im Rahmen der Erstkonsolidierung zur Folge, daß entweder der in der Konzernbilanz nach § 301 Abs. 3 HGB auszuweisende Geschäfts- oder Firmenwert bzw. der auf der Passivseite auszuweisende Unterschiedsbetrag aus der Kapitalkonso-

---

1 Vgl. ADLER/DÜRING/SCHMALTZ, Bd. 1, § 153 AktG, Anm. 55, die darauf hinweisen, daß sich bei Aktiengesellschaften ansonsten bei Ansatz unter dem Nennbetrag eine nach § 9 Abs. 1 AktG verbotene Unterpari-Emission ergeben würde; vgl. auch § 56 Abs. 2 i.V.m. § 9 Abs. 1 GmbHG, die in Fällen, in denen der Zeitwert der Sacheinlage unter dem übernommenen Stammkapital liegt, einen Ausgleich des Fehlbetrages durch Einlage in Geld fordern.

2 Vgl. BUSSE von COLBE/ORDELHEIDE, Konzernabschlüsse, S. 152.

3 Vgl. ADLER/DÜRING/SCHMALTZ, Bd. 1, § 153 AktG, Anm. 55.

4 Vgl. BUSSE von COLBE/ORDELHEIDE, Konzernabschlüsse, S. 152.

lidierung oder/und einzelne Konzernbilanzposten in anderer Höhe ausgewiesen werden. Im Rahmen der Folgekonsolidierung hat dies folgende Konsequenzen: Im Falle eines erhöhten aktiven Unterschiedsbetrages ergeben sich erhöhte Absetzungen, soweit der aktive Unterschiedsbetrag nicht erfolgsneutral gegen die Konzernrücklagen verrechnet wird. Im Fall eines passiven Unterschiedsbetrages steht in Folgeperioden ein geringeres Potential zur Verfügung, das erfolgserhöhend aufgelöst werden kann. Die Sekundärwirkungen im Rahmen der Folgekonsolidierung sind gleichgerichtet. Der Aktionsparameter ist teilbar, d.h. es können, wie oben bereits ausgeführt, Zwischenwerte angesetzt werden.

2.3.3 Saldierung der eigenen Anteile des Tochterunternehmens mit der Rücklage nach § 272 Abs. 4 HGB

Eine gesetzliche Regelung, wie sie zur Behandlung von eigenen Anteilen des Mutterunternehmens besteht,[1] fehlt für die Behandlung von eigenen Anteilen der Tochterunternehmen. In der Literatur wird eingedenk der fehlenden gesetzlichen Regelung denn auch ein Wahlrecht bei der Behandlung von eigenen Anteilen der Tochterunternehmen angenommen.[2] Danach können eigene Anteile von Tochterunternehmen

a) als solche im Konzernabschluß ausgewiesen werden[3] oder

b) mit der Kapitalrücklage nach § 272 Abs. 4 HGB

---

1 Vgl. § 301 Abs. 4 HGB.

2 Vgl. von WYSOCKI/WOHLGEMUTH, Konzernrechnungslegung, S. 94; SCHINDLER, Kapitalkonsolidierung, S. 174 f.; WP-HANDBUCH 1985/86, Bd. II, S. 388; IDW, Stellungnahme NA 2/67, S. 489. BUSSE von COLBE/ORDELHEIDE, Konzernabschlüsse, S. 155, wollen das Wahlrecht nur in Ausnahmefällen anerkennen.

3 Hier besteht zudem ein Ausweiswahlrecht: Diese Anteile können getrennt von den eigenen Anteilen des Mutterunternehmens im Konzernabschluß ausgewiesen werden. Einschränkend: WP-HANDBUCH 1985/86, Bd. II, S. 388.

saldiert werden.[1]

Die Saldierung der eigenen Anteile des Tochterunternehmens mit der Rücklage nach § 272 Abs. 4 HGB hat ein geringeres konsolidierungspflichtiges Kapital zur Folge, womit sich im Rahmen der Kapitalkonsolidierung ein vorhandener aktiver Unterschiedsbetrag erhöht bzw. ein vorhandener passiver Unterschiedsbetrag verringert. Die weitere Wirkungsweise entspricht grundsätzlich derjenigen des Wahlrechtes beim Erwerb von Tochterunternehmen gegen Ausgabe von Anteilen.

Bei der Nutzung dieses Aktionsparameters ist m.E. einzukalkulieren, daß dieser in Zukunft der Restriktion unterliegen kann, bei allen in den Konzernabschluß einzubeziehenden Tochterunternehmen nur gleichgerichtet ausgeübt werden zu können.[2]

2.3.4 Saldierung der nicht eingeforderten ausstehenden Einlagen bei Tochterunternehmen mit dem Grundkapital

Im Gesetz ist weder die Behandlung der eingeforderten noch der nicht eingeforderten ausstehenden Einlagen geregelt. Auch im AktG a.F. fehlte bereits eine entsprechende Regelung.

Hinsichtlich der Behandlung der nicht eingeforderten ausstehenden Einlagen bei Mutterunternehmen hat sich im Schrifttum eine als einhellig zu bezeichnende Meinung herausgebildet: Sie sind als ausstehende Einlagen in

---

1 Vgl. WP-HANDBUCH 1985/86, Bd. II, S. 388 f.; von WYSOCKI/WOHLGEMUTH, Konzernrechnungslegung, S. 94 f.

2 Zur Begründung vgl. die Ausführungen in Gliederungspunkt V.1.2 in diesem Kapitel, die analog auch für diesen Aktionsparameter hier gelten.

der Konzernbilanz auszuweisen.[1]

Bei der Behandlung von nicht eingeforderten ausstehenden Einlagen auf das Kapital von Tochterunternehmen wird in der Literatur allerdings regelmäßig ein Wahlrecht angenommen.[2] Danach können diese entweder

a) als solche in der Konzernbilanz ausgewiesen werden oder
b) mit dem dazugehörigen Grundkapital saldiert werden.

Dieses Wahlrecht steht dem Konzern unabhängig davon zur Verfügung, ob die ausstehenden Einlagen von konzernfremden Dritten oder von Konzernunternehmen geschuldet werden. Sind Konzernunternehmen Schuldner der ausstehenden Einlagen, wird in der Literatur allerdings zumeist die Saldierung der nicht eingeforderten ausstehenden Einlagen mit dem dazugehörigen Grundkapital favorisiert.[3]

Die Wirkungsweise entspricht grundsätzlich derjenigen des vorgenannten Aktionsparameters. Die Saldierung der ausstehenden Einlagen mit dem Grundkapital führt im Rahmen der Kapitalkonsolidierung zu einer Erhöhung eines aktiven und zur Verringerung eines passiven Unterschiedsbetrages. Die weiteren Wirkungen entsprechen dann denjenigen des im vorhergehenden Gliederungspunkt aufgeführten Aktionsparameters.

---

1 Vgl. ADLER/DÜRING/SCHMALTZ, Bd. 3, § 331 AktG, Anm. 41 f.; WP-HANDBUCH 1985/86, Bd. II, S. 387; SCHINDLER, Kapitalkonsolidierung, S. 176 f.; BUSSE von COLBE/ORDELHEIDE, Konzernabschlüsse, S. 158; von WYSOCKI/WOHLGEMUTH, Konzernrechnungslegung, S. 93, die sich auf die inhaltlich gleichlautende Stellungnahme NA 2/67 des IDW beziehen.

2 Vgl. ebenda. Hinsichtlich des Gleiderungswahlrechtes aus § 272 Abs. 1 Satz 3 i.V.m. § 298 Abs. 1 HGB vgl. Gliederungspunkt III.1.2 in diesem Kapitel.

3 Vgl. SCHINDLER, Kapitalkonsolidierung, S. 177; WP-HANDBUCH 1985/86, Bd. II, S. 387; BUSSE von COLBE/ORDELHEIDE, Konzernabschlüsse, S. 159; ADLER/DÜRING/SCHMALTZ, Bd. 3, § 331 AktG, Anm. 45.

Ebenso wie bei dem im vorhergehenden Gliederungspunkt aufgeführten Aktionsparameter ist auch bei dem hier aufgezeigtem Aktionsparameter einzukalkulieren, daß dieser der Restriktion unterliegen kann, bei allen in den Konzernabschluß einzubeziehenden Tochterunternehmen nur gleichgerichtet ausgeübt werden zu können.[1]

3 Parameter bei der Equity-Methode

3.1 Überblick

Bei der in den Paragraphen 311 und 312 HGB geregelten Equity-Methode handelt es sich um ein spezielles Verfahren zur Bewertung von Beteiligungen an assoziierten Unternehmen. Dieses Bewertungsverfahren wird in der Literatur z.T. auch als partielle Konsolidierung, kleine Konsolidierung, Einzeilenkonsolidierung oder auch als one-line-consolidation bezeichnet.[2]

Die Equity-Methode weist etliche Gemeinsamkeiten mit der Kapitalkonsolidierungsmethode nach § 301 HGB auf.[3] Genau wie bei der Kapitalkonsolidierung nach § 301 HGB wird auch bei der Equity-Methode eine Kapitalaufrechnung durchgeführt, d.h. dem bei dem betreffenden, in den Konzernabschluß einbezogenen Unternehmen (beteiligtes Unternehmen) ausgewiesenen Beteiligungsbuchwert wird das anteilige Eigenkapital des assoziierten Unternehmens (Beteiligungsunternehmen) gegenübergestellt. Zur Ermittlung dieses Unterschiedsbetrages aus der Kapitalaufrechnung stehen wie bei der Kapitalkonsolidierung nach § 301 HGB zwei verschiedene Verfah-

---

1 Zur Begründung vgl. die Ausführungen in Gliederungspunkt V.1.2 in diesem Kapitel, die analog auch für diesen Aktionsparameter hier gelten.

2 Diese und weitere Begriffe werden z.B. bei HARMS/ KÜTING, Equity-Accounting, S. 2152; WP-HANDBUCH 1985/86, Bd. II, S. 395; TREUHAND-VEREINIGUNG (Hrsg.), Rechnungslegung im Konzern, S. 220, aufgeführt.

3 Vgl. WP-HANDBUCH 1985/86, Bd. II, S. 395.

ren zur Verfügung. Bei der Equity-Methode sind das die Buchwertmethode und die Kapitalanteilsmethode. Auf einen verbleibenden Restbetrag aus der Kapitalaufrechnung "ist § 309 (HGB) entsprechend anzuwenden".[1]

Da die Equity-Methode der Kapitalkonsolidierung nach § 301 HGB in einigen Teilbereichen nachgebildet ist, bedeutet dies, daß etliche bei der Kapitalkonsolidierung nach § 301 HGB bestehende Aktionsparameter in analoger Form auch bei der Equity-Methode zur Verfügung stehen. Insoweit kann auch bei der Equity-Methode ein spezieller Aktionsparameterkomplex abgegrenzt werden: die Kapitalkonsolidierungsparameter mit analoger Geltung bei der Equity-Methode. Im Rahmen der Untersuchung der bei der Equity-Methode bestehenden Aktionsparameter ist es hinreichend, allerdings aber auch notwendig, diese im einzelnen aufzulisten und auf den jeweiligen Gliederungspunkt hinzuweisen, unter dem diese Aktionsparameter detailliert dargestellt worden sind.

Desweiteren können bei der Equity-Methode zwei weitere Aktionsparametergruppen unterschieden werden: Die Aktionsparameter hinsichtlich der Anwendung der Equity-Methode und die speziellen Bewertungsparameter bei der Equity-Methode. Die erste Aktionsparametergruppe beinhaltet solche Aktionsparameter, die sich auf die Equity-Methode in ihrer Gesamtheit beziehen, d.h. solche Aktionsparameter, die die Wahlmöglichkeit eröffnen, eine Beteiligung im Konzernabschluß nach der Equity-Methode oder aber nach einem anderen Verfahren zu bewerten. Die speziellen Bewertungsverfahren bei der Equity-Methode eröffnen hingegen Wahlmöglichkeiten bei der Bewertung einer Beteiligung im Konzernabschluß at equity.

---

1 § 312 Abs. 2 Satz 3 HGB; Klammerzusatz vom Verfasser.

Die folgende Abbildung 13 verdeutlicht nochmals die Dreiteilung der Aktionsparameter bei der Equity-Methode.

Abb. 13: Systematik der Aktionsparameter bei der Equity-Methode

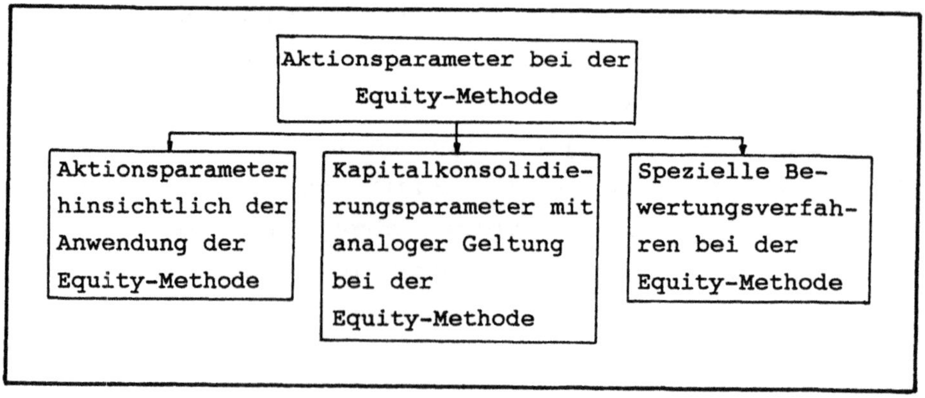

3.2 Aktionsparameter hinsichtlich der Anwendung der Equity-Methode

3.2.1 Feststellung des maßgeblichen Einflusses auf die Geschäfts- und Finanzpolitik - Spielraum

Hält ein in den Konzernabschluß einbezogenes Unternehmen an einem nicht in den Konzernabschluß einbezogenen Unternehmen eine Beteiligung i.S.d. § 271 Abs. 1 HGB und übt das in den Konzernabschluß einbezogene Unternehmen einen maßgeblichen Einfluß auf die Geschäfts- und Finanzpolitik des Unternehmens aus, an dem die Beteiligung besteht (assoziiertes Unternehmen), so ist diese Beteiligung im Konzernabschluß gem. § 311 Abs. 1 HGB nach der Equity-Methode zu bewerten. Diese Regelung enthält auch einen Spielraum, und zwar bei der Feststellung, ob ein maßgeblicher Einfluß auf die Geschäfts- und Finanzpolitik des assoziierten Unternehmens gegeben ist; denn bei dem Terminus "maßgeblichen Einfluß" handelt es sich um einen unbestimmten Rechtsbegriff.[1] § 311 Abs. 1 Satz 2 HGB enthält allerdings die widerlegbare Vermutung, daß ein maßgeblicher Einfluß dann vorliegt, wenn ein Unternehmen bei einem anderen Unternehmen mindestens den fünften Teil der Stimmrechte der Gesellschafter innehat.[2]

Der Anwendungsbereich dieses Spielraums[3] beinhaltet damit insbesondere "Beteiligungen, die weniger als 20 % der Stimmrechte gewähren."[4] Desweiteren kann ein Spielraum hinsichtlich der Feststellung des maßgeblichen Einflusses bei solchen Tochterunternehmen gegeben sein, die aufgrund der Vorschriften des § 296 Abs. 1 Nr. 1-3 HGB nicht in den Konzernabschluß einbezogen werden.[5] Denn: Eine andauernde Beeinträchtigung der Rechte des Mutterunternehmens schließt nicht aus, daß ein maßgeblicher Einfluß gegeben sein kann.[6] Ähnliches gilt für den Fall des § 296 Abs. 1 Nr. 2 HGB: Der Verzicht auf die Vollkonsolidierung eines Tochterunternehmens, weil die "erforderlichen Angaben nicht ohne unverhältnismäßig hohe Kosten oder Verzögerungen zu erhalten sind"[7], bedeutet nicht automatisch auch einen Verzicht auf die Anwendung der Equity-Methode.[8] Auch im Fall von § 296 Abs. 1 Nr. 3 HGB, wenn "die Anteile des Tochterunternehmens ausschließlich zum Zwecke ihrer Weiterveräußerung gehalten werden"[9], kann dennoch ein maßgeblicher Einfluß ausgeübt werden.[10] Darüber hinaus besteht im Einzelfall ein Spielraum hinsichtlich der

1 Vgl. BUSSE von COLBE, Equitymethode, S. 253. Hinsichtlich der Kriterien, anhand derer ein maßgeblicher Einfluß bestimmt werden kann, s. ebenda. S. ferner HAHN, Konzernabschluß, S. 591; WP-HANDBUCH 1985/86, Bd. II, S. 396; SCHERRER, in: Hofbauer/ Kupsch (Hrsg.), BHR, § 311 HGB, Anm. 13.
2 § 311 Abs. 1 Satz 2 HGB.
3 Zum Anwendungsbereich der Equity-Methode vgl. WP-HANDBUCH 1985/86, Bd. II, S. 398.
4 WP-HANDBUCH 1985/86, Bd. II, S. 398.
5 Vgl. BUSSE von COLBE, Equitymethode, S. 254 f.; HAHN, Konzernabschluß, S. 592.
6 Vgl. BUSSE von COLBE, Equitymethode, S. 254 f.
7 § 296 Abs. 1 Nr. 2 HGB.
8 Vgl. BUSSE von COLBE, Equitymethode, S. 254.
9 § 296 Abs. 1 Nr. 3 HGB.
10 Vgl. BUSSE von COLBE, Equitymethode, S. 254.

Abgrenzung der einheitlichen Leitung einerseits und dem maßgeblichen Einfluß andererseits.

Dieser Aktionsparameter ist als ergebniswirksam einzustufen. Dies beruht auf folgendem Begründungszusammenhang: Wird der Spielraum dahingehend genutzt, daß kein maßgeblicher Einfluß angenommen wird, und liegen mithin weder die Voraussetzungen für die Anwendung der Equity-Methode noch die für die Vollkonsolidierung eines Tochterunternehmens vor, ist die Beteiligung im Konzernabschluß nach der Anschaffungskostenmethode zu bewerten. Die Anschaffungskostenmethode beinhaltet, daß die Beteiligung im Konzernabschluß zu Anschaffungskosten oder ggf. mit dem niedrigeren am Abschlußstichtag beizulegenden Wert zu bewerten ist. Auf die Beteiligung entfallende anteilige Gewinne werden im Konzernabschluß erst dann berücksichtigt, wenn sie dem in den Konzernabschluß einbezogenen Unternehmen zugeflossen sind. Demgegenüber bewirkt die Equity-Methode eine "zeitkongruente Beteiligungsbewertung"[1] dadurch, daß der Beteiligungsansatz um die anteiligen Jahresüberschüsse/-fehlbeträge des assoziierten Unternehmens fortgeschrieben wird.[2] Ergänzt wird diese erfolgswirksame Beteiligungsbewertung durch die - grundsätzlich - ergebniswirksame Verrechnung des Unterschiedsbetrages aus der Kapitalaufrechnung.[3]

Besteht der Spielraum hinsichtlich der Abgrenzung der einheitlichen Leitung einerseits und dem maßgeblichen Einfluß andererseits und wird er dahingehend ausgeübt, daß eine einheitliche Leitung angenommen wird, hat dies folgende Wirkungsweise: Die Vollkonsolidierung des Tochterunternehmens führt dazu, daß im Gegensatz zur

1 HAHN, Konzernabschluß, S. 592.
2 Vgl. z.B. TREUHAND-VEREINIGUNG (Hrsg.), Rechnungslegung im Konzern, S. 220; KÜTING/ZÜNDORF, Equity-Methode, S. 2 f.
3 Vgl. z.B. TREUHAND-VEREINIGUNG (Hrsg.), Rechnungslegung im Konzern, S. 221. Zur Ermittlung des Unterschiedsbetrages aus der Kapitalaufrechnung s. auch Gliederungspunkt V.3.4.1 in diesem Kapitel.

Equity-Methode alle Vermögensgegenstände, Schulden, Rechnungsabgrenzungsposten, Bilanzierungshilfen und Sonderposten mit Rücklageanteil des Tochterunternehmens in den Konzernabschluß aufgenommen werden müssen. Bei der Equity-Methode hingegen handelt es sich um eine "Einzeilenkonsolidierung"[1], d.h. es wird im Konzernabschluß nur der Bilanzposten "Beteiligungen an assoziierten Unternehmen" ausgewiesen. Zudem führt die Vollkonsolidierung von Tochterunternehmen zu einem anderen Konzernjahresüberschuß, da bei der Vollkonsolidierung auch das auf die Minderheitsanteile entfallende Ergebnis im Konzernjahresüberschuß enthalten ist.

Die Wirkungsrichtung dieses Aktionsparameters ist unbestimmt. Auch über die Sekundärwirkungen können keine allgemeinen Angaben gemacht werden. Die Inanspruchnahme dieses Aktionsparameters ist grundsätzlich dann tendenziell erkennbar, wenn ein Tochterunternehmen aufgrund der Vorschrift des § 296 HGB nicht in den Konzernabschluß einbezogen wird, da insoweit nach § 313 Abs. 2 Nr. 1 HGB eine Angabe- und Begründungspflicht besteht.[2]

3.2.2 Verzicht auf die Anwendung der Equity-Methode - materiality

Die Equity-Methode braucht auf die Beteiligung an einem assoziierten Unternehmen dann nicht angewendet zu werden, "wenn die Beteiligung für die Vermittlung eines den tatsächlichen Verhältnissen entsprechenden Bildes der Vermögens-, Finanz- und Ertragslage des Konzerns von untergeordneter Bedeutung ist."[3] Es handelt sich hierbei um ein materiality-Wahlrecht.[4] Anders als bei

1 HAHN, Konzernabschluß, S. 590.
2 Vgl. WP-HANDBUCH 1985/86, Bd. II, S. 457 f.
3 § 311 Abs. 2 HGB.
4 Zu den materiality-Aktionsparametern im einzelnen s. Gliederungspunkt IV.1.1.5 im 2. Kapitel.

dem materiality-Wahlrecht in § 296 Abs. 2 HGB[1] ist es bei dem hier zu untersuchenden Wahlrecht allerdings nicht notwendig, "die Gesamtheit aller (relevanten assoziierten) Unternehmen im Hinblick auf ihre untergeordnete Bedeutung zu betrachten, sondern nur jedes einzelne Unternehmen bezogen auf den Gesamtkonzernabschluß."[2]

Wird in Anwendung dieses Wahlrechts auf die Bilanzierung der Beteiligung nicht die Equity-Methode angewendet, ist diese im Konzernabschluß nach der Anschaffungskostenmethode zu bewerten. Die weitere Wirkungsweise entspricht dann derjenigen des im vorhergehenden Gliederungspunkt aufgezeigten Spielraumes hinsichtlich der Anwendung von Equity- und Anschaffungskostenmethode. Die Inanspruchnahme dieses Wahlrechts ist tendenziell erkennbar, da nach § 313 Abs. 2 Nr. 2 Satz 2 HGB die Anwendung von § 311 Abs. 2 HGB im Konzernanhang anzugeben und zu begründen ist. Außerdem ist das Wahlrecht eingeschränkt zeitlich flexibel.

3.3 Kapitalkonsolidierungsparameter mit analoger Geltung bei der Equity-Methode

Wie bereits in Gliederungspunkt V.3.1 in diesem Kapitel angekündigt, sollen in diesem Gliederungspunkt die Kapitalkonsolidierungsparameter aufgelistet werden, die in analoger Form auch bei der Equity-Methode zur Verfügung stehen. Die Auflistung der einzelnen Kapitalkonsolidierungsparameter wird jeweils mit einem Klammerzusatz versehen, der die Angabe des Gliederungspunktes enthält, unter dem die einzelnen Kapitalkonsolidierungsparameter detailliert dargestellt worden

---

1 Vgl. Gliederungspunkt II.3.6 in diesem Kapitel.
2 BUSSE von COLBE/MÜLLER/REINHARD (Hrsg.), Aufstellung, S. 132; Klammerzusatz vom Verf. Vgl. ferner BUSSE von COLBE, Equitymethode, S. 254 f.

sind. Die angegebenen Gliederungspunkte beziehen sich dabei jeweils auf das 3. Kapitel.

Im einzelnen handelt es sich um folgende Aktionsparameter:

I. Aktionsparameter bei der Ermittlung und Verteilung des Unterschiedsbetrages aus der Kapitalaufrechnung[1]

- I.1. Reservenzuordnung bei aktivem Unterschiedsbetrag - Spielräume (Gliederungspunkt V.2.2.1.3)
- I.2. Reservenzuordnung bei aktivem Unterschiedsbetrag - Zuordnungsmethoden (Gliederungspunkt V.2.2.1.4)
- I.3. Spielräume bei der Bestimmung von stillen Lasten (Gliederungspunkt V.2.2.1.5)

II. Aktionsparameter nach § 309 HGB (s. § 312 Abs. 2 Satz 3 HGB)

- II.1. Abschreibungshöhe des Geschäfts- oder Firmenwertes (Gliederungspunkt V.2.2.2.1)
- II.2. Rücklagenverrechnung des Geschäfts- oder Firmenwertes (Gliederungspunkt V.2.2.2.2)
- II.3. Spielräume bei der Auflösung eines passiven Unterschiedsbetrages (Gliederungspunkt V.2.2.2.3)

III. Verrechnungszeitpunkt (§ 312 Abs. 3 HGB) (Gliederungspunkt V.2.2.1.1)

---

1 Zu beachten ist allerdings, daß die bei der Kapitalkonsolidierung im Rahmen der Erstkonsolidierung eintretende Wirkung, daß verschiedene Konzernbilanz- und GuV-posten betragsmäßig beeinflußt werden, bei der Equity-Methode nicht eintreten kann, da von der Equity-Methode nur der Konzernbilanzposten "Beteiligungen an assoziierten Unternehmen" sowie ein entsprechender Ergebnisposten in der Konzern-GuV er faßt werden. Die bei der Kapitalkonsolidierung im Rahmen der Folgekonsolidierung eintretende Wirkungsweise dieser Aktionsparameter tritt aber auch bei der Equity-Methode in vergleichbarer Weise auf.

3.4 Spezielle Bewertungsverfahren bei der Equity-Methode

3.4.1 Buchwert- versus Kapitalanteilsmethode

Ein dem Wahlrecht zwischen Buchwert- und Kapitalanteilsmethode ähnliches Wahlrecht besteht auch bei der Kapitalkonsolidierung. Es handelt sich dabei um das Wahlrecht zwischen Buchwert- und Neubewertungsmethode.[1] Das Wahlrecht bei der Kapitalkonsolidierung beinhaltet jedoch teilweise eine andere Wirkungsweise als das bei der Equity-Methode, so daß das Wahlrecht zwischen Buchwert- und Kapitalanteilsmethode hier gesondert behandelt wird.

Bei der Buchwertmethode ist die Beteiligung an dem assoziierten Unternehmen gem. § 312 Abs. 1 Satz 1 Nr. 1 HGB in der Konzernbilanz mit dem Buchwert anzusetzen. Der sich aus der Aufrechnung des Beteiligungsbuchwertes gegen das anteilige Eigenkapital des assoziierten Unternehmens ergebende Unterschiedsbetrag "ist den Wertansätzen von Vermögensgegenständen und Schulden insoweit zuzuordnen, als deren Wert höher oder niedriger ist als der bisherige Wertansatz."[2] Zudem besteht bei der Buchwertmethode gem. § 312 Abs. 1 Satz 2 HGB das formelle Wahlrecht, den Unterschiedsbetrag aus der Kapitalaufrechnung entweder in der Konzernbilanz oder aber im Konzernanhang anzugeben.

Bei der Kapitalanteilsmethode ist die Beteiligung an dem assoziierten Unternehmen mit dem Betrag anzusetzen, "der dem anteiligen Eigenkapital des assoziierten Unternehmens entspricht".[3] Das anteilige Eigenkapital des assoziierten Unternehmens beinhaltet dabei das Eigenkapital, das sich ergibt, "wenn die Vermögensgegenstände, Schulden, Rechnungsabgrenzungsposten, Bi-

1 Vgl. Gliederungspunkt V.2.2.1.2 in diesem Kapitel.
2 § 312 Abs. 2 Satz 1 HGB.
3 § 312 Abs. 1 Satz 1 Nr. 2 HGB.

lanzierungshilfen und Sonderposten des assoziierten Unternehmens mit dem Wert angesetzt werden, der ihnen an dem nach Absatz 3 gewählten Zeitpunkt (Verrechnungszeitpunkt; der Verfasser) beizulegen ist, jedoch darf dieser Betrag die Anschaffungskosten für die Anteile an dem assoziierten Unternehmen nicht überschreiten".[1] Zwar enthält das Gesetz gem. § 312 Abs. 1 Satz 3 zweiter Halbsatz HGB auch bei der Kapitalanteilsmethode die Möglichkeit den Unterschiedsbetrag aus der Kapitalaufrechnung entweder in der Konzernbilanz oder aber im Konzernanhang auszuweisen, dennoch kann der Ausweis des Unterschiedsbetrages nur in der Hauptspalte der Konzernbilanz erfolgen, da ansonsten in der Konzernbilanz ein Fehlbetrag in Höhe der "Differenz zwischen dem Buchwert der Beteiligung und dem für die Beteiligung in der Konzernbilanz angesetzten Betrag"[2] entstehen würde.[3] Allerdings besteht - nach h.M. - bei der Kapitalanteilsmethode für einen aktiven Unterschiedsbetrag in der Konzernbilanz ein Ausweiswahlrecht. Dieser kann entweder als "Geschäftswert aus der Equity-Konsolidierung"[4] gesondert oder aber auch gemeinsam mit dem Geschäfts- oder Firmenwert aus der Kapitalkonsolidierung ausgewiesen werden.[5]

Buchwertmethode und Kapitalanteilsmethode unterscheiden sich hinsichtlich der Höhe des Beteiligungsansatzes: "Während der Beteiligungsbuchwert bei der Buchwertmethode auch den anteiligen Geschäftswert enthält, ist dieser Geschäftswert bei der Anteilsmethode (Kapitalanteilsmethode; der Verfasser) als eigenständiger

1 § 312 Abs. 1 Satz 3 erster Halbsatz HGB.
2 SCHERRER, in: Hofbauer/Kupsch (Hrsg.), BHR, § 312 HGB, Anm. 25.
3 So die h.M. in der Literatur. Vgl. dazu ausführlich: GROSS/SCHRUFF/von WYSOCKI, Konzernabschluß, S. 250; SCHINDLER, Kapitalkonsolidierung, S. 318; SCHERRER, in: Hofbauer/Kupsch (Hrsg.), BHR, § 312 HGB, Anm. 25; KÜTING/ZÜNDORF, Equity-Methode, S. 7.
4 KÜTING/ZÜNDORF, Equity-Methode, S. 7.
5 Vgl. ebenda sowie SCHERRER, in: Hofbauer/Kupsch (Hrsg.), BHR, § 312 HGB, Anm. 27.

Bilanzposten auszuweisen."[1] Da der Beteiligungsbuchwert bei der Buchwertmethode auch den anteiligen Geschäftswert enthält, ist dieses Wahlrecht grundsätzlich als strukturwirksam einzustufen. Lediglich bei Vorliegen eines passiven Unterschiedsbetrages kann eine Erfolgswirksamkeit gegeben sein. Soweit das anteilige Eigenkapital des assoziierten Unternehmens höher ist als der Beteiligungsbuchwert, ist bei der Buchwertmethode ein passiver Unterschiedsbetrag auszuweisen. Dieser ist im Rahmen der Folgekonsolidierung erfolgserhöhend aufzulösen, soweit die Voraussetzungen des § 309 Abs. 2 HGB gegeben sind. Bei der Kapitalanteilsmethode hingegen kann grundsätzlich kein passiver Unterschiedsbetrag entstehen, da nach § 312 Abs. 1 Satz 3 erster Halbsatz HGB das anteilige "Eigenkapital die Anschaffungskosten für die Anteile an dem assoziierten Unternehmen nicht überschreiten"[2] darf.[3] Lediglich in dem Ausnahmefall, wenn der Beteiligungsbuchwert niedriger als die ursprünglichen Anschaffungskosten und niedriger als das anteilige Eigenkapital des assoziierten Unternehmens ist, ist auch bei der Kapitalanteilsmethode ein passiver Unterschiedsbetrag auszuweisen.[4]

Soweit nun bei der Kapitalanteilsmethode im Gegensatz zur Buchwertmethode kein passiver Unterschiedsbetrag ausgewiesen wird, kann im Rahmen der Folgekonsolidierung auch kein passiver Unterschiedsbetrag erfolgserhöhend aufgelöst werden.[5] Die Buchwertmethode weist insoweit im Vergleich zur Kapitalanteilsmethode eine

---

1 KÜTING/ZÜNDORF, Equity-Methode, S. 10.
2 § 312 Abs. 1 Satz 3 erster Halbsatz HGB.
3 Vgl. WP-HANDBUCH 1985/86, Bd. II, S. 402; ORDELHEIDE, Equity-Methode, S. 88; KÜTING/WEBER, Fallstudie, S. 46; SCHINDLER, Kapitalkonsolidierung, S. 317 u. 319; HAVERMANN, Equity-Bewertung, S. 318; KÜTING/ZÜNDORF, Equity-Methode, S. 7; dies., Equity-Accounting, S. 874; MAAS/SCHRUFF, Konzernabschluß , S. 246.
4 Vgl. HAHN, Konzernabschluß, S. 595; TREUHAND-VEREINIGUNG (Hrsg.), Rechnungslegung im Konzern, S. 227.
5 Vgl. SCHINDLER, Kapitalkonsolidierung, S. 320 f.

erfolgserhöhende Wirkung auf. Eine abweichende Ansicht vertritt allerdings Zündorf[1], der davon ausgeht, daß sich Buchwert- und Kapitalanteilsmethode insoweit bei einem passiven Unterschiedsbetrag nicht unterscheiden, d.h. daß, soweit die Voraussetzungen des § 309 Abs. 2 HGB gegeben sind, seiner Meinung nach auch bei der Kapitalanteilsmethode ein - fiktiver - passiver Unterschiedsbetrag erfolgserhöhend aufzulösen ist. Diese Ansicht vermag aber nicht zu überzeugen. Denn: § 312 Abs. 2 Satz 3 HGB spricht von einem entstandenen Unterschiedsbetrag, auf den § 309 HGB anzuwenden ist. Soweit nun im Rahmen der Erstkonsolidierung bei der Kapitalanteilsmethode ein passiver Unterschiedsbetrag aufgrund der Regelung des § 312 Abs. 1 Satz 3 erster Halbsatz HGB erst gar nicht entstanden ist, kann dieser im Rahmen der Folgekonsolidierung auch nicht aufgelöst werden.

Über die Sekundärwirkungen können grundsätzlich keine allgemeinen Angaben gemacht werden. Die Ausübung dieses Wahlrechts ist tendenziell erkennbar, da nach § 312 Abs. 1 Satz 4 HGB im Konzernanhang die angewandte Methode anzugeben ist. Nach Ansicht des Verfassers sollte auch davon ausgegangen werden, daß dieses Wahlrecht bei allen assoziierten Unternehmen grundsätzlich gleichgerichtet auszuüben ist.[2]

3.4.2 Anwendung konzerneinheitlicher Bewertungsmethoden

§ 312 Abs. 5 HGB enthält das Wahlrecht, den Jahresabschluß des assoziierten Unternehmens mit den auf den

1 Vgl. ZÜNDORF, Quotenkonsolidierung, S. 130. Zündorf unterläßt es allerdings, sich mit der gegenteiligen Literaturmeinung auseinanderzusetzen.

2 Vgl. dazu ausführlich die Ausführungen bei dem Wahlrecht zwischen Buchwert- und Neubewertungsmethode (Gliederungspunkt V.2.2.1.2 in diesem Kapitel), die analog auch bei dem Wahlrecht hier gelten.

Konzernabschluß angewendeten Bewertungsmethoden zu bewerten.

Dieses Wahlrecht erweist sich im Rahmen der Erstkonsolidierung grundsätzlich als strukturwirksam. Werden auf den Jahres- oder Konzernabschluß des assoziierten Unternehmens die konzerneinheitlichen Bewertungsmethoden angewendet, beeinflußt dies die Höhe des Unterschiedsbetrages aus der Kapitalaufrechnung, soweit die Buchwertmethode angewendet wird, und die Höhe des Beteilungswertansatzes bzw. des auszuweisenden Geschäfts- oder Firmenwertes, soweit die Kapitalanteilsmethode angewendet wird.[1] Im Rahmen der Folgekonsolidierung ist der Aktionsparameter grundsätzlich als ergebniswirksam einzustufen[2], da die betragsmäßige Veränderung des Unterschiedsbetrages aus der Kapitalaufrechnung auch dazu führt, daß aufgrund der Verrechnung des Unterschiedsbetrages gem. § 312 Abs. 2 HGB das zu übernehmende Ergebnis des assoziierten Unternehmens beeinflußt wird. Allerdings ist noch darauf hinzuweisen, daß die in der Literatur[3] beschriebene Wirkungsweise nur dann auch tatsächlich Wirkung entfaltet, wenn die vorgenommenen Bewertungsänderungen ansonsten nicht ohnehin im Wege der Aufteilung des Unterschiedsbetrages aus der Kapitalaufrechnung vorgenommen worden wären.

Die Wirkungsrichtung des Aktionsparameters ist unbestimmt. Die Ausübung dieses Aktionsparameters ist tendenziell erkennbar, da nach § 312 Abs. 5 Satz 2 HGB eine Angabepflicht im Konzernanhang besteht, wenn der Jahresabschluß des assoziierten Unternehmens nicht an die konzerneinheitliche Bewertung angepaßt wurde. Anzumerken bleibt noch, daß die Anpassung des Jahresabschlusses des assoziierten Unternehmen i.d.R. mit einem

---

1 Vgl. SCHERRER, in: Hofbauer/Kupsch (Hrsg.), BHR, § 312 HGB, Anm. 51; TREUHAND-VEREINIGUNG (Hrsg.), Rechnungslegung im Konzern, S. 232.

2 Vgl. auch WP-HANDBUCH 1985/86, Bd. II, S. 404.

3 Vgl. die in Fußnote 1 aufgeführte Literatur.

erheblichen Mehraufwand verbunden sein wird.[1] Zudem werden verschiedentlich auch die notwendigen Informationen zur Anpassung des Jahresabschlusses des assoziierten Unternehmens nicht zur Verfügung stehen.[2]

3.4.3 Verbundergebniseliminierung - Anwendungsparameter

§ 312 Abs. 5 Satz 3 HGB bestimmt, daß § 304 HGB auch bei der Equity-Methode entsprechend anzuwenden ist. Im Rahmen der Equity-Methode wird allerdings z.T. auch von Verbundergebniseliminierung anstatt von Zwischenergebniseliminierung gesprochen.[3] Verbundergebniseliminierung beinhaltet die Ausschaltung von Erfolgsbeiträgen, die aus Geschäften zwischen einem in den Konzernabschluß einbezogenen Unternehmen und einem assozierten Unternehmen oder aus Geschäften zwischen zwei assoziierten Unternehmen resultieren.[4] Das zu eliminierende Verbundergebnis wird in der Weise errechnet, daß von dem relevanten Einzelabschlußwert die Konzernherstellungskosten oder -anschaffungskosten subtrahiert werden.[5] Ist die aus diesem Rechenvorgang resultierende Differenz positiv, liegt ein Verbundgewinn vor, ist sie negativ, ist ein Verbundverlust gegeben. In der Literatur ist die Verbundergebniseliminierung z.T. heftig kritisiert worden.[6] Da die Verbundergebniseliminierung aber dennoch gesetzlich kodifiziert worden ist, muß sie

1 Vgl. ZÜNDORF, Quotenkonsolidierung, S. 156; BUSSE von COLBE/MÜLLER/REINHARD (Hrsg.), Aufstellung, S. 133; KÜTING/ZÜNDORF, Equity-Methode, S. 15.
2 Vgl. HAVERMANN, Equity-Bewertung, S. 318.
3 Vgl. z.B. SCHRUFF, Einflüsse, S. 297; HARMS/KÜTING, Sonderfragen, S. 2460-2462; dies., Equity-Accounting, S. 2175 f.: KÜTING/ZÜNDORF, Equity-Accounting, S. 875 f.; KÜTING/WEBER/ZÜNDORF, Equity-Methode, S. 1501 f.
4 Vgl. auch SCHRUFF, Einflüsse, S. 297.
5 Diese Vorgehensweise entspricht derjenigen bei der Zwischenergebniseliminierung. S. dazu ausführlich Gliederungspunkt V.6 in diesem Kapitel.
6 Vgl. hierzu die Literaturnachweise bei SCHÄFER, Beteiligungen, S. 302; ZÜNDORF, Quotenkonsolidierung, S. 171. Vgl. ferner FRICKE, Rechnungslegung, S. 276 f.

auch bei der Erstellung des Konzernabschlusses beachtet werden. Allerdings bestehen in Bezug auf die Anwendung der Verbundergebniseliminierung einige Wahlrechte. Diese sind in der folgenden Abbildung 14 zusammengefaßt aufgeführt.

Abb. 14 : Anwendungsparameter bei der Verbundergebniseliminierung

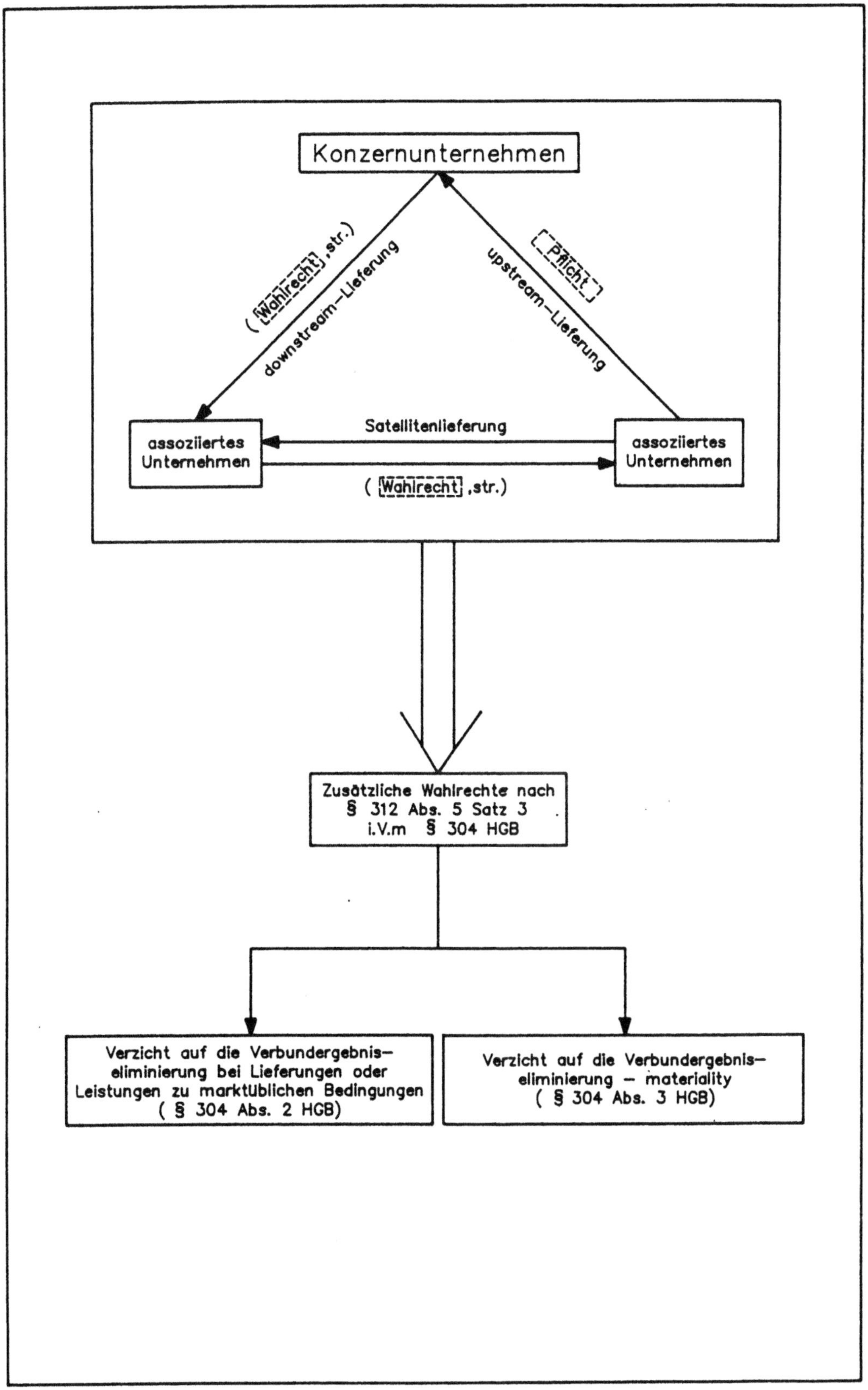

Eine Pflicht zur Eliminieruung von Verbundergebnissen besteht grundsätzlich bei upstream-Lieferungen, d.h. bei Lieferungen oder Leistungen des assoziierten Unternehmens an ein Konzernunternehmen.[1] Die Verbundergebniseliminierung ist jedoch nur durchzuführen, "soweit die für die Beurteilung maßgeblichen Sachverhalte bekannt oder zugänglich sind."[2] Vielfach wird aber gerade dies nicht der Fall sein, weil die betreffenden assoziierten Unternehmen keinen Einblick in ihre Kalkulation gewähren.[3]

Ein Wahlrecht zur Vornahme von Verbundergebniseliminierungen wird aber evtl. für downstream-Lieferungen angenommen werden können, d.h. für Lieferungen oder Leistungen eines in den Konzernabschluß einbezogenen Unternehmens an ein assoziiertes Unternehmen. In der Literatur wird z.T. angenommen, daß für downstream-Lieferungen ein Verbot für die Verbundergebniseliminierung bestehe.[4] In anderen Literaturbeiträgen wird hingegen eine Pflicht zur Vornahme von Verbundergebniseliminierungen bei downstream-Lieferungen angenommen.[5] Da zu dieser Problematik zum jetzigen Zeitpunkt keine abschließende Meinung erkennbar ist, ist davon auszugehen, daß sowohl eine Vornahme als auch eine Unterlassung von Verbundergebniseliminierungen bei downstream-Lieferungen möglich ist. Die gleiche Situation ergibt sich grundsätzlich bei Satellitenlieferungen, d.h. bei Lieferungen oder Leistungen zwischen assoziierten Unternehmen.

---

1 Vgl. HAVERMANN, Equity-Bewertung, S. 319.

2 § 312 Abs. 5 Satz 3 HGB.

3 Vgl. HAVERMANN, Equity-Bewertung, S. 319; ZÜNDORF, Quotenkonsolidierung, S. 176.

4 Vgl. ebenda.

5 Vgl. GROSS/SCHRUFF/von WYSOCKI, Konzernabschluß, S. 261; KÜTING/WEBER, Fallstudie, S. 48; NIEHUS/SCHOLZ, in: Meyer-Landrut/Miller/Niehus, Kommentar GmbHG, §§ 238-335 HGB, Anm. 1349-1351. Das aufgeworfene Problem lassen offen: SCHERRER, in: Hofbauer/Kupsch (Hrsg.), BHR, § 312 HGB, Anm. 56; TREUHAND-VEREINIGUNG (Hrsg.), Rechnungslegung im Konzern, S. 242.

Allerdings wird bei Satellitenlieferungen in der Literatur in stärkerem Maß als bei downstream-Lieferungen angeregt, auf eine Verbundergebniseliminierung zu verzichten.[1]

Zusätzlich zu diesen Wahlrechten bestehen noch zwei weitere Wahlrechte hinsichtlich der Durchführung der Verbundergebniseliminierung: Das ist zum einen das Wahlrecht auf die Verbundergebniseliminierung zu verzichten, wenn die Lieferung oder Leistung zu marktüblichen Bedingungen vollzogen worden ist und die Ermittlung des Verbundergebnisses einen unverhältnismässig hohen Aufwand erfordern würde.[2] Zum anderen braucht eine Verbundergebniseliminierung dann nicht durchgeführt zu werden, wenn ihre Unterlassung "für die Vermittlung eines den tatsächlichen Verhältnissen entsprechenden Bildes der Vermögens-, Finanz- und Ertragslage des Konzerns nur von untergeordneter Bedeutung ist."[3] Da diese Wahlrechte aus Gründen der Systematik[4] im Rahmen der Untersuchung der Aktionsparameter bei der Zwischenergebniseliminierung im einzelnen inhaltlich spezifiziert werden,[5] kann hier eine weitere inhaltliche Darstellung dieser Aktionsparameter unterbleiben.

Alle vorgenannten Wahlrechte hinsichtlich der Durchführung der Verbundergebniseliminierung sind als ergebniswirksam einzustufen. Je nachdem, ob die unterlassene Verbundergebniseliminierung insgesamt zu

---

1 Vgl. neben der in Fußnote 4 auf der Vorseite aufgeführten Literatur ferner BUSSE von COLBE/MÜLLER/ REINHARD (Hrsg.), Aufstellung, S. 138; HAASE, Zwischenerfolgseliminierung, S. 1704.

2 Vgl. § 312 Abs. 5 Satz 3 i.V.m. § 304 Abs. 2 HGB.

3 § 304 Abs. 3 HGB (i.V.m. § 312 Abs. 5 Satz 3 HGB).

4 Wie der Verweis von § 312 Abs. 5 Satz 3 HGB auf § 304 HGB deutlich macht, handelt es sich bei diesen Wahlrechten bei der Verbundergebniseliminierung um solche, die der Zwischenergebniseliminierung entstammen.

5 S. die Gliederungspunkte V.6.2 und V.6.3 in diesem Kapitel.

einer Verbundgewinn- oder aber zu einer Verbundverlusteliminierung geführt hätte, ist die Ausübung dieses Wahlrechts ergebniserhöhend oder aber ergebnismindernd. Erkennbar ist lediglich die Inanspruchnahme des Wahlrechts nach § 312 Abs. 5 Satz 3 i.V.m. § 304 Abs. 2 HGB.[1] Außerdem sind die Wahlrechte nach § 312 Abs. 5 Satz 3 i.V.m. § 304 Abs. 2 und 3 HGB eingeschränkt zeitlich flexibel. Bei den Wahlrechten zur Vornahme von Verbundergebniseliminierungen bei downstream-Lieferungen und bei Satellitenlieferungen ist nach Ansicht des Verfassers grundsätzlich eine Bindungswirkung für vergleichbare Fälle zu beachten, d.h. diese Wahlrechte können bei allen assoziierten Unternehmen grundsätzlich nur gleichgerichtet ausgeübt werden.[2]

3.4.4 Quotale Verbundergebniseliminierung

§ 312 Abs. 5 Satz 4 HGB gewährt das Wahlrecht, die Verbundergebniseliminierung anstatt in voller Höhe "anteilig entsprechend den dem Mutterunternehmen gehörenden Anteilen am Kapitel des assoziierten Unternehmens"[3] vorzunehmen.

Es handelt sich hierbei um ein ergebniswirksames Wahlrecht. Wird in Ausübung dieses Wahlrechts nur eine anteilige (quotale) Verbundergebniseliminierung vorgenommen, ergibt sich eine ergebniserhöhende Wirkung bei einer Verbundgewinneliminierung und eine ergebnismindernde Wirkungsrichtung bei einer Verbundverlusteliminierung.

---

1 Vgl. Gliederungspunkt V.6.3 in diesem Kapitel.

2 Zur Begründung vgl. die Ausführungen in Gliederungspunkt V.1.2 in diesem Kapitel, die analog auch für diesen Aktionsparameter hier gelten.

3 § 312 Abs. 5 Satz 4 HGB.

4 Parameter bei der Quotenkonsolidierung

4.1 Überblick

Solche Unternehmen, die gemeinsam von einem in den Konzernabschluß einbezogenen Unternehmen und einem oder mehreren nicht in den Konzernabschluß einbezogenen Unternehmen geführt werden (Gemeinschaftsunternehmen)[1], können "in den Konzernabschluß entsprechend den Anteilen am Kapital einbezogen werden, die dem Mutterunternehmen gehören",[2] d.h. die "Aktiva und Passiva, Aufwendungen und Erträge (des Gemeinschaftsunternehmens) werden in der Höhe in den Konzernabschluß einbezogen, die dem Beteiligungsprozentsatz des Mutterunternehmens entspricht".[3] Das Gesetz bezeichnet dieses Konsolidierungsverfahren als "anteilsmäßige Konsolidierung". In Literatur und Praxis wird hingegen üblicherweise der Begriff "Quotenkonsolidierung" verwendet.[4]

Bei der Anwendung der Quotenkonsolidierung stehen grundsätzlich alle die Aktionsparameter zur Verfügung, die auch bei der Vollkonsolidierung von Tochterunternehmen gegeben sind.[5] Lediglich die Erstellungsparameter für einen Konzernabschluß, die Kapitalkonsolidie-

---

1 Zu dem Begriff im einzelnen s. SCHINDLER, Kapitalkonsolidierung, S. 263-266; ders., Gemeinschaftsunternehmen, S. 158 f.

2 § 310 Abs. 1 HGB. Zu beachten ist dabei, daß zu den Anteilen, die einem Unternehmen gehören, auch solche zählen, die einem von diesem Unternehmen abhängigen Unternehmen gehören. Vgl. WP-HANDBUCH 1985/86, Bd. II, S. 415.

3 WP-HANDBUCH 1985/86, Bd. II, S. 416; Klammerzusatz vom Verfasser.

4 Vgl. ebenda.

5 Da diese Aktionsparameter im Rahmen dieser Untersuchung alle ausführlich dargestellt werden, erübrigt es sich, diese hier im einzelnen nochmals aufzuführen. Hinzuweisen bleibt aber noch, daß, wie diese Untersuchung hier zeigt, die von ZÜNDORF, Quotenkonsolidierung, S. 208, aufgelisteten Aktionsparameter (er spricht von "Spielräumen") nur einen Bruchteil der bei der Quotenkonsolidierung (resp. Vollkonsolidierung von Tochterunternhemen) tatsächlich vorhandenen Aktionsparameter darstellen.

rungsparameter im Zusammenhang mit Minderheitsgesellschaftern, die Aktionsparameter bei der Equity-Methode und das unter Gliederungspunkt VI.3 im 3. Kapital dargestellte Wahlrecht zum Konzernanhang stehen bei der Quotenkonsolidierung nicht zur Verfügung.

Anstatt mittels der Quotenkonsolidierung können Gemeinschaftsunternehmen auch mittels der Equity-Methode in den Konzernabschluß einbezogen werden.[1] Dieses Wahlrecht soll nun im nächsten Gliederungspunkt im einzelnen dargestellt werden. Die Darstellung kann allerdings relativ kurz erfolgen, da zu diesem Aktionsparameter im Vergleich zu den anderen Aktionsparametern bei der Konzernbilanzpolitik auf relativ viel Literatur zurückgegriffen werden kann[2]. So existiert auch bereits eine Dissertation, die sich speziell mit diesem Wahlrecht beschäftigt[3].

4.2 Quotenkonsolidierung versus Equity-Methode

Für Gemeinschaftsunternehmen besteht, wie oben ausgeführt, das Wahlrecht, diese entweder nach der Equity-Methode oder aber mittels der Quotenkonsolidierung in den Konzernabschluß einzubeziehen. Die Equity-Methode

---

1 Vgl. TREUHAND-VEREINIGUNG (Hrsg.), Rechnungslegung im Konzern, S. 161; SCHERRER, in: Hofbauer/Kupsch (Hrsg.), BHR, § 310 HGB, Anm. 6; ZÜNDORF, Quotenkonsolidierung, S. 24; SIGLE, Quotenkonsolidierung, S. 321.

2 Vgl. HARMS/KNISCHEWSKI, Quotenkonsoldierung, S. 1353 ff.; SIGLE, Quotenkonsolidierung, S. 330-335; HERRNBERGER, in: Castan u.a. (Hrsg.), Beck HdR, C 500, Anm. 46-57. Speziell zur Quotenkonsolidierung vgl. ferner z.B. SCHINDLER, Kapitalkonsolidierung, S. 263-298; ders., Gemeinschaftsunternehmen, S. 158 ff.; KÜTING, Quotenkonsolidierung, S. 804 ff.; ders., Problematik, S. 5 ff.; ROLL, Gemeinschaftsunternehmen, S. 2339 ff.; HOFFMANN-BECKING/RELLERMEYER, Gemeinschaftsunternhmen, S. 199 ff.; ZÜNDORF, Gemeinschaftsunternehmen, S. 1852 f.; ders., Zwischenergebniseliminierung, S. 2125 ff.

3 Vgl. ZÜNDORF, Quotenkonsolidierung.

wurde im Gliederungspunkt V.3 in diesem Kapital dargestellt. Einen Überblick über die Quotenkonsolidierung enthält der vorangegangene Gliederungspunkt V.4.1.

Ein wesentlicher Unterschied zwischen Quotenkonsolidierung und Equity-Methode besteht darin, daß die Quotenkonsolidierung im Gegensatz zur Equity-Methode prinzipiell zu einer betragsmäßigen Beeinflussung aller Konzernbilanz- und -GuV-posten führt. Bei der Equity-Methode hingegen handelt es sich um eine one-line-consolidation, d.h. durch die Equity-Methode werden grundsätzlich nur ein Konzernbilanz- und ein -GuV-posten berührt.

Es ist damit unmittelbar einsichtig, daß die beiden Verfahren aufgrund ihrer unterschiedlichen Wirkungsweise bei vielen Konzernabschlußkennzahlen zu unterschiedlichen Ausprägungen führen. In der Literatur[1] wird nun z.T. versucht, anhand von Beispielen generelle Aussagen über die Kennzahlenbeeinflussungen zu machen, die sich infolge der Anwendung der Quotenkonsolidierung bzw. der Equity-Methode ergeben. Dieses Vorgehensweise erweist sich allerdings i.d.R. als wenig nützlich, z.T. ist sie sogar eher dazu angetan, zu verwirren. Denn: Je nach Wahl der zugrundeliegenden Datenkonstellationen können sich bei den einzelnen Kennzahlen unterschiedliche Ergebnisse einstellen. So sind bspw. die von Herrnberger[2] getroffenen Aussagen hinsichtlich der Kennzahlen "Materialeinsatz in % von Umsatz" und "Cash Flow in % vom Umsatz" oder die Aussagen von Harms/Knischewski[3] hinsichtlich der fristenkongruenten Finanzierung sicherlich für die von ihnen gebildeten Beispiele zutreffend. Allgemeine Aussagen über die Wirkungsweise von

1 Vgl. HERRNBERGER, in: Castan u.a. (Hrsg.), Beck HdR, C 500, Anm. 46-57; HARMS/KNISCHEWSKI, Quotenkonsolidierung, S. 1357 f. Vgl. ferner VOLKSWAGEN AG (Hrsg.), Wolfsburger Fachgespräche 9, S. 65.

2 Vgl. HERRNBERGER, in: Castan u.a. (Hrsg.), Beck HdR, C 500, Anm. 52.

3 Vgl. HARMS/KNISCHEWSKI, Quotenkonsolidierung, S. 1358.

Quotenkonsolidierung und Equity-Methode in Bezug auf diese Kennzahlen lassen sich aber nicht treffen.

Allgemein läßt sich lediglich feststellen, daß sich bei Anwendung der Quotenkonsolidierung im Vergleich zur Equity-Methode i.d.R.[1] eine höhere Konzernbilanzsumme und höhere Konzernumsatzerlöse ergeben. Weiterhin kann festgestellt werden, daß, soweit die Kennzahlenausprägungen des Gemeinschaftsunternehmens besser sind als diejenigen des Konzerns, sich auch die Kennzahlenausprägungen auf Basis des Konzernabschlusses tendenziell verbessern, und umgekehrt, soweit die Kennzahlenausprägungen des Gemeinschaftsunternehmens schlechter sind als diejenigen des Konzerns, sich auch die Kennzahlenausprägungen auf Basis des Konzernabschlusses tendenziell verschlechtern. Darüber hinaus wird dieses Wahlrecht regelmäßig als ergebniswirksam einzustufen sein. Zwar wird grundsätzlich sowohl bei Anwendung der Quotenkonsolidierung als auch bei Anwendung der Equity-Methode der gleiche Jahresüberschuß des Gemeinschaftsunternehmens übernommen[2], allerdings ergeben sich i.d.R. Auswirkungen auf den zu übernehmenden Jahresüberschuß aufgrund der - unterschiedlichen - Anwendung von Konsolidierungsmaßnahmen. So können sich bei Anwendung der Quotenkonsolidierung im Vergleich zur Equity-Methode insbesondere - andere - Auswirkungen aus der erfolgswirksamen Schuldenkonsolidierung, der Zwischenergebniseliminierung, der konzerneinheitlichen Bilanzierung und Bewertung und auch aufgrund unterschiedlicher Bilanzstichtage[3] ergeben. Die Wirkungsrichtung dieses Aktionsparameter ist allerdings unbestimmt. Auch über die Sekundärwirkungen können keine allgemeinen Angaben gemacht werden.

---

1 Im Ausnahmefall können sowohl die Konzernbilanzsumme als auch die Konzernumsatzerlöse bei beiden Verfahren übereinstimmen.

2 Vgl. SIGLE, Quotenkonsolidierung, S. 331.

3 Die Regelung des § 299 Abs. 2 HGB ist bei der Equity-Methode nicht anzuwenden.

Die Ausübung dieses Aktionsparameters ist insoweit tendenziell erkennbar, als nach § 313 Abs. 2 Nr. 3 HGB diejenigen Unternehmen anzugeben sind, "die nach § 310 (HGB) nur anteilmäßig in den Konzernabschluß einbezogen worden sind."[1] Außerdem ist nach § 314 Abs. 1 Nr. 4 zweiter Halbsatz HGB "die durchschnittliche Zahl der Arbeitnehmer von nach § 310 (HGB) nur anteilmäßig einbezogenen Unternehmen ... gesondert anzugeben."[2]

5 Parameter bei der Schuldenkonsolidierung

5.1 Verzicht auf die Schuldenkonsolidierung - materiality

Auf die Durchführung der Schuldenkonsolidierung kann dann verzichtet werden, "wenn die wegzulassenden Beträge für die Vermittlung eines den tatsächlichen Verhältnissen entsprechenden Bildes der Vermögens-, Finanz- und Ertragslage des Konzerns nur von untergeordneter Bedeutung sind."[3] Es handelt sich hierbei um ein materiality-Wahlrecht.[4]

Dieses Wahlrecht ist als materiell einzustufen. Ob es ergebniswirksam oder strukturwirksam ist, hängt von den Umständen des Einzelfalls ab. Verursachen die aufzurechnenden Bilanzposten Aufrechnungsdifferenzen, ist das Wahlrecht ergebniswirksam. Entstehen hingegen keine Aufrechnungsdifferenzen, handelt es sich um ein strukturwirksames Wahlrecht, welches bei Inanspruchnahme, also bei einem Verzicht auf die Schuldenkonsolidierung, im Vergleich zur Nichtinanspruchnahme zu einer Bilanzverlängerung führt.

---

1 § 313 Abs. 2 Nr. 3 HGB; Klammerzusatz vom Verfasser.
2 § 314 Abs. 1 Nr. 4 Zweiter Halbsatz HGB; Klammerzusatz vom Verfasser.
3 § 303 Abs. 2 HGB.
4 Zur inhaltlichen Konkretisierung von materiality-Wahlrechten s. Gliederungspunkt IV.1.1.5 im 2. Kapitel.

Die Wirkungsrichtung des ergebniswirksamen Wahlrechts ist nicht allgemein bestimmbar, da sowohl aktive als auch passive Aufrechnungsdifferenzen entstehen können. In den meisten Fällen werden jedoch passive Aufrechnungsdifferenzen vorliegen,[1] so daß die Inanspruchnahme dieses Wahlrechts zu einer Ergebniserhöhung führt. Bei Ergebniswirksamkeit löst der Aktionsparameter entgegengerichtete, bei Strukturwirksamkeit hingegen keine Sekundärwirkungen aus.

Dieses Wahlrecht ist eingeschränkt zeitlich flexibel, denn soweit in nachfolgenden Perioden noch entsprechende Voraussetzungen gegeben sind, kann das Wahlrecht auch noch in diesen Perioden in Anspruch genommen werden. Außerdem ist das Wahlrecht teilbar, d.h. dieses Wahlrecht braucht nicht bei allen in Frage kommenden Schuldverhältnissen angewendet zu werden.

5.2 Verrechnung eingeforderter ausstehender Einlagen des Mutterunternehmens

Bei den eingeforderten ausstehenden Einlagen[2] auf das gezeichnete Kapital des Mutterunternehmens besteht im Rahmen der Schuldenkonsolidierung für solche Einlagen, bei denen die Einzahlungsverpflichtung bei anderen in den Konzernabschluß einbezogenen Unternehmen liegt, ein Verrechnungswahlrecht.[3] Eine Verrechnungsmöglichkeit ist, die bei dem Mutterunternehmen ausgewiesene eingeforderte Einlage gegen die bei dem betreffenden

1 Vgl. zu den Gründen, warum passive Aufrechnungsdifferenzen häufiger vorkommen als aktive, z.B. von WYSOCKI/WOHLGEMUTH, Konzernrechnungslegung, S. 171.

2 Zu den weiteren Aktionsparametern bei den ausstehenden Einlagen s. die Gliederungspunkte III.1.2 und V.2.3.4 in diesem Kapitel.

3 Vgl. dazu ADLER/DÜRING/SCHMALTZ, Bd. 3, § 331 AktG, Anm. 38-44 und 118; BUSSE von COLBE/ORDELHEIDE, Konzernabschlüsse, S. 172 f.; HEINE, Vorbereitung, S. 146 f.; FISCHER, in: Castan u.a. (Hrsg.), Beck HdR, C 420, Anm. 5.

Tochterunternehmen bilanzierte Einzahlungsverpflichtung aufzurechnen.[1] Die andere Möglichkeit ist, daß die bei dem Tochterunternehmen passivierte Einzahlungsverpflichtung mit dem aktivierten Beteiligungsbuchwert der Anteile an dem Mutterunternehmen verrechnet wird.[2] In diesem Fall werden die von dem Tochterunternehmen gehaltenen Anteile an dem Mutterunternehmen nicht wie bei der ersten Möglichkeit in voller Höhe, sondern nur in Höhe des eingezahlten Betrages als eigene Anteile in der Konzernbilanz ausgewiesen.[3]

Die folgende Abbildung 15 enthält eine graphische Darstellung dieses Wahlrechts.

Abb. 15: Verrechnungswahlrecht eingeforderter ausstehender Einlagen des Mutterunternehmens im Rahmen der Schuldenkonsolidierung

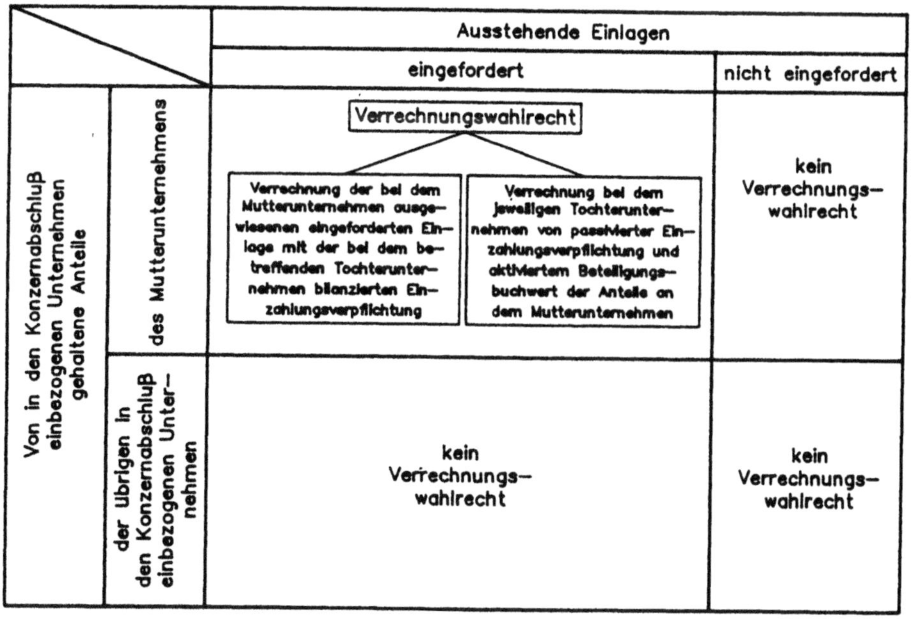

1 Vgl. ADLER/DÜRING/SCHMALTZ, Bd. 3, § 331 AktG, Anm. 38; BUSSE von COLBE/ORDELHEIDE, Konzernabschlüsse, S. 172 sowie das Konsolidierungsbeispiel auf S. 171.
2 Vgl. grundlegend HEINE, Vorbereitung, S. 146.
3 Vgl. BUSSE von COLBE/ORDELHEIDE, Konzernabschlüsse, S. 172.

Dieses Wahlrecht ist als strukturwirksam einzustufen. Die beiden Verrechnungsmöglichkeiten unterscheiden sich bei den Bilanzposten "Ausstehende Einlagen" bzw. "Eingeforderte ausstehende Einlagen" und dem Bilanzposten "Eigene Aktien".[1] Im ersten Fall, wenn also die bei dem Mutterunternehmen ausgewiesene eingeforderte Einlage gegen die bei dem betreffenden Tochterunternehmen passivierte Einzahlungsverpflichtung aufgerechnet wird, werden die ausstehenden Einlagen um die bei dem Tochterunternehmen passivierte Einzahlungsverpflichtung gekürzt. Die bei dem Tochterunternehmen ausgewiesenen Anteile an dem Mutterunternehmen werden in ungekürzter Höhe als eigene Anteile in die Konzernbilanz übernommen.

Bei der zweiten Verrechnungsmöglichkeit ergibt sich der genau umgekehrte Fall. Hier werden die ausstehenden Einlagen in voller Höhe ausgewiesen, die in der Konzernbilanz auszuweisenden eigenen Anteile jedoch um den Betrag der bei dem betreffenden Tochterunternehmen bilanzierten Einzahlungsverpflichtung gekürzt.

Die Sekundärwirkungen dieses Aktionsparameters sind gleichgerichtet, da dieser vom Stetigkeitsgrundsatz erfaßt wird. Es wird davon auszugehen sein, daß die Nutzung dieses Aktionsparameters Bindungswirkung für gleichgelagerte Fälle auslösen wird.[2]

5.3 Anzahlungen auf Gegenstände des Anlagevermögens

In der Literatur wird die Auffassung vertreten, daß für Anzahlungen auf Gegenstände des Anlagevermögens in einem bestimmten Fall auf die im Rahmen der Schuldenkonsolidierung ansonsten vorzunehmende Verrech-

---

1 Vgl. auch das Beispiel bei BUSSE von COLBE/ORDELHEIDE, Konzernabschlüsse, S. 171.

2 Zur Begründung vgl. die Ausführungen in Gliederungspunkt V.1.2 in diesem Kapitel, die analog auch für diesen Aktionsparameter hier gelten.

nung mit den erhaltenen Anzahlungen verzichtet werden kann.[1] Dieser Fall ist dann gegeben, wenn die Abgrenzung der geleisteten Anzahlungen von den Anlagen im Bau diffizil und von "Zufälligkeiten"[2] abhängig ist.[3]

Die Wirkungsweise und die Auswahlkriterien entsprechen denjenigen des im Gliederungspunkt V.5.1 besprochenen Aktionsparameters.

5.4 Drittschuldverhältnisse

"Unter Drittschuldverhältnissen werden Forderungen eines in den Konzernabschluß einbezogenen Unternehmens an einen konzernfremden Dritten verstanden, denen Forderungen dieses Dritten an ein anderes einbezogenes Unternehmen entsprechen."[4] In der Literatur wird ganz überwiegend angenommen, daß bei Drittschuldverhältnissen ein Wahlrecht zur Vornahme der Schuldenkonsolidierung besteht.[5] Sollten allerdings Drittschuldverhältnisse in die Schuldenkonsolidierung ein-

---

1 Vgl. ADLER/DÜRING/SCHMALTZ, Bd. 3, § 331 AktG, Anm. 118; dies., Bd. 1, § 151 AktG, Anm. 84; WOHLGEMUTH, Schuldenkonsolidierung, Anm. 25; von WYSOCKI/WOHLGEMUTH, Konzernrechnungslegung, S. 169; BUSSE von COLBE/ORDELHEIDE, Konzernabschlüsse, S. 173 f.; FISCHER, in: Castan u.a. (Hrsg.), Beck HdR, C 420, Anm. 6; SCHERRER, in: Hofbauer/Kupsch (Hrsg.), BHR, § 303 HGB, Anm. 12. A.A. KÜTING, Konsolidierungspraxis, S. 172 f.

2 ADLER/DÜRING/SCHMALTZ, Bd. 3, § 331 AktG, Anm. 118.

3 Vgl. ebenda sowie WOHLGEMUTH, Schuldenkonsolidierung, Anm. 25.

4 WOHLGEMUTH, Schuldenkonsolidierung, Anm. 34. Ähnlich auch von WYSOCKI/WOHLGEMUTH, Konzernrechnungslegung, S. 169.

5 Vgl. ADLER/DÜRING/SCHMALTZ, Bd. 3, § 331 AktG, Anm. 137; von WYSOCKI/WOHLGEMUTH, Konzernrechnungslegung, S. 169; WOHLGEMUTH, Schuldenkonsolidierung, Anm. 35; WP-HANDBUCH 1985/86, Bd. II, S. 414; BUSSE von COLBE/ORDELHEIDE, Konzernabschlüsse, S. 175 f.; BUSSE von COLBE/MÜLLER/REINHARD (Hrsg.), Aufstellung, S. 90; FISCHER, in: Castan u.a. (Hrsg.), Beck HdR, C 420, Anm. 24-26.

bezogen werden, ist zu beachten, daß dadurch z.T. erhebliche Kosten verursacht werden können.[1]

Die Wirkungsweise und die Auswahlkriterien entsprechen denjenigen des im Gliederungspunkt V.5.1 besprochen Aktionsparameters.

6 Parameter bei der Zwischenergebniseliminierung

6.1. Überblick

Bei der Zwischenergebniseliminierung handelt es sich um ein Verfahren, durch das Gewinne und Verluste, die aus Geschäften zwischen in den Konzernabschluß einbezogenen Unternehmen entstanden sind, im Konzernabschluß wieder rückgängig gemacht werden. Gesetzlich geregelt ist die Zwischenergebniseliminierung in § 304 HGB.

Das zu eliminierende Zwischenergebnis wird in der Weise errechnet, daß von dem relevanten Einzelabschlußwert die Konzernherstellungskosten oder -anschaffungskosten subtrahiert werden. Ist die daraus resultierende Differenz positiv, liegt ein Zwischengewinn vor, ist sie negativ, ist ein Zwischenverlust gegeben.[2]

Die bei der Zwischenergebniseliminierung vorhandenen Aktionsparameter beziehen sich zum einen auf die Vornahme der Zwischenergebniseliminierung an sich und zum anderen auf die Höhe der Zwischenergebniseliminierung. Die Aktionsparameter bei der Bestimmung der Höhe der Zwischenergebniseliminierung setzen sich zusammen aus:

---

1 Vgl. BUSSE von COLBE/MÜLLER/REINHARD (Hrsg.), Aufstellung, S. 90. Vgl. ferner ADLER/DÜRING/SCHMALTZ, Bd. 3, § 331 AktG, Anm. 137; BUSSE von COLBE/ORDELHEIDE, Konzernabschlüsse, S. 176; von WYSOCKI/WOHLGEMUTH, Konzenrechnungslegung, S. 169.

2 Vgl. z.B. KÜTING/WEBER, Fallstudie, S. 51-56; von WYSOCKI/WOHLGEMUTH, Konzernrechnungslegung, S. 141-143.

- den Aktionsparametern bei der Ermittlung der Konzernherstellungskosten,
- den Aktionsparametern bei der Ermittlung der Konzernanschaffungskosten,
- den Aktionsparametern bei der Berücksichtigung von steuerfreien Rücklagen,
- den Aktionsparametern bei der Ermittlung der Konzernbestände im Vorratsvermögen,
- den Aktionsparametern bei der Ermittlung der Zwischenergebnisse im Vorratsvermögen und
- den Aktionsparametern hinsichtlich der Höhe der Zwischenergebniseliminierungen.

Nicht behandelt werden die Gestaltungsmöglichkeiten bei der Festlegung von Konzernverrechnungspreisen, denn hierbei handelt es sich nicht um Mittel der Sachverhaltsabbildung, sondern um sachverhaltsgestaltende Maßnahmen.[1]

6.2 Verzicht auf die Zwischenergebniseliminierung - materiality

Gem. § 304 Abs. 3 HGB braucht eine Zwischenergebniseliminierung dann nicht durchgeführt zu werden, wenn ihre Unterlassung für die Abbildung der Vermögens-, Finanz- und Ertragslage des Konzerns "nur von untergeordneter Bedeutung"[2] ist. Dieser Aktionsparameter stellt ein typisches materiality-Wahlrecht dar. Hinsichtlich des Anwendungsbereichs dieses Aktionsparamters kann deshalb auch auf die zentralen Ausführungen in Gliederungspunkt IV.1.1.5 im 2. Kapitel

1 Aus der Fülle der Literatur zu Konzernverrechnungspreisen s. bspw. BÄR, Bilanzierung, S. 1-78; BAUMHOFF, Verrechnungspreise, S. 497 ff.; ENGEL, Konzerntransferpreise; HACKMANN, Verrechnungspreise; JÄGER, Bewertung; KUSSMAUL, Verrechnungspreise, S. 679 ff.; MASUCH, Verrechnungspreise, S. 805 ff.; POPP/THEISEN, Verrechnungspreisermittlung, S. 1949 ff.; SCHMELLING, Verrechnungspreispolitik.

2 § 304 Abs. 3 HGB.

verwiesen werden. Angemerkt sei noch, daß auch bei diesem Wahlrecht zur Messung des Einflusses auf die Vermögens-, Finanz- und Ertragslage des Konzerns die unterlassenen Zwischenergebniseliminierungen in ihrer Gesamtheit zu betrachten sind.[1]

Das hier besprochene Wahlrecht ist ergebniswirksam. Je nachdem, ob die unterlassene Zwischenergebniseliminierung insgesamt zu einer Zwischengewinn- oder aber zu einer Zwischenverlusteliminierung geführt hätte, ist die Ausübung dieses Wahlrechts ergebniserhöhend oder aber ergebnismindernd.

Die Ausübung dieses Aktionsparameters ist eingeschränkt zeitlich flexibel. Soweit in Folgeperioden noch die Voraussetzungen für den Verzicht auf diese Zwischenergebniseliminierung gegeben sind, kann dieses Wahlrecht auch dann noch in Anspruch genommen werden. Zudem ist das Wahlrecht teilbar, d.h. es kann auch nur auf einzelne der von diesem Wahlrecht erfaßten Zwischenergebniseliminierungen angewendet werden.

6.3 Verzicht auf die Zwischenergebniseliminierung bei Lieferung oder Leistung zu marktüblichen Bedingungen

§ 304 Abs. 2 HGB gewährt das Wahlrecht, auf die Zwischenergebniseliminierung zu verzichten, wenn

- die Lieferung oder Leistung zu marktüblichen Bedingungen vollzogen worden ist und
- die Ermittlung des Zwischenergebnisses "einen unverhältnismäßig hohen Aufwand erfordert".[2]

---

1 Vgl. SCHERRER, in: Hofbauer/Kupsch (Hrsg.), BHR, § 304 HGB, Anm. 42; BUSSE von COLBE/MÜLLER/REINHARD (Hrsg.), Aufstellung, S. 94; KLEIN, in: Castan u.a. (Hrsg.), Beck HdR, C 430, Anm. 47-49; TREUHAND-VEREINIGUNG (Hrsg.), Rechnungslegung im Konzern, S. 186 f.

2 § 304 Abs. 2 HGB.

In der Literatur wird z.T. befürchtet, daß durch diesen Aktionsparameter eine erhebliche Einschränkung der Zwischenergebniseliminierung erfolgen kann.[1] Ob dies tatsächlich der Fall sein wird, ist zum jetzigen Zeitpunkt noch völlig offen. Es wird davon abhängen, ob der unbestimmte Rechtsbegriff "unverhältnismäßig hoher Aufwand" eine extensive Auslegung erfahren wird oder nicht.[2]

Die Wirkungsweise und die Auswahlkriterien dieses Aktionsparameters entsprechen bis auf eine Ausnahme denen des im vorhergehenden Gliederungspunkt besprochenen Aktionsparameters. Lediglich beim Kriterium der Erkennbarkeit unterscheiden sich die beiden Aktionsparameter. Die Ausübung des im § 304 Abs. 2 HGB geregelten Wahlrechts ist im Gegensatz zu dem im § 304 Abs. 3 HGB geregelten erkennbar, da § 304 Abs. 2 Satz 2 HGB vorschreibt, daß die Inanspruchnahme des in Satz 1 dieser Vorschrift kodifizierten Wahlrechts im Konzernanhang anzugeben und darüber hinaus der aus dieser Inanspruchnahme resultierende Einfluß auf die Vermögens-, Finanz- und Ertragslage des Konzerns aufzuführen ist, soweit der Einfluß erheblich ist.

6.4 Konzernherstellungskosten

Die Konzernherstellungskosten sind dann als Vergleichsgrundlage für die Ermittlung des Zwischenergebnisses heranzuziehen, wenn die in den Konzernabschluß zu übernehmenden Vermögensgegenstände von in den

1 Vgl. MAAS/SCHRUFF, Konzernabschluß, S. 242; IDW, Stellungnahme 1985, S. 192; WIRTSCHAFTSPRÜFERKAMMER, Stellungnahme, S. 545. Vgl. ferner die Aussagen der Herren Dr. Dr. Brönner und Dr. Schülen in der öffentlichen Anhörung vom 23. und 24. September 1985 zum Bilanzrichtlinien-Gesetz, abgedruckt bei: HELMRICH, Bilanzrichtlinien-Gesetz, S. 218.

2 Vgl. auch BUSSE von COLBE/CHMIELEWICZ, Bilanzrichtlinien-Gesetz, S. 339. Vgl. zur Auslegung des Begriffs ferner auch Gliederungspunkt IV.1.1.5 im 2. Kapitel.

Konzernabschluß einzubeziehenden Unternehmen hergestellt worden sind.[1]

Bei der Ermittlung der Konzernherstellungskosten stehen dem Konzern alle bei der Bestimmung von Herstellungskosten vorhandenen Aktionsparameter zur Verfügung.[2] Diese wurden im einzelnen in Gliederungspunkt III.2.2.2.2 aufgeführt, so daß hier auf eine abermalige Aufzählung verzichtet werden kann.

Bei der Ermittlung der Konzernherstellungskosten ist jedoch noch zu beachten, daß einige in einem Einzelabschluß aktivierungspflichtige Bestandteile der Herstellungskosten aus Sicht des Konzerns als wirtschaftlicher Einheit nicht in die Konzernherstellungskosten einbezogen werden dürfen. Umgekehrt besteht für einige in die Konzernherstellungskosten einbeziehungspflichtige Bestandteile im Einzelabschluß ein Einbeziehungsverbot.[3]

Die Aktionsparameter bei der Bestimmung der Konzernherstellungskosten sind ergebniswirksam. Da sich die Zwischenergebnisse als Differenz aus Einzelabschlußwert und Konzernherstellungskosten bzw. Konzernanschaffungskosten des betreffenden Vermögensgegenstandes ergeben, führt eine Veränderung der Kon-

---

1 Vgl. z.B. KLEIN, in: Castan u.a. (Hrsg.), Beck HdR, C 430, Anm. 77; von WYSOCKI/KOHLMANN, Zwischenerfolgseliminierung, S. 536.

2 Vgl. SCHERRER, in: Hofbauer/Kupsch (Hrsg.), BHR, § 304 HGB, Anm. 23 f. u. 27; KLEIN, in: Castan u.a. (Hrsg.), Beck HdR, C 430, Anm. 78 f.; KÜTING/WEBER, Zwischenergebnisse, S. 305 f.; TREUHAND-VEREINIGUNG (Hrsg.), Rechnungslegung im Konzern, S. 179 u. S. 181.

3 Vgl. dazu im einzelnen ADLER/DÜRING/SCHMALTZ, Bd.3 § 331 AktG, Anm. 157-159; von WYSOCKI/WOHLGEMUTH, Konzernrechnungslegung, S. 146; WP-HANDBUCH 1985/86, Bd. II, S. 362 f.; BUSSE von COLBE/MÜLLER/REINHARD (Hrsg.), Aufstellung, S. 96 f.; BUSSE von COLBE/ORDELHEIDE, Konzernabschlüsse, S. 188 f.

zernherstellungskosten ceteris paribus[1] auch zu einer Veränderung des Zwischenergebnisses. Wird ein möglichst geringer Betrag für die Konzernherstellungskosten angestrebt, bedeutet dies ceteris paribus eine Erhöhung des zu eliminierenden Zwischengewinns bzw. eine Verringerung des zu eliminierenden Zwischenverlustes.

Die Aktionsparameter bei der Bestimmung der Konzernherstellungskosten sind teilbar, d.h. es können auch Zwischenwerte zwischen der Untergrenze und der Obergrenze der Konzernherstellungskosten realisiert werden. Die Ausübung der Aktionsparameter löst Bindungswirkung für vergleichbare Sachverhalte aus, denn die Bestimmung der Konzernherstellungskosten unterliegt der Konsolidierungsmethodenstetigkeit.[2]

6.5 Konzernanschaffungskosten

Konzernanschaffungskosten werden als Vergleichsgrundlage für die Ermittlung des Zwischenergebnisses bei solchen Vermögensgegenständen herangezogen, "die nicht von Konzernunternehmen hergestellt worden sind, sondern die andere Konzernunternehmen von Konzernfremden erworben und innerhalb des Konzerns ohne Be- oder Verarbeitung weiter veräußert haben".[3]

Auch bei der Ermittlung der Konzernanschaffungskosten stehen dem Konzern alle bei der Bestimmung von Anschaffungskosten vorhandenen Aktionsparameter zur Verfügung. Die Aktionsparameter bei den Anschaffungskosten wurden im einzelnen in Gliederungspunkt III.2.2.2.1 aufgeführt, so daß sich eine nochmalige Aufzählung erübrigt. Darüber hinaus können auch steuerliche Wertansätze

---

1 Vgl. aber auch das Wahlrecht hinsichtlich der Höhe der Zwischenergebniseliminierung in Gliederungspunkt V.6.9 in diesem Kapitel.
2 Vgl. TREUHAND-VEREINIGUNG (Hrsg.), Rechnungslegung im Konzern, S. 182.
3 ADLER/DÜRING/SCHMALTZ, Bd. 3, § 331 AktG, Anm. 161.

i.S.v. § 308 Abs. 3 HGB bei der Ermittlung der Konzernanschaffungskosten miteinbezogen werden, soweit diese steuerlichen Wertansätze auch im Einzelabschluß entweder des liefernden oder des empfangenden Konzernunternehmens angesetzt worden sind.[1]

Die Wirkungsweise und die Auswahlkriterien der Aktionsparameter bei den Konzernanschaffungskosten sind mit denjenigen bei den Konzernherstellungskosten identisch.

6.6 Neutralisierung von Zwischengewinnen durch steuerliche Begünstigungsvorschriften

Für Fälle, in denen aus einer Lieferung eines in den Konzernabschluß einbezogenen Unternehmens an ein anderes in den Konzernabschluß einbezogenes Unternehmen bei dem liefernden Unternehmen ein Gewinn entsteht und dieser Gewinn nach § 6b EStG oder nach Abschn. 35 EStR bei dem liefernden Unternehmen "neutralisiert" wird, wird in der Literatur angenommen, daß auch in Höhe dieses "neutralisierten" Betrages eine Zwischengewinneliminierung vorgenommen werden kann.[2] Zu bedenken ist allerdings, daß es infolge der Inanspruchnahme dieses Wahlrechts zu einer doppelten Kürzung des Konzernjahresüberschusses kommt.[3] Zum einen wird der in den Konzernjahresüberschuß zu übernehmende Jahresüberschuß des liefernden Unternehmens in Höhe des steuerlichen Abzugsbetrages nach § 6b EStG oder Abschn. 35 EStR gekürzt. Zum anderen wird der Konzern-

---

1 Vgl. KÜTING/HAEGER, Zwischengewinneliminierung, S. 1359-1361. Zu den steuerlichen Wertansätzen i.S.v. § 308 Abs. 3 HGB s. im einzelnen Gliederungspunkt III.2.3.4 im 3. Kapitel dieser Arbeit.

2 Vgl. ADLER/DÜRING/SCHMALTZ, Bd. 3, § 331 AktG, Anm. 203; KÜTING/HAEGER, Zwischenergebniseliminierung, S. 1361 f.

3 Vgl. zu den Argumenten, die bei dieser Konstellation für und gegen eine Zwischengewinneliminierung sprechen, KÜTING/HAEGER, Zwischenergebniseliminierung, S. 1361 f. Vgl. ferner WP-HANDBUCH 1985/86, Bd. II, S. 367.

jahresüberschuß dann zum zweiten Mal in Höhe dieses Betrages im Rahmen der Zwischengewinneliminierung verringert. Von daher kann nicht mit Sicherheit gesagt werden, ob dieses Wahlrecht auch in Zukunft noch zur Verfügung stehen wird.

Es handelt sich hierbei um ein ergebniswirksames Wahlrecht. Die Inanspruchnahme des Wahlrechts hat ergebnismindernde Wirkungsrichtung. Außerdem ist der Aktionsparameter teilbar.

6.7 Verfahren zur Ermittlung der Konzernbestände im Vorratsvermögen

Sofern bei einem in den Konzernabschluß einbezogenen Unternehmen Vorräte lagern, die sowohl aus Lieferungen von anderen in den Konzernabschluß einbezogenen Unternehmen (konzerninterne Lieferungen), als auch von nicht in den Konzernabschluß einbezogenen Unternehmen (konzenexterne Lieferung) stammen, entsteht immer dann ein Zuordnungsproblem, wenn die Bestände nicht so gelagert oder gekennzeichnet sind, daß eine eindeutige Einordnung der Vorräte nach konzerninternen und konzernexternen Lieferungen möglich ist.[1]

Ist eine solche eindeutige Einordnung der Vorräte nicht gegeben, muß der aus konzerninternen Lieferungen stammende Anteil an den Vorräten geschätzt werden.[2] Zu dieser Schätzung stehen dem Konzern verschiedene Verfahren zur Auswahl. Im einzelnen sind dies die folgenden Schätzverfahren[3], wobei das Kifo- und das

---

1 Vgl. KLEIN, in: Castan u.a. (Hrsg.), Beck HdR, C 430, Anm. 87.
2 Vgl. KLEIN, in: Castan u.a. (Hrsg.), Beck HdR, C 430, Anm. 88.
3 Vgl. zu diesen Verfahren insbes. BUSSE von COLBE/ ORDELHEIDE, Konzernabschlüsse, S. 194-199. Vgl. ferner KLEIN, in: Castan u.a. (Hrsg.), Beck HdR, C 430, Anm. 95-109; GRANOBS, Zwischengewinne, S. 82-85; BRUNS, Bilanzierung, S. 125-156.

Kilo-Verfahren kurz erläutert werden sollen, da es sich bei diesen um konzernspezifische Verfahren handelt.

- **Durchschnittspreisverfahren,**
- **Lifo[1] - Verfahren,**
- **Fifo[2] - Verfahren,**
- **Kifo[3] - Verfahren:** Bei diesem Verbrauchsfolgeverfahren wird angenommen, daß die von in den Konzernabschluß einbezogenen Unternehmen gelieferten Vermögensgegenstände des Vorratsvermögens zuerst verbraucht oder veräußert werden.[4]
- **Kilo[5] - Verfahren:** Bei diesem Verbrauchsfolgeverfahren wird unterstellt, daß zuerst die von nicht in den Konzernabschluß einbezogenen Unternehmen gelieferten Vermögensgegenstände des Vorratsvermögens verbraucht oder veräußert werden.

Die verschiedenen Schätzverfahren bei der Ermittlung der Konzernbestände sind als ergebniswirksam einzustufen. Die Wirkungsweise der einzelnen Schätzverfahren soll nun im folgenden näher betrachtet werden. Das Kifo-Verfahren führt dazu, daß aus den im Konzernabschluß auszuweisenden Vorräten nur ein relativ geringer Bedarf an Zwischenergebniseliminierungen resultiert, da die die Zwischenergebniseliminierungen potentiell verursachenden konzernintern gelieferten Vermögensgegenstände als zuerst verwendet gelten.[6] Im Gegensatz dazu führt das Kilo-Verfahren zu einem relativ hohen Bedarf an Zwischenergebniseliminierungen, da die aus konzerninternen Lieferungen stammenden Vermögensgegenstände als zuletzt verwendet gelten.[7] Bei den drei anderen Verfahren sind solche Aussagen über den Bedarf an Zwischenergebniseliminierungen grundsätzlich nicht möglich. Der Bestand an Vorratsvermögen

---

1 Lifo = Last in - first out.
2 Fifo = First in - first out.
3 Kifo = Konzern in - first out.
4 Vgl. dazu auch PFLEGER, Bilanzpolitik, Anm. 162.
5 Kilo = Konzern in - last out.
6 Vgl. KLEIN, in: Castan u.a. (Hrsg.), Beck HdR, C 430, Anm. 104.
7 Vgl. ebenda, Anm. 105.

aus konzerninternen Lieferungen hängt hier davon ab, welche Preise konzernintern gelieferte Vermögensgegenstände im Vergleich zu konzernextern gelieferten Vermögensgegenständen aufweisen.

6.8 Ermittlung der Zwischenergebnisse im Vorratsvermögen

Im einführenden Überblick in Gliederungspunkt V.6.1 wurde aufgeführt, daß sich das zu eliminierende Zwischenergebnis als Differenz zwischen den Konzernherstellungskosten bzw. -anschaffungskosten einerseits und den jeweiligen Wertansätzen in den relevanten Einzelabschlüssen andererseits ergibt. Zur Ermittlung des zu eliminierenden Zwischenergebnisses ist also grundsätzlich bei jedem konzernintern gelieferten Vermögensgegenstand eine Gegenüberstellung der oben aufgeführten Wertkategorien durchzuführen. Dieses "lieferungsindividuelle Verfahren"[1], wie diese Vorgehensweise in der Literatur auch bezeichnet wird, erweist sich jedoch dann als sehr aufwendig, wenn im Konzern ein umfangreicher konzerninterner Lieferungs- und Leistungsverkehr stattfindet.[2] Für diese Fälle wird es in der Literatur als zulässig angesehen, bestimmte Vereinfachungsverfahren und Pauschalierungen zur Ermittlung des zu eliminierenden Zwischenerfolgs anzuwenden. Diese Verfahren sollen im folgenden in komprimierter Form dargestellt werden.[3]

Verfahren der Jahresdurchschnittssätze: Bei diesem Verfahren wird für jede Güterart und für jeden konzerninternen Lieferanten "das durchschnittliche

---

1 BUSSE von COLBE/ORDELHEIDE, Konzernabschlüsse, S. 200 f.

2 Vgl. KLEIN, in: Castan u.a. (Hrsg.), Beck HdR, C 430, Anm. 111 f.

3 Vgl. GRANOBS, Zwischengewinne, S. 88-94; BUSSE von COLBE/ORDELHEIDE, Konzernabschlüsse, S. 199-205; KLEIN, in: Castan u.a. (Hrsg.), Beck HdR, C 430, Anm. 116-128.

Zwischenergebnis pro Mengeneinheit ermittelt."[1] Dabei wird i.d.R. so vorgegangen, daß von der Summe der konzerninternen Lieferungen eines Lieferanten die unter Zugrundelegung der Fiktion der rechtlichen Einheit nach § 297 Abs. 3 Satz 1 HGB aktivierungsfähigen Herstellungskosten dieses Lieferanten subtrahiert werden. Das zu eliminierende Zwischenergebnis erhält man dann, wenn man die aus der vorgenannten Rechenoperation resultierende Differenz durch die Anzahl der konzernintern gelieferten Mengeneinheiten dividiert und den Konzernjahresendbestand der jeweiligen Güterart mit dem Zwischenergebnis pro Mengeneinheit multipliziert.[2]

Verfahren der Konzerndurchschnittssätze: Dieses Verfahren unterscheidet sich von dem vorgenannten dadurch, daß nicht für jeden konzerninternen Lieferanten einer bestimmten Güterart das durchschnittliche Zwischenergebnis pro Mengeneinheit, sondern für alle konzeninternen Lieferanten dieser Güterart das "konzerndurchschnittliche" Zwischenergebnis pro Mengeneinheit errechnet wird. Die Ermittlung dieses konzerndurchschnittlichen Zwischenergebnisses erfolgt analog zu derjenigen des vorgenannten Verfahrens:[3] Das konzerndurchschnittliche Zwischenergebnis ergibt sich, wenn die Differenz aus der Summe der Innenumsatzerlöse aller konzerninternen Lieferunternehmen und der Summe der Herstellungskosten (bzw. Anschaffungskosten) der konzerninternen Lieferunternehmen durch die Anzahl der gelieferten Mengeneinheiten dividiert wird.

Verfahren für Bestandsgruppen: Die beiden vorgenannten Verfahren können nicht nur auf einzelne Güterarten, sondern auch auf Gütergruppen angewendet werden.[4]

---

1 KLEIN, in: Castan u.a. (Hrsg.), Beck HdR, C 430, Anm. 116; Hervorhebungen im Original wurden weggelassen.

2 Vgl. BUSSE von COLBE/ORDELHEIDE, Konzernabschlüsse, S. 201 f.

3 Vgl. ebenda, S. 203 f.; KLEIN, in: Castan u.a. (Hrsg.), Beck HdR, C 430, Anm. 125 f.; GRANOBS, Zwischengewinne, S. 92 f.

4 Vgl. BUSSE von COLBE/ORDELHEIDE; Konzernabschlüsse, S. 204; KLEIN, in: Castan u.a. (Hrsg.), Beck HdR, C 430, Anm. 125.

Bruttogewinnverfahren: Die Zwischenergebniseliminierung erfolgt bei diesem Verfahren in der Weise, daß von den Anschaffungskosten des Abnehmers ein Abschlag in Höhe des Bruttogewinnes bzw. der Handelsspanne des Lieferers vorgenommen wird. Der Bruttogewinn bestimmt sich nach Busse von Colbe/Ordelheide als "Überschuß des Nettoerlöses über die variablen oder anderen Teilkosten".[1]

Die Inanspruchnahme eines Vereinfachungsverfahrens erweist sich in aller Regel als ergebniswirksam. Nicht ergebniswirksam sind die verschiedenen Vereinfachungsverfahren nur dann, wenn sie zur gleichen Zwischenergebniseliminierung führen, wie das lieferungsindividuelle Verfahren. Dies wird aber nur sehr selten der Fall sein. Die Wirkungsrichtung ist unbestimmt.

Die Ausübung der Vereinfachungsverfahren ist teilbar, die Vereinfachungsverfahren können mithin auch nur bei einzelnen Produktarten oder -gruppen oder auch nur bei konzerninternen Lieferungen von bestimmten Lieferunternehmen angewendet werden.

6.9 Höhe der Zwischenergebniseliminierungen

Im Gegensatz zum AktG a.F., das nur einen eliminierungspflichtigen Zwischengewinn kannte, sind nach neuem Recht eliminierungspflichtige und eliminierungsfähige Teile bei der Zwischenergebniseliminierung zu unterscheiden.[2] Eliminierungspflichtig ist die Differenz zwischen dem im Einzelabschluß angesetzten Buchwert eines Vermögensgegenstandes und dem aus Sicht des Konzerns als einheitlichem Unternehmen höchstens ansetzbaren Wert (eliminierungspflichtiger Zwischengewinn) bzw. dem mindestens ansetzbaren Wert (eli-

1 BUSSE VON COLBE/ORDELHEIDE, Konzernabschlüsse, S. 204.

2 Vgl. KÜTING/WEBER, Einzelfragen, S. 305 ff.; dies., Fallstudie, S. 50-58; HARMS/KÜTING, Zwischenverluste, S. 1891 ff.

minierungspflichtiger Zwischenverlust). Darüber hinaus besteht das Wahlrecht, in Höhe der Differenz zwischen Konzernmindest- und Konzernhöchstwert eine Zwischenergebniseliminierung durchzuführen. Die Differenz zwischen diesen beiden Werten resultiert aus den bei der Ermittlung der Konzernherstellungskosten und -anschaffungskosten bestehenden Aktionsparametern.

Die nachfolgende Abbildung 16, in der dieses Wahlrecht graphisch wiedergegeben ist, macht auch deutlich, daß soweit der im Einzelabschluß ausgewiesene Buchwert zwischen dem Konzernmindestwert und dem Konzernhöchstwert liegt, sowohl eine Zwischengewinn- als auch eine Zwischenverlusteliminierung durchgeführt werden kann.

Abb. 16: Höhe der Zwischenergebniseliminierungen[1]

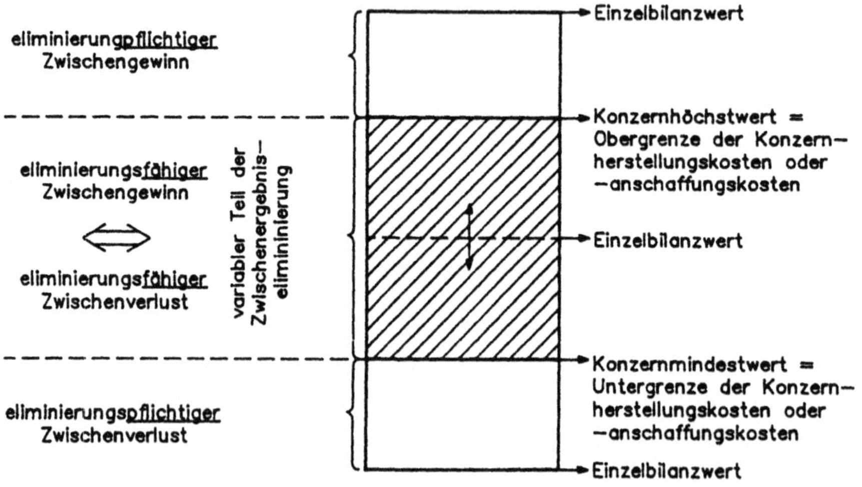

1 Ähnliche Abbildungen befinden sich bei: KÜTING/ WEBER, Einzelfragen, S. 308 u. 310; dies., Fallstudie, S. 54 f.; HARMS/KÜTING, Zwischenverluste, S. 1893.

Bei diesem Aktionsparameter handelt es sich um ein ergebniswirksames Wahlrecht. Wird in Ausübung dieses Wahlrechts ein eliminierungsfähiger Zwischengewinn angesetzt, ergibt sich eine ergebnismindernde Wirkungsrichtung; wird ein eliminierungsfähiger Zwischenverlust angesetzt, ergibt sich eine ergebniserhöhende Wirkungsrichtung. Der Aktionsparameter ist teilbar, d.h. es können beliebige Zwischenwerte angesetzt werden.

7 Parameter bei der Steuerabgrenzung

7.1 Überblick

Latente Steuern im Konzernabschluß beinhalten den Unterschiedsbetrag zwischen dem Steueraufwand, der auf "Grundlage des Konzernabschlusses dem Geschäftsjahr und den früheren Geschäftsjahren zugerechnet wird, und den für diese Geschäftsjahre von den einzelnen konsolidierten Gesellschaften gezahlten oder zu zahlenden bzw. als Aufwand verrechneten Steuern."[1]

Die gesetzlichen Regelungen zur Bilanzierung und Bewertung der latenten Steuern im Konzernabschluß befinden sich in den §§ 274 i.V.m. 298 Abs. 1 HGB sowie in § 306 HGB. Dieses Regelungskonzept enthält jedoch erhebliche Schwächen.[2]

Zu nennen sind hier insbesondere:

1. Die abzugrenzenden latenten Steuern aus der Anpassung der Bilanzierung nach § 300 Abs. 2 HGB werden formal von § 306 HGB erfaßt. Die konzerneinheitliche Bewertung nach § 308 HGB hingegen ist nicht in § 306 HGB aufgeführt. Nach h.M. sind auf die aus der konzerneinheitlichen Bewertung resultierenden Steuern

---

1 KÜTING/WEBER, Fallstudie, S. 65 f. Eine ähnliche Definition findet sich bspw. bei HARMS/KÜTING, Latente Steuern, S. 148.

2 Gl. A. z.B. JONAS, Konzernabschluß, S. 271.

vielmehr die Regelungen des § 274 i.V.m. § 298 Abs. 1 HGB anzuwenden.[1] Aus der gleichzeitigen Geltung dieser beiden Regelungen (§ 274 i.V.m. § 298 Abs. 1 HGB und § 306 HGB) ergeben sich nun Anwendungsprobleme, so z.B. hinsichtlich der Aktivierungspflicht von aktiven latenten Steuern: Soweit die Anpassung der Bilanzierung entsprechend § 300 Abs. 2 HGB zur Verursachung von aktiven latenten Steuern führt, bestünde für diese nach § 306 HGB Aktivierungspflicht. Für aus der konzerneinheitlichen Bewertung verursachte latente Steuern besteht jedoch entsprechend der Regelung des § 274 Abs. 2 i.V.m. § 298 Abs. 1 HGB ein Aktivierungswahlrecht. In der Literatur wird denn auch zur Lösung dieses Problems i.d.R. vorgeschlagen, die durch die Anpassung der Bilanzierung verursachte Steuerabgrenzung nach dem Regelungskonzept des § 274 i.V.m. § 298 Abs. 1 vorzunehmen.[2]

2. Von § 306 HGB werden nicht alle Konsolidierungsmaßnahmen erfaßt. So ist bspw. die Equity-Bewertung (§ 312 HGB) nicht in § 306 HGB aufgeführt.

---

1 Vgl. z.B. GROSS/SCHRUFF/von WYSOCKI, Konzernabschluß, S. 227 f.; WP-HANDBUCH 1985/86, Bd. II, S. 440; BUSSE von COLBE/MÜLLER/REINHARD (Hrsg.), Aufstellung, S. 111; TREUHAND-VEREINIGUNG (Hrsg.), Rechnungslegung im Konzern, S. 197 f.

2 Vgl. etwa WP-HANDBUCH 1985/86, Bd. II, S. 440; TREUHAND-VEREINIGUNG (Hrsg.), Rechnungslegung im Konzern, S. 198; LEDERLE, in: Castan u.a. (Hrsg.), Beck HdR, C 300, Anm. 78. SCHERRER, in: Hofbauer/Kupsch (Hrsg.), BHR, § 306 HGB, Anm. 10 f. will allerdings die aus der konzerneinheitlichen Bilanzierung und Bewertung resultierenden Steuerabgrenzungen nach § 306 HGB und nicht nach § 274 i.V.m. § 298 Abs. 1 HGB behandeln. GROSS/SCHRUFF/von WYSOCKI, Konzernabschluß, S. 226-229, vertreten die Ansicht, daß § 306 HGB auf aus der konzerneinheitlichen Bilanzierung verursachte Steuerabgrenzungen anzuwenden ist und § 274 i.V.m. § 298 Abs. 1 HGB für die konzerneinheitliche Bewertung (§ 308 HGB) gilt. Der aufgeworfene Problemkreis wird auch bei DEBUS, in: Castan u.a. (Hrsg.), Beck HdR, C 440, Anm. 21-25, eingehend erörtert, wobei der Autor sich dort allerdings einer eigenen Stellungnahme weitgehend enthält.

3. Desweiteren sind in den Vorschriften zur Steuerabgrenzung im Konzernabschluß etliche Teilfragen, wie bspw. die des Steuersatzes, nicht geregelt.

Es bietet sich an, die Aktionsparamter bei der Steuerabgrenzung entsprechend den Gesetzesvorschriften zur Steuerabgrenzung im Konzernabschluß zu systematisieren, da diese Regelungen z.T. disgruente Forderungen an die Steuerabgrenzung enthalten.[1] Diese Systematik ist in der folgenden Abbildung 17 wiedergegeben.

Abb. 17: Systematik der Aktionsparameter bei der Steuerabgrenzung

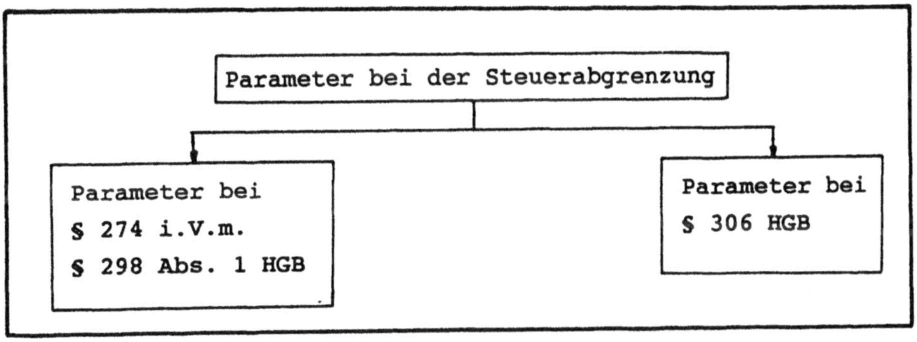

In der Literatur findet sich jedoch z.T. eine Dreiteilung der latenten Steuern im Konzernabschluß:[2]
- "Aus Einzelabschlüssen übernommene latente Steuern"[3],
- "Latente Steuern aus der Überleitung zur Handelsbilanz II"[4],

1 Von der gleichen Systematik gehen wohl auch BUSSE von COLBE/MÜLLER/REINHARD (Hrsg.), Aufstellung, S. 112 f., aus.
2 Vgl. TREUHAND-VEREINIGUNG (Hrsg.), Rechnungslegung im Konzern, S. 193; GROSS/SCHRUFF/von WYSOCKI, Konzernabschluß, S. 219.
3 TREUHAND-VEREINIGUNG (Hrsg.), Rechnungslegung im Konzern, S. 193.
4 Ebenda.

- "Latente Steuern aus Konsolidierungsmaßnahmen"[1].

Diese Systematisierung erscheint aber weniger geeignet, da bei der Steuerabgrenzung nach § 274 i.V.m. § 298 Abs. 1 HGB im Endeffekt eine Beziehung zwischen der Steuerbilanz des Einzelunternehmens und der Handelsbilanz II hergestellt wird.[2]

In den nächsten Gliederungspunkten sollen die Aktionsparameter bei der Steuerabgrenzung der in Abbildung 17 aufgeführten Systematik analysiert werden. Da es sich bei den Aktionsparametern im Zusammenhang mit § 274 i.V.m. § 298 Abs. 1 HGB um solche handelt, die grundsätzlich auch im Einzelabschluß bestehen und dazu bereits umfangreiche Literatur existiert, kann hier auf eine nähere inhaltliche Spezifikation dieser Aktionsparameter verzichtet werden.[3]

7.2 Parameter bei § 274 i.V.m. § 298 Abs. 1 HGB

Wie oben bereits ausgeführt, ist Basis der Ermittlung der latenten Steuern nach § 274 i.V.m. § 298 Abs. 1 HGB de facto die Gegenüberstellung von Steuerbilanz und Handelsbilanz II des jeweiligen Konzernunternehmens.[4] Aufbauend auf dieser Gegenüberstellung sind die timing differences[5] zu ermitteln und dem zu bildenden Steuerabgrenzungsposten zugrunde zu legen. Die hierbei zur Verfügung stehenden Aktionsparameter entsprechen,

---

1 TREUHAND-VEREINIGUNG (Hrsg.), Rechnungslegung im Konzern, S. 193.
2 Vgl. hinsichtlich des Verhältnisses von der Steuerbilanz zur Handelsbilanz II in Bezug auf die Steuerabgrenzung BUSSE von COLBE/MÜLLER/REINHARD (Hrsg.), Aufstellung, S. 112 f.
3 Vgl. Gliederungspunkt I im 3. Kapitel. Eine umfassende Literaturzusammenstellung zur Steuerabgrenzung im Einzelabschluß findet sich bei ADLER/DÜRING/SCHMALTZ, 5. Aufl. 1987, Literaturübersicht zu § 274 HGB.
4 Vgl. BUSSE von COLBE/MÜLLER/REINHARD (Hrsg.), Aufstellung, S. 112 f.
5 Zum Begriff vgl. HENNIG, Bilanzierung, S. 67-73.

wie bereits erwähnt, denjenigen, die auch im Einzelabschluß angewendet werden können. Tabelle 18 enthält diese in zusammengefaßter Form:

Tab. 18 : Aktionsparameter der Steuerabgrenzung bei der Überleitung der Steuerbilanz in die Handelsbilanz II

Bezeichnung[1]	Inhaltliche Skizzierung
Parameter bei der Abgrenzung der Ursachen (timing differences) für die Steuerabgrenzung	Es ergeben sich im konkreten Einzelfall vielfach Spielräume bei der Bestimmung der Ursachen für die Steuerabgrenzung, d.h. diese bestehen u.a. bei der Abgrenzung zwischen timing differences und permanenten sowie quasi-permanenten Differenzen.[2] Wahlrechte sind bei der Abgrenzung der Ursachen für latente Steuern weniger gegeben. Solche bestehen de facto aber bspw. dort, wo in der Literatur strittig ist, ob bestimmte Ursachen eine Abgrenzung latenter Steuern notwendig machen. Als solche strittige Ursachen kommen die Ingangsetzungsaufwendungen in Frage.[3]

1 Auf den auch im Einzelabschluß (§ 274 HGB) vorkommenden Parameter der Gesamtbetrachtung wird gesondert bei den Aktionsparametern nach § 306 HGB eingegangen.

2 Vgl. zu dieser Abgrenzungsproblematik z.B. DEBUS, in: Castan u.a. (Hrsg.), Beck HdR, C 440, Anm.41-48. Zu den Begriffen "permanente Differenzen" sowie "quasi-permanente Differenzen" vgl. BUSSE von COLBE/ MÜLLER/REINHARD (Hrsg.), Aufstellung, S. 110 f. Vgl. dazu ferner HILLE, Latente Steuern, S. 8-10, der jedoch nur von "zeitlich unbegrenzten Differenzen" und von "quasi zeitlich unbegrenzten Differenzen" spricht.

3 Vgl. dazu SCHNEELOCH, Steuerabgrenzung, S. 518 m.w.N. sowie SCHILDBACH, Ingangsetzungsaufwendungen, S. 57 ff. m.w.N.

Bezeichnung	Inhaltliche Skizzierung
Parameter bei der Bestimmung des Steuersatzes	Spielräume bestehen auch bei der Bestimmung des Steuersatzes. Grundsätzlich kann der Steuersatz aufgrund der konkreten Verhältnisse des in Frage kommenden Konzernunternehmens bestimmt werden. Es kann aber auch ein durchschnittlicher Steuersatz zugrunde gelegt werden. Daneben sind etliche Mischformen und Kombinationen möglich.[1]
Aktivierungswahlrecht von aktiven latenten Steuern	§ 274 Abs. 2 Satz 1 i.V.m. § 298 Abs. 1 HGB gewährt ein Aktivierungswahlrecht für aktive latente Steuern.
Ansatz von Zwischenwerten	In der Literatur wird die Meinung vertreten, daß bei aktiven latenten Steuern nicht nur ein Aktivierungswahlrecht, sondern auch ein Bewertungswahlrecht dahingehend besteht, daß "beliebige Zwischenwerte zwischen dem höchstzulässigen Wertansatz und einem Ansatz von 0 DM"[2] zulässig sind.

1 Vgl. dazu auch Gliederungspunkt V.7.3.2 in diesem Kapitel.

2 SCHNEELOCH, Steuerabgrenzung, S. 524.

Die Aktionsparameter nach § 274 i.V.m. § 298 Abs. 1 HGB sind als ergebniswirksam einzustufen. Die Aktivierung von latenten Steuern, der Verzicht auf den Ansatz von Zwischenwerten bei aktiven latenten Steuern und die Spielraumausnutzung bei der Ursachenabgrenzung dahingehend, Ursachen für aktive latente Steuern anzunehmen, führen zu einer Ergebniserhöhung. Die Wirkungsrichtung des Parameters bei der Bestimmung des Steuersatzes hängt davon ab, ob aktive oder passive latente Steuern vorliegen. Ein relativ hoher Steuersatz führt bei Vorliegen aktiver latenter Steuern zu einer relativen Ergebniserhöhung und bei Vorliegen passiver latenter Steuern zu einer relativen Ergebnisminderung.

Die Inanpsruchnahme der Aktionsparameter bei der Abgrenzung aktiver latenter Steuern ist z.T. tendenziell erkennbar, da nach § 274 Abs. 2 Satz 2 i.V.m. § 298 Abs. 1 HGB der Abgrenzungsposten gesondert anzugeben und im Konzernanhang zu erläutern ist. Die Aktionsparameter bei der Bestimmung des Steuersatzes und hinsichtlich des Ansatzes von Zwischenwerten sind teilbar, die übrigen nicht. Auf die einzelnen Ursachen der Steuerabgrenzung ist grundsätzlich der gleiche Steuersatz anzuwenden. Bei den übrigen Aktionsparametern besteht keine Bindungswirkung.

7.3 Parameter bei § 306 HGB

7.3.1 Abgrenzung der Ursachen

Bei den Ursachen, die eine Abgrenzung von latenten Steuern nach § 306 HGB notwendig machen, bestehen nur in seltenen Ausnahmefällen Aktionsparameter. Im Normalfall führen erfolgswirksame Differenzen aus der

Schuldenkonsolidierung[1] sowie aus den Zwischenergebniseliminierungen, so weit ihnen nicht Lieferungen ins nicht abnutzbare Anlagevermögen zugrunde liegen, zur Pflicht, eine Steuerabgrenzung nach § 306 HGB vorzunehmen.[2] Weiterhin besteht für bestimmte konzerninterne Gewinnausschüttungen die Pflicht, eine Steuerrückstellung zu bilden.[3] Andererseits führt die Währungsumrechnung grundsätzlich nicht zu einer Steuerabgrenzung nach § 306 HGB.[4] Gleiches gilt für die Kapitalkonsolidierung.[5] Dennoch bestehen, wie eingangs erwähnt, in Ausnahmefällen Aktionsparameter bei der Ursachenabgrenzung für latente Steuern nach § 306 HGB. Diese sollen im folgenden kurz skizziert werden.

Kapitalkonsolidierung:

Anlaß für eine Abgrenzung von latenten Steuern bei der Kapitalkonsolidierung ist dann gegeben, wenn eine Beteiligungsveräußerung beabsichtigt ist und es dadurch zu einer Umkehrung der erfolgswirksamen Konsoli-

---

1 Zum Begriff und zu den Ursachen der (echten) erfolgswirksamen Differenzen aus der Schuldenkonsolidierung vgl. von WYSOCKI/WOHLGEMUTH, Konzernrechnungslegung, S. 170 f.

2 Vgl. GROSS/SCHRUFF/von WYSOCKI, Konzernabschluß, S. 232 f.; WP-HANDBUCH 1985/86, Bd. II, S. 441; BUSSE von COLBE/MÜLLER/REINHARD (Hrsg.), Aufstellung, S. 114; von WYSOCKI/WOHLGEMUTH, Konzernrechnungslegung, S. 206 f.; DEBUS, in: Castan u.a.(Hrsg.), Beck HdR, C 440, Anm. 156-168; TREUHAND-VEREINIGUNG (Hrsg.), Rechnungslegung im Konzern, S. 200; SCHERRER, in: Hofbauer/Kupsch (Hrsg.), BHR, § 306 HGB, Anm. 19-22; SCHINDLER, Latente Steuern, S. 1658; HAAR, Berücksichtigung, S. 311-316; COENENBERG/HILLE, Latente Steuern, S. 613 f.

3 Vgl. z.B. WP-HANDBUCH 1985/86, Bd. II, S. 441 f.; von WYSOCKI/WOHLGEMUTH, Konzernrechnungslegung, S. 208 f.; TREUHAND-VEREINIGUNG (Hrsg.), Rechnungslegung im Konzern, S. 201 f.

4 Vgl. BUSSE von COLBE/MÜLLER/REINHARD (Hrsg.), Aufstellung, S. 118 f.; von WYSOCKI/WOHLGEMUTH, Konzernrechnungslegung, S. 210 f.; TREUHAND-VEREINIGUNG (Hrsg.), Rechnungslegung im Konzern, S. 198 f.; GROSS/SCHRUFF/von WYSOCKI, Konzernabschluß, S. 229.

5 Vgl. z.B. DEBUS, in: Castan u.a. (Hrsg.), Beck HdR, C 440, Anm. 137-144; von WYSOCKI/WOHLGEMUTH, Konzernrechnungslegung, S. 207.

dierungsvorgänge aus der Folgekonsolidierung im Rahmen der Kapitalkonsolidierung kommt.[1] Hier kann ein Spielraum hinsichtlich der Annahme einer Beteiligungsveräußerung bestehen.

Währungsumrechnung:
Auch bei der Währungsumrechnung besteht wie bei der Kapitalkonsolidierung der Spielraum hinsichtlich der Annahme einer Beteiligungsveräußerung.

Equity-Bewertung:
Vereinzelt wird in der Literatur die Meinung vertreten, die Equity-Bewertung könne nicht zu einer Steuerabgrenzung nach § 306 HGB führen, da die Paragraphen 311 und 312 HGB nicht in § 306 HGB aufgeführt sind.[2] Überwiegende Literaturmeinung ist jedoch, daß auch die Equity-Bewertung eine Steuerabgrenzung nach § 306 HGB verursachen kann.[3] M.E. wird man auf die oben angeführte Mindermeinung allerdings kein Wahlrecht stützen können. Vielmehr ist davon auszugehen, daß in den Fällen, in denen die Equity-Bewertung Ursachen für eine Steuerabgrenzung liefert, eine Pflicht zur Bildung von latenten Steuern besteht.

Dennoch beinhaltet auch die Equity-Bewertung in seltenen Ausnahmefällen Spielräume bei der Steuerabgrenzung. Einerseits besteht der gleiche Spielraum wie bei der Kapitalkonsolidierung, andererseits besteht ein Spielraum hinsichtlich der Frage, ob bei dem asso-

---

1 Vgl. z.B. DEBUS, in: Castan u.a. (Hrsg.), Beck HdR, C 440, Anm. 142

2 Vgl. TREUHAND-VEREINIGUNG (Hrsg.), Rechnungslegung im Konzern, S. 204.

3 Vgl. WP-HANDBUCH 1985/86, Bd. II, S. 442; von WYSOCKI/WOHLGEMUTH, Konzernrechnungslegung, S. 208; BUSSE von COLBE/MÜLLER/REINHARD (Hrsg.), Aufstellung, S. 118. GROSS/SCHRUFF/von WYSOCKI, Konzernabschluß, S. 236 und DEBUS, in: Castan u.a. (Hrsg.), Beck HdR, C 440, Anm. 27 u. 176 f., gehen ebenfalls davon aus, daß die Equity-Bewertung eine Steuerabgrenzung erforderlich machen kann, allerdings nehmen sie als Rechtsgrundlage hierfür § 274 i.V.m. § 298 Abs. 1 HGB.

ziierten Unternehmen auf absehbare Zeit keine Gewinnausschüttung vorgenommen wird und damit ein Grund für die Abgrenzung latenter Steuern wegfällt.[1] Denn: Wenn das assoziierte Unternehmen keine Gewinnausschüttung beabsichtigt, hat dies auch zur Konsequenz, daß sich der im Konzernabschluß aufgrund des § 312 HGB bereits ausgewiesene Beteiligungsertrag infolge der nicht beabsichtigten Gewinnausschüttung nicht "umkehrt" und damit eine Voraussetzung für die Steuerabgrenzung fehlt.

Insgesamt ist zu konstatieren, daß hinsichtlich der Ursachen der Steuerabgrenzung kaum Aktionsparameter bestehen.

Die Spielräume bei der Abgrenzung der Ursachen für latente Steuern sind als ergebniswirksam einzustufen. Die Spielraumnutzung bei der Kapitalkonsolidierung dahingehend, daß ein Grund für die Abgrenzung angenommen wird, führt zu aktiven latenten Steuern und damit zu einer Ergebniserhöhung. Die gleiche Wirkungsrichtung weist der diesem Spielraum entsprechende Spielraum bei der Equity-Bewertung auf. Der andere bei der Equity-Bewertung vorhandene Spielraum, also der Spielraum hinsichtlich der beabsichtigten Gewinnausschüttung, führt bei Inanspruchnahme dahingehend, daß eine Gewinnausschüttung angenommen wird, zu passiven latenten Steuern und damit zu einer Ergebnisminderung. Die Wirkungsrichtung des Spielraumes bei der Währungsumrechnung ist unbestimmt.

7.3.2 Anzuwendender Steuersatz

Die sich aus der Abgrenzung der Ursachen für latente Steuern ergebende 'Steuerbemessungsgrundlage' ist mit

1 Vgl. zur Steuerabgrenzung bei der Equity-Bewertung WP-HANDBUCH 1985/86, Bd. II, S. 442; GROSS/SCHRUFF/von WYSOCKI, Konzernabschluß, S. 236; DEBUS, in: Castan u.a. (Hrsg.), Beck HdR, C 440, Anm. 176 f.

einem Steuersatz zu multiplizieren, um den Steuerabgrenzungsposten zu erhalten. Hinsichtlich dieses anzuwendenden Steuersatzes besteht eine ganze Bandbreite von möglichen Wertansätzen. Im einzelnen stehen prinzipiell folgende Steuersätze zur Verfügung[1]:

- der Spitzensteuersatz des Mutterunternehmens;
- ein Steuersatz des Mutterunternehmens, der das Ausschüttungsverhalten des Mutterunternehmens miteinbezieht;
- der Steuersatz des Konzernunternehmens, das die jeweilige Steuerabgrenzung verursacht hat;
- ein Durchschnittssteuersatz, der sich aus den jeweiligen konkreten Steuersätzen der einzelnen Konzernunternehmen zusammensetzt;
- ein konzerneinheitlicher Steuersatz.

Neben diesen Parametern bei der Steuersatzbestimmung besteht noch ein Wahlrecht hinsichtlich der Berücksichtigung von künftigen Steuersatzänderungen. Mehrheitlich wird in der Literatur angenommen, der Konzern könne sowohl die künftigen Steuersatzänderungen bei der Bestimmung des Steuersatzes berücksichtigen, also die Liability-Methode anwenden, als auch längerfristig einen bestimmten, einmal gewählten Steuersatz beibehalten, also de facto die Deferral-Methode anwenden.[2]

Die Parameter bei der Bestimmung des anzuwendenden Steuersatzes sind als ergebniswirksam einzustufen. Die Wirkungsrichtung ist davon abhängig, ob aktive oder passive latente Steuern vorliegen. Ein hoher Steuersatz führt bei aktiven latenten Steuern zu einer tendenziellen Ergebniserhöhung und bei passiven latenten Steuern zu einer tendenziellen Ergebnisminderung. Für einen niedrigen Steuersatz gilt das Umgekehrte.

1 Vgl. HENNIG, Bilanzierung, S. 285; DEBUS, in: Castan u.a. (Hrsg.), Beck HdR, C 440, Anm. 54.
2 Vgl. GROSS/SCHRUFF/von WYSOCKI, Konzernabschluß, S. 218; WP-HANDBUCH 1985/86, Bd. II, S. 443; DEBUS, in: Castan u.a. (Hrsg.), Beck HdR, C 440, Anm. 84.

Welcher Steuersatz angewendet wurde, wird für die Konzernabschlußinteressenten i.d.R. erkennbar sein, da die Angabepflichten nach § 313 Abs. 1 HGB insoweit auch Angaben über den verwendeten Steuersatz enthalten sollten. Der Aktionsparameter ist teilbar, entfaltet allerdings Bindungswirkung, d.h. es ist grundsätzlich ein einheitlicher Steuersatz anzuwenden.

7.3.3 Gesamt- versus Einzelbetrachtung

Nach vorherrschender Meinung in der Literatur kann zur Ermittlung des Steuerabgrenzungspostens nach § 306 HGB auch eine Gesamtbetrachtung durchgeführt werden.[1] Im Gegensatz zur Einzelbetrachtung, bei der für jede einzelne zeitliche Differenz der Betrag der latenten Steuern separat ermittelt wird[2], wird bei der Gesamtbetrachtung auf die gesamte Differenz zwischen der Summe der Einzelergebnisse und dem Konzernjahresergebnis abgestellt.[3]

Bei der Gesamtbetrachtung erfolgt die Ermittlung des Steuerabgrenzungspostens nach § 306 HGB in der Weise, daß die in der Differenz zwischen der Summe der Einzelergebnisse und dem Konzernjahresergebnis enthaltenen permanenten und quasi-permanenten Differenzen eliminiert und der verbleibende Rest, also die timing differences, mit dem ausgewählten Steuersatz multipliziert werden.[4]

---

1 Vgl. WP-HANDBUCH 1985/86, Bd. II, S. 444; BUSSE von COLBE/MÜLLER/REINHARD (Hrsg.), Aufstellung, S. 121 f.; DEBUS, in: Castan u.a. (Hrsg.), Beck HdR, C 440, Anm. 91-93; TREUHAND-VEREINIGUNG (Hrsg.), Rechnungslegung im Konzern, S. 205 f.

2 Vgl. DEBUS, in: Castan u.a. (Hrsg.), Beck HdR, C 440, Anm. 91.

3 Vgl. ebenda.

4 Vgl. ebenda, Anm. 93.

Die Inanspruchnahme der Gesamt- anstatt der Einzelbetrachtung wird i.d.R. ergebniswirksame Konsequenzen hervorrufen, da nur in Ausnahmefällen in Erst- und Folgeperioden die Höhe des Steuerabgrenzungspostens identisch sein wird.[1] Allgemeine Aussagen über Wirkungsrichtung und Sekundäreffekte sind nicht möglich.

Soweit viele Ursachen für Steuerabgrenzungen vorhanden sind, führt die Inanspruchnahme der Gesamtbetrachtungsweise zu einer wesentlichen Arbeitsvereinfachung und zu Kostenersparnissen.[2]

7.3.4 Verrechnungswahlrecht mit den Posten nach § 274 HGB

§ 306 Satz 3 HGB gewährt das Wahlrecht, den Steuerabgrenzungsposten nach § 306 HGB mit den Steuerabgrenzungsposten nach § 274 HGB zusammenzufassen. Darüber hinaus bestehen keine Saldierungswahlrechte.

Wie Schneeloch[3] grundlegend erarbeitet hat, besteht bei § 274 HGB keine Möglichkeit, aktive und passive latente Steuern zu saldieren, da es sich bei der Ermittlung der latenten Steuern "um die Bewertung einer einzigen Bilanzposition"[4] handelt.

Auch bei § 306 HGB kann es nach herrschender Literaturmeinung entweder nur zum Ausweis von aktiven oder aber nur von passiven latenten Steuern kommen.[5] Ein gleichzeitiger Ausweis von aktiven und passiven laten-

---

1 Vgl. auch HENNIG, Bilanzierung, S. 79-87 und das dort aufgeführte Beispiel.

2 Vgl. ebenda, S. 81 u. S. 87; DEBUS, in: Castan u.a. (Hrsg.), Beck HdR, C 440, Anm. 91; BUSSE von COLBE/ MÜLLER/REINHARD (Hrsg.), Aufstellung, S. 122.

3 Vgl. SCHNEELOCH, Steuerabgrenzung, S. 523 f.

4 Ebenda, S. 524.

5 Vgl. TREUHAND-VEREINIGUNG (Hrsg.), Rechnungslegung im Konzern, S. 206; DEBUS, in: Castan u.a. (Hrsg.), Beck HdR, C 440, Anm. 101; WP-HANDBUCH 1985/86, Bd. II, S. 444.

ten Steuern ist nicht möglich. Dies ergibt sich auch eindeutig aus den Gesetzesmaterialien.[1]

Das Verrechnungswahlrecht ist dann als strukturwirksam mit bilanzsummenmindernder Wirkungsrichtung einzustufen, wenn aktive mit passiven latenten Steuern verrechnet werden. In dem Fall jedoch, daß entweder sowohl der Steuerabgrenzungsposten nach § 306 HGB als auch die Steuerabgrenzungsposten nach § 274 HGB aktiver Natur sind oder aber nur passive Steuerabgrenzungsposten vorliegen, handelt es sich um ein formelles Wahlrecht. Bei dieser Konstellation ändern sich nur die Bezeichnungen der Bilanzausweise. Die Sekundärwirkungen sind grundsätzlich gleichgerichtet, da das Wahlrecht der Darstellungsstetigkeit nach § 265 Abs. 1 i.V.m. § 298 Abs. 1 HGB unterliegt.

Die Inanspruchnahme dieses Wahlrechts ist betragsmäßig erkennbar, da nach § 306 Satz 2 HGB der Steuerabgrenzungsposten nach § 306 HGB gesondert anzugeben ist.

VI. Gestaltungsparameter im Konzernanhang

1 Überblick

Der Konzernanhang enthält sehr viele formelle Wahlrechte. Beispiele für formelle Wahlrecht sind:

- In vielen Fällen können Angaben statt in der Konzernbilanz oder der Konzern-GuV auch im Konzernanhang gemacht werden.
- Die in § 313 Abs. 2 HGB geforderten Angaben können statt im Konzernanhang auch in einer gesonderten Auf-

---

1 Vgl. BT-Drucksache 10/3440, S. 39, in der es heißt: "Es kommt nur die Bildung entweder eines Passivpostens oder eines Aktivpostens in Betracht, je nach dem, ob in der Zukunft insgesamt mit einer Steuermehrbelastung oder einer Steuerentlastung zu rechnen ist."

stellung des Anteilsbesitzes gemacht werden.[1]
- Der Konzernanhang darf mit dem Anhang des Mutterunternehmens zusammengefaßt werden.[2]

Darüber hinaus besteht ein enormes Potential an Gestaltungsmöglichkeiten bei der Aufmachung des Konzernanhangs,[3] wie bspw. hinsichtlich der Gliederung, der Reihenfolge der Angaben, der Verwendung von Tabellen etc. Diese formellen Aktionsparameter, die alle keinen Einfluß auf die Vermögens-, Finanz- und Ertragslage des Konzerns haben, sind nicht Bestandteil des Untersuchungsbereichs.

Neben diesen formellen Aktionsparametern bestehen allerdings noch einige quasi-materielle Aktionsparameter im Konzernanhang, die im folgenden - entsprechend der gestellten Untersuchungsaufgabe dieser Arbeit - im einzelnen erläutert werden sollen. Die Wirkungsweise und die Auswahlkriterien dieser Aktionsparameter sind weitgehend identisch, so daß diese nur bei einem Aktionsparameter aufgeführt zu werden brauchen. Bei den anderen Aktionsparametern kann insoweit dann auf diesen verwiesen werden.

2 Verzicht auf die Angabe von Beteiligungsunternehmen - materiality

§ 313 Abs. 2 Nr. 4 Satz 2 HGB vermittelt das Wahlrecht, bei Unternehmen, "bei denen das Mutterunternehmen, ein Tochterunternehmen oder eine für Rechnung eines dieser Unternehmen handelnde Person mindestens den fünften Teil der Anteile besitzt,"[4] und die nicht unter

1 Vgl. § 313 Abs. 4 HGB.
2 Vgl. § 298 Abs. 3 HGB.
3 Zur Gestaltung des Konzernanhangs s. SELCHERT/KARSTEN, Inhalt, S. 1258 ff.; HARMS/KÜTING, Konzernanhang, S. 1977 ff.; EVERLING, Konzernanhang, S. 17 ff.; JANZ/SCHÜLEN, Anhang, S. 63 ff.; s. ferner SCHNAPAUFF, Fragebogen, S. 470 ff.
4 § 313 Abs. 2 Nr. 4 Satz 2 HGB.

die Nr. 1-3 von § 313 Abs. 2 HGB fallen, die in Satz 1 dieser Vorschrift aufgeführten Angaben nicht zu geben,[1] soweit diese Angaben "für die Vermittlung eines den tatsächlichen Verhältnissen entsprechenden Bildes der Vermögens-, Finanz- und Ertragslage des Konzerns von untergeordneter Bedeutung sind."[2]

§ 313 Abs. 2 Nr. 4 Satz 1 HGB enthält im einzelnen folgende Angabeerfordernisse:

- Name und Sitz des Unternehmens, an dem die Beteiligung besteht,
- Anteil am Kapital dieses Unternehmens,
- Höhe des Eigenkapitals dieses Unternehmens und
- Höhe des Ergebnisses (Jahresüberschuß) dieses Unternehmens für das letzte Geschäftsjahr, für das ein Abschluß aufgestellt worden ist.[3]

Bei dem vorbezeichneten Aktionsparameter handelt es sich um einen materiality-Aktionsparameter.[4] Er ist quasi-materiell und löst keine Sekundärwirkungen aus. Die Ausübung des Aktionsparameters ist eingeschränkt zeitlich flexibel, d.h. er kann auch in Folgeperioden noch in Anspruch genommen werden, sofern dann noch die "untergeordnete Bedeutung" gegeben ist.

3 Verzicht auf die Angabe von Eigenkapital und Ergebnis bei nicht offenlegungspflichtigen Unternehmen

§ 313 Abs. 2 Nr. 4 Satz 3 HGB enthält das Wahlrecht, bei den Unternehmen, wie sie im vorhergehenden Glie-

---

1 Vgl. WP-HANDBUCH 1985/86, Bd. II, S. 459; SCHERRER, in: Hofbauer/Kupsch (Hrsg.), BHR, § 313 HGB, Anm. 78-84; GZUK, in: Castan u.a. (Hrsg.), Beck HdR, C 600, Anm. 51-58; BUSSE von COLBE/MÜLLER/REINHARD (Hrsg.), Aufstellung, S. 160; TREUHAND-VEREINIGUNG (Hrsg.), Rechnungslegung im Konzern, S. 271.

2 § 313 Abs. 2 Nr. 4 Satz 2 HGB.

3 Vgl. SCHERRER, in: Hofbauer/Kupsch (Hrsg.), BHR, § 313 HGB, Anm. 79.

4 Vgl. zum Inhalt von materiality-Aktionsparametern im einzelnen Gliederungspunkt IV.1.1.5 im 2. Kapitel.

derungspunkt aufgezeigt wurden,[1] auf die Angabe des Eigenkapitals und des Ergebnisses dieser Unternehmen zu verzichten, soweit die folgenden zwei Voraussetzungen erfüllt sind:[2]

- Das in Anteilsbesitz stehende Unternehmen braucht seinen Jahresabschluß nicht zu veröffentlichen und
- das Mutterunternehmen, das Tochterunternehmen oder eine für Rechnung eines dieser Unternehmen handelnde Person besitzt weniger als 50 % der Anteile an diesem Unternehmen.

Die Wirkungsweise und die Auswahlkriterien entsprechen bis auf eine Ausnahme denjenigen des im vorhergehenden Gliederungspunkt besprochenen Wahlrechts. Im Gegensatz zu jenem Wahlrecht ist bei dem Wahlrecht nach § 313 Abs. 2 Nr. 4 Satz 3 HGB eine Erkennbarkeit gegeben, und zwar insoweit, als bei Ausweis der übrigen Angaben nach § 313 Abs. 2 Nr. 4 Satz 1 HGB das Fehlen der Angabe von Eigenkapital und Ergebnis offenkundig wird.

4 Schutzklausel

Als weiteres Wahlrecht im Konzernanhang steht dem Konzern die Schutzklausel zur Verfügung, soweit die entsprechenden Anforderungen erfüllt sind.[3] Dieses Wahlrecht beinhaltet die Möglichkeit, bestimmte in § 313 Abs. 2 HGB geforderte Angaben über Beteiligungsverhältnisse nicht zu machen, wenn "nach vernünftiger kaufmännischer Beurteilung damit gerechnet werden muß,

---

1 Also bei Unternehmen, "bei denen das Mutterunternehmen, ein Tochterunternehmen oder eine für Rechnung eines dieser Unternehmen handelnde Person mindestens den fünften Teil der Anteile besitzt" (§ 313 Abs. 2 Nr. 4 Satz 1 HGB) und die nicht unter die Nr. 1-3 des § 313 Abs. 2 HGB fallen.

2 Vgl. die in Fußn. 1 auf S. 410 aufgeführte Literatur.

3 Neben diesem Wahlrecht besteht noch nach § 160 Abs. 2 AktG i.V.m. § 298 Abs. 1 HGB in bestimmten Fällen die Pflicht, die Angabe von in § 160 Abs. 1 AktG aufgeführten Informationen zu unterlassen.

daß durch die Angaben dem Mutterunternehmen, einem Tochterunternehmen oder einem anderen in Absatz 2 (gemeint ist § 313 Abs. 2 HGB) bezeichneten Unternehmen erhebliche Nachteile entstehen können."[1]

Zur Nutzung dieses Wahlrechts müssen zwei Voraussetzungen erfüllt sein:

- Es muß "nach vernünftiger kaufmännischer Beurteilung damit gerechnet werden"[2], daß einem der in § 313 Abs. 2 aufgeführten Unternehmen durch die Veröffentlichung der betreffenden Angabe ein Nachteil entsteht und
- der Nachteil muß erheblich sein.

Wann diese Voraussetzungen vorliegen, kann nicht allgemein bestimmt werden.[3]

Die Wirkungsweise und die Auswahlkriterien entsprechen denjenigen des in Gliederungspunkt VI.2 behandelten Wahlrechts. Die Inanspruchnahme ist lediglich im Gegensatz zu diesem Wahlrecht insoweit eingeschränkt erkennbar, als nach § 313 Abs. 2 Satz 2 HGB die Anwendung der Schutzklausel anzugeben ist.

5 Angabe von sonstigen finanziellen Verpflichtungen - materiality

Die Regelung des § 314 Abs. 1 Nr. 2 HGB, daß "der Gesamtbetrag der sonstigen finanziellen Verpflichtungen, die nicht in der Konzernbilanz erscheinen oder nicht nach § 298 Abs. 1 (HGB) in Verbindung mit § 251 (HGB) anzugeben sind,"[4] aufzuführen ist, "sofern diese Angabe

---

1 § 313 Abs. 3 HGB (Klammerzusatz vom Verf.).

2 § 313 Abs. 3 HGB.

3 Vgl. dazu auch Gliederungspunkt IV.1.1.5 im 2. Kapitel; Vgl. ferner GZUK, in: Castan u.a. (Hrsg.), Beck HdR, C 600, Anm. 60 f.; SCHERRER, in: Hofbauer/ Kupsch, BHR, § 313 HGB, Anm. 85 f.; WP-HANDBUCH 1985/86, Bd. II, S. 459 f.

4 § 314 Abs. 1 Nr. 2 HGB (Klammerzusätze vom Verfasser).

für die Beurteilung der Finanzlage des Konzerns von Bedeutung ist"[1], beinhaltet einen Spielraum;[2] und zwar ist der Spielraum in der Formulierung enthalten, daß die Angabe für die Beurteilung der Finanzlage des Konzerns von Bedeutung sein muß.

Die Wirkungsweise und die Auswahlkriterien entsprechen denjenigen des im Gliederungspunkt VI.2 dargestellten Aktionsparameters, mit der einen Ausnahme, daß dieser Aktionsparameter zeitlich inflexibel ist. Es muß zwingend eine Entscheidung über die Spielraumnutzung getroffen werden.

6 Verzicht auf die Segmentpublizität - Spielraum

Die Aufgliederung der Umsatzerlöse hat nur zu erfolgen, wenn sich "die Tätigkeitsbereiche und geographisch bestimmten Märkte untereinander erheblich unterscheiden."[3] Die Formulierung "erheblich unterscheiden" eröffnet dem Konzernabschlußersteller einen Beurteilungsspielraum, ob im konkreten Entscheidungsfall eine solche Erheblichkeit gegeben ist. Die Wirkungsweise und die Auswahlkriterien entsprechen grundsätzlich denjenigen des im vorhergehenden Gliederungspunkt besprochenen Aktionsparameters. Allerdings ist die Nichtaufgliederung der Umsatzerlöse erkennbar, da entsprechende Angaben im Konzernanhang fehlen.

---

1 § 314 Abs. 1 Nr. 2 HGB (Klammerzusätze vom Verfasser)

2 Vgl. zum Inhalt dieser Vorschrift auch SELCHERT, Verpflichtungen, S. 545 ff. Die Ausführungen von Selchert beziehen sich zwar auf § 285 Nr. 3 HGB, haben aber grundsätzlich auch Bedeutung für § 314 Abs. 1 Nr. 2 HGB, da diese Vorschrift § 285 Abs. 3 HGB weitgehend entspricht.

3 § 314 Abs. 1 Nr. 3 HGB.

7 Verzicht auf die Segmentpublizität - Wahlrecht

§ 314 Abs. 2 HGB enthält das Wahlrecht, auf die Aufgliederung der Umsatzerlöse zu verzichten, "soweit nach vernünftiger kaufmännischer Beurteilung damit gerechnet werden muß, daß durch die Aufgliederung einem in den Konzernabschluß einbezogenen Unternehmen erhebliche Nachteile entstehen."[1] Es handelt sich um ein Wahlrecht mit Spielraumimplikation, denn dieses Wahlrecht steht nur dann zur Verfügung, wenn angenommen wird, daß "erhebliche Nachteile" entstehen.

Die Wirkungsweise und die Auswahlkriterien entsprechen denjenigen des im vorhergehenden Gliederungspunkt besprochenen Aktionsparameters. Jedoch ist die Ausübung dieses Aktionsparameters eingeschränkt zeitlich flexibel, d.h. er steht auch in nachfolgenden Perioden zur Verfügung, soweit auch dann einem in den Konzernabschluß einbezogenen Unternehmen aufgrund der Aufgliederung der Umsatzerlöse erhebliche Nachteile entstehen.

VII. Additive Aktionsparameter bei einem Konzernabschluß nach PublG

1 Überblick

Auch auf den Konzernabschluß nach PublG sind - gem. § 13 PublG - grundsätzlich die Regelungen des HGB anzuwenden. Damit können die in den vorhergehenden Gliederungspunkten aufgeführten Aktionsparameter grundsätzlich auch auf den Konzernabschluß nach PublG angewendet werden. Darüber hinaus existieren im Konzernabschluß nach PublG noch einige zusätzliche (additive) Aktions-

1 § 314 Abs. 2 Satz 1 HBG.

parameter, und einige andere Aktionsparameter[1] sind etwas anders ausgestaltet als im HGB.

Diese zusätzlichen bzw. speziellen Aktionsparameter im Konzernabschluß nach PublG sollen in diesem Gliederungspunkt VII. aufgezeigt werden.

2 Erstellungsspielraum bei Abgrenzung der einheitlichen Leitung

Der Spielraum bei der Bestimmung der einheitlichen Leitung steht auch bei der Aufstellung eines Konzernabschlusses nach PublG zur Verfügung.[2] Allerdings erhält er im PublG eine viel größere Bedeutung, da ein Pendant zu den in diesem Zusammenhang restriktiven Bestimmungen des § 290 Abs. 2 HGB im PublG nicht existiert. Im PublG wird nur auf die einheitliche Leitung als konzernabschlußbegründendes Merkmal abgestellt.[3]

Die Wirkungsweise und die Auswahlkriterien entsprechen denjenigen des unter Gliederungspunkt II.2.1 in diesem Kapitel aufgezeigten Aktionsparameters.

3 Erstellungswahlrecht eines Teilkonzernabschlusses

Auch im PublG wird für bestimmte Fallkonstellationen

---

1 Das sind die unter Gliederungspunkt VII.2 und VII.3 in diesem Kapitel aufgeführten Aktionsparameter.

2 Zu dem entsprechenden Aktionsparameter bei einem Konzernabschluß nach HGB vgl. Gliederungspunkt II. 2.1 in diesem Kapitel.

3 Vgl. aber auch die Größenkriterien in § 11 Abs. 1 PublG.

die Aufstellung von Teilkonzernabschlüssen[1] vorgeschrieben. § 11 Abs. 3 PublG fordert, daß dann, wenn inländische Mutterunternehmen unter der einheitlichen Leitung eines ausländischen Mutterunternehmens stehen, das dem ausländischen Mutterunternehmen am nächsten stehende inländische Mutterunternehmen verpflichtet ist, für seinen Teilkonzern einen Teilkonzernabschluß aufzustellen.

Die für die Konzernrechnungslegung nach HGB grundsätzlich geltende Verpflichtung, auf jeder Konzernstufe einen (Teil)-Konzernabschluß aufstellen zu müssen (Tannenbaumprinzip), gilt für die Konzernrechnungslegung nach PublG nicht.[2] Anders als im Konzernrechnungslegungsrecht nach HGB tritt im PublG der Teilkonzernabschluß nicht neben einen Gesamtkonzernabschluß, sondern wird in Ermangelung eines solchen erstellt.[3]

Nach den §§ 11 Abs. 3 und 13 Abs. 4 PublG gelten im Konzernabschluß nach PublG aber auch die §§ 291 und 292 HGB sinngemäß. Daraus folgt, daß unter bestimmten Voraussetzungen die Aufstellung eines Teilkonzernabschlusses unterbleiben kann, wenn stattdessen ein Gesamtkonzernabschluß aufgestellt wird. Stehen inländische Mutterunternehmen unter der einheitlichen Leitung eines Unternehmens mit Sitz innerhalb der Europäischen Wirtschaftsgemeinschaft, kann dieses ausländische Mutterunternehmen, soweit die in § 291 HGB kodifizierten Anwendungsvoraussetzungen erfüllt sind, einen

1 Ein weiteres Beispiel für die durch das BiRiLiG in die einzelnen Gesetze eingeflossenen Unzulänglichkeiten findet sich in § 13 Abs. 1 PublG. Dort wird von "Konzernlagebericht" gesprochen, obwohl offensichtlich der Terminus "Teilkonzernlagebericht" gemeint ist. In § 13 Abs. 2 Satz 3 HGB wird dann auch richtigerweise der Begriff "Teilkonzernlagebericht" gebraucht.

2 Vgl. GROSS/SCHRUFF/von WYSOCKI, Konzernabschluß, S. 410.

3 Vgl. WP-HANDBUCH 1985/86, Bd. II, S. 496.

befreienden Gesamtkonzernabschluß aufstellen.[1] Gleiches wird auch für ein Mutterunternehmen, das seinen Sitz in einem Staat außerhalb der Europäischen Wirtschaftsgemeinschaft hat, dann gelten, wenn die in der noch zu erlassenden Rechtsverordnung auf Grundlage des § 292 HGB geforderten Voraussetzungen erfüllt sind.[2] In der Literatur wird allerdings ausdrücklich darauf hingewiesen, daß an einen solchen befreienden Gesamtkonzernabschluß keine strengeren Bedingungen zu stellen sind, als an einen inländischen Teilkonzernabschluß nach § 11 Abs. 3 PublG.[3]

Soll ein nach PublG aufgestellter Konzernabschluß jedoch befreiende Wirkung für einen Konzernabschluß eines Mutterunternehmens in der Rechtsform einer Kapitalgesellschaft haben, ist § 13 Abs. 3 PublG zu beachten. Danach hat ein Konzernabschluß nach PublG nur befreiende Wirkung, wenn die in § 13 Abs. 3 Sätze 1 und 2 PublG zugestandenen Erleichterungen nicht in Anspruch genommen worden sind.[4]

Wirkungsweise und Auwahlkriterien des hier besprochenen Aktionsparameters sind mit denjenigen der Erstellungswahlrechte von Teilkonzernabschlüssen beim Konzernabschluß nach HGB identisch.[5]

4 Anwendung einer abweichenden Gliederung

In § 13 Abs. 2 Satz 1 2. Halbsatz PublG wird bestimmt: "Soweit eine abweichende Gliederung zulässig ist, kann diese auch für den Konzernabschluß oder den Teilkonzernabschluß verwendet werden." Damit wird dem Konzern das Wahlrecht eröffnet, bspw. für bestimmte Branchen

1 Vgl. § 11 Abs. 6 PublG i.V.m. § 291 HGB.
2 Vgl. § 13 Abs. 4 PublG i.V.m. § 292 HGB.
3 Vgl. WP-HANDBUCH 1985/86, Bd. II, S. 497.
4 Vgl. ebenda, S. 498.
5 Vgl. dazu die Gliederungspunkte II.2.4 und II.2.5 in diesem Kapitel.

geltende Gliederungsvorschriften, die von denjenigen in § 266 HGB abweichen, auch auf den Konzernabschluß anzuwenden.

Hierbei handelt es sich grundsätzlich um einen quasimateriellen Aktionsparameter. Im Einzelfall ist es aber durchaus möglich, daß der Aktionsparameter als strukturwirksam einzustufen ist. Eine Aussage über die Sekundärwirkungen kann ebenfalls nur aufgrund der konkreten Gliederungsvorschrift im Einzelfall getroffen werden.

Die Ausübung dieses Wahlrechts ist insoweit erkennbar, als die offengelegte Gliederung nicht derjenigen in § 266 HGB kodifizierten Gliederung entspricht. Das Wahlrecht ist eingeschränkt zeitlich flexibel.

5 Bewertungswahlrechte

In § 13 Abs. 3 Satz 1 PublG werden einige sehr wesentliche Bewertungswahlrechte gewährt. Die Bewertungswahlrechte können in zwei Gruppen systematisiert werden.

Zum einen handelt es sich um zwei zusätzliche Abschreibungswahlrechte. So dürfen im Konzernabschluß nach PublG sowohl Abschreibungen nach § 253 Abs. 4 HGB als auch außerplanmäßige Abschreibungen nach § 253 Abs. 2 Satz 3 HGB bei immateriellen Vermögensgegenständen und im Sachanlagevermögen bei nicht voraussichtlich dauernder Wertminderung vorgenommen werden. Zum anderen braucht das Wertaufholungsgebot nicht angewendet zu werden.

Es ist allerdings nochmals darauf hinzuweisen,[1] daß eine Inanspruchnahme der Wahlrechte nach § 13 Abs. 3 Satz 1 PublG dazu führt, daß der Konzernabschluß nach

---

1 Vgl. Gliederungspunkt VII.3 in diesem Kapitel.

PublG keine befreiende Wirkung mehr hat für Mutterunternehmen in der Rechtsform der Kapitalgesellschaft, die gleichzeitig Tochterunternehmen des den Konzernabschluß nach PublG aufstellenden Mutterunternehmens sind.

Bei den Bewertungswahlrechten handelt es sich um materielle Aktionsparameter, die ergebniswirksam sind. Die Realisation der Aktionsparameter hat eine ergebnismindernde Wirkungsrichtung. Die Inanspruchnahme dieser Bewertungswahlrechte ist für die Konzernabschlußinteressenten grundsätzlich nicht erkennbar.

Die Beantwortung der Frage, ob die Bewertungswahlrechte nur einheitlich ausgeübt werden können und damit eine Bindungswirkung für vergleichbare Sachverhalte eintritt, bereitet große Schwierigkeiten. Eine Bindungswirkung könnte sich u.a. durch die Bewertungsstetigkeit nach § 252 Abs. 1 Nr. 6 HGB sowie durch die Konsolidierungsmethodenstetigkeit nach § 297 Abs. 3 Satz 2 HGB ergeben.

Nach h.M. werden die Abschreibungen nach § 253 Abs. 4 HGB nicht von der Bewertungsstetigkeit erfaßt.[1] Die außerplanmäßigen Abschreibungen bei nicht voraussichtlich dauernder Wertminderung sowie das Wertaufholungsgebot unterliegen nach h.M. nur dann der Bewertungsstetigkeit, wenn sie sich auf art- und funktionsgleiche Vermögensgegenstände beziehen, die "vergleichbaren Nutzungs- und Risikobedingungen unterworfen sind."[2] Die Bewertungswahlrechte werden aber auch nicht von der Konsolidierungsmethodenstetigkeit erfaßt, da die aufgezeigten Bewertungswahlrechte keine Konsolidierungsmethoden darstellen.

---

1 Vgl. IDW, Stellungnahme SABI 2/1987, S. 49; SCHNEELOCH, Bewertungsstetigkeit, S. 406.

2 IDW, Stellungnahme SABI 2/1987, S. 49; vgl. auch SCHNEELOCH, Bewertungsstetigkeit, S. 406.

Man könnte allerdings in der allgemeinen Nichtanwendung der §§ 279 Abs. 1, 280 HGB eine Konsolidierungsmethode an sich sehen und daraus dann nur eine einheitliche Anwendung der Bewertungswahlrechte postulieren. Es erscheint dem Verfasser allerdings sehr fraglich, ob sich diese restriktive Auffassung durchsetzen kann. Dennoch muß als Resümee für den Bilanzpolitiker festgehalten werden, daß zum jetzigen Zeitpunkt nicht sicher ist, daß bei diesen Wahlrechten keine Bindungswirkung eintritt. Eine Begründung für diese Unsicherheit ist auch darin zu sehen, daß es zu dieser Problematik im speziellen weder eine Literaturmeinung noch etwa eine Stellungnahme des IDW oder anderer kompetenter Organisationen gibt. Aber auch selbst zur Konsolidierungsmethodenstetigkeit ist bis jetzt keine umfassende Veröffentlichung erschienen.

Die Bewertungswahlrechte sind grundsätzlich teilbar und eingeschränkt zeitlich flexibel.

Die Realisation der Gesamtheit oder eines Teils dieser Aktionsparameter kann dann zu erheblichen Kosten führen, wenn unter der einheitlichen Leitung des Mutterunternehmens auch Kapitalgesellschaften stehen, die gleichzeitig Mutterunternehmen für andere Tochterunternehmen sind. Werden in diesen Fällen von dem übergeordneten Mutterunternehmen die §§ 279 Abs. 1, 280 HGB nicht befolgt, müssen diese Kapitalgesellschaften Teilkonzernabschlüsse aufstellen.

6 Nichtoffenlegung der GuV

Mutterunternehmen in der Rechtsform der Personengesellschaft oder des Einzelunternehmens gewährt § 13 Abs. 3 Satz 2 i.V.m. § 9 Abs. 2 und § 5 Abs. 5 Satz 3 PublG das Wahlrecht, die Veröffentlichung der GuV sowie des Beschlusses über die Verwendung des Ergebnisses zu unterlassen. Voraussetzung ist nach § 5 Abs. 5 Satz 3

PublG, daß der Bilanz nachfolgende Angaben in einer Anlage beigefügt werden:

-"1. Die Umsatzerlöse im Sinne des § 277 Abs. 1 des Handelsgesetzbuches
- 2. die Erträge aus Beteiligungen,
- 3. die Löhne, Gehälter, sozialen Abgaben sowie Aufwendungen für Altersversorgung und Unterstützung,
- 4. die Bewertungs- und Abschreibungsmethoden einschließlich wesentlicher Änderungen,
- 5. die Zahl der Beschäftigten."[1]

Es handelt sich beim vorliegenden Wahlrecht um einen quasi-materiellen Aktionsparameter. Sekundärwirkungen treten keine auf.

Die Inanspruchnahme dieses Wahlrechtes ist für die Konzernabschlußinteressenten erkennbar, da die fehlende Veröffentlichung einer GuV offenkundig ist. Der Aktionsparameter ist eingeschränkt zeitlich flexibel. Die Realisation des Aktionsparameters kann bei Vorliegen der Voraussetzungen von § 13 Abs. 3 Satz 3 PublG Kosten für die Aufstellung von Teilkonzernabschlüssen entstehen lassen.[2]

7 Zusatzwahlrechte bei Offenlegung der GuV

7.1 Anwendung einer abweichenden GuV-Gliederung

§ 13 Abs. 3 Satz 2 i.V.m. § 5 Abs. 5 Satz 1 PublG gewährt Personen- und Einzelunternehmen als Muttergesellschaft die Möglichkeit, die Konzern-GuV nach den für die Einzel-GuV des jeweiligen Mutterunternehmens geltenden Bestimmungen aufzustellen.

1 § 5 Abs. 5 Satz 3 PublG; Spiegelstriche sind vom Verfasser eingefügt.

2 Vgl. hierzu auch Gliederungspunkt VII.5 in diesem Kapitel.

Dieses und das im nächsten Gliederungspunkt aufgeführte Wahlrecht sind systematisch jeweils als Zusatzparameter bei der Offenlegung der GuV und als Ausschlußparameter bei Nichtoffenlegung der GuV einzuordnen.

Die Wirkungsweise und die Auswahlkriterien entsprechen denjenigen des unter Gliederungspunkt VII.4 in diesem Kapitel dargestellten Aktionsparameters.

7.2 Ausweiswahlrecht für personenbezogene Steuern

In § 13 Abs. 3 Satz 2 i.V.m. § 5 Abs. 5 Satz 2 PublG wird geregelt, daß Personenhandelsgesellschaften und Einzelunternehmen, die die GuV-Gliederung nach § 275 HGB anwenden wollen, diejenigen Steuern, die die Personengesellschafter und die Einzelkaufleute als Steuerschuldner zu entrichten haben,[1] bei der Anwendung des Gesamtkostenverfahrens anstatt unter den Positionen 18 oder 19 (beim Umsatzkostenverfahren die Positionen 17 und 18) auch unter den 'sonstigen Aufwendungen' ausweisen können. Die Anwendung dieses Wahlrechts erweist sich aber prinzipiell als unmöglich, da weder in § 275 Abs. 2 noch in Abs. 3 HGB der Terminus 'sonstige Aufwendungen' enthalten ist.[2]

Die in § 5 Abs. 5 Satz 2 PublG enthaltene Regelung geht auf § 5 Abs. 2 Nr. 5 PublG a.F. zurück. Auch in § 5 Abs. 2 Nr. 5 PublG a.F. wurde der Terminus 'sonstige Aufwendungen' verwendet. Allerdings war dort die begriffliche Zuordnung eindeutig. In dieser Vorschrift war explizit eine Verweisung auf die entsprechende, be-

---

1 Dies sind v.a. die Einkommensteuer und die Vermögensteuer.

2 Ein Fall zwar nicht ähnlicher Wirkung, aber gleicher Eigentümlichkeit befindet sich in § 255 Abs. 2 Satz 3 HGB. Dort wird anstatt der üblichen Bezeichnung "Sondereinzelkosten der Fertigung" der Begriff "Sonderkosten der Fertigung" verwendet. Vgl. hierzu SCHNEELOCH, Bilanzrichtlinien-Gesetz, S. 571.

grifflich identische Position in der aktienrechtlichen Gliederung (§ 157 Abs. 1 Nr. 26 AktG a.F.) enthalten. Soweit nun die Gliederungschemata nach § 275 HGB zugrunde gelegt werden, bietet es sich zur Überbrückung der o.a. begrifflichen Unmöglichkeit an, die Steueraufwendungen der Position, "sonstige betriebliche Aufwendungen"[1] zuzuordnen. Dieser Ausweis erscheint am besten geeignet, der offensichtlich vom Gesetzgeber gewollten Zuordnung zu einer Aufwandssammelposition, die eine Identifizierung der Steuerbeträge nicht mehr zuläßt, zu entsprechen und gleichzeitig eine Kompatibilität zu dem Gliederungsschema des § 275 HGB herzustellen.

Das vorliegende Ausweiswahlrecht ist strukturwirksam, denn einzelne GuV-Posten werden durch die Inanspruchnahme dieses Aktionsparameters betragsmäßig verändert. Sekundärwirkungen treten keine auf.

8 Ausweisparameter im Konzernanhang

§ 13 Abs. 3 Satz 1 PublG enthält das Wahlrecht, im Konzernanhang auf die Angaben nach § 314 Nr. 5 u. 6 HGB zu verzichten. Für die in § 314 Nr. 5 HGB geforderte quantitative Erläuterungspflicht hinsichtlich des Zuschreibungswahlrechts nach § 280 Abs. 2 HGB kann dieses Wahlrecht faktisch jedoch nur in Anspruch genommen werden, soweit nicht bereits auch das in § 13 Abs. 3 Satz 1 PublG kodifizierte Bewertungswahlrecht genutzt wurde und dementsprechend auf eine Anwendung von § 280 HGB verzichtet worden ist.

Bei dem Ausweiswahlrecht handelt es sich um einen quasi-materiellen Aktionsparameter. Sekundärwirkungen treten keine auf.

1 § 275 Abs. 2 Nr. 8 HGB und § 275 Abs. 3 Nr. 7 HGB.

Für die Konzernabschlußinteressenten ist die Inanspruchnahme des Wahlrechts erkennbar, da die Angaben nach § 314 Nr. 5 u. 6 HGB im Konzernanhang fehlen.

4. Kapitel: ERGEBNIS DER UNTERSUCHUNG KONZERNBILANZPOLITISCHER AKTIONSPARAMETER

Nachdem im letzten Kapitel die Aktionsparameter im Detail analysiert worden sind, soll in diesem abschließenden Kapitel, wie dies bereits in Gliederungspunkt IV.2.3 im 2. Kapitel angekündigt wurde, eine Systematisierung der Aktionsparameter nach Wirkungsweisen und Auswahlkriterien stattfinden.

Ausgangspunkt dieser Systematisierung ist die Wirkungsweise der Aktionsparameter. Danach werden die Aktionsparameter in materielle und in quasi-materielle und die materiellen wiederum in ergebniswirksame und strukturwirksame Aktionsparameter eingeteilt. Die ergebniswirksamen Aktionsparameter werden zudem anhand verschiedener Wirkungsrichtungen unterteilt. Daran anschließend werden den einzelnen so eingeordneten Aktionsparametern jeweils die zutreffenden Ausprägungsarten der Auswahlkriterien zugeordnet. Hierbei findet keine hierarchische Ordnung der Aktionsparameter hinsichtlich der Auswahlkriterien statt,[1] denn eine solche Ordnung der Aktionsparameter nach Auswahlkriterien würde bedeuten, daß fast so viele oder evtl. sogar mehr Typen generiert würden als Aktionsparameter bestehen. Es ist unmittelbar einsichtig, daß eine solche Systematik ihrem Zweck in keiner Weise gerecht würde.

Die nachfolgende Abbildung enthält die o.a. Systematik im einzelnen:

1 Dieses Verhältnis von Wirkungsweise und Auswahlkriterien bei der Ordnung der Aktionsparameter kommt auch in der Bezeichnung "Systematisierung der Aktionsparameter nach Wirkungsweisen in Verbindung (Kombination) mit Auswahlkriterien" zum Ausdruck.

Abb. 18 : Systematik der Aktionsparameter nach Wirkungsweisen in Kombination mit Auswahlkriterien

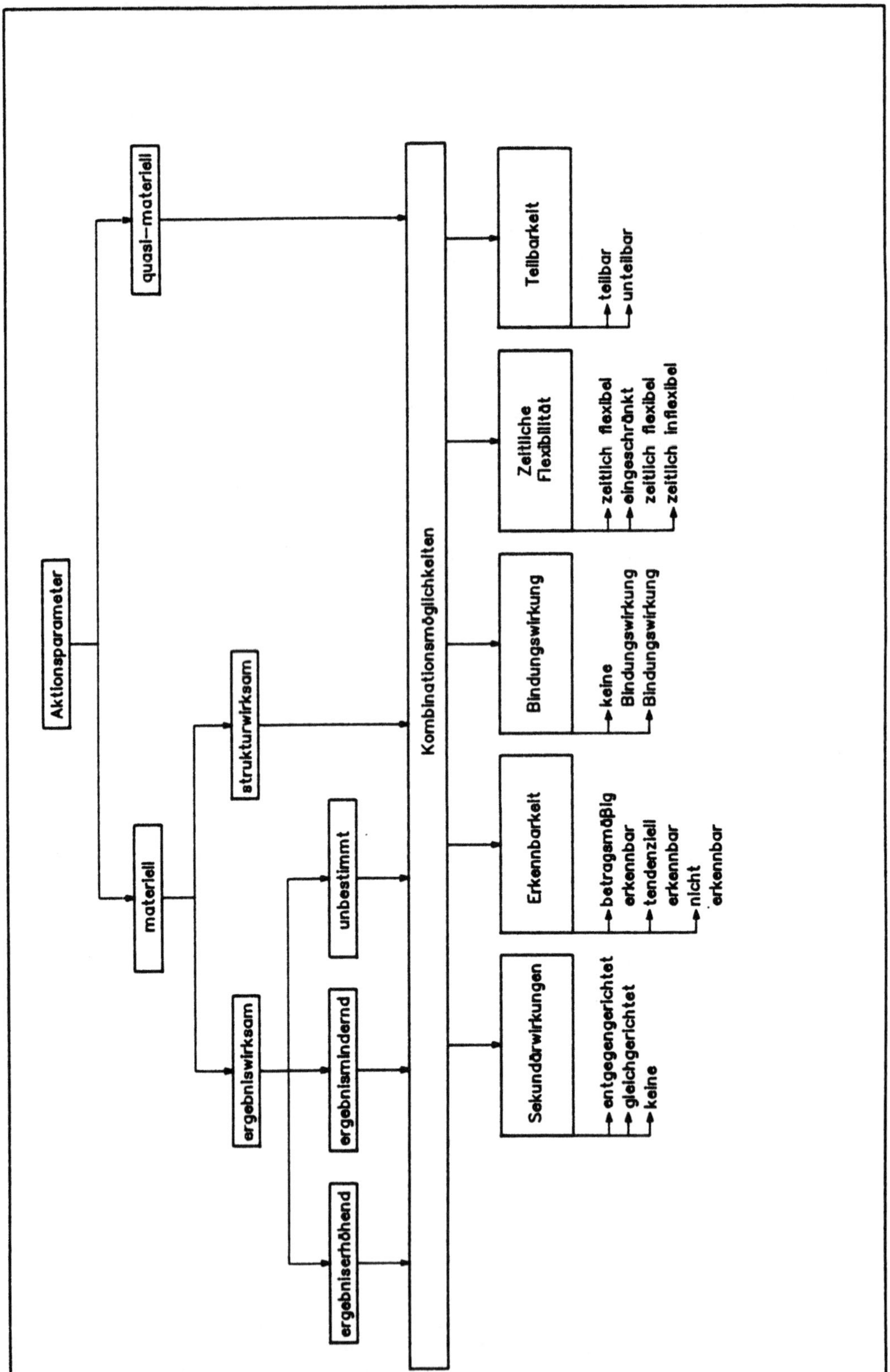

Die einzelnen Aktionsparameter werden nun dieser Systematik entsprechend in den folgenden Tabellen[1] zusammmengefaßt. Die Tabellen führen jeweils alle Aktionsparameter auf, die die in der Überschrift angegebene Wirkungsweise aufweisen. Innerhalb der Tabellen werden bei jedem Aktionsparameter jeweils die Ausprägungsarten bei den Sekundärwirkungen und den Auswahlkriterien aufgeführt. Außerdem wird in den Tabellen der jeweilige Gliederungspunkt angegeben, unter dem der betreffende Aktionsparameter analysiert worden ist. Die Angabe des Gliederungspunktes bezieht sich dabei immer auf das 3. Kapitel. Soweit zum jetzigen Zeitpunkt noch nicht völlig absehbar ist, welche Ausprägungsart ein Aktionsparameter bei einem Auswahlkriterium annimmt, wird dies durch Klammersetzung in der entsprechenden Spalte gekennzeichnet. Weist ein Aktionsparameter bei bestimmten Datenkonstellationen eine andere Wirkungsweise als die "normale" auf, wird diese (andere) Wirkungsweise in einem Klammerzusatz in der Spalte "Bezeichnung des Aktionsparameters" aufgeführt.

Die Aktionsparameter, die auch bereits zum Einzelabschluß bestehen, werden in den Tabellen jeweils nur in einem übergeordneten Punkt aufgeführt, damit die Übersichtlichkeit der Tabellen erhalten bleibt. Weisen die einzelnen in einem solchen übergeordneten Punkt zusammengefaßten Aktionsparameter nicht die gleichen Ausprägungsarten bei den Sekundärwirkungen oder aber bei den einzelnen Auswahlkriterien auf, wird dies durch die Kennzeichnung "verschieden" signalisiert.[2]

Abschließend ist noch darauf hinzuweisen, daß die Aktionsparameter in den Tabellen 19 - 23 fortlaufend

---

1 Eine vergleichbare Tabelle bezüglich der Mittel der Rechnungspolitik befindet sich bei BAUER, Rechnungspolitik, S. 234-240.

2 Die einzelnen Ausprägungsarten der einzelnen Aktionsparameter sind allerdings unter dem jeweiligen Gliederungspunkt aufgeführt.

durchnumeriert sind, d.h. in den Tabellen 19 - 23 werden die Aktionsparameter nicht jeweils bei 1 beginnend numeriert, sondern die Numerierung erfolgt im Anschluß an die vorhergehende Tabelle. Diese Vorgehensweise soll einen erleichterten Gesamtüberblick über die Aktionsparameter ermöglichen.

Tab. 19: Ergebniswirksame Aktionsparameter mit ergebniserhöhender Wirkungsrichtung

Lfd. Nr.	Bezeichnung des Aktionsparameters	Gliederungspkt.	Sekundärwirkungen	Erkennbarkeit	zeitliche Flexibilität	Teilbarkeit	Bindungswirkung
1	Aktivierungsparameter	III. 2.2.1	entgegengerichtet	verschieden	verschieden	verschieden	nein
2	Aufwertungsparameter	III. 2.2.2.8	entgegengerichtet	betragsmäßig erkennbar	verschieden	verschieden	(ja)
3	Spielräume bei der Auflösung eines passiven Unterschiedsbetrages	V. 2.2.2.3	keine	(betragsmäßig erkennbar)	eingeschränkt zeitlich flexibel	nicht teilbar	nein

Tab. 2o: Ergebniswirksame Aktionsparameter mit ergebnismindernder Wirkungsrichtung

Lfd. Nr.	Bezeichnung des Aktionsparameters	Gliederungspkt.	Sekundärwirkungen	Erkennbarkeit	zeitliche Flexibilität	Teilbarkeit	Bindungswirkung
4	Passivierungsparameter (lediglich die Wertaufholungsrücklage ist strukturwirksam)	III. 2.2.1	entgegengerichtet	verschieden	verschieden	verschieden	nein
5	Abwertungsparameter	III. 2.2.2.7	entgegengerichtet	betragsmäßig erkennbar	eingeschränkt zeitlich flexibel	teilbar	(ja)
6	Übernahmewahlrecht von besonderen Wertansätzen bei Kreditinstituten und Versicherungsunternehmen	III. 2.3.1	entgegengerichtet	tendenziell erkennbar	eingeschränkt zeitlich flexibel	nicht teilbar	nein
7	Übernahme steuerlich zulässiger Werte	III. 2.3.4	entgegengerichtet	betragsmäßig erkennbar	eingeschränkt zeitlich flexibel	teilbar	(ja)
8	Neutralisierung von Zwischengewinnen durch steuerliche Begünstigungsvorschriften	V.6.6	entgegengerichtet	nicht erkennbar	zeitlich inflexibel	teilbar	nein
9	Konzernabschluß nach PublG: Bewertungswahlrechte	VII.5	entgegengerichtet	nicht erkennbar	eingeschränkt zeitlich flexibel	teilbar	(nein)

Tab. 21: Ergebniswirksame Aktionsparameter mit unbestimmter Wirkungsrichtung

Lfd. Nr.	Bezeichnung des Aktionsparameters	Gliederungspkt.	Sekundärwirkungen	Erkennbarkeit	zeitliche Flexibilität	Teilbarkeit	Bindungswirkung
1o	Einbeziehungsspielraum bei Abgrenzung der einheitlichen Leitung	II.3.1	keine allgemeinen Angaben möglich	tendenziell erkennbar	zeitlich inflexibel	nicht teilbar	nein
11	Einbeziehungsspielraum bei konzernfremder Tätigkeit	II.3.2	keine allgemeinen Angaben möglich	tendenziell erkennbar	zeitlich inflexibel	nicht teilbar	nein
12	Einbeziehungswahlrecht bei Beschränkung der Rechte des Mutterunternehmens	II.3.3	keine allgemeinen Angaben möglich	tendenziell erkennbar	eingeschränkt zeitlich flexibel	nicht teilbar	nein
13	Einbeziehungswahlrecht bei Informationsbeschaffungsschwierigkeiten	II.3.4	keine allgemeinen Angaben möglich	tendenziell erkennbar	eingeschränkt zeitlich flexibel	nicht teilbar	nein
14	Einbeziehungswahlrecht bei Weiterveräußerungsabsicht	II.3.5	keine allgemeinen Angaben möglich	tendenziell erkennbar	eingeschränkt zeitlich flexibel	nicht teilbar	nein
15	Einbeziehungswahlrecht - materiality	II.3.6	keine allgemeinen Angaben möglich	tendenziell erkennbar	eingeschränkt zeitlich flexibel	nicht teilbar	nein
16	Vom Mutterunternehmen abweichender Stichtag (formell)	II.4.1	keine allgemeinen Angaben möglich	tendenziell erkennbar	eingeschränkt zeitlich flexibel	nicht teilbar	nein
17	Aufstellungswahlrecht von Zwischenabschlüssen	II.4.2	keine allgemeinen Angaben möglich	(tendenziell erkennbar)	eingeschränkt zeitlich flexibel	nicht teilbar	nein

Tab. 21: Ergebniswirksame Aktionsparameter mit unbestimmter Wirkungsrichtung

Lfd. Nr.	Bezeichnung des Aktionsparameters	Gliederungspkt.	Sekundärwirkungen	Erkennbarkeit	zeitliche Flexibilität	Teilbarkeit	Bindungswirkung
18	Ausweisparameter bei Nichtaufstellung eines Zwischenabschlusses (strukturwirksam; formell)	II.4.4	keine allgemeinen Angaben möglich	(tendenziell erkennbar)	zeitlich inflexibel	nicht teilbar	(ja)
19	Ermittlung der Anschaffungskosten	III. 2.2.2.1	entgegengerichtet	(tendenziell erkennbar)	zeitlich inflexibel	verschieden	ja
2o	Ermittlung der Herstellungskosten	III. 2.2.2.2	entgegengerichtet	verschieden	zeitlich inflexibel	teilbar	ja
21	Spezielle Bewertungsverfahren	III. 2.2.2.3	entgegengerichtet	(tendenziell erkennbar)	zeitlich inflexibel	nicht teilbar	ja
22	Ermittlung der Abschreibungen	III. 2.2.2.4	entgegengerichtet	verschieden	zeitlich inflexibel	verschieden	verschieden
23	Ermittlung der Rückstellungen	III. 2.2.2.5	entgegengerichtet	(nicht erkennbar)	zeitlich inflexibel	verschieden	verschieden
24	Ermittlung der Pensionsrückstellungen	III. 2.2.2.6	entgegengerichtet	(tendenziell erkennbar)	zeitlich inflexibel	verschieden	ja
25	Verzicht auf die einheitliche Bewertung - materiality	III. 2.3.2	entgegengerichtet	nicht erkennbar	eingeschränkt zeitlich flexibel	nicht teilbar	nein
26	Ausnahmefälle von der einheitlichen Bewertung	III. 2.3.3	entgegengerichtet	tendenziell erkennbar	eingeschränkt zeitlich flexibel	nicht teilbar	nein

Tab. 21: Ergebniswirksame Aktionsparameter mit unbestimmter Wirkungsrichtung

Lfd. Nr.	Bezeichnung des Aktionsparameters	Gliederungspkt.	Sekundärwirkungen	Erkennbarkeit	zeitliche Flexibilität	Teilbarkeit	Bindungswirkung
27	Stichtagskursmethode versus Umrechnung mit differenzierten Wechselkursen (Die modifizierte Stichtagskursmethode ist allerdings entweder quasi-materiell oder strukturwirksam)	V.1.2	keine allgemeinen Angaben möglich	tendenziell erkennbar	zeitlich inflexibel	nicht teilbar	(ja)
28	Wahl zwischen zeitgleich notierten Wechselkursen (strukturwirksam)	V.1.3	keine allgemeinen Angaben möglich	(tendenziell erkennbar)	zeitlich inflexibel	nicht teilbar	(ja)
29	Verrechnungszeitpunkt (formell)	V. 2.2.1.1	keine allgemeinen Angaben möglich	tendenziell erkennbar	zeitlich inflexibel	nicht teilbar	(ja)
3o	Reservenzuordnung bei aktivem Unterschiedsbetrag - Spielräume (bei Erstkonsolidierung: strukturwirksam)	V. 2.2.1.3	entgegengerichtet	nicht erkennbar	zeitlich inflexibel	teilbar	nein
31	Reservenzuordnung bei aktivem Unterschiedsbetrag - Zuordnungsmethoden (bei Erstkonsolidierung: strukturwirksam)	V. 2.2.1.4	entgegengerichtet	nicht erkennbar	zeitlich inflexibel	nicht teilbar	(ja)
32	Spielräume bei der Bestimmung von stillen Lasten (bei Erstkonsolidierung: strukturwirksam)	V. 2.2.1.5	entgegengerichtet	nicht erkennbar	zeitlich inflexibel	teilbar	nein

Tab. 21: Ergebniswirksame Aktionsparameter mit unbestimmter Wirkungsrichtung

Lfd. Nr.	Bezeichnung des Aktionsparameters	Gliederungspkt.	Sekundärwirkungen	Erkennbarkeit	zeitliche Flexibilität	Teilbarkeit	Bindungswirkung
33	Vollaufdeckung stiller Lasten bei passivem Unterschiedsbetrag (bei Erstkonsolidierung: strukturwirksam)	V. 2.2.1.6	keine allgemeinen Angaben möglich	nicht erkennbar	zeitlich inflexibel	nicht teilbar	nein
34	Folgeparameter: Zurechnungsmethoden im Fall von Minderheitsgesellschaftern (bei Erstkonsolidierung: strukturwirksam)	V. 2.2.1.7	entgegengerichtet	nicht erkennbar	zeitlich inflexibel	nicht teilbar	(ja)
35	Abschreibungshöhe des Geschäfts- oder Firmenwerts	V. 2.2.2.1	entgegengerichtet	nicht erkennbar	zeitlich inflexibel	teilbar	(nein)
36	Endkonsolidierungsparameter	V. 2.2.3	keine	(tendenziell erkennbar)	zeitlich inflexibel	nicht teilbar	(ja)
37	Interessenzusammenführungsmethode	V. 2.3.1	keine	tendenziell erkennbar	zeitlich inflexibel	nicht teilbar	nein
38	Erwerb eines Tochterunternehmens gegen Ausgabe von Anteilen (bei Erstkonsolidierung: strukturwirksam)	V. 2.3.2	gleichgerichtet	nicht erkennbar	zeitlich inflexibel	teilbar	nein
39	Saldierung der eigenen Anteile des Tochterunternehmens mit der Rücklage nach § 272 Abs. 4 HGB (bei Erstkonsolidierung: strukturwirksam)	V. 2.3.3	gleichgerichtet	nicht erkennbar	zeitlich inflexibel	nicht teilbar	(ja)
4o	Saldierung der nicht eingeforderten ausstehenden Einlagen bei Tochterunternehmen mit dem Grundkapital (bei Erstkonsolidierung: strukturwirksam)	V. 2.3.4	gleichgerichtet	nicht erkennbar	zeitlich inflexibel	nicht teilbar	(ja)

Tab. 21: Ergebniswirksame Aktionsparameter mit unbestimmter Wirkungsrichtung

Lfd. Nr.	Bezeichnung des Aktionsparameters	Gliederungspkt.	Sekundärwirkungen	Erkennbarkeit	zeitliche Flexibilität	Teilbarkeit	Bindungswirkung
41	Feststellung des maßgeblichen Einflusses auf die Geschäfts- und Finanzpolitik - Spielraum	V. 3.2.1	keine allgemeinen Angaben möglich	(tendenziell erkennbar)	zeitlich inflexibel	nicht teilbar	nein
42	Verzicht auf die Anwendung der Equity-Methode - materiality	V. 3.2.2	keine allgemeinen Angaben möglich	tendenziell erkennbar	eingeschränkt zeitlich flexibel	nicht teilbar	nein
43	Kapitalkonsolidierungsparameter mit analoger Geltung bei der Equity-Methode (lediglich die Rücklagenverrechnung des Geschäfts- oder Firmenwerts ist strukturwirksam)	V. 3.3	verschieden	verschieden	verschieden	verschieden	verschieden
44	Anwendung konzerneinheitlicher Bewertungsmethoden (bei Erstkonsolidierung: strukturwirksam)	V. 3.4.2	entgegengerichtet	tendenziell erkennbar	zeitlich inflexibel	nicht teilbar	nein
45	Verbundergebniseliminierung - Anwendungsparameter	V. 3.4.3	entgegengerichtet	verschieden	verschieden	nicht teilbar	verschieden
46	Quotale Verbundergebniseliminierung	V. 3.4.4	entgegengerichtet	nicht erkennbar	zeitlich inflexibel	nicht teilbar	nein
47	Quotenkonsolidierung versus Equity-Methode (strukturwirksam)	V.4.2	keine allgemeinen Angaben möglich	tendenziell erkennbar	zeitlich inflexibel	nicht teilbar	nein
48	Verzicht auf die Zwischenergebniseliminierung - materiality	V.6.2	entgegengerichtet	nicht erkennbar	eingeschränkt zeitlich flexibel	teilbar	nein

Tab. 21: Ergebniswirksame Aktionsparameter mit unbestimmter Wirkungsrichtung

Lfd. Nr.	Bezeichnung des Aktionsparameters	Gliederungspkt.	Sekundärwirkungen	Erkennbarkeit	zeitliche Flexibilität	Teilbarkeit	Bindungswirkung
49	Verzicht auf die Zwischenergebniseliminierung bei Lieferung oder Leistung zu marktüblichen Bedingungen	V.6.3	entgegengerichtet	(betragsmäßig erkennbar)	eingeschränkt zeitlich flexibel	teilbar	nein
5o	Konzernherstellungskosten	V.6.4	entgegengerichtet	nicht erkennbar	zeitlich inflexibel	teilbar	ja
51	Konzernanschaffungskosten	V.6.5	entgegengerichtet	nicht erkennbar	zeitlich inflexibel	teilbar	ja
52	Verfahren zur Ermittlung der Konzernbestände im Vorratsvermögen	V.6.7	entgegengerichtet	nicht erkennbar	zeitlich inflexibel	nicht teilbar	nein
53	Ermittlung der Zwischenergebnisse im Vorratsvermögen (formell)	V.6.8	entgegengerichtet	nicht erkennbar	zeitlich inflexibel	teilbar	nein
54	Höhe der Zwischenergebniseliminierung	V.6.9	entgegengerichtet	nicht erkennbar	zeitlich inflexibel	teilbar	nein
55	Parameter bei § 274 i.V.m. § 298 Abs. 1 HGB	V.7.2	entgegengerichtet	verschieden	zeitlich inflexibel	verschieden	verschieden
56	Parameter bei der Steuerabgrenzung: Abgrenzung der Ursachen	V. 7.3.1	entgegengerichtet	nicht erkennbar	zeitlich inflexibel	nicht teilbar	nein
57	Parameter bei der Steuerabgrenzung: Anzuwendender Steuersatz	V. 7.3.2	entgegengerichtet	(tendenziell erkennbar)	zeitlich inflexibel	teilbar	(ja)
58	Parameter bei der Steuerabgrenzung: Gesamt- versus Einzelbetrachtung	V. 7.3.3	keine allgemeinen Angaben möglich	nicht erkennbar	zeitlich inflexibel	nicht teilbar	nein

Tab. 22: Strukturwirksame Aktionsparameter

Lfd. Nr.	Bezeichnung des Aktionsparameters	Gliederungspkt.	Sekundärwirkungen	Erkennbarkeit	zeitliche Flexibilität	Teilbarkeit	Bindungswirkung
59	Ausweiswahlrecht bei verändertem Konsolidierungskreis (formell; ergebniswirksam)	II.5.2	keine	betragsmäßig erkennbar	zeitlich inflexibel	nicht teilbar	nein
6o	Allgemeine Gliederungsparameter (lediglich das Wahlrecht der "Zusammenfassung von Bilanzposten - materiality" ist quasi-materiell)	III. 1.2	gleichgerichtet	betragsmäßig erkennbar	eingeschränkt zeitlich flexibel	nicht teilbar	nein
61	Ausweis von bestimmten Eigenkapitalkorrekturen	III. 1.3.2	gleichgerichtet	(tendenziell erkennbar)	eingeschränkt zeitlich flexibel	nicht teilbar	ja
62	Umsatzkosten- versus Gesamtkostenverfahren	IV.1	gleichgerichtet	betragsmäßig erkennbar	zeitlich inflexibel	nicht teilbar	nein
63	Verzicht auf die Aufwands- und Ertragskonsolidierung - materiality	IV.2	keine	nicht erkennbar	zeitlich inflexibel	teilbar	nein
64	Ausweisparameter in der Konzern-GuV	V.1.4	gleichgerichtet	betragsmäßig erkennbar	zeitlich inflexibel	nicht teilbar	nein
65	Umrechnung von indexierten Jahresabschlüssen von Hochinflationsländern	V.1.5	keine	(tendenziell erkennbar)	zeitlich inflexibel	nicht teilbar	nein
66	Buchwert- versus Neubewertungsmethode (bei Folgekonsolidierung Ergebniswirksamkeit möglich)	V. 2.2.1.2	entgegengerichtet	tendenziell erkennbar	zeitlich inflexibel	nicht teilbar	(ja)
67	Verrechnungswahlrecht von aktiven und passiven Unterschiedsbeträgen	V. 2.2.1.8	keine	betragsmäßig erkennbar	zeitlich inflexibel	nicht teilbar	nein

Tab. 22: Strukturwirksame Aktionsparameter

Lfd. Nr.	Bezeichnung des Aktionsparameters	Gliederungspkt.	Sekundärwirkungen	Erkennbarkeit	zeitliche Flexibilität	Teilbarkeit	Bindungswirkung
68	Rücklagenverrechnung des Geschäfts- oder Firmenwerts	V. 2.2.2.2	keine	betragsmäßig erkennbar	zeitlich inflexibel	(nicht teilbar)	nein
69	Erfolgsneutrale Verrechnung des hochgerechneten Betrages bei Minderheitsgesellschaftern	V. 2.2.2.4	gleichgerichtet	nicht erkennbar	zeitlich inflexibel	nicht teilbar	nein
7o	Eigenkapitalkorrekturen beim Ausgleichsposten	V. 2.2.2.5	keine allgemeinen Angaben möglich	nicht erkennbar	zeitlich inflexibel	nicht teilbar	(ja)
71	Buchwert- versus Kapitalanteilsmethode (erfolgswirksam)	V.3.4.1	keine allgemeinen Angaben möglich	tendenziell erkennbar	zeitlich inflexibel	nicht teilbar	(ja)
72	Verzicht auf die Schuldenkonsolidierung - materiality (ergebniswirksam bei Vorliegen von Aufrechnungsdifferenzen)	V.5.1	keine (bei Ergebniswirksamkeit entgegengerichtet)	nicht erkennbar	eingeschränkt zeitlich flexibel	teilbar	nein
73	Verrechnung eingeforderter ausstehender Einlagen des Mutterunternehmens	V.5.2	gleichgerichtet	nicht erkennbar	zeitlich inflexibel	nicht teilbar	(ja)
74	Anzahlungen auf Gegenstände des Anlagevermögens (ergebniswirksam bei Vorliegen von Aufrechnungsdifferenzen)	V.5.3	keine (bei Ergebniswirksamkeit entgegengerichtet)	nicht erkennbar	eingeschränkt zeitlich flexibel	teilbar	nein

Tab. 22: Strukturwirksame Aktionsparameter

Lfd. Nr.	Bezeichnung des Aktionsparameters	Gliederungspkt.	Sekundärwirkungen	Erkennbarkeit	zeitliche Flexibilität	Teilbarkeit	Bindungswirkung
75	Drittschuldverhältnisse (ergebniswirksam bei Vorliegen von Aufrechnungsdifferenzen)	V.5.4	keine (bei Ergebniswirksamkeit entgegengerichtet)	nicht erkennbar	eingeschränkt zeitlich flexibel	teilbar	nein
76	Parameter bei der Steuerabgrenzung: Verrechnungswahlrecht mit dem Posten nach § 274 HGB (formell)	V.7.3.4	(gleichgerichtet)	betragsmäßig erkennbar	zeitlich inflexibel	nicht teilbar	nein
77	Konzernabschluß nach PublG: Ausweiswahlrecht für personenbezogene Steuern	VII. 7.2	keine	nicht erkennbar	zeitlich inflexibel	nicht teilbar	nein

Tab. 23: Quasi-materielle Aktionsparameter

Lfd. Nr.	Bezeichnung des Aktionsparameters	Gliederungspkt.	Sekundärwirkungen	Erkennbarkeit	zeitliche Flexibilität	Teilbarkeit	Bindungswirkung
78	Erstellungsspielraum bei Abgrenzung der einheitlichen Leitung	II.2.1	gleichgerichtet	tendenziell erkennbar	zeitlich inflexibel	nicht teilbar	nein
79	Erstellungswahlrecht bei Unterschreitung bestimmter Größenkriterien	II.2.2	keine	tendenziell erkennbar	eingeschränkt zeitlich flexibel	nicht teilbar	nein
8o	Brutto- versus Nettomethode (formell)	II.2.3	keine	tendenziell erkennbar	zeitlich flexibel	nicht teilbar	nein
81	Erstellungswahlrecht eines Teilkonzernabschlusses - Sitz des Mutterunternehmens innerhalb der EG (formell)	II.2.4	keine	tendenziell erkennbar	eingeschränkt zeitlich flexibel	nicht teilbar	nein
82	Erstellungswahlrecht eines Teilkonzernabschlusses - Sitz des Mutterunternehmens außerhalb der EG (formell)	II.2.5	keine	tendenziell erkennbar	eingeschränkt zeitlich flexibel	nicht teilbar	nein
83	Angabespielraum bei der Nichtaufstellung von Zwischenabschlüssen	II.4.3	keine	nicht erkennbar	zeitlich inflexibel	teilbar	nein
84	Angabespielraum bei verändertem Konsolidierungskreis	II.5.1	keine	nicht erkennbar	zeitlich inflexibel	teilbar	nein
85	Zusammengefaßter Ausweis der Vorräte - materiality	III. 1.3.1	gleichgerichtet	erkennbar	eingeschränkt zeitlich flexibel	nicht teilbar	nein

Tab. 23: Quasi-materielle Aktionsparameter

Lfd. Nr.	Bezeichnung des Aktionsparameters	Gliederungspkt.	Sekundärwirkungen	Erkennbarkeit	zeitliche Flexibilität	Teilbarkeit	Bindungswirkung
86	Verzicht auf die Angabe von Beteiligungsunternehmen - materiality	VI.2	keine	nicht erkennbar	eingeschränkt zeitlich flexibel	nicht teilbar	nein
87	Verzicht auf die Angabe von Eigenkapital und Ergebnis bei nichtoffenlegungspflichtigen Unternehmen	VI.3	keine	erkennbar	eingeschränkt zeitlich flexibel	nicht teilbar	nein
88	Schutzklausel (§ 313 Abs. 3 HGB)	VI.4	keine	erkennbar	eingeschränkt zeitlich flexibel	nicht teilbar	nein
89	Angabe von sonstigen finanziellen Verpflichtungen - materiality	VI.5	keine	nicht erkennbar	zeitlich inflexibel	nicht teilbar	nein
9o	Verzicht auf die Segmentpublizität - Spielraum	VI.6	keine	erkennbar	zeitlich inflexibel	nicht teilbar	nein
91	Verzicht auf die Segmentpublizität - Wahlrecht	VI.7	keine	erkennbar	eingeschränkt zeitlich flexibel	nicht teilbar	nein
92	Konzernabschluß nach PublG: Erstellungsspielraum bei Abgrenzung der einheitlichen Leitung	VII.1	gleichgerichtet	tendenziell erkennbar	zeitlich inflexibel	nicht teilbar	nein
93	Konzernabschluß nach PublG: Erstellungswahlrecht eines Teilkonzernabschlusses	VII.3	keine	tendenziell erkennbar	eingeschränkt zeitlich flexibel	nicht teilbar	nein
94	Konzernabschluß nach PublG: Anwendung einer abweichenden Gliederung (strukturwirksam)	VII.4	keine allgemeinen Angaben möglich	erkennbar	eingeschränkt zeitlich flexibel	nicht teilbar	nein

Tab. 23: Quasi-materielle Aktionsparameter

Lfd. Nr.	Bezeichnung des Aktionsparameters	Gliederungspkt.	Sekundärwirkungen	Erkennbarkeit	zeitliche Flexibilität	Teilbarkeit	Bindungswirkung
95	Konzernabschluß nach PublG: Nichtoffenlegung der GuV	VII.6	keine	erkennbar	eingeschränkt zeitlich flexibel	nicht teilbar	nein
96	Konzernabschluß nach PublG: Anwendung einer abweichenden GuV-Gliederung (strukturwirksam)	VII. 7.1	keine allgemeinen Angaben möglich	erkennbar	eingeschränkt zeitlich flexibel	nicht teilbar	nein
97	Konzernabschluß nach PublG: Ausweisparameter im Konzernanhang	VII.8	keine	erkennbar	zeitlich inflexibel	nicht teilbar	nein

Übersicht über den
A N H A N G

ANHANG 1: Literaturauswertung zu den einzelbilanzpolitischen Zielen

Vorbemerkungen

Der folgende Anhang enthält die wesentlichen Beiträge zur handelsbilanziellen Bilanzpolitik. Allerdings werden Beiträge in Darstellungen/Lehrbüchern zur allgemeinen Betriebswirtschaftslehre nicht berücksichtigt. Eine Berücksichtigung auch dieser Abhandlungen würde den Rahmen dieser Untersuchung sprengen. Zudem kann davon ausgegangen werden, daß in diesen Lehrbüchern keine weiteren bilanzpolitischen Ziele genannt werden, die nicht bereits in den anderen Forschungsbeiträgen enthalten sind. Desweiteren bleiben spezielle steuerbilanzpolitische Literaturbeiträge unberücksichtigt. Dies erscheint unmittelbar einsichtig im Hinblick auf das Ziel dieses Untersuchungsteils, nämlich der Erforschung der handelsbilanzpolitischen Ziele.

Als Einteilungskriterium für diese Auflistung der Literaturbeiträge wurde eine chronologische Ordnung gewählt. Weisen mehrere Literaturbeiträge das gleiche Erscheinungsjahr auf, werden diese in alphabetischer Reihenfolge aufgeführt. Bei Monographien, die in mehreren Auflagen erschienen sind, wird jeweils die neueste Auflage zitiert.

Wie aus der Literaturzusammenstellung zu ersehen ist, setzt die Erforschung der handelsbilanzpolitischen Ziele verstärkt erst nach 1950[1] ein. Zu Anfang der Forschung auf dem Gebiet der Bilanzierung standen Fragen nach der Bilanzierungstechnik und der Bilanzierungstheorie im Vordergrund[2]. Weiterhin ist zu erkennen, daß die wesentlichen handelsbilanzpolitischen Ziele schon relativ

---

1 So auch KRAUSS, Handelsbilanzpolitik, S. 6.
2 Vgl. auch KOFAHL, Denken, S. 208.

schnell herausgearbeitet wurden. Richtungsweisend waren hier v.a. die Arbeiten von Kofahl[1], Le Coutre[2], Mellerowicz[3] und insbesondere Harder[4].

---

1 Vgl. KOFAHL, Bilanzierungspolitik; ders., Denken.
2 Vgl. LE COUTRE, Bilanzpolitik; ders., Bilanzpolitik 1959.
3 Vgl. MELLEROWICZ, Unternehmenspolitik.
4 Vgl. HARDER, Bilanzpolitik.

Jahr	Autor(en)	Kurzbezeichnung und Seitenangabe der Zielartikulation	Zielartikulation
192o	Schreier	Bilanz-Politik	Keine Nennung von speziellen bilanzpolitischen Zielen. Schreier führt allerdings aus, daß die Bilanzpolitik zu dem Zwecke betrieben werde, "sowohl die Bilanz als auch die Gewinn- und Verlustrechnung zu verschieben und künstlich zu beeinflussen." (S. 3). Ferner führt Schreier aus: "Bilanzfrisierung und Schönung ...werden vorgenommen, um Bilanzen ein schöneres Aussehen zu geben oder mit anderen Worten, um dieselben für die Beurteilung und die Kritik, insbesondere hinsichtlich der augenblicklichen und dauernden Rentabilität, der Flüssigkeit und der richtigen Finanzierung zurecht zu stutzen." (S. 8).
193o	Isaac	Bilanzen, S. 149	Als mögliche Ziele (Isaac selbst spricht allerdings von "Grundsätzen" anstatt von Zielen) führt Isaac auf: - Den Grundsatz einer gewissen Verschwiegenheit, d.h. die Angst, "daß über die Unternehmung allzuviel an die Öffentlichkeit dringe." - Den Grundatz der Vorsicht. ("Man will etwa lieber etwas weniger Gewinn ausweisen, um der Gefahr auszuweichen, einen womöglich gar nicht vorhandenen Gewinn auszuweisen.").

Jahr	Autor(en)	Kurzbezeichnung und Seitenangabe der Zielartikulation	Zielartikulation
			- Den Grundsatz der Vergleichbarkeit: ("Man möchte vor allem vermeiden, daß die einzelnen Bilanzen unter sich an Vergleichbarkeit durch besondere Ereignisse, etwa außerordentliche Aufwendungen, leiden.").
1934	Büche	Reserven, S. 162 - 169	Büche nennt als mögliche Ziele der stillen Reservenbildung: - "Kräftigung des Unternehmens" (Selbstfinanzierung, Stärkung der Widerstandskraft des Unternehmens). - Gewinnregulierungspolitik ("dergestalt ..., daß man in fetten Jahren Teile des Jahresgewinnes still unterdrückt, um sie in mageren Jahren wieder zur Auflösung zu bringen."). - "Eine kontinuierliche Kreditwürdigkeit des Unternehmens zu erreichen." - "Gewinnverschleierung aus Liquiditätsrücksichten." - "Konkurrenzbetrieben keine Möglichkeit des Einblickes in die Wirtschaftlichkeit des Betriebes zu geben."

Jahr	Autor(en)*	Kurzbezeichnung und Seitenangabe der Zielartikulation	Zielartikulation
1937	Beckmann/Trültsch	Jahresabschluß, S. 115	Keine Nennung von bilanzpolitischen Zielen. Beckmann/ Trültsch führen lediglich aus: " Das neue Aktienrecht (AktG i.d.F. vom 1.Oktober 1937; Anm. des Verf.) befreit den Vorstand von der Bevormundung der Generalsammlung hinsichtlich der Gestaltung des Jahresabschlusses vollkommen. Damit eröffnet es für den Vorstand und Aufsichtsrat die Möglichkeit einer Bilanzierungspolitik, die ganz nach fachlichen Grundsätzen und Notwendigkeiten ausgerichtet werden kann und auch soll."
1939	Leitner	Kontrolle, S. 275-282 (1. Aufl., 1917)	Nach Leitner hat "die überwiegende Mehrzahl der bilanzpolitischen Maßnahmen" (S. 275) den Zweck, die Erfolgsrechnung "künstlich zu beeinflussen" (S. 275). Er weist bereits auf das "Prinzip der Stabilisierung der Dividende" (S. 276) hin.
1950	Kofahl/Pohmer	Bilanzerstellung (S. 541)	Keine Nennung von bilanzpolitischen Zielen. Es wird lediglich darauf hingewiesen, daß "... Bilanzpolitik das Ergebnis individueller Ziele ist."
1951	Reisch/Kreibig	Bilanzen, S. 108-111	"Die Bewertungspolitik der Indurstrieunternehmung pflegt im allgemeinen vom Gebot der Vorsicht beherrscht zu sein (Ausnahmen im entgegengesetzten Sinne kommen, wie durch Sanierungen wiederholt bewiesen wurde, allerdings auch vor). Das Hauptbestreben geht dahin, durch Unterbewertungen, Abschreibungen und Rückstellungen hohe stille Rücklagen zu schaffen, um in der Hauptsache mit ihrer Hilfe nach außen hin eine möglichst gleichmäßige Entwicklung nachzuweisen und der Öffentlichkeit den Einblick in die tatsächlichen Verhältnisse zu erschweren.

Jahr	Autor(en)	Kurzbezeichnung und Seitenangabe der Zielartikulation	Zielartikulation
1953	Kofahl	Denken	Keine Nennung von bilanzpolitischen Zielen.
1954	Le Coutre	Bilanzpolitik, Sp. 633 und Sp. 636 f.	"Bilanzpolitik bedeutet zunächst also Gestaltung der Bilanz an sich (Formgebung), um dadurch bei den Bilanzempfängern, seien sie Gesellschafter (Aktionäre), Gläubiger oder berufsmäßige Bilanzkritiker in Person der Wirtschaftsredakteure und Finanzschriftsteller, sowie Bank- und Börsenfachleute oder allgemein wirtschaftlich interessierte Bilanzleser, einen bestimmten Eindruck hervorzurufen. ...Das Bestreben vieler Geschäftsleitungen geht dahin, möglichst jedes Jahr einen guten Erfolg auszuweisen, weil sie fürchten, ungleichmässige, insbesondere hinter dem Vorjahr zurückbleibende Gewinne, schädigten ihr geschäftliches Ansehen und ihren Kredit. ...Im allgemeinen, insbesondere bei Banken, legt man aber großen Wert darauf, Schwankungen des Betriebsergebnisses und des Unternehmensergebnisses nach außen hin nicht in Erscheinung treten zu lassen; aus diesem Grunde ist das Arbeiten mit stillen Reserven so beliebt. Unternehmungen, deren finanzielle Verhältnisse weniger günstig sind und während eines Jahres manche Liquiditätsschwierigkeit zu überwinden haben, bemühen sich, sich für den Jahresabschluß auf jeden Fall liquide zu machen oder ihre Bilanz auf "liquide" zu frisieren bzw. ungünstige Liquidität wegzufrisieren."
1956	Bouffier	Bilanzpolitik, Sp. 1146-1148	Bouffier führt als bilanzpolitische Ziele den "Ausweis des tatsächlichen Vermögens und des tatsächlichen Erfolges", "die Beeinflussung des auszuweisenden Gewinns" (zum Zweck der Beeinflussung von Gewinnausschüttungen und Steuerzahlungen) sowie die "Beeinflussung Dritter" auf.

Jahr	Autor(en)	Kurzbezeichnung und Seitenangabe der Zielartikulation	Zielartikulation
1956	Kofahl	Bilanzierungspolitik S. 543 f.	"Alle bilanzpolitischen Überlegungen beruhen daher auf den Erkenntnissen und Eindrücken, welche die Bilanzempfänger aus den ihnen vorgelegten Rechenschaftsberichten gewinnen sollen. Dementsprechend achtet der Bilanzpolitiker in erster Linie auf diejenigen Gesichtspunkte, welche beim Bilanzleser besondere Beachtung finden. Es sind dies hauptsächlich: der in der Bilanz ausgewiesene Gewinn oder Verlust und seine wesentlichen Elemente (Erfolgsquellen), die zur Verteilung stehende Dividende, der Vermögens- und Schuldenaufbau (einschließlich der erkennbaren Veränderungen seit der letzten Bilanz sowie der Reserven und Risiken), das Verhältnis der langfristig gebundenen zu den kurzfristig investierten Vermögenswerten und Schulden (Finanzierung, Zahlungsbereitschaft), die Bindung an andere Unternehmen."
1959	Le Coutre	Bilanzpolitik 1959, S. 135 f.	Le Coutre stellt in diesem Beitrag - implizit - die bilanzpolitische Zielsetzung der Geschäftsführung dar. Im einzelnen führt er aus: "Viele Geschäftsleitungen sträuben sich gegen die Bekanntgabe der erzielten Umsätze, angeblich mit Rücksicht auf die neugierige Konkurrenz, in Wirklichkeit, um über Fehlergebnisse im einzelnen, die teils unvermeidlich sind, teils aber auf eigene falsche Disposition etc. zurückzuführen sind, nicht sichtbar werden zu lassen. Sie benutzen die Methode der direkten Abschreibung zur unerkannten Bildung stiller Reserven, um später Ausfälle decken oder schlechtere Jahresergebnisse auffüllen zu können und damit die Geschäfts- und Ertragslage günstiger erscheinen zu lassen."

Jahr	Autor(en)	Kurzbezeichnung und Seitenangabe der Zielartikulation	Zielartikulation
1959	Saage	Bilanzpolitik, S. 481 ff.	Saage weist darauf hin, daß die Aktiengesellschaften in und nach der DM-Eröffnungsbilanz Bilanzpolitik mit dem Ziel der Gewinnreduzierung resp. stillen Reservenbildung getroffen haben.
1960	Kofahl	Bewegungsbilanz, S. 215	Kofahl führt als Ziele der Bilanzpolitik die Gewinnermittlungspolitik, die Dividendenpolitik und die Publizitätspolitik, "... insbesondere hinsichtlich Umsatz und Kosten, Investitionen und Bilanzstruktur, Zahlungsbereitschaft (Liquidität), Offenlegung von Konzernbeziehungen, Entlohnung und Sozialleistungen für die Mitarbeiter."
1962	Harder	Bilanzpolitik, S. 69-130	Das Werk von Harder stellt die erste Monographie zur Bilanzpolitik dar. In dieser Mongraphie findet sich auch erstmals eine Erforschung der bilanzpolitischen Ziele. Harder unterscheidet finanzpolitische Ziele und publizitätspolitische Ziele. Die finanzpolitischen Ziele beziehen sich zum einen auf die "Beeinflussung öffentlich - rechtlicher Ansprüche", also konkret auf die Minimierung der Steuerlast und zum anderen auf die "Beeinflussung zivilrechtlicher Ansprüche", also v.a. die Regulierung des Gewinnes (Jahresüberschusses). Bei den publizitätspolitischen Zielen differenziert er die beiden Grundrichtungen "Hang zur Offenheit" und "Hang zur Verschwiegenheit", wobei Harder unter publizitätspolitischen Zielen grundsätzlich versteht, daß die Unternehmensleitung den Zweck verfolgt, "... den Außenstehenden einen bestimmten Eindruck von der Lage und der Entwicklung des Unternehmens zu vermitteln" (S. 94). Beeinflußt werden sollen

Jahr	Autor(en)	Kurzbezeichnung und Seitenangabe der Zielartikulation	Zielartikulation
			bei den publizitätspolitischen Zielen sowohl der Jahresüberschuß als auch Bestands- und Stromgrößen wie bspw. bestimmte Bilanz- oder GUV - Posten.
1964	Mutze	Systematik, S. 109	Mutze führt in diesem Beitrag als bilanzpolitische Ziele v.a. die Beeinflussung "zivilrechtliche(r) Ansprüche auf Grund des Jahresabschlusses" und die Beeinflussung der "Steueransprüche auf Grund des Jahresabschlusses" auf. So formuliert er: "Bilanzpolitische Ziele können bezwecken, zivilrechtliche Ansprüche zu verändern, die sich aus dem Abschluß ergeben. ...Sehr häufig geht die bilanzpolitische Zielsetzung dahin, den Reingewinn des Abschlusses niedrig zu halten, um sich nicht zu hoher ertragsteuerlicher Belastung auszusetzen."
1965	Kofahl	Aktienrechtsreform, S. 194	Keine Nennung von bilanzpolitischen Zielen. Kofahl weist lediglich darauf hin: "Außerdem ist für die Bilanzpolitik die jeweilige "Lage des Unternehmens" wesentlich: Ein Unternehmen in ungünstiger Ertragslage wird von mehreren gesetzlich zulässigen Werten oft die oberen wählen, namentlich wenn es an den Kapitalmarkt herantreten will oder muß. Ein anderes Unternehmen, dem es schon länger gut geht, wird die unteren Wertgrenzen bevorzugen. Es wird im Rahmen des jeweilig geltenden Rechts bestrebt sein, stille Reserven zu legen, um später davon zu zehren."
1966	Bartke	Bewertungsrecht	Keine Nennung von bilanzpolitischen Zielen.
1966	Hornef	Überlegungen	Keine Nennung von bilanzpolitischen Zielen.

Jahr	Autor(en)	Kurzbezeichnung und Seitenangabe der Zielartikulation	Zielartikulation
1966	Ludewig	Bilanzpolitik, S. 51	Ludewig verweist hinsichtlich der bilanzpolitischen Ziele auf die Ausführungen von Harder zu den finanz- und publizitätspolitischen Zielen der Bilanzpolitik.
1966	Sandig	Betriebswirtschaftspolitik, S. 264-272, insbes. S. 265	Nach Sandig können "... zwei Grundrichtungen der Bilanzpolitik unterschieden werden. Die eine zielt als Bewertungspolitik, Abschreibungspolitik, Reservepolitik, betriebliche Steuerpolitik mit den weiterführenden Gesichtspunkten der Dividendenpolitik und der Investitionspolitik vorwiegend auf den finanziellen Bereich und gehört damit stärker in den Bereich der Finanzpolitik. Die andere zielt auf Unterrichtung bzw. Nichtunterrichtung der großen Zahl derer, die an der Rechnungslegung der Unternehmung interessiert sind und von denen Le Coutre nicht weniger als zwölf Gruppen aufzählt. Es handelt sich dabei um die Politik zur Gewinnung und Erhaltung der Beziehungen zur Öffentlichkeit, der Public Relations, die Politik zum Aufbau, zur Fertigung, zur Pflege und zur Sicherung des Rufes der Unternehmung, des Rufes als Arbeitgeber, als Beschaffer von Rohstoffen und Waren und von Kapital (Kredit), als Absetzer und als Gebilde von öffentlichem Interesse. Beide Zielsetzungen können gegeneinander gerichtet sein: Zum Beispiel hoher Gewinn als Ausweis gegenüber dem Kapitalmarkt, niedriger Gewinn aus finanzpolitischem Interesse zur Vermeidung einer hohen Ausschüttung an die Anteilseigner zwecks Gewinnthesaurierung."

Jahr	Autor(en)	Kurzbezeichnung und Seitenangabe der Zielartikulation	Zielartikulation
1967	Brunner	Rücklagenpolitik, S. 67-69	Zum publizitätspolitischem Ziel der Rücklagenbildung führt Brunner aus, daß ein publizitätspolitisches Interesse daran bestehen kann, "hohe Passivrücklagen im Rechenwerk des Unternehmens sichtbar zu machen, um dadurch Einfluß auf bestimmte Handlungen Außenstehender zu gewinnen. Man denke z.B. an den positiven Einfluß auf die Kapitalstruktur und die davon ausgehenden Wirkungen auf die Kapitalgeber." (S. 69)
1967	Trömel	Bilanzpolitik, S. 24 f.	Trömel greift hinsichtlich der bilanzpolitischen Ziele auf die Ausführungen von Harder zu den finanz- und publizitätspolitischen Zielen der Bilanzpolitik zurück. Auffallend ist allerdings, daß Trömel die bilanzpolitischen Ziele in seiner Monographie/Dissertation zur Bilanzpolitik nur auf 1,5 Seiten abhandelt.
1969	Lücke	Bilanzstrategie, S. 2288 f.	Lücke führt aus: "Die Bilanzstrategie hat neben den privatrechtlichen Gewinnansprüchen die öffentlichrechtlichen Abgabenanforderungen zu berücksichtigen. ...Die Bilanzstrategie strebt fast immer nach einer Gewinnregulierung, welche die steuerliche Belastung minimiert. ...Die Bilanzstrategie kann das Ziel verfolgen, den externen Bilanzlesern einen bestimmten Eindruck von der Lage und der Entwicklung des Unternehmens zu vermitteln. Hier kann von publizitätspolitischen Zielen gesprochen werden. ...Grundsätzlich lassen sich beim publizitätspolitischen Verhalten zwei gegenläufige Tendenzen feststellen: Der Hang zur Offenlegung und der Hang zur Verschwiegenheit. ...Die Bilanzstrategie mit dem Hang zur Verschwiegenheit kann darauf abzielen,

Jahr	Autor(en)	Kurzbezeichnung und Seitenangabe der Zielartikulation	Zielartikulation
			so zu bilanzieren, daß diese Größenmerkmale (die Größenmerkmale nach dem PublG, Anm. des Verf.) nicht erreicht werden oder, sofern dies nicht gelingt, der dann gegebenen Offenlegungspflicht nur die gesetzlich vorgeschriebenen Informationen (Mindestinformationen) zu gewähren.
1969	Pougin	Bilanzpolitik, S. 7	"Nach außen verfolgt sie (die Bilanzpolitik, Anm. des Verf.) den Zweck der Publizität, d.h. der Darstellung der Vermögens- oder Ertragslage für die am Jahresabschluß interessierte Öffentlichkeit. Dabei kann die Publizität eine "aktive" sein: "man zeigt, was man hat", wie das amerikanische Unternehmen zu tun pflegen; oder es kann eine "passive" Publizität sein, d.h. man veröffentlicht, was man im Rahmen der Legalität beim besten Willen nicht mehr verbergen kann, wie das deutschen Unternehmen nachgesagt wird."
1970	Münstermann	Bilanzpolitik, S. 257 - 259	"Dennoch (trotz unternehmungsinterner Bilanzanweisungen, Anm. des Verf.) bleiben auch in solchen Fällen meist Möglichkeiten zur internen Bilanzpolitik; sie auszunutzen, ist ein durchaus verständliches und oft mit großem Aufwand betriebenes Anliegen der Segmentleiter (Filialleiter und Leiter von anderen Gliedbetrieben); stehen doch etwa Beförderungen, Tantiemen wie auch interne Zuteilung von Investitionsmitteln in engem Zusammenhang mit den Bilanzergebnissen. Zur internen Bilanzpolitik zählen schließlich alle abschlußrelevanten Maßnahmen der Unternehmensleitung zur eigenen Rechtfertigung gegenüber unternehmungsinternen Kontrollinstanzen. Eine externe Bilanzpolitik verfolgt das Ziel,

Jahr	Autor(en)	Kurzbezeichnung und Seitenangabe der Zielartikulation	Zielartikulation
			durch geeignete Bilanzierungsmaßnahmen Einfluß auf die Entscheidungen unternehmensexterner Bilanzempfänger auszuüben. Mit dieser direkten Einwirkung auf Kreditgeber, Aktionäre, Geschäftsfreunde, Konkurrenten verbindet sich eine indirekte Einwirkung, die über Pressemitteilungen einen weitaus größeren Adressatenkreis erfaßt. Die externe Bilanzpolitik richtet sich also grundsätzlich an Informationsempfänger außerhalb der Unternehmung, wobei der Adressatenkreis durchaus eingeschränkt sein kann. Zur externen Bilanzpolitik gehören beispielsweise auch steuerbilanzpolitische Maßnahmen. Das bilanzpolitische Ziel erfordert die Kenntnis der Ziele der Bilanzadressaten und grundsätzlich eine möglichst vollkommene bilanzpolitische Anpassung an deren Ziele. Grenzen sind der Anpassung nur insoweit zu setzen, als andere, den bilanzpolitischen Zielen übergeordnete Unternehmungsziele einzelnen Bilanzierungsalternativen entgegenstehen; im bilanzpolitischen Kalkül lassen sich die mit übergeordneten Zielen inkompatiblen bilanzpolitischen Alternativen durch Nebenbedingungen ausschließen."
1971	Neth	Herstellungskosten, S. 12-19	Neth differenziert zwischen der Bilanzpolitik als Teil der Finanzpolitik und der Bilanzpolitik als Teil der Publizitätspolitik. Die Bilanzpolitik als Teil der Finanzpolitik beinhaltet die Steuerlastminimierung sowie die Beeinflussung der Gewinnausschüttung. Unter Bilanzpolitik als Teil der Publizitätspolitik versteht Neth durch bestimmte Informationsabgaben "... die Öffent-

Jahr	Autor(en)	Kurzbezeichnung und Seitenangabe der Zielartikulation	Zielartikulation
			lichkeit für die Gesellschaft zu gewinnen." "Mit der Gestaltung der Informationsmittel Bilanz, Gewinn- und Verlustrechnung und Geschäftsbericht kann die Unternehmensleitung, je nach der wirtschaftlichen Situation und den künftigen Vorhaben der Gesellschaft, die Unterrichtung oder die Nichtunterrichtung der Aktionäre, des Kapitalmarktes und der übrigen interessierten Öffentlichkeit anstreben, um sie zu Reaktionen zu bewegen, die für die Gesellschaft vorteilhaft sind."
1971	Sieben/Haase	Jahresabschlußrechnung, S. 55	Grundsätzlich keine Nennung von bilanzpolitischen Zielen. Allerdings führen die Autoren z.B. auf: "Bekannt ist zudem, daß die Leiter von Gliedbetrieben (Zweigniederlassungen, Sparten) häufig Bilanzpolitik betreiben, nicht zuletzt, wenn ihre Beförderung, ihre Tantiemen oder Zuweisungen von Investitionsmitteln davon abhängen."
1972	Haase	Bilanzpolitik	Keine Nennung von bilanzpolitischen Zielen.
1972	Kappler	Informationsverhalten	Die Arbeit von Kappler beinhaltet eine Untersuchung von bilanzpolitischen Verhaltensweisen. Hinsichtlich der bilanzpolitischen Ziele im praktisch-normativen Sinn werden demzufolge grundsätzlich keine Aussagen gemacht. Kappler führt allerdings die bis dahin in der Literatur aufgezeigten bilanzpolitischen Ziele auf. (S. 30-32)
1973	Kappler	Bilanzpolitik	Das Untersuchungsziel dieses Beitrages entspricht dem aus 1972.

Jahr	Autor(en)	Kurzbezeichnung und Seitenangabe der Zielartikulation	Zielartikulation
1974	Mayer	Bilanzierungstaktik, S. 17	"Bilanztaktische Maßnahmen können unterschiedliche Zielsetzungen haben; die wichtigsten sind: a) Steuerliche Überlegungen, b) Vorsichtserwägungen (Schaffung stiller Reserven für künftige Perioden, Gewährleistung der Kontinuität des ausgewiesenen Erfolgs und der Ausschüttungen), c) Irreführung der Kapitaleigner (Vortäuschung zu guter oder zu schlechter Ertragslage, um Vorstellungen vom Wert der Anteile oder das Urteil über die Qualität der Geschäftsführung zu beeinflussen), d) Irreführung außenstehender Personen und Stellen (Konkurrenten, Geschäftspartner, Kreditgeber, Arbeitnehmer und deren Vertreter, Behörden, das allgemeine Publikum)."
1974	Vodrazka	Bilanzpolitik, Sp. 911-916	Vodrazka unterscheidet zwei Grundrichtungen bilanzpolitischer Ziele: Ziele der Gewinnermittlungspolitik und Ziele der Informationspolitik. Innerhalb der Ziele der Gewinnermittlungspolitik unterscheidet er wiederum die "Gewinnermittlung hinsichtlich der Steuerbilanz." Im Bezug auf die Ziele der Gewinnermittlungspolitik hinsichtlich der Handelsbilanz führt Vordrazka aus, daß es nicht möglich sei, für diese Gewinnermittlungspolitik Ziele allgemein abzuleiten. "Die Gewinnermittlungspolitik kann je nach dem Ausmaß der Publizität des Jahresabschlusses ... und damit dem Umfang des Personenkreises, der aus ihm Schlüsse ziehen und eventuell Forderungen gegen die Unternehmung ableiten kann (z.B. Lieferanten, Kunden, Arbeitnehmer), anderen Zielsetzungen folgen."

Jahr	Autor(en)	Kurzbezeichnung und Seitenangabe der Zielartikulation	Zielartikulation
			Hinsichtlich der Ziele der Informationspolitik führt Vodrazka aus: "Die Bilanzpolitik soll den Informationsempfänger zu einem Verhalten veranlassen, das den Unternehmungszielen bzw. den Zielen derjenigen, die Bilanzpolitik treiben, entspricht. Daraus folgt die große Bedeutung der Kenntnis und Einschätzung des als Reaktion auf eine bestimmte Bilanzpolitik zu erwartenden Verhaltens der Informationsempfänger."
1975	Kupsch	Bilanzierung, S. 14-17; insbes. S. 17	"Die Ziele der Bilanzpolitik, die mit der Erstellung der durch das Maßgeblichkeitsprinzip verklammerten Handels- und Steuerbilanz erreicht werden sollen, beinhalten das Streben nach optimaler oder hinreichend geringer Steuerbelastung für den Planungszeitraum sowie auf die Oberziele der Unternehmung abgestimmte Ausschüttung des erzielten Finanzmittelüberschusses in Form von Dividenden, Gewinnanteilen und Erfolgsbeteiligungen und die Realisierung eines über die Nominalkapitalerhaltung hinausgehenden Erhaltungspostulats, das mit Wachstumszielen verbunden sein kann. Eine allgemeine Prioritätsskala der angeführten Ziele läßt sich nicht aufstellen. ...Daneben ist die Bilanzpolitik mit einer ungerichteten Publizitätsskala verbunden, die sich an die interessierte Öffentlichkeit zur Schaffung oder Verstärkung positiver Einstellungen gegenüber der rechnungslegenden Betriebswirtschaft wendet. Die Konsequenzen einer derartigen Öffentlichkeitsarbeit sind kaum prognostizierbar, denn ob "Meinungsvorteile" gegenüber Konkurrenten erzielt werden, ist unsicher. Zudem ist der Adressatenkreis häufig unbestimmt, was

Jahr	Autor(en)	Kurzbezeichnung und Seitenangabe der Zielartikulation	Zielartikulation
			die "Ungerichtetheit" der Publizitätspolitk durch Bilanzen unterstreicht."
1976	Hauschildt	Bilanzpolitik, insb. Sp.195-198	Hauschildt stellt in diesem Beitrag als bilanzpolitische Ziele die Erfüllung der von den Eigen- und Fremdkapitalgebern erwartenden Gewinn- und Bilanzstrukturen dar.
1976	Marettek	Ermessensspielräume, S. 515 f.	"Die Ziele der Bilanzpolitik sind letztlich finanzwirtschaftlicher Natur. Als Beispiele seien genannt Kapitalmarktpflege durch stetige Gewinnausweispolitik, Bestandssicherung durch Risikoberücksichtigung mittels Rücklagendotierung innerhalb der Grenzen des § 58 (AktG. Anm. des Verf.), Ausweis günstiger Deckungsverhältnisse, Cash Flow Kennzahlen und Kennzahlen der Vermögens- und Kapitalstruktur, um die Fremdkapitalbeschaffung, aber auch die Eigenkapitalfinanzierung zu erleichtern."
1977	Baetge/Ballwieser	Spielraum, S. 200-205	"Der Zweck bilanzpolitischer Maßnahmen in der Handelsbilanz ist die Beeinflussung der Informationen über das Unternehmen und seine Aktivitäten sowie die Gestaltung eines bestimmten Ausschüttungsstromes an Unternehmensbeteiligte." "Die Beeinflussung der Information" soll "...die Informationsadressaten zu einem Verhalten veranlassen, das den Zielen derjenigen entspricht, die Bilanzpolitik betreiben (können)." "In der Steuerbilanz kann als Ziel bilanzpolitischer Maßnahmen die Minimierung des Kapitalwertes der gewinnabhängigen Steuerzahlungen angesehen werden." Baetge/Ballweiser beachten aber auch die

Jahr	Autor(en)	Kurzbezeichnung und Seitenangabe der Zielartikulation	Zielartikulation
			Verzahnung von Handels- und Steuerbilanz über das Maßgeblichkeitsprinzip.
1977	Hauschildt	Bilanzanalyse, S. 660 f. und S. 662 f.	Hauschildt führt aus, daß Ziel der Bilanzpolitik sei, die (vermuteten) Anforderungen der Jahresabschlußinteressenten an den Jahresabschluß des betreffenden Unternehmens zu erfüllen. Ein spezieller Aspekt der Ausführungen von Hauschildt soll hier noch herausgegriffen werden: "Läßt sich durch alle Maßnahmen der Bilanzpolitik eine gravierende negative Abweichung des gewünschten Ausweises von den Anspruchniveaus der Bezugsgruppen nicht verhindern, dann kann eine dramatische Umkehrung des Verhaltens sinnvoll sein. So kann die bewußte Überhöhung eines Verlustes in einer Notlage öffentliche Hilfe mobilisieren. So kann ein neues Management danach trachten, dem ausgeschiedenen Management einen möglichst großen Verlust nachträglich anzulasten... Auf der Basis eines negativen Ergebnisses kann es leichter sein, unpopuläre Maßnahmen durchzusetzen."
1977	Sielaff	Bilanzpolitik, S. 230 und S. 236	Als konkretes Ziel der Bilanzpolitik erwähnt Sielaff die Optimierung (Minimierung) der Steuerbelastung sowie die Ergebnisverringerung bei guter Ertragslage und vice versa die Ergebnisverbesserung bei schlechter Ertragslage.
1978	Baetge/Ballwieser	Bilanzpolitik, S. 522	"Im folgenden gehen wir davon aus, daß handelsrechtliche Bilanzpolitik vorwiegend der Umgehung von Kontrollmöglichkeiten Externer dient, um der Unternehmensleitung eine weitgehend unangefochtene Position gegenüber den Kontrollorganen zu

Jahr	Autor(en)	Kurzbezeichnung und Seitenangabe der Zielartikulation	Zielartikulation
			geben. Man kann dieses Zielkriterium kurz als die Minimierung externer Kontrollen bezeichnen."
1978	Kottke	Bilanzstrategie, S. 33-39	Neben dem Ziel der Steuerminimierung (Steuerbarwertminimierung) zeigt Kottke spezielle handelsbilanzpolitische Ziele der Ergebnisregulierung (Bildung und Auflösung von stillen Reserven) auf, deren Zweck es ist, diverse Subziele, wie die Subziele der Kapitalerhaltung, der Kapitalsicherung, der Kapazitätserweiterung, der Kapitalumschichtung, der Liquiditätsverbesserung sowie gewinnausschüttungspolitische Subziele zu erreichen. Daneben führt Kottke noch meinungsbildungspolitische Subziele auf. Diese würden sich darin äußern, daß Unternehmen "in rezessiven Wirtschaftsphasen" oder um Fehldispositionen der Unternehmensleitung zu verschleiern, versuchen, eine Ergebnisverbesserung zu erreichen. "Umgekehrt werden oft zu hohe Gewinnausweise vermieden, um Wünsche der Arbeitnehmer nach höheren Vergütungen oder Gewinnbeteiligungen abzublocken oder nicht erst zu provozieren."
1978	Mellerowicz	Unternehmenspolitik, S. 197-268 (insbes. S. 198)	"Als die wesentlichen ... Ziele der Bilanzpolitik betrachten wir 1. die Gestaltung der Bilanzstruktur, 2. die Gestaltung des Ergebnisses."

Jahr	Autor(en)	Kurzbezeichnung und Seitenangabe der Zielartikulation	Zielartikulation
1978	Selchert	Bilanzpolitik, S. 169 f.	Selchert führt aus, daß sich "aus den Unternehmungszielen ... für den Jahresabschluß die Wirtschaftlichkeit der Informationsvermittlung als erste Maxime ableiten" läßt. "Wegen der bei nicht-gesetzmäßiger Informationsvermittlung zu erwartenden Sanktionen verlangen die Unternehmungsziele darüber hinaus, den Jahresabschluß so aufzustellen, daß er nicht gegen die einschlägigen (vor allem gesetzlichen) Vorschriften verstößt." "Je nachdem, durch welche Informationsinhalte die aus der Sicht der Unternehmungsziele wünschenswerten bzw. möglichst zu vermeidenden Entscheidungen und Folgen induziert werden, muß es das Ziel der Aufstellung des Jahresabschlusses sein, - das Ergebnis unter den gegebenen Bedingungen möglichst niedrig (z.B. zur Abwehr von Steuerverpflichtungen und Lohnforderungen) oder möglichst hoch (um etwa die Beteiligungsfinanzierung zu erleichtern) auszuweisen; - die Kapital- und Vermögensstruktur möglichst günstig (um etwa die Aufnahme von Krediten zu erleichtern), evtl. aber auch möglichst ungünstig (z.B. um die Notwendigkeit der Ansammlung von zusätzlichem Eigenkapital zu demonstrieren) auszuweisen; - die Liquiditätslage möglichst günstig (z.B. um den Abschluß von Kaufverträgen zu erleichtern) oder möglichst ungünstig (um etwa Gewinnausschüttungen zu vermeiden) erscheinen zu lassen." (Hervorhebungen im Original wurden weggelassen).
1978	Volkart	Bilanzoptimierung	Volkart behandelt in diesem Beitrag die sachverhaltsgestaltende Bilanzpolitik. Er führt nur Ziele der Unternehmensfinanzierung auf.

Jahr	Autor(en)	Kurzbezeichnung und Seitenangabe der Zielartikulation	Zielartikulation
1981	Gräfer	Ziele, S. 353 - 355	Gräfer führt aus:"Zusammenfassend können wir die mit der Bilanzpolitik durch Gestaltung der Bilanzstruktur und Beeinflussung des ausgewiesenen Periodenergebnisses angestrebten Ziele katalogisieren: (1) Positive Beeinflussung der Verhaltensweisen der Partner und Interessenten der Unternehmung durch deren Anforderungen und Erwartungen entsprechende Informationen. (2) Gestaltung des Ausschüttungsstromes an die Anteilseigner unter Aspekten der Liquidität, Ertragskraftsicherung und Substanzerhaltung. In diesem Zusammenhang wird oft von "Gewinnglättung" gesprochen, deren Ziel u.a. eine gerade von deutschen Unternehmen angestrebte kontinuierliche oder stetige Dividendenpolitik ist. (3) Möglichst günstige zeitliche Verteilung der erfolgsabhängigen Steuerlast, gegebenenfalls auch Minimierung der Steuerzahlungen über den Planungszeitraum - mit entsprechenden positiven Folgen für die Liquidität und die Ertragskraft der Unternehmung." (Hervorhebungen im Original wurden weggelassen).
1981	Schult	Bilanzpolitik, S. 234	Als Ziele "der unternehmerischen Bilanzpolitik" führt Schult als Beispiele auf: "Ausweis eines zeitlich konstanten Bilanzgewinns"; "Ausweis einer optimistischen Vermögenslage".
1982	Freidank	Bilanzpolitik, S. 337 - 339	Freidank leitet die bilanzpolitischen Zielsetzungen aus der Finanzpolitik und der Publizitätspolitik ab. Aus der Finanzpolitik leitet Freidank ab: Die Unternehmensleitung kann einerseits bestrebt sein, "den Jahresüberschuß durch den Einsatz bilanzpolitischer Maßnahmen möglichst niedrig auszuweisen, um einen entsprechend geringen Mittelabfluß in der gegenwärtigen Rechnungsperiode zu realisieren."

Jahr	Autor(en)	Kurzbezeichnung und Seitenangabe der Zielartikulation	Zielartikulation
			Andererseits kann die Unternehmensleitung "zur Sicherstellung der externen Finanzierungsmöglichkeiten ... nicht unbedingt bestrebt sein, die Dividendenhöhe zu minimieren. Auch würde es sich in diesem Zusammenhang anbieten, die Gewinnausschüttungen im Interesse der Kurspflege und der vertrauenserweckenden Solidität der Unternehmensgebarung längerfristig zu stabilisieren." Weiterhin muß es nach Freidank "Ziel der Unternehmensleitung sein, die aus der Bilanz abgeleiteten (Finanz-)Kennzahlen entsprechend den Erwartungshaltungen der Kreditgeber zu gestalten." "Der Zielplan einer aktienrechtlichen Bilanzpolitik (kann; der Verf.) aber auch eindeutig auf die Minimierung des Kapitalwertes der gewinnabhängigen Körperschaft- und Gewerbesteuerzahlungen ausgerichtet sein." Aus der Publizitätspolitik leitet Freidank das Ziel ab, "durch einen zieladäquaten Einsatz der erwähnten Informationsmittel die Berichtsempfänger zu Praktiken zu bewegen, die für die Aktiengesellschaft von Vorteil sind." Ferner kann es nach Freidank Ziel der Bilanzpolitik sein, "die Publikationen auf das gesetzlich geforderte Mindestmaß zu beschränken."
1982	Gräfer	Bilanzpolitik, S. 217 - 219	Die in diesem Beitrag aufgeführten Ziele entsprechen denen, die Gräfer bereits in seinem Beitrag "Ziele" (1981) veröffentlicht hat.
1982	Sieben/Matschke/König	Bilanzpolitik, Sp. 227 - 229	Sieben/Matschke/König formulieren die bilanzpolitischen Ziele im Hinblick auf die "Hauptbezugsgruppen" des Jahresabschlusses. So kann es bspw. im Hinblick auf die Kreditgeber bilanzpolitisches Ziel sein, "die Unternehmung als liquide und kreditwürdig darzustellen." Speziell zur Konzernbilanzpolitik führen die Autoren aus: "Ziel der Bilanz-

Jahr	Autor(en)	Kurzbezeichnung und Seitenangabe der Zielartikulation	Zielartikulation
			politik kann neben einer Information über den Unternehmensverbund auch die Beeinflussung der Adressaten bezüglich ihres Verhaltens gegenüber den einzelnen Konzernunternehmungen sein."
1982	von Wysocki	Bilanzpolitik, S. 44	Nach von Wysocki wird es bei Beschäftigungsrückgängen sowie mangelnder Ertragsfähigkeit der Unternehmen üblicherweise bilanzpolitisches Ziel sein, "die Vermögens-, Finanz- und Ertragslage des Unternehmens durch Ausnutzung legaler handelsrechtlicher Möglichkeiten möglichst günstig darzustellen."
1983	Bigge	Bilanzpolitik	Nach Bigge wird es bei angespannter Ertragslage und Rückgang der Liquidität ein Bedürfnis sein, "diese negativen Folgen durch Gestaltungsmaßnahmen im Jahresabschluß zu verdecken oder zu verringern."
1983	Forster	Bilanzpolitik, S. 32	Forster verweist hinsichtlich der bilanzpolitischen Ziele auf Le Coutre und Sandig.
1983	Göllert/Ringling	Strategie, S. 95o	Göllert/Ringling führen unter Bezugnahme auf die Literatur "als Hauptziele einer (Handels-) Bilanzpolitik" auf: Gewinnausweis- und Ausschüttungspolitik (Gewinnstetigkeit), Bilanzausweis-/Bilanzstrukturpolitik ("Primär auf die Kreditgeber zielt die Bilanzausweispolitik vor allem darauf, die aus dem Jahresabschluß ableitbaren Kennzahlen entsprechend den Erwartungshaltungen der Gläubiger zu gestalten"), Substanzerhaltung, Informationsbeschränkung, Kontinuität (kontinuierlicher Übergang auf die neue Rechnungslegung nach BiRiLiG) und Flexibilität.
1983	Kropff	Bilanzpolitik	Keine Nennung von speziellen bilanzpolitischen Zielen.

Jahr	Autor(en)	Kurzbezeichnung und Seitenangabe der Zielartikulation	Zielartikulation
1984	Hamel	Ansatzpunkte, S. 9o3 ff.	Hamel führt aus, daß Bilanzpolitik vornehmlich dazu diene, "den Bilanzadressaten ein Bild von der Unternehmung zu vermitteln, das diese nicht veranlaßt, der Unternehmung gegenüber nachteilige Verhaltensweisen zu entfalten."
1984	Heinhold	Bilanzpolitik, S. 389 - 391	"Bilanzpolitische Ziele erstrecken sich im allgemeinen auf drei Bereiche: - Beeinflussung der finanzwirtschaftlichen Situation des Unternehmens (Finanzziele), - Verhaltensbeeinflussung bei externen Bilanzadressaten, - Selbstdarstellung (Publizitätsziele)." Finanzziele sind: Ausschüttungsziele (z.B. Verstetigung der Dividendenzahlungen durch entsprechende Rücklagenpolitik), Kapitalerhaltungs- und Kapitalsicherungsziele, Kreditwürdigkeitsziele, Liquiditätsziele (Steuerung der Zahlungen; Einwirkungen auf die Liquiditätskennzahlen) und Steuerbelastungsziele (Steuerlastminimierung). Publizitätsziele sind: Umgehung der Publizitäts- und Prüfungspflichten durch Beeinflussung der Bilanzsumme. "Weiterhin ist die Bilanzpolitik ein geeignetes Mittel, das unterschiedliche Bestreben nach Selbstdarstellung der Unternehmung nach außen zu unterstützen. Grundsätzlich kann ein Unternehmen offensive oder defensive Publizitätsziele verfolgen. Eine entsprechende detaillierte Gliederung der Bilanz und ausführliche Erläuterungen im Geschäftsbericht bzw. die Beschränkung auf das gesetzlich absolut notwendige Mindestmaß sind die bilanzpolitisch adäquaten Aktionsmöglichkeiten.

Jahr	Autor(en)	Kurzbezeichnung und Seitenangabe der Zielartikulation	Zielartikulation
1984	Ossadnik	Bilanzpolitik, S. 559	Ossadnik unterscheidet bei den bilanzpolitischen Zielen die Ziele der Gewinnermittlungspolitik und Informationspolitik. Ziel der Informationspolitik ist, "durch eine geeignete Gestaltung der Jahresabschlußinformationen deren Empfänger zu einem unternehmenszielkonformen Verhalten zu bewegen." Ziel der Gewinnermittlungspolitik kann es bspw. sein, "aus Gründen der Substanz- und Kapitalerhaltung" oder der Minimierung von ergebnisabhängigen Steuerzahlungen stille Reserven zu bilden. Nach Ossadnik "dürfte wegen des Interesses vieler Kleinaktionäre an möglichst hohen Ausschüttungen eine gewinnverringernd wirkende Politik (allerdings; der Verf.) bei der Durchführung einer Kapitalerhöhung wenig hilfreich sein."
1984	Packmohr	Bilanzpolitik, S. 31 - 41	Packmohr differenziert - finanzpolitische Ziele ("Steuervermeidung und Steuerverlagerung"; "Steuerung der Gewinnausschüttung") und - publizitätspolitische Ziele. Die publizitätspolitischen Ziele unterteilt er weiter in "unternehmensbezogene Publizitätsziele" ("Diesen Zielvorstellungen liegt meist das Bestreben zugrunde, die Situation des Unternehmens gegenüber der Öffentlichkeit positiv darzustellen.") und in "personenbezogene Ziele".
1985	Krawitz	Bilanzpolitik, S. 4 f.	Krawitz unterteilt die bilanzpolitischen Zielsetzungen in "Zielsetzungen der Handelsbilanzpolitik" und "Zielsetzungen der Steuerbilanzpolitik". "Als ein häufiges Ziel der Handelsbilanzpolitik insbesondere von Aktiengesellschaften wird - unterstützt durch empirische Forschungen - die Gewinnglättung genannt." "Die Steuerbilanzpolitik verfolgt allgemein das Ziel, die

Jahr	Autor(en)	Kurzbezeichnung und Seitenangabe der Zielartikulation	Zielartikulation
			Ertragssteuerzahlungen entsprechend den Oberzielen der Unternehmung zu beeinflussen. Für eine partielle Entscheidung über die bestehenden Wahlmöglichkeiten kommt in erster Linie das Ziel der Steuerbarwertminimierung zur Anwendung."
1985	Wöhe	Möglichkeiten, S. 718	"Zu den wichtigsten bilanzpolitischen Zielen gehören die Unternehmenserhaltung (Substanzerhaltung), die Selbstfinanzierung aus nicht ausgeschütteten oder mittels der Bildung stiller Rücklagen nicht ausgewiesenen Gewinnen, die Steuerminimierung und die Beeinflussung des Ansehens, das das Unternehmen bei Anteilseignern, Gläubigern und anderen am Unternehmen interessierten Gruppen hat (Meinungsbildungspolitik)."
1986	Kerth/Wolf	Bilanzanalyse, S. 281 f.	"Die Unternehmensleitung verfolgt mit Hilfe der Handelsbilanz sowohl die Ziele einer negativen als auch einer positiven Darstellung der wirtschaftlichen Lage des Unternehmens im Rahmen des vorgegebenen Zielsystems der Unternehmenspolitik." Kerth/Wolf führen dann sowohl Beispiele für eine tendenziell negative Darstellung als auch für eine tendenziell positive Darstellung der wirtschaftlichen Lage auf.
1986	Pfleger	Bilanzpolitik, S. 21 - 23 (1. Aufl., 1984)	Pfleger nennt als bilanzpolitische Ziele: "(1) Beeinflussung der Verhaltensweisen der Bilanzadressaten zugunsten des Unternehmens (informationspolitische oder publizitätspolitische Zielsetzung). (2) Beeinflussung der Ausschüttungen an die Anteilseigner. (3) Verringerung der Steuerbelastung." Darüber hinaus werden von Pfleger noch die folgenden - im Einzelfall verfolgbaren - Ziele genannt. - "Kompensation der Auswirkungen von Fehlern der Geschäftsführung auf den Jahresabschluß."

Jahr	Autor(en)	Kurzbezeichnung und Seitenangabe der Zielartikulation	Zielartikulation
			- "Ergebnisverbesserung zur Anhebung erfolgsabhängiger Vergütungen an Arbeitnehmer, Leitungs- und Aufsichtsgremien." - "Bilanzpolitische Maßnahmen stehen u.U. im Zusammenhang mit einem Wechsel in der Geschäftsführung." ("Gewinnreduzierende bilanzpolitische Entscheidungen im Übergangsjahr sind für die neue Geschäftsführung ... von Vorteil") - "Ergebnisverbesserung zur Beeinflussung von Verhandlungen über eine bevorstehende Veräußerung des Unternehmens."
1986	Schulte	Bilanzpolitik, S. 11 - 18	Schulte unterscheidet bei den bilanzpolitischen Zielen finanzpolitische Ziele und publizitätspolitische Ziele. Als finanzpolitische Ziele nennt er: "- die Kapital- und Substanzerhaltung - Ergebnisregulierung - Pflege der Kreditwürdigkeit - Steuerlastminimierung." Publizitätspolitische Ziele "erfüllen die Aufgabe, den externen Rechnungslegungsadressaten einen bestimmten Eindruck von der Unternehmung zu vermitteln, die Aufmerksamkeit auf das Unternehmen zu lenken oder eine ungünstige Meinungsbildung zu verhindern."
1987	Hoch	Bilanzpolitik, S. 129 f.	Hoch führt als Ziele der Bilanzpolitik auf: - "Beeinflussung des Verhaltens von Bilanzadressaten zugunsten der Unternehmung." - "Beeinflussung der Ausschüttungen an Anteilseigner." - "Beeinflussung steuerlicher Bemessungsgrundlagen."
1987	Ludewig	Verdeckte Bilanzpolitik	Keine spezielle Behandlung (Nennung) von bilanzpolitischen Zielen.

Jahr	Autor(en)	Kurzbezeichnung und Seitenangabe der Zielartikulation	Zielartikulation
1987	Weber	Bilanzpolitik, S. 72 - 79	Weber führt als bilanzpolitische Ziele auf: "(1) Unmittelbare Beeinflussung des finanziellen Bereichs des Unternehmens durch Liquiditäts- und Rentabilitätsverbesserung durch Minderung der Steuerbelastung oder -verschiebung auf spätere Perioden sowie Kapitalerweiterung oder zumindest -erhaltung durch offene oder stille Selbstfinanzierung." (Hervorhebungen im Original wurden weggelassen). "(2) Beeinflussung der Meinungsbildung über das Unternehmen durch externe Bilanzadressaten - zur mittelbaren Beeinflussung des finanziellen Bereichs: als Unterziele kommen in Betracht die Erhaltung der Kreditwürdigkeit auf der Grundlage der im Jahresabschluß dargestellten Vermögens-, Finanz- und Ertragslage sowie der Angaben im Anhang und Lagebericht. In Betracht kommt die "Kurspflege" oder die Vorbereitung der Kapitalaufnahme bzw. Veräußerung der Anteile. - Sonstige Beeinflussung im Zusammenhang mit anderen Unternehmenszielen der Meinungsbildung bei an dem Unternehmen interessierten Gruppen wie Kunden, Lieferanten, Arbeitnehmern, Wettbewerbern etc."
1987	Wöhe	Bilanzierung, S. 7o3 - 715 (1. Aufl., 197o)	"Die wichtigsten Ziele, die mit Hilfe bilanzierungs-, bewertungs- und rücklagenpolitischer Maßnahmen auf dem Wege über eine Gestaltung der Höhe des ausgewiesenen Erfolges, des ausgewiesenen Vermögens und der ausgewiesenen Schulden realisiert werden können, sind einerseits die Beeinflussung des finanziellen Bereichs des Betriebes und andererseits die Beeinflussung der am Betriebe interessierten Personengruppen in einer Weise, die dem guten Ruf des Betriebes dient. Im einzelnen handelt es sich dabei um Maßnahmen

Jahr	Autor(en)	Kurzbezeichnung und Seitenangabe der Zielartikulation	Zielartikulation
			(1) der Kapitalsicherung, (2) der Unternehmenserhaltung (Kapital-, Substanzerhaltung), (3) der Kapitalerweiterung (offene und stille Selbstfinanzierung), (4) der Kapitalumschichtung (optimale Kapitalstruktur), (5) der Liquiditätsverbesserung, (6) der Steuerminimierung, (7) der Ausschüttungspolitik, (8) der Meinungsbildungspolitik."
1987	Wöhe	Entscheidungsspielräume, S. 425	Die aufgeführten bilanzpolitischen Ziele entsprechen denjenigen, die auch in der Monographie "Bilanzierung" von Wöhe veröffentlicht sind.
1988	Wöhe	Spielräume, S. 5o f.	Die aufgeführten bilanzpolitischen Ziele entsprechen denjenigen, die auch in der Monographie "Bilanzierung" von Wöhe veröffentlicht sind.

Anhang 2: Kennzahlenkatalog einbezogener Konzernabschlußkennzahlen

Einführung: Selektion zieladäquater bilanzanalytischer Kennzahlen

Die Zahl der genannten Kennzahlen ist sehr groß. Hinzu kommt, daß die Menge aller Kennzahlen fast beliebig erweiterbar ist, da durch die Kombination und Verknüpfung der diversen Kennzahlenkomponenten immer neue Kennzahlen geschaffen werden können.[1] Diese Kennzahlenmenge macht eine Eingrenzung der in dieser Untersuchung verwendeten Kennzahlen unumgänglich. Um das Ermessen bei der Auswahl der Kennzahlen möglichst gering zu halten, werden objektive Auswahlkriterien herangezogen.[2] Diese werden im folgenden dargelegt und - soweit erforderlich - auch erläutert.

- Es werden nur solche Kennzahlen ausgewählt, für die der Konzernabschluß als Informationsbasis hinreichend ist. Es ist unmittelbar einsichtig, daß Kennzahlen der (internen) Betriebsanalyse für die externen Konzernabschlußinteressenten aufgrund fehlender Informationen nicht in Frage kommen. Die Kennzahlenauswahl beschränkt sich daher auf Kennzahlen der externen Jahresabschlußanalyse.

- Es werden nur Kennzahlen zur Vermögens-, Finanz- und Ertragslage ausgewählt. Krehl führt dazu aus: "Zur ersten Abschätzung der Bereiche einer Jahresabschlußanalyse bieten sich rechtliche Normierungen zur 'Wirtschaftlichen Lage' an."[3] Er listet eine Anzahl von Paragraphen verschiedener Gesetze auf, in denen der Begriff 'wirtschaftliche Lage' auftritt und schlußfolgert aus den aufgeführten gesetzlichen Be-

1 Vgl. auch HAUSCHILDT, Erfolgsanalyse, S. 4.
2 Hinsichtlich der Notwendigkeit und der Problembereiche der Ermesseneinschränkung vgl. auch MÖLLER, Bilanzkennzahlen, S. 128.
3 KREHL, Informationsbedarf, S. 9.

stimmungen, daß der Gesetzgeber unter wirtschaftlicher Lage die Vermögens-, Finanz- und Ertragslage versteht.[1] Für die Konzernrechnungslegung nach HGB ist dies eindeutig in § 297 Abs. 2 HGB festgelegt. Danach hat der Konzernabschluß "ein den tatsächlichen Verhältnissen entsprechendes Bild der Vermögens-, Finanz- und Ertragslage des Konzerns zu vermitteln."[2] Aber auch aus betriebswirtschaftlicher Sicht wird unter 'wirtschaftlicher Lage' die Vermögens-, Finanz- und Ertragslage verstanden.[3] Eine Beschränkung der Kennzahlenanalyse auf die Kennzahlen zur Vermögens-, Finanz- und Ertragslage erscheint somit zweckgerecht.

- Es werden alle die Kennzahlen in die Untersuchung einbezogen, die im einschlägigen Fachschrifttum genannt werden.[4] Das Ermessen bei der Auswahl der Kennzahlen wird durch dieses relativ aufwendige Verfahren dadurch stark eingeschränkt, daß grundsätzlich alle in der Literatur aufgeführten Kennzahlen angewendet werden. Unterstützung erfährt diese breite Auswahl von Kennzahlen auch dadurch, daß die Bilanzanalytiker in der Praxis z.T. viele Kennzahlen gleichzeitig anwenden.[5] Dennoch ist dieser Selektion das Manko immanent, daß keine Gewähr dafür besteht, daß alle denkbaren Kennzahlen ausgewählt wurden.

---

1 Vgl. KREHL, Informationsbedarf, S. 13-17.
2 § 297 Abs. 2 Satz 2 HGB. Zur Generalklausel s. Gliederungspunkt V.3 im 2. Kapitel.
3 Vgl. COENENBERG, Ertragslage, S. 157 f.
4 Dieses Auswahlverfahren wendet auch GEBHARDT, Insolvenzprognosen, S. 133-137, an, der dabei auf weitere Untersuchungen hinweist, in denen auch diese Methode der Kennzahlenselektion angewendet wird. Nur vereinzelt genannte 'exotische' Kennzahlen werden jedoch ausgeschieden.
5 Ballwieser bemerkt hierzu: "Bilanzanalytiker halten es generell mit der Methodenvielfalt und hoffen, daß sich durch gleichzeitige Verwendung vieler Zahlen ein gewisser Fehlerausgleich bei einzelnen Kennzahlen einstellen wird." BALLWIESER, Analyse, S. 61.

- Kennzahlen, die auf Spezialfälle, wie z.B. bestimmte Branchen, zugeschnitten sind, werden nicht berücksichtigt.

- Eine stichprobenhafte Überprüfung der in der Praxis und hier insbesondere von den Kreditinstituten angewandten Kennzahlen hat ergeben, daß die tatsächlich angewandten Kennzahlen eine Teilmenge der im Fachschrifttum genannten Kennzahlen sind.

Der nun folgende Kennzahlenkatalog ist das Ergebnis der Kennzahlenselektion. Anzumerken ist noch, daß neben den aufgeführten Kennzahlen auch alle Bilanz- und GuV-Posten als Kennzahlen einzustufen sind, wobei nicht nur ihre absolute Höhe, sondern auch die absoluten und relativen Veränderungen gegenüber dem Vorjahr von Interesse sind.

Lfd. Nr. der Kennzahl	Bezeichnung der Kennzahl (sofern genannt)	Definition der Kennzahl	Dimension
	I. Kennzahlen zur VERMÖGENSLAGE		
1	Anlagenintensität	Anlagevermögen/Gesamtvermögen	%
2	Umlaufintensität	Umlaufvermögen/Gesamtvermögen	%
3	Vermögenskonstitution	Anlagevermögen/Umlaufvermögen	%
4	-	Grundstücke u. Gebäude/ Gesamtvermögen	%
5	-	technische Anlagen u. Maschinen/Gesamtvermögen	%
6	-	technische Anlagen u. Maschinen/Sachanlagevermögen	%
7	-	Vorräte/Gesamtvermögen	%
8	-	Debitoren/Gesamtvermögen	%
9	-	Geldvermögen/Gesamtvermögen	%
1o	Verschuldungskoeffizient	Fremdkapital/Eigenkapital	%
11	Anspannungskoeffizient	Fremdkapital/Gesamtkapital	%
12	Langfristkapitalstruktur	langfristiges Kapital/ Gesamtkapital	%
13	Eigenkapitalquote	Eigenkapital/Gesamtkapital	%
14	-	kurz- und mittelfristiges Kapital/Gesamtkapital	%
15	-	kurzfristiges Fremdkapital/Gesamtkapital	%
16	-	Eventualverbindlichkeiten/Gesamtkapital	%
17	Bilanzkurs einer Aktie	Eigenkapital/Grundkapital	%

Lfd. Nr. der Kennzahl	Bezeichnung der Kennzahl (sofern genannt)	Definition der Kennzahl	Dimen-sion
18	Rücklagenanteil	gesamte Rücklagen/ Eigenkapital	%
19	Selbstfinanzierungs-grad	Gewinnrücklagen/Gesamt-kapital	%
2o	Deckungsgrad A	Eigenkapital/Anlagever-mögen	%
21	Deckungsgrad B	(Eigenkapital + lang-fristiges Fremdkapital)/ Anlagevermögen	%
22	Deckungsgrad des gebundenen Vermögens	(Eigenkapital + lang-fristiges Fremdkapital)/ (Anlagevermögen + lang-fristig gebundenes Um-laufvermögen)	%
23	Liquidität 1. Grades	liquide Mittel/kurzfri-stige Verbindlichkeiten	%
24	Liquidität 2. Grades	monetäres Umlaufvermö-gen/kurzfristige Ver-bindlichkeiten	%
25	Liquidität 3. Grades	Gesamtumlaufvermögen/ kurzfristige Verbind-lichkeiten	%
26	-	Forderungen aus Liefe-rungen und Leistungen/ Verbindlichkeiten aus Lieferungen und Lei-stungen	%
27	-	Vorräte/Verbindlich-keiten aus Lieferungen und Leistungen	%
28	Grad der Finanzierung durch erhaltene An-zahlungen	Vorräte/Erhaltene An-zahlungen	%
29	Working Capital Ratio	Umlaufvermögen/kurz-fristige Verbindlich-keiten	%
3o	Kennzahl der Effektiv-verschuldung	kurzfristige Verbind-lichkeiten/Umlaufver-mögen	%
31	Umschlagdauer des Anlagevermögens[1]	durchschnittlicher Be-stand des Anlagevermö-gens x 365/Abschrei-bungen und Abgänge	Tage

1 Da dem Bilanzanalytiker i.d.R. nur die Jahresabschlüsse zur Verfügung stehen, ermitteln sich die durchschnittlichen Bestände als arithmetische Mittel aus Anfangs- und Endbeständen. Vgl. SCHULT, Bilanzanalyse, Anm. 124.

Lfd. Nr. der Kennzahl	Bezeichnung der Kennzahl (sofern genannt)	Definition der Kennzahl	Dimension
32	Umschlagdauer des Umlaufvermögens[1]	durchschnittlicher Bestand des Umlaufvermögens x 365/Umsatzerlöse	Tage
33	Kundenziel[1]	durchschnittlicher Bestand an Forderungen aus Lieferungen und Leistungen x 365/Umsatzerlöse	Tage
34	Lieferantenziel[1]	durchschnittliche Verbindlichkeiten aus Lieferungen und Leistungen x 365/Aufwendungen für Roh-, Hilfs- und Betriebsstoffe und für bezogene Waren	Tage
35	Investitionsquote	Nettoinvestitionen im Sachanlagevermögen/ Buchwert der Sachanlagen am Jahresanfang	%
36	Deckung der Nettoinvestitionen	Abschreibungen auf Sachanlagen/Sachanlagenzugänge (=Nettoinvestitionen)	%
37	Abschreibungsquote	Abschreibungen auf Sachanlagen/Buchwert der Sachanlagen am Jahresende	%
38	Gesamtkapitalumschlag	Umsatz/Gesamtkapital	%
39	Aktivitätskennzahl: Anlagevermögen bezogen auf Umsatz	Gesamtanlagevermögen/ Umsatz	%
4o	Aktivitätskennzahl: Vorräte bezogen auf Umsatz	Vorräte/Umsatz	%
41	Umsatzrelation: Sachanlagevermögen	Sachanlagevermögen/ Umsatz	%
42	Umsatzrelation: Fertigerzeugnisse	Fertigerzeugnisse/Umsatz	%
43	-	Debitorenbestand/Umsatz	%

1 Da dem Bilanzanalytiker i.d.R. nur die Jahresabschlüsse zur Verfügung stehen, ermitteln sich die durchschnittlichen Bestände als arithmetische Mittel aus Anfangs- und Endbeständen. Vgl. SCHULT, Bilanzanalyse, Anm. 124.

Lfd. Nr. der Kennzahl	Bezeichnung der Kennzahl (sofern genannt)	Definition der Kennzahl	Dimension
	II. Kennzahlen zur FINANZLAGE[1]		
44	Cash Flow	Jahresüberschuß (Jahresfehlbetrag) + Abschreibungen auf Anlagevermögen ./. Zuschreibungen auf Anlagevermögen + Erhöhung des Sonderpostens mit Rücklageanteil ./. Minderung des Sonderpostens mit Rücklageanteil + Erhöhung der Rückstellungen ./. Minderung der Rückstellungen = Cash Flow	DM
45	-	Cash Flow/Gesamtkapital	%
46	Cash Flow/Umsatzrate	Cash Flow/Umsatz	%
47	Schuldentilgungspotential	Cash Flow/Fremdkapital	%
48	Schuldentilgungsdauer in Jahren	Fremdkapital/Cash Flow	Jahre
49	-	Cash Flow/Eigenkapital	%
5o	-	Cash Flow/Nettoinvestitionen (Zugänge - Abgänge des AV)	%
51	-	Cash Flow/Effektivverschuldung	%

1 Zur Analyse der Liquiditätslage werden grundsätzlich auch alle die zur Vermögenslage aufgeführten Kennzahlen angewendet. Um Wiederholungen zu vermeiden, wird deshalb an dieser Stelle auf den Kennzahlenkatalog zur Vermögenslage hingewiesen.

Lfd. Nr. der Kennzahl	Bezeichnung der Kennzahl (sofern genannt)	Definition der Kennzahl	Dimension
	III. Kennzahlen zur ERTRAGSLAGE		
-	Cash Flow[1]		
52	Typisches Betriebsergebnis	Gesamtkostenverfahren Umsatzerlöse (1) + Erhöhung oder Verminderung des Bestandes an fertigen und unfertigen Erzeugnissen (2) + andere aktivierte Eigenleistungen (3) + sonstige betriebliche Erträge (4) ./. Materialaufwand (5) ./. Personalaufwand (6) ./. Abschreibungen (exkl. außerplanmäßige und steuerliche Sonderabschreibungen) (7) ./. sonstige betriebliche Aufwendungen (ohne Zuführung zu Sonderposten mit Rücklageanteil) (8) ./. sonstige Steuern (19) = Typisches Betriebsergebnis	DM
		Umsatzkostenverfahren Bruttoergebnis vom Umsatz (3) + sonstige betriebliche Erträge (6) ./. Vertriebskosten (4) ./. allgemeine Verwaltungskosten (5) ./. sonstige betriebliche Aufwendungen (7) ./. sonstige Steuern (18) = Betriebsergebnis	DM

1 Da der Cash Flow auch eine zentrale Kennziffer zur Beurteilung der Ertragskraft ist, wird er hier nochmals aufgeführt.

Lfd. Nr. der Kennzahl	Bezeichnung der Kennzahl (sofern genannt)	Definition der Kennzahl	Dimension
53	Atypisches Betriebsergebnis	Sonstige betriebliche Erträge (inkl. Erträge aus der Auflösung von Sonderposten mit Rücklageanteil) ./. Zuführung zu Sonderposten mit Rücklageanteil ./. außerplanmäßige Abschreibungen auf das Anlagevermögen ./. steuerliche Sonderabschreibungen auf das Anlagevermögen ./. Abschreibungen auf das Umlaufvermögen = atypisches Betriebsergebnis	DM
54	Finanzergebnis	Erträge aus Beteiligungen + Erträge aus anderen Wertpapieren und Ausleihungen des Finanzanlagevermögens + sonstige Zinsen und ähnliche Erträge ./. Abschreibungen auf Finanzanlagen und auf Wertpapiere des Umlaufvermögens ./. Zinsen und ähnliche Aufwendungen = Finanzergebnis	DM
55	außerordentliches Ergebnis	außerordentliche Erträge ./. außerordentliche Aufwendungen = außerordentliches Ergebnis	DM
56	Personalaufwand	Personalaufwand/Umsatz	%
57	Personalwirtschaftliche Kennzahl	Umsatz/Anzahl der Beschäftigten	%
58	Materialaufwandrelation	Materialaufwand/Umsatz	%

Lfd. Nr. der Kennzahl	Bezeichnung der Kennzahl (sofern genannt)	Definition der Kennzahl	Dimension
59	Zinsaufwandrelation	Zinsaufwand/Umsatz	%
6o	Abschreibungsaufwandrelation	Abschreibungen/Umsatz	%
61	Eigenkapitalrentabilität	Jahresüberschuß/Eigenkapital	%
62	Gesamtkapitalrentabilität	(Jahresüberschuß + Zinsen)/(Eigenkapital + Verbindlichkeiten)	%
63	Betriebsrentabilität	Betriebsergebnis/Eigenkapital	%
64	Umsatzrentabilität	Betriebsergebnis/Umsatzerlöse	%
65	Gewinn je Aktie	Gewinn x Aktiennennbetrag/Gezeichnetes Kapital	%
66	Price-Earnings-Ratio	Börsenkurs x Gezeichnetes Kapital/Jahresüberschuß	%
67	Return on Investment	(Jahresüberschuß/Umsatz) x (Umsatz/Gesamtkapital)	%
68	Leverage-Faktor	Eigenkapitalrendite/ Gesamtkapitalrendite	%
69	-	Ordentliches Betriebsergebnis/Gesamtergebnis vor Steuern	%
7o	-	Finanzergebnis/Gesamtergebnis vor Steuern	%
71	-	Außerordentliches Ergebnis/Gesamtergebnis vor Steuern	%
72	-	(Finanzergebnis + außerordentliches Ergebnis)/ Gesamtergebnis vor Steuern	%
73	Bilanzwert	Gezeichnetes Kapital + Rücklagen	DM
74	Ertragswert	Börsenwert[1] ./. Bilanzwert	DM
75	Bilanzkurs	Eigenkapital/Grundkapital	%

1 Börsenwert = Börsenkurs x gezeichnetes Kapital.

Lfd. Nr. der Kennzahl	Bezeichnung der Kennzahl (sofern genannt)	Definition der Kennzahl	Dimension
76	stille Reserven	Grundkapital x (Börsenkurs . /. Bilanzkurs)	DM
77	Wertschöpfung		
77a	Entstehungsrechnung (bei GKV)	Umsatzerlöse + Erhöhung oder Verminderung des Bestandes an fertigen und unfertigen Erzeugnissen + andere aktivierte Eigenleistungen ——— = Gesamtleistung ./. Materialaufwand ./. Abschreibungen ./. sonstige betriebliche Aufwendungen ./. sonstige Steuern ——— = Wertschöpfung	DM
77b	Verteilungsrechnung	Personalaufwand + Steuern vom Einkommen und vom Ertrag + Zinsen und ähnliche Aufwendungen + Jahresüberschuß ——— = Wertschöpfung	DM
78	Wertschöpfungsquote	Wertschöpfung/Umsatz	%
79	Arbeitsproduktivität	Wertschöpfung/durchschnittliche Beschäftigtenzahl	%
80	Relative Wertschöpfung III	Wertschöpfung/Jahresüberschuß	%
81	Relative Wertschöpfung II	Wertschöpfung/Zinsen und ähnliche Aufwendungen	%
82	Relative Wertschöpfung I	Wertschöpfung/Personalaufwand	%
83	Umsatzentwicklung	Umsatzveränderung im Berichtsjahr/Vorjahresumsatz	%

Anhang 3: Ausgewertete Literatur mit Kennzahlennachweisen

Lfd. Nr.	Autor	Titel
1	BRUSE, H.	Die Prognosefähigkeit von Kennzahlen bei verschiedenen Maßen für das Unternehmenswachstum, in: ZfB 1978, S. 133-152 (insb. S. 144)
2	BÜCHNER, R.	Grundzüge der Finanzanalyse, München 1981 (S. 63-131)
3	BUCHNER, R.	Finanzwirtschaftliche Statistik und Kennzahlenrechnung, München 1985 (S. 5-35)
4	COENENBERG, A.G.	Jahresabschluß und Jahresabschlußanalyse, 1o. Aufl., Landsberg am Lech 1988 (S. 551-72o)
5	GEBHARDT, G.	Insolvenzprognosen aus aktienrechtlichen Jahresabschlüssen, Wiesbaden 198o (S. 173 f.)
6	GRETZ, W./SIEWERT, W.	Finanzwirtschaftliche Kennzahlen, in: BBK, Fach 26, S. 331-338
7	GRÄFER, H.	Bilanzanalyse nach der neuen Rechnungslegung. Eine Einführung mit Aufgaben und Lösungen, 4. Aufl., Herne/Berlin 1988
8	HARRMANN, A.	Zur Bildung von Kennzahlen aus der Bilanz, in: DB 1978, S. 849-854
9	HAUSSCHILDT, J./ GRENZ, T./GEMÜNDEN, H.G	Die Entschlüsselung von Unternehmenskrisen durch Erfolgsspaltung, in: DB 1985, S. 877-885
1o	HECKER, R.	Ein Kennzahlensystem zur externen Analyse der Ertrags- und Finanzkraft von Industriegesellschaften, Frankfurt a.M./Zürich 1975
11	HELBLING, C.	Bilanz- und Erfolgsanalyse, 5. Aufl., Bern und Stuttgart 1985 (S. 142-187)
12	HENSELER, E.	Unternehmensanalyse, Stuttgart u.a. 1979 (S. 54-198)
13	HESSE, K./FRALING, R.	Wie beurteilt man eine Bilanz? Was Kennzahlen wirklich aussagen, 16. Aufl., Wiesbaden 1986 (S. 5o-55)
14	HOFER, R.	Bilanzanalyse, Bern 1975 (S. 97-1o3)
15	HOFMANN, R.	Bilanzkennzahlen, 4. Aufl., Wiesbaden 1977 (S. 239-351)

Lfd. Nr.	Autor	Titel
16	HOLTHAUS, H.C.	Ein Simulationsmodell zur Überprüfung der Leistungsfähigkeit bilanzanalytischer Methoden. Dargestellt am Beispiel der Diskriminanzfunktionen, Frankfurt a.M./ Thun 1985 (S. 29 f.)
17	KREHL, H.	Der Informationsbedarf der Bilanzanalyse, Kiel 1985 (S. 124-129)
18	KURRAS, K./TANSKI, J.S.	Der gesamte Jahresabschluß. Betriebswirtschaftlich, handels- und steuerrechtlich, 2. Aufl., München 1981 (S. 531-565)
19	LACHNIT, L.	Externe Erfolgsanalyse auf der Grundlage der GuV nach dem Gesamtkostenverfahren, in: BFuP 1987, S. 33-53
2o	LACHNIT, L.	Systemorientierte Jahresabschlußanalyse, Wiesbaden 1979 (S. 217; 26o; 3o7 f.)
21	LEFFSON, U.	Bilanzanalyse, 3. Aufl., Stuttgart 1984
22	LOHSE, G.	Aufstellung und Analyse von Weltabschlüssen in der Bundesrepublik Deutschland, Diss. Kiel 1977, (S. 15o-2oo)
23	MÄRZ, T.	Interdependenzen in einem Kennzahlensystem. Eine empirische Untersuchung zur Aussagefähigkeit von Kennzahlen bei der Unternehmensanalyse, München 1983 (Anhang A 5; S. 25o-261)
24	MEYER, C.	Betriebswirtschaftliche Kennzahlen und Kennzahlensysteme, Stuttgart 1976
25	MÖLLER, H.P.	Bilanzkennzahlen, Stuttgart 1986 (S. 129)
26	PERRIDON, L./STEINER, M.	Finanzwirtschaft der Unternehmung, 4. Aufl., München 1986 (S. 3o6-338)
27	RIEBELL, C.	Die Praxis der Bilanzauswertung, 3. Aufl., Stuttgart 198o (S. 169-21o)
28	SCHULT, E.	Bilanzanalyse nach dem Bilanzrichtlinien-Gesetz, Möglichkeiten und Grenzen externer Unternehmensbeurteilung, 7. Aufl., Freiburg i.Br. 1988 (S. 56-15o)
29	VOGLER, G./MATTES, H.	Theorie und Praxis der Bilanzanalyse, Berlin 1975
3o	WP-HANDBUCH	IDW (Hrsg.): Wirtschaftsprüfer-Handbuch 1985/86, Bd. I, Düsseldorf 1986 (S. 1256-1264)

Einführung zu Anhang 4

Die als "Argumentationsgrundlage" bezeichnete Begründung für die im jeweiligen Einzelfall als positiv erachtete Wertausprägung hat im Regelfall nur den Charakter von Plausibilitätsüberlegungen, keinesfalls aber den von strengen Nachweisen. In Bezug auf die Aussagefähigkeit der Kennzahlen wird seit Jahrzehnten heftige und auch berechtigte Kritik vorgetragen[1]. Bei vielen Kennzahlen sind die aus ihnen abgeleiteten Aussagen mit erheblichen theoretischen Mängeln behaftet. Dennoch kann den Kennzahlen eine gewisse Aussagekraft nicht vollkommen abgesprochen werden. Hinsichtlich der in der Tabelle aufgeführten Argumentationsgrundlagen wurde im Hinblick auf die Fundierung der Begründungszusammenhänge grundsätzlich nur auf die Aussagen von Fachvertretern der Betriebswirtschaftslehre zurückgegriffen[2].

Wird die als positiv erachtete Wertausprägung in Klammerzeichen gesetzt, soll damit zum Ausdruck gebracht werden, daß diese Wertausprägung wohl in vielen Fällen zutreffend ist, aber nicht in allen Fällen zutreffend sein muß.

---

1 Vgl. Grundlegend HÄRLE, Finanzierungsregeln. Vgl. ferner Gliederungspunkt VII.2.1 im 2. Kapitel.

2 Vgl. BUCHNER, Finanzanalyse; COENENBERG, Jahresabschluß; GRÄFER, Einführung; PERRIDON/STEINER, Finanzwirtschaft; SCHULT, Bilanzanalyse.

Anhang 4/1: In der Praxis geforderte Mindestwerte bei einzelnen Kennzahlen

Lfd. Nr. der Kennzahl	grundsätzlich positiv beurteilte Wertausprägung	Argumentationsgrundlage
2o	≥ 3o %	Schult, Bilanzanalyse, Anm. 111
21	≥ 1oo %	Schult, Bilanzanalyse, Anm. 111
22	≥ 1oo %	Schult, Bilanzanalyse, Anm. 111
23	≥ 1oo %	Schult, Bilanzanalyse, Anm. 113

Anhang 4/2: Grundsätzlich positiv beurteilte Wertausprägungen bei den einzelnen Kennzahlen

Lfd. Nr. der Kennzahl	grundsätzlich positiv beurteilte Wertausprägung	Argumentationsgrundlage
1	tendenziell klein	1. Je größer das Umlaufvermögen ist, desto größer ist die Flexibilität. 2. Je kleiner der Anteil des Anlage- am Gesamtvermögen ist, desto besser ist die Kapazitätsausnutzung und damit die Ertragslage. Vgl. COENENBERG, Jahresabschluß, S. 575 f., s. auch zu den Einschränkungen dieser Aussage ebenda, S. 577; PERRIDON/STEINER, Finanzwirtschaft, S. 3o9
2	tendenziell groß	dito
3	tendenziell klein	dito
4	-	Keine allgemeinen Aussagen möglich
5	-	dito, vgl. auch PERRIDON/STEINER, Finanzwirtschaft, S. 3o9
6	-	dito
7	-	dito
8	-	dito
9	-	dito
1o	-	Allgemeine Aussage nicht möglich: hohes Eigenkapital signalisiert Stabilität des Unternehmens. Andererseits kann durch die Erhöhung des Verschuldungsgrades die Eigenkapitalrentabilität erhöht werden (Leverage-Effekt). Vgl. COENENBERG, Jahresabschluß, S. 582-585; PERRIDON/STEINER, Finanzwirtschaft, S. 31o f.
11	-	dito
12	tendenziell groß	Je größer der Anteil des langfristigen Kapitals, desto geringer ist das Risiko des Kapitalentzugs. Vgl. PERRIDON/STEINER, Finanzwirtschaft, S. 313
13	(tendenziell groß)	Wie 1o. Allerdings sollte die Eigenkapitalquote keinen zu niedrigen Wert aufweisen. Welcher Wert nicht unterschritten werden sollte bzw. welchen Wert die Eigenkapitalquote aufweisen sollte, kann nicht allgemein bestimmt werden. Im Hinblick auf die im Durchschnitt relativ niedrige Eigenkapitalquote deutscher Unternehmen und Konzerne (vgl. auch

Lfd. Nr. der Kennzahl	grundsätzlich positiv beurteilte Wertausprägung	Argumentationsgrundlage
		PERRIDON/STEINER, Finanzwirtschaft, S. 31o), wird i.d.R. eine Erhöhung der Eigenkapitalquote in Betracht kommen. Diese Aussage kann aber keinesfalls verallgemeinert werden. Dies soll durch die Klammersetzung in der linken Spalte angedeutet werden, vgl. auch RIEBELL, Bilanzauswertung, S. 2o2 f.
14	tendenziell klein	siehe 12
15	tendenziell klein	siehe 12
16	tendenziell klein	Ein hoher Wert für diese Kennzahl signalisiert ein erhöhtes Risiko in bezug auf die finanzwirtschaftliche Situation des Unternehmens
17	-	Keine allgemeine Aussage möglich
18	-	dito
19	(tendenziell groß)	Ein hoher Grad der Selbstfinanzierung (Thesaurierung) kann finanzielle Stabilität anzeigen. Hier muß aber kein Zusammenhang bestehen (deshalb Klammersetzung)
2o	siehe Anhang 4/1	
21	dito	
22	dito	
23	dito	
24	tendenziell groß	Ein hoher Wert für diese Kennzahl soll eine günstige Liquiditätssituation des Unternehmens verdeutlichen. Zur Kritik an der Aussagefähigkeit dieser Kennzahl vgl. etwa BUCHNER, Finanzanalyse, S. 71; GRÄFER, Einführung, S. 1o4
25	tendenziell groß	dito
26	(tendenziell groß)	Ein hoher Wert für diese Kennzahl soll eine günstige partielle Liquiditätssituation des Unternehmens wiedergeben. Die Aussagefähigkeit dieser Kennzahl ist aber in besonderem Maß kritisch zu beurteilen. Vgl. COENENBERG, Jahresabschluß, S. 595.

Lfd. Nr. der Kennzahl	grundsätzlich positiv beurteilte Wertausprägung	Argumentationsgrundlage
27	(tendenziell groß)	dito
28	(tendenziell groß)	dito
29	tendenziell groß	Begründung siehe 24 und 25
3o	tendenziell klein	Ein kleiner Wert für diese Kennzahl soll eine günstige Liquiditätssituation des Unternehmens widerspiegeln. Siehe auch Begründung zu 24.
31	tendenziell klein	Je geringer die Umschlagsdauer bzw. je höher die Umschlagshäufigkeit ist, "desto geringer ist der erforderliche Kapitalbedarf und desto höher ist das Liquiditätspotential der Unternehmung. Eine hohe Umschlagshäufigkeit und eine geringe Umschlagsdauer sollen auf eine hohe Liquidierbarkeit hinweisen." GRÄFER, Einführung, S. 1o7.
32	tendenziell klein	dito
33	tendenziell klein	dito, vgl. ferner COENENBERG, Jahresabschluß, S. 58o.
34	tendenziell klein	dito (siehe 31)
35	tendenziell groß	Generell (und mit der Relativierung durch Pauschalität) kann man sagen, je höher der Investitionsbetrag ist, desto besser ist die Zukunftsvorsorge und damit sind tendenziell auch die Gewinnchancen besser. Vgl. GRÄFER, Einführung, S. 187; COENENBERG, Jahresabschluß, S. 581.
36	tendenziell groß	Ein hoher Wert signalisiert Wachstum. Vgl. COENENBERG, Jahresabschluß, S. 581 f.
37	tendenziell groß	Ein hohes Abschreibungsvolumen entlastet die künftigen Perioden, so daß die Gewinnaussichten für die folgenden Perioden grundsätzlich steigen. Vgl. auch PERRIDON/STEINER, Finanzwirtschaft, S. 337, die aber auf den Fall der relativ zu geringen Abschreibungen abstellen. Vgl. ferner GRÄFER, Einführung, S. 187 f.
38	tendenziell groß	Ein geringer Kapitalumschlag "kann Gefahren und Liquiditätsbelastungen aus überhöhten Aktiva signalisieren."

Lfd. Nr. der Kennzahl	grundsätzlich positiv beurteilte Wertausprägung	Argumentationsgrundlage
		GRÄFER, Einführung, S. 1o6; ähnlich RIEBELL, Bilanzauswertung, S. 19o
39	tendenziell klein	Hier gilt in bezug auf den Umschlag des Gesamtanlagevermögens grundsätzlich die gleiche Argumentationsrichtung wie bei Kennzahl 38
4o	tendenziell klein	dito
41	tendenziell klein	dito
42	tendenziell klein	dito
43	tendenziell klein	siehe Argumentationsrichtung bei Kennzahlen 38, 39
44	tendenziell groß	"Generell gilt: Je höher der Cash Flow, um so positiver ist die Liquiditätslage zu beurteilen, denn ein um so höherer Betrag steht nach Abwicklung der Auszahlungen für den laufenden Aufwand zur Schuldentilgung, Investition und Dividendenzahlung zur Verfügung." GRÄFER, Einführung, S. 113.
45	tendenziell groß	Ein relativ geringer Wert kann Liquiditätsbelastungen indizieren. Siehe auch Kennzahl 38 und 39
46	tendenziell groß	Diese Kennzahl signalisiert die Selbstfinanzierungskraft. Vgl. RIEBELL, Bilanzauswertung, S. 175. Generell gilt: Je höher diese Kennzahl ist, desto größere Selbstfinanzierungskraft wird signalisiert.
47	tendenziell groß	Diese Kennzahl ist ein Indikator für die Verschuldungsfähigkeit. Vgl. GRÄFER, Einführung, S. 113 f. Generell gilt: Je höher diese Kennzahl ist, desto größere Verschuldungsfähigkeit wird signalisiert. Zu den Aussagekraftbeeinträchtigungen vgl. auch ebenda.
48	tendenziell klein	dito (mit umgekehrten Vorzeichen)
49	tendenziell groß	Diese Kennzahl gibt die Eigenkapitalrentabilität, bezogen auf den Cash Flow, wieder. Zur Problematik bei der Messung der Rentabilität vgl. COENENBERG, Jahresabschluß, S. 697 f.

Lfd. Nr. der Kennzahl	grundsätzlich positiv beurteilte Wertausprägung	Argumentationsgrundlage
5o	tendenziell groß	Diese Kennzahl gibt an, "inwieweit eine Unternehmung, die Neuinvestitionen aus Mitteln der Innenfinanzierung bestreiten kann... Je höher der prozentuale Wert, um so geringer ist die Unternehmung auf Mittel von außen angewiesen und damit finanziell unabhängig." PERRIDON/STEINER, Finanzwirtschaft, S. 331.
51	tendenziell groß	Diese "Kennzahl stellt ein Maß für die Verschuldungsfähigkeit eines Unternehmens dar." PERRIDON/STEINER, Finanzwirtschaft, S. 331. Je größer der Wert dieser Zahl ist, desto weniger lange dauert es - ceteris paribus - bis die Unternehmung ihre Schulden aus eigenen Mitteln getilgt hat. Vgl. ebenda
52	tendenziell groß	Diese Kennzahl gibt den eigentlichen Unternehmenserfolg wieder. Anm.: Hier ist aber auch das Glättungsziel zu beachten. Vgl. dazu Gliederungspunkt III. 3.2.3 im 2. Kapitel
53	tendenziell groß	dito
54	-	Grundsätzlich keine allgemeine Aussage möglich
55	(tendenziell klein)	Diese Erfolge stehen in keinem direkten Zusammenhang mit der Abrechnungsperiode und sind als eher zufallsbedingt einzustufen. Die a.o. Erträge könnten bei den Rechnungslegungsinteressenten den Eindruck erwecken, daß sie nur - bspw. durch Sachverhaltsgestaltungen - durchgeführt worden sind, um das Jahresergebnis zu "manipulieren". Vgl. auch SCHULT, Bilanzanalyse, Anm. 266
56	-	Aussage hinsichtlich allgemeiner Gestaltungsrichtung grundsätzlich nicht möglich. Die Personalaufwandsrelation korreliert jedoch oftmals negativ mit der Materialaufwandsrelation. Vgl. GRÄFER, Einführung, S. 164. Anm. des Verf.: Vgl. aber die mögliche Zielsetzung bei dieser Kennzahl im Hinblick auf die Beeinflussung der Arbeitnehmer. Vgl. dazu Gliederungspunkt III. 3.2.2.4 im 2. Kapitel

Lfd. Nr. der Kennzahl	grundsätzlich positiv beurteilte Wertausprägung	Argumentationsgrundlage
57	-	dito
58	-	keine allgemeine Aussage hinsichtlich der Gestaltungsrichtung möglich
59	-	dito
6o	(tendenziell groß)	Ein relativ hoher Wert dieser Kennzahl signalisiert Rationalisierungsbestrebungen. Vgl. COENENBERG, Jahresabschluß, S. 691. Ein relativ hoher Wert kann aber auch die Bildung von stillen Reserven und damit tendenziell ein besseres Unternehmensergebnis indizieren. Vgl. GRÄFER, Einführung, S. 165
61	tendenziell groß	Mit der Eigenkapitalrentabilität soll die Zielerreichung mit dem eingesetzten Eigenkapital gemessen werden. Vgl. GRÄFER, Einführung, S. 173. Dies macht die grundsätzliche Positivbeurteilung eines relativ hohen Kennzahlenwertes evident.
62	tendenziell groß	Diese Kennzahl dient - wie die Eigenkapitalrentabilität - der Messung der Leistungsfähigkeit des Unternehmens. Vgl. GRÄFER, Einführung, S. 174. Es ergibt sich der gleiche Begründungszusammenhang wie bei der Eigenkapitalrentabilität
63	tendenziell groß	Argumentationsgrundlage wie 61 und 62
64	tendenziell groß	dito
65	tendenziell groß	Argumentationsgrundlage wie 61 und 62. Hinsichtlich der möglichen Einschränkungen der Aussagefähigkeit insbes. bei Betriebsvergleichen vgl. COENENBERG, Jahresabschluß, S. 699;
66	-	Keine eindeutige Aussage möglich, da diese Kennzahl das Börsengeschehen mit einbezieht
67	tendenziell groß	Argumentationsgrundlage wie 61 und 62
68	-	Keine eindeutige Aussage möglich
69	tendenziell groß	Argumentationsgrundlage wie 52
7o	-	Argumentationsgrundlage wie 54

Lfd. Nr. der Kennzahl	grundsätzlich positiv beurteilte Wertausprägung	Argumentationsgrundlage
71	(tendenziell klein)	Argumentationsgrundlage wie 55
72	(tendenziell klein)	Argumentationsgrundlage wie 7o
73	(tendenziell groß)	Argumentationsgrundlage wie 13
74	-	Keine allgemeine Aussage möglich
75	-	dito
76	-	dito
77	tendenziell groß	Die Wertschöpfung stellt ein Kriterium für die Leistungsfähigkeit des Unternehmens dar. Ein hoher Wert bei dieser Kennzahl signalisiert tendenziell eine hohe Leistungsfähigkeit des Unternehmens. Vgl. zur Wertschöpfungsanalyse als Teil der Ertragsanalyse COENENBERG, Jahresabschluß, S. 7o7-713
78	-	Bei dieser Kennzahl ist keine allgemeine Aussage hinsichtlich der Gestaltungsrichtung möglich. Es handelt sich hierbei um ein Maß für die Fertigungstiefe. Vgl. COENENBERG, Jahresabschluß, S. 236
79	tendenziell groß	Ein relativ großer Wert gibt eine relativ hohe Arbeitsproduktivität an. Diese wiederum wirkt sich grundsätzlich positiv auf die Ertragskraft des Unternehmens aus
8o	-	Eine eindeutige Aussage hinsichtlich der Gestaltungsrichtung ist bei dieser Kennzahl nicht möglich
81	-	dito
82	(tendenziell klein)	Grundsätzlich gilt auch hier der Argumentationszusammenhang der Kennzahlen 8o und 81. Aus Sicht der Beeinflussungsabsicht der Arbeitnehmer erscheint es aber positiv, nicht einen allzu großen Wert für diese Kennzahl auszuweisen, da dies andernfalls die Arbeitnehmer bzw. deren Vertreter veranlassen könnte, eine verstärkte Partizipation am Unternehmenserfolg zu fordern. Vgl. dazu Gliederungspunkt III. 3.2.2.4 im 2. Kapitel
83	tendenziell groß	Generell wird eine Umsatzsteigerung positiv beurteilt

ANHANG 5: Relationen zwischen den einzelnen Kennzahlen

Einführung

Im folgenden Anhang 5 werden die Relationen zwischen den einzelnen Kennzahlen aufgezeigt, d.h. es wird ermittelt, welche Auswirkungen die Beeinflussung einer Kennzahl bei anderen Kennzahlen hervorruft.

Die Beeinflussung einer Kennzahl kann bei anderen Kennzahlen eine positive, eine negative oder überhaupt keine Beeinflussung hervorrufen. Eine positive Beeinflussung ist bei einer Kennzahl gegeben, wenn die Beeinflussung der ursprünglichen Kennzahl, also der Kennzahl, die eigentlich (nur) beeinflußt werden sollte, auch zu einer Verbesserung der Wertausprägung dieser Kennzahl führt. Umgekehrt ist eine negative Beeinflussung einer Kennzahl dann gegeben, wenn die Beeinflussung der ursprünglichen Kennzahl zu einer Verschlechterung der Wertausprägung dieser Kennzahl führt. Verursacht die Beeinflussung der ursprünglichen Kennzahl bei einer anderen Kennzahl keine Auswirkungen, ist dementsprechend bei dieser Kennzahl keine Beeinflussung gegeben. Hierauf wird bei den einzelnen Kennzahlen im Anhang 5 nicht mehr gesondert hingewiesen.

In den Anhang 5 werden nur die Kennzahlen aufgenommen, für die in der Literatur als positiv beurteilte Wertausprägungen angegeben werden, da für Kennzahlen, bei denen das nicht der Fall ist, auch keine Relationen zwischen den einzelnen Kennzahlen festgestellt werden können. Zudem wird vorausgesetzt, daß die Kennzahlenkomponenten Gesamtkapital und Gesamtvermögen sowie Betriebsergebnis und typisches Betriebsergebnis den gleichen Bedeutungsinhalt haben.

Beeinflußte Kennzahlen u. Kennzahlenkomponenten		Beeinfl.-richtung	Auswirkungen auf die anderen Kennzahlen
Kenn-zahl	Kennzahlen-komponenten		
1	Anlagevermögen	./.	positive Beeinflussung: 3, 2o, 21, 22, 31, 39 negative Beeinflussung: -
	Gesamtvermögen	+	positive Beeinflussung: 14, 15, 16 negative Beeinflussung: 2, 12, 13, 19, 38, 45, 67
2	Umlaufvermögen	+	positive Beeinflussung: 3, 25, 29, 3o negative Beeinflussung: 32
	Gesamtvermögen	./.	positive Beeinflussung: 12, 13, 19, 38, 45, 67 negative Beeinflussung: 1, 14, 15, 16
3	Anlagevermögen	./.	positive Beeinflussung: 1, 2o, 21, 22, 31, 39 negative Beeinflussung: -
	Umlaufvermögen	+	positive Beeinflussung: 2, 25, 29, 3o negative Beeinflussung: 32
12	langfristiges Kapital	+	positive Beeinflussung: 22 negative Beeinflussung: -
	Gesamtkapital	./.	positive Beeinflussung: 2, 12, 13, 19, 38, 45, 67 negative Beeinflussung: 1, 14, 15, 16
13	Eigenkapital	+	positive Beeinflussung: 2o, 21, 22 negative Beeinflussung: 49, 61, 62, 63
	Gesamtkapital	./.	positive Beeinflussung: 2, 12, 19, 38, 45, 67 negative Beeinflussung: 1, 14, 15, 16
14	kurz- und mittel-fristiges Kapital	./.	positive Beeinflussung: - negative Beeinflussung: -
	Gesamtkapital	+	positive Beeinflussung: 1, 15, 16 negative Beeinflussung: 2, 12, 13, 19, 38, 45, 67
15	kurzfristiges Fremdkapital	./.	positive Beeinflussung: 23, 24, 25, 29, 3o negative Beeinflussung: -
	Gesamtkapital	+	positive Beeinflussung: 1, 14, 16 negative Beeinflussung: 2, 12, 13, 19, 38, 45, 67

Beeinflußte Kennzahlen u. Kennzahlenkomponenten		Beeinfl.-richtung	Auswirkungen auf die anderen Kennzahlen
Kennzahl	Kennzahlenkomponenten		
16	Eventualverbindlichkeiten	./.	positive Beeinflussung: - negative Beeinflussung: -
	Gesamtkapital	+	positive Beeinflussung: 1, 14, 15 negative Beeinflussung: 2, 12, 13, 19, 38, 45, 67
19	Gewinnrücklagen	+	positive Beeinflussung: 73 negative Beeinflussung: -
	Gesamtkapital	./.	positive Beeinflussung: 2, 12, 13, 38, 45, 67 negative Beeinflussung: 1, 14, 15, 16
2o	Eigenkapital	+	positive Beeinflussung: 13, 21, 22 negative Beeinflussung: 49, 61, 62, 63
	Anlagevermögen	./.	positive Beeinflussung: 1, 3, 21, 22, 31, 39 negative Beeinflussung: -
21	Eigenkapital	+	positive Beeinflussung: 13, 2o, 22 negative Beeinflussung: 49, 61, 62, 63
	langfristiges Fremdkapital	+	positive Beeinflussung: 22 negative Beeinflussung: -
	Anlagevermögen	./.	positive Beeinflussung: 1, 3, 2o, 22, 31, 39 negative Beeinflussung: -
22	Eigenkapital	+	positive Beeinflussung: 13, 2o, 21 negative Beeinflussung: 49, 61, 62, 63
	langfristiges Fremdkapital	+	positive Beeinflussung: 21 negative Beeinflussung: -
	Anlagevermögen	./.	positive Beeinflussung: 1, 3, 2o, 21, 31, 39 negative Beeinflussung: 49, 61, 62, 63
	langfristig gebundenes Umlaufvermögen	./.	positive Beeinflussung: - negative Beeinflussung: -
23	liquide Mittel	+	positive Beeinflussung: - negative Beeinflussung: -
	kurzfristige Verbindlichkeiten	./.	positive Beeinflussung: 15, 24, 25, 29, 3o negative Beeinflussung: -

Beeinflußte Kennzahlen u. Kennzahlenkomponenten		Beeinfl.-richtung	Auswirkungen auf die anderen Kennzahlen
Kenn-zahl	Kennzahlen-komponenten		
24	monetäres Umlaufvermögen	+	positive Beeinflussung: - negative Beeinflussung: -
	kurzfristige Verbindlichkeiten	./.	positive Beeinflussung: 15, 23, 25, 29, 3o negative Beeinflussung: -
25	Gesamtumlaufvermögen	+	positive Beeinflussung: 2, 3, 29, 3o negative Beeinflussung: 32
	kurzfristige Verbindlichkeiten	./.	positive Beeinflussung: 15, 23, 24, 25, 29, 3o negative Beeinflussung: -
26	Forderungen aus Lieferungen und Leistungen	+	positive Beeinflussung: - negative Beeinflussung: 33
	Verbindlichkeiten aus Lieferungen und Leistungen	./.	positive Beeinflussung: 27, 34 negative Beeinflussung: -
27	Vorräte	+	positive Beeinflussung: 28 negative Beeinflussung: 4o
	Verbindlichkeiten aus Lieferungen und Leistungen	./.	positive Beeinflussung: 26, 34 negative Beeinflussung: -
28	Vorräte	+	positive Beeinflussung: 27 negative Beeinflussung: 4o
	Erhaltene Anzahlungen	./.	positive Beeinflussung: - negative Beeinflussung: -
29	Umlaufvermögen	+	positive Beeinflussung: 2, 3, 25, 3o negative Beeinflussung: 32
	kurzfristige Verbindlichkeiten	./.	positive Beeinflussung: 15, 23, 24, 25, 3o negative Beeinflussung: -
3o	kurzfristige Verbindlichkeiten	./.	positive Beeinflussung: 15, 23, 24, 25, 29 negative Beeinflussung: -
	Umlaufvermögen	+	positive Beeinflussung: 2, 3, 25, 29 negative Beeinflussung: 32
31	Anlagevermögen	./.	positive Beeinflussung: 1, 3, 2o, 21, 22, 39 negative Beeinflussung: -
	Abschreibungen	+	positive Beeinflussung: 6o negative Beeinflussung: -

Beeinflußte Kennzahlen u. Kennzahlenkomponenten		Beeinfl.-richtung	Auswirkungen auf die anderen Kennzahlen
Kennzahl	Kennzahlenkomponenten		
32	Umlaufvermögen	./.	positive Beeinflussung: - negative Beeinflussung: 2, 2, 25, 29, 3o
	Umsatzerlöse	+	positive Beeinflussung: 33, 38, 39, 4o, 41, 42, 43, 83 negative Beeinflussung: 46, 6o, 64
33	Forderungen aus Lieferungen und Leistungen	./.	positive Beeinflussung: - negative Beeinflussung: 26
	Umsatzerlöse	+	positive Beeinflussung: 32, 38, 39, 4o, 41, 42, 43, 83 negative Beeinflussung: 46, 6o, 64
34	Verbindlichkeiten aus Lieferungen und Leistungen	./.	positive Beeinflussung: 26, 27 negative Beeinflussung: -
35	Nettoinvestitionen im Sachanlagevermögen	+	positive Beeinflussung: - negative Beeinflussung: 36
36	Nettoinvestitionen im Sachanlagevermögen	./.	positive Beeinflussung: - negative Beeinflussung: 35
	Abschreibungen auf Sachanlagen	+	positive Beeinflussung: 37 negative Beeinflussung: -
37	Abschreibungen auf Sachanlagen	+	positive Beeinflussung: 36 negative Beeinflussung: -
	Buchwert der Sachanlagen am Jahresende	./.	positive Beeinflussung: 41 negative Beeinflussung: -
38	Umsatz	+	positive Beeinflussung: 32, 33, 39, 4o, 42, 43, 83 negative Beeinflussung: 46, 6o, 64
	Gesamtkapital	./.	positive Beeinflussung: 2, 12, 13, 19, 45, 67 negative Beeinflussung: 1, 14, 15, 16
39	Gesamtanlagevermögen	./.	positive Beeinflussung: 1, 3, 2o, 21, 22, 31 negative Beeinflussung: -
	Umsatz	+	positive Beeinflussung: 32, 33, 4o, 41, 42, 43, 83 negative Beeinflussung: 46, 6o, 64

Beeinflußte Kennzahlen u. Kennzahlenkomponenten		Beeinfl.-richtung	Auswirkungen auf die anderen Kennzahlen
Kenn-zahl	Kennzahlen-komponenten		
4o	Vorräte	./.	positive Beeinflussung: - negative Beeinflussung: 27, 28
	Umsatz	+	positive Beeinflussung: 32, 33, 39, 41, 42, 43, 83 negative Beeinflussung: 46, 6o, 64
41	Sachanlagevermögen	./.	positive Beeinflussung: 37 negative Beeinflussung: -
	Umsatz	+	positive Beeinflussung: 32, 33, 39, 4o, 42, 43, 83 negative Beeinflussung: 46, 6o, 64
42	Fertigerzeugnisse	./.	positive Beeinflussung: - negative Beeinflussung: -
	Umsatz	+	positive Beeinflussung: 32, 33, 39, 4o, 41, 43, 83 negative Beeinflussung: 46, 6o, 64
43	Debitorenbestand	./.	positive Beeinflussung: - negative Beeinflussung: -
	Umsatz	+	positive Beeinflussung: 32, 33, 39, 4o, 41, 42, 83 negative Beeinflussung: 46, 6o, 64
44	Cash Flow	+	positive Beeinflussung: 45, 46, 47, 48, 49, 5o, 51 negative Beeinflussung: -
45	Cash Flow	+	positive Beeinflussung: 44, 46, 47, 48, 49, 5o, 51 negative Beeinflussung: -
	Gesamtkapital	./.	positive Beeinflussung: 2, 12, 13, 19, 38, 67 negative Beeinflussung: 1, 14, 15, 16
46	Cash Flow	+	positive Beeinflussung: 44, 45, 47, 48, 49, 5o, 51 negative Beeinflussung: -
	Umsatz	./.	positive Beeinflussung: 6o, 64 negative Beeinflussung: 32, 33, 39, 4o, 41, 42, 43, 83
47	Cash Flow	+	positive Beeinflussung: 44, 45, 46, 48, 49, 5o, 51 negative Beeinflussung: -
	Fremdkapital	./.	positive Beeinflussung: 48 negative Beeinflussung: -

Beeinflußte Kennzahlen u. Kennzahlenkomponenten		Beeinfl.-richtung	Auswirkungen auf die anderen Kennzahlen
Kennzahl	Kennzahlen-komponenten		
48	Fremdkapital	./.	positive Beeinflussung: 47 negative Beeinflussung: -
	Cash Flow	+	positive Beeinflussung: 44, 45, 46, 47, 49, 5o, 51 negative Beeinflussung: -
49	Cash Flow	+	positive Beeinflussung: 44, 45, 46, 47, 48, 5o, 51 negative Beeinflussung: -
	Eigenkapital	./.	positive Beeinflussung: 61, 62, 63, 68 negative Beeinflussung: 13, 2o, 21, 22
5o	Cash Flow	+	positive Beeinflussung: 44, 45, 46, 47, 48, 49, 51 negative Beeinflussung: -
	Nettoinvestitionen	./.	positive Beeinflussung: - negative Beeinflussung: -
51	Cash Flow	+	positive Beeinflussung: 44, 45, 46, 47, 48, 49, 5o negative Beeinflussung: -
	Effektivverschuldung	./.	positive Beeinflussung: - negative Beeinflussung: -
52	Typisches Betriebsergebnis	+	positive Beeinflussung: 63, 64, 69 negative Beeinflussung: -
53	Atypisches Betriebsergebnis	+	positive Beeinflussung: - negative Beeinflussung: -
55	außerordentliches Ergebnis	./.	positive Beeinflussung: 71, 72 negative Beeinflussung: -
6o	Abschreibungen	+	positive Beeinflussung: 31 negative Beeinflussung: -
	Umsatz	./.	positive Beeinflussung: 46, 64 negative Beeinflussung: 32, 33, 39, 4o, 41, 42, 43, 83
61	Jahresüberschuß	+	positive Beeinflussung: 62, 67 negative Beeinflussung: -
	Eigenkapital	./.	positive Beeinflussung: 49, 62, 63 negative Beeinflussung: 13, 2o, 21, 22

Beeinflußte Kennzahlen u. Kennzahlenkomponenten		Beeinfl.-richtung	Auswirkungen auf die anderen Kennzahlen
Kenn-zahl	Kennzahlen-komponenten		
62	Jahresüberschuß	+	positive Beeinflussung: 61, 67 negative Beeinflussung: -
	Zinsen	+	positive Beeinflussung: - negative Beeinflussung: -
	Eigenkapital	./.	positive Beeinflussung: 49, 61, 63 negative Beeinflussung: 13, 2o, 21, 22
	Verbindlichkeiten	./.	positive Beeinflussung: - negative Beeinflussung: -
63	Betriebsergebnis	+	positive Beeinflussung: 52, 64, 69 negative Beeinflussung: -
	Eigenkapital	./.	positive Beeinflussung: 49, 61, 62 negative Beeinflussung: 13, 2o, 21, 22
64	Betriebsergebnis	+	positive Beeinflussung: 52, 63, 69 negative Beeinflussung: -
	Umsatzerlöse	./.	positive Beeinflussung: 46, 6o negative Beeinflussung: 32, 33, 39, 4o, 41, 42, 43, 83
65	Gewinn	+	positive Beeinflussung: - negative Beeinflussung: -
67	Jahresüberschuß	+	positive Beeinflussung: 61, 62 negative Beeinflussung: -
	Gesamtkapital	./.	positive Beeinflussung: 2, 12, 13, 19, 38, 45 negative Beeinflussung: 1, 14, 15, 16
69	Ordentliches Betriebsergebnis	+	positive Beeinflussung: 52, 63, 64 negative Beeinflussung: -
	Gesamtergebnis vor Steuern	./.	positive Beeinflussung: - negative Beeinflussung: 71, 72
71	außerordentliches Ergebnis	./.	positive Beeinflussung: 55, 73 negative Beeinflussung: -
	Gesamtergebnis vor Steuern	+	positive Beeinflussung: 72 negative Beeinflussung: 69
	Finanzergebnis	./.	positive Beeinflussung: - negative Beeinflussung: -
	außerordentliches Ergebnis	./.	positive Beeinflussung: 55, 71 negative Beeinflussung: -

Beeinflußte Kennzahlen u. Kennzahlenkomponenten		Beeinfl.-richtung	Auswirkungen auf die anderen Kennzahlen
Kenn-zahl	Kennzahlen-komponenten		
	Gesamtergebnis vor Steuern	+	positive Beeinflussung: 71 negative Beeinflussung: 69
73	Rücklagen	+	positive Beeinflussung: - negative Beeinflussung: -
77	Wertschöpfung	+	positive Beeinflussung: 79 negative Beeinflussung: 82
79	Wertschöpfung	+	positive Beeinflussung: 77 negative Beeinflussung: 82
82	Wertschöpfung	./.	positive Beeinflussung: - negative Beeinflussung: 77, 79
	Personalaufwand	+	positive Beeinflussung: - negative Beeinflussung: -
83	Umsatz	+	positive Beeinflussung: 32, 33, 39, 4o, 41, 42, 43 negative Beeinflussung: 46, 6o, 64

ANHANG 6: Kennzahlenbeeinflussung durch ergebniswirksame Aktionsparameter

Einführung

Wie im Gliederungspunkt VII.2.3.1 im 2. Kapitel angekündigt, sollen hier im Anhang 6 die generellen Kennzahlenbeeinflussungen durch ergebniswirksame Aktionsparameter aufgezeigt werden[1].

Soweit bei einzelnen Kennzahlen der Einwirkungsbereich des Aktionsparameters bei verschiedenen Kennzahlenkomponenten möglich ist, wird bei der jeweiligen Kennzahl eine Differenzierung in die verschiedenen Kennzahlenkomponenten vorgenommen. Dies beinhaltet allerdings auch, daß solche Kennzahlenkomponenten, die grundsätzlich nicht durch ergebniswirksame Aktionsparameter beeinflußt werden können, nicht aufgeführt werden. Als Beispiele für grundsätzlich nicht durch ergebniswirksame Aktionsparameter beeinflußbare Kennzahlenkomponenten können genannt werden: Gezeichnetes Kapital (Grundkapital), Börsenkurs, erhaltene Anzahlungen, Umsatz (Umsatzerlöse). Desweiteren wird die Prämisse gesetzt, daß von dem Aktionsparameter jeweils ausschließlich nur die betreffende Kennzahlenkomponente beeinflußt wird.

Mit dem Kürzel "n.d." (= nicht definiert) wird gekennzeichnet, daß der betreffende Aktionsraum bei der jeweiligen Kennzahl logisch ausgeschlossen ist. Mit "+" wird eine betragsmäßige Erhöhung der jeweiligen Kennzahl und mit "-" eine betragsmäßige Verringerung der jeweiligen Kennzahl angezeigt. "O" bedeutet, daß keine Kennzahlenbeeinflussung durch den ergebniswirksamen Aktionsparameter eintritt.

---

1 Zu den Einzelheiten s. Gliederungspunkt VII.2.3.1 im 2. Kapitel.

Kennzahlen und Einwirkungsbereich	Kennzahlenbeeinflussungen durch Aktionsparameter	ergebniserhöhender Aktionsparameter: Verhältniszahl $\frac{X}{Y} < 1$	ergebniserhöhender Aktionsparameter: Verhältniszahl $\frac{X}{Y} > 1$	ergebniserhöhender Aktionsparameter: Absolutzahl	ergebnismindernder Aktionsparameter: Verhältniszahl $\frac{X}{Y} < 1$	ergebnismindernder Aktionsparameter: Verhältniszahl $\frac{X}{Y} > 1$	ergebnismindernder Aktionsparameter: Absolutzahl
01			n.d.			n.d.	
	I Anlagevermögen	+			-		
	II Umlaufvermögen	-			+		
02			n.d.			n.d.	
	I Anlagevermögen	-			+		
	II Umlaufvermögen	+			-		
03							
	I Anlagevermögen	+	+		-	-	
	II Umlaufvermögen	-	-		+	+	
04			n.d.			n.d.	
	I Grundstücke und Gebäude	+			-		
	II sonstige Aktiva	-			+		
05			n.d.			n.d.	
	I technische Anlagen und Maschinen	+			-		
	II sonstige Aktiva	-			+		
06			n.d.			n.d.	
	I technische Anlagen und Maschinen	+			-		
	II Sachanlagevermögen	-			+		
	III sonstige Aktiva	O			O		
07			n.d.			n.d.	
	I Vorräte	+			-		
	II sonstige Aktiva	-			+		

Kennzahlen und Einwirkungsbereich \ Kennzahlenbeeinflussungen durch Aktionsparameter		ergebniserhöhender Aktionsparameter			ergebnismindernder Aktionsparameter		
		Verhältniszahl		Absolutzahl	Verhältniszahl		Absolutzahl
		$\frac{X}{Y} < 1$	$\frac{X}{Y} > 1$		$\frac{X}{Y} < 1$	$\frac{X}{Y} > 1$	
08			n.d.			n.d.	
	I Debitoren	+			-		
	II sonstige Aktiva	-			+		
09			n.d.			n.d.	
	I Geldvermögen	+			-		
	II sonstige Aktiva	-			+		
10							
	I Eigenkapital	-	-		+	+	
	II Fremdkapital	-	-		+	+	
11			n.d.			n.d.	
	I Eigenkapital	-			+		
	II Fremdkapital	-			+		
12			n.d.			n.d.	
	I Eigenkapital	+			-		
	II langfristiges Fremdkapital	-			+		
	III kurzfristiges Fremdkapital	-			+		
13			n.d.			n.d.	
	I Eigenkapital	+			-		
	II Fremdkapital	+			-		
14			n.d.			n.d.	
	I kurz- und mittelfristiges (Fremd-) Kapital	-			+		
	II langfristiges Fremdkapital	+			-		
	III Eigenkapital	-			+		

Kennzahlen und Einwirkungsbereich	Kennzahlenbeeinflussungen durch Aktionsparameter	ergebniserhöhender Aktionsparameter: Verhältniszahl $\frac{X}{Y} < 1$	ergebniserhöhender Aktionsparameter: Verhältniszahl $\frac{X}{Y} > 1$	ergebniserhöhender Aktionsparameter: Absolutzahl	ergebnismindernder Aktionsparameter: Verhältniszahl $\frac{X}{Y} < 1$	ergebnismindernder Aktionsparameter: Verhältniszahl $\frac{X}{Y} > 1$	ergebnismindernder Aktionsparameter: Absolutzahl
15			n.d.			n.d.	
	I kurzfristiges Fremdkapital	+			−		
	II übriges Fremdkapital	+			−		
	III Eigenkapital	−			+		
16	I Eigenkapital	−	−		+	+	
	II Fremdkapital	+	+		−	−	
	III Eventualverbindlichkeiten	−	−		+	+	
17	Eigenkapital	+	+		−	−	
18			n.d.			n.d.	
	I Rücklagen	+			−		
	II übriges Eigenkapital	−			+		
19			n.d.			n.d.	
	I Gewinnrücklagen	+			−		
	II anderes Eigenkapital	−			+		
20	I Anlagevermögen und Eigenkapital	+	−		−	+	
	II Eigenkapital	+	+		−	−	
21	I Anlagevermögen und Eigenkapital und/oder langfristiges Fremdkapital	+	−		−	+	
	II Eigenkapital	+	+		−	−	

Kennzahlen	und Einwirkungsbereich (Kennzahlenbeeinflussungen durch Aktionsparameter)	ergebniserhöhender Aktionsparameter: Verhältniszahl $\frac{X}{Y} < 1$	ergebniserhöhender Aktionsparameter: Verhältniszahl $\frac{X}{Y} > 1$	ergebniserhöhender Aktionsparameter: Absolutzahl	ergebnismindernder Aktionsparameter: Verhältniszahl $\frac{X}{Y} < 1$	ergebnismindernder Aktionsparameter: Verhältniszahl $\frac{X}{Y} > 1$	ergebnismindernder Aktionsparameter: Absolutzahl
	III langfristiges Fremdkapital	-	-		+	+	
22	I Anlagevermögen, langfristig gebundenes Umlaufvermögen und Eigenkapital	+	-		-	+	
	II Eigenkapital	+	+		-	-	
	III langfristiges Fremdkapital	-	-		+	+	
23	I liquide Mittel	+	+		-	-	
	II kurzfristige Verbindlichkeiten	+	+		-	-	
24	I Monetäres Umlaufvermögen	+	+		-	-	
	II kurzfristige Verbindlichkeiten	+	+		-	-	
25	I Gesamtumlaufvermögen	+	+		-	-	
	II kruzfristige Verbindlichkeiten	+	+		-	-	
26	I Forderungen aus Lieferungen und Leistungen	+	+		-	-	
	II Verbindlichkeiten aus Lieferungen und Leistungen	+	+		-	-	

Kennzahlen und Einwirkungsbereich \ Kennzahlenbeeinflussungen durch Aktionsparameter		ergebniserhöhender Aktionsparameter: Verhältniszahl $\frac{X}{Y} < 1$	ergebniserhöhender Aktionsparameter: Verhältniszahl $\frac{X}{Y} > 1$	ergebniserhöhender Aktionsparameter: Absolutzahl	ergebnismindernder Aktionsparameter: Verhältniszahl $\frac{X}{Y} < 1$	ergebnismindernder Aktionsparameter: Verhältniszahl $\frac{X}{Y} > 1$	ergebnismindernder Aktionsparameter: Absolutzahl
28	Vorräte	+	+		-	-	
29	I Umlaufvermögen II kurzfristige Verbindlichkeiten	+ +	+ +		- -	- -	
30	I kurzfristige Verbindlichkeiten II Umlaufvermögen	- -	- -		+ +	+ +	
31	I Anlagevermögen II Abschreibungen	+ +	+ +		- -	- -	
32	Umlaufvermögen	+	+		-	-	
33	Forderungen aus Lieferungen und Leistungen	+	+		-	-	
34	Verbindlichkeiten aus Lieferungen und Leistungen	+	+		-	-	
35	Nettoinvestitionen im Sachanlagevermögen	+	+		-	-	

Kennzahlen und Einwirkungsbereich / Kennzahlenbeeinflussungen durch Aktionsparameter		ergebniserhöhender Aktionsparameter: Verhältniszahl $\frac{X}{Y} < 1$	ergebniserhöhender Aktionsparameter: Verhältniszahl $\frac{X}{Y} > 1$	ergebniserhöhender Aktionsparameter: Absolutzahl	ergebnismindernder Aktionsparameter: Verhältniszahl $\frac{X}{Y} < 1$	ergebnismindernder Aktionsparameter: Verhältniszahl $\frac{X}{Y} > 1$	ergebnismindernder Aktionsparameter: Absolutzahl
36	I Sachanlagenzugänge	-	+		+	-	
	II Abschreibungen	-	-		+	+	
37	I Abschreibungen	-	-		+	+	
	II Buchwert der Sachanlagen am Jahresende (ohne Beeinflussung der Abschreibungen)	-	+		+	-	
	III Buchwert der Sachanlagen am Jahresende (mit Beeinflussung der Abschreibungen in gleicher Höhe)	-	-		+	+	
38	I Eigenkapital	-	-		+	+	
	II Fremdkapital	+	+		-	-	
39	Anlagevermögen	+	+		-	-	
40	Vorräte	+	+		-	-	
41	Sachanlagevermögen	+	+		-	-	
42	Fertigerzeugnisse	+	+		-	-	

Kennzahlen und Einwirkungsbereich	Kennzahlenbeeinflussungen durch Aktionsparameter	ergebniserhöhender Aktionsparameter: Verhältniszahl $\frac{X}{Y} < 1$	ergebniserhöhender Aktionsparameter: Verhältniszahl $\frac{X}{Y} > 1$	ergebniserhöhender Aktionsparameter: Absolutzahl	ergebnismindernder Aktionsparameter: Verhältniszahl $\frac{X}{Y} < 1$	ergebnismindernder Aktionsparameter: Verhältniszahl $\frac{X}{Y} > 1$	ergebnismindernder Aktionsparameter: Absolutzahl
43	Debitorenstand	+	+		-	-	
44	I Cash Flow A: Nur Jahresüberschuß betroffen			+			-
	II Cash Flow B: Gleichzeitig neben Jahresüberschuß entweder Abschreibungen/Zuschreibungen auf Sachanlagevermögen oder Sonderposten mit Rücklageanteil oder Rückstellungen in betragsmäßig gleicher Höhe betroffen			O			O
45	I Cash Flow A und Eigenkapital	+	-		-	+	
	II Cash Flow A und Fremdkapital	+	+		-	-	
	III Cash Flow B und Eigenkapital	-	-		+	+	
	IV Cash Flow B und Fremdkapital	+	+		-	-	
46	I Cash Flow A	+	+		-	-	
	II Cash Flow B	O	O		O	O	
47	I Cash Flow A und Eigenkapital	+	+		-	-	
	II Cash Flow A und Fremdkapital	+	+		-	-	
	III Cash Flow B und Eigenkapital	O	O		O	O	
	IV Cash Flow B und Fremdkapital	+	+		-	-	

Kennzahlen und Einwirkungsbereich / Kennzahlenbeeinflussungen durch Aktionsparameter		ergebniserhöhender Aktionsparameter			ergebnismindernder Aktionsparameter		
		Verhältniszahl		Absolut-zahl	Verhältniszahl		Absolut-zahl
		$\frac{X}{Y} < 1$	$\frac{X}{Y} > 1$		$\frac{X}{Y} < 1$	$\frac{X}{Y} > 1$	
48	I Cash Flow A und Eigenkapital	-	-		+	+	
	II Cash Flow A und Fremdkapital	-	-		+	+	
	III Cash Flow B und Eigenkapital	O	O		O	O	
	IV Cash Flow B und Fremdkapital	-	-		+	+	
49	I Cash Flow A	+	-		-	+	
	II Cash Flow B	-	-		+	+	
5o	I Cash Flow A	+	+		-	-	
	II Cash Flow B	O	O		O	O	
51	I Cash Flow A	+	+		-	-	
	II Cash Flow B	O	O		O	O	
52	- soweit Bestandteile des typischen Betriebsergebnisses betroffen			+			-
53	- soweit Bestandteile des atypischen Betriebsergebnisses betroffen			+			-
54	- soweit Bestandteile des Finanzergebnisses betroffen			+			-

Kennzahlen und Einwirkungsbereich \ Kennzahlenbeeinflussungen durch Aktionsparameter		ergebniserhöhender Aktionsparameter			ergebnismindernder Aktionsparameter		
		Verhältniszahl		Absolutzahl	Verhältniszahl		Absolutzahl
		$\frac{X}{Y} < 1$	$\frac{X}{Y} > 1$		$\frac{X}{Y} < 1$	$\frac{X}{Y} > 1$	
55	- soweit Bestandteile des außerordentlichen Ergebnisses betroffen			+			-
56	Personalaufwand	-	-		+	+	
57	Diese Kennzahl ist grundsätzlich nicht durch ergebniswirksame Aktionsparameter beeinflußbar	o	o		o	o	
58	Materialaufwand	-	-		+	+	
59	Zinsaufwand	-	-		+	+	
60	Abschreibungen	-	-		+	+	
61	Jahresüberschuß	+	-		-	+	
62	I Eigenkapital	+	-		-	+	
	II Verbindlichkeiten	+	+		-	-	

Kennzahlen und Einwirkungsbereich \ Kennzahlenbeeinflussungen durch Aktionsparameter		ergebniserhöhender Aktionsparameter			ergebnismindernder Aktionsparameter		
		Verhältniszahl		Absolutzahl	Verhältniszahl		Absolutzahl
		$\frac{X}{Y} < 1$	$\frac{X}{Y} > 1$		$\frac{X}{Y} < 1$	$\frac{X}{Y} > 1$	
63	I Betriebsergebnis	+	-		-	+	
	II Sonstige Jahresergebnisbestandteile	-	-		+	+	
64	Betriebsergebnis	+	+		-	-	
65	Gewinn	+	+		-	-	
66	Jahresüberschuß	-	-		+	+	
67	I Jahresüberschuß und Fremdkapital	+	+		-	-	
	II Jahresüberschuß und Eigenkapital	+	-		-	+	
68	Jahresüberschuß	+	+		-	-	
69			n.d.			n.d.	
	I Betriebsergebnis	+			-		
	II Sonstige Jahresergebnisbestandteile	-			+		
7o			n.d.			n.d.	
	I Finanzergebnis	+			-		
	II Sonstige Jahresergebnisbestandteile	-			+		

Kennzahlen und Einwirkungsbereich	Kennzahlenbeeinflussungen durch Aktionsparameter	ergebniserhöhender Aktionsparameter: Verhältniszahl $\frac{X}{Y} < 1$	ergebniserhöhender Aktionsparameter: Verhältniszahl $\frac{X}{Y} > 1$	ergebniserhöhender Aktionsparameter: Absolutzahl	ergebnismindernder Aktionsparameter: Verhältniszahl $\frac{X}{Y} < 1$	ergebnismindernder Aktionsparameter: Verhältniszahl $\frac{X}{Y} > 1$	ergebnismindernder Aktionsparameter: Absolutzahl
71		n.d.			n.d.		
	I außerordentliches Ergebnis	+			-		
	II Sonstige Jahresergebnisbestandteile	-			+		
72		n.d.			n.d.		
	I Finanzergebnis und außerordentliches Ergebnis	+			-		
	II Sonstige Jahresergebnisbestandteile	-			+		
73	Rücklagen			+			-
74	Bilanzwert			-			+
75	Eigenkapital			+			-
76	Bilanzkurs			-			+
77	soweit Bestandteile der Wertschöpfungsrechnung betroffen			+			-
78	Wertschöpfung	+	+		-	-	

Kennzahlenbeeinflussungen durch Aktionsparameter / Kennzahlen und Einwirkungsbereich		ergebniserhöhender Aktionsparameter			ergebnismindernder Aktionsparameter		
		Verhältniszahl		Absolut-zahl	Verhältniszahl		Absolut-zahl
		$\frac{X}{Y} < 1$	$\frac{X}{Y} > 1$		$\frac{X}{Y} < 1$	$\frac{X}{Y} > 1$	
79	Wertschöpfung	+	+		-	-	
8o	Jahresüberschuß	+	-		-	+	
81	I Wertschöpfung II Zinsen und ähnliche Aufwendungen	+ +	+ +		- -	- -	
82	I Wertschöpfung II Personalaufwand	+ +	+ +		- -	- -	
83	Diese Kennzahl ist grundsätzlich nicht durch ergebniswirksame Aktionsparameter beeinflußbar	O	O		O	O	

Literaturverzeichnis

ADLER/DÜRING/SCHMALTZ, 5. Aufl. 1987:
Adler/Düring/Schmaltz: Rechnungslegung und Prüfung der Unternehmen, Kommentar, 5. Aufl., völlig neu bearbeitet von Karl-Heinz Forster, Reinhard Gordeler, Josef Lanfermann, Hans-Peter Müller, Welf Müller, Günter Siepe, Klaus Stolberg u. Siegfried Weirich, Stuttgart 1987.

ADLER/DÜRING/SCHMALTZ, Bd. 1:
Adler/Düring/Schmaltz: Rechnungslegung und Prüfung der Aktiengesellschaft, Handkommentar, Band 1: Rechnungslegung, 4. Aufl., völlig neu bearbeitet von Kurt Schmaltz, Karl-Heinz Forster, Reinhard Goerdeler u. Hans Havermann, Stuttgart 1968.

ADLER/DÜRING/SCHMALTZ, Bd. 3:
Adler/Düring/Schmaltz: Rechnungslegung und Prüfung der Aktiengesellschaft, Handkommentar, Band 3: Rechnungslegung im Konzern, 4. Aufl., völlig neu bearbeitet von Kurt Schmaltz, Karl-Heinz Forster, Reinhard Goerdeler u. Hans Havermann, Stuttgart 1972.

AK WELTABSCHLÜSSE, Konzernabschlüsse: Arbeitskreis Weltabschlüsse der Schmalenbach-Gesellschaft/Deutsche Gesellschaft für Betriebswirtschaft e.V: Aufstellung internationaler Konzernabschlüse, ZfbF-Sonderheft 9/79, Wiesbaden 1979.

AK WELTBILANZ, Einbeziehung: Arbeitskreis "Weltbilanz" des IdW: Die Einbeziehung ausländischer Unternehmen in den Konzernabschluß ("Weltabschluß"), Düsseldorf 1977.

ALBACH, Organisation:
Albach, Horst: Die Organisation des Entscheidungsprozesses nach dem AktG 1965, in: NB 1966, S. 30-35.

ANDRÄ, Zielhierarchie:
Andrä, Bernd Olaf: Die Zielhierarchie des Beriebes, Versuch einer Darstellung der Eigenschaften eines rationalen Zielsystems erwerbswirtschaftlich orientierter Betriebe, Bern/Frankfurt am Main 1975.

ARSDELL, Materiality:
Arsdell, Stefan C. van: Criteria for determining materiality, in: The Journal of Accountancy, October 1975, S. 72-78.

BÄR, Bilanzierung:
Bär, Günter: Die Bilanzierung konzerninterner Vermögensbewegungen, Frankfurt am Main u.a. 1984.

BAETGE, Rechnungslegungszwecke:
Baetge, Jörg: Rechnungslegungszwecke des aktientrechtlichen Jahresabschlusses, in: Bilanzfragen, Festschrift zum 65. Geburtstag von Ulrich Leffson, hrsg. von Jörg Baetge, Adolf Moxter u. Dieter Schneider, Düsseldorf 1976, S. 11-30.

BAETGE/BALLWIESER, Bilanzpolitik:
Baetge, Jörg/Ballwieser, Wolfgang: Probleme einer rationalen Bilanzpolitik, in: BFuP 1978, S. 511-530.

BAETGE/BALLWIESER, Spielraum:
Baetge, Jörg/Ballwieser, Wolfgang: Zum bilanzpolitischen Spielraum der Unternehmensleitung, in: BFuP 1977, S. 199-215.

BAETGE/FISCHER, Erfolgsanalyse:
Baetge, Jörg/Fischer, Thomas R.: Externe Erfolgsanalyse auf der Grundlage des Umsatzkostenverfahrens, in: BFuP 1988, S. 1-21.

BAETGE/HUSS/NIEHAUS, Auswertung:
Baetge, Jörg/Huß, Michael/Niehaus, Hans-Jürgen: Die statistische Auswertung von Jahresabschlüssen zur Informationsgewinnung bei der Abschlußprüfung, in: WPg 1986, S. 605-613.

BALLWIESER, Analyse:
Ballwieser, Wolfgang: Die Analyse von Jahresabschlüssen nach neuem Recht, in: WPg 1987, S. 57-68.

BALLWIESER, Kapitalmarkt:
Ballwieser, Wolfgang: Kapitalmarkt, Managerinteressen und Rolle des Wirtschaftprüfers, in: Jahrestagung des Vereins für Sozialpolitik, Gesellschaft für Wirtschafts- und Sozialwissenschaften in München 1986, "Kapitalmarkt und Finanzierung", hrsg. von Dieter Schneider, Berlin 1987, S. 351-362.

BALLWIESER, Generalklausel:
Ballwieser, Wolfgang: Sind mit der neuen Generalklausel zur Rechnungslegung auch neue Prüfungspflichten verbunden?, in: BB 1985, S. 1034-1044.

BARTKE, Maßgeblichkeitsprinzip:
Bartke, Günther: Bedeutung und Grenzen des Maßgeblichkeitsprinzips im aktienrechtlichen Konzernabschluß, in: BFuP 1971, S. 457-471.

BARKTE, Bewertungsrecht:
Bartke, Günter: Das neue Bewertungsrecht für Aktiengesellschaften unter bilanzpolitischem Aspekt, in: Gegenwartsfragen der Unternehmensführung, Festschrift für W. Hasenack, hrsg. von Hans-Joachim Engeleiter, Herne/Berlin 1966, S. 301-320.

BAUER, Wahlrechte:
Bauer, Jörg: Zur Rechtfertigung von Wahlrechten in der Bilanz, in: BB 1981, S. 766-772.

BAUER, Rechnungspolitik:
Bauer, Jörg: Grundlagen einer handels- und steuerrechtlichen Rechnungspolitik der Unternehmung, Wiesbaden 1981.

BAUMHOFF, Verrechnungspreise:
Baumhoff, Hubertus: Neuere Kriterien zur Bestimmung angemessener Verrechnungspreise im internationalen Konzern, in: DStR 1987, S. 497-500.

BECKMANN/TRÜLTZSCH, Jahresabschluß:
Beckmann, G./Trültzsch, R.: Der Jahresabschluß nach dem Aktienrecht, Halle/Saale 1937.

BERING, Deckungsstockfähigkeit:
Bering, Rolf: Prüfung der Deckungsstockfähigkeit von Industriekrediten durch das Bundesaufsichtsamt für das Versicherungswesen, in: ZfB 1975, S. 26-54.

BEUSCH, Rücklagenbildung:
Beusch, Karl: Rücklagenbildung im Konzern, in: Bilanz- und Konzernrecht, Festschrift für Reinhard Goerdeler, hrsg. von Hans Havermann, Düsseldorf 1987, S. 25-44.

BIDLINGMAIER, Zielkonflikte:
Bidlingmaier, Johannes: Zielkonflikte und Zielkompromisse im unternehmerischen Entscheidungsprozeß, Studienreihe "Betrieb und Markt", Band XI, hrsg. von Karl Christian Behrens, Wiesbaden 1968.

BIDLINGMAIER/SCHNEIDER, Ziele:
Bidlingmaier, Johannes/Schneider, Dieter J.G.: Ziele, Zielsysteme und Zielkonflikte, in: HWB, hrsg. von Erwin Grochla u. Waldemar Wittmann, Bd. I/3, Stuttgart 1976, Sp. 4731-4740.

BIENER, Konzernrechnungslegung:
Biener, Herbert: Die Konzernrechnungslegung nach der Siebenten Richtlinie des Rates der Europäischen Gemeinschaften über den Konzernabschluß, in: DB 1983, Beilage 19.

BIENER/SCHATZMANN, Konzern-Rechnungslegung:
Biener, Herbert/Schatzman, Jürgen: Konzern-Rechnungslegung. 7. EG-Richtlinie (Konzernbilanzrichtlinie), Düsseldorf 1983

BIGGE, Bilanzpolitik:
Bilanzpolitik bei angespannter Ertragslage und steuerliche Konsequenzen, in: DB 1983, S. 2529-2535.

BISCHOFBERGER, Rechenschaftslegung:
Bischofberger, Wolf: Die Beeinflussung der Rechenschaftslegung durch die Interessengruppen der Aktiengesellschaft, Diss. München 1971.

BÖHM, Konzerngewinn:
Böhm, Steffen: Der Konerngewinn als Grundlage für Dividendenausschüttung und Steuerbemessung. - Ein Vorschlag für eine Neuregelung -, Diss. Göttingen 1979.

BÖNKOST, Weltabschlüsse:
Bönkost, Klaus-Jürgen: Weltabschlüse multinationaler Konzerne, München 1980.

BÖRNER, Finanzierungsregeln:
Börner, Dietrich: Die Bedeutung von Finanzierungsregeln für die betriebswirtschaftliche Kapitaltheorie, in: ZfB 1967, S. 341-353.

BÖRNER/KRAWITZ, Steuerbilanzpolitik:
Börner, Dietrich/Krawitz, Norbert: Steuerbilanzpolitik. Eine entscheidungsorientierte Analyse der Wahlrechte zur steuerlichen Gewinnermittlung, Herne/Berlin 1977.

BORES, Erfolgsbilanzen:
Bores, Wilhelm: Konsolidierte Erfolgsbilanzen und andere Bilanzierungsmethoden in Konzernen und Kontrollgesellschaften, Würzburg 1935.

BOTTA, Kennzahlensysteme:
Botta, Volkmar: Kennzahlensysteme als Führungsinstrumente, 2. Aufl., Berlin 1985.

BOUFFIER, Bilanzpolitik:
Bouffier, Willy: Bilanzpolitik, in: HWB, hrsg. von Hans Seischab und Karl Schwantag, 3. Aufl., Stuttgart 1956, Sp. 1144-1153.

BRANDI, Informationswirkungen:
Brandi, Ernst: Informationswirkungen der Jahresabschlußveröffentlichung auf Entscheidungen am Aktienmarkt, Diss. Augsburg 1977.

BRUNNER, Rücklagenpolitik:
Brunner, Dieter: Die Rücklagenpolitik der Unternehmung, Wiesbaden 1967.

BRUNS, Bilanzierung:
Bruns, Hans-Georg: Zur Bilanzierung innerkonzernlicher Lieferungen und Leistungen im aktienrechtlichen Konzernabschluß, Frankfurt am Main/Zürich 1977.

BRUSE, Prognosefähigkeit:
Bruse, Helmut: Die Prognosefähigkeit von Kennzahlen bei verschiedenen Maßen für das Unternehmenswachstum, in: ZfB 1978, S. 138-152.

BUCHNER, Statistik:
Buchner, Robert: Finanzwirtschaftliche Statistik und Kennzahlenrechnung, München 1985.

BUCHNER, Finanzanalyse:
Buchner, Robert: Grundzüge der Finanzanalyse, München 1981.

BUCHNER, Bilanz:
Buchner, Robert: Bilanz, allgemein, in: HWB, Bd. I/1, hrsg. von Erwin Grochla u. Waldemar Wittmann, 4. Aufl., Stuttgart 1974, Sp. 858-860.

BUDDE, u.a. (Hrsg.), Beck'scher Bilanz-Kommentar:
Budde, Wolfgang Dieter/Clemm, Hermann/Pankow, Max/Sarx, Manfred (Hrsg.): Beck'scher Bilanz-Kommentar. Der Jahresabschluß nach Handels- und Steuerrecht, München 1986.

BÜCHE, Reserven:
Büche, Richard: Die stillen Reserven: Ihre betriebswirtschaftliche und betriebspolitische Bedeutung für die Industrie-Aktiengesellschaft, Berlin/Wien 1934.

BUSSE VON COLBE, Gewinnverwendung:
Busse von Colbe, Walther: Der Konzernabschluß als Bemessungsgrundlage für die Gewinnverwendung, in: Bilanz- und Konzernrecht, Festschrift für Reinhard Gordeler, hrsg. von Hans Havermann, Düsseldorf 1987, S. 61-77.

BUSSE VON COLBE, Rechnungslegungsvorschriften:
Busse von Colbe, Walther: Die neuen Rechnungslegungsvorschriften aus betriebswirtschaftlicher Sicht, in: WPg 1987, S. 117-126.

BUSSE VON COLBE, Equitymethode:
Busse von Colbe, Walther: Die Equitymethode zur Bewertung von Beteiligungen im Konzernabschluß - Eine wichtige Neuerung für das deutsche Bilanzrecht, in: Zukunftsaspekte der anwendungsorientierten Betriebswirtschaftslehre, Festschrift zum 65. Geburtstag von Erwin Grochla, hrsg. von Eduard Gaugler, Hans Günther Meissner u. Norbert Thom, Stuttgart 1986, S. 249-266.

BUSSE VON COLBE, Umrechnung:
Busse von Colbe, Walther: Entsprechen die neueren Regelungen für die Umrechnung ausländischer Abschlüsse zur Aufstellung von Weltbilanzen den Grundsätzen ordnungsmäßiger Buchführung?, in: Der Wirtschaftsprüfer im Schnittpunkt nationaler und internationaler Entwicklungen, Festschrift zum 60. Geburtstag von Klaus von Wysocki, hrsg. von Gerhard Gross, Düsseldorf 1985, S. 143-158.

BUSSE VON COLBE, Konzernabschluß:
Busse von Colbe, Walther: Der Konzernabschluß im Rahmen des Bilanzrichtlinien-Gesetzes, in: ZfbF 1985, S. 761-782.

BUSSE VON COLBE, Steuerung:
Busse von Colbe, Walther: Zur finanziellen Steuerung und Kontrolle im internationalen Konzern mit Hilfe von Bilanzen, in: Führungsprobleme industrieller Unternehmungen, Festschrift für Friedrich Thomée zum 60. Geburtstag, hrsg. von Dieter Hahn, Berlin/ New York 1980, S. 257-278.

BUSSE VON COLBE, Entwicklungstendenzen:
Busse von Colbe, Walther: Neuere Entwicklungstendenzen in der Konzernrechnungslegung, in: WPg 1978, S. 652-660.

BUSSE VON COLBE/CHMIELEWICZ, Bilanzrichtlinien-Gesetz:
Busse von Colbe, Walther/Chmielewicz, Klaus: Das neue Bilanzrichtlinien-Gesetz, in: DBW 1986, S. 289-347.

BUSSE VON COLBE/MÜLLER/REINHARD (Hrsg.), Aufstellung:
Busse von Colbe, Walther/Müller, Eberhard/Reinhard, Herbert (Hrsg.): Aufstellung von Konzernabschlüssen. Empfehlungen des Arbeitskreises "Externe Unternehmensrechnung" der Schmalenbach-Gesellschaft - Deutsche Gesellschaft für Betriebswirtschaft e.V., ZfbF Sonderheft 21, Düsseldorf 1987.

BUSSE VON COLBE/ORDELHEIDE, Konzernabschlüsse:
Busse von Colbe, Walther/Ordelheide, Dieter: Konzernabschlüsse. Rechnungslegung für Konzerne nach betriebswirtschaftlichen Grundsätzen und gesetzlichen Vorschriften, 5. Aufl., Wiesbaden 1984.

BUSSE VON COLBE/PERLITZ, Unternehmenspolitik:
Busse von Colbe, Walther/Perlitz, Manfred: Unternehmenspolitik, in: HdWW, hrsg. von Willi Albers et al, Bd. 8, Stuttgart u.a. 1980, S. 145-154.

CASTAN, u.a. (Hrsg.) Beck HdR:
Castan, Edgar/Heymann, Gerd/Müller, Eberhard/Ordelheide, Dieter/Scheffler, Eberhard (Hrsg.): Beck'sches Handbuch der Rechnungslegung, München 1987.

CHMIELEWICZ, Umsatzkostenverfahren:
Chmielewicz, Klaus: Anmerkungen zum Umsatzkostenverfahren, in: DBW 1987, S. 165-176.

CHMIELEWICZ, Unternehmungsziele:
Chmielewicz, Klaus: Unternehmungsziele und Rechnungswesen, in: HWR, hrsg. von Erich Kosiol, Klaus Chmielewicz u. Marcel Schweitzer, 2. Aufl., Stuttgart 1982, Sp. 224-236.

CHMIELEWICZ, Forschungskonzeptionen:
Chmielewicz, Klaus: Forschungskonzeptionen der Wirtschaftswissenschaft, 2. Aufl., Stuttgart 1979.

CLEMM/WENZEL, Konzernbilanzpolitik:
Clemm, Hermann/Wenzel, Hans-J.: Überlegungen zur Konzernbilanzpolitik - Wesen und Zweck, Spielräume und Grenzen -, in: BFuP 1986, S. 341-356.

COENENBERG, Jahresabschluß:
Coenenberg, Adolf G.: Jahresabschluß und Jahresabschlußanalyse, 10. Aufl., Landsberg am Lech 1988.

COENENBERG, Gliederungsentscheidungen:
Coenenberg, Adolf G.: Gliederungs-, Bilanzierungs- und Bewertungsentscheidungen bei der Anpassung des Einzelabschlusses nach dem Bilanzrichtlinien-Gesetz, in: DB 1986, S. 1581-1589.

COENENBERG, Ertragslage:
Coenenberg, Adolf G.: Ertragslage, in: Handwörterbuch unbestimmter Rechtsbegriffe im Bilanzrecht des HGB, hrsg. von Ulrich Leffson, Dieter Rückle und Bernhard Grossfeld, Köln 1986, S. 155-163.

COENENBERG, Jahresabschlußinformation:
Coenenberg, Adolf G.: Jahresabschlußinformation und Kapitalmarkt. Empirische Ergebnisse über die Entscheidungswirkungen von Jahresabschlußinformationen am Aktienmarkt, in: Aktuelle Probleme der Marktwirtschaft in gesamt- und einzelwirtschaftlicher Sicht. Festgabe zum 65. Geburtstag von Louis Perridon, hrsg. von R. Blum und M. Steiner, Berlin 1984, S. 307-332.

COENENBERG, Informationswert
Coenenberg, Adolf G.: Unternehmungsexterne Jahresabschlußinformationen. Eine Untersuchung zum Informationswert des Jahresabschlusses, unveröffentlichte Habilitationsschrift, Köln 1969.

COENENBERG/BERNDSEN/MÖLLER/SCHMIDT/SCHÖNBRODT, Bilanzforschung:
Coenenberg, Adolf G./Berndsen, Hans Peter/Möller, Peter/Schmidt, Franz/Schönbrodt, Bernd: Empirische Bilanzforschung in Deutschland, in: DBW 1978, S. 495-507.

COENENBERG/HILLE, Latente Steuern:
Coenenberg, Adolf G./Hille, Klaus: Latente Steuern in Einzel- und Konzernabschluß. Zur Diskussion der 4. und 7. EG-Richtlinie, in: DBW 1979, S. 601-621.

COENENBERG/SCHMIDT/WERHAND, Entscheidungen:
Coenenberg, Adolf G./Schmidt, Franz/ Werhand, M.: Bilanzpolitische Entscheidungen und Entscheidungswirkungen in manager- und eigentümerkontrollierten Unternehmen, in: BFuP 1983, S. 321-343.

CONSBUCH/MÖLLER/BÄHRE/SCHNEIDER, (Hrsg.): Kreditwesengesetz:
Consbuch, Johannes/Möller, Annemarie/ Bähre, Inge Lore/Schneider, Manfred (Hrsg.): Gesetz über das Kreditwesen mit verwandten Gesetzen und anderen Vorschriften, Textsammlung, Loseblattsammlung (Stand: April 1987), 9. Aufl., München 1984.

CSIK/SCHNECK, Fremdwährungsumrechnung:
Csik, Andreas/Schneck, Albin: Fremdwährungsumrechnung in einem Weltabschluß, in: WPg 1983, S. 293-299 u. 329-338.

DAEHN, Konzernbilanzen:
Daehn, Gerhard: Konzernbilanzen unter besonderer Berücksichtigung der Konzernbilanzen in England und den Vereinigten Staaten, Berlin 1934.

DIECKMANN, Steuerbilanzpolitik:
Dieckmann, Karl: Steuerbilanzpolitik. Gegenwärtig bestehnde Möglichkeiten und Grenzen der Beeinflussung des steuerlichen Jahreserfolges in der Bundesrepublik Deutschland, Bd. 3 der Schriftenreihe "Besteuerung der Unternehmung", hrsg. von Gerd Rose, Wiesbaden 1972.

DINKELBACH, Ziele:
Dinkelbach, Werner: Ziele, Zielvariablen und Zielfunktionen, in: DBW 1978, S. 51-58.

DRUKARCZYK/DUTTLE/RIEGER, Mobiliarsicherheiten:
Drukarczyk, Jochen/Duttle, Josef/Rieger, Reinhard: Mobiliarsicherheiten: Arten, Verbreitung, Wirksamkeit, Köln 1985.

DVFA, Wertpapieranalyse:
DVFA (Hrsg.): Beiträge zur Wertpapieranalyse, Heft 24, Arbeitsschema und Erläuterungen zur Ermittlung des Ergebnisses nach DVFA, 4. Aufl., Darmstadt 1987 .

EBENROTH, Vermögenszuwendungen:
Ebenroth, Carsten Thomas: Die verdeckten Vermögenszuwendungen im transnationalen Unternehmen. Ein Beitrag zum Schutz von Fiskal-, Aktionärs-, Gläubiger- und Arbeitnehmerinteressen im transnationalen Unternehmen, Bielefeld 1979.

EDELKOTT, Konzernabschluß:
Edelkott, Dieter: Der Konzernabschluß in Deutschland. Eine Untersuchung über seine Aussagefähigkeit und seine zweckmäßige Gestaltung, Zürich 1963.

EMMERICH, Gestaltung:
Emmerich, Gerhard: Fragen der Gestaltung des Jahresabschlusses nach neuem Recht, in: WPg 1986, S. 698-709.

EMMERICH/SONNENSCHEIN, Konzernrecht:
Emmerich, Volker/Sonnenschein, Jürgen: Konzernrecht, 2. Aufl., München 1977.

ENGEL, Konzerntransferpreise:
Engel, Clemens L.J.: Konzerntransferpreise im Internationalen Steuerrecht. Implikationen der Gewinnabgrenzung multinationaler Unternehmen unter besonderer Berücksichtigung der Konzerndienstleistungen, Köln 1986.

EVERLING, Konzernanhang:
Everling, Wolfgang: Rechnungslegung nach neuem Konzernrecht, in: Bilanz & Buchhaltung, 1988, S. 17-19.

EVERLING, Zwischenabschlüsse:
Everling, Wolfgang: Zwischenabschlüsse: Zwischenbilanz und kurzfristige Erfolgsrechnung, Berlin 1982.

FASB (Hrsg.) SFAS No. 52:
FASB (Hrsg.): Statement of Financial Accounting Standards No. 52, Foreign Currency Translation, Stamford 1981.

FELDT/OLBRICH/WIEMEIER, Ausweisverfahren:
Feldt, Martin/Olbrich, Thomas/Wiemeier, Manfred: Die Wahl des Ausweisverfahrens für die Gewinn- und Verlustrechnung nach § 275 HGB, in: DB 1987, S. 2320-2324.

FISCHER/RINGLING, Umsatzkostenverfahren:
Fischer, Joachim/Ringling, Wilfried: Grundsätze des Umsatzkostenverfahrens. Eine Analyse aus kostenrechnerischer und bilanzpolitischer Sicht, i: BB 1988, S. 442-449.

FÖRSCHLE/KROPP, Bewertungsstetigkeit:
Förschle, Gerhard/Kropp, Manfred: Die Bewertungsstetigkeit im Bilanzrichlinien-Gesetz, in: ZfB 1986, S. 873-893.

FORSTER, Bilanzpolitik:
Forster, Karl-Heinz: Bilanzpolitik und Bilanzrichtlinien-Gesetz - welche Freiräume bleiben noch?, in: BB 1983, S. 32-37.

FREIDANK, Bilanzpolitik:
Freidank, Carl-Christian: Zielsetzungen und Instrumente der Bilanzpolitik bei Aktiengesellschaften, in: DB 1982, S. 337-343.

FRICKE, Rechnungslegung:
Fricke, Gabriele: Rechnungslegung für Beteiligungen nach der Anschaffungskostenmethode und nach der Equity-Methode, Bochum 1983.

FRIEDRICH, Weltabschlüsse:
Friedrich, Bernhard H.: Die Problematik der Erstellung aussagefähiger Weltabschlüsse unter Berücksichtigung der in der Praxis angewandten Konsolidierungsmethoden, Diss. Augsburg 1974.

FUCHS/GERLOFF, Bilanz:
Fuchs, Hermann/Gerloff, Otto: Die konsolidierte Bilanz, Köln 1954.

FUHRMANN, Konzernbilanz:
Fuhrmann, Erwin: Die Konzernbilanz. Ein Beitrag zur Frage der Erweiterung der bestehenden handelsrechtlichen Bestimmungen, Würzburg-Aumühle 1938.

GATZEN, Umsatzkostenverfahren:
Gatzen, Manfred: Die Gewinn- und Verlustrechnung nach dem Umsatzkostenverfahren - eine beliebig gestaltbare Rechnung? in: WPg 1987, S. 461-470.

GEBHARDT, Insolvenzprognosen:
Gebhardt, Günther: Insolvenzprognosen aus aktienrechtlichen Jahresabschlüssen. Eine Beurteilung der Reform der Rechnungslegung durch das Aktiengesetz 1965 aus der Sicht unternehmensexterner Adressaten, Wiesbaden 1980.

GEFIU, Thesen:
GEFIU: Thesen zu ausgewählten Problemen bei der Anwendung des Bilanzrichtlinien-Gesetzes - Stellungnahme des Arbeitskreises "Rechnungslegungsvorschriften der EG-Kommission" der Gesellschaft für Finanzwirtschaft in der Unternehmensführung e.V. (GEFIU) -, in: DB 1986, S. 1985-1988 u. 2553-2556.

GERIGK, Bedeutungslosigkeit:
Gerigk, Wolfgang: Die rechtliche Bedeutungslosigkeit des § 291 Abs. 3 Satz 2 HGB für die Befreiung von der Pflicht zur Aufstellung eines Teilkonzernabschlusses, in: DB 1986, S. 1375-1377.

GERKEN, Kennzahlen-Analysesysteme:
Gerken, Wolfgang: Computergestützte Kennzahlen-Analysesysteme, Diss. Kiel 1983.

GESSLER, Rücklagenbildung:
Geßler, Ernst: Rücklagenbildung im Konzern, in: AG 1985, S. 257-263.

GIESE, Widerlegung:
Giese, Rolf: Die Widerlegung der aktienrechtlichen Konzernvermutung, in: WPg 1974, S. 464-469.

GLADE, Rechnungslegung:
Glade, Anton: Rechnungslegung und Prüfung nach dem Bilanzrichtlinien-Gesetz, Systematische Darstellung und Kommentar, Herne/Berlin 1986.

GMELIN, Währungsumrechnung:
Gmelin, Hans Jörg: Währungsumrechnung im Einzel- und Konzernabschluß, in: WPg 1987, S. 597-605.

GÖLLERT, Auswirkungen:
Göllert, Kurt: Auswirkungen des Bilanzrichtlinien-Gesetzes auf die Bilanzanalyse, in: BB 1984, S. 1845-1853.

GÖLLERT/RINGLING, Strategie:
Göllert, Kurt/Ringling, Wilfried: Strategie statt Taktik - Bilanzpolitik im Übergang zum neuen Recht, in: DB 1987, S. 949-952 u. S. 1004-1008.

GOERDELER, Rücklagenbildung:
Goerdeler, Reinhard: Rücklagenbildung nach § 58 Abs. 2 AktG 1965 im Konzern, in: WPg 1986, S. 229-237.

GÖTZ, Rechte:
Götz, Heinrich: Die Sicherung der Rechte der Aktionäre der Konzernobergesellschaft bei Konzernbildung und Konzernleitung - zugleich auch eine Besprechnung der "Holzmüller"-Entscheidung des Bundesgerichtshof -, in: AG 1984, S. 85-94.

GRÄFER, Einführung:
Gräfer, Horst: Bilanzanalyse nach der neuen Rechnungslegung. Eine Einführung mit Aufgaben und Lösungen, 4. Aufl., Herne/Berlin 1988.

GRÄFER, Bilanzanalyse:
Gräfer, Horst: Möglichkeiten der Bilanzanalyse, in: Handbuch der Rechnungslegung, hrsg. von Karlheinz Küting und Claus Peter Weber, 2. Aufl. Stuttgart 1987, S. 95-122.

GRÄFER, Einführung 3. Aufl.:
Gräfer, Horst: Einführung in die Bilanzanalyse.- Die Beurteilung von Unternehmen anhand veröffentlichter Jahresabschlüsse, 3. Aufl., Herne/Berlin 1985.

GRÄFER, Bilanzpolitik:
Gräfer, Horst: Bilanzpolitik, in: Management Enzyklopädie, Bd. 2, 2. Aufl., München 1982, S. 217-223.

GRÄFER, Ziele:
Gräfer, Horst: Ziele, Instrumente und Grenzen der Bilanzpolitik, in: WiST 1981, S. 353-358.

GRANOBS, Zwischengewinne:
Granobs, Hein: Zwischengewinne im aktienrechtlichen Konzernabschluß, Freiburg in Breisgau 1969.

GRETTER, Konzernerfolg:
Gretter, Ulrich: Ermittlung und Aussagefähigkeit des Konzernerfolges im konsolidierten Jahresabschluß nach dem Aktiengesetz von 1965, Berlin 1975.

GRETZ/SIEWERT, Kennzahlen:
Gretz, Wolfgang/Siewert, Wolfgang: Finanzwirtschaftliche Kennzahlen. Ein Instrument der Sparkassen und Banken zur Kreditwürdigkeitsanalyse und Kundenberatung, in: BBK, Fach 26, S. 331-338.

GROLL, Kennzahlensysteme:
Groll, Karl-Heinz: Betriebswirtschaftliche Kennzahlensysteme, in: BBK, Fach 26, S. 283-294.

GROSS, Teilkonzernabschlüsse:
Gross, Gerhard: Teilkonzernabschlüsse als Mittel des Minderheitenschutzes? Ein Diskussionsbeitrag zur internationalen Entwicklung unter Berückichtigung der deutschen Verhältnisse, in: WPg 1976, S. 214-220.

GROSS/SCHRUFF/VON WYSOCKI, Konzernabschluß:
Gross, Gerhard/Schruff, Lothar/von Wysocki, Klaus: Der Konzernabschluß nach neuem Recht, 2. Aufl., Düsseldorf 1987.

GROSSFELD, Generalnorm:
Großfeld, Bernhard: Generalnorm, in: Handwörterbuch unbestimmter Rechtsgebriffe im Bilanzrecht des HGB, hrsg. von Ulrich Leffson, Dieter Rückle und Bernhard Großfeld, Köln 1986, S. 192-204.

HAAR, Berücksichtigung:
Haar, Alfred: Die Berücksichtigung latenter Steuern in den Jahresabschlüssen internationaler Konzerne, Diss. St. Gallen 1981.

HAAR, Konzernbilanz:
Haar, Anton: Die Konzernbilanz, in: Bilanzen der Unternehmungen, Festgabe für Julius Ziegler, hrsg. von Karl Meithner, Bd. II, Sonderbilanzen und Bilanzrevision, Berlin/Wien 1933, S. 155-202.

HAASE, Bilanzpolitik:
Haase, Klaus Dittmar: Bilanzpolitik als Instrument der Haftungsbegrenzung, in: BFuP 1972, S. 567-570.

HAASE, Zwischenerfolgseliminierung:
Haase, Klaus Dittmar: Zur Zwischenerfolgseliminierung bei Equity-Bilanzierung, in: BB 1985, S. 1702-1707.

HACKMANN, Verrechnungspreise:
Hackmann, Wilfried: Verrechnungspreise für Sachleistungen im internationalen Konzern, Wiesbaden 1984.

HÄRLE, Finanzierungsregeln:
Härle, Dietrich: Finanzierungsregeln und ihre Problematik, Wiesbaden 1961.

HAHN, Konzernabschluß:
Hahn, Klaus: Konzernabschluß und Bilanzrichtlinien-Gesetz. Die Konsolidierung nach der Equity-Methode, in: WiSt 1987, S. 589-596.

HAKELMACHER, Rechnungslegung:
Hakelmacher, Sebastian: Die Rechnungslegung von Spitzenleistungen - Ansätze einer topmanagement-adäquaten Bilanzpolitik, in: WPg 1985, S. 104-109.

HALBINGER, Erfolgsausweispolitik:
Halbinger, Josef: Erfolgsausweispolitik. Eine empirische Untersuchung zum bilanzpolitischen Verhalten deutscher Aktiengesellschaften, Berlin 1980.

HALTER, Begriff:
Halter, Reinhard: Der Begriff der einheitlichen Leitung im Konzern, Diss. Heidelberg 1974.

HAMEL, Ansatzpunkte:
Hamel, Winfried: Ansatzpunkte strategischer Bilanzierung, in: ZfbF 1984, S. 903-912.

HAMEL, Bilanzierung:
Hamel, Winfried: Bilanzierung unter Mitbestimmungs-Einfluß, Stuttgart 1982.

HAMEL, Zieländerungen:
Hamel, Winfried: Zieländerungen im Entscheidungsprozeß. Empirische Theorie der Unternehmung, hrsg. von Eberhard Witte, Bd. 6, Tübingen 1974.

HAMEL, Zielvariation:
Hamel, Winfried: Die Zielvariation in Entscheidungsprozessen, in: ZfbF 1973, S. 739-759.

HARDER, Bilanzpolitik:
Harder, Ulrich: Bilanzpolitik. Wesen und Methoden der taktischen Beeinflussung von handels- und steuerrechtlichen Jahresabschlüssen, Wiesbaden 1962.

HARDES, Erfolgsausweisplanung:
Hardes, Wolfgang: Modellgestützte Erfolgsausweisplanung mit betrieblichen Versorgungsverpflichtungen, Diss. Münster 1983.

HARMS, Aussetzen:
Harms, Jens E.: Das Aussetzen der Equity-Methode, in: BB 1987, S. 1426-1429.

HARMS/KÜTING, Konsolidierung:
Harms, Jens E./Küting, Karlheinz: Konsolidierung bei unterschiedlichen Bilanzstichtagen nach künftigem Konzernrecht, in: BB 1985, S. 432-443.

HARMS/KÜTING, Konzernanhang:
Harms, Jens E./Küting, Karlheinz: Der Konzernanhang nach künftigem Recht, in: BB 1984, S. 1977-1984.

HARMS/KÜTING, Einheitlichkeit:
Harms, Jens E./Küting, Karlheinz: Zur Einheitlichkeit der Bewertung im Konzern nach künftigem Bilanzrecht. Aufgabe oder Einschränkung des Maßgeblichkeitsprinzips?, in: BB 1984, S. 105-114.

HARMS/KÜTING, Ergebnisausweis:
Harms, Jens E./Küting, Karlheinz: Zur Weiterentwicklung des Erfolgs- und Ergebnisausweises im Konzernabschluß, in: BB 1983, S. 344-355.

HARMS/KÜTING, Zwischenverluste:
Harms, Jens E./Küting, Karlheinz: Die Eliminierung von Zwischenverlusten nach der 7. EG-Richtlinie, in: BB 1983, S. 1891-1901.

HARMS/KÜTING, Equity-Accounting:
Harms, Jens E./Küting, Karlheinz: Equity-Accounting im Konzernabschluß. Die Bewertung von Beteiligungen gemäß dem geänderten Vorschlag für eine 7. EG-Richtlinie nach dem Stand vom 10. Februar 1982, in: BB 1982, S. 2150-2161.

HARMS/KÜTING, Latente Steuern:
Harms, Jens E./Küting, Karlheinz: Latente Steuern im Konzernabschluß, in: ZfB 1981, S. 146-164.

HARMS/KÜTING, Sonderfragen:
Harms, Jens E./Küting, Karlheinz: Sonderfragen des Equity-Accounting im Rahmen der Konzern-Rechnungslegung, in: DB 1980, S. 2458-2463.

HARMS/KNISCHEWSKI, Quotenkonsolidierung:
Harms, Jens E./Knischewski, Gerd: Quotenkonsolidierung versus Equity-Methode im Konzernabschluß, in: DB 1985, S. 1353-1359.

HARRMANN, Umsatzkostenverfahren:
Harrmann, Alfred: Gesamt- und Umsatzkostenverfahren nach neuem Recht, in: BB 1986, S. 1813-1817.

HARRMANN, Kennzahlen:
Harrmann, Alfred: Zur Bildung von Kennzahlen aus der Bilanz, in: DB 1978, S. 849-854.

HAUSCHILDT, Erfolgsanalyse:
Hauschildt, Jürgen: Erfolgs- und Finanzanalyse. Fragengeleitete, computergestützte Analyse der Vermögens-, Finanz- und Ertragslage des Unternehmens nach geltenden Aktienrecht und nach dem Bilanzrichtliniengesetz, 2. Aufl., Köln 1987.

HAUSCHILDT, Zielsysteme:
Hauschildt, Jürgen: Zielsysteme, in: Handwörterbuch der Organisation, hrsg. von Erwin Grochla, Stuttgart 1980, Sp. 2419-2430.

HAUSCHILDT, Entscheidungsziele:
Hauschildt, Jürgen: Entscheidungsziele - Zielbildung in innovativen Entscheidungsprozessen: theoretische Ansätze und empirische Prüfung. Empirische Theorie der Unternehmung, hrsg. von Eberhard Witte, Bd. 9, Tübingen 1977.

HAUSCHILDT, Bilanzanalyse:
Hauschildt, Jürgen: Bilanzanalyse, Bilanzkritik und Bilanzpolitik, in: HdWW, Bd. 1, hrsg. von Willi Albers et al., Stuttgart 1976, Sp. 659-670.

HAUSCHILDT, Bilanzpolitik:
Hauschildt, Jürgen: Bilanzpolitik und Finanzierung, in: Handwörterbuch der Finanzwirtschaft, hrsg. von Hans E. Büschgen, Stuttgart 1976, Sp. 190-199.

HAUSCHILDT, Artikulation:
Hauschildt, Jürgen: Zur Artikulation von Unternehmenszielen, in: ZfbF 1970, S. 545-559.

HAUSSCHILDT/GRENZ/GEMÜNDEN, Entschlüsselung:
Hauschildt, Jürgen/Grenz, Thorsten/ Gemünden, Hans Georg: Die Entschlüsselung von Unternehmenskriesen durch Erfolgsspaltung?, in: DB 1985, S. 877-885.

HAVERMANN, Equity-Bewertung:
Havermann, Hans: Die Equity-Bewertung von Beteiligungen, in: WPg 1987, S. 315-320.

HAVERMANN, Konzernabschluß:
Havermann, Hans: Der Konzernabschluß nach neuem Recht - ein Fortschritt? in: Bilanz- und Konzernrecht, Festschrift für Reinhard Goerdeler, hrsg. von Hans Havermann, Düsseldorf 1987, S. 173-197.

HECKER, Kennzahlensystem:
Hecker, Rainer: Ein Kennzahlensystem zur externen Analyse der Ertrags- und Finanzkraft von Industrieaktiengesellschaften, Frankfurt am Main/Zürich 1975.

HEIGL/MELCHER, Steuerpolitik:
Heigl, Anton/Melcher, Günther-Herbert: Betriebliche Steuerpolitik. Ertragsteuerplanung, Köln 1974.

HEINE, Vorbereitung:
Heine, Klaus-Henning: Vorbereitung und Aufstellung des Konzernabschlusses, in: WPg 1967, S. 113-125 u. 146-154.

HEINEN, Handelsbilanzen:
Heinen, Edmund: Handelsbilanzen, 12. Aufl., Wiesbaden 1986.

HEINEN, Ziele:
Heinen, Edmund: Ziele und Zielsysteme in der Unternehmung, in: HdWW, Bd. 9, hrsg. von Willi Albers et. al., Stuttgart u.a. 1982, S. 616-623.

HEINEN, Politikbegriff:
Heinen, Edmund: Zum betriebswirtschaftlichen Politikbegriff - Das Begriffsverständnis der entscheidungsorientierten Betriebswirtschafslehre, in: Die Führung des Betriebes, Festschrift für Kurt Sandig zum 80. Geburtstag, hrsg., von Manfred N. Geist und Richard Köhler, Stuttgart 1981, S. 43-51.

HEINEN, Zielsystem:
Heinen, Edmund: Grundlagen betriebswirtschaftlicher Entscheidungen. Das Zielsystem der Unternehmung, 3. Aufl., Wiesbaden 1976.

HEINHOLD, Instrumente:
Heinhold, Michael: Instrumente der unternehmerischen Bilanzpolitik, in: WiSt 1984, S. 449-454.

HEINHOLD, Bilanzpolitik:
Heinhold, Michael: Bilanzpolitik, Wesen, Ziele und Stellung in der Unternehmensplanung, in: WiSt 1984, S. 388-392.

HELMRICH, Bilanzrichtlinien-Gesetz:
Helmrich, Herbert: Bilanzrichtlinien-Gesetz, Amtliche Texte und Entwürfe, Begründungen, Stellungnahmen und Protokolle, München 1986.

HELBLING, Bilanzanalyse:
Helbling, Carl: Bilanz- und Erfolgsanalyse, 5. Aufl., Bern/Stuttgart 1985.

HENNIG, Bilanzierung:
Hennig, Bettina: Bilanzierung latenter Steuern, Bochum 1982.

HENSELER, Unternehmensanalyse:
Henseler, Edmund: Unternehmensanalyse, Grundlagen der Beurteilung von Unternehmen, Stuttgart/Berlin/ Köln/Mainz 1979.

HERRMANN/HEUER/RAUPACH, Kommentar zum EStG:
Herrmann, Carl/Heuer, Gerhard/Raupach, Arndt: Einkommensteuer- und Körperschaftsteuergesetz mit Nebengesetzen, Kommentar, Loseblattausgabe, (Stand: Juni 1987), 19. Aufl., Köln 1950/82.

HESSE/FRALING, Bilanz:
Hesse, Kurt/Fraling, Rolf: Wie beurteilt man eine Bilanz? Was Kennzahlen wirklich aussagen, 16. Aufl., Wiesbaden 1986.

HEYD, Ziele:
Heyd, Reinhard: Ziele und Funktionsfähigkeit von Jahresabschlüssen nach den vorparlamentarischen Regierungsvorlagen für ein Bilanzrichtlinien-Gesetz unter besonderer Berücksichtigung des Interessenschutzes und der Interessengewichtung bei unterschiedlichen Rechtsformen, Frankfurt am Main/Bern 1982.

HILLE, Latente Steuern:
Hille, Klaus: Latente Steuern im Einzel- und Konzernabschluß, Frankfurt am Main 1982.

HOCH, Bilanzpolitik:
Hoch, Gero: Bilanzpolitik und neues Rechnungslegungsrecht, in: bilanz & buchhaltung 1987, S. 129-138.

HOFBAUER/KUPSCH (Hrsg.), BHR:
Hofbauer, Max A./Kupsch, Peter: Bonner Handbuch Rechnungslegung, Loseblattwerk, Bonn 1986.

HOFER, Bilanzanalyse:
Hofer, Rudolf: Bilanzanalyse. Arbeitsbuch zu Bilanzen, Erfolgsrechnungen, Kapitalflußrechnungen, Cash-Flow, Kennzahlen mit durchgerechneten Beispielen und 158 Aufgaben, Bern 1975.

HOFFMANN, Konzern-Bilanz:
Hoffmann, Alexander: Die Konzern-Bilanz, Leipzig 1930.

HOFFMANN-BECKING/RELLERMEYER, Gemeinschaftsunternehmen:
Hoffmann-Becking, Michael/Rellermeyer, Klaus: Gemeinschaftsunternehmen im neuen Recht der Konzernrechnungslegung, in: Bilanz-und Konzernrecht, Festschrift für Reinhard Goerdeler, hrsg. von Hans Havermann, Düsseldorf 1987, S. 199-215.

HOFMANN, Bilanzkennzahlen:
Hofmann, Rolf: Bilanzkennzahlen, 4. Aufl., Wiesbaden 1977.

HOLTHAUS, Simulationsmodell:
Holthaus, Hans-Christian: Ein Simulationsmodell zur Überprüfung der Leistungsfähigkeit bilanzanalytischer Methoden. Dargestellt am Beispiel der Diskriminanzfunktionen, Frankfurt am Main/Thun 1985.

HOPPE, Entwicklungen:
Hoppe, Karl: Neuere Entwicklungen der internationalen Konzernrechnungslegung in der teleologisch-deduktiven Analyse, Diss. Köln 1981.

HORNEF, Überlegungen:
Horenef, Heinrich: Bilanzpolitische Überlegungen beim Übergang auf das neue Aktiengesetz, in: BB 1966, S. 505-512.

HUMMEL, Umrechnung:
Hummel, Wolfgang: Probleme der Umrechnung von Jahresabschlüssen aus Hochinflationsländern, Frankfurt am Main u.a. 1987.

HUNDHAUSEN, Publizität:
Hundhausen, Carl: Die Bedeutung der Publizität unter besonderer Berücksichtigung der historischen Bedeutung, in: Das Frankfurter Publizitätsgespräch, -vorträge und Diskussionen der gleichnamigen Tagung in Königstein/Taunus am 13. und 14. April 1962, Frankfurt am Main 1962, S. 17-32.

IASC (Hrsg.), IAS 21:
IASC (Hrsg.): Internationaler Rechnungslegungsgrundsatz Nr. 21 (IAS 21): Die Bilanzierung der Auswirkungen von Wechselkursänderungen, abgedruckt bei von Wysocki/ Wohlgemuth, Konzernrechnungslegung, S. 349-357.

IDW, Stellungnahme SABI 1/1988:
IDW: Sonderausschuß Bilanzrichtlinien-Gesetz, Stellungnahme SABI 1/1988: Zur Aufstellungspflicht für einen Konzernabschluß und zur Abgrenzung des Konsolidierungskreises, in: FN 1988, S. 182-184.

IDW, Stellungnahme SABI 3/1987:
IDW: Sonderausschuß Bilanzrichtlinien-Gesetz, Stellungnahme SABI 3/1987: Übergangsvorschriften zur Konzernrechnungslegung nach neuem Recht, in: WPg 1988, S. 50-55.

IDW, Stellungnahme SABI 2/1987:
IDW: Sonderausschuß Bilanzrichtlinien-Gesetz, Stellungnahme SABI 2/1987; Zum Grundsatz der Bewertungsstetigkeit (§ 252 Abs. 1 Nr. 6 HGB) und zu den Angaben bei Abweichungen von Bilanzierungs- und Bewertungsmethoden (§ 284 Abs. 2 Nr. 3 HGB), in: WPg 1988, S. 48-50.

IDW, Stellungnahme SABI 1/1987:
IDW: Sonderausschuß Bilanzrichtlinien-Gesetz: Stellungnahme 1/1987: Probleme des Umsatzkostenverfahrens, in: FN 1987, S. 70-72.

IDW, Abschlußstichtage:
IDW (Hrsg.): Hauptfachausschuß: Entwurf einer Verlautbarung "Konzernrechnungslegung bei unterschiedlichen Abschlußstichtagen", in: WPg 1987, S. 615-616.

IDW, Währungsumrechnung:
IDW (Hrsg.): Hauptfachausschuß: Geänderter Entwurf einer Verlautbarung zur Währungsumrechnung im Jahres- und Konzernabschluß, in: WPg 1986, S. 664-667.

IDW (Hrsg.), IDW Fachtagung '86:
IDW: Übergang auf das neue Bilanzrecht, IDW Fachtagung '86, Düsseldorf 1986.

IDW, Stellungnahme 1985:
IDW: 2. Stellungnahme zur Transformation der 7. EG-Richtlinie, in: WPg 1985, S. 189-194.

IDW, HFA 1/1984:
IDW (Hrsg.): Stellungnahme HFA 1/1984, in: WPg 1984, S. 612-615.

IDW, Stellungnahme 1984:
IDW: Stellungnahme zur Transformation der 7. EG-Richtlinie, in: WPg 1984, S. 509-513.

IDW, Stellungnahme NA 2/67:
IDW: Stellungnahme des Sonderauschusses 'Neues Aktienrecht' des Instituts der Wirtschaftsprüfer, NA 2/67: Zur Rechnungslegung im Konzern, in: WPg 1967, S. 488-490.

ISAAC, Bilanzen:
Isaac, Alfred: Bilanzen, Berlin/Wien 1930.

JACOB, Bilanzpolitik:
Jacob, Herbert (Hrsg.): Schriften zur Unternehmensführung, Bd. 10, Bilanzpolitik und Bilanztaktik, Wiesbaden 1969.

JÄGER, Bewertung:
Jäger, Hubert: Die Bewertung von konzerninternen Lieferungen und Leistungen in der operativen Planung, Heidelberg 1987.

JANZ/SCHÜLEN, Anhang:
Janz, Reinhard/Schülen, Werner: Der Anhang als Teil des Jahresabschlusses und des Konzernabschlusses, in: WPg 1986, S. 57-65.

JOHÄNNTGEN-HOLTHOFF, Jahresabschlußgestaltung:
Johänntgen-Holthoff, Margot: Entscheidungsmodell der Jahresabschlußgestaltung für Publikumsaktiengesellschaften, Bonn 1986.

JONAS, Konzernabschluß:
Jonas, Heinrich H.: Der Konzernabschluß: Grundlagen und Anwendung in der Praxis nach neuem Handelsrecht, Stuttgart 1986.

KAISER, Grundlagen:
Kaiser, Franz: Die Grundlagen und der Erkenntniswert von konsolidierten Bilanzen, Diss. Köln 1964.

KAPPLER, Bilanzpolitik:
Kappler, Ekkehard: Ansätze zu einer verhaltenswissenschaftlichen Theorie der Bilanzpolitik, in: Management International Review 1973, Heft 2-3, S. 37-45.

KAPPLER, Informationsverhalten:
Kappler, Ekkehard: Das Informationsverhalten der Bilanzinteressenten. Ein Beitrag zu einer sozialwissenschaftlich fundierten Unternehmenspolitik durch Bilanzinformationen, unveröffentlichte Habilitationsschrift, München 1972.

KELLENBERGER, Berichterstattung:
Kellenberger, Ruedi: Die bedürfnisorientierte externe Berichterstattung. Ein Versuch die externe Berichterstattung auf die Informationsbedürfnisse eines erweiterten Adressatenkreises auszurichten, Zürich 1981.

KERN, Abbildung:
Kern, Wolfgang: Die bilanzielle Abbildung des Unternehmensprozesses in internationalen Konzernen. Sonderprobleme internationaler Rechnungslegung unter besonderer Berücksichtigung der Währungsumrechnung, Frankfurt am Main/Zürich 1976.

KERTH/WOLF, Bilanzanalyse:
Kerth, Albin/Jakob, Wolf: Bilanzanalyse und Bilanzpolitik, München/Wien 1986.

KIRCHNER, Weltbilanzen:
Kirchner, Christian: Weltbilanzen. Probleme der internationalen Konzernrechnungslegung, Wiesbaden 1978.

KLEIN/NOHL/ZSCHIEGNER/KLEIN, Konzernrechnungslegung:
Klein, Werner/Nohl, Friedhelm/Zschiegner, Hans/Klein, Klaus-Günter: Konzernrechnungslegung und Konzernverrechnungspreise, Stuttgart 1983.

KOFAHL, Bewegungsbilanz:
Kofahl, Günther: Bewegungsbilanz und Bilanzpolitik, in: Internal Control durch Bewegungsbilanzen, Festschrift für Walter le Coutre, hrsg. von Erich A. Weilbach, Stuttgart 1960, S. 209-220.

KOFAHL, Bilanzierungspolitik:
Kofahl, Günther: Bilanzierungspolitik, in: WPg 1956, S. 541-554.

KOFAHL, Denken:
Kofahl, Günther: Bilanztheoretisches und bilanzpolitisches Denken, in: BFuP 1953, S. 207-213.

KOFAHL/POHMER, Bilanzgestaltung:
Kofahl, Günther/Pohmer, Dieter: Praktische Bilanzgestaltung, Diskussionsbeitrag über Gebiet und Begriff der "Bilanzpolitik", in: WPg 1950, S. 540-541.

KOHLMANN, Teilkonzernabschlüsse:
Kohlmann, Ulrike: Möglichkeiten und Grenzen der Aussagefähigkeit von Teilkonzernabschlüssen, München/Wien 1986.

KOSIOL, Konzernbilanzierung:
Kosiol, Erich: Grundlagen der Konzernbilanzierung, in: DBW 1938, S. 153-159.

KOTTKE, Bilanzstrategie:
Kottke, Klaus: Bilanzstrategie und Bilanztaktik, 6. Aufl., Herne/Berlin 1978.

KRAG/MÜLLER, Teilkonzernabschlüsse:
Krag, Joachim/Müller, Herbert: Zur Zweckmäßigkeit von Teilkonzernabschlüssen der 7. EG-Richtlinie für Minderheitsgesellschafter, in: BB 1985, S. 307-312.

KRAUSS, Handelsbilanzpolitik:
Krauß, Sven-Olaf: Integrierte Handels- und Steuerbilanzpolitik. Ein computergestütztes Mehrperioden-Entscheidungsmodell bei mehrfacher Zielsetzung, Kiel 1987.

KRAWITZ, Bilanzpolitik:
Krawitz, Norbert: Bilanzpolitik bei gegenläufigen Zielsetzungen, in: Handbuch der Steuervorteile bei unternehmerischen Entscheidungen, hrsg. von T.A.H. Schöck und Joachim S. Tanski, Landsberg am Lech 1985, S. 1-24.

KREHL, Informationsbedarf:
Krehl, Harald: Der Informationsbedarf der Bilanzanalyse, Kiel 1985.

KROMSCHRÖDER, Dummheit:
Kromschröder, Bernhard: Schlägt Dummheit Mittelmäßigkeit?, in: ZfbF 1984, S. 732-747.

KROPFF, Bilanzpolitik:
Kropff, Bruno: Sinn und Grenzen von Bilanzpolitk, in: Der Jahresabschluß im Widerstreit der Interessen, hrsg. von Jörg Baetge, Düsseldorf 1983, S. 179-211.

KROPFF, Aktiengesetz:
Kropff, Bruno: Aktiengesetz. Textausgabe des AktG vom 6.9.1965 mit der Begründung des Regierungsentwurfs, Düsseldorf 1965.

KRUMNOW, Bilanzanalyse:
Krumnow, Jürgen: Bilanzanalyse auf der Basis der neuen Rechnungslegungsvorschriften, in: ZfbF 1985, S. 783-809.

KUBIN/LÜCK, Währungsumrechnungsmethode:
Kubin, Konrad W./Lück, Wolfgang: Zur funktionalen Währungsumrechnungsmethode in internationalen Konzernabschlüssen. Anmerkungen zum Grundsatz Nr. 52 des FASB, in: BFuP 1984, S. 357-383.

KÜHNBERGER/STACHULETZ, Bilanzpolitik:
Kühnberger, Manfred/Stachuletz, Rainer: Kritische Anmerkungen zu einigen neueren Entwicklungen in der Bilanzpolitik, in: DBW 1986, S. 356-372.

KÜTING, Ausgleichsposten:
Küting, Karlheinz: Zur Problematik des Ausgleichsposten für Anteile in Fremdbesitz im Rahmen des zukünftigen Konzernbilanzrechts, in: ZfB 1984, S. 548-568.

KÜTING, Quotenkonsolidierung:
Küting, Karlheinz: Die Quotenkonsolidierung nach der 7. EG-Richtlinie. Anwendungsprobleme und kritische Würdigung, in: BB 1983, S. 804-814.

KÜTING, Methode:
Küting, Karlheinz: Die angelsächsische Methode der Kapitalkonsolidierung. - Anwendungsprobleme gem. dem geänderten Vorschlag für eine 7. EG-Richtlinie nach dem Stand vom 10.02.1982 -, in: DB 1983, S. 457-462.

KÜTING, Konsolidierungspraxis:
Küting, Karlheinz: Konsolidierungspraxis. Grundsätze ordnungmäßiger Konsolidierung und die Konsolidierungspraxis deutscher Konzerne, 2. Aufl., Berlin 1981.

KÜTING, Problematik:
Küting, Karlheinz: Zur Problematik des Art. 18 der 7. EG-Richtlinie. - Einbeziehung von Gemeinschaftsunternehmen in den Konsolidierungsbereich auf der Grundlage der Quotenkonsolidierung -, in: DB 1980, S. 5-11.

KÜTING/HÄGER, Zwischenergebniseliminierung:
Küting, Karlheinz/Häger, Bernd: Zwischenergebniseliminierung und steuerrechtlich bedingte Wertansätze im Rahmen der Konzernrechnungslegung, in: BB 1987, S. 1359-1362.

KÜTING/HÄGER, Berücksichtigung:
Küting, Karlheinz/Häger, Bernd: Die Berücksichtigung steuerrechtlich bedingter Sachverhalte im Konzernabschluß, in: BB 1987, S. 1285-1295.

KÜTING/WEBER, Einzelfragen:
Küting, Karlheinz/Weber, Claus-Peter: Einzelfragen der Eliminierung von Zwischenergebnissen nach neuem Konzernbilanzrecht - Unter besonderer Berücksichtigung konzernbilanzpolitischer Aspekte-, in: ZfB Ergänzungsheft 1987, "Bilanzrichtlinien-Gesetz", hrsg. von Horst Albach und Karl-Heinz Forster, Wiesbaden 1987, S. 299-319.

KÜTING/WEBER (Hrsg.), HdR:
Küting, Karlheinz/Weber, Claus-Peter: Handbuch der Rechnungslegung. Kommentar zur Bilanzierung und Prüfung, 2. Aufl., Stuttgart 1987.

KÜTING/WEBER, Fallstudie:
Küting, Karlheinz/Weber, Claus-Peter: Der Konzernabschluß nach neuem Recht - Fallstudie zum Übergang auf die neue Konzernrechnungslegung -, Stuttgart 1986.

KÜTING/WEBER/ZÜNDORF, Equity-Methode:
Küting, Karlheinz/Weber, Claus-Peter/ Zündorf, Horst: Die Equity-Methode im Übergang auf die neue Konzernrechnungslegung, in: BB 1987, S. 1496-1502.

KÜTING/ZÜNDORF, Equity-Accounting:
Küting, Karlheinz/Zündorf, Horst: Die Praxis des Equity-Accounting. Erste Erfahrungen mit dem neuen Konzernbilanzrecht, in: BB 1988, S. 872-881.

KÜTING/ZÜNDORF, Equity-Methode:
Küting, Karlheinz/Zündorf, Horst: Die Equity-Methode im deutschen Bilanzrecht, in: BB 1986, Beilage 7/1986 zu Heft 21/1986.

KÜTING/ZÜNDORF, Zurechnungsmodalitäten:
Küting, Karlheinz/Zündorf, Horst: Zurechnungsmodalitäten stiller Reserven im Rahmen der Kapitalkonsolidierung nach künftigen Konzernbilanzrecht, in: BB 1985, S. 1302-1311.

KÜTING/ZÜNDORF, Minderheitenanteile:
Küting, Karlheinz/Zündorf, Horst: Die Ermittlung der Minderheitenanteile im Rahmen der Buchwert- und der Neubewertungsmethode des künftigen Konzernbilanzrechts, in: BB 1985, S. 1166-1173.

KUPSCH, Stetigkeit:
Kupsch, Peter: Einheitlichkeit und Stetigkeit der Bewertung gemäß § 252 Abs. 1 Nr. 6 HGB, in: DB 1987, S. 1101-1105 und 1157-1161.

KUPSCH, Unternehmungsziele:
Kupsch, Peter: Unternehmungsziele, Stuttgart/New York 1979.

KUPSCH, Bilanzierung:
Kupsch, Peter: Bilanzierung von Rückstellungen und ihre Berichterstattung, Ergebnisse einer empirischen Untersuchung über die Bilanzpolitik von Aktiengesellschaften, Herne/Berlin 1975.

KURRAS/TANSKI:
Kurras, Klaus/Tanski, Joachim S.: Der gesamte Jahresabschluß. Betriebswirtschaftlich, handels- und steuerrechtlich, 2. Aufl., München 1981.

KUSSMAUL, Verrechnungspreise:
Kussmaul, Heinz: Angemessene Verrechnungspreise im internationalen Konzernbereich, in: RIW 1987, S. 679-693.

LACHNIT, Erfolgsanalyse:
Lachnit, Laurenz: Externe Erfolgsanalyse auf der Grundlage der GuV nach dem Gesamtkostenverfahren, in: BFuP 1987, S. 33-53.

LACHNIT, Jahresabschlußanalyse:
Lachnit, Laurenz: Systemorientierte Jahresabschlußanalyse, Wiesbaden 1979.

LADEMANN/SÖFFING/BROCKHOFF, Kommentar zum EStG:
Lademann/Söffing/Brockhoff: Kommentar zum Einkommensteuergesetz, Loseblattausgabe, (Stand Mai 1987), Stuttgart/München/Hannover 1964.

LANFERMANN, Übergang:
Lanfermann, Josef: Kapitalkonsolidierung beim Übergang auf die neuen Konzernrechnungslegungsvorschriften des HGB, in: Bilanz- und Konzernrecht, Festschrift für Reinhard Goerdeler, hrsg. von Hans Havermann, Düsseldorf 1983, S. 295-313.

LANGENEGGER, Konzernunternehmungspolitik:
Langenegger, Ernst: Konzernunternehmungspolitik. Grundlagen, Grundfragen und Zielsetzungen, Bern 1967.

LARENZ, Methodenlehre:
Larenz, Karl: Methodenlehre der Rechtswissenschaft, Verkürzte Studienausgabe der 5. Aufl., Berlin/Heidelberg/New York 1983.

LEFFSON, GoB:
Leffson, Ulrich: Die Grundsätze ordnungs mäßiger Buchführung, 7. Aufl., Düsseldorf 1987.

LEFFSON, Bilanzanalyse:
Leffson, Ulrich: Bilanzanalyse, 3. Aufl., Stuttgart 1984.

LEFFSON, Bedeutung:
Leffson, Ulrich: Zur Bedeutung des § 149 AktG und Art. 2 Abs. 3 der 4. EG-Richtlinie, in: ZfbF 1979, S. 213-216.

LE COUTRE, Bilanzpolitik 1950:
Le Coutre, Walter: Bilanzpolitik, in: Probleme der Betriebsführung, Festschrift zum 65. Geburtstag von Otto R. Schnutenhaus, hrsg. von Carl W. Meyer, Berlin 1959, S. 129-158.

LE COUTRE, Bilanzpolitik:
Le Coutre, Walter: Bilanzpolitik, in: Lexikon des kaufmännischen Rechnungswesens, hrsg. von Karl Bott, Bd. 1, 2. Aufl., Stuttgart 1954, Sp. 632-637.

Leitner, Kontrolle:
Leitner, Friedrich: Die Kontrolle in kaufmännischen Unternehmungen unter besonderer Berücksichtigung der Bilanz- und Wirtschaftsprüfungen, 5. Aufl., Frankfurt am Main 1939.

LINNHOFF/PELLENS, Ausschüttungspolitik:
Linnhoff, Ulrich/Pellens, Bernhard: Ausschüttungspolitik deutscher Konzerne. Eine empirische Untersuchung zum Ausschüttungsverhalten deutscher Konzernobergesellschaften, in: ZfbF 1987, S. 987-1006.

LOHSE, Aufstellung:
Lohse, Günter: Aufstellung und Analyse von Weltabschlüssen in der Bundesrepublik Deutschland, Diss. Kiel 1977.

LUDEWIG, verdeckte Bilanzpolitik:
Ludewig, Rainer: Möglichkeiten der verdeckten Bilanzpolitik für Kapitalgesellschaften auf der Grundlage des neuen Rechts, in: ZfB 1987, S. 426-433.

LUDEWIG, Einflüsse:
Ludewig, Rainer, Die Einflüsse des "true and fair view" auf die zukünftige Rechnungslegung, in: AG 1987, S. 12-15.

LUDEWIG, Bilanzpolitik:
Ludewig, Rainer: Bilanzpolitik im Rahmen der neuen aktienrechtlichen Bilanzierungsvorschriften, in: NB 1966, S. 40-56.

LÜCK, Materiality:
Lück, Wolfgang: Materiality in der internationalen Rechnungslegung. Das pflichtgemäße Ermessen des Abschlußprüfers und der Grundsatz der Wesentlichkeit, Wiesbaden 1975.

LÜCK/JUNG, Währungsumrechnung:
Lück, Wolfgang/Jung, Udo: Währungsumrechnung im Konzernabschluß, in: WISU 1988, S. 91-97.

LÜCKE, Bilanzstrategie:
Lücke, Wolfgang: Bilanzstrategie und Bilanztaktik, in: DB 1969, S. 2285-2295.

LUIK, Einblick:
Luik, Hans: Einblick in die tatsächlichen Verhältnisse - ein neues Ziel der Rechnungslegung?, in: IDW (Hrsg.), 50 Jahre Wirtschaftsprüferberuf, Düsseldorf 1981, S. 53-59.

LUTTER, Rücklagenbildung:
Lutter, Marcus: Rücklagenbildung im Konzern, in: Bilanz- und Konzernrecht, Festschrift für Reinhard Goerdeler, hrsg. von Hans Havermann, Düsseldorf 1987, S. 327-348.

MAAS/SCHRUFF, Konzernabschluß:
Maas, Ulrich/Schruff, Wienand: Der Konzernabschluß nach neuem Recht, in: WPg 1986, S. 201-210 u. 237-246.

MAAS/SCHRUFF, Stichtage:
Maas, Ulrich/Schruff, Wienand: Unterschiedliche Stichtage im künftigen Konzernabschluß? - Eine Stellungnahme zur Transformation von Art. 27 der 7. EG-Richtlinie -, in: WPg 1985, S. 1-6.

MÄRZ, Interdependenzen:
März, Thomas: Interdependenzen in einem Kennzahlensystem. Eine empirische Untersuchung zur Aussagefähigkeit von Kennzahlen bei der Unternehmensanalyse, München 1983.

MAG, Mehrfachziele:
Mag, Wolfgang: Mehrfachziele, Zielbeziehungen und Zielkonfliktlösungen, in: WiSt 1976, S. 49-55.

MAIER, Aussagefähigkeit:
Maier, Richard: Zur Problematik der Aussagefähigkeit konsolidierter Jahresabschlüsse, Diss. München 1969.

MANSCH, Umrechnung:
Mansch, Helmut: Die Umrechnung von Abschlüssen ausländischer Konzernunternehmen - aus Sicht des Hauses Siemens nach Einführung der neuen amerikanischen Rechnungslegungsvorschrift (SFAS 52), in: Betriebswirtschaftliches Kontaktstudium Finanz- und Rechnungswesen, Bd. 4; hrsg. von Marcus Bierich u.a., Stuttgart 1985, S. 79-89.

MARETTEK, Ermessensspielräume:
Marettek, Alexander: Ermessensspielräume bei der Bestimmung wichtiger aktienrechtlicher Wertansätze, in: WiSt 1976, S. 515-520.

MARETTEK, Steuerbilanzpolitik:
Marettek, Alexander: Steuerbilanz- und Unternehmenspolitik, Freiburg im Breisgau 1971.

MARKER, Bilanzfälschung:
Marker, Hanns Friedhelm: Bilanzfälschung und Bilanzverschleierung, Düsseldorf 1970.

MASUCH, Verrechnungspreise:
Masuch, Wolfgang: Verrechnungspreise zwischen deutschen und amerikanischen Gesellschaften eines Konzerns, in: ZfbF 1986, S. 805-811.

MATTES, Bankbilanz:
Mattes, Helmut: Die konsolidierte Bankbilanz als Instrument der Konzernpolitik, in: NB 1971, S. 71-77.

MAYER, Bilanzierungstaktik:
Mayer, Leopold: Bilanzierungstaktik in gesellschafts- und steuerrechtlicher Sicht, in: Finanz-Journal 1974, S. 17-21.

MEIER, Leitung:
Meier, Albert: Einheitliche Leitung im Konzern aus betriebswirtschaftlicher Sicht, in: WPg 1966, S. 570-573.

MEILICKE, Genußschein:
Meilicke, Heinz: Welchen Genuß gewährt der Genußschein? Eine Analyse einiger Genußscheinbedinungen, in: BB 1987, S. 1609-1614.

MELLEROWICZ, Unternehmenspolitik:
Mellerowicz, Karl: Unternehmenspolitik, Bd. III, 4. Aufl., Freiburg im Breisgau 1978.

MEYER, Kennzahlen:
Meyer, Claus: Betriebswirtschaftliche Kennzahlen und Kennzahlensysteme, Stuttgart 1976.

MEYER, Konzern-Bilanzpolitik:
Meyer, Claus: Konzern-Bilanzpolitik - Versuch einer systematischen Darstellung, in: BFuP 1972, S. 471-484.

MEYER-LANDRUT/MILLER/NIEHUS, Kommentar GmbHG:
Meyer-Landrut, Joachim/Miller, Georg F./ Niehus, Rudolf J.: Gesetz betreffend die Gesellschaften mit beschränkter Haftung (GmbHG) einschließlich Rechnungslegung zum Einzel- sowie zum Konzernabschluß, Berlin/New York 1987.

MÖLLER, Bilanzkennzahlen:
Möller, Hans-Peter: Bilanzkennzahlen, Stuttgart 1986.

MOHNFELD, Beitrag:
Mohnfeld, Jochen: Ein Beitrag zur externen Analyse von Konzernbilanzen, in: ZfB 1978, S. 21-41.

MOHNFELD, Analyse:
Mohnfeld, Jochen: Externe Analyse von Konzernbilanzen, Diss. Bonn 1975.

MOSCH, Patronatserklärungen:
Mosch, Wolfgang: Patronatserklärungen deutscher Konzernmuttergesellschaften und ihre Bedeutung für die Rechnungslegung, Bielefeld 1978.

MOXTER, Vermögenslage:
Moxter, Adolf: Vermögenslage gem. § 264 in: Handwörterbuch unbestimmter Rechtsbegriffe im Bilanzrecht des HGB, hrsg. von Ulrich Leffson, Dieter Rückle und Bernhard Grossfeld, Köln 1986, S. 346-351.

MOXTER, Bilanzpolitik:
Moxter, Adolf: Bilanzpolitik und Wahlrechtsproblematik, in: Die Führung des Betriebes, Festschrift zum 80. Geburtstag von Curt Sandig, hrsg. von Manfred N. Geist u. Richard Köhler, Stuttgart 1981, S. 447-457.

MOXTER, Publizitätsvorschriften:
Moxter, Adolf: Der Einfluß von Publizitätsvorschriften auf das unternehmerische Verhalten, Köln und Opladen 1962.

MÜHLBRADT, Aktienanlage:
Mühlbradt, Frank W.: Chancen und Risiken der Aktienanlage. Untersuchungen zur Efficient Market-Theorie in Deutschland, Köln 1978.

MÜLLER, Steuerung:
Müller, Eberhard: Konzernabschluß und interne Steuerung im internationalen Unternehmen, in: Der Wirtschaftsprüfer im Schnittpunkt nationaler und internationaler Entwicklungen, Festschrift zum 60. Geburtstag von Klaus von Wysocki, hrsg. von Gerhard Gross, Düsseldorf 1985, S. 160-176.

MÜLLER, Konzernrechnungswesen:
Müller, Eberhard: Entscheidungsorientiertes Konzernrechnungswesen, Neuwied 1980.

MÜLLER, Konzernrechnungslegung:
Müller, Eberhard: Konzernrechnungslegung deutscher Unternehmungen auf der Basis der 7. EG-Richtlinie, in: DBW 1977, S. 53-65.

MÜLLER, Kursumrechnung:
Müller, Eberhard: Kursumrechnung bei Einbeziehung ausländischer Konzerngesellschaften in den Weltabschluß als Bewertungsproblem, in: WPg 1973, S. 653-661.

MÜLLER, Jahresabschlüsse:
Müller, Herbert: Die Umrechnung der Jahresabschlüsse ausländischer Tochterunternehmen nach dem Prinzip der Wertäquivalenz, in: RIW 1987, S. 847-857.

MÜLLER, Umrechnung:
Müller, Herbert: Die Umrechnung der Jahresabschlüsse ausländischer Konzernunternehmen und die Verrechnung der daraus resultierenden Umrechnungsdifferenzen. Der Versuch einer Weiterentwicklung durch das Prinzip der Wertäquivalenz, Bochum 1986.

MÜLLER, Stetigkeitsprinzip:
Müller, Jürgen: Das Stetigkeitsprinzip im neuen Bilanzrecht, in: BB 1987, S. 1629-1637.

MÜLLER, Währungsumrechnung:
Müller, Klaus: Die Währungsumrechnung im Rahmen der internationalen Konzernrechnungslegung. Zur Entwicklung von Grundsätzen ordnungsmäßiger Währungsumrechnung und eines darauf aufbauenden Umrechnungsvorschlages unter Berücksichtigung der derzeitigen internationalen Diskussion, Frankfurt am Main/Bern/New York 1985.

MÜLLER-KRÖNCKE, Steuerbilanzpolitik:
Müller-Kröncke, Gerhard: Entscheidungsmodelle für die Steuerbilanzpolitik. Analyse der Möglichkeiten zur Bilanzbeeinflussung nach geltendem und künftigen Ertragsteuerrecht, Berlin 1974.

MÜNSTERMANN, Bilanzpolitik:
Münstermann, Hans: Bilanzpolitik mit Hilfe der mathematischen Programmierung, in: Dienstleistungen in Theorie und Praxis. Festschrift für Otto Hintner zum 70. Geburtstag, hrsg. von Hanns Linhardt, Peter Penzhofer u. Peter Scherpf, Stuttgart 1970, S. 259-280.

MÜNSTERMANN, Bilanzen:
Münstermann, Hans: Konsolidierte Bilanzen deutscher Konzerne, in: Käfer, Karl/ Münstermann, Hans, Konzernbilanzen, Zürich 1958, S. 41-53.

MUTZE, Systematik:
Mutze, Otto: Zur Systematik bilanzpolitischer Maßnahmen, in: NB 1964, S. 107-111 u. 129-132.

NADVORNIK, Konzernrechnungslegung:
Nadvornik, Wolfgang: Konzernrechnungslegung in Österreich. Begründung und Grundsätze für ihre Reform. Linz 1985.

NETH, Berechnung:
Neth, Manfred: Die Berechnung der Herstellungskosten als bilanzpolitisches Mittel, Düsseldorf 1971.

NEUBERT, Rechnungslegungspublizität:
Neubert, Olaf: Rechnungslegungspublizität der GmbH. - Eine Analyse ihrer wirtschaftlichen Bedeutung, Diss. Kiel 1982.

NIEHUS, Heterogenität:
Niehus, Rudolf J.: Heterogenität eines Konzernunternehmens als Grund für die Nicht-Einbeziehung von Tochterunternehmen in den Konzernabschluß?, in: DB 1988, S. 869-873.

NIEHUS, Konzernrechnungslegung:
Niehus, Rudolf J.: Konzernrechnungslegung im Übergang, in: ZfB Ergänzungsheft 1/87 "Bilanzrichtlinien-Gesetz", hrsg. von Horst Albach und Karl-Heinz Forster, Wiesbaden 1987, S. 275-298.

NIEHUS, Konzernrecht:
Niehus, Rudolf J.: Neues Konzernrecht für die GmbH. - Einige Anmerkungen zu den "Formulierungen" eines Konzernbilanzgesetzes -, in: DB 1984, S. 1789-1794.

NIEHUS, Pooling-of-Interests:
Niehus, Rudolf J.: Die 7. EG-Richtlinie und die "Pooling-of-Interests"-Methode einer konsolidierten Rechnungslegung. - Zugleich eine Besprechung von "Accounting for acquisitions and mergers" -, in: WPg 1983, S. 437-446.

NIEHUS, Materiality:
Niehus, R(udolf) J.: "Materiality" ("Wesentlichkeit") - Ein Grundsatz der Rechnungslegung auch im deutschen Handelsrecht?, in: WPg 1981, S. 1-14.

NIEHUS, True and fair view:
Niehus, Rudolf J.: "True and fair view" - in Zukunft auch ein Bestandteil der deutschen Rechnungslegung?, in: DB 1979, S. 221-225.

NIEHUS/SCHOLZ, Konsolidierungswahlrechte:
Niehus, Rudolf J./Scholz, Willi: Ausübung von Konsolidierungswahlrechten und Berichterstattung im Anhang der Konzern-GmbH, in: GmbH-Rundschau 1984, S. 217-226.

NIESSEN, Angleichung:
Niessen, Hermann: Zur Angleichung des Bilanzrechts in der Europäischen Gemeinschaft, in: Rabels Zeitschrift für ausländisches und internationales Privatrecht 1984, S. 81-122.

NIESSEN, Grundsatzfragen:
Niessen, Hermann: Grundsatzfragen der 7. Richtlinie über den konsolidierten Abschluß, in: WPg 1983, S. 653-658.

OBERST, Konzernbilanz:
Oberst, Oskar: Konzernbilanz und Wirtschaftsprüfer, in: DBW 1933, S. 59-76.

OESSLING/WIESNER, Vorschlag:
Oessling, Hanns-P./Wiesner, Peter M.: Zum Vorschlag einer siebten EG-Richtlinie über die Konzernrechnungslegung, in: AG 1977, S. 1-7 u. 40-44.

OESSLING/WIESNER, EG-Richtlinienvorentwurf:
Oessling, Hanns-P./Wiesner, Peter M.: Was bringt der EG-Richtlinienvorentwurf zur Konzernrechnungslegung?, in: AG 1975, S. 201-206.

OFFERHAUS, Vorentwurf:
Offerhaus, Klaus: Fragen zum Vorentwurf einer EG-Richtlinie über die Rechnungslegung im Konzern, in: BB 1975, S. 237-243.

OPPERMANN, Informationsinstrument:
Oppermann, Manfred: Die Weltbilanz als Informationsinstrument für externe Interessenten, in: DB 1973, S. 2201-2205.

ORDELHEIDE, Konzernerfolgskonzeptionen:
Ordelheide, Dieter: Konzernerfolgskonzeptionen und Risikokoordination - Grundlagen handels- und steuerrechtlicher Erfolgsermittlung für Konzerne -, in: ZfbF 1987, S. 975-986.

ORDELHEIDE, Endkonsolidierung:
Ordelheide, Dieter: Endkonsolidierung bei Ausscheiden eines Unternehmens aus dem Konsolidierungskreis, in: BB 1986, S. 766-772.

ORDELHEIDE, Equity-Methode:
Ordelheide, Dieter: Equity-Methode, in: DBW 1986, S. 87-88.

ORDELHEIDE, Konzernerfolg:
Ordelheide, Dieter: Konzern und Konzernerfolg, in: WiSt 1986, S. 495-502.

ORDELHEIDE, Konzern:
Ordelheide, Dieter: Der Konzern als Gegenstand betriebswirtschaftlicher Forschung, in: BFuP 1986, S. 293-312.

ORDELHEIDE, Anschaffungskostenprinzip:
Ordelheide, Dieter: Anschaffungskostenprinzip im Rahmen der Erstkonsolidierung gem. § 301 HGB, in: DB 1986, S. 493-499.

ORDELHEIDE, Bilanzansatz:
Ordelheide, Dieter: Bilanzansatz und Bewertung im Konzernabschluß, in: WPg 1985, S. 509-518.

ORDELHEIDE, Kapitalkonsolidierung:
Ordelheide, Dieter: Kapitalkonsolidierung nach der Erwerbsmethode. - Zur Umsetzung der 7. EG-Richtlinie in deutsches Recht -, in: WPg 1984, S. 237-245 u. 270-274.

OSSADNIK, Bilanzpolitik:
Ossadnik, Wolfgang: Bilanzpolitik, in: WISU 1984, S. 558-562.

OTTE, Gestaltungsspielräume:
Otte, Hans-Heinrich: Gestaltungsspielräume bei der Erwerbskonsolidierung nach § 301 HGB. Einige Aspekte zur Darstellung der Vermögens- und Ertragslage, in: BB 1988, S. 100-105.

PACKMOHR, Bilanzpolitik:
Packmohr, Arthur: Bilanzpolitik und Bilanzmanagement. Leitlinien für die optimale Gestaltung des Jahresabschlusses mit Checkliste der bilanzpolitischen Aktivitäten, Köln 1984.

PATTILO, Concept:
Pattilo, James W.: The Concept of Materiality in Financial Reporting, 1976.

PATTILO, Materiality:
Pattilo, James W.: Materiality: The (formerly) elusive standard, in: Financial Executive, Vol. 43, August 1975, S. 20-27.

PEAT/MARWICK/MITCHEL & Co. (Hrsg.), Bilanzrichtlinien-Gesetz:
Peat/Marwick/Mitchel & Co.(Hrsg.): Rechnungslegungsvorschriften nach dem Bilanzrichtlinien-Gesetz, München 1986.

PERRIDON/STEINER, Finanzwirtschaft:
Perridon, Louis/Steiner, Manfred: Finanzwirtschaft der Unternehmung, 4. Aufl., München 1986.

PFLEGER, Bilanzpolitik:
Pfleger, Günter: Die neue Praxis der Bilanzpolitik, 3. Aufl., Freiburg im Breisgau 1988.

PFLEGER, Bilanzpolitik 1. Aufl.:
Pfleger, Günter: Die neue Praxis der Bilanzpolitik, 1. Aufl., Freiburg im Breisgau 1984.

PFLEGER, Unternehmensverbund:
Pfleger, Günter: Bilanzpolitik im Unternehmensverbund, in: Handbuch der Bilanzierung, hrsg. von Arnulf Gnam, Loseblattausgabe (Stand: Februar 1988), Freiburg im Breisgau 1960 ff.

PFLEGER, Sachverhaltsgestaltungen:
Pfleger, Günter: Sachverhaltsgestaltungen zwischen inländischen verbundenen Unternehmen als Mittel der Bilanzpolitik, in: DB 1982, S. 2145-2148 u. 2198-2204.

PICK, Ausschüttungsregelung:
Pick, Johannes Josef: Ausschüttungsregelung bei Konzernverflechtung. Versuch einer Deduktion von Ausschüttungsregeln für Konzerngesellschaften. Thun/Frankfurt am Main 1985.

POPP/THEISEN, Verrechnungspreisermittlung:
Popp, Peter/Theisen, Manuel R.: Verrechnungspreisermittlung bei internationalen Konzernen. - Ergebnisse einer empirischen Untersuchung steuerlicher Verrechnungspreisbildung -, in: DB 1987, S. 1949-1954.

POPPER, Logik:
Popper, Karl R.: Logik der Forschung, 8. Aufl., Tübingen 1984.

POUGIN, Bilanzpolitik:
Pougin, Erwin: Bilanzpolitik, in: Schriften zur Unternehmensführung, Bd. 10, Bilanzpolitik und Bilanztaktik, hrsg. von Herbert Jacob, Wiesbaden 1969, S. 5-28.

REIGE, Erwerbsmethode:
Reige, Jürgen: Zur Erstkonsolidierung bei der Erwerbsmethode gemäß § 301 HGB. Erwiderung zum Beitrag von Otte, BB 1988, S. 100-105, in: BB 1988, S. 728-730.

REIGE, Erstkonsolidierung:
Reige, Jürgen: Offene Fragen der Erstkonsolidierung bei der Erwerbsmethode nach § 301 HGB, in: BB 1987, S. 1211-1219.

REIGE, Umsatzkostenverfahren:
Reige, Jürgen: Der Herstellungskostenbegriff im Umsatzkostenverfahren, in: WPg 1987, S. 498-506.

REINTGES, Bewertung:
Reintges, Hans: Die einheitliche Bewertung im Konzernabschluß, in: WPg 1987, S. 282-288.

REINTGES, Finanzierungsvorgänge:
Reintges, Hans: Finanzierungsvorgänge und finanzwirtschaftliche Dispositionen im Konzern, in: Finanzierungs-Handbuch, hrsg. von Friedrich Wilhelm Christians, Wiesbaden 1980, S. 553-571.

REISCH/KREIBIG, Buchhaltung:
Reisch, Richard/Kreibig, Josef Clemens: Buchhaltung und Bilanzen nach ihrem Betriebsgegenstande, Bd. 2, 5. Aufl., Wien 1951.

REUTER, Bilanzierung:
Reuter, Edzard: Bilanzierung in Ländern mit hohen Inflationsraten aus der Sicht einer multinationalen Großunternehmung, in: Das neue Bilanzrecht - ein Kompromiß divergierender Interessen?, hrsg. von Jörg Baetge, Düsseldorf 1985, S. 177-208.

RIDDER-AAB, Aktiengesellschaft:
Ridder-Aab, Christa-Maria: Die moderne Aktiengesellschaft im Lichte der Theorie der Eigentumsrechte, Frankfurt am Main/ New York 1980.

RIEBELL, Kreditgewährung:
Riebell, Claus: Fragen und Probleme bei der Kreditgewährung an Konzernunternehmen, in: Sparkasse 1982, S. 425-431 u. 498-507.

RIEBELL, Bilanzauswertung:
Riebell, Claus: Die Praxis der Bilanzauswertung, 3. Aufl., Stuttgart 1980.

ROLL, Gemeinschaftsunternehmen:
Roll, Hans-Peter: Die Wahlmöglichkeiten bei der Konsolidierung von Gemeinschaftsunternehmen. Eine Stellungnahme, angeregt durch den Beitrag von Joachim Schindler, BB 1987, S. 158 ff., in: BB 1987, S. 2339-2341.

ROSE, Rechtswahlmöglichkeiten:
Rose, Gerd: Besteuerung nach Wahl. Probleme aus der Existenz steuerlicher Rechtswahlmöglichkeiten, Grundsätze für ihre Ausnutzung, in: StbJb 1979/80, S. 49-96.

ROSE, Steuerbelastung:
Rose, Gerd: Die Steuerbelastung der Unternehmung, Wiesbaden 1973.

RÜCKLE, Finanzlage:
Rückle, Dieter: Finanzlage, in: Handwörterbuch unbestimmter Rechtsbegriffe im Bilanzrecht des HGB, hrsg. von Ulrich Leffson, Dieter Rückle und Bernhard Grossfeld, Köln 1986, S. 168-184.

RÜCKLE, Steuerbilanzpolitik:
Rückle, Dieter: Normative Steuerbilanzpolitik, Wien 1983.

RUPP, Ertragsbesteuerung:
Rupp, Reinhard: Die Ertragsbesteuerung nationaler Konzerne. Konzernsteuerbilanz oder Weiterentwicklung der körperschaftsteuerlichen Organschaft?, Frankfurt am Main 1983.

SAAGE, Bilanzpolitik:
Saage, Gustav: Bilanzpolitik, Aktienkurse und Über-Pari-Emissionen, in: BFuP 1959, S. 481-485.

SAHLING, Reaktion:
Sahling, Claus: Die Reaktion des Aktienmarktes auf wesentliche Ausschüttungsveränderungen. Empirische Untersuchungen zur Überprüfung der mittelstarken Form der "efficient-market" Theorie für die deutschen Börsen im Zeitraum 1971 bis 1977, Schwarzenbeck 1981.

SAHNER, Einheitsgrundsatz:
Sahner, Friedhelm: Die Bedeutung des Einheitsgrundsatzes für den Konzernabschluß im Aktiengesetz und in der 7. EG-Richtlinie, in: ZfbF 1981, S. 711-736.

SAHNER/HÄGER, Konzernbilanzpolitik:
Sahner, Friedhelm/Häger, Michael: Konzernbilanzpolitik im Rahmen der Kapitalkonsolidierung gem. § 301 HGB, in: DB 1988, S. 405-412.

SAHNER/KAMMERS, Konsolidierungskreis:
Sahner, Friedhelm/Kammers, Heinz: Die Abgrenzung des Konsolidierungskreises nach der 7. EG-Richtlinie im Vergleich zum Aktiengesetz 1965 - ein Fortschritt?, in: DB 1983, S. 2149-2153 u. 2209-2212.

SAHNER/TAPPRICH, Ermittlung:
Sahner, Friedhelm/Tapprich, Johannes: Zur Ermittlung der Anteile anderer Gesellschafter bei Anwendung der Buchwertmethode gem. § 301 Abs. 1 Satz 2 Nr. 1 HGB 1985, in: DB 1986, S. 2501-2504.

SANDIG, Betriebswirtschaftspolitik:
Sandig, Curt: Betriebswirtschaftspolitik, 2. Aufl., Stuttgart 1966.

SCHÄFER, Beteiligungen:
Schäfer, Harald: Bilanzierung von Beteiligungen an assoziierten Unternehmen nach der Equity-Methode. Untersuchung über die Anwendbarkeit der Equity-Methode in der Bundesrepublik Deutschland, Thun/Frankfurt am Main 1982.

SCHÄFER, Konzernrechnungslegung:
Schäfer, Richard: Konzernrechnungslegung. Leitfaden für die Praxis. Lehrmittel für höhere Fachprüfungen, Zürich 1982.

SCHANZ, Methodologie:
Schanz, Günther: Einführung in die Methodologie der Betriebswirtschaftslehre, Köln 1975.

SCHATZMANN, Grundlagen:
Schatzmann, J(ürgen): Die gesetzlichen Grundlagen des konsolidierten Abschlusses, in: Der konsolidierte Abschluß. Unter Berücksichtigung der 4. und der 7. EG-Richtlinie, hrsg. von Hans H.Kempe, Würzburg/Wien 1983, S. 9-37.

SCHEFFLER, Konzernleitung:
Scheffler, Hans Eberhard: Konzernleitung aus betriebswirtschaftlicher Sicht, in: DB 1985, S. 2005-2011.

SCHEIBE-LANGE, Probleme:
Scheibe-Lange, Ingrid: Aktuelle Probleme der Rechnungslegung aus Arbeitnehmersicht, in: WPg 1983, S. 73-82.

SCHEIBE-LANGE, Vorstellungen:
Scheibe-Lange, Ingrid: Gewerkschaftliche Vorstellungen zur Rechnungslegung, Prüfung und Publizität, in: WPg 1979, S. 641-650.

SCHERRER, Umgehungsmöglichkeiten:
Scherrer, Gerhard: Umgehungsmöglichkeiten der Größenpublizität. - Zur Verpflichtung der Rechnungslegung, Prüfung und Veröffentlichung nach dem Publizitätsgesetz -, in: DB 1973, S. 89-94.

SCHILDBACH, Ingangsetzungsaufwendungen:
Schildbach, Thomas: Ingangsetzungsaufwendungen und latente Steuern, in: DB 1988, S. 57-61.

SCHILDBACH, Konzernrechnungslegungsvorschriften:
Schildbach, Thomas: Anmerkungen zu den neuen Konzernrechnungslegungsvorschriften, in: DBW 1987, S. 391-400.

SCHILDBACH, Generalklausel:
Schildbach, Thomas: Die neue Generalklausel für den Jahresabschluß von Kapitalgesellschaften - zur Interpretation des Paragraphen 264 Abs. 2 HGB, in: BFuP 1987, S. 1-15.

SCHILDBACH, Jahresabschluß:
Schildbach, Thomas: Jahresabschluß und Markt, Berlin u.a. 1986.

SCHILDBACH, Analyse:
Schildbach, Thomas: Analyse des betrieblichen Rechnungswesens aus der Sicht der Unternehmensbeteiligten. Dargestellt am Beispiel der Aktiengesellschaft. Bd. 22 der Schriftenreihe Betriebswirtschaftliche Beiträge, hrsg. von Hans Münstermann unter Mitwirkung von Walther Buse von Colbe, Adolf Gerhard Coenenberg, Klaus Dittmar Haase, Josef Kloock und Günter Sieben. Wiesbaden 1975.

SCHINDLER, Gemeinschaftsunternehmen:
Schindler, Joachim: Konsolidierung von Gemeinschaftsunternehmen: Ein Beitrag zu § 310 HGB, in: BB 1987, S. 158-166.

SCHINDLER, Ausgleichsposten:
Schindler, Joachim: Der Ausgleichsposten für die Anteile anderer Gesellschafter nach § 307 HGB, in: WPg 1986, S. 588-596.

SCHINDLER, Kapitalkonsolidierung:
Schindler, Joachim: Kapitalkonsolidierung nach dem Bilanzrichtlinien-Gesetz, Frankfurt am Main/Bern/New York 1986.

SCHINDLER, Latente Steuern:
Schindler, Joachim: Latente Steuern im konsolidierten Abschluß nach der Konzernbilanzrichtlinie, in: BB 1984, S. 1654-1660.

SCHIRM, Maßgeblichkeit:
Schirm, Manfred: Die Maßgeblichkeit der Einzelbilanzen für die Konzernbilanz nach dem AktG 1965, in: DB 1966, S. 1573-1575.

SCHLAPPIG, Überprüfbarkeit:
Schlappig, Manfred: Die Überprüfbarkeit von Wiederbeschaffungswerten im Jahresabschluß, Bd. 9 der Schriftenreihe des Instituts für Revisionswesen der Westfälischen-Wilhelms-Universität Münster, hrsg. von Ulrich Leffson, Düsseldorf 1974.

SCHMELLING, Verrechnungspreispolitik:
Schmelling, Heinz-Dieter: Verrechnungspreispolitik in internationalen Unternehmungen, Münster 1985.

SCHMIDT, Bilanzpolitik:
Schmidt, Franz: Bilanzpolitik deutscher Aktiengesellschaften, Wiesbaden 1979.

SCHMIDT, Rechnungslegung:
Schmidt, Reinhard H.: Rechnungslegung als Informationsproduktion auf nahezu effizienten Kapitalmärkten, in: ZfbF 1982, S. 728-748.

SCHMIDT, Aktienkursprognose:
Schmidt, Reinhard H.: Aktienkursprognose. Aspekte positiver Theorien über Aktienkursänderungen, Wiesbaden 1976.

SCHMITZ, Reserven:
Schmitz, Theo: Stille Reserven und externe Jahresabschluß-Analyse. Unter besonderer Berücksichtigung der Auswirkungen von stillen Reserven auf Kennzahlen, Thun/ Frankfurt am Main 1981.

SCHNAPAUFF, Fragebogen:
Schnapauff, Andreas: Fragebogen zur Prüfung des Konzernanhangs nach § 297 Abs. 1 HGB, in: WPg 1987, S. 470-483.

SCHNEELOCH, Bewertungsstetigkeit:
Schneeloch, Dieter: Bewertungsstetigkeit in Handels- und Steuerbilanz, in: WPg 1987, S. 405-413.

SCHNEELOCH, Vermeidung:
Schneeloch, Dieter: Zur Vermeidung von Nachteilen nach dem Bilanzrichtlinien-Gesetz, in: DStR 1986, S. 807-814.

SCHNEELOCH, Steuerabgrenzung:
Schneeloch, Dieter: Probleme der Steuerabgrenzung im Einzelabschluß, in: WPg 1986, S. 517-528.

SCHNEELOCH, Besteuerung:
Schneeloch, Dieter: Besteuerung und betriebliche Steuerpolitik, Bd. 1: Besteuerung, München 1986.

SCHNEELOCH, Bilanzrichtlinien-Gesetz:
Schneeloch, Dieter: Bilanzrichtlinien-Gesetz und Besteuerung, in: WPg 1985, S. 565-574.

SCHNEELOCH, Steuerbelastungsvergleiche:
Schneeloch, Dieter Wolfgang: Steuerbelastungsvergleiche. Einzelwirtschaftliche Analysen ausgewählter Steuergestaltungsmöglichkeiten im Einpersonen- und im Ehegattenfall. Unveröffentlichte Habilitationsschrift, Berlin 1975.

SCHNEIDER, Investition:
Schneider, Dieter: Investition und Finanzierung. Lehrbuch der Investitions-, Finanzierungs- und Ungewißheitstheorie, 5. Aufl., Wiesbaden 1980.

SCHNEIDER, Fortentwicklung:
Schneider, Uwe H.: Die Fortentwicklung des Handelsregisters zum Konzernregister, in: WM 1986, S. 181-189.

SCHNEIDER, Konzernfinanzierung:
Schneider, Uwe: Das Recht der Konzernfinanzierung, in: ZGR 1984, S. 497-537.

SCHÖTTLER, Rechnungslegung:
Schöttler, Udo: Die konsolidierte Rechnungslegung multinationaler Konzerne. Ein Beitrag zum deutschen Konzernrecht unter Berücksichtigung der Rechtslage im Ausland sowie der internationalen Literatur und Praxis, Frankfurt a. M./Zürich 1975.

SCHOLTISSEK, True and fair view:
Scholtissek, Wolfgang: True and fair view im Vereinigten Königreich und in der Bundesrepublik Deutschland, in: RIW 1986, S. 966-970.

SCHOLTISSEK, Generalnorm:
Scholtissek, Wolfgang: Die künftige Generalnorm "True and fair view" im deutschen Handelsrecht, in: Inf. 1984, S. 66-68.

SCHOLZ, Teilkonzernabschlüsse:
Scholz, Gregor: Zur Aussagefähigkeit von Teilkonzernabschlüssen. Am Beispiel des deutschen Aktiengesetzes und der 7. EG-Richtlinie, Bern 1984.

SCHREDELSEKER, Anlagestrategie:
Schredelseker, Klaus: Anlagestrategie und Informationsnutzen am Aktienmarkt, in: ZfbF 1984, S. 44-59.

SCHREIER, Bilanz-Politik:
Schreier, Johannes: Bilanz-Politik. Buch- und Bilanz-Operationen hinsichtlich der Aufmachung, Frisierung, Schönung, Verschleierung und Fälschung der Bilanz sowie hinsichtlich der Bewertung, Abschreibung, Bildung von Reserven und Rückstellungen, Gewinnverteilung und Dividendenausschüttung, Berlin 1920.

SCHRUFF, Einflüsse:
Schruff, Wienand: Einflüsse der 7. EG-Richtlinie auf die Aussagefähigkeit des Konzernabschlusses, Berlin 1984.

SCHUCHARD-FICHER/BACKHAUS/HUMME/LOHRBERG/PLINKE/SCHREINER, Analysemethoden:
Schuchard-Ficher, Christiane/Backhaus, Klaus/Humme, Udo/Lohrberg, Werner/Plinke, Wulf/Schreiner, Wolfgang: Multivariate Analysemethoden, 3. Aufl., Berlin/Heidelberg 1985.

SCHUHMANN, Konzernabschluß:
Schuhmann, Werner: Der Konzernabschluß. Die Bilanzierungspraxis deutscher Konzerne, Wiesbaden 1962.

SCHULT, Bilanzanalyse:
Schult, Eberhard: Bilanzanalyse nach dem neuen Bilanzrichtlinien-Gesetz. Möglichkeiten und Grenzen externer Unternehmensbeurteilung, 7. Aufl., Freiburg im Breisgau 1988.

SCHULT, Bilanzpolitik:
Schult, Eberhard: Bilanzpolitik nach Übernahme der EG-Bilanzrichtlinie, in: FR 1981, S. 233-241.

SCHULTE, Bilanzpolitik:
Schulte, Karl-Werner: Bilanzpolitik, Bergisch Gladbach 1986.

SCHULZE, Aussagewert:
Schulze, Werner: Aussagewert und Aufstellungsfragen eines internationalen Konzernabschlusses - dargestellt am Beispiel des Hauses Siemens - , in: ZfbF 1976, S. 417-430.

SCHULZE ZUR WIESCH, Sachverhaltsgestaltung:
Schulze zur Wiesch, Dietrich W.: Bilanzpolitik durch Sachverhaltsgestaltung - Tendenzen und Grenzen - 50 Jahre WP Beruf, Düsseldorf 1981, S. 61-70.

SELCHERT, Verpflichtungen:
Selchert, Friedrich Wilhelm: Die sonstigen finanziellen Verpflichtungen - Angabe nach § 285 Nr. 3 HGB im Anhang mittelgroßer und großer Kapitalgesellschaften, in: DB 1987, S. 545-549.

SELCHERT, Umsatzkostenverfahren:
Selchert, Friedrich Wilhelm: Herstellungskosten im Umsatzkostenverfahren, in: DB 1986, S. 2397-2400.

SELCHERT, Bewertungsstetigkeit:
Selchert, Friedrich Wilhelm: Bewertungsstetigkeit nach dem Bilanzrichtlinen-Gesetz, in: DB 1984, S. 1889-1894.

SELCHERT, Einheitlichkeit:
Selchert, Friedrich Wilhelm: Zur Diskussion gestellt: Grundsatz der Einheitlichkeit der Bewertung, in: WPg 1983, S. 447-453.

SELCHERT, Bilanzpolitik:
Selchert, Friedrich Wilhelm: Bilanzpolitik und Jahresabschlußprüfung, in: WISU 1978, S. 168-174 u. 221-225.

SELCHERT/KARSTEN, Inhalt:
Selchert, Friedrich Wilhelm/Karsten, Jürgen: Inhalt und Gliederung des Konzernanhangs, in: BB 1986, S. 1258-1264.

SIEBEN/HAASE, Jahresabschlußrechnung:
Sieben, Günter/Haase, Klaus Dittmar: Die Jahresabschlußrechnung als Informations- und Entscheidungsrechnung, in: WPg 1971, S. 53-57 u. 78-83.

SIEBEN/MATSCHKE/KÖNIG, Bilanzpolitik:
Sieben, Günter/Matschke, Manfred Jürgen/König, Elke: Bilanzpolitik, in: HWR, hrsg. von Erich Kosiol, Klaus Chmielewicz u. Marcel Schweitzer, 2. Aufl., Stuttgart 1982, Sp. 224-236.

SIEBEN/SCHILDBACH, Entscheidungstheorie:
Sieben, Günter/Schildbach, Thomas: Betriebswirtschaftliche Entscheidungstheorie, 2. Aufl., Düsseldorf 1980.

SIEGEL, Wahlrecht:
Siegel, Theodor: Wahlrecht, in: Handwörterbuch unbestimmter Rechtsbegriffe im Bilanzrecht des HGB, hrsg. von Ulrich Leffson, Dieter Rückle und Bernhard Grossfeld, Köln 1986, S. 417-427.

SIELAFF, Bilanzpolitik:
Sielaff, Meinhard: Bilanzpolitik aus der Sicht des Unternehmens - einige Gedanken über Theorie und Praxis (einschließlich Konzernbilanzpolitik), in: BFuP 1977, S. 230-251.

SIGLE, Konzernbilanzpolitik:
Sigle, Hermann: Konzernbilanzpolitik nach neuem Recht, in: Beiträge zum neuen Bilanzrecht, Bd. 1, Einzelabschluß und Konzernabschluß, hrsg. von Winfried Mellwig, Adolf Moxter und Dieter Ordelheide, Wiesbaden 1988, S. 177-192.

SIGLE, Quotenkonsolidierung:
Sigle, Hermann: Betriebswirtschaftliche Aspekte der Quotenkonsolidierung, in: ZfB Ergänzungsheft 1/87 "Bilanzrichtlinien-Gesetz", hrsg. von Horst Albach und Karl-Heinz Forster, Wiesbaden 1987, S. 321-337.

SIGLE, Konzerngestaltungspolitik:
Sigle, Hermann: Konzerngestaltungspolitk, in: BFuP 1986, S. 313-325.

SKRODZKI, Rechenschaftslegung:
Skrodzki, Udo E.: Rechenschaftslegung internationaler Unternehmen und öffentliches Interesse, Diss. Hamburg 1977.

SLONGO, Begriff:
Slongo: Der Begriff der einheitlichen Leitung als Bestandteil des Konzernbegriffs. Zürich 1980.

STACHULETZ/KÜHNBERGER, Materality-Grundsatz:
Stachuletz, Rainer/Kühnberger, Manfred: Einige Überlegungen zur Konkretisierung des materiality-Grundsatzes aus der Sicht der Betriebswirtschaftlichen Prüfungslehre oder Entlastung durch Beschränkung auf das Wesentliche und die Schwierigkeit, es zu erkennen, in: DBW 1987, S. 401-413.

STAUDT/GROETERS/HAFKESBRINK/TREICHEL, Kennzahlen:
Staudt, Erich/Groeters, Ulrich/Hafkesbrink, Joachim/Treichel, Heinz-Reiner: Kennzahlen und Kennzahlensysteme: Grundlagen zur Entwicklung und Anwendung, Berlin 1985.

STOBBE, Bewertung:
Stobbe, Thomas: Die konzerneinheitliche Bewertung. - Eine Herausforderung für Theorie und Praxis? -, in: DB 1986, S. 1833-1840.

STOBBE, Umsetzung:
Stobbe, Thomas: Zur Umsetzung der Art. 7 und 8 der 7. EG-Richtlinie. Anmerkungen zum Beitrag von Krag/Müller, in: BB 1985, S. 1508-1510.

STROBEL, Konsolidierungskonzern:
Strobel, Wilhelm: Zum Begriff des Konsolidierungskonzerns nach neuem und altem Konsolidierungsrecht, in: DB 1987, S. 237-245.

THOMAS, Rücklagenbildung:
Thomas, Jürgen: Rücklagenbildung im Konzern, in: ZGR 1985, S. 365-385.

THOMAS, Erkenntnisse:
Thomas, Karl: Erkenntnisse aus dem Jahresabschluß für die Bonität von Wirtschaftsunternehmen, in: Der Jahresabschluß im Widerstreit der Interessen, hrsg. von Jörg Baetge, Düsseldorf 1983, S. 70-84.

TIETZE, Währungsumrechnung:
Tietze, Wolf: Die Währungsumrechnung im internationalen Konzernabschluß, Berlin 1976.

TIPKE, Auslegung:
Tipke, Klaus: Auslegung unbestimmter Rechtsbegriffe, in: Handwörterbuch unbestimmter Rechtsbegriffe im Bilanzrecht des HGB, hrsg. von Ulrich Leffson, Dieter Rückle und Bernhard Großfeld, Köln 1986, S. 1-11.

TITZRATH, Kapitalbeschaffung:
Titzrath, Alfons: Kapitalbeschaffung, in: "ZfbF Kontakstudium", in: ZfbF 1977, S. 109-117.

TREUHAND-VEREINIGUNG (Hrsg.), Rechnungslegung im Konzern:
Treuhand-Vereinigung (Hrsg.): Rechnungslegung im Konzern nach dem Bilanzrichtlinien-Gesetz, Frankfurt 1987.

TREUHAND-VEREINIGUNG (Hrsg.), Rechnungslegung:
Treuhand-Vereinigung (Hrsg.), Rechnungslegung nach dem Bilanzrichtlinien-Gesetz, Frankfurt 1986.

TRÖMEL, Bilanzpolitik:
Trömel, Frank: Bilanzierungswahlrechte und Bilanzpolitik nach dem Aktienrecht von 1965, Diss. Clausthal 1967.

TUBBESING, Verständnis:
Tubbesing, Günter: "A True and Fair view" im englischen Verständnis und 4. EG-Richtlinie, in: AG 1979, S. 91-95.

VODRAZKA, Bilanzpolitik:
Vodrazka, Karl: Bilanzpolitik, in: HWB, hrsg. von Erwin Grochla u. Waldemar Wittmann, Bd. 1, 4. Aufl., Stuttgart 1974, Sp. 909-927.

VOGLER/MATTES, Bilanzanalyse:
Vogler, Gerhard/Mattes, Helmut: Theorie und Praxis der Bilanzanalyse. Interne und externe Bilanzanalyse als Informationsmittel und Instrument modernen Managements, Berlin 1975.

VOGT, Bilanztaktik:
Vogt, Fritz Johs.: Bilanztaktik. Wahlrechte des Unternehmens beim Jahresabschluß, 6. Aufl., Heidelberg 1963.

VOLKART, Bilanzoptimierung:
Volkart, Rudolf: Bilanzoptimierung, in: Der Schweizer Treuhänder 1978, Nr. 4 S. 2-7.

VOLKSWAGEN AG (Hrsg.), Wolfsburger Fachgespräche 9:
Volkswagen AG (Hrsg.): Wolfsburger Fachgespräche 9 (WFG), Anpassung von Einzel- und Konzernabschluß an das Bilanzrichtlinien-Gesetz, Dokumentation der Tagung am 30. und 31. Mai 1986, Wolfsburg 1987.

VOLLHERBST, Berichterstattung:
Vollherbst, Franz-Josef: Die externe gesellschaftsbezogene Berichterstattung der Unternehmung als Instrument gesellschaftlicher Konfliktregelung. Eine Analyse konzeptioneller Grundprobleme, Pfaffenweiler 1984.

VORMBAUM/FLEISCHMANN, Kapitalkonsolidierung:
Vormbaum, Herbert/Fleischmann, Jutta: Kapitalkonsolidierung bei Mutter- und Tochterunternehmen nach dem Bilanzrichtliniengesetz, in: WISU 1987, S. 137-141 u. 166-167.

WAGNER, Kapitalmarkt:
Wagner, Franz W.: Zur Informations- und Ausschüttungsbemessungsfunktion des Jahresabschlusses auf einem organisierten Kapitalmarkt, in: ZfbF 1982, S. 749-771.

WEBER, Bilanzpolitik:
Weber, Claus-Peter: Möglichkeiten der Bilanzpolitik, in: HdR, hrsg. von Karlheinz Küting u. Claus-Peter Weber, 2. Aufl., Stuttgart 1987, S. 71-94.

WEBER/DAMM/HAEGER/ZÜNDORF, Übergangsvorschriften:
Weber, Claus-Peter/Damm, Uwe/Haeger, Bernd/Zündorf, Horst: Die Übergangsvorschriften des Bilanzrichtlinien-Gesetzes, in: DB 1986, Beilage Nr. 17/86.

WEIRICH, Bewertung:
Weirich, Siegfried: Die Bewertung im Konzernabschluß nach neuem Recht, in: WPg 1987, S. 77-85.

WEISS, Konzernbilanz:
Weiss, Alfred: Zur Frage der Konzernbilanz, in: WPr 1933, S. 323-325.

WENTLAND, Konzernbilanz:
Wentland, Norbert: Die Konzernbilanz als Bilanz der wirtschaftlichen Einheit Konzern. Grundlagen der Konzernrechnungslegung unter Berücksichtigung der Vorschriften des Aktiengesetzes und der Vorstellungen einer 7. EG-Richtlinie, Frankfurt am Main 1979.

WERNER, Gewinnverwendung:
Werner, Winfried: Gewinnverwendung im Konzern, in: Festschrift für Walter Stimpel, hrsg. von Marcus Lutter, Hans-Joachim Mertens und Peter Ulmer, Berlin/New York 1985, S. 935-953.

WIEDMANN, Stetigkeit:
Wiedmann, Harald: Die Stetigkeit nach neuem Recht und ihr Einfluß auf Bilanzanalyse und Bilanzpolitik, in: BFuP 1988, S. 37-49.

WIETZKE, Jahresabschluß:
Wietzke, Günter: Der konsolidierte Jahresabschluß und seine besonderen Probleme in der deutschen und angloamerikanischen Bilanzierungspraxis, Berlin 1962.

WIRTSCHAFTSPRÜFERKAMMER, Stellungnahme:
Wirtschaftsprüferkammer und Institut der Wirtschaftsprüfer: Gemeinsame Stellungnahme zum Entwurf eines Bilanzrichtlinien-Gesetzes, in: WPg 1985, S. 537-553.

WITTSTOCK, Zielsystem:
Wittstock, Jan: Elemente eines allgemeinen Zielsystems der Unternehmung, in: ZfB 1970, S. 833-852.

WITTSTOCK/KLEIN, Tragweite:
Wittstock, Wilfried/Klein, Hans-Dieter: Zur Tragweite der umgekehrten Maßgeblichkeit nach neuem Recht, in: WPg 1987, S. 385-391.

WÖHE, Spielräume:
Wöhe, Günter: Bilanzpolitische Spielräume nach neuem Handelsrecht, in: BFuP 1988, S. 50-64.

WÖHE, Bilanzierung:
Wöhe, Günter: Bilanzierung und Bilanzpolitik, 7. Aufl., München 1987.

WÖHE, Entscheidungsspielräume:
Wöhe, Günter: Die bilanzpolitischen Entscheidungsspielräume des Unternehmens bei der Aufstellung des Jahresabschlusses nach neuem Recht, in: Gedächtnisschrift für Dietrich Schultz, hrsg. im Auftrag des Fachbereichs Rechtswissenschaft der Universität des Saarlandes von Günther Jahr, Köln/Berlin/Bonn/München 1987, S. 419-444.

WÖHE, Möglichkeiten:
Wöhe, Günter: Möglichkeiten und Grenzen der Bilanzpolitik im geltenden und im neuen Bilanzrecht, in: DStR 1985, S. 715-721 u. 754-761.

WOHLGEMUTH, Schuldenkonsolidierung:
Wohlgemuth, Michael: Die Schuldenkonsolidierung, in: Handbuch des Jahresabschlusses in Einzeldarstellungen, hrsg. von Klaus von Wysocki und Joachim Schulze-Osterloh, Abt. V/4 (1985), Köln 1984/87.

WOHLGEMUTH, Einheitlichkeit:
Wohlgemuth, Michael: Der Grundsatz der Einheitlichkeit der Bewertung, in: Der Wirtschaftsprüfer im Schnittpunkt nationaler und internationaler Entwicklungen. Festschrift zum 60. Geburtstag von Klaus von Wysocki, hrsg. von Gerhard Gross, Düsseldorf 1985, S. 45-60.

WOLF, GmbH-Rechnungslegung:
Wolf, Jakob,: GmbH-Rechnungslegung. Technik und Erläuterung bilanzieller Gestaltung mit Bilanzpolitik und Publizitätsstrategien. Herne/Berlin 1987.

WP-HANDBUCH 1985/86, Bd.I:
WP-Handbuch 1985/86, Bd. I, hrsg. vom IDW, 9. Aufl., Düsseldorf 1985.

WP-HANDBUCH 1985/86, Bd. II:
WP-Handbuch 1985/86, Bd. II, hrsg. vom IDW, 9. Aufl., Düsseldorf 1986.

WSI-PROJEKTGRUPPE (Hrsg.), Mitbestimmung:
WSI-Projektgruppe (Hrsg.): Mitbestimmung im Unternehmen und Betrieb, Köln 1981.

VON WYSOCKI, Innenumsatzerlöse:
Von Wysocki, Klaus: Die Konsolidierung der Innenumsatzerlöse nach § 305 Abs. 1 Nr. 1 HGB, in: Bilanz- und Konzernrecht, Festschrift für Reinhard Goerdeler, hrsg. von Hans Havermann, Düsseldorf 1987, S. 723-749.

VON WYSOCKI, Konzernabschluß:
Von Wysocki, Klaus: Konzernabschluß: Aufstellungs- und Einbeziehungspflichten nach neuem Recht, in: WPg 1987, S. 277-281.

VON WYSOCKI, Bilanzpolitik:
Von Wysocki, Klaus: Bilanzpolitik bei rückläufiger Konjunktur, in: STuW 1982, S. 44-50.

VON WYSOCKI, Informationsgehalt:
Von Wysocki, Klaus: Zum Informationsgehalt von Weltbilanzen deutscher Obergesellschaften, in: WPg 1973, S. 26-32.

VON WYSOCKI, Weltbilanzen:
Von Wysocki, Klaus: Weltbilanzen als Planungsobjekte und Planungsinstrumente multinationaler Unternehmen, in: ZfbF 1971, S. 682-700.

VON WYSOCKI/KOHLMANN, Zwischenerfolgseliminierung:
Von Wysocki, K(laus)/Kohlmann U(lrike): Konzernrechnungslegung IV: Zwischenerfolgseliminierung, in: WISU 1981, S. 533-542 u. 589-592.

VON WYSOCKI/WOHLGEMUTH, Konzernrechnungslegung:
Von Wysocki, Klaus/Wohlgemuth, Michael: Konzernrechnungslegung, 3. Aufl., Düsseldorf 1986.

ZIEGENHAGEN, Währungsumrechnung:
Ziegenhagen, Elmar: Die Währungsumrechnung zum Zwecke der Konsolidierung nach dem geänderten Vorschlag einer 7. EG-Richtlinie, in: WPg 1980, S. 224-227.

ZOGG, Konzernabschluß:
Zogg, Hans: Der Konzernabschluß in der Schweiz. Die Konsolidierungspraxis schweizerischer Konzerne unter Berücksichtigung der internationalen Konzernrechnungslegung, Diss. St. Gallen, Winterthur 1978.

ZÜNDORF, Gemeinschaftsunternehmen:
Zündorf, Horst: Zur Abgrenzung des Konsolidierungskreises für Gemeinschaftsunternehmen, in: DB 1987, S. 1852-1853.

ZÜNDORF, Zwischenergebniseliminierung:
Zündorf, Horst: Zur Problematik der Zwischenergebniseliminierung im Rahmen der Quotenkonsolidierung, in: BB 1987, S. 2125-2133.

ZÜNDORF, Quotenkonsolidierung:
Zündorf, Horst: Quotenkonsolidierung versus Equity-Methode, Stuttgart 1987.

<u>- Sonstige Quellen</u>

BGH-Urteil vom 03.11.1975:
BGH-Urteil vom 03.11.1975, II ZR 67/73, BGHZ 65, S. 230.

Gesamtverband der Versicherungswirtschaft e.V./ Verband der Lebensversicherungsunternehmen e.V. (Hrsg.): Exposé für die Vergabe von Schuldscheindarlehen, Karlsruhe 1976.

Gesetze, Richtlinien, Bundestags- und Bundesrats-Drucksachen

AktG
Aktiengesetz vom 06.09.1965 (BGBl. I 1965, S. 1089) mit den Änderungen bis zum 19.12.1985.

AktG a.F.
Aktiengesetz vom 06.09.1965 (BGBl. I 1965, S. 1089) in der letzten Fassung vor Verabschiedung des BiRiLiG.

BerlinFG
Gesetz zur Förderung der Berliner Wirtschaft (Berlinförderungsgesetz 1987 - BerlinFG 1987) in der Fassung vom 10.12.1986 (BGBl. I 1986, S. 2415).

BiRiLiG
Gesetz zur Durchführung der Vierten, Siebenten und Achten Richtlinie des Rates der Europäischen Gemeinschaften zur Koordinierung des Gesellschaftsrechts (Bilanzrichtlinien-Gesetz-BiRiLiG) vom 19.12.1985 (BGBl. I 1985, S. 2355).

BR-Drucksache 163/85
Entwurf eines Gesetzes zur Durchführung der Siebenten und Achten Richtlinie des Rates der Europäischen Gemeinschaften zur Koordinierung des Gesellschaftsrechts, BR-Drucksache 163/85 vom 12.04.1985.

BT-Drucksache 10/4268
Entwurf eines Gesetzes zur Durchführung der Vierten, Siebenten und Achten Richtlinie des Rates der Europäischen Gemeinschaften zur Koordinierung des Gesellschaftsrechts (Bilanzrichtlinien-Gesetz-BiRiLiG), BT-Drucksache 10/4268 vom 18.11.1985.

BT-Drucksache 10/3440
Entwurf eines Gesetzes zur Durchführung der Siebenten und Achten Richtlinie des Rates der Europäischen Gemeinschaften zur Koordinierung des Gesellschaftsrechts, BT-Drucksache 10/3440 vom 03.06.1985.

EGHGB
Einführungsgesetz zum Handelsgesetzbuch vom 10.05.1897 (RGBl. I 1897, S. 437) mit den Änderungen bis zum 25.07.1986.

7. EG-Richtlinie
Siebente Richtlinie des Rates vom 13.06.1983 aufgrund von Artikel 54 Absatz 3 Buchstabe g) des Vertrages über den konsolidierten Abschluß, Amtsblatt der EG Nr. L 193 vom 18.07.1983, S. 1.

EStG
Einkommensteuergesetz 1987 (EStG 1987) in der Fassung der Bekanntmachung vom 27.02.1987 (BGBl. I 1987, S. 657).

EStR
Einkommensteuer-Richtlinien 1987 (EStR 1987) in der Fassung der Bekanntmachung vom 24.02.1988 (BStBl. I 1988, Sondernummer 1).

GmbHG
Gesetz betreffend die Gesellschaften mit beschränkter Haftung vom 20.04.1892 in der Fassung der Bekanntmachung vom 20.05.1898 (RGBl. 1898, S. 846) mit den Änderungen bis zum 15.05.1986.

GWB
Gesetz gegen Wettbewerbsbeschränkungen in der Fassung der Bekanntmachung vom 24.09.1980 (BGBl. I 1980, S. 1761) mit den Änderungen bis zum 22.10.1987.

HGB
Handelsgesetzbuch vom 10.05.1897 (RGBl. 1897, S. 219) mit den Änderungen bis zum 16.12.1986.

KWG
Gesetz über das Kreditwesen in der Fassung der Bekanntmachung vom 11.07.1985 (BGBl. I 1985, S. 1472) mit den Änderungen bis zum 17.12.1986.

PublG
Gesetz über die Rechnungslegung von bestimmten Unternehmen und Konzernen (Publizitätsgesetz) vom 15.08.1969 (BGBl. I 1969, S. 1189, BGBl. I 1970, S. 1113) mit den Änderungen bis zum 19.12.1985.

PublG a.F.
Gesetz über die Rechnungslegung von bestimmten Unternehmen und Konzernen (Publizitätsgesetz) vom 15.08.1969 (BGBl. I 1969, S. 1189, BGBl. I 1970, S. 1113) in der letzten Fassung vor Verabschiedung des BiRiLiG.

StBauFG
Gesetz über städtebauliche Sanierungs- und Entwicklungsmaßnahmen in den Gemeinden (Städtebauförderungsgesetz-StBauFG) in der Fassung vom 18.08.1976 (BGBl. I 1976, S. 2318) mit den Änderungen bis zum 17.12.1982.

StGB

Strafgesetzbuch (StGB) in der Fassung der Bekanntmachung vom 10.3.1987 (BGBl. I 1987, S. 945).

VAG

Gesetz über die Beaufsichtigung der Versicherungsunternehmen (Versicherungsaufsichtsgesetz-VAG) in der Fassung der Bekanntmachung vom 13.10.1983 (BGBl. I 1983, S. 1261) mit allen Änderungen bis zum 19.12.1986.

ABBILDUNGSVERZEICHNIS

TABELLENVERZEICHNIS

ABKÜRZUNGSVERZEICHNIS

a.	auch
a.A.	anderer Ansicht
Abb.	Abbildung
Abs.	Absatz
Abschn.	Abschnitt
AG	Aktiengesellschaft auch Zeitschrift "Die Aktiengesellschaft"
AK	Arbeitskreis
AktG	Aktiengesetz
AktG a.F.	Aktiengesetz alter Fassung (Aktiengesetz in der letzten Fassung vor Verabschiedung des Bilanzrichtlinien-Gesetz)
Anm.	Anmerkung
Art.	Artikel
AV	Anlagevermögen
Aufl.	Auflage
BAV	Bundesaufsichtsamt für das Versicherungswesen
BB	Betriebs-Berater (Zeitschrift)
BBK	Buchführung, Bilanz, Kostenrechnung (Zeitschrift)
Bd.	Band
Beck HdR	Beck'sches Handbuch der Rechnungslegung
best.	bestimmt
BFuP	Betriebswirtschaftliche Forschung und Praxis (Zeitschrift)
BGBl.	Bundesgesetzblatt
BGH	Bundesgerichtshof
BGHZ	Sammlung der Entscheidungen des Bundesgerichtshofs in Zivilsachen
BHR	Bonner Handbuch Rechnungslegung
BiRiLiG	Bilanzrichtlinien-Gesetz
BR	Bundesrat

BStBl.	Bundessteuerblatt
BT	Bundestag
bspw.	beispielsweise
bzw.	beziehungsweise
c.p.	ceteris paribus
DB	Der Betrieb (Zeitschrift)
DBW	Die Betriebswirtschaft (Zeitschrift)
ders.	derselbe
d.h.	das heißt
dies.	dieselben
DIHT	Deutscher Industrie- und Handelstag
Diss.	Dissertation
DM	Deutsche Mark
DStR	Deutsches Steuerrecht (Zeitschrift)
d.V.	der Verfasser
EG	Europäische Gemeinschaft
EGHGB	Einführungsgesetz zum Handelsgesetzbuch
EStG	Einkommensteuergesetz
EStR	Einkommensteuer-Richtlinien
et al.	et alii
etc.	et cetera
e.V.	eingetragener Verein
evtl.	eventuell
excl.	exclusive
f.	folgend
FASB	Financial Accounting Standards Board
ff.	fortfolgende
FN	Fachnachrichten des IDW (Zeitschrift)
Fußn.	Fußnote
GEFIU	Gesellschaft für Finanzwirtschaft in der Unternehmensführung e.V.
gem.	gemäß
ggf.	gegebenenfalls

GKV	Gesamtkostenverfahren
gl. A.	gleicher Ansicht
GmbH	Gesellschaft mit beschränkter Haftung
GmbHG	Gesetz betreffend die GmbH
GoB	Grundsätze ordungsmäßiger Buchführung
GuV	Gewinn- und Verlustrechnung
GWB	Gesetz gegen Wettbewerbsbeschränkungen
HB	Handelsbilanz
HdR	Handbuch der Rechnungslegung
HdWW	Handwörterbuch der Wirtschafts-wissenschaften
HFA	Hauptfachausschuß
HGB	Handelsgesetzbuch
HGB-EK	Handelsgesetzbuch-Entwurf-Konzernabschluß (BT-Drucks. 10/3440)
HK	historischer Kurs
h.M.	herrschende Meinung
Hrsg., hrsg.	Herausgeber, herausgegeben
HS	Halbsatz
HWB	Handwörterbuch der Betriebswirtschaft
HWR	Handwörterbuch des Rechnungswesens
HWRev	Handwörterbuch der Revision
IASC	International Accounting Standards Committee
i.d.R.	in der Regel
IDW	Institut der Wirtschaftprüfer
incl.	inclusive
Inf.	Die Information über Steuer und Wirtschaft (Zeitschrift)
insbes.	insbesondere
i.S.d.	im Sinne des (der)
i.S.v.	im Sinne von
i.V.m.	in Verbindung mit
KGaA	Kommanditgesellschaft auf Aktien
KWG	Gesetz über das Kreditwesen

lfd. Nr.	laufende Nummer
m.E.	meines Erachtens
m.w.N.	mit weiteren Nachweisen
NA	Sonderausschuß Neues Aktienrecht des IDW
NB	Neue Betriebswirtschaft (Zeitschrift)
No.	Number
Nr.	Nummer
o.a.	oben angeführt(en)
PublG	Gesetz über die Rechnungslegung von bestimmten Unternehmen und Konzernen (Publizitätsgesetz)
PublG a.F.	Gesetz über die Rechnungslegung von bestimmten Unternehmen und Konzernen (Publizitätsgesetz) alter Fassung (PublG in der letzten Fassung vor Verabschiedung des BiRiLiG)
rd.	rund
resp.	respektive
RGBl.	Reichsgesetzblatt
RIW	Recht der Internationalen Wirtschaft (Zeitschrift)
S.	Seite
s.	siehe
s.a.	siehe auch
SABI	Sonderausschuß Bilanzrichtlinien-Gesetz
SFAS	Statement of Financial Accounting Standards
SK	Stichtagskurs
sog.	sogenannt
Sp.	Spalte
StBauFG	Städtebauförderungsgesetz

StbJb	Steuerberater-Jahrbuch
StGB	Strafgesetzbuch
str.	stittig
StuW	Steuer und Wirtschaft (Zeitschrift)
Tab.	Tabelle
u.	und
u.a.	und andere
UKV	Umsatzkostenverfahren
v.a.	vor allem
VAG	Gesetz über die Beaufsichtigung der Versicherungsunternehmen (Versicherungsaufsichtsgesetz)
Verf.	Verfasser
vgl.	Vergleiche
Vol.	volume
WiSt	Wirtschaftswissenschaftliches Studium (Zeitschrift)
WISU	Das Wirtschaftsstudium (Zeitschrift)
WM	Zeitschrift für Wirtschafts- und Bankrecht
WP	Wirtschaftsprüfer
WPg	Die Wirtschaftsprüfung (Zeitschrift)
WPr	Der Wirtschaftsprüfer (Zeitschrift)
WSI	Wirtschafts- und Sozialwissenschaftliches Institut des DGB
WT	Der Wirtschaftstreuhänder (Zeitschrift)
z.B.	zum Beispiel
ZfB	Zeitschrift für Betriebswirtschaft
ZfbF	Zeitschrift für betriebswirtschaftliche Forschung
ZGR	Zeitschrift für Unternehmens- und Gesellschaftsrecht
z.T.	zum Teil

GPSR Compliance

The European Union's (EU) General Product Safety Regulation (GPSR) is a set of rules that requires consumer products to be safe and our obligations to ensure this.

If you have any concerns about our products, you can contact us on ProductSafety@springernature.com

In case Publisher is established outside the EU, the EU authorized representative is:

Springer Nature Customer Service Center GmbH
Europaplatz 3
69115 Heidelberg, Germany

Batch number: 10816188

Printed by Printforce, the Netherlands